1415—1453

英法百年战争 1415—1453

THE HUNDRED YEARS WAR BETWEEN ENGLAND AND FRANCE

[上卷]

王一峰——著

吉林文史出版社
JILINWENSHICHUBANSHE

图书在版编目（CIP）数据

英法百年战争：1415—1453 / 王一峰著 . -- 长春：吉林文史出版社，2019.6
ISBN 978-7-5472-6245-0

Ⅰ . ①英… Ⅱ . ①王… Ⅲ . ①百年战争 (1337-1453) - 研究- 1415-1453 Ⅳ . ① K565.3

中国版本图书馆 CIP 数据核字 (2019) 第 109417 号

YING FA BAINIAN ZHANZHENG：1415—1453
英法百年战争：1415—1453

著 / 王一峰
责任编辑 / 吕莹
特约编辑 / 戎帅
装帧设计 / 王涛
策划制作 / 指文图书　出版发行 / 吉林文史出版社
地址 / 长春市福祉大路 5788 号　邮编 / 130118
电话 / 0431-86037503　传真 / 0431-86037589
印刷 / 重庆长虹印务有限公司
版次 / 2019 年 7 月第 1 版　2019 年 7 月第 1 次印刷
开本 / 787mm×1092mm　1/16
印张 / 64　字数 /1000 千
书号 / ISBN 978-7-5472-6245-0
定价 /199.80 元（全 2 卷）

前 言

在浩瀚如烟海的中世纪历史长卷中，百年战争无疑是难以轻易翻过的一页。它始于1337年法国国王腓力六世宣布没收阿基坦公爵领，直至15世纪中叶英国人最终被驱离这一地区为止。从表面上看，百年战争似乎源自一场封主与封臣间的争执，这在当时是司空见惯的事，但随即演化为王位之争并最终引发两个国家间的全力对抗。当它结束时，英格兰和法兰西两个曾在文化与体制方面非常接近，而且联系紧密的国家已分道扬镳：法国在接连的挫折、疑虑及不断的驱逐外敌斗争中逐渐走向了集权国家之道，并在最后阶段重新展开了一度停滞的向地中海及天然边界扩张之路；英国在拥抱了最初的荣誉和财富后体会到了失败的苦楚，之后走上了另一条与大陆国家风格迥异的不凡道路。

作为英法两国历史长河中的重要锚点，百年战争期间涌现出了诸如爱德华三世、亨利五世等大批精英。他们在面对强敌时的勇气令人敬佩，他们在指挥作战时展现的才华使人赞叹，他们在克雷西、普瓦捷、阿金库尔等战役中立下的功勋就像历史长河中璀璨的繁星一样令人难以忘怀。

不过，这些星光的余晖之下则是另一条沧桑之路。战争恣意展现出的破坏与苦难，暴露出的丑陋和黑暗亦常常令人掩卷长叹。在这个危机时代，幸运并不会长期眷顾某一个平民、贵族、君主乃至国家。无论是英雄、智者还是凡人，无论他心怀壮志还是谨小慎微，都必将直面情感、人性、道德、社会及命运的考验。那些杰出人物在规避旋涡、挣脱枷锁及走出逆境时展现出的技巧、辛劳和坚毅——无论成功与否——也同样令人肃然起敬。而这些凝结了14—15世纪芸芸众生心血、智慧、经验与教训的结晶，也正是本书试图与读者朋友分享及探讨的瑰宝。由于才能及时间有限，书中错谬在所难免，还请读者朋友海涵指正。

王一峰

2018年10月

目录 CONTENTS

前言

第一章　百年战争的起因 /1

14 世纪前的英格兰与法兰西 / 2
加斯科涅与苏格兰的两难困境 / 9
新君亲政与战争爆发 / 34

第二章　海洋与大陆的较量 /45

战火初燃 / 46
国王被俘 / 69
法兰西的反击 / 89

第三章　危机、动荡与激变 /123

无奈的和平 / 124
动荡的时代 / 153
重启战争 / 169

第四章　征服时代的来临 /185

法国的乱局 / 186
侵入诺曼底 / 223
巴黎易帜 / 254

第五章 山河板荡 /273

鲁昂陷落 / 274

萁豆相煎 / 313

引狼入室 / 342

第六章 殊死较量 /361

柳暗花明 / 362

辙乱旗靡 / 399

第七章 风雨飘摇 /435

渐生隙嫌 / 436

兵临城下 / 460

第八章 法兰西的女儿 /485

奥尔良解围战 / 486

卢瓦尔河谷大扫荡 / 498

兰斯加冕 / 510

进攻巴黎 / 521

第九章 烽火蔽天 /535

拉锯战 / 536

巴黎加冕 / 590

目录 CONTENTS

第十章 和解之路 /613

卢瓦尔河北面的较量 / 614
风起萧墙 / 636
此消彼长 / 655

第十一章 沉疴泛起 /675

阿拉斯和约 / 676
收复巴黎 / 689
加来围城战 / 710
南方的乱局 / 717
勒克罗图瓦围攻战 / 745
剥皮者的侵扰 / 750
对加斯科涅的远征 / 764
连队大迁徙 / 771
奥尔良三级会议 / 778

第十二章 无奈的和平 /791

布拉格党叛乱 / 792
法王的亲征 / 817
讷韦尔集会 / 832
再征加斯科涅 / 840
约翰·博福特的远征 / 847
图尔休战协定 / 855

第十三章 重器初铸 /863

东征 / 864

和平时代的宫廷 / 885

意大利的冒险 / 902

剑拔弩张 / 913

第十四章 大反攻 /925

光复诺曼底 / 926

加斯科涅与东南边境的纷扰 / 967

卡斯蒂永战役 / 983

尾声 / 998

附录一 主要货币 /1001

附录二 英法王室的联姻（14—15 世纪）/1002

参考文献 /1004

第一章 百年战争的起因

1200—1337年

14 世纪前的英格兰与法兰西

1337 年 5 月初，法国国王腓力六世（Philip VI of France）突然结束了他在瓦兹与塞纳河（Oise-Seine）间的巡游，来到巴黎主持一场大咨议会（Grand Conseil）。这位瓦卢瓦王朝的首任君主已执政近九年。他身材高大，相貌英俊，不过此时已有点发福。腓力六世的威名因即位之初的胜仗而响彻欧洲，其华丽奢侈的宫廷也频频吸引各国王公贵族前来拜访。他和不少法兰西世卿（Peer of France）及权贵均是姻亲好友并受他们的簇拥。不过眼下他们并不是来首都为君臣友情叙旧话新的。腓力六世和权贵们正在讨论如何决定一位未能出席会议的法兰西世卿——阿基坦公爵（Duke of Aquitaine）爱德华三世的命运。最近几年，这位权贵不仅未能履行作为法王封臣的义务，而且还庇护了法王的敌人，并在法国北部边境地区激起了充满敌意的喧嚣。其行为已严重践踏了封建君臣法则的底线。5 月 24 日，腓力六世在万塞讷林苑（Bois de Vincennes）正式宣布了他的决定：爱德华三世的封臣身份被解除，他持有的阿基坦领地被王室没收。

然而，爱德华三世还有一个更尊贵的头衔——英国国王。因此这意味着爱德华三世治下的英格兰王国也可能卷入到与法兰西的冲突中。腓力六世及其亲信们并未对前景十分忧虑。在他们看来，此项决定是爱德华三世种种忤逆法国行径的合理举措，他的数位先任也发布过类似的没收令，并在之后的斗争中给予对手深刻的教训。但这位被人们称为“幸

▲ 加冕的法国国王腓力六世

运者”的法王并未料到，紧随没收法令而来的是远超以往的激烈对抗，它引发的战争在令腓力六世及其政府威名扫地的同时，还彻底终结了国内延续了近一个世纪的和平，并在之后延绵了一百余年，甚至瓦卢瓦家族继承人的王冠也一度不保。

实际上，法国君主与阿基坦持有者——英国君主之间的龃龉由来已久。它本质上是源自中世纪封建国家向近代君主制国家转变过程中逐渐激化的一种结构性冲突：在一系列社会及经济危机的打击下，加洛林王朝终于在10世纪坍塌，整个王国的公共秩序也随着它一起崩溃。以公爵、伯爵为代表的诸侯封臣，逐渐从领受封土转向世袭占有。原先只作为王室地方官员和代表的他们篡夺了源自王室的司法、行政、军事和经济等权力，并开始刻意强调自己的独立性，有意识地削弱、模糊国王同自己在等级身份上的差距。封臣们将自己的家世追溯到加洛林君主，声称拥有先王血脉，自认为是世袭继承人。他们把头衔看作家族的世袭所有权，并让豢养的作家们鼓吹自己的王朝世系以及新创造的家族情感。这些手段取得了很大成功。王国内的每个诸侯都构成了独立的封建关系网核心，与其他关系网不存在任何联系。法国国王只能在他那块狭小的领地中转悠。虽然公爵、伯爵们有时会去参加国王加冕礼，但他们并不认为对国王负有任何形式的义务，对孱弱王室的尊重往往被流于纸面。那些处于遥远而充满文化差异的南方的诸侯们，几乎从未朝觐过王廷却仍被宫廷称为国王的“朋友”或“我们统治的伙伴由此引申出法兰西世卿的概念”。在一百多年内，所谓的“封建革命”不断向下扩展，各地的公共权力都在碎化，大大小小的领主经常为了争夺领土、人口和财物而不惜诉诸武力。那些因他们修改而逐渐变得对少数私人家族独占或把持地方资源有利的各类惯例法则，则被奉为不可动摇的“古老习惯”。

那些较为宽容的观点认为，大量封土的增长可以看作国家建设的结构性进程，他们的出现阻止了社会完全崩溃为“所有人反对所有人的战争”的状态，他们建立起相对有序，能够被最终“焊接”为一个较大统一体政府单元。[①] 但实际过程远非坦途。作为具有高度独立性的地方实体，维系及拓展自身家族利益的本能使封建领

---

① 见美国布莱恩·蒂尔尼、西德尼·佩因特所著的《西欧中世纪史》第166页，北京大学出版社2011年。

主们一面对更高威权怀有戒心，一面又对扩张领地保持着浓厚的兴趣。各家族的人员更迭及联姻往往意味着地区间格局的重构。而各个势力的种种较量及对抗则在王国内部埋下了动荡的祸种。法兰西王国的“焊接”始于12世纪前后，随着社会生产的恢复，经济交往活动也重新频繁起来。人员、商品、思想都在加速流动并突破了地区的限制。虽然王国内各地区间的差异性仍占据了主要地位，但卡佩王朝的早期君主们已抓住机会展开了复兴王国的伟业。他们镇压王室领地内骚动好战的小贵族，将自己的宫廷重新扩展为更有组织效率的行政机构，并开始将影响扩展到王室领地外。从路易六世开始，法国国王越来越多地干预周边王公贵族的事务，使他们承认王室的权威。尽管调停和提倡“国王和平”等办法并未从根本上改变现状。但一代又一代的国王都在不断努力，他们希望在封建制度下，通过购买、联姻、遗产继承兼并领地和强调封建君臣法则等手段，以血缘和效忠纽带将分散的王国各部分重新凝聚在一起，这就意味着国王将要从地方领主们手中夺回以前失去的权力。

法王们的策略并不总是成功。各大封臣同样也在用相似的手段扩展自己的家族势力范围，他们唯一不具备的只是卡佩君主们的法国最高封君身份。这些兼并有时会形成颇具实力的竞争者。1152年，安茹伯爵亨利金雀花（Henry Plantagenet, Count of Anjou）与刚同法王路易七世离婚的阿基坦公爵领继承人埃莉诺（Eleanor of Aquitaine）成功缔结婚姻。这对路易七世是沉重的打击。法国西面由此出现了一个辽阔的地域实体。两年后，亨利金雀花又通过其母玛蒂尔达皇后（Empress Matilda）的血统和一场战争成为英国国王，史称亨利二世。12世纪60年代后期，他又通过其子的婚约掌握了布列塔尼。至此，一个囊括英吉利海峡和大西洋法国海岸地带的“安

▲ 亨利二世（右）与法国国王

▲ 法王路易七世与第一任妻子阿基坦女公爵埃莉诺的婚礼

茹 - 金雀花帝国”已经建立起来。其统治者除了占有整个法国 1/3 的领土外，还戴上了另一顶王冠，这对法王的权威和统治是严重威胁。按照封建法，未经国王同意便与其封臣的女儿结婚是违法行为。但路易七世很难凭借自己有限的王室领土的力量迫使强大的亨利二世遵守法令。法王及其继承人只能采取传统的手段挑起安茹家族内部纠纷，利用机会频繁表明封君权力，尽可能地抑制对手的势力。

虽然英格兰王国实际只是金雀花家族庞大产业中的一小部分，但它也许是被管理得最为完善的。自诺曼征服以来，历任君主吸取了大陆封建分封制的教训，结合盎格鲁 - 撒克逊时期的传统，逐步建立了一套相对严密、单一的王室政府。除去御前会议、中书省（Chancery）、国库（Treasure）、财政署（Exchequer）等中央机构外，在地方上，它已设有郡、百户、村三级行政管理系统。由王室任命的郡长（Sheriffs）通过其副手、执达吏（Bailiffs）、狱吏以及书记员们组成一套管理班子，在一定程度上实现了对郡县及以下地区的实际控制。然而，在欧洲大陆，安茹家族维持各片领地的主要工具还是血缘和效忠纽带。更致命的是他们在交接统治者时首先采用的仍是分封子嗣。这些做法为将来埋下了无穷隐患。与此同时，法王们也在耐心地等待着机会。12—13 世纪之交时，双方的力量开始此消彼长。1200 年 5 月，继承了

伦敦
英吉利海峡
佛兰德伯爵领
韦芒杜瓦
亚眠
诺曼底
法
巴黎
兰
西
岛
香槟
佩
尔
什
布列塔尼
曼恩
安
茹
布卢瓦
欧塞尔
图
赖
纳
贝里
讷韦尔
勃艮第公爵领
普瓦图
波旁
拉马什
圣通日
利穆赞
里
昂
阿基坦公爵领
奥弗涅
沃莱
佩里戈尔
吉耶纳
凯尔西
热沃当
维瓦赖
阿让奈
鲁埃格
加斯科涅
图卢兹
朗格多克
贝
阿
恩
比
戈
尔
科曼日
富
瓦
地中海

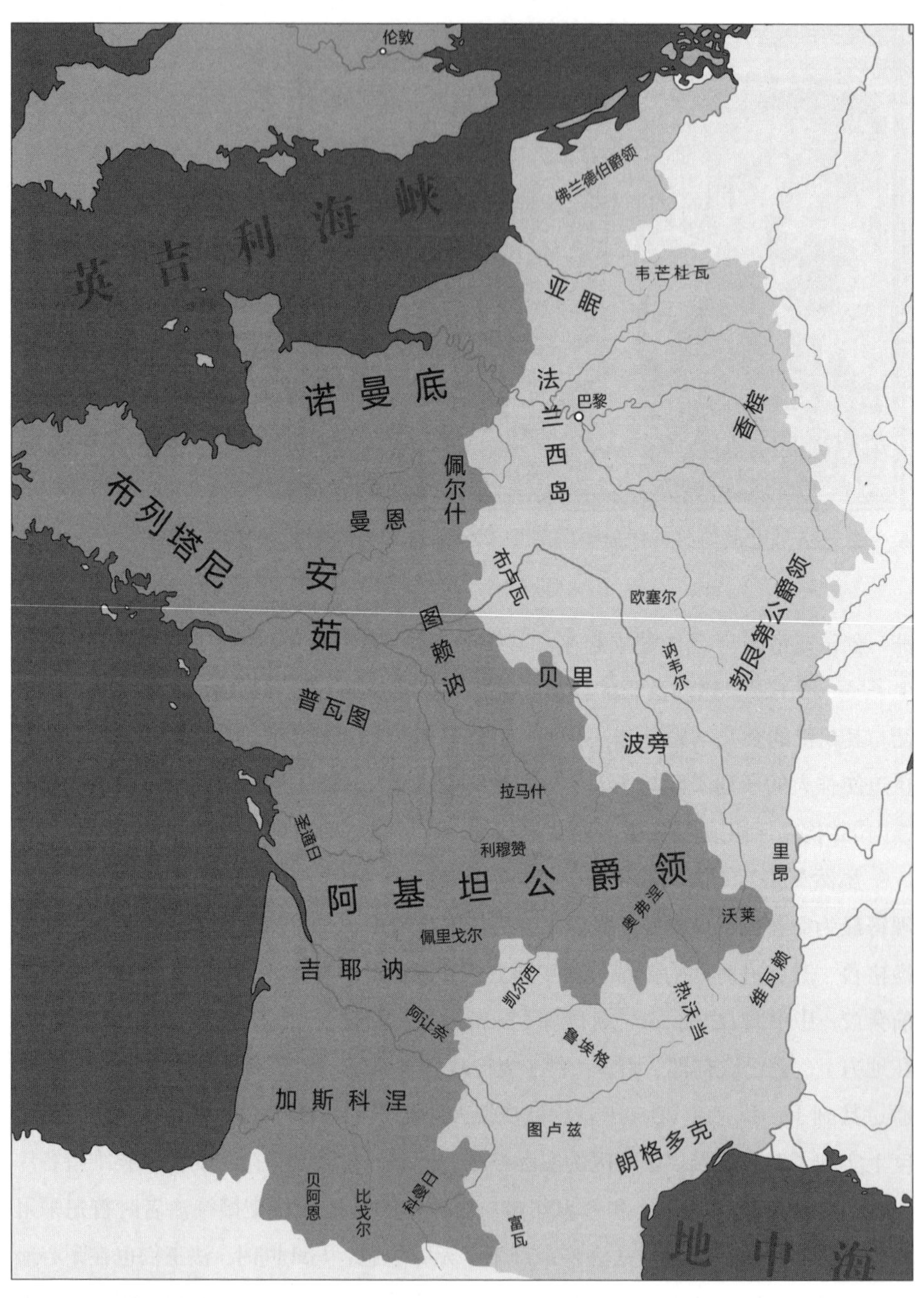

▲ 12世纪末的安茹

兄长理查一世英格兰王位的约翰王在同法王腓力二世签订的《勒古雷条约》(Treaty of Le Goulet)中已正式承认后者为安茹王朝大陆领地的封君。虽然条约本意是试图让两位国王最终解决法国领地问题，但从法理上，它为法王之后的干涉提供了关键性的依据。在安茹帝国内部，虽然约翰王被英格兰和诺曼底承认，但安茹、曼恩(Maine)等地区的领主们更认同他的侄子布列塔尼公爵阿蒂尔一世(Arthur I, Duke of Brittany)。而数年后阿蒂尔很快就在战斗中被约翰王俘虏，他随后的离奇死亡更是给安茹帝国造成了灾难性的影响。在此期间，法王腓力二世却不断利用这些分裂发动战争，陆续收复安茹、曼恩、图赖讷(Touraine)乃至诺曼底的领土。在不到五年的时间里，安茹帝国便分崩离析。

▲ 英国国王约翰

▲ 法王腓力二世等待他的舰队

约翰王试图从海峡对岸发动反击。为了筹措军费，他开始在英格兰横征暴敛。从英格兰积聚起的大批资源被用在了国王恢复自己的海外领地上。但随着腓力二世赢得 1214 年布汶战役的胜利，英王的努力被证明是毫无意义的。法国王室似乎稳固地掌握住了他们从安茹王朝手中夺来的领地。约翰王在统治的末期已深陷危机。英格兰贵族对政府的不满达到顶点，他们群起而反叛，逼迫约翰王于 1215 年签署了著名的大宪章。王室政府由此也受到了严重的削弱和动摇。之后的内战更是一直持续到他去世为止。

约翰王反击事业的失败可能源自英格兰内部。除了部分冒险者外,这里的不少人，尤其是本土贵族们对海外征服事业兴味索然。13 世纪头几年的战事已经切断了他们同大陆大部分领地的利益联系，只有与低地等地的贸易往来使他们维持着同大陆的一些交流，但此时这些也撼动不了这个国家的农业主体地位。作为一个被海洋包围的国度，英格兰人已萌发了一定的共同体意识。至少现在他们希望在这个岛屿上安居乐业。因此，大宪章有其存在的理由——英格兰人不能容许政府随心所欲地将自己的资源徒劳地消耗到毫不相干的海外。他们的担心确有其因：含有君主和封臣双重属性的英国王室似乎很难停止这种行为。约翰王的后代，特别是其孙辈越来越频繁地被称为“ 国王—公爵 ”。这个特殊身份实际上蕴含着一个基本矛盾，即封建制度下的分散性导致君主和封臣自身利益与国家、民族利益的不一致性。英国王室同其臣民的观念可能并不一致。来自大陆仅剩领地上的收益成为其收入的重要补充。而那些不断出现在宫廷中的阿基坦贵族在频频引发英格兰贵族敌视的同时，却令英王们回忆起之前的辉煌时代。那种封臣所特有的对祖产神圣不可侵犯的执着意识使他们念念不忘要用臣民的钱币为自己夺回在数十年前失去的领地。

加斯科涅与苏格兰的两难困境

约翰王的继承者们很快便受到了现实的无情嘲弄。13 世纪中叶的卡佩王朝正如日中天，它不断向南方扩展，从而极大地增加了王室领地和实力。到亨利三世时代，形势已十分明了。圣通日战争（Saintonge War）的失败意味着他不仅没有希望夺回那些被没收的西北部领地，而且仅存的大陆领土也有向西南沿海一隅收缩的趋势。亨利三世不得不及时止损。在 1259 年的《巴黎和约》中，他以重新拾起封臣关系作为条件，换取法国王室认可他持有阿基坦公爵领。而亨利三世的连襟，法王路易九世也决定归还利摩日（Limoges）、佩里格（Périgueux）、卡奥尔（Cahors）、阿让（Agen）

▲ 英国国王亨利三世

▲ 十字军东征时的法王路易九世

以及圣通日和凯尔西（Quercy）等地区的部分领地及权力。英王将自己的领地向内陆山区河谷地带拓展的代价是要承担一系列法国封臣的相应义务：除了履行效忠礼仪外——这多少让身为一国之主的英王极不情愿——他还要应法王需要提供军事服务，并不得与法王的敌人结盟，作为引申，阿基坦公爵领法庭的裁决也将屈从于卡佩王廷的判决之下。

然而，即便放弃祖传“安茹领地”，屈就为一方世卿也不能使亨利三世的后代们摆脱困扰。他们的英王身份总是使自己不甘心履行低对方一等的臣服礼仪，而且大部分继承者均认为自己将会有比这位平庸祖宗更出色的作为。但是路易九世的后代们在 13 世纪后期构筑的政体中并未给外籍阿基坦公爵们留下多少自由空间。13

▲ 携带路易九世遗骨返回法国的法王腓力三世

世纪中叶后，各公爵的封建领地中已镶嵌着不少属于法国王室或其他领主的飞地，王室官员利用这些飞地从司法领域发起新一轮扩张，将君主的权威投射到王国各地。随着政府机构不断专业化，法王雇佣的那些试图突破传统封建框架的法学家们也开始提出新理论。他们将君主的权力诉求与古老典籍结合起来，提出一切司法权属于国王,明确了“国王的主权”“王国的君主”等概念。这为国王代表整个国家的君主政体理论打下了基础。另一方面，卡佩王室也越来越严格地聚拢他们的直辖领地。路易九世的继承人腓力三世在1284年确立了当亲王封地所有者死去而没有直接继承人时，国王将收回封地的条例。虽然亨利三世的继承人爱德华一世从腓力三世手中争取到了阿让地区，但他的好运很快结束。当绰号为“美男子”的腓力四世继承其父亲的王位后，一个明显的转折时代就已到来。“美男子”腓力四世是君主政体的主要奠定者，他是一个精明强硬、野心勃勃有时还不讲道德的国王。按照其政敌帕米耶(Pamiers)的说法，“他既不是常人，也不是野兽，他是一尊塑像”。腓力四世大力提拔那些谙熟律法、出身于低级贵族甚至是平民阶层的人担任自己的顾问，充任地方官员。这些人是王权的狂热捍卫者，大贵族及地方领主的宿敌。他们因接管后者政治角色的行为被鄙夷地称为“寒微小辈”和“蹩脚文人”。而凭借数代先王不断添砖加瓦，此时腓力四世与顾问们主导下的法国中央政府已拥有了相对完整的机构：除了传统的王室内廷(Royal Household)仍跟随国王巡游外，早期带有总秘书处性质的中书省已经常驻巴黎；巴黎的高等法院已划分出受理案子的审判庭(Chambre de Plaids)、接受申诉并决定是否受理的诉状审理庭(Chambre des requêtes)、执行司法调查的调查庭(Chambre de enquêtes)；国库(Trésor)也从大教堂搬到脱离了罗浮宫，并配有执行年度审计的审计法院(Chambre des Comptes)；王室的日常政策主要由一小

▲ 英国国王爱德华一世的画像

▲ 法王腓力四世

伙顾问、廷臣、大贵族等受信任的常务人员组成的御前会议（Conseil du Roi）制定，重大决策往往会交给讨论扩大的大咨议会决定。在地方，王室直接管理的领地被划为三十六个主要分布在北方的传统领地内的邑督区（Baillages）以及主要分布在卢瓦尔河（Loire）以南的中部和南部诸省内的执事区（Sénéchaussés）。在世纪初由王室临时任免，兼带行政和监察职责的邑督和执事（Seneschal）——比起邑督，执事们包含更多的佩剑贵族——此时已演变成掌握着行政监督、司法审判、财政税收乃至一定军事指挥权的重要常驻管理官员。他们已成为王室利益在地方的代理人，并作为王室拥护者向地方贵族的特权发起攻击。他们的副官、法官、城镇市长、官方出纳（Receivers）、庭吏差役（Sergeants）等一系列官吏将配合他们的日常工作。虽然这个政府进行过一些强化治安、调节市场、放宽行会限制等试图展现其公共职能的有趣尝试，但它大肆铸造劣币，对地方领主司法权力的积极侵扰等强势行为也同样令当时偏向贵族的舆论侧目。而到了 13 世纪 90 年代中叶，腓力四世的野心已成为试图寻找机会将松散的封建行省领地并入整体统一的君主王国。

这种压力首先降临到外族法国世卿治下的阿基坦领地——其主要部分已缩减到吉耶讷（Guyenne）和加斯科涅（Gascony）。实际上，这里的居民因特有的葡萄酒产业、渔业和制盐业而广泛参与跨洋贸易。英格兰是其重要市场，同时也是部分谷物、羊毛、鱼类等商品的来源地。这让他们感觉与英格兰具有比内陆及大西洋沿岸的其他法国领地——甚至有时还充当了竞争对手的角色——更密切的联系。再者，由于直接领主英格兰国王很少拜访这片领地，加斯科涅人也享受着相对的自由，这使得他们颇为认同来自海峡对岸的宽松统治。不过，腓力四世的官员们对此不以为然，虽然加斯科涅人同法王的其他臣民有着血统、语言和习俗方面的差异，但这不是加斯科涅人从法兰西王国独立的理由。而且也许是受已经萌发的民族意识的影响，法王的官员们认为王室的直接统治更有利于掌控王国各片纷争不断的领土。当然，直接统治也有利于抽取当地的财富充进国王的钱袋。

英国人经常从自己的角度出发，将腓力四世描绘成一个专横暴虐的君主，但以法国王室政府的角度看，加斯科涅这片封土的确存在着诸多难以忽视的纷扰：和 13、14 世纪的其他欧洲城市一样，其首府波尔多（Bordeaux）也存在显贵和平民阶层的斗争；在公爵领地的其他部分——特别是靠近边境，一些边界被模糊定义的地区——那些地方贵族也无时无刻不在抱怨自己的特权受到公爵政府等势力的侵犯；此外，加斯科涅还频频同其他领地在经济等领域发生摩擦——比较典型的是海盗问题，14 世纪的海上事业充斥着一连串血腥私战，各地的船队均不忌惮对对方施以暴力复仇。英国政府既不能平息波尔多内部的矛盾——此时他们倾向于同显贵结为一体——也压制不了地方贵族的控诉。与法国相似，英王派出的代理人必须维护其君主的利益，于是引发更激烈的嗟怨。而这一系列问题理所当然地导致法王时常应当地及邻近地区的请求，派出司法官员介入。

频繁的插足很快就演变为大幅进攻。导火索是加斯科涅的海盗问题。巴约讷(Bayonne)以及其他加斯科涅的海员们很早便同英国的五港同盟(Cinque Ports)联合，以便与诺曼底诸港的同行竞争。爱德华一世和腓力四世都曾竭力平息他们间的矛盾，但阻止不了这些日趋激烈的海上私斗，后来波尔多以及巴约讷的民众开始袭击当地的诺曼底人，他们的船队还同一些英国船只在 1293 年春季的圣马埃(Saint Mahé)海战中，大破了一支来自诺曼底、布列塔尼等地的船队，并将赃物带回朴次茅斯(Portsmouth)。腓力四世要求赔偿，被岛上事务所困的爱德华一世则希望暂缓解决。但在双方交涉期间法王派到加斯科涅的官员——无论他们是来宣布和平还是前来检查的——均受到了攻击。爱德华一世的执事也拒绝了移交疑犯及巴约讷市民显贵的要求。于是事件愈发不可收拾。巴黎高等法院审理了这个案子，宣布没收大部分公爵领地，不过它派出的接收庭吏被当地人驱散。最终，腓力四世在 10 月底传讯爱德华一世出席高等法院，要求他就手下官员的抗拒行为做出解释。

▲ 兰开斯特伯爵埃德蒙与圣乔治

爱德华一世派出了二弟，第一任兰开斯特伯爵埃德蒙(Edmund Crouchback，1st Earl of Lancaster)代自己前往。埃德蒙是腓力四世岳母阿图瓦的布朗什(Blanche of Artois)的第二任丈夫，但这个特殊身份并未使他在接下来的交涉中赚到多少便宜。作为爱德华一世暂缓前往巴黎的担保，懦弱的埃德蒙放弃了加斯科涅数处边境要塞的控制权。腓力四世甚至满口答应会将自己的二妹玛格丽特（Margaret of France）嫁给英王，并在亚眠举行一次会晤，寻求双方间的长久和平。然而数个月后，爱德华一世仍无法抽身。腓力四世十分了解爱德华一世在英格兰的窘境，因此他一面派官员接管加斯科涅边境的要塞与政府，一面接连发出第二次和第三次传票。1294 年 5 月 4 日，法王突然宣布爱德华一世为违约者，不久后下令没收其领地。

感觉自己受到欺骗的英王在 6 月的议会上决定诉诸战争。他要求封臣们于 9 月 1 日在朴次茅斯集合。他的外甥，布列塔尼公爵的次子里士满伯爵布列塔尼的约翰（John of Brittany, Earl of Richmond）被任命为代理官（Lieutenant）和总指挥官（Captain-General）。在其率领下，一支小部队在 10 月前往阿基坦。按计划，国王将紧随其后。

布列塔尼的约翰带着部下成功地进入加龙河口，并逆河而上，相继占领了布尔格（Bourg）、布莱（Blaye）等据点，但他们无法夺下重兵把守的波尔多。于是英军绕过此地，继续乘船南下，在里翁（Rions）登陆。布列塔尼的约翰将此地设为总部，他的军队在海岸平原扩散开来。1295 年初，部分英军在市民的配合下赶走了领地第二大城市巴约讷的法国驻军。不过这几乎是远征军取得的唯一战果。腓力四世任命自己的三弟瓦卢瓦伯爵查理（Charles, Count of Valois）前去赶走入侵者。3 月，由瓦卢瓦伯爵指挥的法军出现在战场上。布列塔尼的约翰未等到本土援军。英格兰 - 加斯科涅联军发现自己无法与法军抗衡。更有甚者，军队内部较高出身的骑士与骑兵及步兵发生了冲突。里翁很快发动了暴乱，布列塔尼的约翰不得不连夜从河上逃走，将自己的骑士、马匹和大批军械遗弃在城内。棕枝主日（Palm Sunday）时，里翁向瓦卢瓦伯爵打开城门。整场远征遂告失败。

爱德华一世当然不肯就此认输。他已着手在大陆建立一个反对腓力四世的大联盟。他将女儿们嫁给德国的王公贵族，“把大批英镑撒向海峡对岸”，但这些行为换来的只是一些空洞的承诺。英王唯一比较亲密的盟友，佛兰德伯爵当皮埃尔的居伊（Guy of Dampierre, Count of Flanders）则因计划将女儿嫁给爱德华一世的儿子而被传唤到巴黎，蒙受了近半年的牢狱之灾。

爱德华一世只得依靠自己的军力继续同腓力四世较量。1295 年夏季，他开始准备第二次远征。这次的主帅换成了兰开斯特伯爵埃德蒙，他在第三任林肯伯爵亨利德莱西（Henry de Lacy，3rd Earl of Lincoln）的陪伴下，于1296年春季再度率一小支军队侵入加斯科涅。当地领主纷纷拜访英军营地。随后英军开始围攻波尔多，但很快他们发现自己同布列塔尼的约翰的前次遭遇并无差异：波尔多顶住了英国人的突袭。紧接着围攻上游圣马凯尔（Saint-Macaire）城堡的行动亦遭失败。埃德蒙被迫带着部队来到巴约讷，他发现军队因资金耗尽而军心涣散。6月初，埃德蒙在惆怅中病亡。腓力四世派堂叔阿图瓦伯爵罗贝尔二世（Robert II, Count of Artois）前来对付还在顽抗的林肯伯爵。1297年初，在富瓦伯爵罗歇-贝尔纳三世（Roger-Bernard III, Count of Foix）的协助下，阿图瓦伯爵在博内加尔德（Bonnegarde）附近大破英军，并摧毁了他们的辎重车辆。英军靠着夜色和森林的掩护，才得以逃脱全军覆灭的命运。“在此之后，”法国编年史作家纪尧姆德楠日（Guillaume de Nangis）吹嘘道，“没有英国人和加斯科涅人敢出来与阿图瓦伯爵和法国人作战。”恢复公爵领地几乎沦为一个缥缈难及的梦想。1297年复活节，双方签署了一份休战协定，英国人只占据了整片公爵领的数个立足点。

这场历时四年的战争揭示了英国人面临的难题：跨越比斯开湾的作战行动耗费甚巨。相比低效的对手，法军却可以在靠近边界的佩里格及朗格多克（Languedoc）等地区迅速集结一支规模可观的军队。除此之外，使这场战争演变为灾难的另一个重要原因是爱德华一世一直被英伦岛上的政策牵制着。

颇为讽刺的是，作为英格兰君主时，爱德华一世也像腓力四世那样不断将他的意志强加到其更具独立性的英伦邻居们身上。他一直筹划将整个岛屿都纳入英格兰，即使兵祸联结，生灵涂炭也在所不惜。早在13世纪70年代后期，英王便带领部下悍然侵入威尔士。在长达二十年的时间里，通过不菲的战争和数次镇压，英格兰君臣才逐步控制了这片地区。尽管如此，1294年威尔士人在米迦勒节爆发的那场起义仍使爱德华一世支援布列塔尼的约翰远征军的行动破产，爱德华一世也一度因河水暴涨而遭遇被对手围困在城堡里的险境。由于威尔士同英格兰国力的悬殊差距，英格兰才达到了自己的目的。他们对北面苏格兰王国的征服行动则更为曲折。

实际上自11世纪以来，苏格兰和英格兰的联系正变得越来越密切，它的大部分农业人口和市镇均集中在靠近双方边界的地区，不少人在两个国家都拥有领地，并接纳了英格兰的习俗与文化。但13世纪最后十年，这两个王国间的关系发生了彻底转变。1286年，苏格兰国王亚历山大三世（Alexander III of Scotland）去世后没有留下男性后代。四年后，其外孙女“挪威少女”玛格丽特（Margaret, Maid of Norway）① 在回国途中的意外去世最终导致王室绝嗣。苏格兰贵族们陷入继承王位的争吵中。由于上个世纪苏格兰国王威廉一世（William I of Scotland）向英王亨利二世宣誓效忠的行为导致人们普遍认为英王是苏格兰最高宗主，因此试图避免内战的圣安德鲁斯主教（Bishop of St Andrews）便邀请爱德华一世前来调解。此举其实是引狼入室。虽然爱德华一世建立的审理委员会于1292年推选出在边境地带拥有更多领地的约翰巴利奥尔（John Balliol）作为苏格兰国王，但苏格兰却并未获得安宁。实际上约翰巴利奥尔两头都不受待见：爱德华一世几乎将他当作自己的一个低级封

▲ 约翰·巴利奥尔（中间红衣者）向英王效忠

① “挪威少女”玛格丽特的母亲是亚历山大三世之女苏格兰的玛格丽特（Margaret of Scotland）。后者嫁给了挪威国王埃里克二世（(Eric II of Norway），但是在产后不久便去世。实际上苏格兰贵族们并未对这位女性继承人怀有多少热忱，第五任安嫩代尔领主罗伯特·德·布鲁斯（Robert de Brus，）5th Lord of Annandale）就曾与其子发动叛乱。按照埃里克二世与英王爱德华一世的约定，挪威少女原本将嫁给英国王太子卡那封的爱德华（Edward of Caernarvon），即后来的爱德华二世。

臣，对他颐指气使。英王肆意推翻苏格兰法庭的判决，强迫苏格兰贵族履行封建军事义务。苏格兰贵族们则认为新君过于软弱。他们很快便组建了一个十二人政务会议从约翰巴利奥尔手中接管政府，并在1295年与英王的敌人腓力四世缔结了著名的联盟。按协议，约翰巴利奥尔的长子将与瓦卢瓦伯爵查理的长女联姻。于是，从13世纪90年代末开始，一系列战争的推动使英格兰的地缘战略态势发生了极大的改变：在它和佛兰德等低地区逐渐趋近的同时，法国人却开始将苏格兰和阿基坦事务挂钩，这个问题最终在14世纪30年代发展成为一个难以解开的死结。

爱德华一世的回应是要求约翰巴利奥尔献出边境的三个城堡。接着他借口约翰巴利奥尔拒不履行义务向他发布了传讯令。这种手段与腓力四世在加斯科涅领地上的作为如出一辙。遭到拒绝后，爱德华一世于1296年挥师入侵。苏格兰的国力与对手相距甚远。英王很快便击溃其军队并将约翰巴利奥尔废黜关进英格兰的大牢。约翰巴利奥尔的竞争对手之一，第六任安嫩代尔领主罗伯特德布鲁斯（Robert de Brus, 6th Lord of Annandale）向爱德华一世宣誓效忠，但即便如此他也得不到垂涎的王冠。爱德华一世打算像对待威尔士一样将苏格兰纳入自己的治下：英国总督被派往各个地区，英国教士也被指派出任空缺的教职，而苏格兰国王加冕用的斯昆石（Stone of Scone）也被运往英国——这对苏格兰人来说是一种侮辱。

爱德华一世对邻居的压迫似乎并不是一个明智的选择。它一改以往相对平和的态势，在长达数个世纪的时间内使并无能力兼并苏格兰的英国收获了一个不共戴天的北方仇敌。苏格兰中止了仿效英格兰模式的发展道路。其牧师不再涉足南方转而远涉重洋前往法国。对异国统治者的敌意正在迅速增长，很快苏格兰人就等到了机会：认为北方大局已定的爱德华一世打算亲自带领大军对付腓力四世。1297年1月，他与佛兰德伯爵居伊缔结了一项军事同盟，以便共同反对法王。但一个月后，英王就发现国内的教士、贵族都开始反抗沉重的战争赋税和劳役。这些喧嚣持续了数个月，极大地阻碍了爱德华一世组建军队的进程和规模。直到8月下旬，去意已决的英王才得以带着1000名骑兵及数千名步兵起航前往佛兰德。

英王注意力的转向使苏格兰得到了摆脱枷锁的机会。5月，苏格兰人群起反抗，并迅速发展为燎原之势：安德鲁莫里（Andrew of Moray）在北部发起暴动，英国政法官（Justiciar）好不容易才从中部的斯昆逃脱。威廉华莱士（William Wallace）

与道格拉斯（Douglas）也在西南举起义旗，并成为最耀眼的一支。在9月11日的斯特灵桥战役（Battle of Stirling Bridge）中，威廉华莱士等人领导以步兵为主的苏格兰联军大破英国大军，令苏格兰为之振奋。数周后，他们便侵入英格兰的北方诸郡。

在佛兰德，爱德华一世的事业也不顺利。腓力四世在他的两名封臣相互勾结后迅速做出了反应。初夏时，法王便已集结大军对低地发动进攻。8月20日，离爱德华一世动身还有数天时，阿图瓦伯爵罗贝尔就在弗尔讷战役（Battle of Furnes）中大破佛兰德伯爵居伊的军队，而腓力四世则亲自包围并占领了里尔（Lille）。爱德华一世远征的命运就此注定。英格兰 - 佛兰德联军被对手逼进根特（Gent）城内，无计可施。不过在城外的法王很快被自己那庞大的军队耗尽了资金。10月7日，双方签订了一个短暂的休战协议。1298年1月31日，交战各方签署了一个持续至1300年的停战协定。不久后，爱德华一世便结束大陆事务于3月返回英格兰。

虽然在7月，爱德华一世调集了规模罕见的大军，其中甚至包括阿尔布雷（Albret）、比克大领主（The Captal de Buch）等加斯科涅领主的队伍，在福尔柯克战役（Battle of Falkirk）中击溃了威廉华莱士指挥的苏格兰部队，但在接下来数年间他既不能抑制坚壁清野、避免会战的苏格兰抵抗者，也无力撼动法国对加斯科涅的占领。爱德华一世试图求助于教会调停，但交涉的结果除了使他迎娶了法王妹妹玛格丽特外，也未取得其他明显的进展。“法国人一旦占住什么，”据说教皇博尼法斯八世（Pope Boniface VIII）如此向英国使者抱怨道，“他们就不会松手。与法国人打交道就是在同魔鬼交易。”

1300年初，停战协议到期后，法国人再度大举入侵佛兰德。这次爱德华一世抛弃了盟友。数个月后，法军便占领了佛兰德全境。佛兰德伯爵居伊遭受了与约翰巴利奥尔颇为相似的命运：他被腓力四世关入大牢，其领地也被并入法国王室。但腓力四世的统治并不稳固。佛兰德发达的经济催生了一批富裕的手工业城市及一个因跨地区贸易兴起的大资产者群体。虽然其他城乡间的小贵族们同法国地区来往密切，但是他们在大部分时间内均不能占据主导地位。而随之产生的封建统治者与臣民、寡头与平民及手工业者、农村与城市间等一系列相互交织的矛盾也使得局势更加纷繁复杂，从某种程度上来看这也是数十年后法国城市暴动的预演。1302年5月

18 日，布鲁日爆发了一次反对城市统治阶级和占领者的起义，此地的法国守卫及支持者们都惨遭屠戮。消息传出，佛兰德大部分地区的城镇都群起响应。阿图瓦伯爵罗贝尔奉命前去镇压。6 月 11 日，他带领约 7000 名法军在科特赖克（Courtrai）与居伊外孙威廉领导的 9000 名起义者交锋。战斗开始后不久，阿图瓦伯爵便召回了在前线压制的弩手，命令骑兵向敌人发起冲锋。于是，在 4000 多名法军步兵的注视下，阿图瓦伯爵及 1500 名有着“法兰西之花”美誉的骑兵被一群由制毡工、织布工以及农民组成的佛兰德军队击倒或逼进深坑、沟渠、泥泞及河水里，惨遭屠戮。整支法军随即瓦解。残兵败将们不得不狂奔 11 英里以求活命。战后，佛兰德人缴获了 500 副金马刺。伴随这些战利品而来的是令他们雀跃的自由。

威廉等人随即反攻入法国的阿图瓦领地。腓力四世不得不集中力量应付低地方向上的危机。他恢复了古老的总动员令，试图动员全国的军事力量并让未服役者以部分财产缴税方式提供军资。法王还召开了第一次全国性的三级会议，希望通过与会代表向国民贯彻他的政策、抑制各方对政府的压力，维护自己在国内不容挑战的权威。但随着战败的消息不断扩散，法国内部开始动荡。年底时，波尔多爆发起义，赶走了法国驻军。没有波尔多就无法牢固掌握加斯科涅。为了摆脱南方事务的牵制，

▲ 科特赖克战役

◄ 爱德华一世向腓力四世行效忠礼的15世纪绘画

腓力四世决定与爱德华一世和解。1303 年 5 月 20 日,英法双方签订了《 巴黎和约 》。腓力四世将加斯科涅交还给爱德华一世，后者将为此对他行效忠礼。但英王未亲自履行这项义务。任务被交给其长子卡那封的爱德华，即后来的爱德华二世，此时他已同腓力四世的女儿伊莎贝拉订婚。

与英国和解后，法王开始专心对付佛兰德人。但他的军队仍是以封建征召兵员为主。1304 年 8 月 18 日，复仇时刻到来了，腓力四世却发现自己的 3000 名骑士无法撼动在蒙桑佩韦勒(Mons-en-Pévèle)战场上严阵以待的佛兰德步兵。他那支万余人的大军被迫冒着酷暑和敌人对峙了将近一天。傍晚，佛兰德主帅威廉对敌人发起突击。法军一度十分狼狈，他们前沿的步兵几乎一触即溃，法王的贴身侍卫大都战死，甚至连腓力四世本人都险遭不测。直到入夜后，他和部下们才在混战中击杀威廉，将对手赶出战场。蒙桑佩韦勒的惨胜已经暴露了法国传统军事体制的弊端。不过腓力四世之后包围里尔、迫使对手议和的行为似乎挽回了一些颜面。最终，佛兰德人以割让里尔、杜埃（Douai）、贝蒂讷（Bethune）等数座重要城市及巨额赔款的代价保住了自己的独立，而法王在此地的权威却没有恢复。

在整场战争中，英国人再未对盟友施以援手。爱德华一世在统治的最后阶段遭遇了严重的政治危机：他那在数十年统治期间日益庞大的政府，已经因延绵的战争而筋疲力尽，在面对贵族们汹涌的反抗浪潮时已虚弱无力。爱德华一世只得不断向他们做出让步：颁布宪章确认法令；取消一些特别税，答应只在“全国人民认可”的情况下予以征税；承诺不再以“怨恨和愤怒”对待贵族反对派。但是高级贵族和教士们仍在与英王频频发生冲突。只是凭借爱德华个人的顽强意志和高超手段，其政府才避免了倾覆的命运。耗尽英王最后一丝精力的是苏格兰人：1306年初，第七任安嫩代尔领主、卡里克伯爵（Earl of Carrick）罗伯特德布鲁斯在一次争吵中杀死了苏格兰权贵，王位竞争者之一的约翰科明（John III Comyn，）据称他背叛了同罗伯特的协议。3月底，罗伯特在斯昆修道院（Abbey of Scone）加冕为苏格兰国王，史称罗伯特一世。消息传到英国时，爱德华一世几乎只能乘轿行动。他立即召集一支军队入侵苏格兰，并在梅斯文

▲ 苏格兰国王罗伯特一世

▲ 巴肯伯爵夫人伊莎贝拉为罗伯特加冕的雕塑

（Methven）战斗中将罗伯特一世的队伍击溃。随后，苏格兰国王的家族和支持者们遭到了无情报复。国王的弟弟被残忍处死，被俘的妻子、妹妹、女儿均受到长期监禁。为其加冕的巴肯伯爵夫人伊莎贝拉麦克达夫（Isabella MacDuff, Countess of Buchan）起初被关入笼子里，最终下落不明。尽管如此，历史再一次证明了英格兰无法用武力迫使苏格兰屈服。1307 年 7 月，爱德华一世终于病死在另一次征讨苏格兰的战役途中。继承了先王 20 万英镑债务的爱德华二世推进到邓弗里斯（Dumfries，）接受那些罗伯特一世反对者的效忠后便迅速向南撤退。从此，两国间的战争之潮开始逆转。

1308 年 1 月，爱德华二世启程前往法国。25 日，他在布洛涅（Boulogne）迎娶了 12 岁的法国公主伊莎贝拉。两人的结合将使 30 年后在双方继承人间展开的战争含有与以往不同的特质—金雀花王室认为自己拥有了法国王位继承权。但它首先要应付自己身边的纷扰。爱德华二世继承了父亲的危局，却没有继承父亲的毅力、能力和手腕。英国大贵族与国王之间并不像法国那样主要表现为地方与中央的矛盾。他们往往结为一体，以国民的名义同国王对抗，要求利益均沾。因此君主的首要任务是维持政局的平衡，对臣属进行赏赐和赠予婚姻—后者往往可以带来不菲的财富和尊贵的地位—都是不错的调节的手段。遗憾的是，爱德华二世并未打好手中的这些牌。他与苏格兰的作战也毫无成果，后者甚至开始对英国境内进行大规模袭扰。

1311 年，男爵贵族们发起政治攻势，迫使爱德华二世接受一大堆几乎等同于让他们接管政府任命和控制权的条约。第二年，他们还成功地逮捕并处决了英王的宠臣皮尔斯加韦斯顿（Piers Gaveston）。英国人的内讧使苏格兰成功获得了拔除自己境内最后一批敌军据点的机会。1314 年，苏格兰国王罗伯特一世的弟弟爱德华布鲁斯包围了斯特灵城堡（Stirling Castle，）并迫使它签订限期投降协议。爱德华二世决定解围，他召集了一支数年来规模最大的军队，大约有 2000 名重骑兵及 1.1 万余名步兵。爱德华二世打算仿效父王通过会战建立不朽功勋，但他遭到了失败。6 月 23 日，英军两支前哨骑兵部队就被苏格兰人击败。但英军还是在晚些时候大摇大摆地跨过班诺克本小河（Bannockburn）驻扎在其北方的平原上，这里有许多沼泽和湿地。次日一早，罗伯特一世指挥近 7800 人的军队组成数个长矛方阵（Schiltron）发动攻击。

苏格兰士兵突然从森林中冲出，奔向敌军。也许两边战线前沿的弓箭手经曾短暂交火，但他们均未对整个战局产生决定影响。双方很快就进入了肉搏战。苏格兰长矛方阵迅速抑制了英军前锋骑兵的仓促冲锋并迫使他们向后撤退。英军长弓手原本打算支援前锋，但很快因误伤风险停止射击。他们前往侧翼时又被苏格兰元帅罗伯特基斯爵士（Sir Robert Keith）率领的500名骑兵迂回击溃。现在已没有什么可以挽救英方了。在泥泞的战场上，他们那些无法展开的骑兵和难以抵挡矛阵的步兵挤作一团，退向河岸，最终在混乱中崩溃。第二任彭布罗克伯爵艾梅德瓦朗斯（Aymer de Valence，2nd Earl of Pembroke）和著名骑士贾艾斯德阿让唐（Giles d'Argentan）慌忙将仍试图奋战的爱德华二世拖离了战场。随后，不愿逃跑的贾艾斯德阿让唐告别英王，再度返回前线并战死沙场。班诺克本战役令英国在苏格兰的事业惨遭重创。不过也令他们中的一些指挥官对长矛方阵刮目相看。他们开始尝试学习对手的战术。

对爱德华二世来说幸运的是，法国人并未趁机横生是非。此后十余年，英法双方大体保持了一段较为平和的关系。实际上，腓力四世的政府的强势在其统治末期已大为减弱。这可能同当时的社会状况有一定关系。14世纪，法国乃至西欧的经济发展速度开始放缓。延续近两个世纪的农业开垦浪潮已到达顶点，随着人口激增及农业生产率停滞而来的是收益下降和普遍贫困。14世纪初延绵不断的天灾也加剧了危机。伴随着频繁的歉收、饥荒、生产周期紊乱而来的是骚乱和纷争。贵族们是主要发起者。作为顽固的地方实体，数十年中他们手中的司法、铸币、私战等特权都被中央政府侵蚀，地产收益的锐减和经济危机令他们愤懑不已。1314年，一次饥荒过后的征税成了导火索。秋季后，北部和中部的贵族开始结成联盟。瓦卢瓦伯爵查理的长子腓力很快便成为其重要领导者之一，骚乱迅速从各省延伸到全国各地，连教士和城市居民也加入了，后者也许是由于佛兰德战争重启而不堪重负。苛捐杂税、对司法权力的侵害等问题成了他们向国王申诉的主要内容。贵族们的行为并不是一场改良，他们要求恢复上世纪50年代时的“优良风俗”，这种借助危机裹挟舆论的反扑将在之后的时代频繁出现。

对地方控制依然十分虚弱的王权政府难以对付这些反弹。事实上在14世纪初，随着腓力四世等一批强势君主逝世，中央集权进程已开始退潮。1314年继承腓力四世王位的路易十世颁布了一大堆具有妥协安抚性质的章程：答应约束王室地方官员侵蚀地方领主司法权力及其他古老习惯的行为、结束贬值货币的劣行，并不再未经贵族同意就收取间接税等特别税收。总体上看，新法王的章程大多是暂时性的约束，但税收的限制严重制约了政府的发展。

▲ 法王路易十世

从 13 世纪初因领地翻倍而收入陡增后，财政拮据就长期困扰着法国政府。直到 14 世纪 20 年代，政府常规收入的主要来源，即法王的个人收入，大致仍由王室地产收入、司法的收益以及作为自己领地领主所享有的封建权利收益等项目组成，其总额可以达到 40 万图尔锂。这是英国国王同类收入的 3 到 4 倍。但法王要建立的是一个维护整个国家公共利益的政府，这些收入主要源自国内有限的王室土地，其性质几乎等同于领主收益。随着土地经营利润下降，趋于萎缩的收入难以维持一套复杂精细、人员正在不断膨胀的官僚行政体系正常运转，更无法应付越来越频繁的战争。只有直接向全国收取普遍税才能缓解矛盾。但是这存在诸多困难。一方面，政府未建立成熟的国家税收体系，此类税收尝试往往是临时拼凑和随心所欲的，其种类和税率都非常混乱，官员在征税时也几乎不受任何规章制度的制约。腓力四世为了应付佛兰德战争陆续开征了代役金、教会及世俗财产税、壁炉税、通行税、出口税、销售税等繁多甚至是相互混杂的税种，虽然他创新性地从工商业寻找税源，但其粗糙的手段使得民怨沸腾。另一方面，在 14 世纪初，王国中的大部分民众仍固守着自己的地区习俗，他们还未形成整体的民族意识，更未接受中央政府是公共权威代表的观点。而且征税意味着控制，不希望政府与自己争夺地方资源的贵族们也用“国王依靠自己而活”的古老口号主导着舆论，法王只能借口“紧急情况”向全国臣民征收名义上用于战争的税款。这些所谓的特殊收入具有极大政治风险。大部分缴税者经常对官方宣称的情况持怀疑态度或者不以为然，往往要等到战争迫在眉睫时才同意缴纳，而且这些收入是临时的，一旦形势趋缓则必须取消。这令政府面对危机时十分被动。

财政体系简陋的另一个后果便是政府无法建立足够的常备军。如果说被海洋围绕的岛屿具有天然防线的话，处于大陆一端的国家则必须维持军备了。法国的传统是让贵族们保持封建武装并响应征召。但它已越来越难应付时间及规模都不断扩展的战役。新近发展出的，给所有参战部队支付薪水的改良模式进一步加重了支出。路易十世发动的佛兰德远征就因经费不足而被迫中止。而在不久的将来，法国人就是凭借这套基础结构及职能均不健全的政府来应对百年战争带来的挑战。

1316 年 6 月，法王路易十世突然去世。11 月，他的遗腹子让一世也不幸夭折，卡佩王室第一次未能留下男性子嗣。路易十世的二弟，担任摄政的高个腓力（Philippe le Long）随即前往兰斯加冕，史称腓力五世。腓力五世将侄女让娜推至一边，自己继承王冠的行为也有一定道理。数十年来卡佩王室已开始限制亲王封地让渡出家族的风险，并不可避免地排除女性继承人。1314 年腓力四世在临终前规定普瓦捷（Poitiers）伯爵领地“不可落入女人之手……也就是说，若死后无直系男性继承人，朕希望并下令，普瓦捷伯爵领归于朕的继承人，即法兰西国王”。虽然这是先王针对腓力五世本人而立的规矩，但它已表明卡佩王室已不能容忍自己控制的领地通过女性继承人之手向外流失。尽管有一些权贵提出过异议，腓力五世随即用数笔巨额津贴让他们平静下来，坐稳了位置。不过这位有灵巧手腕的法王很快就发现佛兰德和阿基坦仍是王国内两块难以让人安心的领地。佛兰德伯爵罗贝尔三世（Robert III，Count of Flanders）一直以武力对抗法国王室，并夺回里尔，腓力五世最终利用其家族内部的争执化解了彼此的敌对关系。但阿基坦公爵即英王爱德华二世则更麻烦，他抗拒了前任法王路易十世包括履行效忠礼在内的所有要求，直到腓力五世坚持了四年后，爱德华二世才在 1320 年 7 月来到亚眠。但这场仪式进行得非常勉强。爱德华二世拒绝向法王宣誓忠诚。双方随后陷入无尽的指责中。

也许是接连不断的本国事务限制了两位君主关系的继续恶化。腓力五世要应付法国的北方危机和因饥馑引发的骚乱起义，爱德华二世的王国则在随后陷入一场内

▲ 法王腓力五世

战。英国贵族们发现推翻皮尔斯加韦斯顿后，以休德斯潘塞（Hugh Despenser）父子为代表的新宠臣又登上了宫廷舞台。他们从王室领取了大批领地的行为激起了以第二任兰开斯特伯爵托马斯（Thomas，2nd Earl of Lancaster）为首的男爵贵族们的极度不满。托马斯联合第四任赫里福德伯爵汉弗莱德博恩（Humphrey de Bohun，4th Earl of Hereford）及罗杰莫蒂默（Roger Mortimer）等边境领主，在1321年夏季悍然袭击休德斯潘塞的领地，挑起了内战。不过在1322年3月的伯顿桥之战（Battle of Burton Bridge）中，兰开斯特伯爵和赫里福德伯爵遭到了已投向爱德华二世的安德鲁哈克莱爵士（Sir Andrew Harclay）的堵截。哈克莱爵士是一位长期在苏格兰边境作战的老兵。他借鉴苏格兰人的作战方式，让骑兵下马和长矛兵组成数个方阵与长弓手一起扼守渡桥和浅滩。这是一种新奇并取得了成功的战术尝试。牢固的长矛方阵和猛烈射击的长弓手让兰开斯特的精英骑兵们损失惨重。争夺渡桥的赫里福德伯爵在混乱中被砍倒。落荒而逃的兰开斯特伯爵不久便被俘虏并判处死刑。伯顿桥之战的成功赋予了英格兰指挥官们新的灵感。而哈克莱爵士也被爱德华二世提升为卡莱尔伯爵（Earl of Carlisle）。

▲ 佛兰德伯爵罗贝尔三世

但英格兰注定不能在爱德华二世手上复兴。仅仅七个月后，突入约克郡的苏格兰国王罗伯特一世在拜兰德修道院战役（Battle of Byland Abbey）中通过侧翼包抄战术击溃了里士满伯爵布列塔尼的约翰率领的英军队伍并将其俘虏。这次，爱德华二世被迫抛弃私人财物，狼狈逃离前线。战败的消息使卡莱尔伯爵安德鲁哈克莱沮丧地意识到他们这代人已无法在战争中取胜。1323 年，卡莱尔伯爵私下与罗伯特一世签订了一个和平协议。作为弥合战争创伤之举，这些约定有存在的合理性。但恼羞成怒的英王立即将卡莱尔伯爵以叛国罪用酷刑处死。招人忌恨的休德斯潘塞父子仍在耀武扬威，曾支持夫君对抗男爵们的伊莎贝拉王后发现小德斯潘塞妻子穿戴着她的珠宝。

在海峡对岸，法国人同样也对这位阿基坦统治者十分失望。历史一次又一次证明，他们难以奢望几乎处于独立状态下的外籍公爵会履行封臣对封君的义务。1322 年即位的新法王查理四世——按照惯例，他也将逝去王兄腓力五世的女儿们驱离王位——要求爱德华二世向他履行效忠礼时，遭到了后者的抗拒。具有讽刺意味的是，由于被海峡隔开，这位阿基坦公爵甚至都不能及时处理其领地内对法国王室的冒犯行为。1323 年的圣萨尔多（Saint-Sardos）危机就是典型的例子。它就发生在效忠礼事件两个月后。导火线是那个时代常见的一起地方纠纷案件，当地由公爵领管辖范围外的萨尔拉修道院的一个女性分院，正努力让自己摆脱公爵领当局的司法管辖。多年以来他们将官司打到了高等法院，并成功将庭吏引到圣萨尔多敲下带有王室纹章的木桩，将教士们声称附属的设防村镇（Bastide）置于国王的司法管辖之下。这引爆了附近蒙珀扎（Montpezat）领主雷蒙 - 贝尔纳（Raymond-Bernard）的敌意，他认为自己才是其主人。1323 年 10 月 15 日，在英王的加斯科涅执事的帮助下，蒙珀扎领主袭击了村镇，并将庭吏的尸体吊在木桩上。在接下来的半年里，英国君臣既没有惩罚凶手也无意配合法方的调查，他们只是派出一批批使者跟在法国宫廷身后不停辩解和拖延时间。这些愚蠢的举动终于使查理四世失去了耐心。1324 年 6 月，他正式宣布没收阿基坦公爵领。

▲ 查理四世

1324 年夏季，英格兰同法兰西之间再度爆发战争。诺曼底私掠船大肆劫掠英格兰海岸。作为英国王后伊莎贝拉嫁妆的蓬蒂约（Ponthieu）未经抵抗便向法王投降。而法王的叔叔瓦卢瓦伯爵查理再度率领军队进攻加斯科涅。现在，爱德华二世同父异母的兄弟肯特伯爵埃德蒙（Edmund, Earl of Kent）的身份已经由谈判代表转化为英王在加斯科涅地区的代理官，但他并不是一名优秀的统帅。他和部众们躲进了位于山岩上，可俯瞰加龙河（Garonne）的拉雷奥勒（La Réole）堡垒，瓦卢瓦伯爵此时已席卷了阿让奈地区（Agenais）。8月底，瓦卢瓦伯爵进抵拉雷奥勒。肯特伯爵的抵抗只持续了一个多月，在瓦卢瓦伯爵要发动总攻的威胁中，他献出了这座堡垒，并与敌人签订了六个月的休战协定。

▲ 瓦卢瓦伯爵查理

交战双方似乎对这个结果均不满意。肯特伯爵埃德蒙怀着对王兄在海峡对岸袖手旁观的怨恨前往波尔多，而巴黎则对瓦卢瓦伯爵查理如此轻易放过对手大为惋惜，他们打算在来年5月再度兴兵。爱德华二世继续遣使前往法国宫廷谈判，但毫无进展。同时，英国君臣开始将怨气发泄在他们的法国籍王后伊莎贝拉身上。他们没收了她的领地、珠宝和印玺，并将她置于休德斯潘塞妻子的监视下，后者还有权审查王后的信件，这并不是一个明智的选择。伊莎贝拉决心离开这个令她极度厌恶的牢笼。11月，也许是受赫里福德主教亚当奥尔顿（Adam Orleton, Bishop of Hereford）的建议，她提出前往法国宫廷劝说兄长查理四世，促成两国间的和解。而怜悯妹妹遭遇的法王也委婉地表达了这个要求。爱德华二世发现自己没有多少筹码。于是1325年3月中旬，伊莎贝拉出现在法国宫廷。夏季，她与王兄及其臣僚达成一项协议：加斯科涅先由法国官员做形式上的接管，爱德华二世向法王补行效忠礼后，查理四世将归还他的法国领地。

这些纷争已严重损害爱德华二世政府的运转。英王发现只要他动身前往法国，其宠臣休德斯潘塞父子就将被推翻。1325年8月初，已来到海边的爱德华二世做出了一个使自己追悔莫及的决定：授予12岁的爱德华王子所有在法国的头衔，并让他替代自己向法王行效忠礼。9月24日，王子在万塞讷向法王履行了仪式，随即发现自己的母亲正在做一些忤逆父王的事情，一个反对休德斯潘塞父子的流亡英国贵族集团聚集在她身旁，其中包括肯特伯爵埃德蒙以及罗杰莫蒂默——一名显赫的边境领主，曾因参与过兰开斯特伯爵托马斯的叛乱而被捕，越狱后逃往法国，他可能同伊莎贝拉一同参加过瓦卢瓦老伯爵查理的葬礼。接近年底时，爱德华二世遭受了全面挫折：法国人拒不归还阿让奈地区和拉雷奥勒，伊莎贝拉也公开表示只要休德斯潘塞父子还在掌控英格兰，她就没有返回的打算，陪同王子的埃克塞特主教沃尔特斯特普尔顿（Walter Stapledon, Bishop of Exeter）在压力之下被迫于 11 月只身逃回英格兰；伊莎贝拉控制了自己的长子，并再度对其丈夫在 12 月发出的，要求她与儿子回国的命令置之不理。英国王后已成为一面吸引政府反对派系的旗帜。

查理四世当然不可能理会爱德华二世一连串的引渡要求，但他低估了妹妹追逐爱情的决心以及情感开放程度。到 1326 年初，伊莎贝拉和罗杰莫蒂默坠入情网并同居的消息已传遍英格兰和法兰西。被这桩丑闻激怒的法王将伊莎贝拉等人轰出宫廷。不过手握英国继承人这张王牌使伊莎贝拉很快便找到了新的援助。凭借爱德华王子与埃诺伯爵之女菲莉帕的婚约，她得到了一支为自己复仇的埃诺、佛兰德、德意志以及波希米亚雇佣军。而她的丈夫爱德华二世已近乎疯狂。他关押了大批先前同情伊莎贝拉遭遇及休德斯潘塞的反对者，试图逮捕罗杰莫蒂默的母亲，并在 7 月向拒不合作的法王宣战。伊莎贝拉现在已将丈夫视为敌人。9 月 24 日，她同罗杰莫蒂默带着约 1500 人的队伍乘着 95 艘船来到了奥威尔（Orwell）河口。

虽然 22 天前爱德华二世就已命令二弟诺福克伯爵布拉泽顿的托马斯（Thomas of Brotherton，1st Earl of Norfolk）从东安格利亚招募 2000 人守卫萨福克郡的港口。但绝大部分英国贵族均无意为平庸任性的君主以及休德斯潘塞而战。伊莎贝拉和罗杰莫蒂默未遭遇抵抗便顺利登陆。爱德华二世的事业迅速土崩瓦解，伦敦爆发了针对他的暴乱，新任看护埃克塞特主教死于非命。随后越来越多的男爵带着部队加入王后的队伍追赶向西逃窜的国王。休德斯潘塞谋划的穿越威尔士前往兰迪岛(Lundy)乃至爱尔兰的计划很快便失败了。11 月 16 日，被处决的兰开斯特伯爵托马斯之弟，第三任兰开斯特伯爵亨利在兰特里森特（Llantrisant）俘获了英王。一同被捕的还有小德斯潘塞，像其父一样，他被以叛国罪用酷刑处死。爱德华二世则被带往凯尼尔沃思（Kenilworth，）在伊莎贝拉和罗杰莫蒂默的操纵下，他被迫退位。1327 年 1 月

▲ 英国王后伊莎贝拉与其子爱德华三世

20日，其子爱德华王子接过王冠，史称爱德华三世。

随后，爱德华二世被押往伯克利城堡（Berkeley Castle）。各种阴谋继续追随着他，接近年底时，在林肯的一次议会上，当局宣布老国王已于9月21日去世。当然，他很可能死于谋杀。身居幕后的伊莎贝拉和罗杰莫蒂默现在通过操纵一个代国王管理国家的摄政会议控制了政府，但他们发现很难令英格兰恢复平静。在北面边境，苏格兰国王罗伯特一世已重启了对英格兰的袭扰活动，伊莎贝拉和罗杰莫蒂默决定于夏季在约克组建一支军队。但英国长弓手及市民与低地佣兵间的争执演变成了一场战争，于是大军开拔前就已在约克街头损失了数百人。接着，英军进入荒凉的边境地区寻找苏格兰主力决战，他们遇上的只有无尽的大雨。最后，耗尽给养的大军撤退。伊莎贝拉和罗杰莫蒂默意识到他们很难在这场战争中获得最终胜利。

1328年初，爱德华三世与16岁的埃诺的菲莉帕完婚后，他的母亲及其情夫开始努力同苏格兰国王罗伯特一世议和，签订了北安普敦和约（Treaty of Northampton）。这份与先前卡莱尔伯爵安德鲁哈克莱拟定的协议有颇多相似之处的条约结束了双方间延绵数十年的战争。它承认罗伯特一世的苏格兰国王地位，放弃了英国对其声称拥有的最高主权，答应归还从苏格兰手中夺走的一些圣物并同意罗伯特一世4岁的儿子大卫与伊莎贝拉7岁的女儿琼（Joan of the Tower）联姻。罗伯特一世则同意支付2万英镑的赔款弥补对袭扰英格兰造成的损失。虽然这份实际承认了苏格兰独立地位的和约在5月时受到爱德华三世的正式批准，但年轻的英王并没有多少认同感，有人看到他在去年的战役失利时陷入狂怒并潸然泪下。显然，爱德华三世已将其视为耻辱并一心等待复仇的机会。而同时代的英格兰人也持类似看法，他们将其称为“耻辱和平”(Shameful Peace)。伦敦的民众甚至阻止了威斯敏斯特修道院(Westminster Abbey)运出斯昆石。不满伊莎贝拉和罗杰莫蒂默统治的流言蜚语开始出现。实际上，这两人窃取国家资源自肥的行为不比以前那些声名狼藉的贵族更收敛。罗杰莫蒂默的产业愈发膨胀，他还自封为马奇伯爵(Earl of March，)身居其他边境领主之前。伊莎贝拉则为自己开了一笔丰厚的津贴，并占据着新王后的大部分嫁妆及收益。

英国王太后同时还在为长子谋取另一项王冠。1328 年 2 月，法王腓力四世的幼子，卡佩王朝主系最后一位国王查理四世去世。除了数名女儿外，他的第三任王后让娜德埃夫勒(Jeanne d'Évreux)还怀有遗腹子。法兰西权贵们推选了查理四世的堂兄新任瓦卢瓦伯爵腓力担任摄政。让娜于 4 月 1 日再生下一个女儿后，腓力被推举为法兰西国王，史称腓力六世。而身为老国王腓力四世的女儿，伊莎贝拉不愿放弃自己的继承权。她派遣考文垂及伍斯特主教前往法国宣扬她及其子爱德华三世对法国王位的所有权。实际上，英国人的理论本身就有自相矛盾之处，如果爱德华三世真有通过其母获得王位继承的权利，那他的资格也应该排在三位舅舅国王留下的表妹们及其后代之后。

法兰西权贵们一致拒绝了英国人的要求，对外籍君主统治本国的不信任也增加了他们的决心。新法王腓力六世立即做出了回应，作为阿基坦公爵和蓬蒂约伯爵，爱德华三世需要向自己行效忠礼。消息传到英格兰后，愤怒的伊莎贝拉当场予以拒绝，并宣称“国王的儿子不会向伯爵的儿子行效忠礼”。腓力六世随后便开始截留阿基坦公爵领葡萄酒贸易的收入，而英国议会也对君主继承法国王位不感兴趣。因此，爱德华三世被迫向法王屈服。1329 年，他来到亚眠履行了仪式，但这次行动能化解的纷争十分有限。英国人要求归还他们在战争被占的全部领地。不久后法国人在交涉中也抱怨爱德华三世没有拿下他的马刺，也没有将双手放入腓力六世手中——意味着他没有承认与法国的“君臣关系”。腓力六世更是要求他履行完整仪式。尽管如此，这场仪式至少证明爱德华三世此时已承认腓力的法国国王身份。

当然，很难论定爱德华三世就此放弃了对法国王位的觊觎之心。腓力六世毕竟是以伯爵之身继承的大统，他必须偿还国内权贵支持者们的人情债，必须向贵族们妥协，用盛大的排场和宴席笼络他们、向他们分发大笔赏赐、维持庞大的随从队伍、允许他

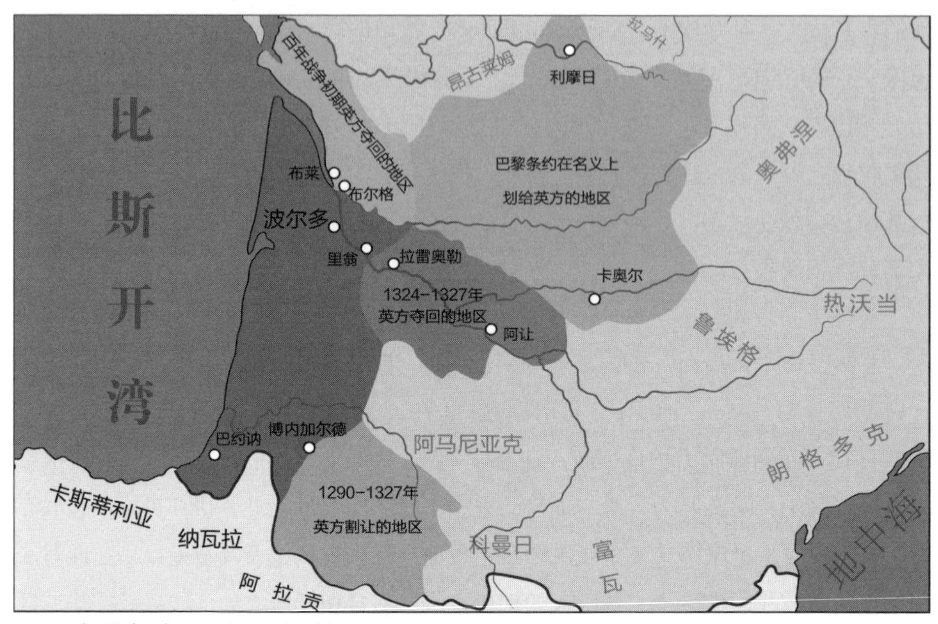

▲ 百年战争前的阿基坦公爵领

们将门客和扈从安插进政府机构，同时也更难从他们身上榨出可观的税收。比起卡佩主系，上位之初的瓦卢瓦王室威望已大幅减弱，在这个危机四伏的年代，它更加脆弱不堪，更容易因打击而被质疑其合法性，也更不敢奢望在卡佩王朝末代诸王苦心经营却半道中止的完善君主集权政府道路上添砖加瓦了。

新君亲政与战争爆发

到14世纪20年代末，英格兰仍深陷于纷扰中难以自拔，针对专权者的阴谋和叛乱时有发生。罗杰莫蒂默正日益成为他当年要发誓推翻的角色，他左右着伊莎贝拉，当他以先王仍活着的假情报骗取愚蠢的肯特伯爵埃德蒙卷入一场试图营救先王的叛乱陷阱时，伊莎贝拉也未干涉。处决肯特伯爵埃德蒙在王国内掀起了一场轩然大波，罗杰莫蒂默却加紧了对将成年的英王的控制，并试图延长他与伊莎贝拉控制摄政会议的合法期限。

然而，罗杰莫蒂默面对的是一个年轻但可怕的对手。爱德华三世已不知不觉聚集了一群忠心的青年贵族。1330 年 10 月 19 日夜晚，他决定夺回自己的权力。尽管王太后已经给居住的诺丁汉城堡换上了新锁，爱德华三世和他的同伴还是通过一条地道潜入了城堡。他们迅速攻入了伊莎贝拉和罗杰莫蒂默的居室。一番搏斗后，两名卫兵被杀，罗杰·莫蒂默也被俘。据说，伊莎贝拉在现场向国王哭喊道：“亲爱的儿子，对温柔的莫蒂默大人发发慈悲吧！”

罗杰莫蒂默大人领受的慈悲是，秘密宣判并在年底被处以绞刑。爱德华三世已在早些时候的威斯敏斯特议会上宣布，以后他将公正地统治并听取王国重要人物的建议。这标志着一个新时代的来临。亲政的英君只有 18 岁，他英勇威武、博学多才、品味高雅、魅力无穷，对骑士风度推崇备至，也喜欢华丽的排场。他挥金如土，善于和人们建立起亲密友情。英王决心带领臣民进入一个全新的时代，他开始努力整治时弊。二十年来的政局动荡和派系纷争引发了严重的混乱，除了英王政府有限的直接控制区域，英格兰几乎是法外之地：盗匪抢劫层出不穷、律法被败坏、贵族肆意展示自己的私人武装提醒人们谨慎选择阵营，甚至犯下累累暴行。爱德华三世重新吸纳了一批因倾轧而被排挤出政府的官员，废止了自即位以来所有以他名义拨出的封土赏赐，严申了禁止决斗、非官方比武大会、在议会中持有武器的法令，并在各郡设立王室常驻司法机构。但那些带着私兵为所欲为的权贵则很难对付。将英国人的攻击性引向境外甚至海外是一项会有利于本国公共利益的策略，雄心勃勃的英王接下来的所作所为就是这一观点的具体实践。

▲ 爱德华三世妻子菲莉帕的加冕仪式

爱德华三世无意继续与北面邻居的“耻辱和平”—苏格兰国王罗伯特一世已

▲ “亲爱的儿子，对温柔的莫蒂默大人发发慈悲吧。”对婚姻不幸的伊莎贝拉来说，开朗、果断、敢于冒险，对文化和艺术有着相同兴趣的罗杰·莫蒂默与她的丈夫有强烈的反差，他们的结合在今日无可厚非，但是在当时引发了严重后果。爱德华三世对待罗杰·莫蒂默的后人十分宽容，他允许他们继续为自己服务

在去年夏季去世，此时坐在苏格兰王位上的只是 6 岁的孩童大卫二世。那些流亡的苏格兰亲英派贵族也积极怂恿英王再度将战火烧到自己的国土上，以便夺回被没收的领地。这群被称为“被剥夺继承者”有一个共同领袖，被罢免的老苏格兰国王约翰巴利奥尔之子爱德华巴利奥尔（Edward Balliol）。1331 年，这些人想出了一个集结私人军队推翻大卫二世政权的计划。不过爱德华三世此时仍被法国领地的后续纷争所牵制。春季时，他不得不秘密渡海同一直要求履行完整仪式的腓力六世会晤，以联姻和承诺参加对撒拉逊人的远征换取法王中止正在南方展开的攻击行动。在公开场合，他摆出了不支持“被剥夺继承者”的姿态：禁止他们经过英格兰领土，没收他们支持者的领地数月后又偷偷归还。于是，1332 年夏季，“被剥夺继承者”组建的约 1500 人的军队乘坐 80 余艘小船从约克郡的港口起航并在法夫地区（Fife）的金霍恩（Kinghorn）登陆。8 月 11 日，他们在珀斯（Perth）附近的

杜普林沼泽（Dupplin Moor）遇上了数倍于己的苏格兰部队。但后者的老将大多凋零，主要指挥官们又相互怀疑争吵，为了摆脱指责，不顾阵型的将领们纷纷带领部众冲向敌人那条以下马骑兵居中、长弓手分居两侧前凸位置的坚固战线。后者密集的箭矢打乱了苏格兰部队的秩序，给甲胄低劣的士兵造成惨重伤亡。他们的两翼也因忍受不了射击而纷纷向中间聚拢，导致前方战士被推上对手的矛尖，从后方涌至的第二批队伍又让前锋难以撤退重组。战斗演变为一场屠杀，据说苏格兰士兵的尸体堆积到接近长矛的高度。老国王的私生子罗伯特布鲁斯及苏格兰守护马尔伯爵多姆纳尔二世（Domhnall II, Earl of Mar）等主要指挥官皆战死沙场。法夫伯爵唐查德四世（Donnchadh IV, Earl of Fife）试图带领剩余的部队撤出战场，但他们很快便被骑着安排在阵地后方战马的敌人击溃。另一支由邓巴伯爵帕特里克五世（Patrick V，Earl of Dunbar）率领的，计划从后方包抄的苏格兰部队则不战自退。9 月，兴奋不已的爱德华巴利奥尔在斯昆加冕为苏格兰国王并声明将以封臣身份向爱德华三世宣誓效忠。“被剥夺继承者”轻而易举的成功多少令爱德华三世君臣有些意外。凭借着爱德华巴利奥尔的入侵可能最终被击败，苏格兰人会向英国边境发动报复性攻击的可能性，英王及其近臣使议会通过了一次 1/10 和 1/15 税收，[①] 并开始向北方调集军队。

▲ 爱德华·巴利奥尔

有趣的是，英国人为动员找的借口很快便一语成谶。爱德华巴利奥尔的大业崩溃之快简直可以同他取胜的速度比肩。10 月，新守护爵士阿奇博尔德道格拉斯（Guardian Sir Archibald Douglas）以召集一次决定苏格兰真正国王的议会为由，与巴利奥尔签订了一份休战协议。后者随即解散了自己的军队。12 月，道格拉斯通过一次夜袭将爱德华巴

① 一次 1/10，1/15 税的税金依照每位纳税者动产价值的一定比例征收，通常在城镇地区及王家领地的比率是 1/10，乡村地区是 1/15。

利奥尔逐出安嫩(Annan)。这个英国傀儡不得不半裸着骑马只身逃到卡莱尔。“被剥夺继承者”的挫折并未熄灭爱德华三世的野心。苏格兰人的报复性袭扰使得他以前者破坏和约为理由彻底撕毁合约,从幕后跳至台前。爱德华三世很快便将总部搬到约克,在接下来的数年,约克成为英国的临时首都。1333 年春季,他率领大军同“被剥夺继承者”的残部悍然跨过特威德河(Tweed,)包围了北岸的贝里克(Berwick)。夏季时,道格拉斯带着约 1.3 万人的苏格兰军主力袭扰特威德河南岸地区,以便调开敌人的围城部队,但爱德华三世不为所动。道格拉斯被迫于 1333 年 7 月 19 日返回前线攻击英国人布置在堡垒西北面哈利顿山(Halidon Hill)上的主力。事实证明这场为了解围而被迫接受的会战给苏格兰大军造成的灾难比直接丢弃堡垒引发的后果要严重得多。三个位于高地上英军下马骑兵及步兵方阵与分别布置在各阵侧翼的楔形长弓手给穿过沼泽平地,以三个传统长矛方阵进攻的苏格兰战士们造成了毁灭性打击。一大批精锐部队还未接敌便折损在山脚下。道格拉斯及五位伯爵均殁于王事。溃退中不少人跳进大海以求活命。英军一直追出了 3 英里远。爱德华三世用与杜普林沼泽战役相似的布阵获得了极大的成功。而这种战术很快也将被运用到大陆战场,并成为日后声名远扬英格兰军事体系的核心部分。

哈利顿山战役摧毁了苏格兰王国的主力。贝里克在次日向爱德华三世投降。英国及爱德华巴利奥尔的势力迅速席卷了王国的大部分地区。大卫二世的事业陷于崩溃。他不得不同妻子逃到王国低地区西北角的邓巴顿城堡(Dumbarton Castle)。在时人看来他们迟早会被对手俘获。而又一次被主子扶上王座的爱德华巴利奥尔赶紧将八个低地郡割让给爱德华三世并在次年初夏对后者履行效忠礼。

然而随着爱德华三世在苏格兰事业的蒸蒸日上,他在阿基坦公爵领的问题却开始变得复杂。作为国家战略的一部分,法王腓力六世不可能对盟友的毁灭无动于衷。1334 年春季,他终于下定决心派人将大卫二世夫妇接至法国,并在诺曼底的盖亚尔城堡(Château Gaillard)建立了一个流亡宫廷。同时法国谈判代表们也开始在阿基坦公爵领地归还问题中发力,在苏格兰问题解决前它已陷入停滞。这无疑触及了爱德华三世的痛点。更糟糕的是即使大卫二世已流亡国外,新设立的苏格兰守护们还在本土坚持与英王的奴仆们作战。随后的一系列起义又席卷了爱德华巴利奥尔的大部分地盘,令他的统治摇摇欲坠。

▲ 腓力六世接见苏格兰国王大卫及其王后

爱德华三世特有的坚韧和自信使他无视苏格兰人抵御外敌的意志及英国国力的限制，顽固地坚持要将对手彻底摧毁，也许他是打算在远征大陆前彻底排除后顾之忧。1334 年冬季，英王不顾恶劣气候，再次带领一支数千人的军队侵入苏格兰。但他的对手们已经开始重拾先王时代避免会战的战术。英军最终于来年 2 月无功而返。在随之而来的短暂休战协议期间，腓力六世派出的大批法国使者前往英王宫廷，试图调停后者与苏格兰人间的关系。事实证明一系列的谈判只是爱德华三世掩饰自己新一轮远征行动的幌子罢了。1335 年 7 月，他再次发动入侵。逾 1.3 万名英军兵分数路，一直进抵珀斯。所过之处留下一片焦土，但他们并未遇见敌人的有力抵抗，因此除了破坏外也没有值得一提的战绩。

1335年夏季，腓力六世终于认定爱德华三世没有对苏格兰罢兵的打算，他开始计划派遣军队渡海帮助自己的盟友。用法国船只运送补给至苏格兰的活动早已展开，而法国私掠船英方的攻击活动也开始激增。这意味着英法双方的关系正在急剧恶化。爱德华三世开始组建沿海海防力量，并征用舰船拦截敌对舰只。与此同时，政府借机大肆宣传法国入侵的可能性。显然，他不打算改弦易辙，而且明确意识到了双方不断加强的对抗所能引发的后果。

尽管大卫二世已流亡海外，但苏格兰境内的抵抗者们很快选出了一位善于游击作战的新苏格兰守护安德鲁默里（Andrew Murray）。安德鲁默里是威廉华莱士曾经的战友安德鲁莫里之子。年底时，他与英军签订了数个月的休战协议。在教皇使者的斡旋下，英、法、苏三方进行了一次谈判，这次谈判是避免全面大战的最后希望。但谈判毫无悬念地失败了。安德鲁默里在同英国休战期间有力地打击了爱德华巴利奥尔的势力。大卫二世作为爱德华巴利奥尔王位继承人前往英格兰居住的方案遭到了腓力六世与大卫二世本人的拒绝。爱德华三世则在休战协议到期的1336年4月后再度兴兵。他的堂兄，兰开斯特伯爵亨利之子格罗斯蒙特的亨利（Henry of Grosmont）率领一支千余人的部队作为先锋于5月出发。7月，英王带领一支主力跟进，蹂躏了苏格兰的东部海岸。破坏了埃尔金（Elgin）和阿伯丁（Aberdeen，）而第三支英军则袭击了西南部的克莱德河谷（Clyde valley）。英国人打算通过破坏港口阻止法国船只对苏格兰的援助。除此之外，很难说他们达到了多少战略目的。在下半年中，安德鲁默里及其战友发起了一系列攻克英军孤立据点的小规模战斗，并对那些可能为敌所用的地区实行了焦土政策，他们的攻势一直持续到来年春季。由英国人挑起的延绵了六年多的战争给苏格兰王国带来了惨重损失。但与侵略者设想不同的是，战火不仅没有颠覆这个王国，反而牵制了自己的大部分北部力量。此外，在长期军事动员体制影响下，英格兰北部逐渐形成了一批掌握可观资源和权力的北方大家族，他们将对今后的英格兰政治结构产生深远影响。

在海峡对岸，腓力六世已不对局势趋缓抱有任何希望。1336年4月，对撒拉逊人的远征计划终于流产。失望之余，腓力六世开始将相关资源和舰队用在了针对英国的战备上。有关法国陆军将渡海与苏格兰部队合兵侵入英格兰北部的情报已经扩散开来，法国海军已开始攻击英格兰海岸和船只。而新一轮利用地方纠纷启动没收阿基坦的程序也在逐步展开——巴黎高等法院里关于这一地区堆积如山的申诉案卷使寻找借口并非难事，英国及当地官员一如既往抵制法国调查及办案人员的行径使惩罚行动将名正言顺。

法国的强势迫使爱德华三世离开苏格兰前线南下。他随后改变战略重心的一系列行动表明自己已接受对手的挑战。英王对自己在苏格兰战争中不断受到锤炼的军队在战场上的表现颇有信心，他似乎不介意随后到大陆试试身手。英格兰民众对境外敌人强烈的厌恶情绪已经被法国入侵的宣传鼓动起来。他们现在乐意为君主提供战争资金。爱德华三世重新拾起祖父的大陆北方联盟战略：在 8 月颁布禁止出口羊毛命令，使那些倾向英国的佛兰德工业城市，群起反抗路易一世本已风雨飘摇的统治[①]；英国使者们也开始积极联络埃诺伯爵和低地及德意志诸侯们，他们因法国不断向东北边境扩张势力而心存警觉，1337 年初腓力六世为其子购买康布雷地区城堡的行为尤其令他们坐立不安。英国人的连横对法国而言是危险的警报。令爱德华三世同腓力六世公开决裂的导火索则是一名法国贵族阿图瓦的罗贝尔。

阿图瓦的罗贝尔出身于卡佩旁支，是前阿图瓦伯爵罗贝尔二世的嫡孙。由于父亲早逝，阿图瓦伯爵领转到了其大姑阿图瓦女伯爵马奥（Mahaut, Countess of Artois）手上。而马奥又同勃艮第伯爵奥托四世（Otto IV, Count of Burgundy）结婚，并将长女让娜二世嫁给法王腓力五世，因此成了罗贝尔难以撼动的权贵。但罗贝尔精明能干、野心勃勃，他倔强地将毕生精力都花在争夺这块伯爵领上。他一度几近成功：凭借着与前瓦卢瓦伯爵查理之女瓦卢瓦的让娜（Jeanne of Valois）的联姻，罗贝尔在 14 世纪 20 年代后期就已成为腓力六世的妹夫和顾问，并在后者继承法国王位后成为炙手可热的宠臣。与之形成鲜明对比的是，马奥及大部分子嗣均已凋零。罗贝尔

① 在法国宫廷长大的佛兰德伯爵路易一世 Louis I，Count of Flanders 与法王腓力五世的次女，法国公主玛格丽特联姻。玛格丽特将在 1361 年继承大姐让娜三世 Jeanne III Countess of Burgundy 的勃艮第伯爵领和阿图瓦伯爵领，将这些领地带入了佛兰德家族。但眼下路易推行的亲法政策引起了其低地臣民的不满，后者一度在暴动中将他逮捕。1328 年路易被迫逃到法国宫廷。8 月，他的封君法国国王率领大军在卡塞勒战役 Battle of Cassel 中击败了佛兰德起义者，路易得以重返家乡。但佛兰德城镇的敌对情绪仍未平息。1339 年路易被迫再度逃亡法国宫廷。

▲ 腓力六世审判决阿图瓦的罗贝尔

嗅到了机会，他再次向腓力六世提出了伯爵领地的继承权，并怂恿腓力六世以王室的名义接管伯爵领，发起调查，为自己主持公道。但由于马奥的外孙女让娜三世嫁给勃艮第公爵奥托四世（Odo IV, Duke of Burgundy，）导致阿图瓦伯爵领于 1330 年年初被收入勃艮第家族囊中。而勃艮第公爵奥托四世的三姐正是现任法国王后，腓力六世的妻子勃艮第的让娜（Jeanne of Burgundy）。这张权贵间的血缘网再次将罗贝尔与自己的猎物隔开。更糟糕的是，人们在调查过程中发现罗贝尔出示的证明文件是他伪造的。法王狂怒，罗贝尔只得逃出法国，随后又有他在国外散布威胁王室的留言以及用巫术给王子们下诅咒的消息。腓力六世不能容忍罗贝尔搬弄是非，他加紧了对这位已成为“仇敌”者的追捕行动。走投无路的罗贝尔随即于 1334 年逃亡英格兰，打算把恢复自己地盘的宝押在一位外国君主身上。

比父亲更具贵族审美品位的爱德华三世不反感仪表不凡、风度翩翩的罗贝尔，不过他起初并未对其委以重任。随着与法国的关系逐渐紧张，英王开始重视那些法国流亡者，而罗贝尔关于自己在低地地区广布人脉的吹嘘也使他在英国宫廷的地位显著提升。这令腓力六世异常恼火。1336 年底，他开始频繁要求引渡罗贝尔。这些要求都不出意外地被拒绝了。3 月 16 日，爱德华三世在议会结束后举办了一场典礼。除了将首个公爵爵位授予自己的长子外，还破例封了六位伯爵。授予者均是立下赫赫战功的年轻贵族。这不仅是爱德华三世对贵族阶层的笼络与扶持，也是在为即将到来的大规模战争组建高级指挥体系。他已决定要捍卫阿基坦这片每年净收入约 1.3 万英镑的祖传海外领地，即使花费数倍的军费也在所不惜。

英王拒绝法王最后通牒的理由是，他未在腓力六世的领地上庇护罗贝尔。可是站在封君与封臣关系的角度——这也是当时爱德华三世能持有阿基坦领地的法理基础——他袒护封君敌人的行为无疑未尽到一个封臣的本分。腓力六世得到了包括与罗贝尔有隙的勃艮第家族在内的法兰西世卿及权贵们支持。显然时人均认为收回封地符合律法。1337 年 4 月 30 日，法王向全国颁布了总动员令（Arrière-ban）。在 14 世纪 30 年代后期错综复杂的背景下，随着大批军队奔向西南前线，战事将不可逆转地越过争夺封地的界限，引发两个王朝间的全面对抗。

第二章 海洋与大陆的较量

1337—1380 年

战火初燃

1336年6月初，法王没收阿基坦公爵领地的法令被送至爱德华三世在阿基坦的执事奥利弗·英厄姆（Oliver Ingham）手中。他没有向巴黎高等法院提交申辩的时间。几周后，一支约9000—12000人的法军集结在公爵领东面的马尔芒德（Marmande）。法兰西陆军统帅布列讷的拉乌尔一世（Raoul I of Brienne）[①]带着由阿马尼亚克伯爵让一世（Jean I，Count of Armagnac）与富瓦伯爵加斯东三世（Gaston III, Count of Foix）等南方贵族及国王执事们提供的部队，迅速攻占了阿让奈地区的维勒讷沃（Villeneuve）等据点，又突入多尔多涅河（Dordogne）和吉伦特河（Gironde）之间的地区。之后，他们就与在南面沿阿杜尔河（Adour）向巴约讷地区进击的富瓦伯爵部一样毫无进展。秋季后，法国人的事业陷于停滞，除了烧杀劫掠外，他们只满足于占领一些小堡营寨。显然，要逐一攻克那些靠近密集河网、能及时得到增援的关键堡垒还需要更多的军队，但腓力六世及廷臣们却解散了南方的部队。他们不敢抽调更多的人手。7月，另一部法军也前往亚眠，应对英国人正在组建的由低地及德意志诸侯组成的反法联盟的入侵威胁。1337年加斯科涅的短暂远征揭示了法国人要长期面对的问题：在海峡对岸的敌人摩拳擦掌之际，他们难以在南北两条战线上同时投入重兵准备数场会战。

不过腓力六世高估了对手。爱德华三世拟定的英军诺曼底登陆、盟友从东北面合击法国的计划已经落空。尽管英国使者承诺至少有16万英镑的军费，反法同盟却敷衍塞责。皇帝和诸侯们都不愿出头挑战那位可怕的邻居——他们明白法国人可以在会战中投入2万人左右的部队，这在14世纪是一支庞大的力量。他们坚持将进攻方向集中于自己利益所在的康布雷地区（Cambrai）。而这个方案还因英王应付本土

① 法兰西陆军统帅（Constable of France），简称陆军统帅，在军事体系中仅次国王，国王不在场时他负责指挥各级军官及军队。他还兼管情报和侦察，主持军事司法，筹措军费等事务。

事务难以前来会合而一再拖延。人员和财政均是令爱德华三世头痛的问题。他不得不在威廉·德·拉波尔（William de la Pole）等组织了联合商号的英国大商人们的协助下，强制低价收购国内大部分羊毛，运往大陆销售，用换得的利润补贴开销。即便如此，10月时爱德华三世也只集结起1300人的先遣部队。这些人同第一批羊毛一起被送往大陆。他们在佛兰德沿海发起一些袭扰，这便是1337年反法同盟在北方的唯一攻势。德意志人答应的7000人大军根本没有出现。

经历了局部短暂停火后，1338年战争又趋于激烈化。腓力六世在春季再度组织了一次针对加斯科涅的行动，结果并不理想，法国人更成功的行动是在海上：3月，新任法国海军将军尼古拉·贝于歇（Nicholas Béhuchet）带舰队突击了朴次茅斯，开启了英格兰沿岸海港及岛屿频繁被袭扰的序幕。利用对手的疏忽，船上的法军水手和海员们频频登陆薄弱地带，焚烧房屋和作物，掠夺钱财。同时，法军舰队还威胁着英国的海上商船，给英国的贸易及捕鱼等产业带来严重损害。这一系列海上交锋直接影响了英格兰臣民的利益，令他们苦不堪言。不过他们的国王仍专注于自己宏大的大陆进攻战略。当然，爱德华三世在次要方向上获得了一些成功：羊毛出口禁令持续一年多后，在经济上备受打击的根特等佛兰德城市终于爆发起义。1月3日，贵族商人雅各布·范·阿特威尔德(Jacob van Artevelde)成为新政府的领导人。随后，布鲁日和伊普尔（Ypres）等城市也陆续加入进来。阿特威尔德逐渐代替他们那位倾向于法国宗主的佛兰德伯爵路易一世，成为佛兰德地区的主要控制者，他向英国摆出了中立姿态。此后，佛兰德将成为英国人在欧洲大陆的一个有力支点。

1338年7月下旬，爱德华三世终于带着约4000人的队伍出现在安特卫普。这个消极大刺激了腓力六世。法军开始往北面调动。不过很快他松了一口气：被神圣罗马帝国皇帝路易四世（Louis IV, Holy Roman Emperor）任命为莱茵河以西帝国领地代理官，掌握总指挥权的英王发现自己必须先支付盟友的薪金才指挥得动他的大军。但英国国内反对强卖羊毛的抵抗行为大大延误了资金的周转。于是，战役的发起时间不得不推迟至来年。这些事件给腓力六世造成的唯一影响是按惯例解散军队后，他也得在1338—1339年冬季掏钱维持一支有数千人规模的法军，长期驻扎在图尔奈（Tournay）、杜埃等靠近北部埃诺边境地区，以防不测。尽管面临财务危机，法王还是打算改变在加斯科涅依靠大贵族及当地部队发动分散攻击的策略，准备由政府集中军队围攻重要堡垒。这令同一时期他还得在南方维持不断扩张的常驻部队。到1339年4月，南方的法军已达1.2万人，在一系列围攻战中，英军几乎被赶出洛特河(Lot)以及加龙河上游地区，波尔多地区也面临着威胁。

▲ 雅各布·范·阿特威尔德雕像

西南地区的危局以及法国舰队的肆虐让爱德华三世十分窘迫。直到夏季后，命运才开始眷顾英国：法国舰队的热那亚雇佣兵因薪水问题发动哗变，占据总数一大半的战舰随即消失；英国和佛兰德的舰队趁机袭扰了诺曼底海岸，为爱德华三世挽回些颜面。与此同时，腓力六世则忙着将军队调往北方——在拖延近两年后，反法同盟终于开始行动了。接下来的事实表明，同盟的这种联合远征劳而无功：9月，在埃诺地区集结的联军1万人一举包围了康布雷，不过他们既不能攻下城市也不能吸引法军主力来到前线决战。10月初，联军继续南下，深入法王领地内，但长途行军所带来的补给匮乏很快便迫使他们踏上返程。而腓力六世却率领着约2.5万人的队伍，不紧不慢地跟随他们行进。联军曾在拉卡佩勒(La Capelle)附近构筑了一个坚固的阵地坐等对手，但腓力六世选择了远处谨慎围观。最终，失去耐心的德国诸侯们在恭维了爱德华三世实乃战场赢家后，便匆匆打道回府了。

除了摧毁一些小村镇外，爱德华三世未获得任何有战略意义的成果，却背上了巨额的债务。为了继续自己的事业，他又想出了一个新点子：1340年1月26日，爱德华三世在根特的市集上正式宣布自己为法国国王，英国王室的纹章也添加上象征法国王室的蓝底金鸢尾花的图案。经过近3年来一系列并不顺利的战事，很难说爱德华三世还有把对手赶下王座的信心。他重新拾起这一头衔很可能只是一种策略：成为法国国王可以彻底摆脱他同腓力六世间的封建主仆纽带，避免以封臣身份对抗法王而导致在舆论及法统中产生被动局面。同时，那些协助爱德华三世反对腓力六世的法国贵族也可以从叛乱的指控中脱身。从现在开始，他们可以声称自己从事的只是一次具有争议的内战罢了，这将为爱德华三世争取更多砝码。

具有讽刺意味的是，英王在根特的宣言引起了本土的不安，许多英国人并不愿卷入纷扰的大陆事务中。受政府先前的战争宣传及战事影响，他们已经对法国产生了深深的厌恶与戒心。议会不得不制定一项法规，申明无论是现在还是未来，任何英国人在任何环境下都不必屈服于法国法令。而爱德华三世首先要面对的是资金匮乏问题，拮据的政府及议会收益同他在盟友们面前的慷慨许诺形成了巨大反差，此时包围在他身旁的是众多债主。为摆脱他们的纠缠，这位法国新君不得不在2月下旬只身返回英格兰。他的妻儿则不怎么体面地被留在当地充当人质。

那些筹款不力的官员及富人们最先领会到了英王的怒气，不少人都受到了恐吓。在3月的议会上，爱德华三世从议员们的抗议中发觉了国内舆论的不满。这使英王觉得有必要换用一种更委婉的方式同与会者沟通。他向与会者解释，如果没有这些款项，他的荣誉将被毁灭，法国的领地将会丢失，自己将深陷债务，沦为人质。他保证无意合并两个王国，不会因自己法王的责任对英国采取任何措施。国王的妥协姿态以及批准一切议会要求为他换来了一笔1/9动产税、向教士课税以及对伦敦商人的强制借贷。爱德华三世得以征募远征军——可能有5000人，长弓手和骑兵的比例为3比2。这次英王的规划务实一些，他盯上了腓力六世那支近来运气不佳又难以补充的海军。1月，英国舰队偷袭了布洛涅，摧毁了停泊在此地的十余艘战舰。法国人被迫将目标局限在封锁英格兰同佛兰德的航道上。6月初，法国海军集中至斯勒伊斯（Sluys）附近茨温河（Zwin）河口的消息传到了英国君臣耳中。英格兰中书大法官坎特伯雷大主教约翰·德·斯特拉特福（John de Stratford，Archbishop of Canterbury）极力规劝爱德华三世不要以身试险。他甚至辞去职务并交出国玺，但这些抗议均未打动爱德华三世。6月22日，英王亲自率领约160艘英国船只扬帆起航，它们将面对的敌人则有213艘舰只。

虽然法国舰只上的总人数达到了1.9万人，但实际只搭载了500名专业弩手和100名职业骑兵，法军指挥官于格·基耶雷（Hugues Quiéret）以及尼古拉·贝于歇打算依靠这支力量阻止敌人登陆。虽然舰队中更为专业的热那亚将官彼得罗·巴尔巴维拉（Pietro Barbavera）提议将舰队拉至外海，利用上风伺机而动。但基耶雷和贝于歇采用了保守战术，他们把舰只排成三排，用铁链相连横跨在狭窄的河湾上，最庞大的 19 艘战舰还被摆在了第一线。这简直像个陆地方阵。耐心的英国人等到了 24 日午后，乘风向占据有利位置后才由北向南发起进攻。尽管已经解开锁链的法国战舰比对手高大，但英军搭载的长弓手很快就压制了法军将要面对阳光投射的部队。当英国骑士们登上船只后，法国人更难以抵挡。这时法军才发现自己后两排战舰难以支援前线，战事已无法挽回。接着，已倒向英格兰的佛兰德人也驾着小船加入战局。到夜幕降临后，这场海战已经变成一边倒的屠杀。英军击溃了两排法国战舰，第三排则争相逃命。晚上 10 点前后，英军锁定了胜局。

斯勒伊斯海战是英国开战以来获得的第一场关键性胜利。法国海军几乎崩溃，除彼得罗·巴尔巴维拉率领的一些战舰逃走外，共有 190 艘舰只被俘，包括两位法国指挥官在内的 1.6 万人死亡，法国从此彻底丧失了制海权。虽然腿上中了一箭的爱德华三世休养了一段时间，但他已可以毫无顾虑地指挥自己的军队登上大陆，这对正在埃诺边境同德意志诸侯们作战的腓力六世来说不啻当头棒击。此时腓力六世在各条战线上都遇到了麻烦：由于复杂的领地争执，一些在西南方颇有影响的大贵族已倒向加斯科涅的英方阵营，阿基坦执事奥利弗·英厄姆趁机发起了一些反攻。法王决定发布动员令并收缩北面战线，除了分兵确保康布雷外，法军主力退入阿图瓦境内观望。而他的对手则在高歌猛进。爱德华三世很快便亲自率军围攻佛兰德人一直想收复的故土图尔奈，阿图瓦的罗贝尔则分兵直取圣奥梅尔（Saint-Omer），觊觎加来（Calais）。而守卫圣奥梅尔的正是霸占了阿图瓦伯爵领的勃艮第公爵奥托四世，他只有数千名骑兵。但拥兵万余的罗贝尔难以扳倒自己的竞争者。7 月 26 日，他手下的佛兰德民兵在城外惨遭迂回的法军骑兵屠杀。罗贝尔被迫丢下大量给养追随溃兵逃走，佛兰德的西南边境由此敞开在法军面前。爱德华三世围攻图尔奈的战役也颇为不顺，他的攻城机械很难杀伤守城者，登城强攻又屡屡失败。漫长的围困使德意志诸侯们兴味索然，损失惨重的佛兰德人与他们的关系也在恶化。而一个多月后，腓力六世才带着法军主力慢慢挪到联军面前，但他仍无意会战。反法联盟最终分崩离析。9 月 24 日，爱德华三世不得不同法王签订为时九个月的《埃斯普勒尚休战协定》（Truce of Esplechin），这意味着他数年来耗费 40 多万英镑维持的北方战略最终徒

▲ 斯勒伊斯海战

劳无功。

爱德华三世在年底秘密返回英格兰时，已沦为一个抵押了王冠的债台高筑者。大批难以逃脱国王怨怒的官员被投入监牢，英王收缴了他们的财产。约翰·德·斯特拉特福也只能躲在坎特伯雷大教堂中抨击君主。爱德华三世很快就引来了反对者的还击。1341 年 4 月的议会挫败了他指使内廷官员起诉大主教的举动，还提出了声势浩大的请愿，迫使爱德华三世通过了新法规：任免政府大臣必须通过议会，贵族议院有权参与决定；大臣必须向议会述职，如有渎职行为应该接受贵族议院的审判。贵族议院由此开始了对行政的控制和监督。爱德华三世花了很长一段时间平息国内的怨恨，之后才找到机会让议会废除这项法规。

《 埃斯普勒尚休战协定 》终结了百年战争初期,北方系列大规模、高强度的对抗。法王腓力六世通过谨慎避战化解了对手的攻势，并瓦解了边境敌人的联盟，但这未给他带来丝毫的荣誉。腓力六世付出了惨重的政治代价：他那简陋的财政系统无法应付连续每年维持至少有 2 万人的军队的开销；政府开始征收销售税、对贵族的财产税以及对教会领地收入的什一税；发行的货币开始贬值。另一方面，14 世纪的法国诸省虽处于一个王国政府统治之下，但没有统一概念。大多数省份都享受着自圣路易时代以来的长期和平，对那些边境战争抱有事不关己的态度，也不觉得自己负有支援边境省份的义务，更没有在和平时掏腰包未雨绸缪的打算。缔结的休战协定将动摇腓力六世在这些地区征税的法理依据，加重了他的财政危机。战争税收取因此极不均衡，开支更多地被摊派给诺曼底、皮卡第、阿图瓦以及南方边境地区。而前线居民除了被敌人的战火炙烤外，还要忍受王军的临时征用，按命令执行焦土政策。战斗结束后，等待他们的又是沉重的修补城防的开销。前线及邻近战火的地区变得越来越虚弱，人们对政府的忠诚度降低，抱怨增多。更糟糕的是，那些跟随国王作战，仍抱着传统观念的大小贵族不仅未发现自己与敌人的差距，反而对国王避战的怯弱行为嗤之以鼻，他们认为战争是一笔有利可图的生意，但是国王终止了他们发财的机会。这些事出有因但对王国利益于事无补的指责及嗟怨混合在一起，极大地损害了腓力六世的威望，并对他之后的决策产生严重的消极影响。

很快，腓力六世又迎来了新麻烦。1341 年 4 月 30 日他的支持者布列塔尼公爵约翰三世（John III，Duke of Brittany）去世，未留下后嗣。他的异母幼弟，蒙福尔的约翰（John of Montfort）以及二弟庞蒂耶夫尔伯爵居伊（Guy，Count of Penthièvre）的女儿让娜（Jeanne of Penthièvre）均声称有公爵领地的继承权。让娜还得到丈夫布卢瓦的查理（Charles of Blois）的支持，后者是显赫的布卢瓦 - 沙蒂永（Blois-Châtillon）家族的次子，腓力六世的外甥。显然法国政府认为，他比迎娶了佛兰德伯爵路易的姐姐乔安娜（Joanna of Flanders）的蒙福尔的约翰更为可靠。

尽管大部分布列塔尼贵族均支持布卢瓦的查理，但蒙福尔的约翰不打算放弃。为此他不惜让这片原本平和的公爵领地遭受暴力的洗礼。他于 5 月占领了首府南特（Nantes），由此拉开了布列塔尼继承战的序幕。到 8 月，凭借一系列迅速行动，蒙福尔的约翰掌握了公爵领大部分地区及另外两个主要城市：雷恩（Rennes）和瓦讷（Vannes）。

腓力六世起初并未干涉，为应付加斯科涅边境那些无视休战协议的冲突做的持续动员已令他捉襟见肘。他第一次在一些地区征收盐税，引起了强烈反抗。在海峡对岸，英王正暗中组织远征军和新一轮反法联盟，不过他的计划因德意志诸侯们的拖延塞责而失败。不久后，蒙福尔的约翰与爱德华三世秘密联系的消息传到了法王宫中。法王不能容忍另一块封地也成为英军入侵的跳板。9 月底，一支约 7000 人的法军在安茹首府昂热（Angers）集结，王太子诺曼底公爵让（Jean，Duke of Normandy）为其统帅。一个月后，他便占领了从卢瓦尔河方向进入布列塔尼的门户尚托索（Champtoceaux），进而围攻南特。在居民的逼迫下，蒙福尔的约翰不得不向法军投降。布卢瓦的查理随即在 11 月进入首府。蒙福尔的约翰则被送往巴黎囚禁。到年底时，布列塔尼似乎大局已定。

但蒙福尔派并未就此认输。蒙福尔的约翰的妻子佛兰德的乔安娜，一位“拥有狮子的雄心和男子勇气”的贵妇展现了罕见的坚韧和毅力。她决定让战争继续下去。乔安娜宣布其子约翰为家族继承人，带领丈夫的部下坚持抵抗对手，并派遣人携带财宝前往英格兰寻求援助，使者们得到了热情的回应。爱德华三世并不介意撬动腓力六世的任何封臣，即使要冒破坏休战协议以及准备另一场大规模远征的风险。1342 年春季，沃尔特·曼尼爵士（Sir Walter Manny）带着 40 名骑士及 200 名长弓手来到布列塔尼。如果这支英军让对手嗤之以鼻的话，在 7 月带领 1350 名骑兵和长弓手部队前来拜访的第一任北安普敦伯爵威廉·德·博恩（William Bohun，1st Earl of Northampton）则足以令他们感觉大事不妙了。北安普敦伯爵很快便包围了西北部港口小镇莫尔莱（Morlaix）。布卢瓦的查理在 9 月下旬带领大批队伍前来救援。他再度证明了自己是一位平庸

▲ 布卢瓦的查理

的指挥官：法军的骑兵撞上了倚靠密林并挖有深坑的下马英军阵地并一败涂地。于是跟在他们后面的大股步兵撤离了战场。

▲ 南特的居民向蒙福尔的约翰及其夫人行效忠礼

北安普敦伯爵威廉·德·博恩随后便得到了英国国王的支持。10月，爱德华三世带领5000人在布雷斯特（Brest）登陆。除布列塔尼外，他没有多少地方可以选择。遭受一系列失利的低地人已同法国人接洽，德意志盟友则纷纷与法方签订单方停战协议。这意味着北方反法同盟已经分崩离析。英王的苏格兰事业也在走向低潮。苏格兰国王大卫二世已于一年前返回自己的王国，他的军队正大力攻打境内剩余的英军堡垒。爱德华三世似乎厌倦了漫长而没有结果的苏格兰战争，他把赌注都压在了布列塔尼的远征上。英军席卷了半岛南部地区，但到年底时势头渐渐停滞下来，阿图瓦的罗贝尔在奇袭瓦讷时受伤并感染痢疾，不久后一命呜呼。接着赶到的英军主力也只得试图通过围困迫使其投降。年底时，曾误判英军将在北方登陆的法王终于采取了措施，他派诺曼底公爵让率领大军进入南特，收复了一些失地，但仍小心翼翼地避免同英军主力会战。1343年1月，筋疲力尽的双方签订了一个持续到1346年9月29日的停战协定，它总体偏向于爱德华三世——他可以继续持有布雷斯特等地。因此英军仍占据着前往大陆的桥头堡，并保留了一支可以依靠本地资源供给的小规模驻军。蒙福尔的约翰不久后被释放，其妻儿很快就被送往英格兰置于爱德华三世的庇护下，让蒙福尔派贵族继续安心同对手作战。而法王设想的在耗尽对手资源后迫使对手撤离大陆的传统策略归于失败。现在，除佛兰德外，法王的另一片封地也逐渐转向英方阵营。这些变化令爱德华三世看到了地方贵族摇摆特性，及

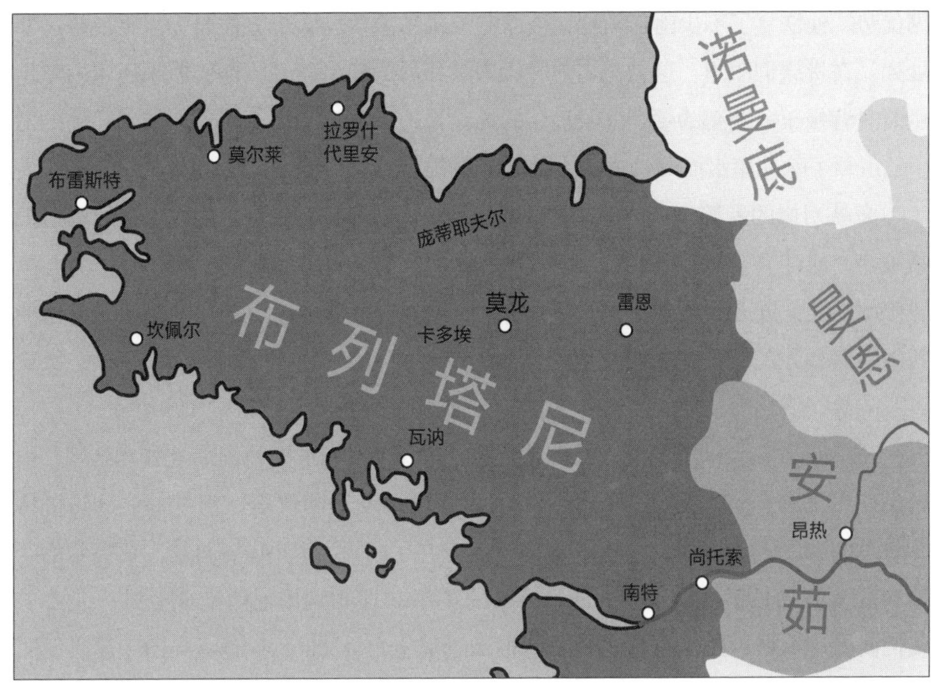

▲ 布列塔尼

法兰西王国松散的政体结构所蕴含的大好机会。凭借大陆的立足点，他可以及时利用瓦卢瓦王室同那些处于半独立状态下的权贵间频繁滋生的内部矛盾，以很小的代价给对手制造远比从东方入侵更可怕的威胁。

除了困住两位君主的手脚外，停战协定在布列塔尼并未产生很大效果。那些留下充当英王代理人的伯爵们继续出击。延绵的战争吸引了不少当地贵族家族加入，对他们而言，明智的策略是与强势的攻击者达成协议或者干脆加入队伍，进而形成一股不断扩大，甚至蔓延至公爵领地之外的动乱喧嚣。加斯科涅的边境与之类似，战火和秩序的崩坏放大了西南部地区普遍的私斗现象，雇佣兵和贵族领主带着团伙成员扰掠村镇城堡。而本地的英国政府自然不介意祸水东引。

同样，布卢瓦的查理也不会遵守停战协定，事实上他已成为法国王室在布列塔尼地区的利益代表。在这场代理人战争中，背靠瓦卢瓦王室的布卢瓦的查理显然占据优势。他恢复了不少南部领地，被俘的蒙福尔派贵族大部分被腓力六世以叛逆罪处死。在贵族们眼里，这是与之前时代迥然相异的残暴行径，他们似乎还未习惯坦然面对背叛王室获得的惩罚。蒙福尔的约翰被迫于1345年3月逃往英格兰，他的对手已占领了除几座沿海城镇外的大部分公爵领。

海峡对岸的爱德华三世也并不是诚心遵守停战协定，只是由于连年征战政府濒临破产，他才在1343年后沉寂了一段时间。1345年初，爱德华三世终于下决心撕毁停战协定。起初，他似乎是要干涉布列塔尼战争，维护承认自己法国国王身份的新封臣蒙福尔的约翰的权益。但实际上，英王的行动范围远超于此：初夏时，数支英军陆续扬帆出海，他们将从多个方向分别发起攻击。

虽然英方在大陆上的支点只有佛兰德、布列塔尼和加斯科涅三处狭窄区域，但这足以给法国人造成极大迷惑和误判。税收滞后使法国政府在组织前线的防御体系时迟缓和被动。春季时，法军将集结点定在了阿图瓦境内。6月初，蒙福尔的约翰和北安普敦伯爵威廉·德·博恩率领的英军却在布列塔尼西南部登陆。北安普敦伯爵威廉·博恩的副官托马斯·达格沃思爵士（Sir Thomas Dagworth）很快便突入公爵领中部，并依靠一群威尔士弓手在卡多埃（Cadoret）迫使布卢瓦的查理放弃了包围击溃敌人的尝试。约一个月后，蒙福尔的约翰开始围攻西南部的重镇坎佩尔（Quimper）。

法国人在加斯科涅的局势比布列塔尼的还要恶劣。8月，兰开斯特伯爵亨利的继承人德比伯爵（Earl of Derby）格罗斯蒙特的亨利率领约2000名英军抵达波尔多。这位新指挥官不打算再将精力耗费在与敌人争夺一线小堡上，他集结起庞大的本土队伍，逆加龙河而上对敌人纵深地带发起攻击。英军从朗贡（Langon）突然转向东北，奇袭多尔多涅河畔的重镇贝尔热拉克（Bergerac）并将其攻克。这几乎使佩里戈尔地区的法军解体。留下重兵后，德比伯爵又带着逾6000人的队伍继续北上，沿伊勒河（Isle）河谷直奔首府佩里格。虽然他未拿下此地，但不久后在东面的欧贝罗什（Auberoche）通过袭击大破诺曼底公爵让派来的数千援军。此战直接终结了西南战线法军的反击希望。德比伯爵随即转过身，围攻并夺取了加龙河畔的拉雷奥勒。

徒劳无功的频繁调动和连续败绩耗光了法军的资源。只有布列塔尼传来了当年唯一的好消息：得到法王的增援后，布卢瓦的查理重新发起对坎佩尔的解围行动，迫使蒙福尔的约翰逃走并于9月26日病重身亡。蒙福尔家族的继承权被转移到他5岁的幼子约翰身上。北安普敦伯爵威廉·德·博恩的数百名英军成了与布卢瓦的查理作战的骨干力量。但兵力占据优势的布卢瓦的查理并不能将对手彻底击败。

▲ 德比伯爵亨利，后来他被晋升为兰开斯特公爵

14世纪40年代中期后，法兰西王国那看似庞大但粗陋迟钝的军事体系正因对手敏捷有力的出击而变得越来越虚弱。凭借着那些大陆支点，爱德华三世可以不断发起四两拨千斤性质的行动，频繁打击法国政府，令其陷入埋怨与指责声中。对法王执政能力和权限的质疑也将引发法兰西王国内部的动荡。这种动荡将抑制瓦卢瓦王室对王国内各地方势力的侵蚀，甚至令它自身难保。因此，现在的爱德华三世有充分的信心独自向对手发起大规模的军事攻击——依靠盟友的北方战略已被证明是昂贵而低效的。

1345年佛兰德政局发生动荡，先前北方战役中权威已受到严重削弱的雅各布·范·阿特威尔德在这场内讧中败亡，于是爱德华三世推迟了下半年亲自进兵的计划，英军的远征被定在来年3月。英格兰再一次躁动起来。王室官员们忙着征用船只，勒令它们到指定港口集结，并囤积军队到来时所需的腌制猪肉、羊肉、牛肉、鲱鱼以及豆类、燕麦、草料等给养。爱德华三世决心组建自战争开启以来规模最为庞大的队伍。他甚至恢复了古老的征召令，规定地主按照评估的收入承担相应义务：年入5英镑者应提供1名长弓手，10英镑者应提供1名霍比拉轻骑[①]，25英镑者提供1名重装骑兵，40英镑者则常被政府规劝接受骑士身份……更高收入者则成为一支部队的首领。特伦特河（Trent）以南地区都收到了动员令。当地官员和专员一起征集兵员，为他们配

① 霍比拉轻骑兵（Hobilars）是一种起源于爱尔兰的轻骑兵，并在14世纪初广泛运用于苏格兰边境战争中。他们骑着轻便小马，戴着轻盔、身披轻铠，用长矛和短剑战斗。

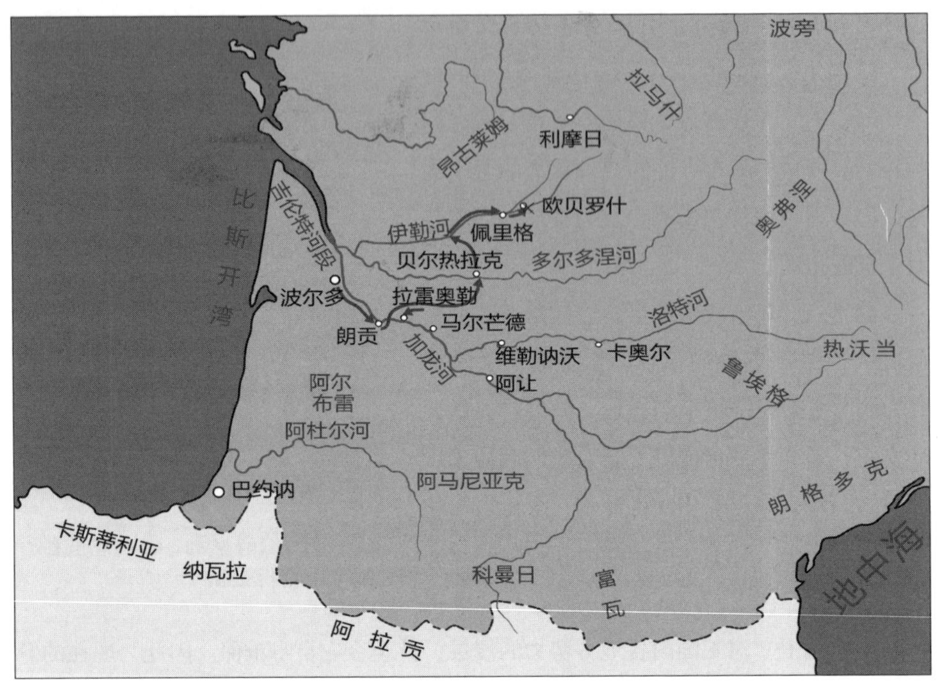

▲ 德比伯爵的攻势

齐基本的行李，然后把他们赶上通往前线的道路。这些人以大约每天 20 英里的速度从大道上奔向南方，身旁跟着载有武器和装备的马车。到达港口后，他们便开始领受“国王的薪水”。当然，部队可能还要在原地花上一段时间。普通士兵们啃着黑麦和豌豆制成的黑面包，高级军官们享用着小麦做的白面包，在无所事事中等待其他友军和合适风向，也许只有港口酒店客栈的老板们不介意他们的滞留。

事实证明，1346 年远征的准备工作无论是船只还是军队等很多方面都进行得十分艰难。出发时间不断推迟，直至夏季。最终，爱德华三世的部队达到 1 万—1.5 万人的规模，由国王或者权贵们的扈从，同独立的战争承包商（Individual Contractors）通过签订付薪合同雇佣来的小分队以及专员们征召的士兵组成。实际上，扈从有两种：传统的大贵族内廷部队——往往是领主的附庸或承担封建义务的封臣——以及同以大贵族为代表的战争承包商签订契约，也被称为“随扈合同”（Indenture of

Retinue）者。后者的合同详细规定了薪水及会被支付的开销以及服务的类型，包括只是在英格兰还是涉及海外。其附录还涉及赎金和战利品分配的比例。随着战争的发展，此时仍具有显著位置的内廷扈从将变得越来越次要，由方旗骑士（Banneret）或以上阶层的战争承包商招募而来的签约扈从越来越普遍。他们为签约领主服务的时间也逐渐拉长，甚至出现了"暂时性扈从""战时扈从""终身扈从"。显然，因为有领主附加的额外赏赐与恩惠，应募者在和平时期也将成为领主内廷的臣仆和私吏。与以土地转封、封建君臣义务为纽带的传统关系不同，这种以货币支付和私人特权为纽带的关系渐渐被演变为变态封建主义（Bastard Feudalism），将大贵族蓄养私兵的权力合法化。

7月5日，爱德华三世带着近千艘船只从波特切斯特（Portchester）起航。英王的目的不是人们预测的加斯科涅，而是诺曼底。叛逃的法国贵族戈德弗雷·德·阿库尔（Godfrey de Harcourt）给了他详细的建议。不过，海峡的风浪很快又将这支舰队吹回海岸。腓力六世政府直到最后关头才得知相对确切的情报。他一面给苏格兰国王大卫二世写信，要求大卫二世率主力南下进攻英国北方诸郡，一面将派往南方的军队火速调回北面。但一切已经太迟了。7月11日，在风向转变后，英国舰队再次南下。12日，抵达下诺曼底科唐坦半岛的拉乌格（La Hougue）。英军花了三天时间卸下人员、马匹和储备，而当地始终没有聚集起能阻挠他们的力量。

此后，爱德华三世开启了在法国的第一场远骑烧掠（Chevauchée），其重要目标是法兰西岛。一支小舰队沿海岸伴随军队前行。英军试图通过摧毁建筑、夷平城堡、烧毁庄稼、抢掠钱财的手段重创敌人的经济并散布恐怖，使腓力六世在税收锐减的同时还要承受国内舆论压力，并寻找机会重挫法军，迫使法王回到谈判桌上。英军从科唐坦半岛向东行进，沿途乡镇皆被掳掠一空并惨遭焚毁，未及时躲避的人都惨遭屠戮，这对爱德华三世所谓的此行是为了恢复诺曼底故土的宣传来说是个绝妙的讽刺。20日，他们来到卡朗唐（Carentan），获得大批补给和酒水。25日，爱德华三世来到卡昂（Caen）西面，此城原本是法军计划抵御敌人的一个前线集结点，但由于英军的迅速推进——七天走了90英里，考虑到他们一路要修复毁损的道路和桥梁，这已算较快的动作——现在只有约1200名法国士兵驻扎在城中。它拥有一座建于征服者威廉时代的坚固城堡，但市镇的防御因承平日久而疏于修缮。建于11世纪的城墙多处都已坍塌，而距城堡 600 码的圣让岛（Saint-Jean）上聚集着一个新发展出的郊区，它没有城墙保护，依赖奥东河（Odon）、奥恩河（Orne）及它们的支流作为屏障，赶到此地的陆军统帅布列讷的拉乌尔二世（Raoul II of Brienne）及其他法军指挥官决定据守这座孤岛。除了约 300 人守卫城堡外，大部分弩手都布于河岸旁的船只的甲板及两端木质塔堡上，权作防御。悲剧由此展开。英国人很快突入老城区，开始攻击连接圣让岛的桥梁。夏季奥东河的水位很浅，英军的长弓手和威尔士长矛手便涉水攻击那些布置在对岸的船只，并在夺下数艘后登至岸上，桥梁的守

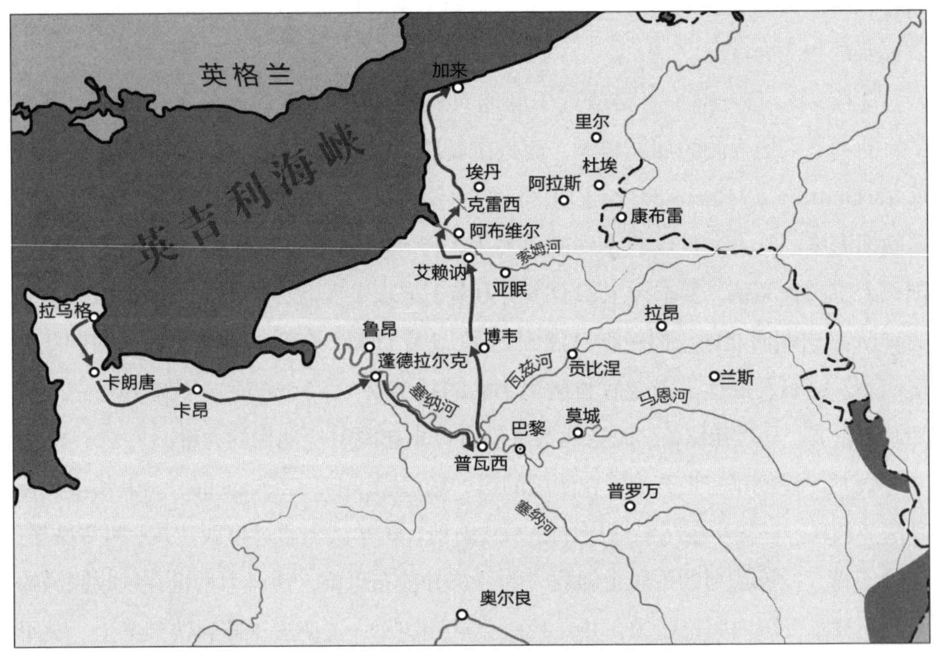

▲ 爱德华三世的进军路线

军很快放弃。除了少数奔进城堡的幸运儿外，大部分法军连同市民都被堵在岛上惨遭屠杀。据事后统计，有 2500 人横尸街头。算上附近的未逃脱者，可能有 5000 人不幸罹难。只有陆军统帅和向英军投降的人才逃过一劫，但他们也得缴纳高昂赎金，其中 300 人还被运回英格兰囚禁。

仔细搜刮了一番城区后，英军在31日再度开始了旅程。他们的下一个目标是埃夫勒（Évreux），探知城堡较为坚固后，不愿被围城战拖累的爱德华三世决定放弃，转向鲁昂。腓力六世仍举棋不定，英国人唆使佛兰德人从北面攻击法国。使他的决策受到很大干扰。不过在他的最新计划中，鲁昂是依托塞纳河挡住敌人的集结地。位于其南面的渡口蓬德拉尔克（Pont-de-l'Arche）已拆毁了桥梁，英军遂沿塞纳河左岸而上，却发现沿途桥梁不是被毁便是有重兵把守。就这样，他们一直前进到离巴黎只有20英里的普瓦西（Poissy），此时已接近8月中旬。在工程人员忙着修复桥梁之际，英军的袭扰分队不断向敌人的心脏地带渗透。这引起了民众的恐慌，而腓力六世的主力仍与敌人保持着相当距离。迫于舆论压力，他派出一支来自亚眠的分队进行干扰。这支临时征召的队伍很快便被由500名骑兵和1200名长弓手组成的英军先锋部队击溃。英军还享用了他们补给车辆中的衣物、酒水、口粮。在舆论的压力下，腓力六世努力积聚一切力量，他下令召回在南方前线久攻艾吉永（Aiguillon）不克的诺曼底公爵让部，意图在南面平原同英王决战。但爱德华三世却乘着法军主力离开塞纳河北岸后，从普瓦西迅速北上甩开敌人，前往佛兰德。

法军只得再次穿过巴黎追赶敌人。尽管绝大部分英军步兵现在都骑上了劫来的马匹，但他们在进军索姆河流域时还是遇到了些麻烦。士兵们在经过博韦地区时因忙于抢掠耽误了不少时间。从艾赖讷（Airaines）接近索姆河后，爱德华三世发现渡口已被严密控制，强行夺取桥梁的攻击均被击退，皮卡第的乡民们开始伏击他手下的小分队。腓力六世的法军主力也正以每日约25英里的强行军逼近，似乎想把他们赶至河边歼灭。英王被迫派出大批斥候部队寻找隐秘渡口，所幸他的运气并未用光。英军很快探得在索姆河口及阿布维尔（Abbeville）间有一个名为布朗什塔克（Blanchetaque）的浅滩，落潮时人们可以从此地涉水而过。23日晚，英军抵达距河6英里的阿舍（Acheux），而法军主力正从亚眠以西沿河而下进行追击。

英军连夜行军赶往渡口。不过在24日太阳升起之际潮水已重新涨起，他们不得不看着对岸的法国将领戈德马尔·迪·费伊（Godemar du Fay）带着500名骑兵、1000名热那亚弩手和轻步兵在沼泽中列成3排军阵。数小时后，北安普敦伯爵威廉·德·博恩带着100名骑兵和100名长弓手开始强渡。法军雇佣的热那亚弩手射出了弩矢。在长弓手进入自己150码的射程前，他们出现了一些伤亡。但随后他们便压制了对手。英军骑兵趁机冲上滩头占领了一个小阵地。在后继部队源源不断地开进下，法军逐步后撤并最终崩溃，费伊也被俘虏。当腓力六世的主力赶到布朗什塔克南岸时，潮水已再次涨起，包括马匹和载着战利品的马车在内的所有英军队伍都已过河。当晚，他们在克雷西宿营，法军主力只得向东南折返，从阿布维尔桥梁上渡过索姆河。

走出险境的爱德华三世决心同对手较量一番。26 日，他的军队在克雷西和瓦迪库尔（Wadicourt）村庄间背靠森林，正对阿布维尔—埃丹（Hesdin）大道的平缓高坡上停了下来。所有骑兵都下马作战。爱德华三世选择了附近的一个风车磨坊作为战场观察点，并将步兵分成约 1500 码宽的三个方阵。17 岁的威尔士亲王爱德华与第十一任沃里克伯爵托马斯·德·比彻姆（Thomas de Beauchamp，11th Earl of Warwick）、约翰·钱多斯爵士（Sir John Chandos）等将领指挥最前方的先锋方阵，他们将承受法军攻击的主要力量。爱德华三世亲自统领位于其后的第二个方阵。第十任阿伦德尔伯爵理查德·菲查伦（Richard FitzAlan，10th Earl of Arundel）、北安普敦伯爵威廉·德·博恩则负责第三个后卫方阵，他们也许在偏左面的位置。约占军队一半数量的长弓手被安排在各方阵两侧，他们比步兵方阵略为前突，并呈斜角分布。英军阵地被壕沟、陷坑围绕保护。他们把在远征中抢掠的赃物及 2 万匹乘马放在后方，并集中了大部分辎重车辆将其围住。余下的车辆则分别放置在两翼保护，另有部分则放在两翼保护长弓手。爱德华三世还安排了数门火炮，这可能是此类武器第一次出现在会战战场上。

腓力六世从阿布维尔出发，沿大道推进时得知了敌人正严阵以待的消息。当时聚集在他身边的是法军前卫及骑兵部队，大部分步兵队伍还在后面苦苦追赶。大约在午时，法军先锋斥候部队在离英军阵地数英里处停了下来。一些指挥官们建议先不与敌人交战，而是绕过阵地截断其进军方向后再在次日交锋，如此便可以让后方的步兵与他们会合，但一些将领无法接受这个建议。他们将国王数年前空耗对手人力及财力的避战对峙策略视为懦夫行径。爱德华三世这次远骑烧掠以及法军的一系列失利尤其伤害了他们的自尊心。整个下午，他们的野心随着军队的规模一起膨胀，甚至连一场暴雨也无法浇灭其热情。尽管前锋受命停下，但后续部队却一直向前挤，直至他们能看到敌人为止。法军队伍一片混乱。5—6 点时，次日再战的计划已经被彻底抛弃。腓力六世将逾 2 万人的队伍推进到离敌人 1000 码处，并将他们大致分为三个方阵。2000 名热那亚弩手和数百名来自德意志的骑兵被安排在第一线；国王的弟弟阿朗松伯爵查理二世（Charles II，Count of Alençon）指挥第二阵；第三阵由腓力六世亲自统领，它们包含了作为主力的约 1.2 万名骑兵，其余步兵则自行列阵，待在方阵的两翼。

号声响起后，热那亚弩手首先前进。进入 200—250 码的射程后，他们可能先朝敌人发射了一轮箭矢。但他们正对着刺眼的阳光，雨水打湿了弩弦，加上英军立于高地上，因此效果并不理想。热那亚弩手继续前进。当他们进入长弓射程后，英军开始还击。炮火以及射速和总数均大幅占优的长弓箭雨立即降临到热那亚弩手头上。此前他们为了跟上法军骑兵队伍将塔盾留在了后方。因此结果是毫无悬念的，他们的队列很快崩溃，转身逃向自己的阵线。

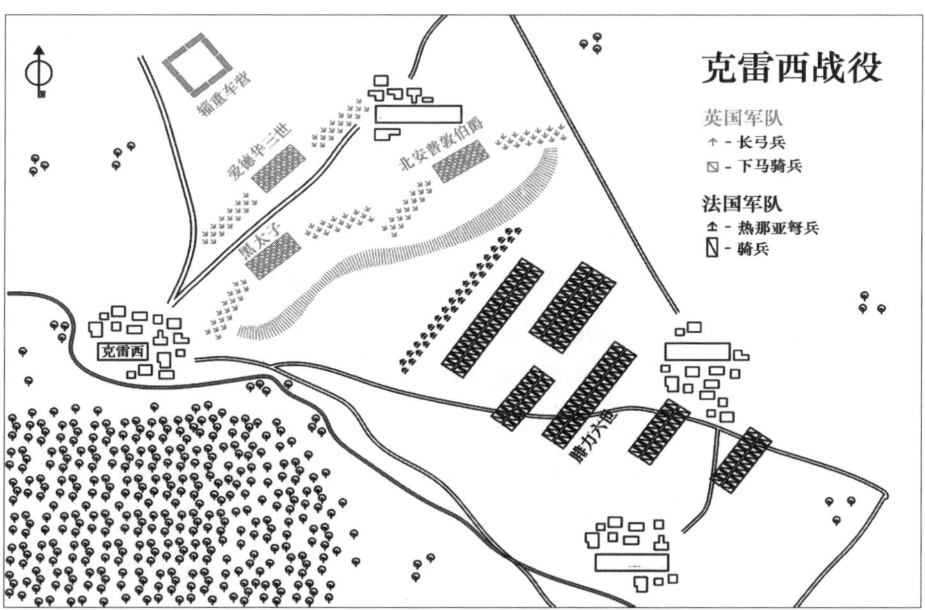

▲ 克雷西会战，也有资料认为克雷西战场的真实遗址应该在传统遗址的东南面，详情见迈克尔·利文斯顿（Michael Livingston）和凯利·德弗里斯（Kelly DeVries）的《克雷西会战资料汇编集》（The Battle of Crécy: A Casebook）

这令那些还未领受过长弓密集攒射的法国骑士大为愤怒。阿朗松伯爵查理不顾前方的弩手立即下达了进攻的命令。按照一匹马所需 3 平方米来计算，首次冲锋可能有 300—400 名骑兵排在前线。他们撞倒的第一批人是己方的弩手。之后队列开始散乱的骑兵冲向对面的下马骑兵。英军长弓手从正面和侧面对他们进行猛烈射击。在密集的箭雨之下，法军的线列变得混乱。惊恐和受伤的马匹将主人抛在地上，并干扰了同伴的前进。前进数十码后，那些拼命操控坐骑前进的人开始蒙受惨重损失。此时长弓已能够穿透他们的铠甲，造成严重伤害甚至夺去性命。一些威尔士矛兵甚至跳出阵地，屠杀那些落马者。的确有一些骑兵冲入了英军阵列，但他们稀疏的队伍无法压倒对方密集的长短兵器阵列，打开缺口。很多人被打翻在地或勾落马下。爱德华三世已下令战斗时不留俘虏，不许搜刮死者，因此第一次冲锋的法军骑兵遭受了可怕的命运。

强悍的法军骑兵很快又展开了一轮又一轮冲锋。他们的“蒙茹瓦圣德尼！（Montjoie Saint Denis）”口号响彻云霄。但随着倒毙在阵地前的人马不断增多，骑兵冲锋的实际效果越来越弱。而英军一直在沉着应对。辎重车辆上的储备箭矢被不断送往前线，左翼方阵也从侧面攻击对手。尽管如此，腓力六世的第三个方阵还是压了上来。随后数小时，被击散的法军骑兵仍不断集结，重整队形，再度发起冲击。战斗一直持续到夜幕降临，据英国人统计，他们一共领受了 15 次冲锋。当最后一次进攻瓦解后，战场上已是尸横遍野，侥幸活下来的骑兵开始悄悄溜走。步兵也开始仿效他们。眼见随从稀少，腓力六世的顾问们强行劝走了已面中一箭的国王。整个夜晚，英国人仍谨慎地待在战场上，不时发动些小规模反击驱逐那些还在赶往此地的不明就里的法军后续部队。

直到第二天晌午，爱德华三世同意搜检尸体时，英军才意识到他们在首场规模空前的大会战中取得的赫赫武功：法方损失了好几千名步兵及弩手，另有 1500—2000 名贵族被杀，其中包括阿朗松伯爵查理、佛兰德伯爵路易、布卢瓦的查理的兄长布卢瓦伯爵路易二世（Louis II，Count of Blois）、阿库尔伯爵让四世（Jean IV，Count of Harcourt）、洛林公爵鲁道夫（Rudolph，Duke of Lorraine）等大贵族。法王的盟友双目失明的波希米亚国王约翰（John the Blind，King of Bohemia）也战死沙场，不过其子查理见势不妙逃出战场，数年后成为神圣罗马帝国皇帝。

27日拂晓，腓力六世退至亚眠。在起初的惊慌之后，法国爆发了一阵无理智的狂怒。邪恶的顾问、腐败的官僚、天气都成了舆论挞伐的对象，外国人又一次沦为牺牲品。热那亚弩手被宣布为叛国者并遭到追捕和屠杀。在有人指出他们在防守等其他方面具有不可或缺的价值后，腓力六世才收回成命。而那种拒绝承认步兵能力、否认法国贵族能被较低出身的弓箭手击败的顽固观念，将使法国人在今后的战事中继续缴纳昂贵的学费。

▲ 克雷西战役

30日，英军终于重启北上旅程，现在所有阻碍均被扫空。他们一路烧掠，于9月4日抵达加来郊外。加来是一个非常靠近英格兰海岸及佛兰德的小港口，并驻有一批法军。虽然击败了敌军主力，但爱德华三世在这次远骑烧掠中几乎没有实现任何有效占领：安排在卡昂城中的少数驻军很快就被淹没在法军和当地人的复仇行动中，其他留守部队的遭遇也与之相似。因此英王及其臣属急需争取一个实质性战利品，以证明此次远征劳师动众的意义所在。加来这座8000人口的小城因其开战后迅速飙升的战略价值引起了他们的兴趣，佛兰德人积极怂恿英军，并不断从阿图瓦边境发动大规模攻势予以配合。就在陆军抵达加来的同时，英国南部海军将军（Admiral of the South）率领的舰队也出现在海港外。它们带来了大批补给、器械及生力军。英国人未打算强攻，城市的壕沟阻止了他们接近城墙，周围的湿地也使坑道作业和移动攻城器械十分困难，他们打算通过长期围困迫使加来投降。士兵们开始封锁所有道路，一系列常驻营地被构筑起来。加上军械生产作坊、贵族的住宅、马匹围场和增设的商铺，英军驻扎地俨然成了一座新兴城市。而一个月后，爱德华三世还收获了另一则本土的捷报。10 月初，率 1.2 万人从西北面大举侵入英格兰的苏格兰国王大卫二世不顾利兹代尔骑士威廉·道格拉斯（William Douglas，Knight of Liddesdale）及时收手的建议，深入敌境，并于 17 日在达勒姆（Durham）西面数英里处的内维尔十字路口（Neville's Cross）附近迎击由边境守护约克大主教威廉·德·拉朱什（William de la Zouche）以及亨利·珀西（Henry Percy）、拉尔夫·内维尔（Ralph Neville）等指挥官迅速召集的约 6000 名坎伯兰（Cumberland）、诺森伯兰（Northumberland）和兰开夏郡（Lancashire）的本地守军。大卫二世让部下占据了一片高地，但除此之外战役进程与以前的败仗并没有什么区别。他们静等英军进入射程释放箭雨。之后，忍受不了伤亡的苏格兰士兵再度勇猛地冲锋并惨遭屠戮，接着便是军队溃散、大卫二世被俘，等待大卫二世的是长达十年的俘虏生涯。数个小时内英军便轻松化解了身后宿敌的武装力量。

1346 年夏季过后，腓力六世的统治遭遇了全方位的危机。抽调的南方军队并未赶上会战，但他们的离去却使法军在佩里戈尔南部和阿让奈地区的势力彻底崩盘，兰开斯特伯爵亨利甚至还发动了指向东北面的远骑烧掠，袭取了中部重镇普瓦捷。战火过后，荒芜的城镇留给了双方的多股兵匪，他们以劫掠私战播撒着混乱。而心有余悸的法国君臣仍认为英国人可能正在实行南北夹击的战略，这进一步加剧了他们的踌躇和慌乱。克雷西战役的惨败使法王已经失去了可以在后方压迫英军主力的力量。他不断变换着应敌方案，剩余的军队被频繁调往各地，在行进和收获甚微的战斗中空耗时间和资金。随着政府和军队的无能暴露无遗，瓦卢瓦王室的权威及执政基础开始动摇。频繁的税收因激烈的反抗而收获甚微。不少贵族则开始与前线的英军签订休战协议，并质疑政府官员在其领地上发号施令的权威。

在冬季，包围加来的英军遭遇了严寒及疫病。乏味的战争使得不少士兵开小差，骑士们也以参加儿子婚礼的借口溜回英格兰的领地。不过，新一轮的动员很快便缓和了这些危机。去年的胜利给爱德华三世赢得了前所未有的威望和期待，希望能圆满解决战事的贵族和议会都愿意配合这位善于宣传的君主。英格兰的资源被源源不断送往前线，爱德华三世甚至还能让托马斯·达格沃思爵士带一小部分军队增援布列塔尼战场。而随着瓦卢瓦王室的支持逐渐减少，布卢瓦的查理开始走

▲ 大卫二世被俘

下坡路。1347 年 6 月，他在包围拉罗什代里安（La Roche-Derrien）时将 3000 多名士兵布置在数个方向上，结果被达格沃思带领 1000 多名英军在一场夜袭中各个击破，布卢瓦的查理自己也被俘虏。布卢瓦派的优势由此逆转，他们躲在城堡里被动防御。法国政府被迫重新分兵增援这一地区。

到 1347 年夏季，腓力六世已无法向被困的加来守军输送给养。由于佛兰德等亲英势力的牵制，他甚至聚集不起能够抗衡加来前线英军的队伍。于是，英军在这场近一年的较量中获得了最终胜利。8 月 3 日，濒临绝境的加来终于向爱德华三世屈服，城市中的大批衣料——其中不少是这几年战争中掠得的赃物——成为他的财产。英王将绝大部分居民赶出城市，并动员本土国民前来居住。此后很长一

▲ 布卢瓦的查理在拉罗什代里安战斗中被俘

段时间，加来都是英国在欧洲大陆上最为坚固的桥头堡。不过长期战事已极大消耗了英格兰的国力，厌战及抵触情绪开始在本土蔓延。爱德华三世原本打算发动新的打击战役，但法军在其他地区的一些零散抵抗令他察觉自己操纵的力量已接近强弩之末。另一方面，腓力六世的政府也已筋疲力尽，他不再奢望占领加斯科涅甚至是夺回加来。1347 年 9 月底，在红衣主教们的主持下，双方签订了一个延续至来年 7 月的休战协定。

国王被俘

爱德华三世带着军队返回英格兰后，受到了民众的热烈欢迎。人们认为英王为国家争得了荣誉，将英格兰重新变成欧洲最尚武的民族，并使欧洲各国都争相笼络他们。不过在随后召开的议会中，爱德华三世受到了冷遇。议员代表们对国王在战争时期的种种强制征发及敲诈行径不能认同，并且认为政府过去挥霍资金的方式过于草率。虽然英国获得了一个无须佛兰德人支持的大陆入口和贸易节点——它的存在将省下不少讨好低地盟友的开支及将货物人员运往大陆的海运成本——但这毕竟是一座在战争中从敌方那里夺来的前线城市。加来似乎更像一个要塞，它并不能像其他商业城镇一样自给，那些贸易特权带来的利润远不及维持驻军修缮城防的开销。此后二十年，英国政府平均每年要花掉约 1.4 万英镑的巨款才能维持驻军，这是一笔沉重的负担。而为了维持布列塔尼及西南方的新占领地，本土不得不加大财政援助。这几乎终结了继续大举用兵的希望。在此后数年，爱德华三世再未前往法国发动大规模远征，现实已提醒他，英格兰国力有限，政府必须休养生息。

海峡对岸的法国则一直沉浸在失利引起的震惊和责难中难以自拔。虽然有人开始怀疑贵族们的能力，但大部人的指责却仍集中于法王和亲信们之前的避战行为。舆论认为国王的顾问唆使他横征暴敛后又胆怯退让，纵容英军蹂躏国土并浪费将士们的精力，他们仍认为王国的军队兵强马壮，缺乏的只是同敌人迅速决一雌雄的决心和勇气。三级会议的代表们甚至难得地表示愿意筹措资金重组一支大军用来复仇。因此，1346—1347 年的一系列失败除了激发法国人的蓬勃斗志外，似乎没有其他作用。

但腓力六世这一代人注定等不到雪耻的时刻。1347 年 10 月前后，一场天灾降临：来自黑海的腺鼠疫突然登陆西西里岛（Sicily），接着通过海运迅速向地中海港口传播。冬季，马赛也爆发了腺鼠疫。很快腺鼠疫便从南方海岸沿着道路河谷甚至是大西洋航线向北扩张。1348 年夏季，巴黎受到感染。在加斯科涅，它夺去了途经此地正准备与卡斯蒂利亚（Castile）——一度是法国的盟友——王位继承者无情的佩德罗（Pedro the Cruel）联姻的英国公主琼（Joan of England）的生命。随后，英格兰也发现了它的踪迹。爱德华三世及其廷臣仓皇逃出伦敦。继续肆虐的瘟疫在 1349 年席卷了英格兰中北部。在海峡对岸，腓力六世也逃离了巴黎。但即便如此，瘟疫于 1349 年再度回归，陆续夺走了勃艮第公爵奥托四世、诺曼底公爵让的妻子波希米亚的邦内（Bonne of Bohemia）以及具有极强政治手腕的法国王后勃艮第的让娜等大批权贵的性命。法国人已无力发动新的战争。这场瘟疫在大片地区吞噬了 1/4 到 1/2 的人口。随之而来的是政府机构的瘫痪和税收的急剧下降——这方面相对严密完善的英国政府则稍好一些。而瘟疫的潜在影响——劳动人口锐减带来的薪酬上涨、粮食需求减少、地租收益下降等问题，以及统治者限制工资、加大征税压力等措施，在此后数十年中不断引发尖锐的阶层对抗和严重的社会动荡。

直到 1349 年下半年，灾祸才逐渐退潮，法国人开始重拾自己的计划。他们对休战十分不满，两年间英国的影响力没有丝毫的减弱迹象。在去年秋冬季，新任佛兰德伯爵路易二世（Louis II，Count of Flanders）已利用城市自治联盟内部的矛盾和法军的支持镇压了反抗者，成功重返领地。路易的政治手段远比其父灵活，他很快

▲ 波希米亚公主邦内同其丈夫让

▲ 腓力六世和他的第一任王后让娜

便解散了麾下的法国队伍，向英王示好。因此佛兰德伯爵领对法国的敌视并未解除。而在其他由英国直接掌控领土的边缘地带——尤其是加斯科涅——英方当局正默许甚至纵容那些曾在军队中服役，现在被解散的大批贵族和士兵入侵对方领土。前几年的战事激起了加斯科涅人的好战本能，这些散兵游勇以数十到数百人为一队，纷纷前往邻乡冒险。他们占地为王，剽掠周边财富，收取大笔贡金。当地资源耗尽后，他们便继续向其他地区前进。以这种方式，亲英势力的战火逐渐渗入西南腹地。这就是 14 世纪 60 年代那些骇人听闻的“大连队”(Great Company) 的起源。

法国政府很快便将军队派往圣通日、普瓦图（Poitou）、佩里戈尔和阿让奈等地试图夺回英格兰 - 加斯科涅人占领的那些重要据点。他们在年底还拟定了一个通过收买加来城内热那亚佣兵队长夺取城市的计划，但后者收下贿金后却将情报透露给了英王。圣诞节后，爱德华三世带着一支袖珍军队秘密赶往加来。法国人最终在城下惨遭夹击。到了 1350 年春季，虽然处于休战期，但双方都心照不宣在备战。法国政府再次租用卡斯蒂利亚舰队频频袭击海峡航路上的地方船只。8 月 29 日，在 10 岁的英国王子冈特的约翰（John of Gaunt）目睹下，其父爱德华三世与长兄威尔士亲王爱德华率领舰队在温奇尔西（Winchelsea）外海将其重挫。约有 20 多艘卡斯蒂利亚舰只——接近舰队总数的一半——被俘获。

不过腓力六世已不用再为他的海军前景劳心了。7 天前，他在库隆（Coulombs）病逝。腓力六世一生为法国做出的最大贡献可能只是 14 世纪 40 年代购买那些领地：他于 1349 年分别买下了蒙彼利埃（Montpelier）和多菲内（Dauphiné），这是法国在东南面的一次大规模扩张。而根据卖出多菲内的最后一任维埃纳道芬安贝尔二世(Humbert II，Dauphin of the Viennois）的要求，自 14 世纪 50 年代后期开始，法国王太子们采用了维埃纳道芬——通常简称为道芬——的头衔，多菲内也成为他们的直属领地。腓力六世在去世前还给王国留下了最后一个麻烦：在王后让娜去世后不久，他便于 1350 年 1 月迫不及待地举行了二婚。新娘是他的远房侄女，纳瓦拉的布兰卡（Blanche of Navarre，Queen of France）。七个月后，她便升级为王太后。纳瓦拉的布兰卡将对腓力六世的继承人产生重要而且可能是消极性的影响。

9 月 26 日，诺曼底公爵让在兰斯加冕，正式成为法国国王，史称让二世。时年 31 岁的新君相貌非凡、勇气过人、乐善好施，喜欢华丽的庆典，但却处于一种非理性状态。犹豫、冲动和严苛经常交替左右着让二世的情绪。此前以诺曼底公爵的身份在加斯科涅的作战已表明他并不是一位高明的军事统帅。因此，公众非常怀疑他是否有能力引导危机四伏的王国走出低谷。

即位伊始，让二世并未表露出终止休战协议的意图，但他的王国仍摆脱不了纷扰。此前不久，英国在布列塔尼的主要指挥官托马斯·达格沃思中伏身亡，但这未改变此地的乱局。英国人宁可让这片公爵领继续掌控在那些处于半独立的、只顾收取贡金、蹂躏乡镇的兵匪手中，也不愿让代表法王势力的布卢瓦家族将其占领，南方的加斯科涅前线则从未停止过拉锯。让二世被迫在休战条件下也维持大量军队，并极力应付由此产生的财政困难。政府的对策是频繁征收各种杂税，并偷偷地贬值铸币。这当然受到了那些认为尚处于和平中的内陆人的抵制，连同前线居民关于政府无力保证其安全的愤怒一起，一股反抗瓦卢瓦王室的浪潮开始涌动。其中最为耀眼的则是宫廷中的一位新贵——纳瓦拉国王卡洛斯二世（Charles II of Navarre）。卡洛斯二世的祖父埃夫勒伯爵路易（Louis，Count of Évreux）是先王腓力四世的幼弟，母亲是腓力四世的长子路易十世的唯一后嗣纳瓦拉女王胡安娜二世（Jeanne II，Queen of Navarre）。在14世纪初，胡安娜二世被继承了法王位置的二叔腓力五世剥夺了几乎所有的领地。瓦卢瓦家族继承大统后也只归还给胡安娜二世的纳瓦拉王位，同样传承自胡安娜二世的香槟伯爵领则被替换成一笔迟迟未付清的补偿金和一堆零碎分散在法国西北部的领地。在胡安娜二世及其子嗣看来，瓦卢瓦王室的这种行径无异于明抢豪夺。强烈的怨愤逐渐在纳瓦拉家族生根。而到14世纪50年代初，卡洛斯二世凭借自己带有卡佩血统的埃夫勒伯爵身份以及三姐法国王太后布兰卡的帮助，已融入法王的核心亲族成员圈子。这位野心勃勃的年轻人很

▲ 法国国王让二世

快就将利用时机对家族仇人还以颜色。

即位之初，让二世打算励精图治。1351 年，他颁布了一项新的《作战人员条例》(Reglement pour les Gens de Guerre)。针对以前那些响应王室征召的贵族乡绅组建的分队人数多寡不一的现象，条例规定一支骑兵分队或者一名连队将领的战斗人员应包含至少 25 名至多 80 名骑兵。他们将领受一定数额的薪金，并每隔两月接受元帅下属书记员的检验。此外，让二世还仿效爱德华三世设立嘉德骑士团（The Order of the Garter）的举动，建立了自己的星骑士团（The Order of the Star)。他的本意也许是振奋骑士阶层低迷的士气，用王室慷慨的补助打造一支新的精英队伍，在其余武装人员做出表率的同时尝试重构军队。但很快这个比嘉德排场更大的骑士团的大部分成员就在布列塔尼的莫龙之战中阵亡。这些改进因军队并未常备化而收效甚微。与其父时代相比，让二世的军事体制并没有明显的改观。按各种封建关系征召的起来的队伍良莠不齐、互不统属、地位悬殊。参战的领主所想的仍是收取战利品和赎金。履行同国王的义务。通常以步兵和弩兵身份被指派到连队中，互不相识的平民也很难与自己的临时战友及指挥官建立袍泽情谊。这支具有临时性质的大军缺乏凝聚力，其成员几乎没有在战役中协调各个兵种、相互配合的经验，专业素养和纪律更无从谈起。

此外，由于休战协议的延续，大部分纳税人仍不愿意缴纳战争税，但另一方可以掠取不义之财的敌人却能毫无顾忌地抢占先机。而财政有限带来的低额及拖欠薪水的情况令让二世的军队士气低迷。很快让二世在各条战线上均受到挫折。加来英军无视协定，不断建立新的前沿据点。1352 年 1 月 6 日，他们甚至通过奇袭夺取了吉讷（Guines)。爱德华三世政府在短暂安抚对方后，却决定占有这座南面门户，并倒打一耙，指责法国人在周边制造暴力。尽管如此，悲愤的法国人却一直无法夺回这座城堡。夏季时，托马斯·达格沃思的继任者沃尔特·本特利爵士（Sir Walter Bentley)率不到 1000 人的队伍在布列塔尼的莫龙(Mauron)，与数倍于己的敌人相遇。英军按习惯依靠山脊和树篱布阵，令下马骑兵排在中央，长弓手排在两翼。不过他们并未构筑完善的防御攻势。法军已开始尝试改进他们的战术。居伊·德·内勒(Guy de Nesle）等将领命令大部分骑兵仿效对手步行作战，其余数百名骑兵则乘马冲撞英军长弓手。这个计划开始非常成功。英军右翼长弓手阵列被穿透，但法军骑兵接着却直扑敌人的行李辎重，浪费了彻底击溃对手的机会。而那些身披重甲、正在爬上山坡的步行骑兵似乎也还未习惯这种作战方式，一场激烈的短兵相接后，英军被压至山头树篱前。不过这已耗尽了他们对手的最后一丝勇气，不少人转身逃下山坡，法军最终被击溃。在战场上留下内勒等数十名大贵族及约 200 具骑兵尸体，步兵亦死伤无算。

莫龙之战引发了灾难性的后果。布列塔尼的贵族们开始改换门庭，连布卢瓦的查理也向他的俘获者屈服。他打算以 30 万埃居的巨额赎金与英方和解，以及让自己的子嗣与英国王室联姻为代价，换取爱德华三世承认自己为布列塔尼公爵。爱德华三世并不介意抛弃幼弱的蒙福尔家族继承人约翰，让布列塔尼中立化。而法王新任命的陆军统帅查理· 德· 拉塞尔达（Charles de la Cerda），似乎也不反对这个方案。[①] 他是布卢瓦的女婿，同时也是让二世的宠臣。大笔的赏赐降临到这位幸运儿身上。让二世赐予他昂古莱姆伯爵（Count of Angoulême）的头衔，昂古莱姆曾是瓦卢瓦王室用来与纳瓦拉女王胡安娜二世交换香槟的领地。虽然她临终前不久将昂古莱姆伯爵领放弃，用以换取诺曼底及法兰西岛的一些更为富足的领土，但现在其子纳瓦拉国王卡洛斯二世则将它视作己产。他对陆军统帅恨之入骨。1354 年 1 月 7 日，卡洛斯二世指使人刺杀了住在诺曼底莱格勒（L'Aigle）一家客栈里的陆军统帅。法王大为惊骇。接着又传来了纳瓦拉国王卡洛斯二世与被爱德华三世晋升为兰开斯特公爵的格罗斯蒙特的亨利—也就是德比伯爵—联系，密谋同布列塔尼英军勾结的消息。卡洛斯二世并不担心会受到惩罚。已经有一大批对法王及其亲信廷臣不满的贵族聚集在他身旁。两位王太后：法王查理四世的遗孀、卡洛斯二世的姑姑让娜· 德· 埃夫勒，及卡洛斯二世的姐姐纳瓦拉的布兰卡也在从中斡旋。最初的盛怒后，犹豫的让二世最后却决定向这位权贵妥协。在 2 月的《芒特协议》（Treaty of Mantes）中，纳瓦拉国王卡洛斯二世不仅毫发无损，而且还换得了诺曼底的大片富裕领地，实力随之倍增。这种息事宁人之举除了助长了卡洛

① 前任陆军统帅拉乌尔二世被英国人释放不久后就遭法王处决，可能是因为他在监禁中与英国人签下了转让吉讷的协议。查理·德·拉塞尔达是卡斯蒂利亚国王阿方索十世（Alfonso X of Castile）的早夭长子斐迪南（Ferdinand de la Cerda）同法王路易九世的女儿布兰奇的后裔。因此他也是让二世的远房表亲，而且作为让二世的部属曾在 14 世纪 40 年代后期参加过北方的一系列战斗，表现出众。

斯二世的气焰外，并无多少效果。纳瓦拉继续在英法两国关于长久的和平谈判中与英方勾搭。到冬季时，愤怒的法王又宣布没收纳瓦拉的领地，后者则准备配合英军侵入诺曼底。法国正处于分裂的边缘。

敌人的纷乱状态也刺激了爱德华三世重启战争的野心。他打算将大陆版图扩展到金雀花王朝的古老领地。随着国力从黑死病的灾难中逐渐恢复，英王准备新一轮的大规模远征。1355 年夏季，两国间时断时续的停战终于走到了尽头。爱德华三世轻而易举地从那些游离在边境地带的亲英势力烧起的战火与法国愤怒的反击中找到了理由。现在是散兵游勇退居次席，英格兰正规军正式出场的时刻。英军打算采取三路并进的传统策略：国王从加来、兰开斯特公爵格罗斯蒙特的亨利从诺曼底、威尔士亲王爱德华从阿基坦分别发动攻击。不过恶劣天气等因素使英国舰队的起航日期被一再拖延。在此期间，让二世取得的唯一成功是在 9 月 10 日再次与纳瓦拉签订了和解的《瓦洛涅协议》(Treaty of Valognes)。同样，两位王太后的调解功不可没。尽管纳瓦拉国王卡洛斯二世答应与 17 岁的法国太子道芬查理共同协防诺曼底，但这位善于在双方阵营间摇摆为自己谋取最大利益的权贵很难兑现自己的诺言——他的军队正在为布列塔尼的英方所用。

虽然纳瓦拉的倒戈使英军从诺曼底进攻的方案受挫，但英王还是带着数千人在加来登陆，并对皮卡第地区发起了一次远骑烧掠。他很快接到了一则坏消息：10 月，苏格兰人又向英军发起进攻并包围了贝里克城堡。显然，苏格兰人并不担心自己被俘国王的安危，他们还声称这是履行对正受到英国入侵的法国盟友的义务。由于黑死病及远征法国带来的人口损耗，英军在北方边境兵力稀薄。爱德华三世只得放弃进军，于 11 月初返回本土。

但这支英军已在北方牵制了法王的大军，成功地掩护了他们此次远征的主要目标——黑太子爱德华对南方地区的远骑烧掠。9 月下旬，这位首度担任独立指挥官的青年王子带着约 1000 名骑兵和 1700 名长弓手的队伍来到波尔多。本地贵族武装很快便加入了他的队伍。10 月 5 日，黑太子指挥逾 6000 人的大军离开波尔多，开始了对东南部朗格多克地区的远骑烧掠。英军避开图卢兹等坚固城市和据点，一路烧杀抢掠，有条不紊地摧毁他们遇到的所有建筑，所过之处皆化作废墟。法王在朗格多克的代理官阿马尼亚克伯爵让不敢与之接战，只能躲在安全距离外尾随。于是，英军大摇大摆从大西洋沿岸穿行近300英里，一直到地中海海边，并占领了纳博讷（Narbonne）的城区。随后，黑太子率部下带着满载着赃物和战利品的辎重队踏上了归途。直到此时，南方法军的主力仍在距敌近1天路程处尾随，几乎是目送敌人在11月上旬返回加斯科涅边境。

▲ 在两位王太后斡旋下，让二世与卡洛斯二世和解

尽管黑太子爱德华领导的这次远骑烧掠未能成功引诱敌军主力接受会战，但它摧毁了约五百个村庄，并将十几座拥有城墙的城镇化为废墟。远骑烧掠给法国的直接后果是重创了当地的税收，而且今后税款中的很大一部分还将用于修筑城市的城墙等防御设施。除此之外，政治上的恶劣影响也很快显示出来，让二世的政府已威信扫地，责难的信件向雪片一样飞往宫廷。国民怀疑法王是否有能力保护他们。像先王一样，让二世开始承受压力。法王被迫答应派遣军队增援南方，但他奇缺军费。在11月底召开的等级会议上，代表们在抨击国王的贬值货币政策的同时，终于意识到要掏钱为国分忧了。他们同意收取盐税（Gabelle）和销售税（Sales tax），但仍试图控制税款的征收过程——会议要求设立一个9名总监（Generaulx et surintendenz）的特别委员会监管收集工作，在2名出纳（Receivers-General）协助下绕开国库将款项直接交给军队出纳（Paymasters）。由此可见，三级会议对法王政府已极不信任，已开始为谋取在征税体系中的特殊政治地位。

对让来说祸不单行的是，纳瓦拉国王卡洛斯二世仍在兴风作浪。这次他在鼓动道芬查理推翻法王，取而代之。让二世通过加封儿子为诺曼底公爵的方式挫败了阴谋，但诺曼底已是卡洛斯二世和其支持者们的地盘。他们仍对道芬查理有影响。让二世最终忍无可忍采取了突然袭击：1356年4月5日，让二世带着部下闯入鲁昂的城堡。不顾东道主道芬查理的抗议，将正在参加宴会的卡洛斯二世逮捕。接着又处决了包括阿库尔伯爵在内的 4 名党羽。这种未经法律允许的行动将法王再一次推向风口浪尖，把埃夫勒家族及大批诺曼底贵族赶向英国阵营，引爆了诺曼底内战，也成全了卡洛斯二世在某些贵族眼中的牺牲者形象。而让二世的政府并未准备好新一年的战备，去年议定的财政方案遭到挫败，政府被迫宣布延迟债务的偿付，而沉重的税赋激起北方城市中下层的激烈反抗，南方地区则以自冬季至今黑太子部下多次发起小规模袭扰行动为借口，拒绝将税金输往北方，留作自用。

英法大战就在这种背景下拉开序幕。初夏时，兰开斯特公爵格罗斯蒙特的亨利带着部下在科唐坦半岛登陆，会合了布列塔尼的英军。纳瓦拉国王卡洛斯二世之弟费利佩很快便带着部队前来投奔，使军队总数达到 2000 人。他们计划增援诺曼底南部那些正与法军作战的纳瓦拉领地据点。但法军的迅速攻击未能使英军解围数个主要目标。让二世正在集结大军，试图围歼兰开斯特公爵的队伍。但是他的部队截不住全员乘马、具有较强机动能力的敌人。兰开斯特公爵在 7 月中旬退往科唐坦半岛。除却烧掠和大批战利品外，他已成功牵制法军主力一月有余。

与此同时，作为钳形攻势的另一方，西南部的黑太子爱德华也带领 2000 名骑兵 5000 名弓箭手向卢瓦尔河流域挺进。如果说英国人的原定方案是让两部在这个地区会合的话，那夏季湍急的河水则让他们的愿望落空。英军无法突破设防桥梁。9 月中旬，法王解散了大批步兵，带着较为精锐的大军在普瓦捷东南面截住了黑太子的归路。英军抢占了努瓦耶（Nouaillé）的一个山头。他们有 2000 名英格兰、威尔士弓箭手，1000 名加斯科涅步兵和 3000 名重装骑兵。黑太子命令大部分骑兵下马作

▲ 逮捕纳瓦拉国王卡洛斯二世

战，背靠努瓦耶森林弓箭手在两翼。阵地左侧有沼泽和河流保护，右侧和后方有壕沟及马车组成路障。“黑太子”留下了数百名弓箭手和骑兵作为第二线的预备队。

9月19日，让二世麾下约有8000名骑兵和3000名步兵。除了有德意志的部分队伍也前来助威外，苏格兰盟友后来的第一任道格拉斯伯爵威廉（William Douglas, 1st Earl of Douglas）也带领200人加入了战斗。除了部署在一线用来冲锋击破长弓手阵型的500名人马具甲的骑兵外，大部分法军骑兵都奉命下马，排成三条战线。前锋由道芬查理指挥，中军由国王的弟弟奥尔良公爵腓力（Philip, Duke of Orléans）指挥，让二世亲自指挥包含大批精锐下马骑兵的后卫。这意味着任何一条战线与敌人接触时都占不到人数优势，让二世并不介意这一点，他的敌人已经在阵地上近一天，并饱受行军劳顿、缺乏粮草和饮水之苦。法王对和谈没有多少兴趣，他希望能毁灭敌人。但法军指挥官们对如何作战存在分歧。包括让·德·克莱蒙元帅（Jean de Clermont）等在内的一些人认为应该先不去惊扰敌人，等到他们主动放弃那个阵地后再出击。但他们很快遭到同伴们的嘲讽。正如克雷西战役一样，狂热和鲁莽主导了法军。当指挥乘马骑兵一侧的法军元帅阿尔诺·奥德雷海姆（Arnoul d'Audrehem）看到英军左翼的旗帜正在向河边移动时，便认为敌人已开始溃退，连忙率领部下直扑对方的下马骑兵队伍，可他忽视了旁边的弓箭手队伍。英军左翼的副指挥第七任牛津伯爵约翰·德·维尔（John de Vere, 7th Earl of Oxford）徒步奔向弓箭手队伍，命令他们沿河运动绕到敌人侧翼，射击没有铠甲保护的战马的腹部和腿部，给法军骑兵造成极大混乱，法军攻势被击败。奥德雷海姆被俘，道格拉斯靠着贴身扈从的拼死保护才得以逃离战场。而另一侧克莱蒙元帅的乘马突击则更加糟糕，他们冲上山坡后遇见了一道密集的树篱，其中只有一道狭窄的豁口通向敌军阵地。在此处，他们惨遭屠戮。而英军指挥官们的主要任务则是忙着阻止自己的士兵跳出阵线追俘溃敌。

与此同时，道芬查理率领的法军前锋也开始缓慢推进，他们的运气并不比骑马同伴更好。树篱割裂了他们的阵型，长弓手的箭雨又加重了他们的伤亡与混乱。虽然法国人已将自己的骑矛截短至5英尺，以便在步战中挥舞，但他们仍无法击破对方的战线。不久后，道芬查理也许是在专业顾问的建议下命令撤退。但他那些纪律涣散的部下将撤退执行成了一场溃退，并将恐慌传递给了身后的中军方阵。奥尔良公爵腓力效仿自己的大侄子，带着另外两个小侄安茹伯爵路易、普瓦图伯爵让——

后来的贝里公爵——脱离战斗，法军第二战线随之瓦解。骑兵们或是吆喝让随从到后方为自己牵用于逃命的战马，或是跑进深林中，还有一些逃向让的第三个方阵——现在唯一还坚守在战场上的法军后卫方阵。

法王决心力挽狂澜。他一面聚拢前方溃退的士兵，一面率领部队向山坡推进。法军弩手也再度到前方配合主力向敌人射击。敌人已战斗了三小时，弓矢耗尽，筋疲力尽。黑太子爱德华不愿坐以待毙，他命令比克大领主格拉伊的让三世（Jean III de Grailly, Captal de Buch）带领数十名骑兵和一些弓箭手骑上马匹从右翼包抄敌军。山脊恰到好处地遮蔽了这百余名骑兵的行动路线。他们顺利绕到法军的后方，突然发动攻击，猝不及防的法军陷于混乱。英军严明的纪律和出众的素养以及将领们高超的指挥艺术和战场控制能力使他们成为当日的赢家。让率领的后卫被敌人从数个方向上压迫。阵线随即崩溃，紧接着王旗"金色火焰"也被砍倒。至此，法军的失败已成定局。贵族们抛弃了他们的国王，四散逃命。让二世和幼子腓力不得不向英军投降。失去自由的还有波旁家族的拉马什伯爵雅克一世（Jacques I, Count of La Marche），其长兄波旁公爵皮埃尔一世（Peter I, Duke of Bourbon）却不幸战死。一同丧命还有陆军统帅布列讷的戈捷六世（Gautier VI de Brienne）等2000多名贵族骑兵。另有2000名大小贵族沦为俘虏，这是一个使人恼怒的数字。在令英军大发横财的同时，他们让同伴们蒙羞。

10月初，黑太子爱德华带着军队返回加斯科涅，兴奋的波尔多民众热烈欢迎他的凯旋。北方的巴黎则是另一番景象。19日午后数小时的鏖战已经摧毁了御前会议和法国的整个高层军事指挥机构，战场上已无可以同敌人抗衡的军队。市民领袖们急忙接管防务，拆毁建筑、挖掘壕沟、在街头拉起封锁用的锁链以防范敌人。兰开斯特公爵格罗斯蒙特的亨利已为蒙福尔家族年幼的约翰打起公爵旗号，在布列塔尼发起攻势，并包围了领地的第二大城市雷恩。一名出身低微的法国小贵族贝特朗·迪·盖克兰（Bertrand Du Guesclin）将以威胁公爵后方的游击战战术来组织此城的解围工作。[①] 与此同时，纳瓦拉国王卡洛斯二世的追随者则开始蚕食诺曼底，

① 兰开斯特公爵的这场围城战持续了九个月并以失败告终，贝特朗·迪·盖克兰因此声名鹊起。

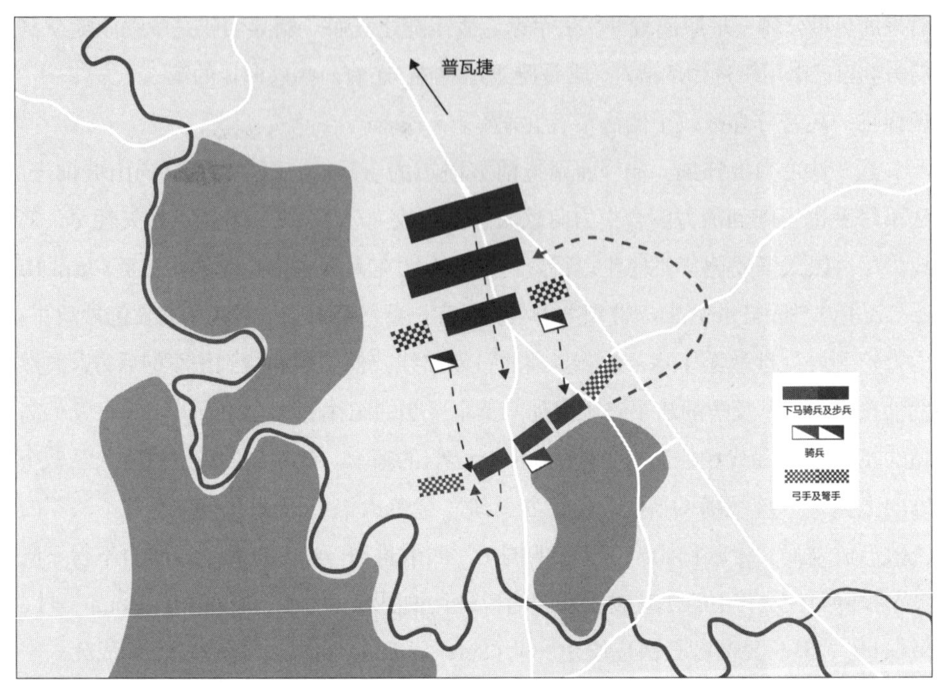

▲ 普瓦捷战役图

并向法兰西岛渗透。为了筹措新军、营救国王，道芬查理及其臣僚决定立即召开三级会议，但这成为引发政治动乱的导火索。耻辱的败仗使那些纳税者异常愤怒。让二世被俘的唯一好处是令国王逃出了舆论挞伐的焦点。现在，人们发现了大贵族阶层的无能，并决心对他们进行声讨。会议代表把怨气发泄到了国王身边的大臣身上，声称一切都是因为国王受到恶劣势力左右，是国王的顾问造成的。于是三级会议很快便偏离了道芬查理的愿望，演变为一场针对整个行政体制的质疑。代表们选出80人组成委员会，打算改革过去的惯例，监督政府。

在这段岁月，以巴黎商会会长艾田·马赛（Étienne Marcel）为代表的城市寡头阶层正逐步走向台前。与北方尤其是低地地区的手工业和商业城市不同，巴黎的命运与王室政府息息相关。数个世纪来，同法王的联盟使这些上层市民随着政府的扩张而获得不菲收益。但由于王室政府长期以来对城市的控制十分松散，这些由市民

▲ 普瓦捷战役

高层主持的行会自治团体除了经营生意外，也要充当行政、治安等管理角色。于是，他们逐渐成为这座人口稠密而且拥有大批流动者的城市的主要掌控者。当然，巴黎人也积极地为法王的战争贡献兵源和财力，但普瓦捷战役的惨败使这种模式告一段落。除了恼怒外，这些地方自治组织的领导者也萌发了一些新想法，他们打算独占因政府崩塌造成的权力真空。马赛及其他一些北方手工业城市代表均是 80 人委员会成员，他们并不关心赎救国王的问题，而是打算组织军队继续战斗，直至将敌人赶出国土。他们声称将收取足以维持 3 万人军队的税款，要求罢免点名的王室官员，自己任命道芬查理议政会议的新成员。但财政官员评估后告诉道芬，委员会方案实际收得的税款只能维持 9000 人的军队。让道芬更难以接受的是，他们还要释放纳瓦拉国王卡洛斯二世——这些城市寡头似乎打算和权贵勾结在一起。于是在11月初，道芬查理下令中止了三级会议。

但道芬查理无法解决自己的财政问题，他只能继续贬值货币，很快艾田·马赛便领导巴黎民众群起抵制。到1357年1月中旬，抗议已演变为起义，道芬被迫屈服。三级会议获得成功并组织改革委员会，它开始审查任免政府官员，试图从道芬手中夺过政府的决策权。实际上，三级会议掌握权柄的关键是能否如约在全国收到承诺的税收。但此时的城市并不是王国税款的主要来源地，3月初，三级会议还遇到了新麻烦——急于摆脱囚禁状态的法王让二世与英国人签订了一项为期两年的停战协定。显然，法王对会议代表有意忽略自己赎金筹集问题大为不满，他甚至命令臣民拒付三级会议要求缴纳的战争税。这条迎合了法国人那休战期间不纳税的老习惯的法令对三级会议是个沉重打击。也许是14世纪法国封建的社会本质并未得到改变的缘故，市民资产阶级对王国的影响力十分有限。一方面，在香槟及朗格多克等拥有大批中小贵族的省份，三级会议收税时都遇到了阻力。另一方面，三级会议很快也沦为某些别有用心的大贵族及权贵的工具。11月，纳瓦拉国王卡洛斯二世逃离监狱来到巴黎。他竭力营造自己受王室迫害的形象，并表示将“以死捍卫王国”。卡洛斯二世还暗示自己比让二世更有资格成为国王。鉴于道芬在数个月以来不时表现出的反抗倾向。马赛决意联合纳瓦拉国王逼迫道芬。王太后们又推波助澜。后者只得和解。但卡洛斯二世仍不肯松口，除了归还被王室军队占领的旧有领地外，他还要求道芬割让诺曼底公爵领和香槟等大片领土。而他的军队正同停战后那些被解散的英国和布列塔尼连队一起劫掠靠近首都的城镇乡村。

巴黎现在已成为各方势力角逐的战场。1358年1月11日，道芬查理带着数名随从在中央市场（Les Halles）发表演讲，对政敌诋毁他的谣言逐一驳斥，试图争取人们的支持，接管政府。但艾田·马赛已开始在城内组织自己的武装，道芬这次大胆行动的成果很快便烟消云散。2月22日，借着最近一起王室债权人同国库官员的命案纠纷引发的怒火，马赛率领一群武装民众闯入了道芬及其顾问的房间，当场杀死了两名官员，并将一顶象征革命的红蓝相间的帽子戴在身上已溅有遇难者血迹的道芬头上。凭借暴力，艾田·马赛控制住了道芬，并将他推上摄政的位置，打算借其名义号令天下。但这位野心勃勃的城市首领不能解决城门外的威胁——除了纳瓦拉和英格兰等劫掠连队外，法兰西岛内的贵族也对他满怀敌意，他们不仅拒绝参加巴黎的等级会议，还频频攻击巴黎，占领那些控扼陆路、水道的据点，严重威胁着城市的补给线。

3月底，道芬查理借口参加位于桑利斯（Senlis）及普罗万（Provins）的地方行省等级会议——那里有不少贵族出席——迅速离开巴黎。在众多贵族的支持下，他决心与首都革命者以及纳瓦拉决裂。而他的父亲，被带往英格兰的法王让二世已在春季同爱德华三世拟定了一个以巨额赎金和大批割地换取和平的条约，这使让二世似乎有希望被释放。道芬开始前往巴黎的东面及北面召集军队，组织对首都的封锁。艾田·马赛失去了最重要的一张牌。不过他很快便开始尝试与王国另一方势力联盟，这便是赫赫有名的扎克雷起义（Jacquerie）。

有关起义人员的资料十分匮乏，编年史几乎均是站在贵族立场上对扎克雷起义猛烈抨击。但起初它的正义性是毋庸置疑的。法兰西岛及周边地区的军队，无论是英国、纳瓦拉还是道芬查理召集的、缺乏薪水的王军都毫无差别地对当地民众敲骨吸髓。值得注意的是，它的爆发地点是战火波及较少、较为富裕的博韦地区——道芬布置的封锁节点之一。事件的起因是5月28日，一伙农民袭击了盘踞在圣勒代瑟朗（Saint-Leu-d'Esserent）的一些可能属于王军的兵匪。随后起义便迅速扩散开来。这种自发性的农民暴动很快就开始攻击那些加重了压榨力度、试图以农民的财产来弥补收益危机及战争赎金的贵族阶级。他们推举纪尧姆·卡勒（Guillaume Cale）为首领，大批被称为“乡下雄鸡”（Hobereaux）的富裕农民阶层，甚至一些小贵族也参与进来。这使起义队伍初具规模。起义人员被划分为许多小分队，小分队拥有各自的旗帜。6月，起义迅速扩展到首都周边并向皮卡第、香槟等省份蔓延，其人数很快便过万。

但这场起义的斗争纲领并不成熟，它主要展现的是破坏性。起义者毫无差别地杀戮贵族及其妻小乃至随从，焚烧契约和庄园房屋、围攻小堡。这些行动得到了艾田·马赛及其北方城市联盟的支持。他们给一些部队送去给养，并派人引导市民配合农民军攻打那些封锁城市的城堡。那些还未遭到袭击的贵族也慌忙联合起来意图镇压起义。由于忙着组织围攻巴黎的道芬查理对镇压扎克雷起义没有表现出兴趣，贵族们将目光转向了纳瓦拉国王卡洛斯二世，“陛下，您不能容许贵族化为乌有”。卡洛斯二世并不介意做出有违盟友马赛的利益之事，他更愿意充当法国贵族的保护人和头领。6月10日，集结了千余名士兵的他骗取纪尧姆·卡勒前来谈判并

▲ 艾田·马赛将象征革命的帽子戴在道芬查理头上

将其逮捕。接着他的军队突袭并击败了数倍于己但群龙无首的农民军。获胜后，卡洛斯二世处决了卡勒。与此同时，另一支农民军来到莫城（Meaux），打算进攻道芬妻子及其他贵族亲眷居住的位于马恩河南岸的城堡。一些贵族骑兵乘农民军不备突然从堡中乘马冲出，将对手击溃。在军事经验不足的起义军主力被击败后，贵族领主们开始了疯狂的报复，他们残忍地屠杀见到的每一个农民，甚至没参与起义的人也未能幸免，数万人遇难。

艾田·马赛在最后时刻摒弃了农民军，但经过扎克雷起义的贵族已经与巴黎人势不两立。他们本能地聚集到正与巴黎作战的道芬查理旗下。马赛不得不再次让纳瓦拉国王卡洛斯二世进城出任指挥官，但这位增援者身旁有一大队英国雇佣军，其部分连队已经进驻塞纳河南岸据点。现在，卡洛斯二世也陷入了两难境地。一方面要同道芬争权夺势的他不愿放弃巴黎的支持，另一方面联合巴黎的行为使贵族迅速摒弃了对他的拥护。于是城市寡头和权贵的事业开始动摇，市民同卡洛斯二世也陷入相互怀疑中。7月，巴黎已遭受各方势力的合围。马赛的部队在交战中无法突破王军的封锁线。而道芬为了争取市民放弃抵抗归顺自己，还在谈判后解散了大部分军队，向他们表示诚意。这个大胆的举动成功地令巴黎市民同卡洛斯二世及其追随者公开翻脸。慌不择路的马赛打算强行让纳瓦拉军和英军进城。但他已众叛亲离。31日，正欲打开城门的商会会长被再次发起暴动的市民杀死，轰轰烈烈的巴黎革命就这么草草结束了——历史给予了市民阶层领导国家的机会，但他们没有足够的能力。

▲ 莫城的贵族袭击农民起义者

◀ 艾田·马赛的败亡

8月2日，道芬查理带着部队进入巴黎。纳瓦国王卡洛斯二世拉被迫带着部下从圣德尼退走，数天后道芬颁布大赦。不过他的政府还未从瘫痪中恢复过来，整个王国的秩序已经瓦解。纳瓦拉已公开和英国合作，他们占领的据点已扩展到皮卡第的索姆河流域。在南方，1357年3月的停战协议催生了一大批被解雇的兵匪连队，以后数年，他们从边境深入腹地，不断向那些已难以组织有序抵抗的薄弱行省渗透。道芬连筹集赶走法兰西岛及周边地区敌人的税金都做不到，更别说缴纳释放让二世的巨额赎金的首付款了。在海峡对岸，英王已借这个理由废除了春季的合约方案。为了获得自由，让二世被迫进一步向英王妥协，但是将割让包括布洛涅、诺曼底在内的约一半国土的新和约条款引起相关地区的广泛反对。因此，1359年5月，巴黎的三级会议拒不接受这份新和约。爱德华三世对此大为恼怒，法国的混乱状态似乎激起了他的野心。苏格兰王国已退出战争，英国北方已无后顾之忧。1359年秋季，借口对方拒绝和约，他率领大军发起了新一轮远征。

10月28日，英王带着约1万名骑兵和长弓手在加来登陆。黑太子爱德华、兰开斯特公爵格罗斯蒙特的亨利等众多名将也与他同行。和以往的队伍不同，这支军队携带了大批工匠、牧师以及大量的给养、器械，辎重装满了1000 辆马车。显然，他们是想攻城略地。爱德华将目标定为法王的加冕之地兰斯，可能这是自他亲政以来首次认真尝试登上法国国王的宝座。这支庞大的英军像往常一样一路烧杀抢掠，穿过阿图瓦和香槟的大片领地于 12 月来到兰斯城下。厄运很快缠上了他们。兰斯人刚刚修缮完城墙，并储存了大批给养。当年的冬季寒冷多雨，英国大军很快耗尽了周边的资源。1360 年 1 月，他们被迫撤围，取道南面的勃艮第再转向法兰西岛，但他们并未在这些地方占得多少便宜。纳瓦拉国王卡洛斯二世无意同争夺法国王位的英国人合作，他已在去年秋季宣布同道芬查理和解。法军则坚守在筑垒城镇中拒绝会战，不时发动些对敌人小股部队的突袭。而更令英国人头疼的是 3 月中旬时，一股法军还乘船突入了英格兰的温奇尔西，他们将市镇付之一炬，这是十多年来英格兰海岸头一次遭受不菲的损失。

而爱德华三世此时正从西南方向向巴黎南部挺进，并于 4 月初展开了对它的围困。但英王没有把握能占领这座庞大的城市，道芬查理对此也很清楚，他事先已系统地破坏了城市周围的郊区，清空了给养，此时守军更是待在城内闭门不出。因此，不到一周，爱德华三世就被迫放弃围城转向西南方向。4 月 13 日，他那支在博斯（Beauce）平原上行进的军队突然遭遇了一场罕见的雷暴，瓢泼的大雨中还夹着冰雹，令毫无遮蔽的英军人员及马匹承受了不小的伤亡，他们不得不遗弃大部分马车，而法军仍在坚壁清野并频繁袭击落单人员。一连串的挫折耗尽了爱德华三世的攻击热情。他不得不重新考虑与对手议和。

5 月 1 日，英法双方在布雷蒂尼（Brétigny）重开谈判，这次的进展十分顺利，不到一周他们就达成了协议。英王收回了不少去年提出的要求。按照这份后来被称作《布雷蒂尼和约》的协定的主要内容，英王将获得法国割让的利穆赞（Limousin）、普瓦图、昂古莱姆、圣通日、鲁埃格（Rouergue）、蓬蒂约及其他一些领地，并将被赋予最高主权。他还将收到以分期六年的方式支付的 300 万埃居法王赎金。作为交换，爱德华三世将放弃对法国王位的要求。在赎金的首付款缴纳后，让将恢复自由。不过在赎金付清前，法方还要将最显赫的部分贵族及一些主要城市的市民代表交予英王作为人质。

7 月初，让二世被送往加来。他的女儿伊莎贝拉被嫁给米兰僭主加莱亚佐二

▲ 爱德华三世包围兰斯

世·维斯孔蒂（Galeazzo II Visconti）之子，以此换来公爵的一笔巨款。即便如此，到秋季时，法国人也只凑齐了首付款的大半数而已，爱德华三世不得不有所退让。1360年10月24日，英法国王在加来交换了和平之吻，并带着臣属一起发誓遵守和约及附属文档，这标志着两国间20余年的战争终于告一段落。

法兰西的反击

《布雷蒂尼和约》使英王获得了装潢宫廷、举办宴会及庆典的巨额财富，但它并未使法国人获得他们想要的和平。那些散布在法兰西岛及皮卡第等北方地区的英方连队已食髓知味，他们拒绝按英王的承诺撤离占领区域，法国政府不得不另外花钱请他们离开。更加麻烦的是中南部的加斯科涅等武装连队，他们已经将奥弗涅的山区作为主要基地，向各个方向巡游。在1360年末，这些散兵游勇开始会聚成数千乃至上万人规模的"大连队"进入东南部的里昂等地区。他们还沿罗讷河谷而下，侵入普罗旺斯，并且似乎还有拜访教皇所在地阿维尼翁的意愿，引起了教皇的恐慌。通过金钱进行安抚后，教皇同相关方面决定将大连队的部分人员打包送往意大利——那里更为富庶，各城市间的无政府状态也更适合这些兵匪大展身手。但将另一部分连队送往西班牙的计划因1361年当地战事的平息而失败。于是，朗格多克的居民不得不继续忍受兵匪的骚扰。

让二世的政府疲于应对。他那些西南部的官员不顾当地人的抗议将大片领地转交给约翰·钱多斯爵士等英方代表。王室在此期间唯一的补偿可能来自于东面：卡佩旁支的最后一代勃艮第公爵，15岁的腓力一世（Philip I, Duke of Burgundy）猝然离世，让二世随即把这片领地并入王室。不过与瓦卢瓦官员们同时进入这里的还有一大批兵匪连队。让二世决心弹压。1362年4月6日，他的代理官让·德·唐卡维尔（Jean de Tancarville）集结了4000人在里昂西南的布里涅（Brignais）同集结的兵匪们展开大战，但一败涂地。这次，拉马什伯爵雅克未能逃脱死神的魔掌，他与长子伤重不治。显然，要平定这些匪患还必须花费不菲的代价。

在14世纪60年代的前半期，法国政府深陷于一系列危机和纠纷中，不得不进行一系列改革。借助缴纳赎金这一封建法则，让二世于1360年12月在贡比涅颁布法令，初步搭建了一个全国收取普遍税的临时框架：他在朗格杜瓦地区（Langues d'oïl）开征了一系列的间接税（Indirect taxes）——这些税收种类繁多，税率也不一致，它们渐渐被笼统地称为商品税"aides"，其起源含义是封臣向其封主赎买自己负有的军事义务的补助金而战争初期它的涵盖面也十分广泛，有时甚至包括了人头税——并恢复了盐

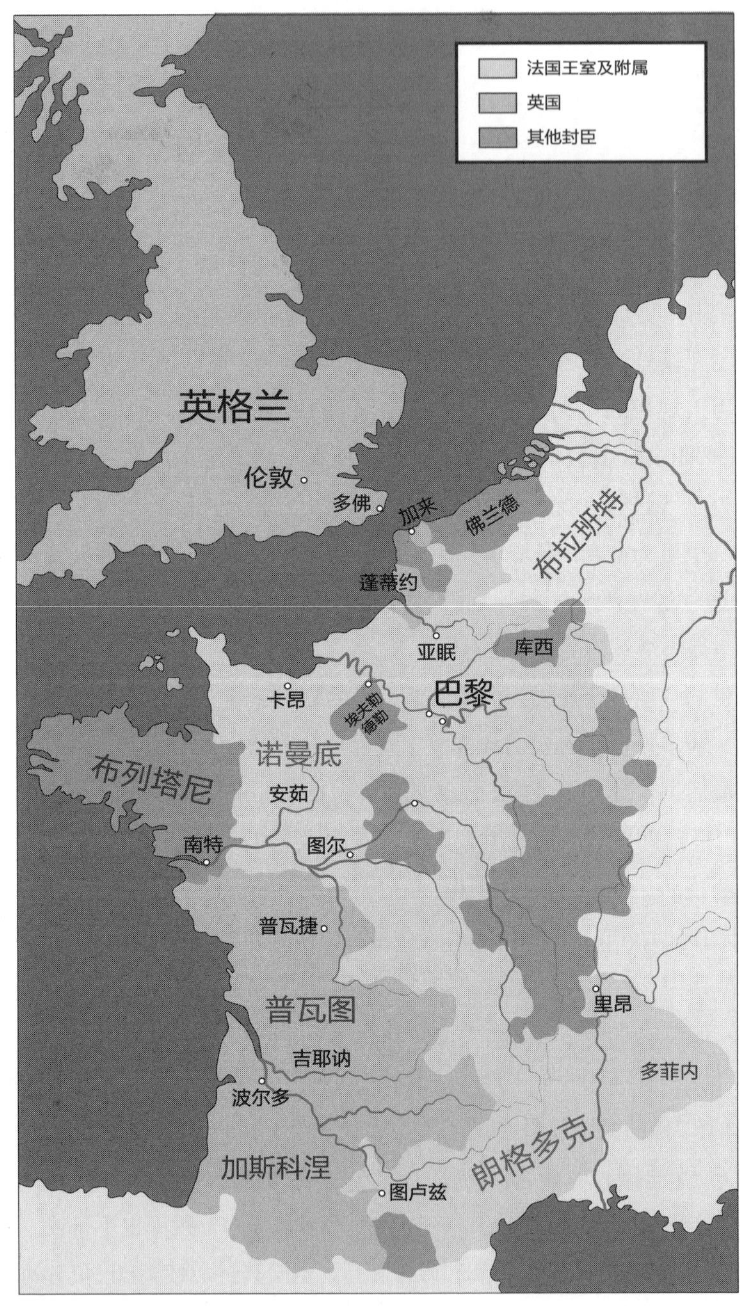

▲《布雷蒂尼和约》后的英法形势

税。此外，为避免逃税，政府还向从征收商品税地区输出的商品收取“商品输出税”（Imposition foraine）。紧接着在1363年11月，亚眠的等级会议上又通过了一项固定的直接税——炉灶税（Fouage），计划用于招募6000名常备军，通过地方税务长（Élus）系统来征取[①]。朗格多克人接受了盐税，但他们并不喜欢新商品税，不久后便将税金总额定在20万法郎左右，然后向各地区分摊。炉灶税也遭到了抵制，政府在很长时间都未建立应纳税的统计名册。因此当地等级会议确定了固定总额，大部分地方共同体（communities）再自行确定内部税率，分摊配额。政府还不时征收一些其他类补助金（subsidy）。由此，法国初步确立了南北各具特色的普遍税征收方式。但在这个兵匪滋扰不断，瘟疫横行，甚至连领主也频繁私自开战的年代，征收工作的惨淡可想而知。1361年，法国人就未能缴纳当年规定的赎金。

赎金拖延、领土交割时产生的纠纷、英方驻军不撤离法王领土等问题，令英法两国间摩擦不断，爱德华三世不断拖延履行他放弃法国国王宣称权的义务。更令法方难堪的是，那些前往英国充当人质的王子因不能忍受异乡生活而同英方秘密签订进一步退让的协定。而且让二世的二子安茹公爵路易一世（Louis I，Duke of Anjou）还在1363年9月从加来逃走，并拒绝回到英格兰。无奈之下，为了消除英国人的怒气，让二世只得于1364年初亲自前往英格兰协商。但三个月后，法国国王不幸染病身亡。爱德华三世为这位表弟举行了隆重的哀悼仪式，英王的确有理由悲伤，他再也无法从这位昏庸的对手身上刮取更多利益了。

按照让二世的遗愿，他的幼子腓力在国王驾崩后将继承勃艮第公爵领，但瓦卢瓦王室兼并勃艮第的行为早已引起了纳瓦拉国王卡洛斯二世的不满。卡洛斯二世自认为有勃艮第公爵领地的继承权——他的外祖母，路易十世的第一任妻子法国王后玛格丽特（Margaret of Burgundy）是老勃艮第公爵罗贝尔二世（Robert II，Duke of Burgundy）的次女。卡洛斯二世再次选择了用暴力来维权。他打算派部分军队同那

---

① 这套征收系统源于三级会议在1346、1356年试图控制税收的方案。每个教区通过选举专员的方式产生税务长。他们监督负责确定教区金额的地方估税员及出价购买征税权的包税人（Tax farmers），并向巴黎的总财务官（Trésoriers Général）负责。教士因要缴纳教会什一税便不再缴炉灶税，贵族也被免除了直接税及出自其领地产品的商品税。亲王封地则由王公的官员负责商品税。那些靠近敌占区及新近并入王国的地区税收也得到了一定程度上的减免，因此，王室领地底层几乎承担了全部重赋。

些大连队一起侵入勃艮第，并在1364年初另派比克大领主格拉伊的让三世率领一部分人员经由黑太子爱德华的阿基坦公国——1362年7月，爱德华三世已将此地作为亲王封地赏给黑太子，希望他负担起领地的收支平衡——前往诺曼底守卫自己的领地。不过此时还在摄政的道芬查理抢先一步，于是欧塞尔伯爵让三世（Jean III, Count of Auxerre）收到了集结军队向诺曼底纳瓦拉领地出击的命令。

4月，法军陆续收复了大批塞纳河流域的纳瓦拉据点，兵锋直指埃夫勒。月底时，比克大领主格拉伊的让三世终于赶到此地。他集中了加斯科涅、下诺曼底、纳瓦拉及英格兰的大批连队向东面的塞纳河方向前行。5月14日，他们在厄尔河畔（Eure）

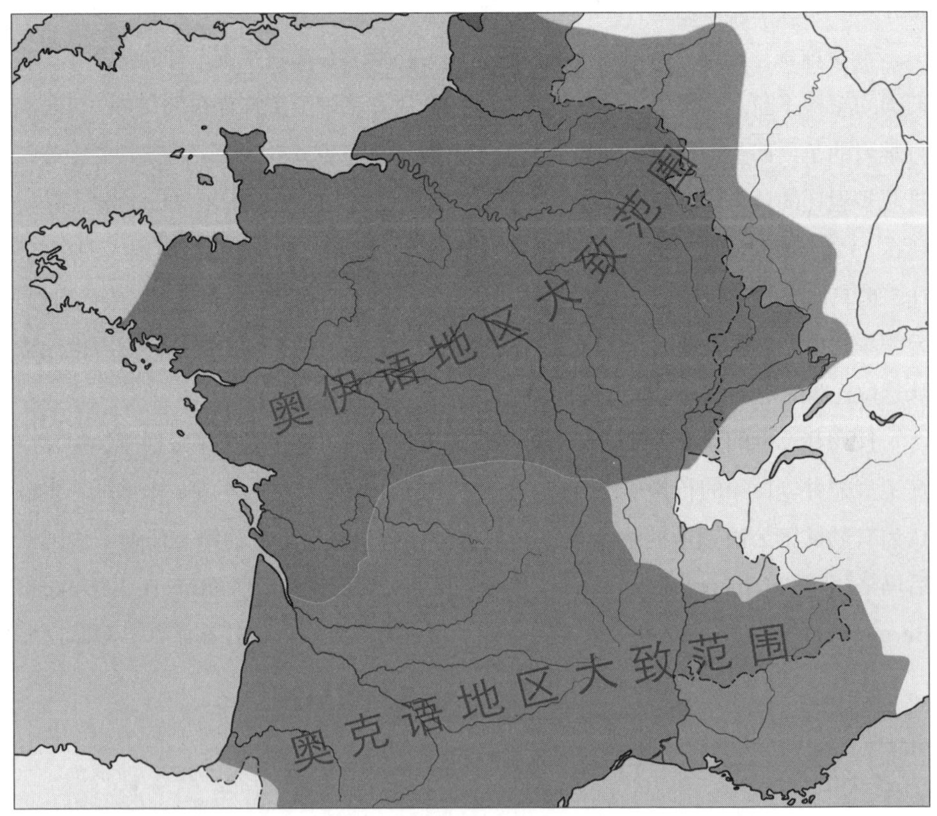

▲ 朗格杜瓦地区（Langues d'oïl），即奥伊语地区，同南方的奥克语地区（Lenga d'òc），也就是朗格多克相对应，奥伊语地区三级会议囊括了北部和中部的大部分地区

的科舍雷尔（Cocherel）附近与法军遭遇。纳瓦拉 - 英格兰联军有 3000—4000 人。他们在离乡镇 2000 米左右的高地上列阵，采取了传统的防守反击战术。由欧塞尔伯爵让统领的法军人数略少一些。伯爵将指挥权让给了出身低微，数年来一直活跃在西北前线的法军将领贝特朗 · 迪 · 盖克兰，这种低阶军官指挥较高出身的贵族及军队的现象开始在法军中涌现。

16 日下午，贝特朗 · 迪 · 盖克兰决定发起攻击，但法军很快便向后撤离——这只是一场佯攻。也许比克大领主格拉伊的让三世有过迟疑，但英军指挥官约翰 · 朱厄尔（John Jewel）仍旧带着部下冲下山坡追击法军。眼见敌人冲出了阵地，盖克兰马上命令队伍转身接战。同时他的第二线队伍开始从侧翼包抄敌人。近战中，长弓手们无法释放箭雨，纳瓦拉 - 英格兰队伍随后被击溃。朱厄尔重伤不治，比克大领主被俘虏。盖克兰高超的指挥艺术为战友们赢得了一次决定性的胜利。

5 月 18 日，科舍雷尔战役的捷报传到了兰斯。这对曾经的道芬，现在的法王查理五世（Charles V of France）来说是一份绝佳的加冕贺礼。26 岁的新国王相貌英俊但面色苍白、身形消瘦。在摄政时代展示出的机智与敏锐已足以证明他能够引导他的王国走出低谷。现在，因为纳瓦拉在诺曼底的势力已被重创，查理五世正式将自己的幼弟腓力封为勃艮第公爵。腓力随即开始组织力量对抗纳瓦拉的东面分队。布列塔尼内战在夏季变得日趋激烈。英国人支持的蒙福尔的约翰在英将约翰 · 钱多斯的协助下开始进攻欧赖（Auray）。布卢瓦的查理找来了正在围攻诺曼底的纳瓦拉残余据点的贝特朗 · 迪 · 盖克兰。他们组织了约 4000 人，于 9 月 28 日赶到欧赖附近。次日，他们发现 3500 名布列塔尼—英格兰军为了避免被城堡和敌军包夹，遂将主力移至城北河

▲ 爱德华三世册封黑太子

流右岸的一处高坡上列阵。蒙福尔的约翰的部属奥利维耶·德·克利松（Olivier de Clisson）在右翼，英将罗伯特·诺尔斯爵士（Sir Robert Knolles）在左翼，蒙福尔的约翰和钱多斯居中，休·卡尔维里爵士（Sir Hugh Calveley）领导着二线的部分预备队。尽管法军要攻击敌人就必须通过一片湿地平原，布卢瓦的查理还是下达了进攻命令。事实证明这是一场灾难。克利松很快击溃了欧塞尔伯爵让领导的法军左翼。在预备队的配合下，英军成功地将布卢瓦的查理与法军主力隔开。当布卢瓦的查理战死后，法军败局已定。盖克兰命令身穿重甲的部下高举盾牌对付长弓手的箭雨。但在打坏了所有武器后，他不得不向对手投降。欧赖战役使蒙福尔家族赢得了布列塔尼公爵的宝座。1365 年 4 月 12 日，布卢瓦的查理的妻子让娜与蒙福尔的约翰签订和约，以承认对方公爵身份为条件，保住了自己剩余的领地。

▲ 科舍雷尔之战，比克大领主向盖克兰投降

但纳瓦拉没有从这个事件中获取可观的收益。新的布列塔尼公爵是一位圆滑的统治者，打算坐稳宝座的他立即开始缓和同法王的关系并向他宣誓效忠。而纳瓦拉那有限的领地无法长期支付加斯科涅佣兵和大连队的作战费用。5 月，纳瓦拉国王卡洛斯二世被迫与法王签订和约。查理五世以大赦纳瓦拉党羽为条件，换取保留去年在诺曼底占领的大部分城镇。纳瓦拉拓展北方领地的野心就此终结。

法王下一个要解决的问题是兵匪连队。他把目光投向了境外，卡斯蒂利亚的佩德罗即位后和本国贵族的矛盾日益尖锐，他倾向英方的举动也使卡斯蒂利亚与法国

▲ 欧赖战役

的关系日趋紧张。在法国人眼中，佩德罗还涉嫌谋害了妻子波旁的布朗什——前任波旁公爵的次女，查理五世的小姨子。而阿拉贡也希望结束与卡斯蒂利亚的战争。这数方势力均希望佩德罗倒台。他们找到了一个合适的王位竞争者人选——佩德罗同父异母的兄长特拉斯塔马拉的恩里克（Henry of Trastámara）[①]。被保释的贝特朗·迪·盖克兰召集了法国境内主要的佣兵首领为恩里克争夺王冠。这支约有1万多人的队伍跨过南部边境前往巴塞罗那。而当大连队的骨干力量被抽空后，剩下的

① 特拉斯塔马拉的恩里克是卡斯蒂利亚前任君主阿方索十一世（Alfonso XI）与情妇莱昂诺尔·德·古斯曼（Leonor de Guzmán）的私生子。阿方索十一世去世后，即位的佩德罗及其母葡萄牙的玛利亚（Maria of Portugal）将埃莉诺处死。于是，恩里克同佩德罗间的裂痕已不可弥合。

兵匪也被王室官员及愤怒的民众逐步剿灭了。

1366年初，贝特朗·迪·盖克兰的大军从阿拉贡西部出发，强行穿越纳瓦拉王国的南部边境，出现在卡斯蒂利亚的北面布尔戈斯(Burgos)。将部队集中在东部阿拉贡边境的佩德罗发现自己已被敌人包抄，他的统治立刻瓦解。3月16日，恩里克被拥立为卡斯蒂利亚国王恩里克二世(Henry II of Castile)，他的弟弟不得不放弃王国大部分土地，退居西北的加利西亚地区(Galicia)。

不过恩里克二世的王冠并不稳固。很快,另一方势力也加入了这场角逐中来。黑太子爱德华起初对佩德罗的遭遇不怎么关心，但海峡对岸的爱德华三世很快便发觉巴黎当局比自己棋先一着。1366年夏季，不愿意看到加斯科涅西南方向出现一个敌对政权的英方开始采取补救措施。黑太子与佩德罗签订协议：黑太子将组织军队帮佩德罗赶走篡位者。于是加斯科涅的佣兵们再度寻到了一次发财的机会——他们中有不少人是上次贝特朗·迪·盖克兰远征的参与者。1367年1月，黑太子带着三弟冈特的约翰——约翰因迎娶了已故兰开斯特公爵格罗斯蒙特的亨利的女继承人布兰奇而成为新一代公爵——率领8000人的大军在加斯科涅南部边境集结。纳瓦拉王国再一次惨遭兵匪劫掠。为了避免得罪各方势力，纳瓦拉国王卡洛斯二世只得想出一个不甚体面的法子：他和驻于阿拉贡边境的一名佣兵将领签订协议，制造自己被后者绑架的假象，躲进城堡不问世事，但关于他的笑话由此传开。

恩里克二世此时颇为不顺，为了节省开支，他解散了大部分佣兵部队。当黑太子爱德华的军队在早春之际从纳瓦拉边境冒出时，他只能找到贝特朗·迪·盖克兰的1000名法军骑兵和一些卡斯蒂利亚的贵族部属。他们成功地袭击了脱离主力的英国阿基坦执事托马斯·费尔顿爵士(Sir Thomas Felton，Seneschal of Aquitaine)小分队并将费尔顿俘获。不过迫于国内压力，恩里克二世最终拒绝了法国人提出的避免与敌人会战的建议。4月初,两军在塔尔德(Talde)河附近对峙。人数较少的法兰西-卡斯蒂利亚联军背靠纳赫拉(Nájera)等待东面的敌人前来攻击。不过黑太子并不打算按对手的意愿行事。4月3日拂晓之际，他放弃了通向敌军阵地的大道，带领部队绕过北面一段山地，出其不意地迂回至敌人阵线的左侧。盖克兰急忙命令全军转向以面对北方数百米外的敌人。但只有左翼前锋的法国部

▲ 特拉斯塔马拉的恩里克

队迅速完成了任务，其余部队都陷入慌乱中。一些卡斯蒂利亚轻骑兵和步兵甚至当场投奔佩德罗。盖克兰不得不带领法国及卡斯蒂利亚的精锐骑兵迅速发起冲锋，但他们未能冲破兰开斯特公爵冈特的约翰和约翰·钱多斯指挥的英军下马步兵的中央阵线。与此同时英军两翼的加斯科涅佣兵击败了对面的卡斯蒂利亚轻骑兵队伍，开始同黑太子从第二线派出的奥利维耶·德·克利松增援部队一起包抄前锋法军。位于第二线的恩里克二世试图加入己方右翼部队的攻击,包抄黑太子的队伍，但他们惨败在箭雨下。随后，见势不妙的恩里克二世溜出了战场，大部分未经一战的卡斯蒂利亚步兵也随之崩溃。与往常一样，争相逃命的人们很快就拥堵在后方的河岸边，随即惨遭敌人的屠戮。于是英方又一次大获全胜，他们杀死了 5000 名敌人。被数面包围的盖克兰和部下再度沦为俘虏，这次，他的赎金涨到了 10 万卡斯蒂利亚多卜拉（ 约 1.92 万英镑 ）。

但纳赫拉的胜利者们要面对一大堆问题。为恩里克二世 1366 年那次冒险分摊费用的是阿拉贡、法国及教廷等多方势力。经历近两年的战火后，佩德罗发现他已经拿不出资金兑现给黑太子爱德华的承诺了，他也不打算履行割让领地的约定。黑太子不得不带着军队一直留至夏季，但最终还是空手而归。在部下赚取了一些私人赎金之际，黑太子的阿基坦政府的有限收入却无法应付庞大的战争开销。纳赫拉战役展现了英方政府以后将经常面对的一个问题——赢得战斗，却耗光了钱袋。与此同时，法王却继续支持他的弟弟——朗格多克的代理官安茹公爵路易帮助逃到法国的恩里克二世积聚人马，重新争夺卡斯蒂利亚的王座。佩德罗严苛的统治方式无疑帮了兄长一个大忙。大批贵族又重新投奔到恩里克二世旗下。1369 年 3 月 14 日早晨，恩里克二世和贝特朗·迪·盖克兰率军突袭了佩德罗在蒙铁尔（Montiel）附近的营地，瓦解了他的军队。九天后，收买盖克兰未果的佩德罗被恩里克二世及其部众杀死。纳赫拉的成果随之烟消云散。

尽管返乡的英格兰 - 加斯科涅军队随即展开了对法国内陆的新一轮入侵浪潮，但黑太子爱德华仍负债累累。1368 年初，他开始强行在阿基坦公爵领推行炉灶税，引起了阿马尼亚克伯爵让、阿尔布雷领主阿诺·阿马尼厄（Arnaud Amanieu，Lord of Albret）等一大堆地方领主的不满。他们向黑太子提出抗议，结果黑太子以半恐吓的口吻拒绝了他们的请求，但事态并未就此平息。初夏时，这些领主前往巴黎参加

▲ 纳赫拉之战

阿尔布雷领主同法国王后的妹妹波旁的玛格丽特的婚礼，阿马尼亚克伯爵随即将有关炉灶税的诉状提交给法国国王。

阿基坦当局的破产和分裂令查理五世看到了复仇的机会。在 14 世纪 60 年代，他的王国得到了一定的喘息：王室官员及军队通过各种手段大体上化解了大连队一轮轮的入侵浪潮，并在其中掌握了一些应对策略；他们也引导那些“优良市镇”修筑城墙等工事，翻新堡垒要塞，拆毁不易防守的小堡，训练弓箭手，强化领地中的防御力量；并且炉灶税、盐税及商品税的收取使政府在拥有约 3000 人常备军的同时，还能够进行一些未雨绸缪的运作。法王的臣民似乎默许了那些原本为赎金设立的税收——约 40 万法郎被挪用至战事中。更重要的是，随着时间的推移，不少法国人已对不断向内陆腹地输出暴力和战火的阿基坦失去了耐心。他们早就对英国人的和平失望至极。查理五世利用这些倾向开始缓慢启动战争。他积极笼络那些拥有广泛人脉的阿基坦地方领主，向他们许以丰厚的赏赐和津贴。国王的弟弟安茹公爵路易忙着在朗格多克筹集补助金和军队。政府也开始鼓励那些在阿基坦领地内有纠纷者前往高等法院递上诉状，并要求相关各方出席巴黎的高等法院。很快，黑太子爱德华也收到了传票，他做出了著名的回答“我们将前往巴黎，不过是顶盔掼甲并有 6 万人跟在身后！”实际上，他连所言人数的十分之一都难以召集。在卡斯蒂利亚远征时遭遇的酷暑令他患上了困扰余生的痼疾，此时他正卧床不起。更具政治敏感性的爱德华三世曾建议黑太子放弃炉灶税，但他并未动用足够的本土资源补贴儿子，黑太子也找不出填补财政亏空的办法。于是，英国的阿基坦政府继续陷于纷争中，几乎无力备战。

▲ 安茹公爵路易一世

查理五世充分利用了对手的弱点。安茹公爵路易在 1369 年初已派军队侵入鲁埃格和凯尔西。在此期间，英国人在低地也遭受了沉重的打击：经过谈判，查理五世的幼弟勃艮第公爵腓力二世在 1364 年 4 月与佛兰德伯爵的唯一后嗣——女继承人玛格丽特订婚，成功击败了另一位竞争者爱德华三世之子兰利的埃德蒙（Edmund of Langley）。除了佛兰德外，玛格丽特的嫁妆还包括阿图瓦伯爵领以及勃艮第伯爵领。这意味着不久后法国东面边境地区将出现一个强势的王族世家。不过只要查理五世仍然执掌威权，它就仍是驱逐英国人的有力助手。现在，法王已正式决定听取有关阿基坦公爵领税收政策的上诉。针对关于此举将违反和约的质疑——他的前任曾同意在双方各自放弃宣称之前不再对阿基坦行使任何主权——查理五世声称法国从未答应放弃阿基坦的最高主权。显然，爱德华三世之前不愿放弃王位宣称权的行为也给了他借口。1369 年初夏，法王没收阿基坦领地，向英方宣战。黑太子爱德华陷入狂怒中，但他难以驱驰，只能躺在轿子里行动。爱德华三世的回应则是再次将法国王室的纹章添加到自己的印封中。

但老迈的英王已失去早年的锐气。尽管对手的作战经费至少是自己的两倍有余，他也不打算惊动议会向臣民征收战争补助税。对己方军队充满信心的英王希望凭借议会延长的各类关税——已因贸易的萎靡而逐渐缩水——和那些巨额赎金等收益支撑战事。直到1369年3月，增援大陆的部队才从本土起航，其领导者是缺乏作战经验的第二任彭布罗克伯爵约翰·黑斯廷斯（John Hastings，2nd Earl of Pembroke）以及王子兰利的埃德蒙，他们在布列塔尼登陆，随即前往波尔多，但整支队伍只有1000余人。而英军面对的敌人已今非昔比。查理五世已经从克雷西和普瓦捷等战役汲取教训，从此阶段开始，法军大幅缩减了战役规模。他们尽量避免会战，将坚壁清野与游击战、攻城战相结合，频繁攻击那些只有少量英军守卫的市镇，伏击其分散的支队、粮秣征收队和辎重补给队伍，用各种手段争取居民倒戈。在法国人的新策略下，英军缺乏人力守卫领地的缺陷很快暴露出来。《布雷蒂尼和约》留下的，那些争议的法方飞地及从诺曼底到朗格多克的广袤战线令英方难以应付。4月末，法军占领了蓬蒂约，令北方的加来陷于孤立。到夏季时，凯尔西和鲁埃格的大部分领土也落入他们手中。加斯科涅的英军在黑太子爱德华的副官约翰·钱多斯指挥下只能在普瓦图等地区做有限的反击。英格兰-加斯科涅部队还采取惯用的渗透性袭击渗入波旁地区并成功俘获查理五世的祖姑母，同时也是他的岳母，前任波旁公爵遗孀瓦卢瓦的伊莎贝拉（Isabelle of Valois）。这是他们为数不多的战果中最为耀眼的部分。

直到6月，爱德华三世才组织起另一支6000人的远征军。他本打算亲自指挥，但他很快发现法国人似乎正计划对英格兰发起跨海袭击。尽管敌人的这个计划几乎不存在可操作性，但是英国远征军也缩水到4000人，统帅也换为兰开斯特公爵冈特的约翰。7月初，他率部抵达加来，以巩固这座大陆桥头堡。一个月后，冈特的约翰发起了一次远骑烧掠。勃艮第公爵腓力率领数倍的队伍前来抵抗，但他并没有交战的欲望。听说敌人得到增援后，腓力便仓促退走。冈特的约翰扬名立威的机会也随之消失，他继续入侵皮卡第及上诺曼底地区。沿途的法军高挂免战牌，只有负责迟滞敌人的圣波勒伯爵居伊（Guy of Luxemburg-Ligny，Count of Saint-Pol）仍与英军保持一定距离，清理沿途可能为敌所用的物资。当圣波勒伯爵躲入被紧急加强防御的阿尔夫勒（Harfleur）——法国海军的一个重要港口，不过此时舰队已经离开以免被敌人破坏——后，他另派了数百人绕至敌人后方进行骚扰。冈特的约翰既不能迫使法军主力决战也无力攻下这个港口，只得于深秋时班师回营。英军一路深受袭扰和瘟疫之苦，冈特的约翰的同僚沃里克伯爵托马斯·德·比彻姆最终病死在加来。他们唯一的功绩大概只是迫使查理五世放弃了那个不成熟的海上袭扰计划。

但这并未影响南方战局。冬季后，英国人在普瓦图地区的形势也在恶化。12月，安茹公爵的封臣让三世·德·比埃伊（Jean III de Bueil，seigneur de Bueil）在卢丹地区（Loudunois）的一个小村庄附近袭击了彭布罗克伯爵约翰·黑斯廷斯的500名士兵。直到约翰·钱多斯赶来时，彭布罗克伯爵才得以脱险。但厄运还在继续。31日，钱多斯试图在吕萨克堡（Lussac-les-Châteaux）阻击通过维埃纳河（Vienne）的对手时，他不慎滑倒在冰面上，一位法国侍从趁机猛刺他未戴头盔的面颊。钱多斯因此身负重伤，于1370年1月1日子夜去世。英国人因此损失了一位拥有丰富军事经验且在阿基坦深孚众望的指挥官。

1369年的战事粉碎了双方希望通过一些大行动迅速决出胜负的计划。尽管税赋已达到200万法郎，查理五世却削减了进攻规模，此后法军很少在单次战斗中集结超过6000人的队伍。1370年初，爱德华三世也在策划反击。他再次同纳瓦拉联络，打算通过后者在科唐坦半岛上控制的据点入侵。而纳瓦拉雇佣的英国守卫已经在下诺曼底进行滋扰。英王起初并未打算安排大批部队参与跨海远征。但约翰·钱多斯身亡和加斯科涅大批领地沦陷的消息传到本土后，使他被迫加码：法军已陆续从普瓦图、利穆赞及加龙河谷等多个方向展开新一轮攻势。在从卡斯蒂利亚前线返回的贝特朗·迪·盖克兰的指挥下，西南方向上的法军分为大批袭扰分队迅速攻克了佩里戈尔地区的大批城镇。8月24日，利摩日的主教与居民打开市镇的大门向法王弟弟贝里公爵让（John，Duke of Berry）领导的另一支法军投降。城堡只有少数守卫还在抵抗。

当利摩日倒戈后，黑太子爱德华终于按捺不住了，这种变节行为令他十分愤怒。他与刚乘船来到加斯科涅的兰开斯特公爵冈特的约翰，率领3000名英军包围了利摩日。9月19日，他们通过地道作业摧垮了城墙，士兵们一起涌入。随后在乘轿上的黑太子下令报复。一场灾难降临到市民们头上。尽管大批男人、妇女和孩童们跪在黑太子面前哭道："仁慈的爵爷啊，对我们发发慈悲吧！"但这些乞求被置若罔闻。英国人把怒气都发泄在了城内。他们焚毁建筑、洗劫教堂，还屠杀了数百名无辜的平民。不少被指控变节的法国贵族却被允许投降并为自己支付赎金，利摩日主教也被交给教皇——也许骑士风度在现实中只局限于那些上层人士。随后，就像之前资金耗尽的法国人将军队解散那样，黑太子也解散了军队。饱受疾病和压力折磨的他已无力继续领导阿基坦政府。年底时，黑太子终于将权力转交给冈特的约翰，然后乘船返回英格兰。

在此期间，英国的北方远征军也扬帆起航，远征军包括6000名乘马长弓手和骑兵。由于风向的缘故，他们放弃了从诺曼底入侵的计划，改由加来登陆。出身寒微，曾在加斯科涅边境作战的老兵罗伯特·诺尔斯奉命负责这次行动。他带领发起了一次远骑烧掠。英军穿过阿图瓦、皮卡第、香槟然后转向西面，进入法兰西岛，一路攻掠城镇勒索赎金。9月24日，他们抵达巴黎城下。尽管巴黎人可以看到郊区燃起的烟火，但查理五世无意出战。英国人只好转向旺多姆地区（Vendôme）。

10月2日，抵达巴黎的贝特朗·迪·盖克兰被任命为新陆军统帅。担任这个职务的通常是高级贵族。后来的事实证明这次打破惯例的举动充分展现了法王的睿智。盖克兰开始组织力量对抗北方的敌人。24日，他与另一位颇具才干的布列塔尼将领奥利维耶·德·克利松[①]签订了《战友兄弟协定》（Pact of brotherhood-in-arms）11月初，他奔向卡昂。国王的堂亲，下诺曼底代理官阿朗松伯爵皮埃尔二世（Pierre II，Count of Alençon）正在这里召集军队。克利松很快带着布列塔尼人前来会合。冬季到来时，这里的法军可能有4000人左右。而另一支法军则在路易·德·桑塞尔元帅（Louis de Sancerre，Marshal of France）指挥下进驻旺多姆。

与此同时，在卢瓦尔河流域游荡的英军却发生了内讧。罗伯特·诺尔斯的部下几乎都是出身较高的青年将领，他们并不满意这位资质平庸的老将退往布列塔尼的计划，执意要待在占领的据点。队伍因此分裂，诺尔斯带着自己的扈从和部分士兵北上，其余将领分成数股在卢瓦河地区徘徊。

12月初，贝特朗·迪·盖克兰迅速南下，扑向他的猎物。法军昼夜并进，于4日抵达蓬瓦兰（Pontvallain）。他们赶在敌人集合前先咬住了英将格兰迪森（Grandison）

① 布列塔尼公爵约翰四世同纳瓦拉签订互助协定已被查理发现，克利松正作为公爵向国王示好的使者留在巴黎。查理五世积极笼络他。像不少布列塔尼贵族一样，克利松在普瓦图等地区也拥有大片领地，这使他也希望同法王维持好关系。同时，作为本地人，他也不满布列塔尼公爵宫廷中那些位高权重的英国势力。一系列摩擦最终使他完全转向法王阵营。

部。后者几乎来不及排好阵列就陷入了同300名法军前锋的交战中。一场激烈的搏斗后，这支近千人的部队被击垮，格兰迪森被俘。略作休整后，盖克兰又带着部下加入了路易·德·桑塞尔元帅对英将菲茨沃尔特（Fitzwalter）的追击行动。菲茨沃尔特仓皇退往东南面的筑垒瓦斯修道院（Abbey of Vaas）。桑塞尔几乎与他同时到达。盖克兰也带着大军从另一面紧随而至。激战中，300名英军被杀，菲茨沃尔特及大批人员沦为战俘。接着盖克兰和桑塞尔又以罕见的速度追上并击溃了数股逃向卢瓦尔河南岸300—400人的英军，其中有一部甚至被逼至己方据点墙边，在守军注视下惨遭屠戮。罗伯特·诺尔斯倒是带着战利品安全抵达了布列塔尼，但是他们只在圣马蒂厄（Saint-Mathieu）找到两条返回本土的渡船。于是其余约500名部众很快就被赶到海滩的克利松骑兵队伍屠戮殆尽。随着英军不可战胜神话一起终结的是纳瓦拉勾结英国人东山再起的梦想。1371年3月25日，纳瓦拉国王卡洛斯二世来到韦尔农（Vernon）觐见查理五世，向后者履行了效忠礼。盖克兰也开始攻拔纳瓦拉让英方雇佣军守卫的下诺曼底科唐坦那些据点。

▲ 查理五世任命盖克兰为陆军统帅

阿基坦的新统治者兰开斯特公爵冈特的约翰似乎并不能走出困境。他只能在部分地区展开有限反击。财政问题仍是一个大麻烦，那些被欠薪的士兵们已开始剽掠乡间。而法军正通过小股突袭部队不断向利穆赞渗透。冈特的约翰在意的似乎是西南面的另一顶王冠。1371年9月他迎娶了第二任妻子，前卡斯蒂利亚国王佩德罗的女儿康斯坦萨（Constance of Castile）。开创了自己的第二项事业后，冈特的约翰便离开阿基坦返回英格兰。之后便传来利摩日再次倒向法军的消息。

查理五世还在对付另一个敌人——布列塔尼公爵约翰。这位早年靠英国人扶持的王公不可避免地在宫廷中保留了大量的亲英派系，他的领地内也有大批英国据点。

英军将此地作为进出法国内陆的基地的行径引起法国君臣的强烈不满。1371年春季，已同布列塔尼公爵反目成仇的奥利维耶·德·克利松强行围攻了公爵领地内的英军据点贝什雷勒（Bécherel），并得到了贝特朗·迪·盖克兰的援助，不少受英军滋扰的本地人也支持这个行动。但布列塔尼公爵却更倾向于英国人的保护。他随即开始向英王求援。爱德华三世决心抓住这个机会，他拟定了从阿基坦北部和布列塔尼登陆，分别出击的计划，这似乎是50年代攻势的翻版。但英国人面临着一个新问题：兰开斯特公爵冈特的约翰同康斯坦萨联姻及自称卡斯蒂利亚国王的行为已经将恩里克二世同查理五世牢固地捆绑在一起。法国人不仅获得了一个人口是英格兰两倍的盟友，更重要的是，他们还得到了强大的舰队的支援，这给他们的海上拦截及袭击计划增加了不少胜算。相比之下，英国人怂恿弱小的葡萄牙同恩里克二世冲突的行动却开辟了另一条急需增援的战线。

▲ 蓬瓦兰之战

1372 年春季，法国的战略重心放在了普瓦图——阿基坦公爵领最为富裕的地区之一，也是英国人苦心经营的前线基地和进行有限反击的重点区域。在前几年的交战中，法军只占领了少数立足点。现在法国君臣打算调集约 4000 人的大部队进攻。贝特朗·迪·盖克兰首先带领部下从东面边境地区发起突袭，迅速夺下了大部分重要的河流渡口。法军同时也做好了阻止英格兰本土增援的准备。6 月 22 日，作为英王计划的一部分，彭布罗克伯爵约翰·黑斯廷斯按计划率领一支搭载着小批援军的舰队抵达了普瓦图的拉罗谢尔（La Rochelle）附近海湾。但就在驶进港口前，他遭遇了一支在此等候的卡斯蒂利亚舰队。彭布罗克伯爵发现自己被困在了敌人与沙丘之间。卡斯蒂利亚舰只上的塔堡高于英方，成功压制并困住了对手。到 23 日午后，处于上风位置的卡斯蒂利亚舰队焚毁了英军的大部分舰只。彭布罗克伯爵被迫向敌人投降。与他一起落入卡斯蒂利亚人手中的还有 1.2 万英镑的军费——原本将用来招募一支 3000 人的本地军队。这场海战迫使爱德华三世中止了登陆布列塔尼的计划，开始招募更多的部队。而法军主力已开始长驱直入普瓦图。8 月 7 日，首府普瓦捷的市民们不顾英国守军的反对，强行打开城门向法军名义上的最高指挥官贝里公爵让投降。在远处徘徊的比克大领主格拉伊的让只得带着自己的小股英格兰 - 加斯科涅援军退向南方。与此同时，一位为卡斯蒂利亚和法国效力的威尔士王族后裔“红手”欧文（Owain Lawgoch）称自己为威尔士国王，并带领近 1000 人的威尔士 - 卡斯蒂利亚部队乘坐卡斯蒂利亚的船只在南面的马雷讷（Marennes）登陆，沿着海岸向拉罗谢尔进发。22 日，同法军先锋部队会合的欧文在苏比斯（Soubise）击败并俘虏了试图趁夜偷袭他的比克大领主和英国的普瓦图执事托马斯·帕西，解除了后顾之忧。法军和卡斯蒂利亚舰队随即展开了对拉罗谢尔的海陆双重封锁。

爱德华三世做了最后一次努力。他召集了4000 名骑兵、近 1 万名长弓手乘坐 400 艘船只从桑威奇（Sandwich）出发，前往法国。但现在连天气也在和英国人作对，猛烈的风暴令舰队无法抵达目的地。10 月中旬，英王被迫登岸并遣散了这支耗费巨资组建的舰队。实际上，这次行动已无法阻止拉罗谢尔的命运。9 月 8 日，像首府普瓦捷一样当地市民群起反抗，打开城门向法军投降。到当月下旬时，法军已占领了大部分普瓦图领地，随后又席卷了圣通日和昂古莱姆地区。在此期间，安茹公爵路易也从朗格多克发动牵制性进攻，令阿让奈地区遭受了同样的命运。

在接近一年的时间内，欧洲大陆的英国支持者几乎都处于孤立无援的境地，只有布列塔尼公爵约翰盼来了英方的援军。10月中旬，约翰·内维尔爵士（Sir John Neville）带领一支1000人的队伍在菲尼斯泰尔地区（Finistère）的圣马蒂尼登陆，他们随即占领了布雷斯特等一批西海岸据点。但这支小部队给布列塔尼公爵招来了大麻烦：早有准备的法王立即命令普瓦图的部队进攻布列塔尼。勃艮第公爵腓力、贝里公爵让、波旁公爵路易二世（Louis II, Duke of Bourbon）与贝特朗·迪·盖克兰、路易·德·桑塞尔元帅遂挥师北上。月底时，他们一举包围了雷恩并从布列塔尼公爵妻子[①]的行囊中发现了一大堆布列塔尼公爵与英王秘密协议的相关文件。尽管领地中的大部分臣民对英国人占据城镇据点的行径充满非议，但在与外敌勾结的罪行曝光后，布列塔尼公爵还是选择逃进布雷斯特城堡里。他的统治已摇摇欲坠。

▲ 拉罗谢尔之战

1372年底，贝特朗·迪·盖克兰等人返回普瓦图。英国的阿基坦执事托马斯·费尔顿竭力拼凑了一支千余人的援军，但他们难以阻止法军主力接受重镇图阿尔（Thouars）的投降。到1373年早春，普瓦图剩余的英军据点已屈指可数。尼奥尔（Niort）守将约翰·德弗罗爵士（Sir John Devereux）集结了约800人的部队试图将分散的法军各个击破。他迫使奥利维耶·德·克利松狼狈地放弃了对莫尔塔涅（Mortagne）

① 布列塔尼公爵夫人琼·霍兰（Joan Holland）的母亲是肯特女伯爵琼（Joan of Kent，Countess of Kent）。而此时肯特女伯爵的第三任丈夫就是英格兰王位继承人黑太子爱德华。因母亲的这次婚姻，琼·霍兰成为黑太子的继女。实际上，肯特女伯爵琼也是丈夫黑太子的堂姑。

的围困，随后又逼近包围希泽（Chizé）的盖克兰。按照编年史作家傅华萨（Froissart）的记载，盖克兰排出了前后两个徒步方阵，并将弩手布置在其两侧。法军还安排了一支隐蔽的部队防止希泽堡内的英军突袭。德弗罗突破了第一个方阵，但随即被对手从两翼包抄，从希泽堡中冲出的英国守军也被法军预留的部队击溃。最终德弗罗兵败被俘。尼奥尔很快也向盖克兰投降。当普瓦图的最后一支野战力量崩溃后，法军基本控制住了全境。最后数个据点也在两年内陆续投降。

阿基坦在同法军的作战中损失了大部分山地及富庶省份，大部分将领非死即俘，几乎已无还手之力。海峡对岸的英国君臣终于决定要做一些大手笔以挽回危局。但爱德华三世年老昏聩，疾病缠身，早年随侍左右的那一批干臣已经消失殆尽。现在围绕在英王身边的是贪婪的情妇和一心中饱私囊的官僚。王子们则有自己的打算。英国政府仍打算采用传统的远骑烧掠方式，从布列塔尼登陆，帮布列塔尼公爵约翰坐稳位置，然后穿过下普瓦图进入阿基坦。兰开斯特公爵冈特的约翰比较支持这个计划，他可能打算利用这支部队南下攻击与盟国葡萄牙王国交战的卡斯蒂利亚。于是，议会通过了一次补助金以应付所需开支。

但法王的动作更快。得知情报后，他下定决心占领布列塔尼公爵领。4月下旬，贝特朗·迪·盖克兰、波旁公爵路易等率领3000人再次攻入布列塔尼。听到英国人即将到来的消息后，大部分本地贵族都倒向了法军。布列塔尼公爵约翰的统治土崩瓦解，他干脆将英将约翰·内维尔任命为布列塔尼公爵领代理官，然后逃往英格兰。当盖克兰包围布雷斯特时，公爵领几乎只剩下代尔瓦勒（Derval）、欧赖三处据点还在抵挡法军。

冈特的约翰不得不调整计划，将登陆地点改到了北面的加来。8月上旬，英国人花费了数万英镑成功地实施了一次大规模海运行动，他们将9000人及其辎重马匹运至法国大陆。接着，已被任命为法国领地代理官的冈特的约翰同布列塔尼公爵约翰带领部下兵分两路，大举侵入阿图瓦和皮卡第。英军以每日9英里左右的速度向南推进，所过之处皆成火海。

在英国人急飙猛进之际，前线主要的法军指挥官只有国王的幼弟勃艮第公爵腓力，他显然不敢干扰敌人的行动。查理五世被迫召回了位于布列塔尼前线的贝特朗·迪·盖克兰、奥利维耶·德·克利松等人，但这些指挥官均没有和敌人交战的意愿。在法王召开的战略讨论会上，他们力排众议坚持认为应避免同英军主力交战。法军满足于扼守重要渡口及枢纽重镇，分成两队在对手侧翼跟进，袭击英军分队，阻止他们向西运动或进入法兰西岛。尽管有英国人撑腰的布列塔尼公爵约翰兴奋地写信给查理五世，正式宣布将爱德华三世认作法王，但这仍不能激起法国人的进攻欲望。9月，冈特的约翰进入香槟，他的部下不得不在行进中分散以掠取给养。法军频繁突袭征粮队、掉队人员以及小股侦察队伍，并将马恩河上的大部分桥梁拆毁。虽然英军队伍中的工程人员能够修复渡口，但他们对特鲁瓦（Troyes）这种大城市却无计可施。9月下旬，法国守军击退了突入城郊的英军，并给对手造成了一定的伤亡。冈特的约翰攻击特鲁瓦的行为并不能引来法军主力决战，他只得收起营帐继续向东南方向前进。

▲ 冈特的约翰

如果英军原路返回，他们可能还能够体面收场，但冈特的约翰似乎有自己的盘算。秋季，他带领部下转往波旁和贝里方向进军，打算前往波尔多。不过卢瓦尔河等渡口使他们放弃了不少辎重运输车辆及驮兽。英国人把怨气撒在了卢瓦尔河及阿列河（Allier）间的居民身上。不少城镇化为废墟，直到14世纪80年代也未恢复。当英军穿越奥弗涅时，他们终于品尝到了自己种出的苦果。虽然勃艮第、贝里、波旁等公爵大都解散了监视队伍，返回领地，但冬季延绵的大雨接替了他们。在恶劣环境下翻过法国的中央高原是一段痛苦之旅。这里阴冷潮湿、森林繁茂，却没有足够供应大军的野味及粮秣给养。瘟疫开始感染士兵，马匹大量死亡。就在大批英军用双脚丈量着群山的高度时，贝特朗·迪·盖克兰的小股骑兵部队不断在他们的侧翼出没，收割落伍人员的生命。直到11月中旬抵达利穆赞西面，临近阿基坦边界的蒂勒（Tulle）等小城镇后，英军才得到了些许给养和休整的机会。

圣诞节前夜，冈特的约翰抵达波尔多。除了沿途破坏的市镇和在阿基坦边境占领的一些据点外，1373 年的远骑烧掠还挽救了布列塔尼公爵领的绝望局面。法军不得不将大批军队调出此地，数个英军据点趁机背弃了限期投降的承诺。但冈特的约翰并未重创法军主力，也未改变阿基坦公爵领地被动的战略态势。他损失了约 1.5 万匹马和近 1/3 的部下，其中不少人沦为法军的俘虏，其余将士也筋疲力尽。据传“有超过 1000 名骑士正在徒步前行，他们失去了自己的铠甲——一些人将铠甲丢进河中，另一些人在携带不动时将其抛弃”。尽管已到达己方领土，这些已被拖欠薪水的军人却难以购买价格飙升的食品。爱德华三世政府答应送来的 1.2 万英镑军费仍杳无踪迹。在接下来的数月，波尔多人可以看到大批长弓手乃至骑兵贵族沿街乞讨，寻觅食物。不少人遗弃岗位逃往家乡。

冈特的约翰仍在虚张声势。1374 年初，他频频与富瓦伯爵加斯东、纳瓦拉国王卡洛斯二世及阿拉贡国王佩德罗四世（Peter IV of Aragon）等南方势力联系，打算将手头的军队用于自己入侵卡斯蒂利亚的事业。但他一直没等到来自本土的资助。实际上，这次大规模远骑烧掠至少花费了 10 万英镑。去年英国政府倾尽全力也只支付了其中的一半费用。尽管议会通过了新的补助金，但支付加来、爱尔兰的军事费用以及应付对手日益增长的海上力量的支出至少将占去军费的一半。政府很难同时维持冈特的约翰那支每月要花费 8000—9000 英镑的大军。在发觉等不到薪水后，1374 年 4 月，他带着军队的主力匆匆渡海返回本土。这场野心勃勃的远征终于画上句号，冈特的约翰试图在南方缔造的反卡斯蒂利亚同盟随即土崩瓦解。英国人的远骑烧掠也许能给予近在咫尺，农业区及核心地域较为狭促的苏格兰以沉重打击，但在有着一海之隔、幅员辽阔的法兰西，这种战术显得投入巨大而且损耗严重，国力有限的英格兰人越来越难在战略上重创对手。

当然，法国方面也付出了不菲的代价。除了要组织人员收复那些被冈特的约翰夺下的阿基坦边境据点外，他们还得应付在远骑烧掠后渗入中部山区的连队。就像 14 世纪 60 年代一样，这些兵匪同那些在收复战中丢失领地的贵族一起又开始进入奥弗涅，滋扰地方。波旁公爵路易曾前去清剿驱逐，但他一离开，兵匪们便卷土重来。查理五世决定改革自己的队伍。1374 年 1 月，他颁布法令声明：没有国王及其代理官、军事首脑的授权，任何人不得充任军官，而军官也应强制其麾下士兵修补和赔偿在服役期间因抢劫、偷盗和破坏而造成的损失。查理五世还规定陆军统帅将任命一名副官，王室元帅们将任命四名副官检查召集的军队。只有陆军统帅及弩兵大总管——实际指挥所有法国步兵部队——的内府直属队伍不在此例。

但法国君臣的任务远不止整顿军队。1374 年 2 月，布列塔尼公爵约翰带着约 1000 名骑兵登陆自己的领地。借着英国人去年占领的数个立足点，他的事业又有死灰复燃之势。连续五年的战争拖垮了法国的经济，并让部分地区受到重创。基于贸易的商品税和基于人口的炉灶税都在下降。收复战的势头已经开始减缓。秋季时，安茹公爵路易推进到拉雷奥勒后便无果而终。法军的攻击范围正在进一步收缩。查理五世已决心将重点放在攻拔科唐坦半岛上英格兰 - 纳瓦拉军队守卫的圣索沃尔（Saint-Sauveur）据点上。去年底被任命为法国海军将军（Admiral of France）的让·德·维埃纳（Jean de Vienne）负责组织围攻。尽管法军开始用火炮轰击堡垒，但这注定是一场耗费甚巨的围困战。

1375 年，筋疲力尽的英法内部均出现了休战的倾向。在很长一段时间内英国难以组织起大规模远征。爱德华三世已变成一个胡子花白、饮酒过量并日渐虚弱的老头。他和自己最心爱的长子，病势沉重的黑太子爱德华正不可避免地走向日暮时刻。冈特的约翰已逐渐走向前台。他意识到只有和平才能令法国削减派往卡斯蒂利亚的武装人员。在海峡对岸，因痛风查理五世的健康状况正在加速恶化，而法王的幼弟勃艮第公爵腓力的影响力开始增长。与他那位总是活跃在前线，极度仇视英国人的二哥安茹公爵路易不同，经常待在兄长身旁的腓力因注定将兼领佛兰德伯爵而倾向于缓和事态。在这两位权贵的推动下，英法双方成功于 1375 年 6 月在布鲁日签订了一个为期一年的停战协议。于是在 7 月初，一支庞大的法军按之前签订的投降协议强行占领了圣索沃尔。这时，英国人在北方掌握的主要地区只剩下布列塔尼及下诺曼底的数片狭地以及加来。它们成为 1337 年开战以来的仅存硕果。

尽管不断奔走的教皇使者们试图将这次停战协议扩展为长期和平，但双方均对它不甚满意。英王政府已变得腐败无能，即便如此，在 1376 年春季延长协议期限的谈判中，英国代表们依然打算让对方归还新近夺取的领地，或至少要收取高额的“租金”并保住在布列塔尼占有的据点，不过法方的回应十分冷淡。当谈判毫无进展后，英国政府意识到必须为一年后可能重启的战事做准备。在4月底召开的议会上，中书大臣提出要征收新战争税，这立即引发了一场政治危机。在前30年，英国人尤其是贵族跟随金雀花王室享受了不少红利，但现在人们开始感受到逆境中要付出的高昂代价。平民议院对国王的要求不予回应，他们拟定了一份厚厚的请愿书，抨击政府作战不利、官员中饱私囊、向外籍商人滥发在加来以外地区的出口特许状等种种时弊。他们推举了自己的发言人，提出了一系列改革方案，并要求罢免数名政府要员——这些人基本都与冈特的约翰维持着不错的关系。5月，贵族议院也开始倾向于他们。恼怒的冈特的约翰试图让议会休会，但平民代表们以批准税收的权力作为武器勇敢地还击。他们还得到了黑太子爱德华的支持。到月底，政府被迫屈服，罢免并逮捕了一些官员，并按平民议院的要求任命了一个新的御前会议。政府的整顿给人们带来了新的希望，这届议会也得到了“好议会”（Good Parliament）的美誉。

▲ 晚年的爱德华三世

但实际上“好议会”产生的积极影响昙花一现。1376年6月7日，黑太子爱德华在英格兰病逝，享年46岁。7月，英王爱德华三世也没有足够的精力出席“好议会”最后阶段的会议，他隐退到埃尔特姆宫（Palace of Eltham）接见代表。夏季后，平民议院的一个迫切要求是授予黑太子之子，波尔多的理查为威尔士亲王身份。虽然没有明显的证据，他们还是担心冈特的约翰会对侄子图谋不轨。这令冈特的约翰异常愤怒，不过他很快就获得了复仇的机会。9岁的理查领受王位继承人的头衔并不能改变政局，而爱德华三世的病情在秋季急剧恶化却使得他再度掌握了实际权力。冈特的约翰很快就重新重用了那些受议会弹劾者。当政者与民众的关系在持续恶化中，在1377年初冈特的约翰的粗暴手段还在伦敦引发了一场暴乱。

海峡对岸的查理五世显然不会忽视对手的窘境。在近两年的休战期内，这位一心恢复故土的国王一直在准备着战争。他一面派贝特朗·迪·盖克兰等人驱逐南部的流窜兵匪，一面继续征收战争税。海军将军让·德·维埃纳已在鲁昂的兵工厂组建起规模可观的舰队。按照法王廷臣们的谋划，它们也许将载着红手欧文和他的部众前往威尔士开启独立战争。与此同时，法王还派人积极笼络苏格兰国王罗伯特二世——于1371年接替舅舅，无嗣的大卫二世继任国王，希望罗伯特二世能从北面发起对英国人牵制式骚扰。除了跨海攻击外，查理五世还打算在1377年夏季发起对布列塔尼、阿基坦及加来的全面进攻。

最迟在3月初，英王的御前会议已经知晓了敌人计划大举兴兵的情报。而苏格兰人对边界的试探性摩擦也令英国人颇为头疼。英国人忙着加强北境防御、组织舰队、远征军以及海岸防御时，一场突如其来的变故发生了。1377年6月21日，爱德华三世在里什蒙附近的王室庄园中与世长辞。据传当时只有一位牧师陪伴在他身旁，其情妇艾丽斯·佩勒斯（Alice Perrers）逃离时还顺手撸走了他手上的戒指。爱德华三世的去世标志着一个时代的终结。英国人为这位曾经带给他们显赫荣誉和响亮名声的国王举行了奢华的葬礼。但此时国家的时局几乎同逝者晚景一样阴沉凄凉。与包裹爱德华三世红色锦缎相映的是，拉伊（Rye）、黑斯廷斯、刘易斯（Lewes）等城市燃起的熊熊烈火。6月24日停战协议到期后，法国舰队在卡斯蒂利亚舰队的协助下，对英格兰南部的大批港口市镇发动猛烈袭击，士兵们登陆海岸，烧掠村镇，抓捕俘虏，勒索赎金。英国政府不得不组织大批军队驱逐入侵者。

▲ 中年的查理五世与让娜王后

7月16日正式登基的新一代英王理查二世可谓命途多舛，虽然母亲肯特女伯爵琼在理查二世的成长过程中给予过不少关怀和照顾，但作为继承亡兄昂古莱姆的爱德华（Edward of Angoulême）继位资格的次子，经常忙于军务的生父黑太子爱德华在理查二世的童年时代几乎未和他有过密切的关联。而理查二世的三叔，冈特的约翰也非声望隆著之辈，他富裕的兰开斯特公爵领地几乎独立于中央政府之外，作为一个军事统帅，他并未取得令人瞩目的成绩，也未对公共意见表现出浓厚的兴趣，还经常同其他臣属发生争执。由于年仅 10 岁的孩童不可能自操威柄，一个由各类权贵组成的御前会议将代替国王管理政府。约翰· 德弗罗爵士等人组成了最亲密的圈子，而一干年轻权贵如国王的叔叔们：剑桥伯爵兰利的埃德蒙、白金汉伯爵伍德斯托克的托马斯（Thomas of Woodstock Earl of Buckingham）乃至冈特的约翰也将尝试分享王室权力。

理查二世即位之初就面临着严峻的考验 . 他的对手开展了一系列对英国在大陆剩余领地的进攻战。7 月末，安茹公爵路易在普瓦捷集结了 2000 人渡过德罗讷河（ Dronne ）。向西南的阿基坦边境挺进。8 月初，另一支由让 · 德 · 比埃伊率领的，从朗格多克出发的部队加入了他的大军，使其兵力达到 3000 多人。对阿基坦的英军来说，这是一支无法抗衡的力量。安茹率公爵部包围了多尔多涅河畔的贝尔热拉克，决心一举拿下这座堡垒。在此期间，奥利维耶 · 德 · 克利松也带领部队进入布列塔尼并通过围困迫使欧赖投降。他随即包围了公爵领地中最后一个英军堡垒布雷斯特。一支卡斯蒂利亚武装商船队也开始从海上配合封锁。9 月初，法国人开启了第三条战线。海军将军让 · 德 · 维埃纳联合卡斯蒂利亚舰队从海上组织了对加来的封锁。作为战役主角的勃艮第公爵腓力集合了 7000—10000 人出现在英军的东南面。他还携带了大队辎重车辆以及 6—9 门大炮。法军很快拿下了加来东面的数座外围据点，贴近加来城下。此时，这座要塞终于体现了每年耗费高达 1 万多英镑巨资的价值：它的三面几乎都被大片沼泽包围，围绕城墙的是一条注满水的壕沟。港口在东北面城墙外，它面临大海的一面被一条人工长堤所屏护，其东端出口处还立有一座石堡。在城内，休 · 卡尔维里爵士带着被补充过的部下奋力坚守。他们储备了大批给养和军需。恶劣天气给英军很大帮助。不停的大雨使陆地上的法军难以展开攻城器械，他们的供给也非常艰难，海上的舰队则在一次风暴中损失惨重。不到两周后，腓力就撤围而去，这场当年最大规模的围城战便草草结束。法军遗留下大批补给军需，卡尔维里将其照单全收后，还带领部下进行报复性袭扰，顺着海岸一直攻击到拉康什（ La Canche ）河口的埃塔普勒（ Étaples ）。

▲ 理查二世画像

阿基坦的安茹公爵路易比他的幼弟稍微成功一些。英王的阿基坦执事托马斯·费尔顿集结起了一支约700人的机动部队，意图在埃梅(Eymet)袭击让·德·比埃伊运载攻城器械的队伍。比埃伊事先已加强了护送力量，他和红手欧文等将领一起同敌人展开激战。关键时刻，一支法军骑兵队伍绕至对手后方发起冲锋，英军随即崩溃。与费尔顿一起被俘的还有大批加斯科涅贵族。这场胜利使得大批本地领主倒戈。多尔多涅河谷再无阻拦法军。安茹公爵沿河而下，占领了卡斯蒂永(Castillon)，接着挥师南进，占领了圣马凯尔。此时正值十月初，加龙河谷已经向法军敞开，首府波尔多已在袭扰范围之内。但法军的补给此时出现困难，安茹公爵对这场战役的成果已非常满意，认为冬日将至的他随即结束进攻返回后方。

法军在1377年夏秋季的攻击效果显著。但此后随着敌方战线缩短，他们的优势也有逐渐停滞的趋势。实际上，占领布雷斯特、加来、波尔多等一批能直接连接英格兰海运线的坚固堡垒仍是超出他们现有组织能力之外的艰巨任务。布雷斯特的围城战仍在继续。在爱德华三世的幼子白金汉伯爵托马斯以及阿伦德尔伯爵理查德·菲查伦的指挥下，英军舰队不断为这座堡垒输送援助，显然，他们对海上力量的运用比对方更有效率。与此同时，海岸市镇的警报使得原本拒绝增税的议会在秋季通过了两次补助金，并同意在来年全部缴纳，这意味着英军在下一个阶段可使用的战争资金将大幅增加。年底时，白金汉伯爵亲自率一支舰队击溃了卡斯蒂利亚小船队，并将大批人员送进城内，从而瓦解了法军对布雷斯特的围困。

在接近一年的交战后，英格兰政府逐渐开始采取新的策略。也许是受加来战事的启发，他们打算在法国北部海岸建立一系列背靠海峡的据点。按照规划，这些坚固的海岸堡垒链将从数个地区分别牵制法军的力量，并作为保护英吉利海岸的屏障，同时它们还可以限制敌人海军的行动空间，并为己方舰队提供基地。布雷斯特已经被布列塔尼公爵约翰转租给了他们。现在，英国政府开始争取下一个合适地域——纳瓦拉国王卡洛斯二世的科唐坦半岛。

每次英法发生冲突之时，就是纳瓦拉国王卡洛斯二世向双方叫价之际。不过像14世纪60年代末一样，查理五世再次无视他的要求。纳瓦拉国王随即向英国人开出了价码：允许他们进入自己的诺曼底领地，组织联合攻击，让自己女儿同英王理查二世联姻。不过来自卡斯蒂利亚的威胁使他只得派出太子和部分官员先行前往诺曼底，并要求英方迅速从阿基坦派出增援。1378年3月，法国政府发现了他们的密谋。查理五世随即组织起一支军队攻拔纳瓦拉国王的诺曼底领地。虽然他们只有数百人，但4—5月间，在勃艮第公爵腓力的指挥下，法军连克布勒特伊（Breteuil）、埃夫勒等诺曼底据点，并挥师进入科唐坦半岛。法王决心彻底解决同纳瓦拉国王的纷争。6月中旬，他正式宣布没收纳瓦拉国王的全部北方领地。纳瓦拉国王已处于绝境，他的太子已向法王屈服并被置于勃艮第公爵的庇护之下。英国人很乐意向法王的敌人施予援手，他们以1000人服役四个月的代价换取了科唐坦半岛北端的瑟堡（Cherbourg）。但这些援助来得太迟。直到6月下旬，阿伦德尔伯爵理查德·菲查伦率领的增援舰队才抵达瑟堡，除了此地外，纳瓦拉国王的所有诺曼底领土都被法军收入囊中。

英军之所以拖延可能是受到了他们正在实施的一系列渡海攻城战的影响。其中位于布列塔尼东北部的圣马洛（Saint-Malo）更是他们关注的重点目标。8月上旬，冈特的约翰率领约5000名英军在圣马洛附近的海岸登陆，意图占领此地，将它变为另一个海岸堡垒。但他们未能成功袭取城市，因此不得不展开围困。事实证明，这场屯兵坚城之下，补给困难的战役毫无成功的希望。当贝特朗·迪·盖克兰的援军抵达后，他们于9月放弃了战斗撤回本土。

攻击圣马洛的唯一意义也许是使法军错过了收复瑟堡的时机。返回此城下的贝特朗·迪·盖克兰遭遇了与敌人类似的命运，他被迫在冬季放弃了围困。科唐坦半岛重新成为前线。

西南方向的法军更乏善可陈。面对敌巢浅露的阿基坦，安茹公爵路易的进攻却十分乏力，直到夏季，他才组织起新一轮攻势。拿下加龙河上游的拉雷奥勒后，他并未顺流而下进攻波尔多，而是转身包围了南面的巴扎斯（Bazas）。结果阿基坦新执事约翰·内维尔率领的一支本土援军乘机进入波尔多。虽然对方只有数百人，但安茹公爵却不可思议地放弃了战役，于9月中旬退往朗格多克。内维尔趁机发起一些反击。他成功迫使法军放弃了对吉伦特河口的莫尔塔涅的围困。混乱中，参与围城的红手欧文被一名英国人安插的亲随刺死，法国人因此丧失了撼动威尔士的重要砝码。接着，内维尔在秋季陆续将吉伦特河口西岸梅多克地区（Médoc）的法军据点扫平。于是不少地方贵族又重新倒向英国人，法军收复波尔多的机会也随之烟消云散。

1378年末，查理五世同他的敌人间出现了僵持。许多因素促成了这种困局：法军在14世纪六七十年代的改革仍未扭转其封建体系的本质，它们更多的只是一些战术革新。虽然一些寒门出身者被破格提拔为高级指挥官，但贵族传统的等级门第观念仍严重阻碍着军队的专业化、平民化。按照惯例，查理五世也让自己的兄弟、妻舅之类的贵胄主持军务。事实证明，这些权贵才能平庸，而且他们在带着自己的扈从及一些雇佣连队为王室作战的同时还被赋予收取赋税的权力。原本作为战争经费的税款经常被挪作私用，因此极大地降低了作战效率。此外，意大利及周边地区的动荡也影响了法国的决策，欧洲各个国家已开始分别站队。而法国大贵族为了自家利益趁机开始影响国策。1379年4月，怀着建立意大利王国梦想的安茹公爵路易同多方势力签订了一项秘密协议，答应将率领大批法军进入罗马。于是，收复波尔多，一劳永逸地解决阿基坦问题的计划被彻底推至一边。

实际上，安茹公爵路易个人并没有实现自己野心的资源。与往常一样，他毫不犹豫地截留兄长的王国收益。但14世纪70年代末的朗格多克已经不堪战争的重负。从对缴税户籍的调查来看，无论是城镇还是乡间，居住人口均在不断减少，部分地区甚至不足1370年的1/2，这不可避免地引发了税金枯竭。安茹公爵的对策是增加摊派的份额。1378年，这种蛮横的手段终于在勒皮（Le Puy）市镇引起了暴动。根据记载，人们向税吏喊道：“圣母玛丽保佑！当富人竭力逃税导致我们不堪重负时，我们怎样才能养活自己的孩子？我们怎样才能生存下去？”境况并未改变，不满和怨恨在来年秋季转变成大规模的抗税活动。安茹公爵在朗格多克的一些官吏专员被

▲ 有关法军围攻莫尔塔涅及欧文身亡的中世纪绘画。但图中坐在树桩上的欧文被描绘成被箭矢射中，而不是史料中的被苏格兰侍从用匕首从后背刺死

民众殴打致死。在重税逼迫下，大批奥弗涅地区的农民和市民也逃进山区，这些人逐渐成为14世纪80年代初“工匠大起义”（Tuchin Revolt）的先行者。

与此同时，查理五世还遭受了另一次沉重打击，也许是受同纳瓦拉国王卡洛斯二世斗争成果的鼓舞，法王决心继续严惩勾结外敌的权贵。1378年底，巴黎高等法院正式宣判布列塔尼公爵约翰犯有叛国罪，布列塔尼公爵领将被王室没收。但出乎法王及其廷臣意料的是，布列塔尼的地方贵族们强烈反对这项法令。也许先前内战中落败的布卢瓦家族认为公爵宝座理应转移到自己身上，也许布列塔尼地方贵族对法国政府的官吏深恶痛绝。与那些已归服王化的诺曼底臣民不同，他们支持保留一个公爵的自治政府以便维持自己在地方的特权。1379年春季，这些贵族结成联盟。他们甚至主动发起了一次包括全公爵领的炉灶税，不过它将用于对抗王军。查理五世甚至惊讶地发现贝特朗·迪·盖克兰并不热心于帮他兼并布列塔尼公爵领的举动。盖克兰甚至打算归还陆军统帅之剑，前往卡斯蒂利亚，也许是因为他不愿前去镇压自己的同乡。被法王选作主帅的安茹公爵路易也行动缓慢，作为布卢瓦家族的姻亲，他似乎更急于去镇压朗格多克地区的起义。而支持国王的奥利维耶·德·克利松则连同官员们一起被南特居民赶到城门外。

在海峡对岸，英国人及布列塔尼公爵约翰却为此欣喜若狂。原本因去年冈特的约翰远征失利而对政府颇为不满的议会通过了第二次人头税——总额几乎只有一次议会补助金的一半——以组建军队扶持自己的代理人上位。8 月 3 日，先行的布列塔尼公爵在圣马洛登陆，他很快便得到了大批贵族的欢迎。但英国御前会议发现他们难以在 8 月初履行提供 2000 名骑兵及 2000 名长弓手援军的约定。于是，这支部队缩水为由阿伦德尔伯爵理查德· 菲查伦的弟弟约翰（John FitzAlan, 1st Baron Arundel）领导的 1200 人左右的袖珍队伍。然而 12 月初的一场猛烈的风暴击沉了大部分运载马匹的船只。这支舰队惨遭重创，约翰· 菲查伦也在泅海时葬身鱼腹。

不过，布列塔尼公爵约翰已不需要他的英国朋友了，他在秋季就已进入雷恩。包括布卢瓦家族在内的绝大部分封臣都向他臣服。11 月，法军签订了一份休战协议后解散了队伍。布列塔尼事件提醒了法国君臣：这仍是一个传统观念占主导地位的封建时代，任何加强王权的手段都不能操之过急。查理五世不得不着手调整政府体系以应对国内的危机。1380 年 4 月，作为对朗格多克臣民申诉的回应，国王大幅降低了当地炉灶税和商品税的税率，撤销了安茹公爵路易在此地区的代理官职务，并答应不再派王室贵胄出任这个职位。贝特朗·迪·盖克兰被任命为朗格多克的总指挥官，他在赴任途中包围了占据朗东新堡（Châteauneuf-de-Randon）的一伙兵匪。但围城过程中，盖克兰可能因盛夏之苦而饮用了不洁之水，人们发现他发起高烧并感染了痢疾。7 月 13 日，这位杰出的法军将领与世长辞。不久后，新堡的投降钥匙被放在他的棺椁之上。按国王的命令，盖克兰的遗骨被破例运往盖克兰自己选定的长眠之所——圣德尼教堂安葬。

对查理五世来说，这是最为糟糕的时刻。数天后，应布列塔尼公爵约翰的请求，白金汉伯爵托马斯率领一支约有 3000 名骑兵 2000 名骑马弓箭手的部队在加来登陆。按计划，他们将从陆地与布列塔尼公爵会合。英军从此地出发，渡过索姆河，穿过香槟及旺多姆地区，一路烧杀抢掠。勃艮第公爵腓力等指挥的法军一度打算在萨尔

▲ 盖克兰之死

▲ 查理五世的雕像

特河阻击他们，但一则噩耗令他们放弃了作战计划：9 月 13 日，查理五世突发严重心脏病。

这位一心驱逐外敌的法王在统治末期遭遇了一连串挫折。弥留之际，他的臣民正因重负而怨声载道，他的敌人还在西南面的平原上耀武扬威。1380 年 9 月 16 日，国王带着无尽的惆怅在万塞讷附近的博泰城堡（Château de Beauté）猝然离世，年仅 42 岁。倘若天假其年，他必定会弥补这些遗憾。尽管如此，查理五世仍不失为瓦卢瓦王朝最明智的君主之一。他构建了强大的政府所必需的普遍税体系，夺回了父亲丢失的绝大部分土地，并恢复了王室一度蒙尘的威望。而继任者从他手中接过的，是一个已展示了巨大潜能的王国。凭借他的辛劳成果，他的后代迎来了一个充满无限可能的新时代。

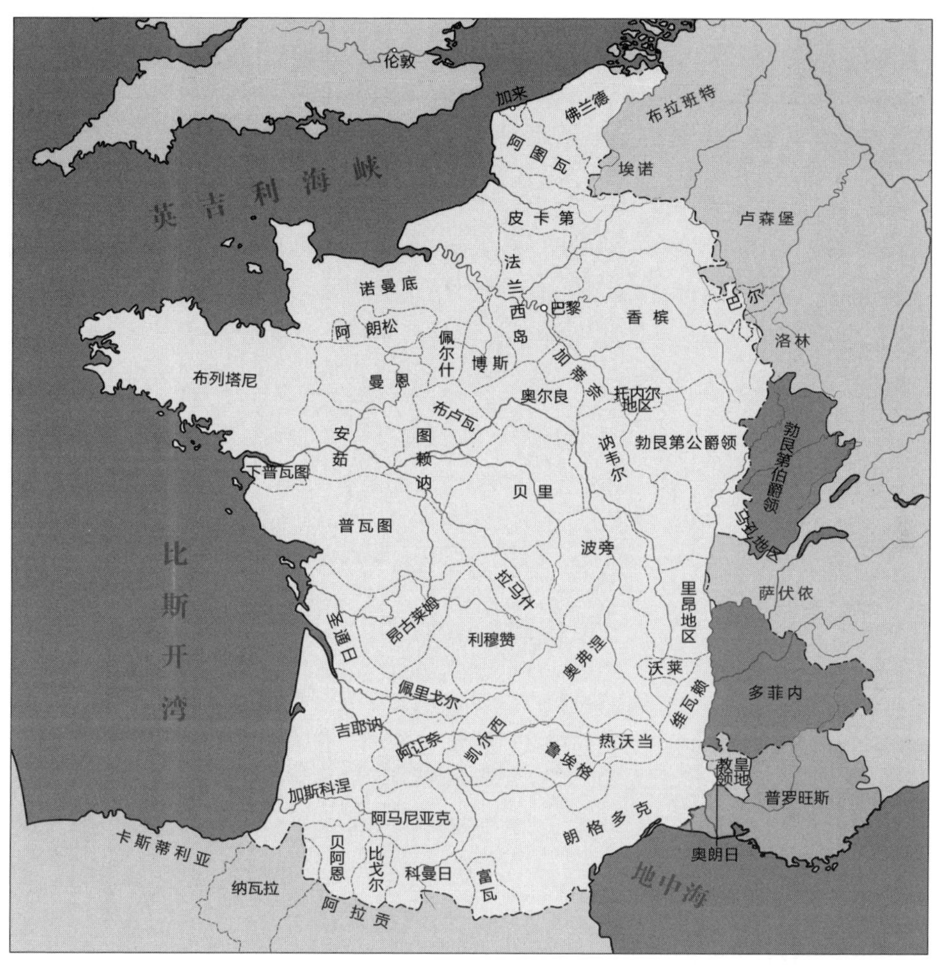

▲ 百年战争时期法国主要领地及省区一览（行省地区边界不完全与行政区一致）

第三章 危机、动荡与激变

1380—1415年

无奈的和平

1380 年 11 月 14 日，瓦卢瓦王朝的第四代君主——12 岁的查理在兰斯教堂中加冕为王，史称查理六世（Charles VI of France）。他的父亲，一贯身体欠佳的查理五世，在六七年前就考虑过自己早逝后王国应如何安全运转的问题，曾安排过一些应对措施。但只有这一刻真正到来后，人们才逐步体会到古老传统会给这个王国带来多可怕的伤害。按照查理五世的遗愿，查理六世的众多叔舅都被委以要职：安茹公爵路易一世已经充任了数个月的摄政；勃艮第公爵腓力二世和波旁公爵路易二世联合担任小国王的守护人和导师，他们将掌握法兰西岛及诺曼底的收益，用以支付内廷开销，其余地区的收益被保留作政府运转及保卫王国的开支。先王的近臣比罗·德·拉里维埃（Bureau de la Rivière）被确立为遗嘱执行人及新国王的首席侍从（First Chamberlain）。然而这个似乎能使各方相互牵制的设计很快便崩塌了。查理五世在过去的 20 年间并未有力地抑制自己的兄弟们，这令曾广泛参与制定和执行王国的重要政策的王公们拥有极大的权威。由于中世纪王国有王室与大贵族联合统治的封建特性，这些地方性极强的权贵们可以轻易地凭借王室股肱的身份嵌入到君主政府体系的高层中。与此同时，舆论却还未完全摆脱政府机构的官吏们只是国王私家仆人的传统印象。这些人的身份、力量和影响均十分有限，几乎无法与那些把持着特权，可以从自己封地中调取资源并不断向政府内部安插门客的王公们相抗衡。诚然，这些权贵会不时为了分配不均而争吵，但为了垄断最高权力，他们首先会相互妥协。被查理五世认定平庸无能不予重用的贝里公爵让被兄弟们推上了朗格多克代理官的宝座，但贝里公爵更在意的是这片地区的王室收益，他在数年任期中的大部分时间里都待在北方，辖区内的事务则被他委托给予自己关系密切的阿马尼亚克伯爵让二世。阿马尼亚克伯爵的次子贝尔纳（Bernard VII，Count of Armagnac）后来与贝里公爵的女儿联姻。而其他政府人员的任免权也逐渐被收入王叔们手中。与之形成鲜明对比的是，先王的托孤廷臣们被逐步排挤出权力核心。那些由查理五世拟定的，旨在“以正确之原则”“引导和管教新国王”保证统治连续性的规则也被推至一边。对一个正处在集权进程且新王孱弱的王国来说，这是一个不祥的征兆。

▲ 法王查理六世加冕

尽管查理六世在名义上已经亲政，但安茹公爵路易为了自己的意大利事业早就越出了界限，他占据了政府的大笔财产。现在，法国政府已经成了辅政王公们满足家族私利的取钱罐。不过令他们颇为尴尬的是，先王在临终前宣布了将赦免欠税及废除炉灶税的敕令。这也许是查理五世为了宽慰自己的良心而做出的最后决定，但它并不明智，敕令并未解决中央政府与地方贵族双重盘剥以及收税过程中各阶层分摊不均衡的问题，只是简单地剥夺了其继任者约一半的特别税收。显然，这条敕令将重创政府的运转。御前会议起初想秘而不宣，但消息很快就被泄露，各种谣言也传播开来。王国随即掀起了轩然大波。许多人相信先王是打算取消一切苛税。城镇居民尤其想摆脱主要由他们负担的间接税，北部地区的市民甚至开始自发地驱逐商品税的征收员。在 11 月召开的朗格杜瓦地区三级会议上，政府被迫废除炉灶税、商品税及盐税。国王只获得了用于维持 4000 名骑兵和 2000 名弩手一年的一笔战争税。通过一系列法令，三级会议再次获得了批准补助金的权力，其分属的地方等级会议则获得了同政府协商征收及截留使用税收等事宜的权力，并能够抛开王室官员，独自指定本地人员负责征收以确保不落入贪官的口袋中。这是三级会议对 14 世纪 50 年代斗争落败的一场复仇，它并不关心正在进行的战事。此时法国国库早已空虚，大部分法军已被安茹公爵遣散。政府能依靠的几乎只剩下安茹—布列塔尼边境地区的零散守卫及奥利维耶·德·克利松的数百人的部队。

当法国陷入一系列政局纷扰与军事停滞时，英国却难以组织能够撼动敌人的军事行动。爱德华三世统治早期时期相对高效的政府一度能承担起这些庞大的组织协调任务，但现在是御前会议由权贵掌握的共治时代。政府内部充斥着相互冲突的意见和难以实现的承诺，这一代的英军将领也难以取得令人刮目相看的战果。10月初，白金汉伯爵伍德斯托克的托马斯的大军成功进入布列塔尼公爵领。月底时，他们应布列塔尼公爵约翰四世的要求开始包围南特。南特之前曾在布列塔尼公爵和法王的冲突中保持中立，等待两方分出胜负再决定效忠对象。结果它现在却等来了一大堆英军。白金汉伯爵将罗伯特·诺尔斯和亨利·珀西等部属分别安插在城市四方，初步建起了封锁链。但很快他便发现自己的队伍无法切断一个临靠卢瓦尔河的大城市的补给线。而奥利维耶·德·克利松和路易·德·桑塞尔元帅也带着部队不断在英军的后方发起一系列袭扰。白金汉伯爵被迫派人向本土要求援军，但算上维持海洋壁垒战略中的一系列据点花费，英格兰财政的承受力已经被达到极限。在11月召开的北安普敦议会上，中书大法官提出了15万英镑的税款要求——也许其中一部分还将被安排用于供应兰开斯特公爵冈特的约翰远征葡萄牙的开销，令下议院瞠目结舌。一番争论后，它被砍到10万英镑，其中包括针对世俗界，税率已经翻了三倍并取消了减免政策的人口税以及针对教士的课税。

但无论人口税征缴是否顺利，一切都已太迟了。到年底时，形势开始反转。法国摄政王公唯一的擅长可能只限于同地方权贵妥协。他们与布列塔尼公爵约翰秘密联系，同意赦免公爵以往的叛国罪行，归还王室控制的市镇据点，承认其领地的自治。在此基础上，1381年1月，公爵同法国政府达成和解协议，并同意向法王宣誓效忠。已经损失了约1000人及全部马匹的白金汉伯爵托马斯不得不放弃围城，率部队返回本土。这是一次彻底的失败，它成为本世纪的最后一场大规模远骑烧掠。

虽然14世纪末的英格兰本土未遭到大规模战争破坏，但它早已危机四伏。间歇性爆发的黑死病吞噬了许多人。劳动力因此紧缺，农产品价格也一路下跌，土地的租金和收益亦在下降。而领主乡绅们却忙于向底层转嫁自己的损失，他们仍坚持古老的庄园特权、义务、税赋，竭力压制上涨的薪酬、限制乡村人口自由迁徙。在这种背景下，收取去年北安普敦议会通过的人头税的工作将是一场灾难，它成为引发社会动荡的导火索。当税吏来收税时，人们使用各种手段进行反抗，他们让妻子和孩子躲藏起来，进入林间或者干脆暴力拒缴。5 月底，埃塞克斯（Essex）已经遍地烽火。6 月初，抗争和纷扰传到了肯特。显然，事态已经超出了局限于地方的小规模骚乱范畴，扩展为一次区域性暴动。起义者推选了瓦特·泰勒（Wat Tyler）作为领袖。像往常一样，农民起义军将矛头对准了国王身边那些为非作歹的御前会议大臣——这些人被起义者称为叛国者。他们采用了“理查国王和真正的平民议院”的暗号——由此看来，他们仍对王室抱有好感，只是希望得到叛国者的头颅。

对英国底层民众来说，1381 年初夏的确是个造反的好时机：大部分英军都远在法国或者苏格兰边界。而理查二世及其廷臣就比较尴尬了：他那位驻于北方前线的叔叔——冈特的约翰在听到一些有关英王已同起义者联合起来对付自己的谣言后，便转身逃入苏格兰境内寻求国王罗伯特二世的庇护。

当失序和混乱蔓延时，国王、王族和廷臣们躲进了伦敦塔。他们在这里决定让国王接见伦敦郊区的起义者。13 日，理查二世乘船前往南面的罗瑟希德（Rotherhithe）。由于顾问们认为他上岸会遇到危险，于是他就待在船中，不断向沿岸的起义者致意。与此同时，起义者的条件被传达至理查二世耳中。英国君臣对这些条件有些骇然——他们索要的是一大批王国的重要人物：冈特的约翰、中书大法官、首席大法官以及司库等要员。理查二世随即答复起义者，声称他们应在合法的情况下收取叛国者的头颅。之后，他返回伦敦塔。

起义者现在耗光了给养，他们前往南岸并释放了关押在萨瑟克（Southwark）的囚犯。随后，一些人违反市长沃尔沃思（Walworth）的命令，放下了吊桥，起义者立即进入伦敦。他们洗劫了冈特的约翰的索威宫（Savoy Palace）和圣殿区的律师办公场所，并将能找出的佛兰德等外国人屠戮殆尽。国王只能从塔上俯视这座燃起大火和黑烟的城市。14 日，他再度答应在迈尔安德（Mile End）与起义者见面。理查二世接受了他们的所有请求：废除农奴制、限制土地租金、国王御下众人平等（即废除领主和骑士身份），以及对所有参与起义者的大赦等。但他随后收到了另一伙起义者已经乘虚冲进伦敦塔，抓住了试图溜走的中书大法官以及司库等人的消息。这些官员均被处决。理查二世的堂弟，冈特的约翰之子博林布鲁克的亨利（Henry Bolingbroke）躲在壁橱里才逃过一劫。

6月15日,国王在伦敦市长及200名骑兵的护送下来到史密斯菲尔德(Smithfield)再次同起义者谈判。根据记载，格外兴奋的瓦特·泰勒握住理查二世的手拼命摇晃，称呼理查二世为“兄弟”，提出了一大堆要求，却没有按习惯脱帽致意。夸夸其谈后他还索要了一壶酒解渴，并在国王面前大咧咧地吐唾沫。国王身边的贵族侍臣因此大为不满。接下来的行动也许在前夜就已被拟定：贵族们立即和泰勒争吵起来，混乱中，贴近泰勒的一名随从猛刺了他数剑。重伤的泰勒一边高呼“背叛!”一边奔向自己的阵营，但他未及阵前便翻身落马。起义者队伍中的一些长弓手看见自己的领袖倒下后，立即弯弓搭箭。眼看一场血战即将爆发，千钧一发之际，14岁的国王展现出了远超年龄的智慧和勇气，他策马奔向起义者，大声向他们宣布:“我将是你们最高而且唯一的统帅!”英王还声称他们应跟随他到北郊的克拉肯韦尔(Clerkenwell)，他将在那里赐予所有起义者要求的承诺。大部分群龙无首的起义人员顺从了理查二世的号召。不过这些人经过一个半小时到达指定地点后，他们发现返回城内的伦敦市长和罗伯特·诺尔斯爵士已招来数千人的伦敦民兵和守卫在这里保护御驾。至此，起义队伍已军心涣散。大部分人听从国王的要求放下武器，返回家乡等候大赦，泰勒则被市长下令斩首示众。

◄ 瓦特·泰勒之死

起义者等来的是背叛和报复。他们中的一些代表乞求国王兑现他在迈尔安德的承诺时，理查二世厉声喝道："你们是农奴！而且你们将永远是农奴！"英王随即撕毁了自己先前颁发的特许状。埃塞克斯再度骚动，结果遭到政府的残酷镇压。任何涉嫌参与暴动者均被审讯并处以绞刑或斩首。最终，这场历时一个月的起义在国王、大贵族和士绅的联合镇压下迅速失败，理查二世则因其表现在统治阶层中获得了一些声望，并开始亲自处理一些政务。通过这次起义，不少贵族终于意识到了延绵不断的战争给英国社会造成的严重创伤。在他们的推动下，1382 年 3 月，英法双方的代表终于同意签订一次为时数月的休战协议。

法国人之所以爽快地答应休战是因为他们也面临和对岸相似的困境。王国的财政状况已急剧恶化。尽管安茹公爵路易已于 1382 年 2 月离开御前会议亲自奔赴南方，召集兵马追逐其意大利王国之梦，[①] 但他顺便截走了卢瓦尔河地区的王室收益作为经费。接替安茹公爵位置的是两位弟弟贝里公爵让和勃艮第公爵腓力。贝里公爵虽然没有兄长的雄心壮志，却在数年任期内频频挪用、扩展王室在朗格多克地区的收益，当地人怨声载道。正在与阿马尼亚克伯爵让私战的富瓦伯爵加斯东三世嗅到了扩张势力的机会，他以当地保护者的面目出现，占领了图卢兹等重镇。贝里公爵不得不从中部地区招募军队与之对抗。已掌握当地主要军事力量的富瓦伯爵最终成为大赢家，他从贝里公爵那里领受了一份丰厚的津贴，朗格多克地区三级会议也确立了必须由三级会议同意才准予征税，税金将用于本地防御的规定。 这一连串纷扰让本就运转艰难的政府经费更加拮据，它已无法再维持 6000 名常备军的计划开支。而腓力一直打着利用王室资源确保自己顺利继承北方低地领地的算盘，他的岳父佛兰德伯爵路易二世现在已陷入低地城市间的纷争中无法自拔，于是恢复旧税成为当务之急。2—3 月间，政府陆续开始征收酒类和其他待售商品的销售税及盐税，结果点燃了一片席卷北方的抗税烽火。

① 按照路易同他人签订的秘密协议，他将保护那不勒斯女王乔安娜一世的王国，并成为其继承人。不过乔安娜的敌人已先行一步：在敌对势力的支持下，乔安娜的堂弟都拉斯的查理（Charles of Durazzo）于 1381 年夏季入侵那不勒斯并俘虏了乔安娜，1382 年秋季，安茹公爵在南方召集了数万名雇佣军攻入那不勒斯试图解救女王，但为时已晚，都拉斯的查理已派人杀了乔安娜。安茹公爵最终无法完全征服都拉斯的查理控制的那不勒斯王国，于 1384 年在意大利去世。

实际上，14世纪80年代初的法国百业萧条。长期的战争、重税、瘟疫使农业萧条、人口流亡、暴力事件层出不穷。那些活跃于奥弗涅山区的农民起义与一些游荡的连队及小贵族联合，突入塞兹（Cèze）河谷地，相继占领了卡维拉尔盖（Cavillargues）、许斯克朗（Chusclan）、特雷斯屈埃（Tresques）等地。博凯尔（Beaucaire）执事不得不在秋季集结军队前去镇压，这些战事持续了数年。乡村的社会动荡和经济凋敝直接动摇了那些手工业城镇的根基。由于此时它们仍依附于农业经济，所以它们的给养和市场都在锐减。不断增加的失业人员、日益艰难的平民同垄断城市财富及行业经营的贵族阶层间的矛盾正在急剧激化。此时王室的加税政策成为暴动的直接导火索。

最先举起义旗的是诺曼底的首府——拥有一批羊毛加工业的鲁昂。2月底，以贫民为主的暴动者就开始袭击那些富有的批发商和市政议员以及犹太人。当然，政府的包税人和收税员也是其重点攻击对象。巴黎人的斗志很快再度觉醒。3月1日，数百人在中央市场痛揍了收取商品税的征收者。很快，暴动者便控制了全城，王室只能退往万塞讷。这些亢奋的举动很快影响了北方其他城镇。亚眠、迪耶普（Dieppe）、卡昂等城市均发生了抗税行动。御前会议不得不暂停征税，并同巴黎人谈判。后者开出了自己的价码：释放被指控组织抗税活动的市民、对当天的行为大赦、立即废除世纪初以来设立的所有税收。王室一面继续同巴黎谈判，一面开始布置限制塞纳河上下游的水运。不久，他们又集中军力，在3月底进入鲁昂。于是，此地成为政府杀鸡儆猴的范例：鲁昂的自治特权被取消，抗税领导者被处决，巨额的罚金也降临到市民头上。尽管如此，税收工作的进展依然缓慢，直到夏季，才得到一定程度的恢复。而市民们的敌意仍未消除，他们在暗中等待机会重新打起反抗义旗。

由勃艮第公爵腓力等大贵族操纵的法国政府面临着诸多危机和麻烦，与法王的其他廷臣不同，考虑到自己的领地利益，腓力愿意与英国维持休战。这对国力有限的英国政府来说是一个适宜的选择。但英王的叔叔冈特的约翰不肯放弃他追逐卡斯蒂利亚王冠的梦想。而卡斯蒂利亚老国王恩里克二世之子，新任国王胡安一世（John I of Castile）也不接受法国盟友的单方面停战。因此，短暂的休战期中止后，英法双方还得继续较量。不过，就在法王御前会议打算让国王向西南前线发动亲征之际，北方低地区域爆发了一场足以影响法王决策的事变。

自14世纪80年代以来，勃艮第公爵腓力的岳父，佛兰德伯爵路易一直利用他治下各大城市间的相互竞争抑制它们独立，分化镇压它们掀起的城市革命浪潮，但这种伎俩在根特城下惨遭重创。去年夏季，佛兰德伯爵已开始对城市进行封锁。1382年初，根特人选出了菲利普·范·阿特威尔德（Philip van Artevelde）担任根特将军。此人是40年前反抗前任佛兰德伯爵的市民领袖雅各布之子，同时也是英王爱德华三世妻子的养子，并长期接受英方资助。5月3日，菲利普指挥约4000名根特民兵来到城外西南处的一片平原上，向佛兰德伯爵挑战。那些支持佛兰德伯爵的布鲁日人感受到了邻居的恶意——接近黄昏时，排成防御方阵的根特军队突然点燃了布置在前线的风琴炮（Ribauldequin），对准一窝蜂涌来的布鲁日人一顿乱轰，与之相伴的还有弓手射出的密集箭矢。接着，他们举起利刃朝着已晕头转向的布鲁日人猛冲过去。布鲁日人的阵线随即崩溃。根特人乘胜追击，在当日占领了布鲁日市镇，佛兰德伯爵只得狼狈出逃。他在佛兰德的统治很快便分崩离析，只有奥德纳尔德（Oudenaarde）等数处据点还在抵抗。

▲ 根特同布鲁日人的战斗

获胜后，菲利普·范·阿特威尔德立即派使者渡海向英方求援。英国对北方新出现的盟友喜出望外。尽管王叔冈特的约翰仍急切于率领一支军队前往阿基坦配合葡萄牙国王发起对卡斯蒂利亚的夹击，但政府当局还在计划着另一场远征：诺里奇主教亨利·德斯潘塞（Henry Despenser, Bishop of Norwich）主张在本土组织发起一次十字军，从加来登陆，前往佛兰德，惩罚那些“异端者”，也就是支持阿维尼翁教皇的法国人。显然，与王叔的伊比利亚宏图相比，迈克尔·德·拉波尔（Michael de la Pole）等英王近臣更偏向于这个计划。他们已在年初安排理查二世迎娶德意志国王瓦茨拉夫四世（Wenceslaus IV of Bohemia）的妹妹波西米亚的安妮（Anne of Bohemia）。这场对国内政治经济促进甚微的婚姻是为了巩固英格兰与同样支持罗马教皇乌尔班六世阵营的德意志盟友们的关系。而支援佛兰德的举动还可以吸引法国人的视线，缓解他们对驻军已不足千人，军费拮据的阿基坦领地的直接威胁。同时，打起十字军旗号也可以避开那些由直接收取重税引发的麻烦。

实际上，英国政府和菲利普·范·阿特威尔德均犯了一个严重错误：他们高估了自己的能力和敌人的反应速度。尽管英国人不可能在秋季集结足够的军队跨海支援佛兰德，菲利普却断然拒绝了法国政府派出调停根特等城市与佛兰德伯爵路易关系的使团。对勃艮第公爵腓力来说，这是一则再好不过的喜讯。正在南下阿基坦途中的法王御前会议终于接受了他一直主张的朝低地进军的方案，立即转向了北方。于是佛兰德人再次主动替盟友引走了法国人的仇恨。11月，法王集结了数十年来首次超过1万人规模的大军，这也意味着政府结束了之前依靠少数精锐部队进行小规模行动的作战方式。查理六世带着陆军统帅奥利维耶·德·克利松、元帅路易·德·桑塞尔等一批名将穿过皮卡第和阿图瓦，前去帮他的叔叔争夺家产。当然，这次战争还有另一个特殊意义：法国的北方城市正热切关注着战事进展，他们等待着政府军落败，然后东山再起。因此，此战法军志在必得。

11月19日，奥利维耶·德·克利松派遣的数百名法军前锋向科米讷（Comines）附近地区发起突袭，成功从接近己方人数两倍的敌军手中夺得了利斯河（Lys）上的桥梁。法军由此深入佛兰德腹地，并迅速占领了大批城镇。菲利普·范·阿特威尔德不得不放弃对奥德纳尔德的围困，率领着据说人数是法军数倍的主力前来决战。26日，两军在西罗泽贝克（Westrozebeke）相遇。次日一早，佛兰德人排成一个紧密方阵，并依靠前线的火器及弓弩手攻击向自己逼近的敌人。虽然他们成功打败了法军徒步作战的前锋队伍，但未能阻止紧随其后的法军中军。与此同时，克利松还派出了骑兵部队从两翼迂回,包抄敌人后方。这些行动为法王奠定了胜局。多面打击下,佛兰德人的抵抗崩溃。他们损失士兵过万，阿特威尔德亦死于乱军中。这次大胜重创了佛兰德的抵抗势力。法军随即占领了除根特及周边地区外的几乎所有抵抗的市镇，重新在这片保持了数十年中立的领地上树立了权威。他们还进入科特赖克夺回了那些悬挂的马刺，一雪 1302 年蒙受的耻辱。只是由于冬季来临，法国君臣才放弃了对根特的包围。

▲ 西罗泽贝克战役

▲ 查理六世进入巴黎

1383年1月11日，查理六世和王叔们带着约2000名全副武装的士兵以行军队形进入巴黎城恐吓那些心存反意的市民。政府开始追捕那些漏网的反抗领导者，并恢复各种税收。西罗泽贝克之战已粉碎了法国市镇最后的一点反抗信心，此后三十年它们都匍匐于王室脚下。

对岸的英国人则厄运连连。由于卡斯蒂利亚的避免会战策略，剑桥伯爵兰利的埃德蒙率领的3000名英国援军在葡萄牙的数年征讨行动中不仅未能重创对手主力，而且还减员过半，余下的英军士兵还成为当地葡萄牙人的祸害。他们被迫于去年冬季返回本土。心力交瘁的葡萄牙国王费尔南多一世（Ferdinand I of Portugal）终于意识到自己无法在战争中获胜。他同卡斯蒂利亚国王胡安一世签订了停战协议，并于1383年4月2日缔结了一份新协定：他的继承人，葡萄牙公主比阿特丽斯（Beatrice of Portugal）将嫁给卡斯蒂利亚国王。按照约定，费尔南多去世后——他在数个月后果真因病身亡——其妻子莱昂诺尔·特莱斯（Leonor Teles）将担任王国摄政。这令冈特的约翰的大业前途渺茫。与此同时，佛兰德的行动也进展缓慢。直到5月，亨利·德斯潘塞才带领8000人在加来登陆。他们攻下了东面的格拉沃利讷（Gravelines），但接着便受阻于伊普尔城下。查理六世随后开始在皮卡第集结大军，连布列塔尼公爵约翰也加入了他的队伍。诺里奇主教无法应付侧后的威胁，8月10日，他不得不放弃伊普尔的攻城行动。于是逾2万人的法军尾随退却的敌人几乎收复了全部丢失的领地。英国人帮根特解围的计划又成画饼。

通过数年的对抗，查理六世的政府已经显示出可怕的动员能力。法军部队迅速增长到了1.5万—2万人。而英国在大陆尤其是北方的势力正在急剧萎缩，他们的远征也是空耗钱粮。现在双方的攻守之势已开始转换。法国君臣开始制定反击计划。但他们好高骛远：目标既不是攻取正在煽动兵匪连队大举侵入法国西南部，肆意蹂躏圣通日、奥弗涅、鲁埃格、凯尔西、朗格多克等大片地区的阿基坦，也不是清扫那些被英国人占据，实际已陷于孤立的海岸壁垒；而是打算直接对英格兰本土发动进攻，海军将军让·德·维埃纳将率领一支偏师在苏格兰登陆，会同盟友一起攻击英国的北方诸郡，法王则亲自率领主力跨海登陆英国南部。这不禁令人想起腓力六世在战争开启前那一系列雄心勃勃的计划。也许掌控佛兰德的港口和船队增添了计划制定者的信心。但实际上，查理六世时代的法军并未有本质上的改变。它仍是由抽调的相对专业的少数常驻守备军加上大量征召的临时队伍组成，这些人在对抗诺里奇十字军时并未留下令人印象深刻的战绩，甚至一些据点还是靠贿金取得的。

对英国人来说，他们仿佛又回到了14世纪30年代末那种腹背受敌的危险境地中。1384年秋季，为了应对远征的开销，查理六世未经过三级会议的批准便开征了一种新税：塔兰税（Taille，即以后的人头税）使法国政府的岁入有望达到300万锂弗，这几乎是英国政府收入的六倍。面对空前的压力，英王的三位王叔给出的对策是再次采取主动，发起对法国大陆的远征。他们似乎很钟爱亲自领兵出征的战略，并不介意其结果如何。而理查二世的新中书大法官迈克尔·德·拉波尔、第二任索尔兹伯里伯爵威廉·德·蒙塔古（William de Montagu, 2nd Earl of Salisbury）等近臣更倾向于将有限的资源用在王国防御的刀刃上。这些争执引发了一场政治风波：王叔们尤其嫉妒侄子赏赐亲随、刻意培植青年党羽的行为，认为他冷落了自己这样的王国元老。而年轻的英王则展现了器量狭小、刚愎自用的一面。双方互不相让，几乎兵戎相见。只是在理查二世母亲肯特女伯爵琼的斡旋下，英格兰才避免了一次内战，但王室的裂痕已经显现。

就在英方争吵不休之际，由法国海军将军让·德·维埃纳率领的约 2000 名法军已于 1385 年初夏到达苏格兰。维埃纳极力鼓动苏格兰国王罗伯特二世南下发动袭扰战。不过他很快发现苏格兰的国力很难执行法王的大战略。根据维埃纳事后的报告，苏格兰大概只有 500 名能全副武装的骑兵，其余数万士兵素质参差不齐，资源只和阿图瓦伯爵领这种省份大致相当。法兰西和苏格兰发起的，因作战风格迥异而不协调的联合袭扰却立即惹来了英格兰的惩罚大军。1385 年 7 月底，理查二世率领大军向北进发顺便将自己的两位王叔剑桥伯爵埃德蒙和白金汉伯爵托马斯分别晋升为约克公爵和格洛斯特公爵。在他们及冈特的约翰等贵胄的带领下，约 1.4 万人的英军势不可当。8 月，他们一直推进到爱丁堡。苏格兰国王罗伯特二世只得放弃首都，向北撤退。

当英军主力北上之际，法国大军和船队正在向佛兰德集结，他们打算在英格兰登陆。但仍未向勃艮第公爵腓力屈服的根特突然在 7 月中旬袭得了其西北面的达默（Damme）。法国君臣不能容忍自己的后方出现威胁，低地人再次帮英国化解了燃眉之急。新婚不久[①]的法王查

▲ 法国王后伊萨博的巴黎入城式，抬着王后乘轿的都是王公贵胄

① 查理六世的妻子是巴伐利亚的伊萨博（Isabeau of Bavaria），就像数月前勃艮第公爵领继承人约翰同巴伐利亚－施特劳宾公爵，埃诺、荷兰、泽兰伯爵阿尔布雷希特一世之女（Albert I，Duke of Bavaria–Straubing，Count of Hainault，Holland，and Zeeland）玛格丽特的联姻一样，它们都是勃艮第公爵腓力为巩固家族在低地地区的势力而做出的安排。腓力的女儿也嫁给了阿尔布雷希特公爵的长子威廉。

理六世同勃艮第公爵等人带领大军将达默团团围住。在8月底他们攻陷了这个据点。之后，法军转向根特，彻底放弃了当年对英格兰的远征。到12月中旬根特终于向法王及勃艮第公爵屈服。它在这场漫长的反抗中已彻底失去了对佛兰德伯爵领市镇的主导地位。

不过理查二世的苏格兰远征并未获得有价值的战果。来到爱丁堡后，他们的给养供应很快就出现了问题。理查二世被迫在8月下旬退回境内，将防守北境的任务交给诺森伯兰伯爵亨利·珀西等一批边境领主。有趣的是，除了苏格兰的本地人外，任何外国军队似乎都难以适应这片贫瘠的土地。让·德·维埃纳发现部下很难筹得合适的马匹，他甚至怀疑来年他们可能会被饥馑折磨致死。花光经费的法军最终于年底时乘船逃离此地。而苏格兰人也乐于摆脱这群对待遇异常讲究的盟友，他们间的亲密合作自此告一段落。苏格兰不久便和对手签订了一个短暂的休战协定。

到1385年下半年，英国政府已连续遭受了数次战略重挫：他的低地盟友被迫投降，法国入侵的威胁也仅仅只是被推迟至来年。不过，其王叔冈特的约翰却惊喜地发现自己在伊比利亚半岛的事业似乎又峰回路转：葡萄牙女王比阿特丽斯同卡斯蒂利亚国王胡安一世的联姻令不少本地人担心丧失自己国家的独立性。王太后的摄政也得不到所有人的支持。而先王佩德罗一世（Pedro I of Portugal）的私生子，比阿特丽斯的叔父阿维什的若昂（John of Aviz）趁机煽动起叛乱，拒绝承认她们的权威。王太后被迫同宫廷逃出里斯本（Lisbon）。已展现出吞并野心的卡斯蒂利亚国王从岳母手中接管了对葡萄牙的摄政权，并决意镇压叛乱，但他在1384年围攻里斯本的战役中因补给困难而最终放弃，葡萄牙的贵族们已开始倒向阿维什的若昂。后者遂成为葡萄牙国王若昂一世（John I of Portugal）。

1385年5月，卡斯蒂利亚国王胡安一世再度率大军侵入葡萄牙。他麾下约有5000多名骑兵，其中法军大概有1200名，葡萄牙轻骑兵2000名和大批长矛手、弩手，以及16门轻型加农炮。一些编年史认为其总数有3万人。这支庞大的卡斯蒂利亚军队为之前在境内的败绩展开了残酷的复仇，一路上屠戮居民、烧毁城镇、散播恐怖。他们打算再次包围里斯本并将其一举拿下。葡萄牙国王若昂一世决心阻击敌人。8月14日，他率领2200名骑兵、1万名步兵和700名英国士兵及一些加斯科涅部队在靠近阿尔茹巴罗塔（Aljubarrota）的山丘布阵，封锁了敌人前往首都的大道。

▲ 葡萄牙国王若昂一世

▲ 阿尔茹巴罗塔战役

一条小溪及支流使他们的前方及两翼均受到保护。不打算在敌人选定战场作战的卡斯蒂利亚国王决定从西面迂回，绕至可以俯瞰葡萄牙人后方的南面高地。但他的军事能力尚不如其父恩里克二世。这个与纳赫拉战役相似的战略完全没有达到效果。在烈日下穿越近 8000 米密林的山地行军耗费了卡斯蒂利亚部队的大量精力和时间，当他们就位时已接近黄昏。葡萄牙人则早已发觉了敌人的意图，凭借内线优势，他们已紧急向后方撤退了约 2000 米，并砍倒树木、刨出深坑，构筑了一个面对敌人的简易阵地。而卡斯蒂利亚国王的一些部下及法军将领都建议他当日不要发起进攻，等后方的补给队伍到达后再行动，但一线的贵族们忽视了命令向敌人猛扑过去。卡斯蒂利亚国王只得让全军出击。战役的结果毫无悬念。在若昂一世率领的后卫协助下，葡萄牙下马骑兵主力挡住了卡斯蒂利亚和法军的进攻。沟渠、深坑使法军行动极为不便。葡萄牙战线两翼前凸的弓弩手令他们承受了惨重伤亡。卡斯蒂利亚军队的阵型逐渐支离破碎，一小时后，王旗也被砍倒。这对士兵们造成了极大恐慌。卡斯蒂利亚国王从乱军中逃走，他的队伍随即溃败。继之而来的是一场大屠杀。据事后报告估算，葡萄牙人消灭了约 7500 名敌人。

卡斯蒂利亚国王胡安一世因自己不断膨胀的野心和一时冲动丧失了两代人在十余年间辛苦积累的优势。他在葡萄牙的统治已土崩瓦解，不得不缩回国内组织防御。当阿尔茹巴罗塔战役的消息传到英格兰后，冈特的约翰欣喜若狂，他决心应葡萄牙国王若昂一世的邀请，亲自摘下卡斯蒂利亚的王冠。尽管1386年法军重拾了渡海入侵英格兰的计划，但迫不及待的冈特的约翰仍从侄儿手中拿走了近4万英镑，带着2000名骑兵和2000名长弓手乘坐一支庞大的舰队于7月起航前往伊比利亚半岛。与此同时，已晋升为第一任萨福克伯爵的迈克尔·德·拉波尔（Michael de la Pole, 1st Earl of Suffolk）等廷臣正手忙脚乱地组织防御。大批应召的士兵因领不到薪水而开小差。议会对政府的财政困境倍感恼怒，他们将原因全部归结到理查近臣的贪污腐败上。在格洛斯特公爵托马斯、第一任阿伦德尔伯爵理查德·菲查伦（Richard FitzAlan，11th Earl of Arundel）、第十二任沃里克伯爵托马斯·德·比彻姆（Thomas de Beauchamp，12th Earl of Warwick）等一批不能接受英国军力有限事实的大贵族煽动下，他们甚至以废黜理查二世王位为威胁，迫使后者罢免了萨福克伯爵。萨福克伯爵的中书大法官职务则由积极参与逼宫的阿伦德尔伯爵之弟，伊利主教托马斯·阿伦德尔（Thomas Arundel，Bishop of Ely）接任。但反对派并未就此止步，他们继续追究其他大臣的责任，并于11月设立摄政会议接管了国王的统治权。于是，这届议会也被称为“美妙议会”。

◀ 冈特的约翰与葡萄牙国王饮宴

在权贵们对理查二世的近臣穷追猛打之际，海峡对岸的法国大舰队和逾万名陆军均已完成最后集结，只等法王一声令下便拔锚起航。不过像去年一样，计划中的一切都未转化为现实。使英格兰最终免于兵火燎原的是深秋之际刮起的海风，它持续了数周，法国人不得不再度中止了这场已几乎花光军费的远征，这支军队的统管权力被交给了心不在焉的贝里公爵让。喘过一口大气的英国人连忙行动起来。年底时，阿伦德尔伯爵理查德·菲查伦被任命为英国海军将军，统辖王国的海军力量。他开始攻击敌人分散在海峡中的舰队。1387 年 3 月，阿伦德尔伯爵伏击了一支佛兰德舰队，接着又乘胜到斯勒伊斯示威并登岸烧掠、尝试封锁港口。数周后，当匆忙集结的法军部队赶来时，却发现英军舰队已返回本土补充。两个月后，阿伦德尔伯爵再次出击，这次他的目的地是布列塔尼公爵领的布雷斯特。他们摧毁了法军立起的数座用于包围的塔堡，并对周边地区发起了一次袭扰。这两次出击为阿伦德尔伯爵带来了大批战利品和俘虏，并使他在国内的声望大幅提高，但这也是他出征的全部成果。英国在大陆的战略态势并没有得以改善，法国也未放弃跨海袭击英格兰的计划。6 月，也就是阿伦德尔伯爵的舰队打道回府之际，一支法兰西 - 卡斯蒂利亚的大舰队正在法国北部港口集结。由于需要帮助协防卡斯蒂利亚以及财政负担过重等因素的影响，此次法军登陆的部队被缩减到 3000 名精兵。到月底时，一切已准备就绪。

关键时刻，法国大贵族再一次令这个计划流产。6 月 25 日，布列塔尼公爵约翰突然逮捕了远征主要指挥官陆军统帅奥利维耶·德·克利松。消息传出后，查理六世大为震惊。尽管克利松也是拥有大批领地，利用政府官职令自己财富陡增的中层贵族，但与那些操持权柄恣意妄为的王叔们不同，他一直位列支持国王、试图革新政府的近臣之中。法王急忙赶往诺曼底，观察事态进展。实际上，布列塔尼公爵同勃艮第、贝里等封建王公一样，首先关注的是自己的家族利益。尽管到目前为止还没有子嗣，约翰仍拼命打压昔日竞争对手，布卢瓦 - 庞蒂耶夫尔家族的势力，试图强占其领地。当与他有旧隙的克利松开始同布卢瓦 - 庞蒂耶夫尔联合[①]后，他便突然用武力将克利松囚禁，逼迫克利松用领地换取自由。无论约翰与克利松间的争执是

① 克利松将自己的女儿、唯一的继承人玛格丽特·德·克利松（Marguerite de Clisson）嫁给了布洛瓦 – 庞蒂耶夫尔家族的继承人——布卢瓦的查理之子庞蒂耶夫尔伯爵让一世（Jean I de Chatillon，Count of Penthièvre）。

否属于贵族间的内讧，约翰这种无理又蛮横的手段已公然践踏了王国的法律和秩序。11月，查理六世向布列塔尼公爵施加压力，传唤他前往宫廷对自己行为做出解释，约翰无视了这些传召，再次玩起了老把戏——向英国请求援军。

在格洛斯特公爵托马斯、阿伦德尔伯爵理查德·菲查伦等人操控下的英国摄政会议很快便接受了布列塔尼公爵约翰的要求，这些大贵族乐于把握任何一次前往大陆征战的机会。尽管14世纪后期由于政府财政窘迫，士兵的薪水未有显著提升，这一点英国和法国形成了鲜明对比，但为了招募到军队，他们给战争承包商的征集奖金——“Regards”，在法国，同类的津贴名册被称之为“état”，不过法国连队将领们所获比英国少得多——却增加了。加上战利品上缴给王室的比例正不断减少，因此战争承包商们正不断吞噬着仅有的一点战争利润。英王也许并不认同大贵族们的观念，他早就意识到不结束战争自己就无法有效掌控王国，但在当年他的权力正一步步坠入低谷，格洛斯特公爵、阿伦德尔及沃里克伯爵等被称为上诉派的贵族，已拟定了一份将大部分国王近臣和王党都包含在内的叛国者名单。理查二世一面假意同他们周旋，一面密令亲信罗伯特·德·维尔（Robert de Vere）率领夏季在柴郡等地招募的王室亲兵队伍前来与自己会合。然而大贵族们早有防备，他们会合冈特的约翰之子德比伯爵亨利和诺丁汉伯爵托马斯·德·莫布雷（Thomas de Mowbray, Earl of Nottingham）拦截国王的援军。1387年12月20日，罗伯特·德·维尔与4000名部下在莱德考特桥（Radcot Bridge）遭到大贵族联军的夹击。他的军队被击垮，本人仅以身免。这次战斗终结了理查二世反抗的希望。12月30日，上诉派贵族们带领500名全副武装的士兵进入伦敦。据传格洛斯特公爵一度要废黜理查二世，只是在德比伯爵等贵胄的反对下，才没有实现。尽管如此，理查二世还是遭到了最为严厉的报复，王室内廷被解散，不少人被判处死刑，支持他的法官们被逮捕流放。在1388年2月的“无情议会”上，王党遭受了彻底清洗。5名英王亲信被判处叛国罪——萨福克伯爵迈克尔·德·拉波尔、罗伯特·德·维尔等部分人已逃离英国——这也意味着议会首次获得了处置王国大臣的权力。

现在掌握全权的上诉派贵族立即搁置了理查二世同法国政府秘密开展的休战谈判，他们决定继续同法国的战争。按1388年春季制定的计划，阿伦德尔伯爵理查德·菲查伦将前往布列塔尼再立新功。不过此时法国的政局已发生了一些新变化：

王叔们不喜欢陆军统帅奥利维耶·德·克利松。勃艮第公爵腓力认为克利松正在唆使法王，打算从自己手中夺取权力。贝里公爵让更是将克利松在普瓦图地区的领地视作是自己势力范围内的一大威胁。在他们看来，布列塔尼公爵约翰的跋扈只是小问题。5月，借着王叔们息事宁人的斡旋之举，布列塔尼公爵用一封道歉信获得了王室的宽恕。当然，那些盛大的和解仪式并不意味着他与克利松消除了怨仇。不过勃艮第公爵不打算理会这些细枝末节以及朗格多克等西南领地饱受阿基坦兵匪连队侵扰的坏消息。已成为佛兰德伯爵的他有着自己的算盘：腓力意欲吞并拥有埃夫勒家族血统的无嗣表姑让娜（Jeanne，Duchess of Brabant）的布拉班特公爵领。但是他首先得帮助女公爵消除来自北面亲英派格德斯公爵威廉一世（William I，Duke of Guelders）的威胁。因此腓力打算再次动用侄子的资源。尽管御前会议不赞同将军队投入到这片与王国利益不甚紧密的土地。但是在王叔的诱导下，渴望胜利和荣誉的查理六世还是决定亲征，他集结了1万多人浩浩荡荡地开往北方。

与此同时，阿伦德尔伯爵理查德·菲查伦已带着约3600人的队伍在布列塔尼登陆，但是他发现公爵已闭门谢客。未携带充足物资与马匹的英军只得改变计划，乘船向中部海岸袭扰。7月下旬，他们来到拉罗谢尔附近，尽管包括水手在内的全部人马皆已登岸，但英军仍未能攻取这座重要港口。很快，法军路易·德·桑塞尔元帅便带着千余人马驰入城市固守。于是阿伦德尔伯爵这场花费了3.4万英镑的远征演变成了在海岸沼泽地带专心劫掠的闹剧。

也许阿伦德尔伯爵理查德·菲查伦在北面的马朗（Marans）逗留数周是想等待南方部队的增援，但这只是一个幻想。虽然冈特的约翰在伊比利亚半岛的征战在一年前就已结束，但卡斯蒂利亚与法国联军的坚壁清野令他的远征收获甚微。尽管英国盟友葡萄牙国王若昂一世迎娶了冈特的约翰长女菲莉帕（Philippa of Lancaster），但英葡联军的远征既无法攻占对手的重要据点，也得不到卡斯蒂利亚人的支持。葡萄牙国王劝告岳父面对现实。1387年夏季，冈特的约翰不得不同卡斯蒂利亚国王议和。在获得卡斯蒂利亚的一笔贡金以及让自己的小女儿凯瑟琳（Catherine of Lancaster）同其继承人，未来的卡斯蒂利亚国王恩里克三世（Henry III of Castile）订婚后，冈特的约翰失落地返回阿基坦。他抛弃了自己那支减员过半、不堪驱使的军队。因此，1388年的冈特的约翰无意再战，他甚至尝试同法国人达成局部休战协议。

▲ 葡萄牙国王同菲莉帕联姻

更糟糕的消息来自英格兰的北方边境。苏格兰已嗅到了英国政局动荡带来的机会，打算雪洗数年前被攻占首都的耻辱。6月底，他们分为两路分别入侵疏于防范的坎伯兰和诺森伯兰。苏格兰军队一路大肆烧掠，并数次击溃当地临时征召的民兵，使对手蒙受了惨痛损失。不久后，法国舰队也开始袭击朴次茅斯等南部海岸。英国政府只得手忙脚乱地组织军队北上增援，寻找并召回阿伦德尔伯爵理查德·菲查伦那远离约定地点的舰队。在夏季，诺森伯兰伯爵亨利·珀西决定去北方截断对手的归路，同时派自己的长子，绰号"热刺"的亨利爵士（Sir Henry Percy Hotspur）等部将前去同敌人接触。8月初，热刺得知了第二任道格拉斯伯爵詹姆斯（James Douglas, 2nd Earl of Douglas）的分部正在奥特本（Otterburn）附近活动的情报。也许是受到了在先前交战中被道格拉斯伯爵夺取旗帜的刺激，生性冲动的热刺决定不让这股近3000人的敌人溜走。他立即率领约5000名部下急速行军，于5日傍晚发起了对道格拉斯营地的突袭。但他们首先遇到的只是一些苏格兰随从及仆人。这部分人的拖延令仓促的苏格兰军队得以排成一个方阵迎击敌人。热刺打算分为两部前后夹击对手，但英军已筋疲力尽，长弓手在肉搏战中也难以发挥作用。而苏格兰人在近身格斗中却展现了强悍的战斗力。他们还安排了一支骑兵迅速绕至热刺侧翼，再下马杀进敌军阵中。负责包抄后方的英军迂回后却发现敌人已经冲出了营地。入夜后，热刺的主力在混战中被击溃。达勒姆主教率领的英国援军于第二天早上赶到战场时发现他们友军损失惨重——约有550名士兵阵亡，另有包括热刺及其弟在内的大批人员被俘。苏格兰人也承受了一定的损失：他们有500人战死，其中包括未来得及着甲的道格拉斯伯爵。随后，他们在敌方援军的逼迫下撤出战场返回本土。另一支包围卡莱尔的苏格兰部队闻讯后也撤回国内。

▲ 奥特本之战

苏格兰人的掳掠以及数年来一连串徒耗钱财的远征，终于使英国人意识到他们无法负担那些大贵族们鼓吹的进取战略。理查二世总算等到了反击的机会。1389 年 5 月 3 日，英王进入威斯敏斯特大厅正式宣布自己已经成年。他责令托马斯·阿伦德尔交出国玺，其中书大法官职位由温切斯特主教威廉·威克姆（William of Wykeham，Bishop of Winchester）接任；格洛斯特公爵托马斯、沃里克伯爵托马斯·德·比彻姆和阿伦德尔伯爵理查德·菲查伦均被赶出御前会议，阿伦德尔伯爵还丢失了海军将军及布雷斯特守将的职位；上诉派贵族安插在政府及国王内廷中的数百名爪牙也遭解职。理查二世终于掌握了君权。借助承认“无情议会”的判决、不理睬那些被“无情议会”流放及逼至海外者，联合冈特的约翰，拉拢约克公爵埃德蒙父子，提拔一批新贵族等手段，理查二世建立了一个相对牢固的政府并决定减免怨声载道的赋税。为了达到这个目的，他加快了与法国人的和议进程。

英王伸出的橄榄枝很快就被对方接住。法方也发生了与英国相似的政局变化：

1388 年，查理六世那场兴师动众的低地远征未获得军事胜利。除了迫使格德斯公爵威廉签订符合勃艮第公爵腓力利益的停战协议外未给王国带来任何实质收益。法王已无法忍受那些自私贪婪的王叔。当年 11 月 3 日，借助一批权贵和将领们的支持，他感谢了叔父们八年来的“辛劳”，暗示自己已到合法执政年龄后将他们辞退。于是查理六世正式走进了政治舞台的中心位置。不过，时年 20 岁的新君与其父截然不同。查理六世生性冲动、慷慨好施、喜好盛大的排场，渴望战争和荣誉，并时常受旁人的影响。他与胞弟图赖讷公爵路易一样耽于享乐、生活放荡，但在处理政务时表现出的急躁、慵懒、散漫、敷衍塞责的特性又与路易的专注审慎有着鲜明的对比。

不过在查理六世亲政初期，法国宫廷还是展现出了一派新气象。辅佐法王的是奥利维耶·德·克利松与一批中低级贵族及比罗·德·拉里维埃等先王的仆人和法学家顾问。这些人被王公们轻蔑地称为“小人物”(Marmousets)。但对王国而言，这些人的建设性远非王公们能比。在“小人物”的倡议和推动下，查理六世逐渐开展了修改律法、裁汰冗员、整顿贪腐、严格审计、中止人头税、抑制王公们截留王室收益等一系列革新工作。法国的财政状况也有了明显好转。与此同时，法国君臣皆意识到延绵的英法战争及其庞大开支已成为王国的重负，他们也愿意与英国人罢兵。于是，1389 年 6 月 18 日，双方代表正式在加来东南面的勒兰盖姆（Leulinghem）签订了为时三年的停战协定。按约定，在此期间他们还打算达成一份长期和平协议。这标志着百年战争第二阶段的结束。

尽管两位亲政的国王均表现出了愿意和解及建立友谊的强烈愿望，两个王国间永久弭兵的进程仍举步维艰。英国人对《布雷蒂尼和约》中广阔领地和权力的恋恋不舍以及法国人对阿基坦公爵必须臣属效忠法王的坚持使得双方的立场几乎背道而驰。理查二世的代表提出了一种折中方案：英王将以领有法国封地的方式保留阿基坦，但向法王行效忠礼则由领地的持有者冈特的约翰来履行。1390 年，理查二世已让他终身享有阿基坦公爵领。但法国人拒绝了，和平谈判陷入僵局。理查二世不愿也不能向法王宣誓效忠。像阿基坦一样，英国境内也有不少依靠战争谋利者。在格洛斯特公爵托马斯及阿伦德尔伯爵理查德·菲查伦等大贵族煽动下，这些既得利益者仍可以在议会中掀起一股不容忽视的舆论洪流，他们会借这个机会故意找出协议中有关主权的争议条款，大力营造国王将沦为法王臣属的可怕景象，并竭力声讨。理查二世不得不加以提防以免卷入漩涡。

不过 14 世纪 90 年代初，英法双方至少在表面上仍维持着停战状态。他们都采取了规避措施，将注意力转向其他方向。在母亲布卢瓦的玛丽的协助下，12 岁的新一代安茹公爵路易二世（Louis II，Duke of Anjou）已恢复了对普罗旺斯地区的控制，并被阿维尼翁教廷加冕为那不勒斯国王。查理六世决定帮助堂弟夺取他宣称持有的王国，打击罗马教皇的势力。法国王室再度萌发了染指意大利半岛的野心。国王的胞弟图赖讷公爵路易在 1389 年 8 月迎娶了米兰僭主，未来的米兰公爵吉安·加莱亚佐·维斯孔蒂的长女瓦伦蒂娜·维斯孔蒂（Valentina Visconti）。[①] 实际上，查理六世还打算率领 2 万人亲自南征。不过 1391 年英方得知情报后紧急发出的强烈抗议迫使查理六世放弃了亲征。

与此同时，法王与国内封建王公们的关系正日趋紧张。查理六世曾鼓励一些布列塔尼贵族们提议，一旦公爵无嗣便让布卢瓦家族继承大统。但这个议题很快便因布列塔尼公爵约翰同前纳瓦拉国王卡洛斯二世之女胡安娜（Joanna of Navarre）联姻并育有数名继承人被迫中止。而约翰与布卢瓦 - 庞蒂耶夫尔及其支持者间的矛盾则更越来越激烈。公爵曾在领地内唆使被驱逐出宫廷的安茹家族封臣皮耶尔·德·克拉翁（Pierre de Craon）复仇。于是克拉翁于 1392 年秘密返回巴黎。6 月 13 日午夜，他带人乔装打扮，在狭窄的街道上刺杀奥利维耶·德·克利松。起初克利松以为这又是图赖讷公爵路易的恶作剧，很快他便发觉大事不妙。格斗中，克利松的随从四散奔逃，他本人负伤跌落马下昏迷不醒。认为克利松已身亡的克拉翁随即逃离了现场。

奥利维耶·德·克利松克利松在搏斗中已认出了凶手，接着，传出了皮耶尔·德·克拉翁逃进布列塔尼公爵领的消息。查理六世闻讯后怒不可遏，这次他下定决心要严惩布列塔尼公爵约翰。7 月末，法王集结了约 7000 人的大军来到勒芒，准备入侵布列塔尼。不过他一直受到军队动员迟缓的困扰，睡眠不足和低烧也令他的身体十分虚弱。8 月 5 日，当查理六世在艳阳下带着随从穿越南面森林时，突然有一人上前抓住他的马鞍，声称他已遭到背叛，并乞求他返回。虽然卫兵随后便将

① 瓦伦蒂娜实际也是路易的表姐。通过这次婚姻路易获得了瓦伦蒂娜母亲，法王让二世之女伊莎贝拉作为嫁妆带到维斯孔蒂家族的法国香槟地区韦尔蒂伯爵领（County of Vertus）。

此人赶走，但法王已颇感不安。随后，一名打瞌睡的侍从不慎将自己的长矛砸到一位同伴的头盔上。这细微的金属碰撞声终于令法王不能自已。认为受到攻击的他突然抽出宝剑疯狂地砍杀身边的随从，试图上前劝阻的图赖讷公爵路易更是被兄长挥着剑追出了丛林。法王完全疯了，他已经认不出任何人。就这样，发泄了一小时后，众人才将筋疲力尽的查理六世从马上拦下，绑在担架上返回勒芒。

▲ 查理六世发疯

从此以后，查理六世患上了相伴一生的精神疾病。他的身体已被击垮，即便有时恢复了意识，他也很虚弱、迟钝，经常被人左右。王叔们指责国王身边的人员纵容其不健康的生活方式。但他们不关心侄子的安危，而是企图攻击、扳倒自己的政敌。很快，王公们便卷土重来。失去了君权的支持，查理六世的近臣亲信们迅速被击败。在巴黎的庄园被没收后，不甘心就范的奥利维耶·德·克利松带着陆军统帅之剑逃往自己西南方的城堡领地，他的职务则由平庸的厄镇伯爵腓力（Philip，Count of Eu）担任。比罗·德·拉里维埃等“小人物”或被逮捕或遭辞退。一些人躲到了图赖讷公爵路易的庇护下，不过王叔们并未将这位年轻而且领地有限的国王至亲放在眼中。贝里和勃艮第开始推行自己的政策，逐渐疏远同米兰的关系。出于本家族的利益，王后巴伐利亚的伊萨博也站到了打压路易的一方。而布列塔尼公爵约翰对法国政府的政治动荡却欢欣鼓舞——他又收到了王叔们的和解信。

查理六世的疯癫和勃艮第公爵腓力的掌权使法国对待英格兰态度进一步软

化。同时,英王理查二世也想进一步摆脱那些给财政增添沉重负担的海峡堡垒——它们每年各自都要花费近 2 万英镑。1393 年底，他把瑟堡卖给了其领主纳瓦拉国王卡洛斯三世。这令那些还抱有通过这些大陆门户向法国发起远骑烧掠之梦的上诉派大贵族们颇有怨言。理查二世还在暗中征募部队。这些主要来自柴郡的士兵更喜欢穿国王——同时也是他们的伯爵领主——的号衣。上面绣有雄鹿徽章，而不是象征英国的圣乔治十字。理查二世越来越不在乎大贵族们的感受。尽管大贵族们对《勒兰盖姆停战协议》及后续谈判颇有怨言，但停战的期限还在不断延长。光明的和谈前景使理查二世可以抽身面对国内事务。1394 年秋季，他甚至组织了约 6000 人的军队亲自远征爱尔兰。这次精心策划的军事行动颇为成功。英国人先运送了大量军需补给到爱尔兰岛，一支舰队阻碍了莱茵斯特地区与外界的交通线，秋季的落叶减弱爱尔兰人在林中的隐蔽效果。与此同时，英军建立起一连串封锁爱尔兰国王阿特·麦克莫拉尔(Art MacMorrough)领地的据点。乘马长弓手从这些基地出发，或者急速袭扰或者有条不紊地蚕食其领土。1395 年初，麦克莫拉尔被迫向理查二世屈服。

而海峡对岸的法国人似乎更热心为英王寻找一位新娘，理查二世的第一任妻子安娜王后已在 1394 年去世。为了打消英王与阿拉贡国王联姻——这将干扰安茹家族在南方的事业——以及同纳瓦拉家族结合的可能性，法国使者主动提出了一个新人选：查理六世的长女伊莎贝拉。虽然公主只有 5 岁，但是她附带的嫁妆可能十分可观，这对理查二世是一个不小的诱惑。1396 年 3 月 9 日，双方达成了协议。伊莎贝拉的嫁妆被确定为 80 万 金法郎——合 13.3 万多英镑。另外还附带有一份长达 28 年的和平协议。在此期间，兴奋的法国人还邀请英王参加他们与德意志邻居们

▲ 理查二世和他的新娘伊莎贝拉

新发起的对抗奥斯曼人的战役。也许理查二世对前往东方作战并无兴趣——只有约1000人的英国部队在冈特的约翰的一个儿子率领下加入远征军——但法国人显然认真地准备了一番。勃艮第公爵腓力的长子，25岁的讷韦尔伯爵约翰（John，Count of Nevers）成为远征军的领导者。陆军统帅厄镇伯爵腓力、海军将军让·德·维埃纳、元帅让·德·布锡考特（Jean de Boucicaut）将协助他指挥。夏季，这支信心满满的大军从东南部出发，打算前去拯救欧洲。

10月底，按照约定，英法两国国王终于在加来南面的平原上会面。理查二世迎娶了还带着玩具娃娃的新娘，他和查理六世一起为和平协议郑重宣誓。看来这一代人已有望享受安宁的生活。双方还约定此后将为最终和解继续谈判。不过，英格兰仍有不少大贵族对此不满。这些人认为国王正竭力巴结法国人，而且在把和平的红利全部装入了自己囊中。

年底，失落的他们多少得到了一点心理安慰。9月25日，以新一代贵族为主导的法军骑兵在尼科堡战役中（Battle of Nicopolis），用向敌人设防阵地发起无畏冲锋的方式再一次展示了他们的过人勇气以及随之而来的灾难性后果。由于这次面对的是比英军更强的奥斯曼军队，未能协同作战的法国人承受了非常惨重的损失：海军将军让·德·维埃纳战死、陆军统帅腓力重伤被俘，最终不治身亡，让·德·布锡考特元帅和讷韦尔伯爵约翰以及大批贵族被俘。

从东方传来的噩耗使英法两国彻底终结了借讨伐奥斯曼人相互合作的可能。很快，谈判的英国使者便发现法方敷衍，无意达成永久和平——显然，法国人内心深处并未认可现在阿基坦的局势，他们打算把机会传给后人。尽管如此，理查二世还是决定继续收缩自己在大陆北方的势力，以便节省开支。他同布列塔尼公爵约翰签订协议出售了布雷斯特。至此，除加来外，英国放弃了位于法国北部的海岸壁垒，显然令英国主战的贵族们异常恼怒。1397年7月，那些返回国内的布雷斯特守军因为丧失了在法国赚取地方贡金的机会，在伦敦街头掀起了一场骚乱。格洛斯特公爵托马斯公开给予他们支持，有传言他还密谋推翻自己的侄子，但他打错了算盘。从妻子嫁妆中获得的巨额收益已使理查二世基本摆脱了对议会补助金的需求，并拥有充足资源网罗羽翼。他决意向兴风作浪者复仇。英王突然下令逮捕格洛斯特公爵、阿伦德尔伯爵理查德·菲查伦以及沃里克伯爵托马斯·德·比彻姆。与此同时，一批新的贵族议院上诉人走上台前，检举被告们在1386—1388年的恶行。当然，这些以理查二世的侄子第三任肯特伯爵托马斯·霍兰（Thomas Holland，3rd Earl of Kent）、第一任萨默塞特伯爵约翰·博福特（John Beaufort，1st Earl of Somerset）、第三任索尔兹伯里伯爵约翰·蒙塔古（John Montagu，3rd Earl of Salisbury）为首的新上诉者几乎都是青年贵族。先前反对阵营中的诺丁汉伯爵托马斯·德·莫布雷、德比伯爵亨利也被拉到此派。最终，9月的“无情议会”取消了对格洛斯特公爵、阿伦德尔伯爵、沃里克伯爵的宽恕。英王的惩罚终于降临到他们头上：格洛斯特公爵被流放至加来并遭谋杀、阿伦德尔伯爵被处决，他的弟弟托马斯·阿伦德尔被流放，沃里克伯爵则死于狱中。

摧毁了自己的反对者后，理查二世开始封赏支持者。德比伯爵亨利被提升为赫里福德公爵、诺丁汉伯爵托马斯·德·莫布雷成为诺福克公爵，其余伯爵也得到晋升。1398年1月，理查二世的胜利似乎得到了巩固，议会授予他终身收取羊毛关税的权力。而且议会的所有权力都被交予一个由他的亲信组成的常务委员会掌握。但英格兰的政局仍暗流涌动，理查二世在用彰显着奢华与威严的宫廷以及专断冷酷的施政手腕，掩盖内心深处的敏感多疑以及对拥有庞大领地和势力的权贵家族的恐惧。他拼命培植、扩大私人势力，以苛刻的手段拔除潜在的威胁。另一方面，英王大规模清洗上诉派贵族并没收其财产和领地的报复行动令国内贵族人心惶惶。14世纪英格兰那种国王和贵族共治的局面已经被破坏。来自王权剥夺一切的威胁使贵族感到政治的不稳定性，他们和君主间已开始出现裂痕。很快，一个意外事件就引起了一场波澜。诺福克公爵在同赫里福德公爵的秘密会谈中透露了自己的想法：他认为理查二世从未真正原谅他们早年的犯上之举，迟早会找机会消灭他们。按照其父冈特的约翰的意见，赫里福德公爵将这次交谈的内容汇报给了理查二世。诺福克公爵随即声称赫里福德公爵在撒谎，并信誓旦旦地要求同赫里福德公爵决斗。理查二世趁机在决斗场上宣布将两人流放。赫里福德的期限是十年，诺福克则是终身。

赫里福德公爵亨利怀着一肚子怨气来到海峡对岸后发现，表面十分欢迎他的法国人实际无意干涉理查二世的种种作为。他们只是希望在两国和平时期，可以在其他方向上有所成就。在14世纪末，经历过14世纪五六十年代残酷战火历练的掌权贵族及老将们能够勉强维持法兰西王国的体面外表。1397年，应热那亚的请求，法国向此地派出了总督，以协助他们对抗米兰公爵吉安·加莱亚佐·维斯孔蒂的威胁。而接任陆军统帅的前元帅路易·德·桑塞尔还在一年后率军攻入富瓦女伯爵伊莎贝拉的领地。伊莎贝拉以富瓦家族的旁支身份继承伯爵之位，但她与比克大领主阿尔尚博·德·格拉伊（Archambaud de Grailly）的联姻使这片领地有倒向英方阵营的危险。桑塞尔的攻势最终迫使她和丈夫在1399年5月放弃了与英国的联盟。

但理查二世已无暇顾及大陆事务了。1399年2月3日，冈特的约翰去世。理查二世并未遵守与约翰的儿子，赫里福德公爵亨利先前许下的，允许亨利在放逐期满后继承约翰可观产业的承诺，他直接没收了兰开斯特家族的领地。亨利开始同流放的托马斯·阿伦德尔联系，图谋夺回自己的祖传产业。5月时理查二世前往爱尔兰给了他们一个好时机。英王为远征发起的强制借贷令国内怨声载道。约克公爵埃德蒙被任命为摄政，他优柔寡断，不是理查二世的坚定支持者，实际管理权掌握在理查二世的数名亲信手中，他们在贵族中的威望显然无法同亨利比肩。

7月4日，亨利带着100—300名追随者在约克郡的亨伯（Humber）登陆，坎特伯雷大主教托马斯·阿伦德尔和侄子，新阿伦德尔伯爵托马斯·菲查伦已加入他的队伍。亨利声称除了收回他的继承产业外，别无他求。于是包括诺森伯兰伯爵亨利·珀西在内的北方贵族们纷纷和新兰开斯特公爵会合，大举南下。摄政在犹豫后，相信了亨利的保证加入了他的军队。

理查二世极不情愿地从爱尔兰返回，于7月22日在米尔福德（Milford）登陆，但大势已去他在犹豫不决中错失了一切机会。他的随从背叛了他，他的军队已经瓦解。理查二世被迫伪装成教士来到康韦（Conway），身边只有13人。8月17日，亨利的使者诺森伯兰伯爵亨利·珀西来到康韦拜见理查二世。他答应为国王及其追随者提供安全保障，换取他们前往弗林特（Flint）会见亨利。但次日理查二世便被逮捕并迅速转交到亨利手中。

叛乱者随即前往伦敦。亨利明白理查二世的报复心理，他随即与同伙以理查二世的名义发布了在9月30日召开议会的法令。但在前一天，理查二世被迫签署退位声明以换取他的个人安全。鉴于理查二世以往对待贵族们的态度，这次罢免很快被议会通过。议会还拟定了33项反对理查二世的指控。现在，王位已空缺，亨利立即挺身坐了上去。议会再一次表示同意。托马斯·阿伦德尔亲自为他戴上了王冠，史称亨利四世（Henry IV of England）。金雀花王朝就以这种不可思议的速度坍塌了。1400年初，废黜的理查二世被新王秘密谋害。随着他一起消失的，还有早已在风中摇曳不止的橄榄枝。

动荡的时代

作为兰开斯特王朝的开创者，博林布鲁克的亨利有一个动荡的童年：1岁时母亲死于瘟疫；幼年时又经常被外出远征的父亲交给众多看护者和教师；在1381年的农民起义中，他死里逃生；之后又不得不同父亲的第二任和第三任妻子生活在一个内廷。不过，亨利长大成人后显得卓尔不群。他是比武大会的常胜者、经验老到的战士——得益于跟父亲征战西班牙以及随条顿骑士在立陶宛作战的经历。他周游了欧洲和地中海，还曾到耶路撒冷朝圣。与理查二世相比，他更擅长与贵族们打交道，在登基时受到了权贵们的拥护。亨利四世接手的是一个财源短缺的政府，虽然议会授予他征收羊毛关税、进口酒税以及吨税（Tunnage）和磅税（Poundage）的权力，但由于贸易总量大幅下降，他的相关收入每年只有3.5万英镑，还不及其祖父全盛时代的1/3。这让亨利四世十分珍视议会的补助金。作为政治交换，他已宣布只在战争及不可避免的急情况下征求这笔补助，议会也借此尽力捂住钱袋——在最初五年，他们只通过了两笔全额及一笔1/3金额的补助金，并竭力强调这不是惯例。

▲ 亨利四世的画像

就算收入拮据，英王也难以有效控制开销。除去作战及防卫加来等海外、边境据点的大笔开销外，亨利四世必须发放大量封赏和赠礼来换取理查二世追随者和自己的支持者。在头两年，他发放或赐予的年金就接近 2.4 万英镑，约占其一年总收益的 1/4。

▲ 欧文·格伦道尔的塑像

1400 年的新王即位实际是推翻暴君专制的冲动性产物，其中有些支持者的初衷甚至只是帮亨利四世恢复兰开斯特公爵领。当这个共同目标消失后，贵族们的支持便变得飘忽不定。现在，他们发现时局无明显改观，甚至比以前更为动荡。北方边境战火复燃，苏格兰人不承认亨利四世为英王，也没有延长停战协议的打算，他们的小股队伍数次入侵英格兰北方。执意让他们对自己履行效忠礼的亨利四世决定出击。1400 年 8 月，他带领 1.3 万人入侵苏格兰，由于后者的避战策略，加之未能攻下爱丁堡城堡，亨利四世无功而返，尾随他进入英国边境的则是活跃的苏格兰骚扰部队。同时，西面威尔士和爱尔兰的独立运动也未停息。9 月 16 日，威尔士贵族欧文·格伦道尔（Owen Glendower）因在同英国贵族争执过程中受到打压而发起了暴动。虽然自称威尔士亲王的他很快因队伍被击垮而逃入森林中，但威尔士人已经被鼓动起来。他们的零星斗争将演变为大规模叛乱。在英格兰境内，理查二世虽已死亡，但关于他尚在人世的传说以及王位正常继承顺序被打乱而引发的混乱同对现状的不满结合起来，酿成一桩桩密谋和反叛，在中下层间广泛传播的改良运动也愈演愈烈。亨利四世将自己后半生的大部分时间和精力都用在了应付这些麻烦上。此刻，还有一件事令他寝食难安——英格兰和法兰西的关系正在逐渐恶化。

亨利四世凭借武力夺得英国王冠的行为，使法国人有充分的理由相信他们与理查二世的一系列和平约定将处于无法履行的危险中。同时代的法国贵族内心也难以认同罢免一位加冕过的国王的行为。虽然亨利四世派往法国宫廷的使者宣布将延续理查二世的停战协定，但他还是感受到了法国人的厌恶之情。法国王室拒不承认亨利四世为英格兰国王，这种戒备还随着亨利四世拖延送还与理查二世结婚的法国公主伊莎贝拉及其嫁妆财产而加剧。拮据的亨利四世希望自己的长子，威尔士亲王蒙茅斯的亨利（Henry of Monmouth, Prince of Wales）或其他英国贵族迎娶伊莎贝拉——

她那笔巨额嫁妆几乎已被挥霍殆尽。当这个计划被法国使者拒绝后，他干脆以抵消法王让二世那笔未缴完赎金为由，拒不归还嫁妆和首饰。

法国政局的不断变化也使两国间的裂痕不断加大。随着查理六世病情的恶化——他精神恍惚的次数正越来越频繁，最高统治权不可避免地落到了最亲近也最精明的王族成员手中。王叔勃艮第公爵腓力便是主宰者之一，但他发现自己的位置并不稳固。国王的胞弟图赖讷公爵路易已经成年，他深得国王宠爱，并试图干扰叔父们推行的政策。腓力因佛兰德领地的缘故而愿意同英格兰维持和平关系，增加经贸收益，甚至愿在教会分裂问题上做出妥协。但作为新生代贵胄和勃艮第公爵的挑战者，图赖讷公爵理所当然反其道而行之。在两位权贵的暗自较量中，法国正一步步迈向战争的边缘。1401 年，法王将吉耶讷公爵（Duke of Guyenne）的头衔授予其子道芬路易。这也许是腓力避免路易染指吉耶讷的一种手段，但火药味很浓。尽管英法双方现在还勉强维持着停战协定，在英吉利海峡的私掠船交火却日趋严重。

实际上，法国咄咄逼人的态势掩盖了其虚弱本质以及内部的巨大危机。整个国家数十年来经济都处于停滞状态。自上世纪 80 年代初的市镇暴乱后，政府近十年的苛政极大抑制了众多北方市镇手工业的活力。在世纪之交，法国又遭受了鼠疫，据说在五年中损失了近 1/4 的人口，这对经济是一个沉重打击。城市死亡率居高不下，乡间也贫困不堪，不少人抛弃田地流落他乡，与之形成鲜明对比的是查理六世那华丽奢侈的宫廷。法王有 45 名宫廷侍从、700—800 名宫廷缙绅以及一大批仆人。他们频繁地张罗布景奢华的宴会、舞会和竞技比赛。人们穿着艳丽的盛装、戴着璀璨的首饰，大肆宴饮玩乐，一掷千金。欧洲各地的贵族商旅也纷纷慕名前来瞻仰巴黎的人间胜景。

在这个烈火烹油的时代，支撑法国宫廷奢侈花销的主要是那些在 13 世纪中期后建立的庞大税收体系。 查理六世统治早期的收入主要来自每年总额近 200 万锂弗的商品税、盐税等间接税以及 1384 年开启的新式人头税——塔兰税，它在 14 世纪 80 年代后期可以带来每年约 100 万锂弗的收益。这些税款存在的借口是与英格兰的战争。但 1389 年停战期开始后，间接税还在继续。人头税虽一度中止，但很快又在 1396 年以较低税率出现。从理论上来说，在世纪之交时，刨去其运转成本，它本应有可观的盈余。但实际上，1399 年后，法国财政就已濒临破产。财政官员不停地抵押借贷，很多债务到期后，他们往往又无法偿还。

颇为讽刺的是，数百年来王室对法国领地进行的血缘渗透及王子分封政策使一批新的地方世家以王室贵胄的身份，在中央占据牢固的位置。他们维护自己的利益时，也像海峡对岸的同僚那样试图分享统治权，广增财源。而国王的间歇性疯癫及其子嗣的幼弱，造成的长时间权力真空无疑加重了灾难。因毫无制约，大贵族的野心也愈发膨胀。他们及其安插在政府机构中的门客大肆挪用王室收益。尽管凭借着父亲和兄长两代法王的帮助，勃艮第公爵腓力已掌握了法国境内辽阔而且最为富裕的封地，但如今他仍从侄子那里领取不菲的年金、王室在他的领地的征税返还款以及特别封赏。腓力是如此的贪婪以至于在其统治后期，每年 50—55 万锂弗的收入中有至少 1/3 来自于王室。这也意味着勃艮第公爵一人每年就截走了法王逾 1/10 的收益。其他贵胄也不甘落后。贝里公爵让一面兼任王室在朗格多克的代理官以自肥，一面从王室挪走大批资金应付他那每年 30 万锂弗的开支。作为国王唯一的胞弟，图赖讷公爵路易认为其封地与自己身份严重不符——当时封地是权贵们政治影响力和地位的主要来源——而且叔父们也未给他留下多少王室津贴。为了同叔父们抗衡，路易专心拓展自己的领地。利用同兄长的特殊关系，他陆续通过各种方式占有布卢瓦、昂古莱姆、瓦卢瓦、库西（Coucy）以及香槟地区的蒂耶里堡（Château-Thierry）、苏瓦松（Soissons）等众多领地，并接管了这些地区的大部分盐税、人头税等税收。最终，王室对他的直接或间接补助接近 41 万锂弗，约占其年收入的 9/10。这种毫无节制的中饱私囊行为迅速破坏了权贵间利益均沾的原则，他们开始相互倾轧。勃艮第公爵发现自己不得不开始同这位极具手腕、肆无忌惮、放浪形骸、信奉巫术的侄子争夺政治主导权。1399 年，趁王公们逃出巴黎躲避瘟疫的机会，路易在御前会议中确立了他的影响。他还用大笔资金拉拢各阶层的盟友，收养门客，对审计法院、商品税收总委员会（Conseil-Général des Aides）等重要政府部门进行渗透。由于“小人物”的前车之鉴，在缺乏王室直接支持及监督的情况下，此时幸存下来的官僚们已非常乐意同王公们，尤其是年轻一代的领头人物沆瀣一气，共挖这座君主政体大厦的墙角，以此为自己换取超额的薪水、津贴与赏赐。作为对叔父政策的反制，路易越来越倾向于开战，因战争而来的高税率意味着更多的利润。他的权力也将因军事指挥得以巩固。同时，这个策略也符合新一代法国贵族的胃口。英格兰的混乱使他们认为自己可以凭战争获得声誉、财富和地位。这些狂妄的年轻人唯一未曾仔细考虑的则是自己的军事能力及战争可能引发的后果。

在海峡对岸，虽然盛怒的英王一度在自己的宫廷中抱怨要同时惩罚法国人和苏格兰人，但司库关于财务的报告和议会的反对令他冷静下来。亨利四世首先要面对的是不列颠岛上的危机。1402年春季，欧文·格伦道尔在一次伏击中俘虏了老对手第三任里辛的格雷男爵雷金纳德（Reginald Grey，3rd Baron Grey de Ruthyn）。接着，他又于6月22日在布林格拉斯战役中（Battle of Bryn Glas）击败并俘获了第五任马奇伯爵埃德蒙[①]的叔父埃德蒙·莫蒂默爵士（Sir Edmund Mortimer）——他是珀西家族继承人热刺的小舅子。英王的疑虑及拒绝援助最终导致莫蒂默与欧文联盟并迎娶了他的女儿。威尔士地区的抵抗事业再度复兴。

▲ 查理六世的胞弟路易接受女编年史作家的献书

正当英王忙着调兵遣将前往威尔士之际，苏格兰第四任道格拉斯伯爵阿奇博尔德（Archibald Douglas，4th Earl of Douglas）也于9月初率领1万名士兵跨过特威德河侵入诺森伯兰。不过，14日，在霍米尔登山（Homildon Hill）不到一小时的交战中，他们被诺森伯兰伯爵亨利·珀西与其子热刺领导的约4500名英格兰士兵轻松击溃。包括道格拉斯伯爵在内，约80名苏格兰贵族被俘。这些人的赎金本可以让珀西家

① 第四任马奇伯爵罗杰·莫蒂默是英王爱德华三世二子克拉伦斯公爵独生女菲莉帕的儿子。因此，理论上马奇伯爵及其后嗣已拥有了仅次于前任英王理查的王位继承权。而罗杰本人的确曾被理查选作自己的继承人，但他不幸于1398年在爱尔兰战死。

族发一笔横财，但英王决心最大限度地利用这次胜利。他坚持将所有苏格兰俘虏释放及交换赎金的处置权掌握在自己手上。珀西家族同亨利四世间出现了裂痕。他们指责英王拖欠保卫前线军队的薪水，而亨利四世也在扶持妹夫威斯特摩兰伯爵拉尔夫·内维尔（Ralph Neville，1st Earl of Westmorland）暗中牵制这个北方世家，并让他取代热刺成为王室在苏格兰城堡的指挥官。珀西家族很快举起了反叛的大旗。1403 年，就在灰心丧气的苏格兰人同英国签订停战协议一个月后，热刺却大举入侵洛锡安（Lothian），并迫使道格拉斯伯爵答应联同他们一起反抗亨利四世。他们还与欧文·格伦道尔接触。在夏季，"热刺"与道格拉斯转向柴郡，试图同威尔士人联合。7 月 9 日，他抵达切斯特（Chester），并诈称理查二世仍活着，国王亨利是个篡位者。热刺的鼓动在这里得到了热烈回应，大批穿着白雄鹿徽章的柴郡弓箭手加入了他的阵营。为了招募更多士兵，热刺随后又声称理查二世的确死了，死于亨利四世的谋杀。现在王位的继承人是 12 岁的第五任马奇伯爵埃德蒙·莫蒂默（Edmund Mortimer，5th Earl of March）。

与此同时，英王的威尔士代理官，16 岁的威尔士亲王亨利已经在什鲁斯伯里（Shrewsbury）建立了总部，不过他的守护人和导师，诺森伯兰伯爵亨利·珀西的弟弟伍斯特伯爵托马斯（Thomas Percy，1st Earl of Worcester）却投奔了侄子热刺。7 月 20 日，在一次强行军后，亨利四世甩开身后的威尔士部队，赶在敌人与亲王接触前加入了他的队伍。次日，英王父子率领部队出现在了什鲁斯伯里北面的战场上。这让带着约 5000 人的珀西叔侄颇为吃惊，他们原本打算抢先击破处于弱势的威尔士亲王部，但如今对方军队人数比自己略多一些。

在毫无结果的谈判后，战术非常接近的两军于接近黄昏时展开了较量。最初的战斗在位于两军前方的长弓手之间爆发。占据较高位置、包含大量柴郡及威尔士人的叛军长弓手似乎压倒了对面的同行。王军一侧的小部分步兵崩溃了，也许他们误认为英王已被弓箭射杀。威尔士亲王亨利面颊也中了一箭。趁着对方阵线混乱之际，热刺和道格拉斯伯爵阿奇博尔德集结起一小股骑兵向英王所在的中军发动突击，也许他们试图用斩首战术获得决定性胜利。叛军的攻势十分猛烈，王旗旗手被砍倒，国王安排的两名与自己服饰相近的影子骑士阵亡。但直至突击行动被大批增援王军阻滞时，叛军仍未够及自己的真正目标。据记载，王军另一翼的威尔士亲王带领部下适时发起反击，他们勇猛地击破面前的敌人，接着奋力压迫叛军的侧后方。双方陷入混战中。一些叛军试图提升士气，他们高喊："亨利·珀西国王！"但热刺已经在重围中阵亡。英王趁机大喊"珀西死了！"未听到回应的叛军随即崩溃。至此，战斗胜负已分，道格拉斯伯爵再度被俘。王军对残兵败将的追击一直持续到夜幕降临。战斗结束时，威尔士亲王才让国王的军医拔出仍嵌在自己上颌中的箭头。

什鲁斯伯里战役的胜利使英王亨利四世得以扑灭其王国中最主要的叛乱，被俘的伍斯特伯爵托马斯·珀西立即被处死，珀西家族遭到重创。消息传到北方后，被威斯特摩兰伯爵拉尔夫·内维尔阻击的诺森伯兰伯爵亨利·珀西只得将责任完全推脱到死去的儿子热刺身上，向国王表示屈服。

但是英王的麻烦远未结束。拖延的威尔士战争吸引了法国人的目光。他们发觉自己很难同亨利四世和平共处。早在1402年，布列塔尼公爵遗孀纳瓦拉的胡安

◀ 什鲁斯伯里战役

娜改嫁亨利四世的行为就已引起不满。[①] 法国人难以容忍英国再度同布列塔尼发生哪怕是名义上的联系。此外，亨利四世保留法国王位宣称权以及同东面德意志诸侯们结盟的做法也令他们异常警觉。法王的胞弟路易——他已经把图赖讷公爵领地置换成了奥尔良公爵领地——干脆借口侄女名誉受到侮辱不断地向亨利四世发出挑衅。到 1403 年秋季，在巴黎的王公们已决定要对英国用兵。老迈的勃艮第公爵腓力也未提出异议，可能他已被两笔 10 万—12 万锂弗的年金收买。法国人拟定了一系列雄心勃勃的计划，但它们的执行却显得相形见绌。年底时，圣波勒伯爵卢森堡的沃尔伦三世（Waleran III of Luxembourg，Count of Saint Pol）已从海上封锁加来并扬言要大举侵入英格兰，但最终他们只是登上怀特岛（Isle of Wight）惊扰了一番本地居民。另一支布列塔尼及诺曼底舰队倒航行到了更远些的位置。1404 年 4 月，他们在达特茅斯（Dartmouth）附近的黑泽沙滩（Blackpool Sands）登陆，随后便被英国的海岸警戒部队赶走，包括主将纪尧姆·迪·沙泰尔在内的约 500 名法军战死在海岸上。纪尧姆的弟弟塔内吉（Tanneguy du Chatel）等 20 余人被俘虏。十余天后，勃艮第公爵腓力在低地小城哈勒（Halle）病逝，享年 62 岁。

勃艮第公爵腓力的去世使法军对加来的围困行动停滞。不过奥尔良公爵路易现在却完全控制了政府并拥有战争的最高指挥权，他已被任命为朗格多克地区的总代理官以及吉耶讷地区的总指挥官。对加斯科涅的远征在夏季展开。波旁公爵的继承人克莱蒙伯爵让带领部队向利摩日西面的边境城堡发起进攻。而波旁家族旁系的拉马什伯爵雅克二世（Jacques II，Count of La Marche）也将渡海增援威尔士。

亨利四世几乎无法应付这些攻击。1404 年的议会仍坚持国王自己有足够的收益，无须征税。并建议他可以减少发放赠予和津贴。但对亨利四世来说，这种拉拢他人支持自己王位的手段是必不可少的。他必须吸取理查二世的教训——理查二世无视议会和权贵并因此付出了代价。英王放弃强迫议会就范，但其代价是财政已接近枯竭，几乎无力给部队支付薪水。

---

① 1396 年，眼见已没有希望扳倒蒙福尔家族的克利松同布列塔尼公爵约翰达成和解。随后，约翰于 1399 年去世。作为王弟路易盟友的奥利维耶·德·克利松成为其 10 岁继承人的摄政。但很快勃艮第公爵腓力便夺过了新任布列塔尼公爵的看护权。

对法国人来说，此时英国政府疲软，是收复西南领地的罕见机会。但他们并未好好把握：数千名法军被铺开在数个方向上，结果一事无成。而拉马什伯爵雅克的部队在达特茅斯登岸后不久便被敌人吓回船上。克莱蒙伯爵让也并未有长期远征的打算。拿下数个据点后，他几乎在无所作为中度过了1404年的剩余时光。另一个重要因素可能在于奥尔良公爵路易本身。路易贪婪成性，处理军务时又多变、缺乏恒心。他掌控着最高权力，却几乎毫无躬身主持的兴趣。更有甚者，他还挪用了大批军费修建自己的城堡庄园。

当然，奥尔良公爵路易这种恣意妄为的日子并不能持续多久。很快，在东北面就出现了一位十分难缠的宿敌。此人便是路易的堂兄，新任勃艮第公爵约翰一世（John I，Duke of Burgundy）。约翰是这一代鸢尾贵胄中最具政治与管理才能的人，同时亦是最出众的军事统帅。他慧眼识人，并对部属盟友有着极强的号召力。但约翰本质上和路易是一丘之貉：他们都是贪得无厌、垂涎王室的财富及统治权的权贵。相比路易，约翰更加狭隘、专断、冷酷、残暴，毫无顾忌。而勃艮第家族庞大的领地与产业也将带来众多的追随者。法国政局很快就会出现翻天覆地的变化。

借由前任公爵腓力的安排，勃艮第公爵约翰的女儿玛格丽特已和8岁的道芬路易订婚，这确保了勃艮第家族在宫廷中的地位。1405年，约翰正式开始插手王室政事。因战争征收的重税以其低效的运用引发了法国国内广泛的不满，他站出来反对当年的人头税，但奥尔良公爵路易已决定要扩大这次夏季作战军队的规模：受路易举荐接替路易·德·桑塞尔陆军统帅职务的夏尔·德·阿尔布雷（Charles d'Albret）从东北面攻入阿基坦。克莱蒙伯爵让沿多尔多涅河进击，一支卡斯蒂利亚舰队也将前来协助，同时将再派遣部队前往威尔士。路易的盟友阿马尼亚克伯爵贝尔纳则从南面出击。

▲ 勃艮第公爵约翰

1405年的形势对法国人仍十分有利：心怀旧怨的诺森伯兰伯爵亨利·珀西又开始同埃德蒙·莫蒂默爵士、欧文·格伦道尔以及约克大主教理查德·斯克罗普（Richard Scrope，Archbishop of York）建立反英王联盟。不过这些反对者未能有效配合行动，英王的第三子兰开斯特的约翰同威斯特摩兰伯爵拉尔夫·内维尔一起迅速击溃了斯克罗普临时召集的部众并将斯克罗普俘虏。但亨利四世的精力已被严重牵制。他必须先集中力量摧垮珀西家族在北方的势力和领地，因此英格兰只派出一支数百人的部队支援波尔多。

但法国人再一次浪费了这个时机。8月中旬，勃艮第公爵约翰做出了一个惊人的举动。他集结起队伍，从阿拉斯向巴黎进军。猝不及防的王公们纷纷逃离首都，约翰却趁乱在塞纳河畔追上了转移途中的道芬路易一行人，强行把8岁的小女婿拐回巴黎。一群武装市民护送着他们前往王宫，此时，勃艮第公爵反对苛税，要求改革政府的姿态已经赢得他们的拥护，在今后很长一段时间内，他们都是约翰的得力工具。缓过神来的奥尔良公爵路易和盟友们只得征募士兵，从前线抽调回部队，准备同勃艮第公爵对抗。

法国最高层的公开分裂使战事再一次陷入停顿。尽管法军在西南方攻克了大量城堡据点，但是他们仍无法撼动波尔多周边地区。很快，陆军统帅等指挥官也离开各自的指挥前线前往北方。此外，在夏季登陆威尔士增援欧文·格伦道尔的法军部队也发现虽然友军人数众多，但他们既不能与装备精良的英军会战，也无法攻取境内南部沿岸的敌方堡垒，建立与大陆相连的补给渠道，更不用说向英格兰腹地进军了。很快，法国人的大批舰只也被英国海军摧毁。当英王亨利四世扫平北方反叛家族的势力，迫使诺森伯兰伯爵亨利·珀西逃往苏格兰后，他的主力也调转头来对付威尔士和剩余的法军。至此，这次跨海援助计划又一次陷入失败境地。

到1405年10月，因武装对峙耗尽各自资源的勃艮第和奥尔良党派终于决定妥协。虽然勃艮第公约翰爵恢复了自其父去世以来几乎中止的赏赐和津贴，但除此之外，他很难再进一步。实际上，奥尔良公爵路易的门客、盟友、代理人已充斥政府，这令他很难截取王室的收益。此外，约翰减少津贴、缩减薪水、裁汰冗余等改革主张也受到了既得利益者们的强烈抵制。也许时人认为，让两位权贵分头出击是避免他们矛盾激化的一个权宜之计。因此在1406年夏季，认为收复加斯科涅战役接近收尾阶段的法国政府决定再度加码，这一次路易将亲自指挥。同时，作为对允许司库将资源输向西南前线的交换，约翰获得了征服加来的指挥权。

自觉大难临头的波尔多人在写给英王的信件中称："我们处在失败的边缘。"随后，他们又在另一封信中指责英王抛弃了自己的臣民。实际上，波尔多人过于悲观。牢固的城防将志大才疏的奥尔良公爵路易挡在外面，寒风、大雨以及饥饿折磨着法国的军队，路易甚至都未能拿下布莱耶。12 月底，波尔多的舰队成功击溃了一支载着补给的法军舰队。这成为压垮法军信心的最后一根稻草。约 20 天后，路易终于放弃围困，签订了一项停战协议。至此，四年的加斯科涅战争将法国的色厉内荏暴露无遗。

对于英王亨利四世来说，1406 年已渐渐成为他时运的拐点。3 月中旬，英国私掠船成功地拦截了一艘从北贝里克（North Berwick）出发的商船。他们俘获了一个重要的战利品——被父亲安排前往法国接受教育的 12 岁苏格兰王子，王国的继承者詹姆斯。亨利四世决心将这位贵客留在英格兰细心照料。消息传出，詹姆斯的父亲，69 岁的苏格兰国王罗伯特三世承受不了打击，猝然离世。于是苏格兰人的国王成了英国的人质。同时，在威尔士亲王亨利的经济封锁和依靠境内堡垒的步步进逼下，欧文·格伦道尔的威尔士反抗事业已失去了成功的希望。尽管起义还延续了近十年，但它的影响已急剧下降。而在加来，兴师动众却一无所获的勃艮第公爵约翰也在年底终止了战役。作为与英国有密切经济联系的法国权贵，他将开始与英国人尝试另一种交往方式。随着一系列战斗的结束，英法双方的攻守形势逐渐逆转。

1407 年夏季，英国特使前往巴黎。法国被迫重新回到和平谈判桌前。法国内部被战争掩盖的矛盾现在已无法缓和。11 月 23 日晚，勃艮第公爵约翰买通的杀手们在巴黎突然将路过的奥尔良公爵路易及数名随从围住。混战中，路易被拉下骡子，他的右手被砍断，"以防止他施放黑暗巫术"。尽管一名仆人试图用自己的身体护住主子，但路易的头脑仍被重击，脑浆流了一地，当场一命呜呼。

具有讽刺意味的是，数天前勃艮第公爵约翰才和路易达成和解。约翰很难咽下路易在政府中排挤勃艮第派系的恶气，不过他又不敢与奥尔良支持者公开决裂，于是继续演戏。他参加了路易的葬礼，并表现出极大的悲伤。但是王室的巴黎总督等调查人员很快发现了勃艮第府邸与谋杀者有联系的线索。25 日，沉不住气的约翰秘密向贝里公爵让和安茹公爵路易吐露了实情。震惊之余，两位公爵建议他立即离开。不过，第二天约翰又若无其事地来到御前会议会场。无法容忍的贝里公爵终于将他赶了出去，并向与会者通告实情。于是约翰被迫带着数名随从骑马冲出巴黎，逃往低地。一群悲愤的奥尔良侍从在他身后追逐了很久才悻悻而归。

▼ 奥尔良的路易被刺

就像上个世纪卡洛斯二世兴风作浪的时代一样，奥尔良公爵路易被刺事件再次将法国拖入一场内忧外患的漩涡中，由于勃艮第公爵约翰具有比卡洛斯二世更多的领地和资源，此次灾祸引发的苦难也越发深重和漫长。不过，对英王亨利四世来说，这是一个喜讯，他再也不用考虑来自南方的外敌入侵和敌人支援国内叛乱的可能性了。流浪在外的诺森伯兰伯爵亨利·珀西曾到法国宫廷乞求援助，但一无所获。1408 年初，他孤注一掷，从苏格兰侵入英国。但这种引狼入室的行为，使这位曾经显赫一时的北方权贵便再也无法召集人手为自己作战了。他率领的是一支数百到千余人的军队。这是一场毫无希望的叛乱。甚至在亨利四世御驾亲征加入战斗前的 2 月 19 日，约克郡郡长便用临时召集的驻军和长弓手在布拉默姆沼泽（Bramham Moor）击溃了这支叛军。诺森伯兰伯爵兵败身亡，其首级被陈列于伦敦桥上。这场战斗标志着英格兰境内主要叛乱的终结。在长达九年的密谋、暴动、反叛、海外入侵、财政危机的威胁下，兰开斯特王朝奇迹般地存活了下来。除了向议会和权贵妥协外，另一个代价是英王本人的健康。1408 年开始，他的病已严重影响他的工作。一个由威尔士亲王亨利主持的政务会议开始协助亨利四世处理政事。现在，他们可以谨慎地观赏正在海峡对岸上演的同室操戈闹剧。

勃艮第公爵约翰通过暗杀已成功剪除了一群潜在竞争对手的领袖。新任奥尔良公爵查理（Charles I，Duke of Orléans）是一名 13 岁的孩童。尽管他迎娶了法国公主伊莎贝拉，但奥尔良家族仍失去了那些交给前任公爵终身享有的封地，查理父亲生前一手打造的联盟也开始涣散。巴黎的权力落到了老迈的贝里公爵让及软弱的安茹公爵路易手中。虽然他们曾是奥尔良公爵路易的盟友，但均是平庸之辈。王公贵族们对约翰乾纲独断的野心颇为反感，但又对内战心有余悸。约翰看透了他们的无能，眼见并没有一场惩罚性战争追上门来，他决定主动出击。1408 年 2 月中旬，约翰不顾王室禁令再度带领军队从阿拉斯出发，在月底强行进入首都，并派巴黎大学的神学博士让·珀蒂（Jean Petit）为自己辩护。让·珀蒂历数奥尔良公爵路易的斑斑劣迹，甚至将其夸大为一个意欲放逐王后、谋害国王父子，谋取王冠的僭主，并声称每人均有权为了维护公共利益刺杀僭主，因此国王应该给予勃艮第公爵奖励。这份颠倒黑白的辩护引起王公贵族乃至王后的震怒。但巴黎民众支持约翰，他们认为这位老爷能够为法国减轻税负、带来公正。

但勃艮第公爵约翰很快便离开了自己的支持者。当年 7 月，他离开巴黎前去增援低地的盟友巴伐利亚 - 施特劳宾家族。奥尔良公爵路易的盟友列日市民已群起反对统治者——巴伐利亚家族的幼子约翰。他们围攻了东北面的马斯特里赫特（Maastricht），给其家族带来不小的麻烦。趁着勃艮第公爵北上的机会，法国王公们接管了御前会议和政府的权力，并开始声讨勃艮第公爵。不过好景不长，9 月 23 日，约翰带着 8000 名勃艮第军队和妹夫，巴伐利亚 - 施特劳宾家族的埃诺伯爵威廉六世（William VI of Hainaut）在奥泰战役中（Battle of Othée）以布置弓弩手在下马骑兵方阵两翼射击，再用小股骑兵迂回至后方发起冲锋的战术，大破人数多于自己的列日民兵队伍。这场战役不仅使约翰获得了一个“无情者”的绰号，也令奥尔良派的抵抗归于毁灭。他们带着国王逃到卢瓦尔河流域。11 月底，约翰再度回师占领巴黎。他的政敌群龙无首，被迫在 1409 年 1 月和解。国王又被送回巴黎。约翰开始打着惩治腐败的旗号审查账目、选汰官吏。勃艮第的改革并未解决王国的乱象。王公们安插在政府内的门客、随从及代理人纷纷被赶走的同时，大批赏赐和津贴却进了约翰的钱包。他似乎毫不在意哪怕是表面的均衡。

在勃艮第公爵约翰的轮番刺激下，权贵间的内战终于不可避免。1410 年初，王公们纷纷离开巴黎。新任奥尔良公爵查理与克莱蒙伯爵——他在不久后成为新一任波旁公爵让（Jean I, Duke of Bourbon）、阿马尼亚克伯爵贝尔纳、阿朗松伯爵让渐渐靠拢。4 月 15 日，他们建立了军事同盟。三天后，奥尔良公爵与阿马尼亚克伯爵的17岁女儿邦内订婚——伊莎贝拉公主已在1年前死于难产——阿马尼亚克则成为奥尔良军队的主要指挥者之一。于是，这派贵族获得了一个新绰号"阿马尼亚克党"。而年轻的新任布列塔尼公爵约翰五世（John V, Duke of Brittany）此时已显露了自己的政治策略——他派二弟里什蒙伯爵阿蒂尔（Arthur, Count of Richemont）联合阿马尼亚克党派以履行先前的承诺，另外又派三弟吉勒（Gilles of Brittany）加入勃艮第公爵的阵营以应付后者的拉拢。

▲ 波旁公爵让

8月底，阿马尼亚克联军从图尔（Tours）向巴黎进军，内战正式爆发。战火很快就烧到了法国的核心地带。不过进攻者发现他们不能深入塞纳河北岸，更无力占领巴黎。尽管如此，因冬季到来及资金匮乏导致的短暂休战并不能扑灭各自的怨气。1411年后，战端再起。这次阿马尼亚克动员了约1万人的军队，他们向东北面的皮卡第地区进发，试图一举切断巴黎与勃艮第公爵约翰老巢低地的联系。哈姆（Ham）、鲁瓦（Roye）以及蒙迪迪耶（Montdidier）等大批王室城镇均被他们占领。而为了尽快压倒对手，双方都派遣人员前往英国，请求这个昔日宿敌给予自己军事援助。

亨利四世并没有加入这场混战的兴趣。他在北方的主要敌人苏格兰仍未放弃敌意。像以往一样，道格拉斯伯爵阿奇博尔德和奥尔巴尼公爵罗伯特·斯图尔特（Robert Stewart, Duke of Albany）等苏格兰大贵族并不在乎自己国王的安危，他们的部下仍频频攻击英国人的城堡。同时，在威尔士的驻军也耗费着并不宽裕的财政。英王本人已经被病魔抽干了精力，他更希望达成一项长期和平。不过法国人很快就在他的宫廷中发现年轻的威尔士亲王亨利对派兵前往大陆很感兴趣。这位精力充沛、生活放荡、深得伦敦平民拥护的王位继承人并不打算掩饰自己接管统治权的野心。亲王很快就对勃艮第派表现出了更浓厚的兴趣。在他的推动下，30岁的第十二任阿伦德尔伯爵托马斯·菲查伦（Thomas FitzAlan，12th Earl of Arundel）带着2000人在9月动身前去加入勃艮第公爵约翰的队伍。

于是，借由着勃艮第公爵约翰的开门揖盗，英军在15世纪第一次从加来进入法兰西岛的核心区域。勾结外敌的举动让约翰遭到了对手在道义上的猛烈抨击。不过，凭借着勃艮第攻城火炮的帮助，逾1万人的英勃联军同数千名巴黎守军里应外合，在10月迅速击破了阿马尼亚克王公们对巴黎的围困，后者被迫退往埃唐普（étampes）。冬季即将到来，阿马尼亚克党派已难以维持当年的攻势。他们只得惆怅地带着部队返回各自地盘。但约翰决定乘胜追击，占领王公们的封地，斩草除根。他拉拢了正在观望的安茹公爵路易，颁布了总动员令。勃艮第封臣们与王室官员分头向香槟、皮卡第、博斯平原、阿朗松以及朗格多克等地区的敌对势力发起攻击。而约翰则亲自裹挟王室攻取伯父贝里公爵让领地的首府布尔日（Bourges）。濒临绝境的阿马尼亚克王公们开始孤注一掷。1412年，他们再度向英国遣使乞求军事援助。这次，阿马尼亚克答应的条件远超勃艮第的提价——约翰打算让他的小女儿安娜与威尔士亲王亨利结婚，而王公们的价码是归还所有曾割让给爱德华三世的领地。南方领主还将因持有传统阿基坦境内领地向他效忠。贝里公爵和奥尔良公爵查理在普瓦图及昂古莱姆地区内持有的领地也将在去世后还给英国王室。这几乎就是这两代英国人数十年来的梦想。英王亨利四世对此十分满意，他已将与自己争夺统治权的威尔士亲王赶离了核心。去年阿伦德尔伯爵托马斯·菲查伦的经历已证实了亲王与勃艮第公爵的合作没有任何有效收益——除了作为雇佣军领到的一点薪水——鉴于亨利四世已难以亲自指挥军旅，他的次子兰开斯特的托马斯受命成为这次远征的军事主帅，带领部队渡海履约。

事实证明，法国人不会轻易让出阿基坦。1412年8月10日，兰开斯特的托马斯率领约7000名英军在科唐坦半岛北端的圣瓦斯特-拉乌格（Saint-Vaast-la-Hougue）登陆时，阿马尼亚克派与勃艮第公爵约翰已再度和解了。约翰的布尔日围攻战并不顺利，他的补给线受到敌人的威胁。夏季的炙烤使军中瘟疫流行，包括布列塔尼的吉勒在内的一大批将士都染病身亡。大批应国王征召而来的人也不愿苦战，他们反而对约翰挟持国王的行径感到厌恶。不满及期望迅速结束战争的意愿与英军即将登陆的消息结合在一起，让约翰蒙受了巨大的压力。最终，和解的呼声在双方阵营中压倒了一切。7月16日，按照双方谈判的结果，贝里公爵让向道芬路易递交城市钥匙，随后国王颁布法令废除了阿马尼亚克王公们与英国人签署的协议。这是约翰掌权以来遭遇的重要挫折。他不得不跟着王室，与政敌相伴前往欧塞尔。在那里，王室召开了大咨议会，并决定敦促他与奥尔良公爵查理握手言和，并归还奥尔良等家族被没收的财产。

▲ 亨利四世的塑像

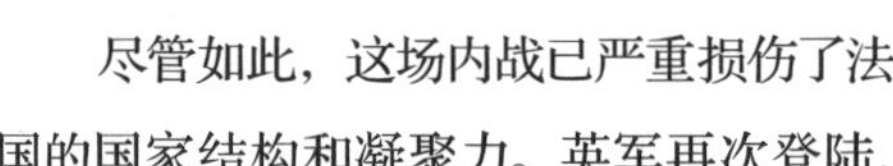

尽管如此，这场内战已严重损伤了法国的国家结构和凝聚力。英军再次登陆，潘多拉魔盒已被打开。行动伊始，他们便受到了意欲恢复自己被占封地的阿朗松伯爵让的接应。当欧塞尔法令传来后,阿朗松伯爵退出了战事,但英军不可能受到约束。毁约后，他们的行动已经转变成一场大规模的远骑烧掠。兰开斯特的托马斯带着部下从安茹继续南下，渡过卢瓦尔河，一路大肆抢掠如入无人之境。法国各派贵族不愿与之交手。阿马尼亚克王公们答应将缴纳巨额赔款后，托马斯才退出法国领地。12月11日，英军满载赃物返回波尔多。他们的这场远征虽然没有按期望收复故土，但将法国的无能暴露无遗。如果说数年前法国看起来还像一个可怕的巨人，那么如今它已化作一堆诱人的案上鱼肉。即使在托马斯驻于加斯科涅时，奥尔良公爵查理和阿马尼亚克伯爵贝尔纳也毫不介意与他签订了私人攻守同盟。显然法国贵族间的怨仇并未消弭。而英军对加斯科涅周边地区的攻势也逐渐展开。

1413年春季，兰开斯特的托马斯带着部分军队返回英国本土。他的随行人员中包括一名奥尔良家族成员，因为公爵查理的钱袋早已在战争中耗尽，无法缴纳赎金的他只得将三弟昂古莱姆伯爵让（Jean，Count of Angoulême）交给英国人充当人质。不过，托马斯已没有机会同父亲详细讨论这次军事行动的得失了。3月20日，英王亨利四世在威斯敏斯特修道院病逝。这位平凡的君主在其统治的14年内并未取得令人瞩目的伟业，但他将毕生的心血都花在了维护英格兰的稳定和巩固新王室的基业上。随着他的去世，英格兰的历史也将翻开新的一页。

重启战争

1413 年 4 月 9 日，威尔士亲王亨利戴上了那顶令他梦寐以求的王冠，这标志着枝繁叶茂的兰开斯特王朝步入全盛时期。被称为亨利五世（Henry V of England）的新君时年 26 岁，高挑、修长而且身体强健。他的三位弟弟：托马斯、约翰、汉弗莱，皆是才华出众的忠心贵胄。由冈特的约翰第三次婚姻衍生下来的一大批旁支亲族也在拱卫王室。加冕后，这位高傲、冷酷、野心勃勃、意志坚定的国王向议会和权贵们保证自己将公正统治并弥合分歧。他释放了被囚禁的马奇伯爵埃德蒙·莫蒂默，并勒令自己曾经的部属和私人朋友，涉嫌怀有罗拉德派思想倾向的约翰·奥尔德卡斯尔爵士（Sir John Oldcastle）接受审讯。但奥尔德卡斯尔很快就从伦敦塔中逃出，并拟定了一个劫持、控制国王的起义计划。然而愤世嫉俗的罗拉德派很难吸引到英格兰上层人士。来年 1 月，奥尔德卡斯尔那支数百人的队伍惨遭镇压，他本人不得不过起了逃亡生活。插曲过后，英格兰贵族们的视线投向了海外。这是一个朝气蓬勃的时代。那些一直追随亨利五世作战的英格兰青年高层贵族们对海外冒险事业的态度并不像前辈们那么保守。北方及威尔士战争让他们的军事能力得到充分锻炼，两年来在大陆的战争经历也激起了他们的热情和雄心。显然，他们不会介意将自己那股涌动的能量从英伦岛屿上释放出去。

法国正越来越有成为这股能量接收地的倾向。欧塞尔法令并没有成为结束国家分裂的起点。当王公们同国王和道芬路易返回巴黎后，他们发现自己的府邸已遭到被勃艮第公爵约翰挑动的民众的洗劫破坏。政府内部充斥着约翰的亲信门客，归还敌对派系财产的工作久拖不决。从未有主动与政敌言和习惯的约翰早已另辟蹊径：他很早就得到了巴黎屠宰业及皮革制衣等行会领导者的支持。而首都的日常事务是由巴黎总督等一小批政府官员和巴黎商会会长等大批上层市民代表联合管理，这种

▲ 年轻时代的亨利五世

▲ 亨利五世

高度自治给约翰留下了很大的权力空间。自约翰控制政府以来，巴黎就从未逃脱战争的阴霾，征收的税赋也早已超出了15世纪初，这不禁令人怀疑以屠夫西蒙·卡博什（Simon Caboche）等人为首的民众领导者追随约翰的真实动机。在随后的三级会议上，约翰更是巧妙地引导那些指责政府腐败无能的人，将责任全部推给了阿马尼亚克党派。巴黎街头的怨气再次被鼓噪起来。清洗政府人员的所谓改革举措迅速推进，甚至波及约翰先前的一些盟友。不少贵族开始逃离此地。另一部分人则规劝道芬路易亲自接管政府。这位略微发胖、喜欢饮宴、细心敏锐的年轻王子也不介意限制同自己在政见上分歧的岳父。但他与谋臣们商定的计划执行起来却非常糟糕。1414年4月27日，试图将国王移出城外的巴黎总督及其部众很快便被市民发觉并遭到围堵。于是巴黎人再度兴奋起来。第二天，屠夫们鼓动数千民众发起暴动，冲入道芬的居所，逮捕他的侍从及谋臣。随后，王子被民众送入圣波勒宫监视。他们逼迫他穿起象征革命的白色风帽，呵斥他的懒散，援引前奥尔良公爵路易的下场恐吓他，并威胁要剥夺他的继承权。道芬被迫召回之前赶出去的勃艮第官员。

▲ 卡博什暴动

勃艮第公爵约翰似乎很喜欢围观这些充斥着激情的场面。逮捕正在扩大，大批与掌权者有隙的人，无论派系都沦为了牺牲品，他们的财产则被收入逮捕者囊中。事件的最高潮发生在5月22日。当日王后伊萨博的兄长巴伐利亚公爵路易七世正在举行婚礼，大批卡博什分子突然闯入，声称要清除那些“令鸢尾花窒息的杂草”。在场王公贵族皆不敢作声。只有王后竭力反对，主张至少应该将婚礼进行完毕。但回应她的只是道芬路易的抽泣。最终，武装民众押走了新郎以及王后和道芬的大批内廷人员以及王后的一些侍女。他们将部分贵族关在罗浮宫（Louvre）。

当王室屈服后，巴黎的统治者推出了一份改革宣言。这份宣言历数了以往的种种弊政，决心裁并机构，第一次将国家财政以及商品税交付给一个统一的政府部门运作，同时限制政府各级职员的薪水，并限制了利用王室领地及征税收益进行的封赏，试图对大贵族截留领地上商品税的行为加以控制。27日，高等法院登记了这份切中时弊的“卡博什法令”。它是整场卡博什革命中为数不多的一抹亮色。

然而令人遗憾的是，这份饱含学者以及第三等级中明智人士心血的法令，是从一场交织着极端和暴力的混乱中产生的，在颁发时就与一位惯于剽掠国家的权贵紧密相连，因而沦为了排斥异己和争权夺利的工具。在西南面英军留守部队从边境频频发起袭击、攻城略地的同时，巴黎的诸多政府机构却因不断被清洗而瘫痪。对于囚犯的审判仍在继续，包括巴黎总督、道芬谋臣在内的大批与约翰政见相异者被处决，还有一些被蓄意污蔑、栽赃的无辜人员也沦为牺牲品。卫兵们在街头巡逻，人们不是相互指责揭发就是躲藏起来。巴黎的秩序已经荡然无存。

暴乱之初，阿马尼亚克派贵族们就已逃出首都。现在他们对英军在加斯科涅边境的进攻袖手旁观，专心等待勃艮第事业的崩塌。屠夫们的肆意妄为使事态失去控制，勃艮第公爵约翰已成了孤家寡人。与此同时，他的对手却收到了道芬路易的求救密信。阿马尼亚克派开始集结队伍向首都进发。盛夏时，他们的连队已经在巴黎周边出没。而各城区的市镇机构也厌倦了这场斗争。他们开始倾向于通过和谈解决问题。阿马尼亚克派要求结束暴力、切实履行《欧塞尔和约》、允许他们的人员进入御前会议，否则他们就要从巴黎人手中夺回国王。除了西蒙·卡博什等一小批拒绝协议的强硬者外，约翰众叛亲离，绝大部分市区均同意条约。8 月 3 日，道芬趁机宣布将批准条约，并开始从卡博什分子手中夺取街道的控制权。在大批市民的簇拥下，他马上来到罗浮宫释放了巴尔公爵爱德华三世和巴伐利亚公爵路易。卡博什革命就此崩溃。那份短命的法令被废除，政府中他们的支持者被解职。卡博什等领导者也纷纷逃出首都。仍不死心的勃艮第公爵在 23 日还做了最后努力，他试图带着国王前往万塞讷林苑“放鹰打猎”。这场劫持被制止后，他才转身逃往低地。

随后一个月内，阿马尼亚克派王公贵族们进入巴黎，并控制了政府。约翰曾经的盟友安茹公爵已路易已被拉拢到他们这边。安茹公爵长子、安茹家族的继承人路易与勃艮第的凯瑟琳的婚约被取消。作为新联盟的保证，安茹的玛丽将同王室最小的王子查理订婚。与此同时，为了挽回先前勾结外敌所造成的不良影响，阿马尼亚克派政府开始对英国强硬，波旁公爵让前往圣通日和普瓦图驱逐肆虐的英军。在秋冬季同英国展开，一直延续到 1414 年初的系列谈判中，他们故意拖延、回避割让土地的问题，只应允了一项王室联姻——查理六世的女儿法国公主凯瑟琳嫁给亨利五世，他们希望以此抚慰对方，以获得长期和平。

但英国人的反应冷淡，法国使者们只获得了一个截止到 1415 年 2 月的休战协定。法国人明显低估了英王的胃口，勃艮第同阿马尼亚克党派间的内讧已经使法国重现了上个世纪 50 年代的那种动荡和喧嚣，像他的曾祖父一样，亨利五世绝不会放弃这些机会。而随着对手越来越虚弱，他的野心逐渐从《布雷蒂尼和约》割让领土扩大到包含诺曼底公爵领地，隐隐有恢复安茹帝国之势。历史不断证明法国王权不会放弃那些独立封地，那么只有利用时机极大地削弱甚至瓦解王室，才能确保英国领地的安全。亨利五世已经找到了一个理想的工具——勃艮第公爵约翰。甚至在即位以前，他就开始了撬动公爵的尝试。

勃艮第公爵约翰仍十分怀念在巴黎呼风唤雨的日子。他把1413年剩余的时间都花在了与政敌们沟通，试图重返宫廷的谈判中。公爵的愿望是如此的热切，以至于当对方不愿遵从自己的意愿时，他又宣称道芬路易向自己发来了求救密信，并于1414年1月底再度发动了向巴黎的武装进军。约翰已雄风不再，尽管巴黎仍有不少人反对阿马尼亚克派，但他的5000人军队仍无法撼动巴黎的城防。当王室被挟持的谣言破灭后，勃艮第军队只得打道回府。这场历时不足一月的远征的唯一结果就是巴黎当局宣布约翰为叛国者，并决心要兴师问罪。

于是1414年春季，勃艮第公爵约翰为自己招惹来了近2.5万名王军，而他的财政捉襟见肘，封臣也不愿响应号召对抗亲征的国王。已顾不上舆论和原则的约翰迅速接过了英王抛来的绣球。5月前后，他的使者已开始在同英国商讨合作协议。勃艮第人希望共同出兵拯救法国王室，并在击破阿马尼亚克党派后平分收益。亨利五世始终认为应该利用勃艮第派瓦解法兰西王国，但他并不急于逼迫约翰投怀送抱。英王一步步诱导勃艮第使者，暗示他们应该彻底摒弃瓦卢瓦王朝。尽管这个方案大胆到令勃艮第人当场退缩，但他们并未终止接触。双方已决心相互利用

与此同时，英王还做出向阿马尼亚克党派要价的姿态。不过留守巴黎的贝里公爵让只打算让出部分西南领地，并借口国王外出回避了附属的最高主权问题。也许贝里公爵的拖延是为了争取时间。7月底，他的盟友们终于攻至阿拉斯城下。勃艮第派将领卢森堡-利尼（Luxembourg-Ligny）家族的卢森堡的约翰（John of Luxembourg）负责城市的守卫。如果攻克此地，阿图瓦伯爵领将难以保全，法军也将获得向低地进击的一个重要基地。但卢森堡的约翰展现了自己的军事素质，他率领约2000名守军抵抗了近一个月。勃艮第公爵约翰正在同英国谈判的消息已经广为人知。据传，勃艮第公爵已暗示将会在英王进攻法王的领地时保持沉默。而情报显示英王也在进行着战争准备工作。一个英勃联盟或者是单纯的英国的攻势可能就已足够使补给渐渐困难的法军寝食难安了。虽然奥尔良、波旁等阿马尼亚克党派仍力主攻下此城，严惩对手，但道芬路易力排众议，同勃艮第公爵达成停战。实际上道芬也不希望对岳父逼迫太甚，以便借勃艮第公爵平衡这些王公叔伯的影响，削弱他们对宫廷的控制。勃艮第公爵最终化险为夷，几乎没有实质性损失，他只需交出在诺曼底及中部持有的数处据点，让法军在表面上占领阿拉斯，然后静待其退兵即可。

当然，勃艮第公爵仍不能自由前往宫廷，他必须得有国王的传召令，而且要通过王后、道芬以及御前会议认可，并加盖国玺。9月初，在阿马尼亚克王公们的愤怒和不甘中，一片混乱的惩罚大军迅速解散，远征亦草草结束。

尽管法国的内战再一次被抑制，但政府面临的严峻形势却几乎未有缓解。通过数年来的一系列事件，英王已经看穿了他们的外强中干。亨利五世从未对双方的交涉结果抱有任何期待，他对长期和平并不感兴趣。谈判只是他向臣民展现法国人的虚伪、顽固及鼓动战争的一种手段。尽管起初一些并不期待战争的贵族和缙绅代表们，在9月30日召开的大咨议会上觉得亨利五世对法国人的一系列要求过于夸张，他们中的部分人甚至提议再度派使团前往法国交涉弥补国王名誉和权利上受到的损害。但一个多月后，平民议院通过了双份补助金。它们将在1415年2月及1416年2月分别收取。议院们曾强调在外交资源耗尽之前不应发生冲突，但实际上君命难违，而且至少加斯科涅的最高主权问题就是谈判中一道迈不过去的坎。

而亨利五世的对手似乎仍手忙脚乱，虽然路易已接管了财政管理权，但阿拉斯的撤兵使他同阿马尼亚克党中的激进派关系趋于紧张。道芬路易竭力通过收买、拉拢来分化潜在的威胁。于是，阿朗松伯爵让被提升至公爵，布列塔尼公爵约翰之弟，里什蒙伯爵阿蒂尔也被拉入他的扈从队伍当中，内廷中另一位布列塔尼人塔内吉·迪 ·沙泰尔则被提名为巴黎总督。这激起了一片纷乱和反对。直到4月底，道芬才通过一系列手腕拿回了对政府的控制权。但时间已经不多了。他的岳父仍躲在家中生闷气，并扬言不答应自己的条件则不会在外敌入侵时动员一兵一卒。英王现在也只愿意每隔数月延长一次停战协议，这明显是为他正准备着的大规模远征作掩护。4月17日，亨利五世的三弟，贝德福德公爵约翰（John，1st Duke of Bedford）被任命为国王外出时的摄政。次日，英王向愿意跟随自己的贵族士绅们宣布外出时间应该是一年。6月18日，亨利五世离开伦敦，前往南安普敦。按照规划，他的部下约有1.2万人，各类工匠、军械制造者、医师等随行人员则超过了1.5万人。其兵势之盛，或许只有上世纪爱德华三世时代那几次著名的远征才能比肩。他们将于下个月完成集结，在8月扬帆出海。

法国政府还在为避战做着几近绝望的努力。7月2日，他们的使团在温切斯特宣布将割让阿基坦的大部分土地，公主的嫁妆也涨到了80万埃居。英国人冷淡地回应对方，指出这些在之前的谈判中就已提及。法国人被迫在两天后觐见英王时再追加了5万埃居以及利摩日和蒂勒的领地。但谈判很快就因主权问题再次触礁。唯一干扰了英王远征进程的可能只有他的堂叔，科尼斯伯勒的理查德（Richard of Conisburgh）。1414 年，理查德被封为剑桥伯爵，但这个空洞的头衔不足以维持其身份，更不用说履行远征义务需要的供给了。也行是出于这个原因，剑桥伯爵同第三任斯克罗普男爵亨利（Henry Scrope, 3rd Baron Scrope of Masham）、托马斯·格雷爵士（Thomas Grey）等人秘密勾结，打算推举自己第一任妻子的弟弟马奇伯爵埃德蒙·莫蒂默为国王。但埃德蒙已厌倦了那些打着自己旗号的阴谋，他很快便向亨利五世告发了前姐夫的密谋。8 月 5 日，剑桥伯爵被判有罪并在南安普敦北门外被处决。六天后，1000 多艘船只组成的英国远征舰队拔锚起航。由此，英王亨利五世开启了一个全新的时代，百年战争也终于进入最为波澜壮阔、巢焚原燎的阶段。

▲ 剑桥伯爵理查德的纹章

8 月 13 日下午，英国舰队抵达上诺曼底的圣阿德雷斯（Sainte-Adresse）地区，此处离英王的目的地阿夫勒尔约有 3 英里。阿夫勒尔是塞纳河出海口上的一个重要港口，也是法国海军重要的锚地之一。显然，亨利五世已经决定从离本土更近的北方另辟一个可以直接威胁到对手核心地区的战场。次日，1.2 万名英军开始登陆。登录花费了 3 天时间，法国人并未前来干扰。17 日，英军出现在阿夫勒尔西面。城中军民在数周前就开始了一系列加固防御、阻塞河道的工程，使北面的低地沦为和南面一样的沼泽。然而，对这座夹在两侧高地之间，总人口只有敌方一半，围墙老旧的小城来说，他们的抵抗任务十分艰巨。

英军开始向东面运动。不过在 18 日，曾为奥尔良家族服务的法军将领拉乌尔·德·戈古尔（Raoul de Gaucourt）已带着临时征集的 300 名骑兵赶在亨利五世的二弟，克拉伦斯公爵（1st Duke of Clarence）托马斯建立包围圈之前迅速从东南面溜进阿夫勒尔城内。克拉伦斯公爵只拦截了来自鲁昂运载火炮军需的法军辎重车队。

亨利五世希望尽可能地节省自己的时间和耗费，他派人向阿夫勒尔招降，希望他们再度成为曾经的诺曼底公爵继承者的忠实臣民，但后者立即予以拒绝。英王随即将主攻地点定在了城墙的东面以及东南门方向。英军开始挖掘掩护移动火炮的壕沟并筑起炮位前方的木质挡板。就现场环境而言，这不是一件轻松的工作。法国守军一面在城墙上用弓弩、火炮攻击施工的敌人，一面趁夜修补被石弹击破的城墙等防御设施，他们还连续两次挫败了英军的坑道作业。夏季的炎热和潮湿环境使英军军营开始流行痢疾。9月初，诺里奇主教理查不幸被感染。挣扎了五天后，他还是一命呜呼。萨福克伯爵迈克尔·德·拉波尔也蒙受了相同的命运。不过，守城者与对手间巨大的人力、物资差距还是逐渐将他们逼入绝境。补给开始匮乏，水源也被改道。守军的几次反击均被击退。17日，英军点燃了守军的外堡。英军攻城火炮整夜都在轰击以阻止守军修复缺口。英王再次派使者前去劝降，他的骑兵则在为强行攻入城内做准备。

这次总攻最终被取消。18日，守军签下了限期投降协议。如果在22日仍等不到援军，他们就会向英国人交付阿夫勒尔。缺乏战争经验的道芬路易已经把法军的指挥权交给了陆军统帅夏尔·德·阿尔布雷和让·德·布锡考特元帅。但他们的反应都十分滞后。布锡考特元帅只敢在后方袭击英军的小股粮秣征收队，阿尔布雷则在协助道芬组建大军。他们还要提防态度不明朗的勃艮第公爵约翰——夏季时，他的数千士兵在香槟和布里之间进行报复性扰掠。踌躇不定的法军主力已不可能赶在期限内解围。因此22日，拉乌尔·德·戈古尔等阿夫勒尔守军将领向亨利五世交出了城门钥匙。英国人开始修复被他们破坏的城防，阿夫勒尔将变为他们的一个重要据点。英王的堂叔，多塞特伯爵托马斯·博福特（Thomas Beaufort，Earl of Dorset）成为这里的指挥官，他有300名骑兵和900名长弓手。投降者则面临严苛的惩罚：守军被收作战俘，一些富裕的市民被勒令缴纳赎金，那些强壮者只有向英王宣誓效忠才能留下，老弱病残被赶出城。

尽管旗开得胜，阿夫勒尔围城战也让亨利五世付出了不菲的代价。据说约有2000名士兵死于疫病，包括克拉伦斯公爵托马斯、阿伦德尔伯爵托马斯·菲查伦、马奇伯爵埃德蒙·莫蒂默等2000人因疾病丧失作战能力。大批法军正在韦尔农地区集结。而亨利五世减员1/3的部队已难以承担继续向诺曼底内陆乃至巴黎进军的任务。大部分将领都主张乘船返回英格兰，但亨利五世拒绝了这个建议，他打算再创造一些战迹以掩盖这次耗费甚巨的远征只拿下了一座小城的事实。英军将继续在法国领尤其是诺曼底地区行进，计划花八天左右的时间前往加来，以此展示对手的无能，散播自己身为公爵领真正继承者的影响——可能他还有点期待当地势力接受宣传后逐步易帜。亨利五世让舰队载着病号及辎重返乡。休整了数星期后，10月8日，他带着剩余部队向加来进发。

按照习惯，行进的英军被划为前中后三部，并受到两翼队伍的屏护。他们大概有900名骑兵和5000名长弓手及一些随行人员。亨利五世决定轻装进军，他命令部下绕过了北面两英里处的蒙蒂维利耶（Montivilliers）。不过此地的法国守卫发动袭击，毙俘了数名英军。亨利五世决心不理会途中的这些零散据点，次日，在20英里外的费康（Fécamp）守军又和英军的小股分队发生交火，并相互俘虏了一些人员。之后，英军将前往加来的消息已经被传播开来。

法军主力终于开始采取主动。道芬路易将前往鲁昂聚拢后继部队。不久后，他就在鲁昂遇见了并不急于赶往前线的布列塔尼公爵约翰。陆军统帅夏尔·德·阿尔布雷带着部队向东北进发，让·德·布锡考特元帅、里什蒙伯爵阿蒂尔、阿朗松公爵让等大批法军指挥官奉命向阿布维尔集中。他们打算阻止英军渡过索姆河，迫使后者忍受饥饿或者投降。如果英军渡过索姆河，他们则封锁前往加来的道路并迫使英军接受会战。

▲ 布锡考特元帅又名让·勒麦克莱恩（Jean II le Maingre，Boucicaut，1366—1421年），他是活跃在世纪之交的著名法军将领。他久经战阵，军事经验丰富，早年曾参加法军收复诺曼底和镇压佛兰德伯爵领大起义的战役

11日，英军经过24小时，行军近35英里后来到迪耶普南面4英里处的阿尔克（Arques），当地守军躲在城堡上用火炮招呼不速之客。但

他们很快就收到了对方的警告：停火并让我们通过，否则我们将把城堡付之一炬。于是，阿尔克守军恢复了平静，英军不受阻挠地在此渡过阿尔克河。13日，英军已接近阿布维尔，亨利五世本打算像其曾祖父一样从布朗什塔克渡过索姆河，但他发现法军正在北岸严阵以待，所有的浅滩被封锁，桥梁被毁坏，英军只能向上游行进。虽然他们的辎重马车比法军的轻便，机动性更好，但这也意味着他们携带的给养有限。到14日，穿过亚眠南面后，英军的粮食供应开始紧张。第二天他们恐吓博沃（Boves）城堡中的法国守军，以袭击此地及村庄的威胁换取了面包和酒水。随后，他们通过一场从科尔比（Corbie）到内勒的内线行军，转向东南方，暂时摆脱了在索姆河对岸尾随的陆军统帅夏尔·德·阿尔布雷部队，不过英王还是下令让长弓手准备削尖木桩应对接下来可能出现的会战。19日中午至下午，他们从瓦耶讷（Voyennes）附近缺乏看守的数处浅滩渡河，而陆军统帅还在15英里之外的佩罗讷（Péronne），他派出的少数骑兵队伍无法阻止对手。于是，法军的初步计划已遭挫败。

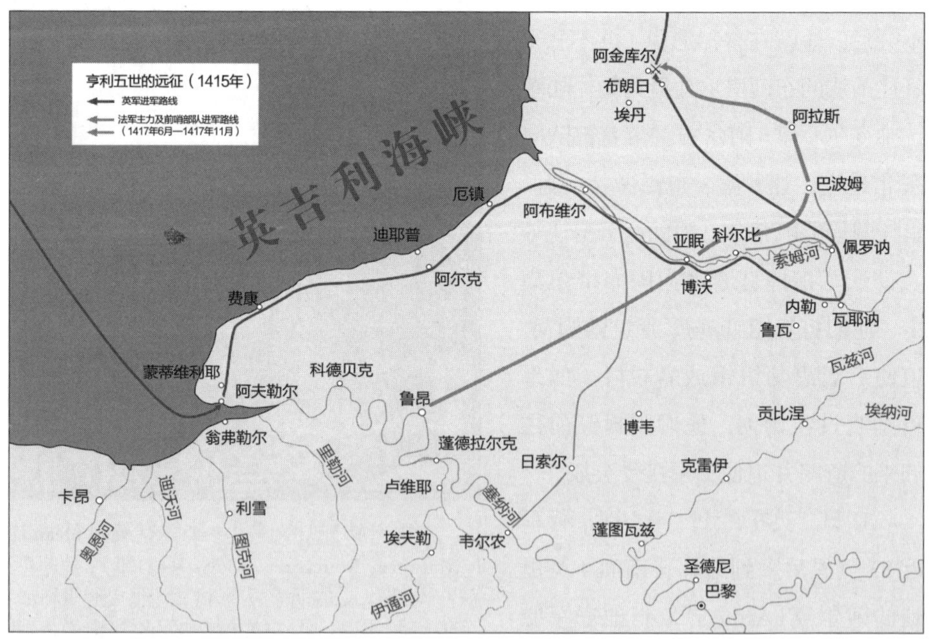

▲ 亨利五世的远征（1415年）

不过法军像滚雪球一样膨胀。波旁公爵让、奥尔良公爵查理等权贵均带着部下响应号召。虽然勃艮第公爵约翰仍在同女婿讨价还价，但他的两位弟弟布拉班特公爵安托万（Antoine, Duke of Brabant）和讷韦尔伯爵腓力二世（Phillip II, Count of Nevers）已答应同法军主力会合。征召令和将领们的私人请愿也被传给了阿拉斯的勃艮第公爵领继承人沙罗莱伯爵腓力。法军指挥官随后放弃了在索姆河中游阻截敌军的计划，直接前往巴波姆（Bapaume）。阿朗松公爵让等人已经给亨利五世送去了一封挑战信。他们似乎打算封住阿拉斯方向的通道，然后找机会决一雌雄。

21日，英军经过佩罗讷，继续向加来推进。很快他们就在路上发现了数量远超自己队伍的骑兵穿行后留下的痕迹，这令士兵们颇为紧张。行军日程已超过了事先的估算，他们按计划携带的给养已经枯竭，大批人在忍受长时间的暴雨时不得不以牲畜和森林中采集的野果充饥。24日下午，从布朗日（Blangy）渡过泰努瓦斯河（Ternoise）的英军很快便发现法军主力就在右前方约1英里处移动。亨利五世立即命令部下列阵与敌人对峙。不过天色已晚，法军就像戏弄猎物的野兽一样撤退了。英军小心翼翼地离开阵地，前往左后方一个名叫迈松塞勒（Maisoncelle）的小村庄。随后，斥候告诉亨利五世法国人已穿过特拉默库尔（Tramecourt）附近的森林，在北面1英里处的阿金库尔附近封锁了前往加来的道路。看来明日的一场大战已不可避免。

亨利五世拒绝了法方提出的放弃对法国王位宣称权及归还阿夫勒尔的要求。这意味着25日他面对的是超过己方两倍的敌军，也就是1.4万—1.8万人左右。他那些衣衫破烂的部下正处于险境中。饥饿、病痛、寒冷和潮湿与他们相伴。不过法国人也有自己的麻烦：布列塔尼公爵约翰带领的精兵始终没有露面。指挥官们的确在之前数周拟定了一份以骑兵从侧翼包抄对手的“索姆河计划”，但面对两侧是茂密树林的战场，明显不合时宜。法军队伍中大部分是骑兵，弩手和轻步兵正在赶来的路上。经验丰富的让·德·布锡考特元帅和陆军统帅夏尔·德·阿尔布雷均主张集结足够的步兵后再发起攻击，地位更高的波旁公爵让和阿朗松公爵让却不同意他们的方案。最终，占据了主导权的大贵族们决定出战。

24日夜晚，亨利五世就仔细探查了战场地形。太阳升起之际，他已经针对性地布置好了自己的阵型。英军仍按传统将大部分长弓手布置在两侧。不过较之中央要略为前突一些。作为其核心的中央下马骑兵被分为三个约300多人的方阵，亨利五世居中，年逾六旬的第一任卡莫伊斯男爵托马斯（Thomas，1st Baron Camoys）和国王的堂叔约克公爵爱德华分别领导左右两翼。剩下的长弓手几乎都被分为数个小队布置在骑兵之间。英王另抽出了200人隐蔽在森林中，准备在敌人进攻时向其侧翼射击。由于人数稀少，英王没有在后方设置第二条阵线，只有一小队卫兵和非战斗人员看守营帐辎重。即便如此，下马骑兵的阵列可能也只有单薄的四排纵深。

此前夹在阿金库尔与特拉默库尔之间的林间空地被农民犁过。现在它昨夜的大雨变得泥泞潮湿。整个战场呈倒斗状——也就是说北面法军所处空地（约1200码）比南面英军的要宽1/4左右。这将对进攻一方造成极大危险。受地形限制无法全面展开的法军将队伍分成前中后三条阵线。除了距离较远的第三条后卫阵线外，万人左右的骑兵大部分都是徒步列于前两个方阵中。另外，方阵侧翼分别有约200名骑兵及其侍从在马上待命，他们担负的任务是从侧翼攻击敌人的长弓手，但他们的人

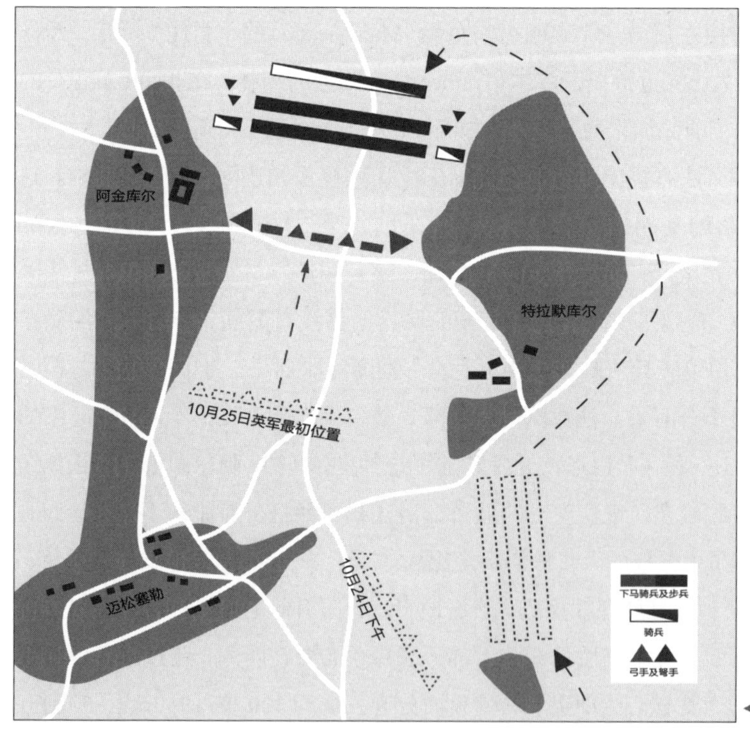

◄ 阿金库尔战场

数只有“索姆河计划”的 1/4 或者更少。而传统上被布置在两翼以对抗敌方长弓兵的弓弩手因人数不足、空间狭窄被布置在了靠近后卫的位置。这意味着第一线的前锋方阵不仅没有人数优势，而且在承受对方远程火力的同时还缺乏己方投射兵力的支援。尽管如此，大部分的贵族出于习惯仍拼命挤进前锋方阵以追求荣誉，将低阶人员赶往后方，结果后卫缺乏指挥和约束。这种将原定计划改得面目全非，兵力配置与对应目标又严重失衡，实际几近添油战术的布阵将给他们带来极大隐患。

在清晨时，法军指挥官们还保持着些许理智，并未急于发起进攻，因为时间在他们这边，但英王亨利五世不会坐等对手占据上风。与部将商议后，他决定将阵地向前推进数百码，然后再发起进攻。10 点左右，英军主动缓慢逼近对手。在高喊着“圣乔治!”等战斗口号时，他们也数次中止行进，整理队形。当英军主力进入合适位置后，长弓手停下来将木桩钉入身前的地面。而英王先前另派 200 名隐蔽在森林中的长弓手已行进到阵地前方并开始向对面射击。这惹怒了法军。他们的骑兵和前锋方阵随即也开始出击，但仓促中脱离预先的计划。两翼的数百名骑兵根本无法冲垮众多的长弓手，大部分人甚至不能突破敌人阵前的木桩，长弓手在开战的最初 30 秒射出近 2.5 万支箭矢，这种的可怕火力迫使他们很快就调转方向。英军现在得以全力应付尾随而来，低着头行进的前锋方阵。这些身披重甲的下马骑兵境况更糟:战场因先前的大雨已经沦为一个泥潭，泥土没过了膝盖，令他们的移动异常艰难。先前被击退的部分己军骑兵因难以控制惊恐的战马，也冲进了他们的行列，破坏了队形。而越来越狭窄的空间使排成密集方阵的他们逐渐拥挤到一起，难以挥动武器。迎面及两侧飞来的密集箭雨也越来越致命。在一线人员伤亡惨重试图回避时，后方却推搡着他们继续向前。结果队形也越来越混乱。大部分人在与敌接触前便耗尽了体力。尽管如此，法军还是靠厚实的阵列将英军单薄的战线逼退了数米。随后，双方的下马骑士陷入混战中，英军一度承受了很大压力，英军旗帜所在之处均受到了猛烈攻击。约克公爵爱德华战死，亨利的幼弟格洛斯特公爵汉弗莱被打翻在地，甚至连亨利五世本人的头盔也挨了一击。英王用身体护住了幼弟。法军队伍却开始散乱。当筋疲力尽的前锋方阵打算撤退时，在其身后跟进的第二方阵却使他们无法安然后退。而英军两翼的长弓手在释放完箭矢后，却拿着剑、匕首、斧子、短矛等一切可用的武器进入战场。身着轻甲的弓手比起气喘吁吁的敌人占有优势。他们灵活

▲ 阿金库尔之战

地从后方刺伤对手的大腿，从前方刺入敌人面甲的缝隙，或者干脆将其击倒。数面夹攻下，法军的下马骑兵难以抵挡。他们的战线逐渐崩溃，瓦解成各自为战的小组。不少人更是放下武器投降，试图保全性命。

约两个小时后，英军已完全击溃了对手的两个方阵。大部分法军都倒在泥浆中难以挣扎。那些立于马上，未投入战斗的法军后卫已看得目瞪口呆。他们的大部分指挥官都死于非命，他们并无勃艮第公爵约翰的弟弟，布拉班特公爵安托万的勇气——身穿便装的安托万在战役中途才赶到现场，接着马上从随从身上借来甲胄，披上号手的家族号衣冲向前线——后卫很快便一哄而散。战斗快结束时发生了一个小插曲：一小股法军士兵出现在了英军后方营地。他们可能是些参战的本地小领主，或许还有法军的后卫骑兵。不过比起威胁英军后方，他们更关心的是抢劫营地财物。于是，在被英军部队赶走前，这些人造成的唯一影响是促使英王下决心将大批不重要的俘虏处决，以腾出手应对可能出现的新一轮攻击。

亨利五世的担心略显多余，这场战斗很快就落下帷幕。因为对手的盲目、自大和愚蠢，他们一举扭转了两周以来的被动局面。傍晚时分，令他们长期坐立不安的那支可怕敌军已经化成一片躺在泥潭里的尸体和无力动弹的伤者。剩下的人正拼命逃离战场，将噩耗和恐惧传向整个法兰西王国。现在，没有人再敢出来挑战英王及其部下了，他们前往加来的道路已经畅通无阻。

第四章 征服时代的来临

1415—1418年

法国的乱局

最先接到阿金库尔战役惨败消息的法军高级将领可能是元帅路易·德·隆尼（louis de Longny）。他正带领安茹公爵路易二世分出的600名骑兵赶往战场增援主力。但元帅沿途遇见的只是一群群或惊慌失措地奔逃，或身负重伤蹒跚而行的士兵。这些人告诉他法军已经战败，主要将领们非死即俘，士兵已经溃散。他们恳求元帅原路返回，避开英国人的锋芒。意识到继续前行也于事无补后，沮丧的元帅只好带领部队调转方向，前往法王查理六世所在的鲁昂城。噩耗继续向南扩散，传到了正从亚眠赶来参战的布列塔尼公爵约翰五世耳中。意识到已经不可能阻挠英军行动的他干脆放弃了交战，带着6000多人的部队退往诺曼底。

26日早晨，亨利五世和部下们从迈松塞勒的营地回到战场。于是，不少未能成功爬出泥潭的法军重伤人员也丢失了性命。寻找了一番战利品后，英军离开此地，沿着靠近海岸的道路前往加来。英王把俘虏安排在前锋和主力部队之间的位置，这些俘虏包括奥尔良公爵查理一世、波旁公爵让一世、厄镇伯爵阿图瓦的查理、旺多姆伯爵路易一世以及让·德·布锡考特元帅等王侯显贵。尽管获得了辉煌的胜利，英军士兵依旧没有摆脱疲惫和补给匮乏的威胁。亨利五世命令军队在前往加来的路上保持队列和秩序，以防备可能发生的遭遇战。不过，附近的法国人已经毫无斗志，英军察觉到一路毫无阻拦后，立即脱去盔甲轻装缓行。三日后，他们顺利抵达加来。亨利五世曾计划进攻东南面的阿德尔（Ardres），但他很快放弃了这个尝试。经历过恶战和长途跋涉后的英国士兵们早已饥肠辘辘，疲惫不堪，他们迫切希望能在此地找到充足的食粮和可供休息的住处。然而到了城下后他们发现，这座城市对他们紧闭大门。由于加来处于前线，并随时有被法军围攻的危险，因此加来守军不想冒着消耗大量备战物资的风险去招待数量如此庞大的友军。因此，城外的士兵们备受煎熬。这些战场上的勇士不得不以极其低廉的价格出售俘虏和战利品，以换取用来充饥的面包和一个返回英国的船位。英军士兵在加来城下的呼号和抱怨惊动了正在吉讷城中的英王亨利五世。得知部下的境遇后,他立即组织了一大批船只前来施以援手。于是在接下来的半个多月时间里，历经种种磨难后的老兵们终于得以陆续渡过海峡，重返故里。他们将在家乡的酒馆和街道滔滔不绝地夸耀自己的丰功伟绩。

在南面，一些大胆的法国人等英军离开阿金库尔后，便悄悄地摸进此地。由于英国人只搜去了阵亡者的金银细软、华贵衣装和精制头盔等易携带的值钱物品，这些乡村民和附近村镇的游民还可以剥取死者身上的大片盔甲甚至内衣等剩余物件，以便得到几个下酒钱。他们所过之处，许多死者都赤身袒露在地上，“就像他们刚来到这个世界上时一样”。除了这些如同秃鹫般搜刮尸体的窃贼外，还有一些侍从和军士也在此翻寻。他们如此急切倒不是因为与前者臭味相投，而是希望能在遍地的死尸堆中找到自己的领主。在之后的四五天，许多战死大贵族的遗体都被部属翻出并清洗干净，抬离战场。阿朗松公爵让一世、巴尔公爵爱德华三世、陆军统帅夏尔·德·阿尔布雷等一批显贵被安葬在埃丹的小僧侣教堂里，其余能够辨认出身份的中小贵族也被运回各自的领地。这场战斗是残酷而惨烈的，大约有6000—8000名法军命丧疆场。特别要指出的是，在这些阵亡人员中，只有1/4左右是普通士兵，其余皆为大小贵族和骑士乡绅。21名外省邑督和卢瓦尔河以北的执事中，至少有12人非死即俘，还有许多参战的贵族家族全体男丁都被一扫而空。这次血战对法国，尤其是北方的军事贵族阶层是一次沉重打击。这些悲剧证明了现在的战争对贵族们来说已经不再是一笔有利可图的生意。与此同时，就像上个世纪50年代一样，在最初的惊愕、悲伤过后，法国迅速掀起了一场抨击贵族阶层奢侈堕落、恃强凌弱、临阵脱逃、背信弃义的舆论风暴，当查理五世时代的胜利之光逐渐黯淡后，再次产生对传统封建贵族是否能承担起他们鼓吹并垄断的军事职责的怀疑。实际上，阿金库尔之战对法国的贵族阶层和军事制度及体系结构都将产生深远的影响。

驻于鲁昂的王室在26日得知了战败的消息。查理六世、道芬路易以及贝里公爵让都不禁潸然泪下。失利的消息也传到了沙罗莱伯爵腓力耳中。开战前，在阿拉斯的他已经收到法国陆军统帅夏尔·德·阿尔布雷发布的对英作战动员令。年轻气盛的伯爵渴望为国效力，他热情接待了来使，并兴奋地与属下及侍从商议起领兵同英国人一较高下的事宜。但其父勃艮第公爵约翰却不希望身为领地唯一继承人的腓力身陷险境。于是，侍从们遵从公爵的意旨，将颇为不满的腓力强行移至艾尔(Aire)，隔绝他与外界的联系。不过,战事开始之际,腓力的一部分属下也响应召唤披甲执矛,奔赴前线。如今这些人中的大部分都同陆军统帅夏尔·德·阿尔布雷一道血洒沙场。在接到消息后的数天里，腓力泪如泉涌，沉浸在深深的悔恨与自责中，多年以后他还会提及。

腓力的父亲，勃艮第公爵约翰闻讯后也不禁黯然神伤，他的两位弟弟布拉班特公爵安托万和讷韦尔伯爵腓力二世均死于此役。悲痛之余，他立即修书一封投至英王亨利五世，对此事严加斥责，并送上自己的手套表示要向英王挑战，同时他还威胁要向英国人宣战。亨利五世退回了公爵的手套，并向使者解释，他以及英国军队都不应为公爵弟弟们的死负责。同时，亨利五世还邀请公爵在明年1月时到布洛涅，届时他将同公爵一起审问法国战俘，以此证明自己的清白。不过，11月中旬英王便径自启程返回英国了。

亨利五世受到了英国民众的热烈欢迎。23日,伦敦人穿起红袍迎接凯旋的国王。这是自上世纪普瓦捷战役后黑太子归国以来最大规模的入城庆典。人们设置了宏大的布景，伦敦桥头的巨人守卫及其妻子献出了城市的钥匙。在桥的另一端，一些人穿起白衣扮作天使鲁宾和塞拉弗，用英文唱起了赞美诗。康希尔（Cornhill）和齐普赛街（Cheapside）则安排了先知、使徒、英国先王、殉道者与忏悔者以及一群在云中吟唱的天使。在歌唱者下方，一群位于高台上的少女恭敬地向这位被比作新大卫王的胜利者致敬“万岁!”“欢迎亨利第五，英格兰和法兰西国王!”在齐普赛街的西端，天使长们簇拥着一个被金光环绕的太阳，上面赫然写着“承神之佑”。

阿金库尔战役的空前胜利令英国人重新凝聚起了因数十年军事失利而涣散的信心。有些人相信自己已再度获得上帝的垂青。上帝让他们成为惩罚法国人的利器,甚至夺取法国王冠的行为也是正义的，亨利五世仍以自己特有的持重和细心积极宣扬这种观点。他禁止吟唱颂扬个人的颂歌，并拒绝展示钢盔上因敲击留下的凹痕。只有一小队私人内廷成员跟随英王。而那一长串由卫兵护送的法国俘虏队伍让英国人获得了极大的满足感——也许先王遗孀纳瓦拉的胡安娜是个例外，不得不出席欢迎仪式的她从俘虏队伍的末端认出了自己的次子，里什蒙伯爵阿蒂尔。这是个悲伤的时刻，经过十二年的分别后，阿蒂尔几乎已认不出自己的母亲。

战争也让兰开斯特王室的威望大幅提高。在亨利五世回国前的11月4日，其弟贝德福德公爵兰开斯特的约翰在威斯敏斯特主持召开了新议会。英王的叔叔中书大法官、温切斯特主教亨利·博福特（Henry Beaufort）倡议大家应继续支持为上帝增添荣耀的亨利五世。于是，这届也许是15世纪为时最短而且最为恭顺的议会很快便通过了另一笔补助金并授予英王终身征收关税的权力。显然，认为法国混乱局势将愈演愈烈的亨利五世决定继续他的大业，并开始打造一支庞大的舰队。

亨利五世的判断十分准确。法国仍陷于分裂的漩涡中无法自拔：虽然英王军队杀了勃艮第公爵约翰的两位兄弟，但约翰却立即将矛头对准了自己的同胞。在约翰看来，法国的奥尔良-阿马尼亚克党人已在战争中遭受重创，逼迫王室转让执政大权比帮一群侄儿寡妇复仇显得更有意义。他于11月初在自己的领地发布动员命令，集合大军北上。勃艮第军队的目的地被定为法国首都巴黎。

勃艮第公爵约翰正蠢蠢欲动的情报令法国王室大为惊恐。他们慌忙于11月7日发布特赦令，对先前支持过勃艮第公爵的人员既往不咎，以争取主动。在英王返回英国的消息传来后，王室终于感到局势有所缓和。既然北面军事压力有所减轻，他们便决心把主要精力放到应对勃艮第公爵方面。国王与部分近臣立刻动身，在11月21日前后赶到巴黎。由于事发仓促，查理六世进城时仍穿着两年前的旧衣服和帽子，他甚至未来得及修整披散的头发。这座城市也没有像以往一样用盛大的欢迎仪式来迎接它的主人。随后，道芬路易与其他臣僚也率领军队抵达首都。在此期间，巴黎的王党分子将这些消息告知了在默伦（Melun）养病的王后。她闻讯后大为惊骇，不顾抱病之身连忙乘着轿子来到巴黎。与王后一同到达的还有道芬的妻子——勃艮第公爵的女儿玛格丽特，她们一起在奥尔良府邸中下榻。当诸事稍定，而领军进逼的勃艮第公爵离巴黎还有一段距离时，这些惶惶不安的人才松了一口气。

12月初，初步控制首都及附近地区局势的王党迅速召开廷议商议下一步对策。由于包括陆军统帅夏尔·德·阿尔布雷、阿朗松公爵让、奥尔良公爵查理、波旁公爵让在内的大批中枢人员在先前的阿金库尔战役中非死即俘，因此当务之急是赶紧选出一个才望兼隆且精明干练之人主持军国大计。然而环顾当时的王室，却是一片人才凋零的景象。众人中难以找到能与勃艮第公爵约翰抗衡的人物：贝里公爵让老迈不堪，布不列塔尼公爵约翰缺乏经验而且更倾向于充当调停者的角色，其他旁系家族的王子们更是年轻稚嫩，安茹公爵路易已身染疾病，对这个肩负着国家重担的职位难免力不从心。万般无奈之下，众人决定把领导权交给勃艮第公爵的老对手阿马尼亚克伯爵贝尔纳七世，也是奥尔良公爵的岳父、贝里公爵的女婿，此时正在南方加斯科涅前线。两位贵族立即赶往南部，给阿马尼亚克伯爵送去陆军统帅的委任状。与此同时，王室还进一步巩固巴黎及周边的防务：阿诺·纪尧姆·德·巴尔巴赞（Arnaud Guillaume de Barbazan）等阿马尼亚克派将领奉命去聚拢散布在诺曼底以及北方战场的溃兵，然后带领他们前来拱卫巴黎。随后，这些军队被分为几部，进入冬季营区，据守通向首都的要点。鉴于大部分英国军队已在上月乘船离开加来，法国王室认为继续与英国人作战的任务在此刻已变得较为次要。于是，在鲁昂和周边地区集结大批士兵、船队、水手，准备收复阿夫勒尔的计划被王室搁置。留守部队被分成几股驻扎在鲁昂和科区（Pays de Caux）等地监视阿夫勒尔的英军，阻止他们出城烧掠。

相比风声鹤唳、手忙脚乱的王室，勃艮第公爵约翰则显得从容多了。他领着大军迤逦而行，穿过勃艮第和香槟，于12月10日到达马恩河畔的拉尼（Lagny-sur-Marne）。此地距离西面的巴黎只有20英里远。同时，在勃艮第公爵的示意下，北方的勃艮第派将领亦起兵响应。东北方向上的皮卡第地区也被这些人激起了一片骚动。勃艮第派将领最终带领军队南下与公爵的本部会合。在进军过程中，公爵派出过一批使者与道芬路易等政府要员联系，声明自己愿意进入首都，匡扶王室。但满腹狐疑的大臣们并不相信公爵有赤忱报国之心，他们谨慎地提出公爵只能带部分贴身随从入城。这显然不符合勃艮第公爵的意愿，没有军队的护卫，他实在难以安心立于政敌环绕的王室中。由于北方部属的增援，公爵的军队已经超过5000人。有一支大军为自己撑腰，再加上首都近在手边，勃艮第公爵的信心倍增。他纵容自己的军队四处劫掠，破坏周边的供给道路，以此给王室施加压力。因此，勃艮第军队的骚扰范围扩大至巴黎东面，瓦兹河和塞纳河之间的广大地区。这些军人大肆烧杀劫掠，留下了一片片残垣断壁。巴黎和周边地区的百姓惶惶不可终日。

而就在举棋不定的王室一边与对手讨价还价，一边四处寻求援助之际，一件出乎意料的事情发生了：得知勃艮第公爵约翰逼近首都的消息后，安茹公爵路易坐立不安。想起旧日里与这位堂兄结下的怨仇，他决心以养病为由到自己地盘的昂热避

▲ 向巴黎进军

避风头。临行前，安茹公爵给法国君臣们留下一则提议，希望将他与勃艮第公爵的旧怨交予王室仲裁解决。安茹公爵的出逃无疑给巴黎蒙上一层阴影。很快便有谣言传进巴黎：勃艮第公爵的军队声势浩大，共有1万余人。城市即将被兵火焚及，王室却犹豫不决，举措萎靡乏力。阿马尼亚克派贵族的支持者以及希望和平的人被忧愁、悲伤、恐惧的气氛笼罩。他们在每况愈下的时局中倍受压抑。

终于有一天，这部分近乎绝望的人，尤其是那些大学生按捺不住激愤之情，决心要向王室充分表达自己的意愿。他们聚集在一起，涌至吉耶纳公爵，即道芬路易跟前，当着贝里公爵让和各方贵族的面，急切要求向他陈情。在得到允许后，高等法院的首席庭长首先开始发言。他引用箴言，极为生动地描述了国家遭受的苦难，极为生动地描述了国家遭受的苦难，并严厉地控诉了那些野心家把王国与人民带往灾难深渊的种种劣行。庭长切中时弊的发言引起了在场众人的共鸣，一时间人声鼎沸，要求伸张正义之声遍起，整个现场都回荡起激昂之音。

年轻的道芬路易也被这番景象打动了，他立即鼓起勇气，以国王之子的名义宣誓："从现在开始，一切作恶之人，无论他的身份地位如何，都将因他所犯下的罪行立即受到惩罚，正义将得到伸张，人民将重享和平！"王子的誓言得到了众人的一致拥护。随后，人们满意地散去，感觉每况愈下的时局终于有了扭转的希望。

▲ 道芬路易，他是查理六世的第三子，在两位兄长去世后继承道芬之位

然而命运总是变幻莫测。正当人们认为道芬路易将扭转局势之际，他却突然一病不起。在从鲁昂赶回巴黎的途中，他已经感染了痢疾，回到首都后，繁重的公务使他的病情急剧加重。根据记载，"他在 4 点吃饭，午夜进晚餐，拂晓才休息。"艰难的时事和繁忙的公务摧毁了他的身体，12 月 18 日，19 岁的道芬终于走到了生命的尽头。这位王子既不喜欢用武力来达到目的，也不像他父亲那样和蔼可亲。他平日习惯于待在自己的房间弹奏竖琴，所以他死后也没有多少朋友为他哀悼。接下来的四天里，道芬的遗体被装入铅棺，摆在宫中供人瞻仰，之后被运往圣德尼，长眠于他的祖先们身旁。道芬的突然病逝使得先前透出一丝光明的巴黎重新蒙上了厚厚的阴霾。严冬中，城里人心浮动，谣言四起。有人甚至说这是一场蓄意已久的毒杀。

12 月 29 日，王室日思夜念的阿马尼亚克伯爵贝尔纳终于抵达巴黎，他还带着从南方招募的千余援军。次日，他从国王手中领过了陆军统帅之剑。上任伊始，阿马尼亚克伯爵就频繁发布号令，王室的脉搏又有力地跳动起来。和逝去的道芬路易不同，阿马尼亚克伯爵是一位意志坚定而且严酷无情的人，他继续全面贯彻之前议定的政策。此前，王室就已遣使前往热那亚等地招募弩手和租赁船只，以充实军队。德意志国王西吉斯蒙德（Sigismund of Luxembourg）还被再次邀请来巴黎调停法国与英国间的争执，王室许诺将承担他在法期间的高额费用。同时，与勃艮第公爵约翰的和谈仍在继续，但王室的态度已日趋强硬。1416年1月14日，按照原定计划，布列塔尼公爵约翰重返巴黎，试图调停两党的纷争。但他发现自己受到了王室的冷待，巴黎总督甚至逮捕了他推荐的一位神学博士。他又前往勃艮第公爵驻地，结果发现公爵已经愤怒到几乎接受不了任何建议。于是，布列塔尼公爵的这次斡旋行动无果而终。

▲ 阿马尼亚克伯爵的纹章

其实，阿马尼亚克伯爵贝尔纳此时已经下决心诉诸武力。1月24日，他的部分军队在贡比涅市长和瓦卢瓦地区总督的带领下突袭了一股在桑泰尔地区游荡、约有600人的勃艮第军队。后者在战斗中被击溃，大部分人员非死即俘。其中的一位勃艮第首领马尔特莱·迪·梅尼尔（Martelet du Mesnil）被带到贡比涅处死，以儆效尤。

随着前任道芬路易的病逝，勃艮第公爵约翰和王室的重要亲属联系也被切断。在巴黎城外的约翰也只能悻悻地从宫廷召回道芬路易的遗孀——他的女儿玛格丽特。见巴黎的防守力量得到加强，继续留在此地毫无结果，勃艮第公爵只得选择撤军。1416年1月28日，他带着军队离开拉尼的营地，回到了位于佛兰德的公爵领地。一些王党士兵随即攻入勃艮第公爵遗弃的营地，杀死了他的少数士兵。巴黎人看到勃艮第公爵北上后也松了一口气，部分人甚至给他取了个“约翰·德·拉尼”的绰号大肆嘲讽，意为“拉尼的约翰”，讽刺公爵降格成了拉尼镇的城主。这些消息使勃艮第公爵颇为不快，但眼下他并不急于教训那些大不

▲ 勃艮第的玛格丽特（左）是勃艮第公爵的女儿，曾先后与两任道芬联姻，均无嗣而终

▲ 瓦尔蒙战役中法军骑兵冲散了长弓手阵线

敬者。接下来的数月中，勃艮第党人将在东北地区慢慢积聚力量，等待出击的时机。

随着勃艮第派对王国核心地区军事压力的大幅减轻，陆军统帅贝尔纳趁机抽身应付西北面一直悬而未决的英国占领区问题。自从阿金库尔战役后，驻守阿夫勒尔的英军就在不断地出击。他们在频繁骚扰诺曼底北部区域的同时，也大规模地掠夺当地的粮食和草料，以补充城内的给养。1416 年 1 月，又有大约 1000 名英军入援阿夫勒尔，这加剧了城中的供应问题。当然，英国人仍将对法作战任务放在首位。他们的意图很可能是以阿夫勒尔为基地，不断出城袭扰降服周边地区城镇，借此破坏法国人的封锁。

陆军统帅贝尔纳已发布命令，将之前布置在巴黎周边对抗勃艮第军队的守卫部队都集结在自己麾下。3 月初，他开始向西北进军，准备收复失地。恰好此时，阿夫勒尔的英军守将多塞特伯爵托马斯·博福特因兵力有所补充而信心大增，决定发动一次大规模袭扰。他带领千余人于 3 月 9 日骑马出城朝鲁昂方向进发。这股英军在

上诺曼底北部临海的科区等地游荡了三日。

在英国人大肆劫掠之际，法国人已把情报告知陆军统帅贝尔纳。陆军统帅决定带领集结的部队与英军一较高下。据记载，陆军统帅在 1 月时手中已有一支由 2000 名骑兵和 1000 名弓手组成的部队，3 月时他已将其中的大部分人员带进了诺曼底。鲁昂也派出了由本地提供装备 600 名的骑兵、50 名弩手以及 7 车补给。因此法军在人数上应该颇占优势。

在当地维勒基耶领主（Lord de Villequier）的配合下，陆军统帅贝尔纳的部队于 3 月 11 日在瓦尔蒙（Valmont）附近追上了正在回城途中的多塞特伯爵托马斯 · 博福特部。英军遭遇敌人后，不慌不忙地下马组成一条战线并将辎重和马匹置于后方，以防止法军包抄。但阿金库尔战役中的好运气没有降临到他们头上，英军排出的战线狭长而单薄。战斗一开始，法军骑兵就发动猛烈的冲锋，他们径直切入英军阵中，迅速击溃了英军的阵列。混乱之中多塞特伯爵也被击伤，英军只得四散奔逃。但法军并没有利用这个机会一举歼灭敌人，他们被英军的辎重马匹吸引，开始抢夺战利品。多塞特伯爵因此逃过一劫。他趁机召集溃兵逃入附近一个果园，由于此地有篱笆作掩护，法军不愿冒着巨大风险强行突入阵地。受挫的英军也没有勇气组织队伍冲出有利地形赶跑敌人。因此，两军在此处缠斗不休。

▲ 多塞特伯爵托马斯·博福特的纹章

直到夜幕降临，双方仍未分出胜负。颇感疲惫的法军离开战场退至瓦尔蒙过夜。多塞特伯爵托马斯·博福特也借着夜色掩护撤出果园，悄悄躲进附近的密林中，并连夜转移。第二日，英军沿着漫长的海岸迅速撤向阿夫勒尔。当接近城镇时，英军发现已经有一支法军小分队立于山崖上，拦住了他们的归路。英军重新排出战线，这小股法军急切地上前攻击，结果迅速被对手击溃。法军只好丢下同伴的尸体逃出战场。正当英军忙着打扫战场，在阵亡者身上翻捡战利品之际，法军的大部队赶到此地。见到眼前情景，这些法军没有攻击，而是谨慎地在高地列阵等待英军。而士气复振的英军却毫不犹豫地展开进攻。他们的攻势颇为猛烈，迫使法国人的阵线开始后退。这时城中的英军守卫也悄悄出城助战。他们迂回到法军的侧翼突然发动攻击。受到两面夹攻的法军军心大乱，他们的后退演变为崩溃。在留下近两百人的尸体后，法军逃离了战场。最终英军得以安全退入城中。

这次战斗，英军损失了约100余名骑兵和300名弓箭手。法军尽管付出了不小的代价，但已大幅压缩了英军的活动空间，并逼近阿夫勒尔的前线。此后，陆军统帅贝尔纳开始组织对阿夫勒尔的围困工作。

当法军将士在北方前线浴血奋战之际，巴黎的王室也积极从事于争取和平的外交斡旋。1416年初，出身于卢森堡家族的德意志国王，也就是后来成为神圣罗马帝国皇帝的西吉斯蒙德终于应邀前往巴黎。卢森堡家族和法国关系密切。他的祖父曾与法国人并肩战斗，并在克雷西战役中阵亡；他的父亲皇帝查理四世是在法国宫廷中长大的。他也曾在尼科堡战役中同现在的勃艮第公爵约翰一同战斗。但世纪之交时，因为法国尤其是勃艮第家族对低地地区的渗透，以及法王查理六世对热那亚的征服行为，为两国关系蒙上了一层阴影。随着勃艮第家族的布拉班特公爵安托万在阿金库尔之战中阵亡，这些矛盾得到一定程度上的缓和。而英国在几十年时间里一直同卢森堡家族维持着友好关系，亨利五世继位后也在宗教事务方面大力支持西吉斯蒙德。

▲ 西吉斯蒙德

这位德意志国王之所以愿意出面调停，也有自己的考量。西吉斯蒙德继位时，他的国家正处于内外交困中。从北面低地地区到南面意大利的北部城市都在尝试脱离帝国的控制，奥斯曼帝国则在东面虎视眈眈。西吉斯蒙德花费了大量精力试图弥和各方势力间的纷争，并打算令西欧诸国联合起来对付奥斯曼人。因此，他急于通过自己的特殊身份在西欧地区建立长期的和平。

3月1日，来到巴黎的德意志国王西吉斯蒙德和身后的数百名随从受到了法国人的热情招待。王公贵族们出城数十英里迎接德意志国王，并簇拥着他来到罗浮宫下榻。西吉斯蒙德向法王及王室表达了此行的意愿：他要在基督教世界中建立广泛一致的联盟。这自然符合法国人急于同英国人休战的愿望，因此德意志国王受到了更加殷勤的款待。法国人邀请他在巴黎城中四处游玩，不断举办宴会以博取他的欢心。有一天，他突然莅临巴黎高等法院参观。庭长、顾问等人慌忙出来迎接，并将他领至王座上。之后，西吉斯蒙德开始饶有兴致地观看律师的庭前申诉。期间有两人声称他们有权得到法国国王的一份恩赐官职，但一位名为威廉·塞贡特的朗格多克骑士对此提出异议。他认为两人不是骑士，均无资格受此殊荣。这时，德意志国王心血来潮，他用拉丁语询问其中一位侍从是否想成为骑士。在得到肯定的答复后，慷慨的国王立即命人拿来一把宝剑，当场以剑触肩，将这位侍从封为骑士。于是法院法官立即判决这位新晋的骑士应该得到法国国王的赏赐。西吉斯蒙德在法庭上的热心举动并没有获得主人的赞赏。法国王室对这次唐突的赐封大为恼怒，不过他们只能严厉地呵斥那位法官，指责其不顾法理，在法庭上屈服于德意志国王。但鉴于他们以后在外交方面还有求于西吉斯蒙德，因此，大发一通牢骚后，他们又不得不封锁消息，以免搅了德意志国王的兴致。就这样，西吉斯蒙德在巴黎度过了一个多月的惬意时光。最终，在拜会完王公显贵后，他开始北上前往英国人盘踞的港口——加来。

西吉斯蒙德经由圣德尼来到博韦，并在那里度过了复活节。之后，他们继续北进。一路上，德意志国王受到了各地人的热情接待，过得十分畅意。但当他们接近布洛涅时，意料之外的事件却发生了。德意志国王的豪华阵容给予当地人强烈震撼。市民在赞叹之余觉得这座小城难以招待好国王，因此他们派代表婉言拒绝西吉斯蒙德一行的入住。国王只好在郊外享用晚餐。这次闭门羹使西吉斯蒙德异常恼怒，他随即拒绝了市民进贡的礼物，径直前往加来过夜。5月1日，他渡过海峡到达英国。

殷勤打发走德意志国王后，法国政府还得面对一大堆麻烦：围困阿夫勒尔、接待德意志来访人士、与邻国展开外交接洽及招揽佣兵，甚至同勃艮第军队的对抗等都需要王室提供源源不断的资金，但当时法国王室已捉襟见肘。为了使各项事业顺利进行，他们开始征收新税。4月，法国王室开始在全国范围内征收补助金，全国各大城市均需捐出数千锂弗。5月底，巴黎召开高级教士会议，要求他们有所贡献。7月，王室以围困阿夫勒尔为由，又决定在全国范围内收取总额高达60万锂弗的巨款。如此繁重的经济负担不可避免地引起了民间不满。勃艮第党也趁机派人不断挑唆鼓动，局势因此变得动荡不安。在南方朗格多克地区的一些城镇中，就有不少人受勃艮第人的煽动，群起反对这些税收，并与王家税吏激烈对抗。在首都，一个更危险的密谋也在酝酿中。

当时，巴黎有不少人反感拱卫都城的王室部队，他们将这些南方士兵称为“外地人、毫无怜悯之心的恶棍”。在他们眼中，这伙人是阿马尼亚克派贵族的爪牙，而这个控制着政府的权贵集团正在吸干他们的钱包。他们希望彻底改变这种境况，实力雄厚的勃艮第公爵约翰无疑被他们视为救星。

早些时候，勃艮第公爵约翰曾派四个人秘密携带他亲笔签名的信件潜入巴黎，意图发动政变。这些潜入城中的使者与那些反对阿马尼亚克派的人一拍即合，双方迅速展开合作。在西吉斯蒙德离开巴黎之际，前任中书大臣的儿子，审计法院下属分庭庭长教士尼古拉斯·德·奥热蒙等勃艮第党派支持者就已经与使者拟定了一个计划，打算召集数百人控制首都迎接公爵回宫。他们准备趁王室征缴新税、城中人心浮动之际，纠集一伙人先抓住巴黎总督——如果巴黎总督不从命就立即将他处死。接着冲进宫中囚禁国王，逮捕中书大臣、贝里公爵让等一批权臣贵胄。得手后，把这些被俘者的脑袋剃个精光，绑在公牛上招摇过市，尽情嘲弄一番后再将他们分别处死，甚至连王后也位列被屠杀名单。控制局面后，他们将占领街道，高呼"勃艮第！"的口号，挥舞公爵的旗帜迎接他的军队进城。

暴动的日子后来推迟至复活节。对法国王室而言幸运的是，这个雄心勃勃的计划还没来得及实施便泄露了。情报被传给了正在用膳的中书大臣。这个可怕的消息彻底打消了他平静地享用晚餐的念头。中书大臣慌忙赶往罗浮宫向王后及诸位王公汇报，并建议他们抓紧时间出逃避难。闻讯后的众人手足失措，不知如何应对。

在这个危急时刻，只有巴黎总督塔内吉·迪·沙泰尔镇定自若。他立即披甲执剑，召集五十余名部众迅速占领市场，然后分头逮捕了部分正在房中武装自己的密谋者。受到突然袭击的密谋者猝不及防，陷于慌乱中。与此同时，得到骑兵增援的巴黎总督则毫不停歇地追捕余众。最终，组织涣散的勃艮第党人纷纷失去斗志，他们或被捉获，或逃出首都，密谋失败。

但粉碎政变的行动并不能使巴黎城中的阿马尼亚克派官员高枕无忧。这次阴谋涉及面极为广泛，法官、旅店老板、大学人员以及富裕市民等均牵扯其中。虽然他们中的许多人于次日被逮捕，但显然城中还隐藏着更多的支持者，惊魂未定的中书大臣将详细情况告知了在北方前线的陆军统帅贝尔纳。面对严峻的政治形势，陆军统帅不得不暂停正在进行的封锁事宜，与阿夫勒尔的英军签订了一个为期一月的休战协定。当然，这也给了后者一个喘息的机会。

在派出 800 人的先遣部队赶回首都后，陆军统帅贝尔纳随即也带领 300 名骑兵回援巴黎。与此同时，其他阿马尼亚克派将领也带领数百人前来增援。到了5月初，阿马尼亚克派的势力已经在城中占据压倒性的优势。于是一场针对勃艮第分子的血腥镇压和报复开始了。5月2日，先前逮捕的犯人们被带到中央菜市场，以叛国者的身份被处决。虽然那位尼古拉斯·德·奥热蒙因身份特殊被免去死刑，但等待他的是终身监禁，只能以面包和清水为食。那几位勃艮第代表倒是毫发无伤地逃到城外，让身后的市民们独自面对阿马尼亚克党人的怒气。

与此同时，陆军统帅贝尔纳等人继续在巴黎城中大肆搜捕嫌疑分子，将其中一些人或公开处决，或沉入塞纳河。此外，他们还强行没收市民手中的盔甲和武器，流放一些不受信任的市民，并对大学进行清洗。最后，他们将与事件有牵连的大屠宰业行会取缔。此后，那些自1413年以来活跃在巴黎政治斗争最前沿的人逐渐淡出政治舞台。同时，在种种高压政策下，巴黎市民与政府的关系急剧下降，不过他们此刻只能向权威屈服。在勃艮第支持者们受到重创，事态表面上趋于平缓后，陆军统帅又匆忙离开巴黎，再次奔赴诺曼底前线。

此后，法国军队又开始了时断时续的围城战，他们在前线与鲁昂之间设立军械补给中转站，并给商人发放安全通行证，以便他们将补给送至前线。同时诺曼底的子爵和邑督们也接到了命令，他们必须将大量军需源源不断地运往军队驻地。地方官员亦派出专员搜寻“谷仓、畜棚、旅店中的谷物，不管是贵族还是其他人所有的，一律送至在阿夫勒尔周围的军队和舰队手中”。官员们在诺曼底征得的税款也直接送到总部充当军队薪水。这些手段使陆军统帅贝尔纳能相对有效地掌握资源，顺利地开展封锁行动。另外，随着热那亚雇佣舰队的到来，一支庞大的舰队被逐渐武装起来，法国人的海上拦截行动也逐步展开。他们的舰只开始阻断海路，甚至越过海峡，袭击英国港口内的船只，烧毁近海的英国村庄，不停骚扰英国海岸。

在法国人的逼迫下，阿夫勒尔城中的补给几乎断绝，这让英王十分忧虑。在军队和舰队没有准备完毕前，亨利五世并未摆出拒绝休战的姿态。不过，他在与西吉斯蒙德、法国使者乃至伦敦的法国王公俘虏们交涉的同时，还与一个勃艮第使团保持接触。6月中旬，他派第十三任沃里克伯爵理查德·比彻姆（Richard Beauchamp, 13th Earl of Warwick）前往根特与勃艮第公爵约翰直接联系，试图分散法国人的力量。

公开谈判时，亨利五世与法国使者进行了一番激烈交锋，但他同意了西吉斯蒙德的调停建议，勉强接受了一个为期三年的休战协议计划。亨利五世表示，只要法军放弃围困阿夫勒尔，他便会考虑双方的长期和平。法国使者立即动身前往巴黎，以争取王室的认可，并确定下次在大陆更大的谈判会议的日期。

然而在海峡对岸，围困阿夫勒尔行动的顺利开展使阿马尼亚克派的信心倍增。他们认为，随着封锁的逐步加强，阿夫勒尔的投降指日可待。他们也不信任善变的英国人，坚信只要阿夫勒尔在英军手中，英国人就不会放弃征服整个诺曼底的计划。毕竟英军可以通过阿夫勒尔沿塞纳河而上攻取鲁昂，甚至可以威胁巴黎。这些观点驱使他们排斥英王的提议，但又要求使者在表面上尽量敷衍，为拿下阿夫勒尔争取时间。所以，在法国博韦展开的下一轮会谈中，英国使者们感觉毫无进展。当英国使者返回伦敦向亨利五世述职，并准备确定双方下次会晤时间和地点时，法国人则在诺曼底地区的继续兵动员工作，以防英国本土的大规模军事救援行为。

法国人的担心并非多余。在英国南岸，一支经过数月精心准备的英军舰队已经集结完毕。这支整装待发的舰队大约有 300 艘船只，载有 6000 多名兵员和大批补给物资，并受英王亨利五世的弟弟贝德福德公爵约翰领导。英国人原本计划在 7 月底起航，但他们直到 8 月 14 日才等来期盼已久的合适天气。刮起风之后，英国舰队立即扬帆出海。在夜幕降临之际，他们接近了塞纳河口，并在此处遭到了法国海军的拦截。法国舰队大约有 200 多艘船只，其中包括一些大型战舰。英军决定就在法国人对面抛锚。当时南风依然在呼啸，海浪拍打着船身，篝火在远处飘忽不定地闪烁，法军大型战舰在浓重夜色中显现出的巨大轮廓使英军战船相形见绌。双方将士都度过了一个不眠之夜。实际上，法国舰队中有很多人被拖欠薪水，热那亚舰队指挥官又在数周前与一支来自波尔多地区的英国舰队交战时阵亡，因此他们士气低落。

拂晓时分，热那亚舰队的号角响起，海战终于爆发。热那亚人的大舰迅速冲向英军，其他的法国舰只紧随其后，双方随即展开了近距离搏斗。部分装备划桨的法军小船灵活地发动袭扰，试图从侧翼包抄英军。载有大批装备精良的下马骑兵和长弓手的英舰沉着应战。英军抓住机会奋力用携带的铁爪困住敌舰，展开接舷战，并将暴雨般的箭矢倾泻到敌人头上。法国人则用长矛、十字弓甚至石块努力还击。激烈搏斗持续了 5—6 小时，英国的下马骑兵和精锐弓手相互配合，并逐步占据上风。

在短兵相接中,他们扫平了法舰上的一切抵抗力量,最终击破了对手的战线。就这样,英国人俘虏了好几艘法国大舰和一些小船。眼见这些中坚力量被摧毁，其余的法军舰只失去斗志，纷纷逃散。

此时，阿夫勒尔城已经毫无阻碍地展现在英军面前。不过，考虑到对此处地理水文环境不熟悉，英军没有继续追击敌手，扩大战果，而只是将补给送至城内。当增援行动结束后，这支舰队便不再逗留，立即返回英国本土。当然，英国人的胜利不是毫无代价的。据某些资料描述，英军有近 700 名骑士和 1000 多名弓手伤亡，贝德福德公爵约翰可能也位于伤者之列。但这些代价物有所值，此前法军在一系列封锁阿夫勒尔的行动中投入了巨大的资源，花费了漫长的时间，现在却因为英军舰队的成功增援而功亏一篑。焦虑的陆军统帅贝尔纳再次向整个诺曼底发出紧急动员令，然而已露疲态的法国军队却很难在短时间内再组织起一场同等规模的封锁战了。阿夫勒尔城内的英国驻军由于对此前的困窘经历记忆犹新，也不愿长时间承受敌人的军事压力。于是两边渐渐都倾向于暂时降低战争烈度。就这样，在 9 月末，英法双方终于签署了一个从 10 月 3 日到次年 2 月 2 日的休战协定。实际上，法国人之所以急于将主力撤出诺曼底的另一个重要原因是在法国的另一方向上已经出现了巨大危机。

就在大部分法军云集于上诺曼底与英军苦战时，在北方坐拥大片疆土的勃艮第公爵约翰也在酝酿着自己的计划。与王室的一系列谈判满足不了他的胃口，于是，稍稍安抚了自己的领地臣属后，不甘寂寞的公爵又想对巴黎发动新的打击。但鉴于去年冬季的大规模远征劳而无功，这次他改变了策略，只派遣部下带领小股部队多线袭扰。

当时从公爵的领地到巴黎主要有两条道路：一是从皮卡第出发沿瓦兹河谷南下直抵巴黎，一是从第戎出发经由塞纳河谷北上到达巴黎。因此，从 1416 年夏季到 1417 年，勃艮第将领带领士兵从这两个方向频繁突袭，其中的北方战线尤为激烈。1416 年 6 月，勃艮第派将领詹尼特·德·普瓦纠集 400 多人，将武器藏在木桶中，扮成商人秘密前往圣德尼。他们意图在此等候并抓捕中书大臣和巴黎总督塔内吉·迪·沙泰尔。不过这群绑匪的运气颇为不佳。也许是旅途劳顿之故，他们到达目的地后便专心大吃大喝起来，全然不曾察觉他们的猎物正穿过此城回到巴黎。发觉错过机会后，他们只好放弃计划，仓皇北返。但这只是勃艮第将领大规模骚扰中的一个小插曲。在北面，费里·德·马伊带领一批勃艮第骑兵大举入侵桑泰尔地区的凯内尔（Quesnel）和昂日（Hangest），肆意逮捕当地居民，掠夺他们的财物。与之相呼应的是，莫鲁瓦·德·圣莱热（Sir Mauroy de St.Leger）等人也渡过塞纳河，连夜埋伏在东北面的绍讷城堡（Chaulnes）旁边。勃艮第党人耐心潜伏，终于在天明时等来了机会。他们趁城中放下吊桥之际迅速跃出，一起涌入城堡，成功地将其占领。随后他们便以此为据点，外出四处骚扰劫掠。在将周围全部抄掠一番，钱袋颇为充实后，他们才遗弃这个堡垒，转而前往别处搜刮蹂躏。最终这些勃艮第人带着沉甸甸的赃物，满心欢喜地踏上了回家之旅。

而更严重的事件发生在8月，勃艮第派将领索尔斯带领600多人趁乱深入王党领地，悄悄接近位于法兰西岛核心区域的拉沙佩勒附近，并在这里设下埋伏。他们也许是想奇袭巴黎，或至少引起巴黎骚乱，给城中的勃艮第支持者创造机会。不过这个野心勃勃的计划对这支小规模的部队来说实在是过于艰巨。他们的首领在与巴黎城中的线人接触后，感到很难施展计划，于是命人吹响了后撤的号角。但这些勃艮第党人不甘心两手空空地回家，他们一路上逮捕了不少发觉自己行迹的路人，并通过一次突然袭击夺取了由少数守卫驻守的瓦兹河畔的博蒙（Beaumont-sur-Oise）。对该地大肆搜刮一番后，他们遗弃这个据点，带着赃物和俘虏北返，沿途不断有勃艮第部队加入其中。当这股势力到达正在举行集市的内勒时，决定大干一票。经过一番激战，勃艮第党人占领了这座城镇。不少抵抗者被杀死，很多人被抓为人质。于是成为主人的勃艮第人在该地过了一段颇为惬意的日子，他们甚至将一度中断的集市重新开张。勃艮第人一边卖掉自己抢来的货物，一边用身旁的俘虏换取价值不菲的赎金。两周后，他们才带着满载财物的车队慢悠悠地北返。与此同时，其他勃艮第人在埃克托尔·德·萨卢兹、菲利普·德·萨卢兹等人的指挥下，也大胆出击，越过瓦兹河，兵锋直指位于诺曼底东北面交界处的厄镇伯爵领，厄镇伯爵查理在阿金库尔战役中被俘后就一直待在英格兰。在南线，勃艮第党人的军队攻入塞纳河上游地区。当地的王家邑督试图在北面组织力量阻击，但他们不久就在塞纳河畔的巴尔（Bar-sur-Seine）被勃艮第党人击败。

从大体上看，这些勃艮第军队主要是分散成小股部队四处流动骚扰，并没有久驻据守的意愿，也没有一决胜负的决心。即便如此，他们还是给阿马尼亚克派的领地造成了极大破坏，并削弱了这片地区所含有的战争潜力。兵火过后，匪患也开始横行乡间。在这种严峻的形势下阿马尼亚克伯爵贝尔纳仍然认为王室有足够的力量来平息这些危机，因此他拒绝联合勃艮第公爵约翰的建议。8月30日，法国王室对亚眠邑督发布了一项敕令，并抄送给了其他地区。

这篇敕令是以国王名义发出的，“我们（指查理六世君臣）依靠主的恩典……就应当竭尽全力为臣民们争取和平，一切干扰者都将受到惩罚，以便正义得以施行，而我们的臣民将生活在和平与安全中”。然后敕令列举了一大批勃艮第将领的名字，“我们了解到埃克托尔·德·萨卢兹及其兄弟菲利普·德·萨卢兹，皮耶尔·德·索雷尔……勃艮第堂弟（指约翰公爵）的吹号手罗伯特师傅、勃艮第堂弟卫队中的一名弓箭手詹尼特……同其他许多人一起，已集结起来对抗我们的意愿和颁布的命令”。接着，敕令开始列举和谴责这些人的行为，“他们在我们的王国横行无忌，以武力或者奸计夺取我的城镇和城堡，并将所有财物洗劫一空。不仅砍伤和杀死那些试图保卫财产的人和温和、善良的居民，甚至试图带领大批武装者进入巴黎犯下相似的罪行。他们事先就知道，我非常亲爱的伴侣、王后以及我的儿子图赖讷公爵以及我其他血亲，正住在此处。如果他们成功的话，这座城市将毁灭。当他们发现自己不能通过任何手段进入巴黎城时，就像疯子一样向被囚禁于英格兰的奥尔良公爵的城镇瓦兹河畔的博蒙飞奔而去。在路上，他们从耕地里掠夺马匹，对他们遇到的每一个旅行者实施抢劫并将他们囚禁。他们突袭并夺取了这座城镇和城堡，对它进行洗劫，并杀死和淹死了许多居民。他们还侵扰其他城镇、城堡和乡村，对妇女皆施以暴力。他们造成的巨大损失就连我们的敌人——英国人都不可能做得出。”

最后，敕令将他们宣判成亡命之徒，并声称要加以严厉的惩罚，“将之前提到的人，连同他们的盟友以及同伙，宣布为我和政府的叛乱者。由于此刻我们正全力从事于和英国人之间的战争，不能像我们所希望的那样，对抗这些叛乱者，因此我们给予臣民们充分的权力来拿起武器反对他们，杀死他们或者将他们关进监狱，凭借武力占有他们的所有财产，动产或者不动产……根据本文件，我们为此命令亚眠的邑督或者他的副官……在所有宣布公告的场所庄严宣读，抓获上述叛乱分子的人，应该免除他们日后因此而被起诉的危险。”

于是，按照这份敕令的要求，阿马尼亚克派的部队和支持者也对勃艮第人还以颜色。他们以对待强盗的方式吊死了大部分勃艮第俘虏，据说吊死人的树木还因不堪重负而被压弯。就此，两派的争斗进一步激化。

将军事指挥权交给部属们的勃艮第公爵约翰此刻正忙于和英国人谈判。早在1416年5月，他就和英王亨利五世的使者签订了一个关于自己领地的局部停战协议。消息传出后舆论大哗。阿马尼亚克派甚至怀疑他与敌人已经结成联盟。但勃艮第公爵毫不在意国人的反应，他乘着属下把皮卡第、法兰西岛、诺曼底边境搅得天翻地覆的机会，悠闲地前往加来。根据各方达成的协议，西吉斯蒙德和英王亨利五世已分别于8月底和9月初先后渡过海峡来到此城，准备为这场长时间的谈判进行最后的磋商。

法国使者也在9月初到达。由于先前有关英王、德王将在加来和勃艮第公爵约翰会晤的消息引起了法国王室深切的焦虑和不安，因此，按照王室的密令，这些使者也肩负着探听消息、暗查各方动向的任务。不过在先前的谈判中，亨利五世已经对法国人的虚与委蛇感到厌烦。法国使者在加来城中享受到了他们在前次谈判中施加给英国使者的同等待遇：被限制出行，被迫自付寄宿费用，甚至连仆人的行动也受人监视。他们的谈判对手冷漠而且严苛，因此谈判陷入僵局。

9月底，法国使者只争取到了维持到来年2月的停战协定，随后就被英国人打发离开。在这个过程中，西吉斯蒙德并没有努力调停。法国人在军事上的挫折和政治上的混乱使得西吉斯蒙德认为法国即将崩溃。他开始考虑自己能从这些事件中捞取多少利益。谈判开始前，他就与英王秘密商谈了法国瓦卢瓦王朝垮塌后的瓜分事宜。他打算以后染指法国东部的几块领地，这些地方曾是古老的阿尔勒王国的组成部分。作为交换，他将为英国人提供一定的军事援助，两人8月时就已在伦敦达成了秘密协议。

赶走法国使者后，亨利五世、西吉斯蒙德和10月4日到达加来的勃艮第公爵约翰，开始详细讨论划分事项。会议中，英王要求勃艮第公爵不要参加法王对英国征服法国的抵抗活动。如果有可能，亨利五世还希望约翰能签署公告，在英国征服法国的合适阶段向他效忠。作为补偿，英军既不会侵入勃艮第公爵控制的任何一处领地，也不会向他的任何盟友发动攻击。此外，英国还会将今后征服的部分领土赠送给公爵。面对如此丰厚的条件，狡黠的勃艮第公爵并未回以肯定的答复，反而十分含糊，不过他表示同意将双方的休战期延至1419年。在同西吉斯蒙德交涉时，勃艮第公爵因持有勃艮第伯国的阿洛斯特等领地向德意志国王行效忠礼。

在三方谈判积极进行的同时，跟随亨利五世一同来到加来的格洛斯特公爵汉弗莱，则作为英国方面的人质暂住在勃艮第公爵约翰领地内的圣奥梅尔。当然，凭借英王幼弟的高贵身份，格洛斯特公爵受到以沙罗莱伯爵腓力为首的勃艮第贵族们的热情款待。在公爵到达的次日，沙罗莱伯爵在一批勃艮第显贵们的簇拥下前来拜访致意时，却发现他正忙于同自己的英国同伴们交谈。公爵背对着走进房间的腓力，没有按传统礼节对伯爵致意，只是简短地说了一句“欢迎您，亲爱的表弟。”然后继续与英国同伴谈话。格洛斯特公爵高傲的态度使年轻的腓力颇为不快，考虑到父亲的利益，他并没有表露出不满神色。最终，三方会谈顺利结束。在一片友好的气氛中，勃艮第公爵和格洛斯特公爵都安然回到了各自的阵营中。不过其间的这个小插曲已使腓力和格洛斯特公爵间产生了小裂痕。此后这两位权贵间的频繁摩擦甚至将影响整个战争的进程。

▲ 格洛斯特公爵汉弗莱

当交易基本达成后，亨利五世、西吉斯蒙德、勃艮第公爵约翰均离开加来前往各自领地。然而，法国王室对这些秘密交易知之甚少，西吉斯蒙德在离开加来、返回康斯坦斯的漫长旅程中，还收到了法国人对他在先前谈判中的干预行动的感谢。不过德意志国王并没有领情，当他回到自己领地后，就发布宣言，声明他已与英国签订攻守同盟，一起针对法国。现在，阿马尼亚克派在北方与英国人以及勃艮第人抗衡的同时，还要在东方边境上防范可能来自于神圣罗马帝国的军事压力，形势变得更加严峻了。

而返回领地的勃艮第公爵约翰也开始筹划下一步的行动。自从道芬路易去世后，王位继承权已经转移到他的弟弟、前任图赖讷公爵让身上。这位年轻的王子此时正居住在岳父埃诺伯爵威廉四世的宫廷中。威廉很乐意担任新道芬的导师以及勃艮第和阿马尼亚克两派的调停人。因为他的姐姐是勃艮第公爵的妻子，而且他自己一度也是公爵的盟友。但威廉也有着自己的打算，他并不希望失去对道芬的控制权，也不希望道芬成为两党相互倾轧的工具，因此他在1月初就引导道芬向两派发出了休战的命令。同时，翁婿二人也拒绝了与勃艮第公爵会面以及同使者返回巴黎的请求。西吉斯蒙德访问巴黎时，待价而沽的威廉也曾来到该地与阿马尼亚克派接触，之后还参加了在英国的谈判会议。加来谈判召开前，他和勃艮第公爵曾有过一次短暂但毫无成果的会晤。在加来谈判结束，英法注定会兵戎相见时，威廉终于决定改变之前的观望姿态。他写信给勃艮第公爵，邀请勃艮第公爵前来与自己的女婿会面。灵活善变的勃艮第公爵立刻抓住这个机会向威廉和道芬示好，积极与他们联系，并赶往瓦朗谢讷与他们会面。

11月9日，勃艮第公爵约翰带着包括其子沙罗莱伯爵腓力、阿拉斯总督等一大群宫廷亲信在内的庞大使团来到瓦朗谢讷拜见道芬让。埃诺伯爵威廉和道芬让也没有怠慢，他们出城前行了1里格——约等于3英里——迎接勃艮第公爵一行人，接下来双方在十分融洽的气氛中亲切交谈。

▲ 埃诺伯爵威廉，在护送道芬让回宫的任务失败后不久，他也离开人世，只留下一位女儿继位

勃艮第公爵约翰首先向道芬让致意，并立即信誓旦旦地保证将以自己最大的力量来为他和他的父亲——法国国王服务，与他们的敌人做斗争。这一番承诺极大地取悦了道芬让。作为报答，他发誓将帮助公爵对抗那些对公爵及其领地和臣民怀有恶意的政敌。接下来，道芬让亲切地恳请公爵加入国王保卫疆土抵抗英国人的事业，公爵欣然应允。对此仍有一丝顾虑的道芬又问起公爵是否能遵守在欧塞尔签订的和约，公爵连忙回答他非常渴望保持和平，而且对任何人都没有恶意。不过，公爵着重强调除了令他耿耿于怀的安茹公爵路易之外。年轻的道芬似乎对堂叔安茹公爵——道芬幼弟查理的岳父——的命运并不在意，他非常满意勃艮第公爵表现出的豁达和看似完美的承诺，于是

决定与勃艮第公爵合作。他答应公爵会极力促成公爵与国王的和解，并让他入驻王室，共同建立一个强力而有效的政府。随后，埃诺伯爵威廉也和勃艮第公爵互相发誓，保持他们“兄弟般的友情”，共同扶持道芬让。会谈进行得十分顺利，其余在场者也被此番情景所感动，纷纷立下誓言为这一时刻做见证。不过，在一阵慷慨激昂的宣言过后，埃诺伯爵提出了一个小小的条件：他无意介入法国和英国的战争，以免破坏自己与英国之间的亲密关系，并让自己的领土横遭兵革。勃艮第公爵立刻同意了这个要求，他同时也请求埃诺伯爵保证道芬让的人身安全，不能轻易地将他交到任何不值得信任人的手中。这个请求暗合伯爵的心意，因此他马上应诺下来。双方最终将道芬让前往巴黎的日期定在11月底。一系列交易达成后，他们各自带着相关人员回到自己的领土中，开始做南下的准备。

相比占得头筹的勃艮第公爵约翰，法国宫廷的代表在埃诺伯爵威廉的宫廷中四处碰壁。年初时，阿马尼亚克派首领就遣使前往埃诺伯爵的宫廷，劝说道芬让返回首都；并命令大使顺便观察道芬的喜好，以便日后快速将他拉拢到己方阵营。大使来到伯爵严格控制下的埃诺宫廷后，发现勃艮第大使已经先到一步。在之后的日子里，他们被后者紧紧跟随，几乎找不到与道芬直接交流的机会。后来，他们便被不耐烦的威廉赶回巴黎。为对抗这些不利影响，陆军统帅贝尔纳通过法令使道芬的弟弟蓬蒂约伯爵查理晋封为图赖讷公爵，并提拔他为巴黎总管。不过在9月初，威廉终于答应会将道芬送回巴黎，并要求他们垫付卫队护送的费用。事情开始出现转机。9月末，威廉的宫廷以道芬的名义发表了一份对法国主要城镇的宣言，声称道芬将在英国入侵时亲自领导一个团结的民族对抗敌人，并要求每个人在目前的危机下只向国王效忠，并随时做好遵诏奔赴战场的准备。

11月下旬，王室使者再次前来拜见埃诺伯爵威廉等人。在他们的竭力敦促下，12月初，埃诺伯爵和道芬终于开始启程前往巴黎。他们的队伍显赫华贵，人员众多，实际上更像是一支小型军队。最引人注目的是，他们的后面还跟随着一群勃艮第公爵约翰的近臣。这部分人刺激着阿马尼亚克派的神经，他们怀疑道芬、威廉已经和勃艮第公爵达成了新的联盟。于是，法国北部的政治气氛骤然紧张起来，护送道芬返回首都的队伍也行进得十分缓慢。

年轻的道芬让似乎没有觉察到时局的严峻和复杂程度。在返回巴黎的途中，他仍专注于签署信件，发给韦芒杜瓦（Vermandois）、亚眠以及其他地方的邑督们，要求他们立即停止与敌对派系的战争行为，否则将受到严惩。然而两派将领们并没有遵从这些命令，士兵蹂躏乡间的行为未被制止，这些地方的居民所受的战乱之苦也丝毫没有得到减缓。

与此同时，巴黎宫廷中温和派和强硬派之间的政治冲突在不断升温。一些人热切盼望着道芬让接过摄政大权。焦急的王后伊萨博更是按捺不住自己的心情，她努力冲破种种阻挠，在 1417 年 1 月 21 日离开都城，来到北面的桑利斯并住进国王的行宫。与她同行的还有她的幼子图赖讷公爵查理和一大批大臣。而她的女婿布列塔尼公爵约翰早已出发并护送道芬一行来到桑利斯东北面的贡比涅。王后热切盼望能见上阔别多年的儿子一面，然而由于各方的种种阻力，她只能止步于此。于是，母子两人不得不分别驻足在两座相距仅有 20 英里的城市遥遥相望，看着双方的使臣频繁穿梭于贡比涅与桑利斯之间。

在此期间，贡比涅城中的埃诺伯爵威廉和道芬让等着与王室代表就进城条件做最后的商谈。但阿马尼亚克派不能接受他们身后的尾随者，因此漫长的谈判陷入僵局。此时，巴黎的强硬派开始发力。2 月下旬到 3 月初，陆军统帅贝尔纳在桑利斯和贡比涅现身。由于威廉的阻拦，他和其他大臣未能将道芬带回巴黎，但王后一行却被迫返回。当陆军统帅也动身返回巴黎时，年轻的道芬已经有些动摇，想同他们一起前往首都。

感觉局势渐渐失去控制的埃诺伯爵威廉决定亲自前往首都，希望就此事达成最终妥协。3 月底，他到达巴黎，并当众亮出了自己的底线：道芬让继续与勃艮第公爵约翰保持联盟关系，并恢复勃艮第公爵在王室的重要地位，否则他就将带道芬返回埃诺。阿马尼亚克派无法接受这个条件，于是决定采取极端手段逮捕并囚禁埃诺伯爵，并以他胁迫道芬就范。

▲ 道芬让，毫无经验的他几乎完全听从岳父威廉的建议

幸运的是，有人及时将这个消息告诉了埃诺伯爵威廉。他闻讯后大吃一惊，未等及黎明便借口朝圣仓皇逃出巴黎。当天夜里，惊魂未定的伯爵赶到贡比涅，得到了一个更加恐怖的消息：道芬突然身染重病，他的耳朵开始发炎，双眼凸出，紧接着又难以呼吸，从巴黎赶来的医生也无力回天。数天后的4月5日，病魔就夺去了他的生命。曾经簇拥着道芬南下的庞大队伍顷刻间土崩瓦解，而道芬则被草草装进一具铅棺里，简单地举行了葬礼。陪伴这位年轻王子走完人世间最后一段行程的显贵只有埃诺伯爵一家人。随后，道芬被安葬在贡比涅附近的修道院，威廉和他的家人们则在唏嘘中返回埃诺。

总体说来，勃艮第和阿马尼亚克两党间的积怨由来已久，已到了水火不容的地步。这种局面不是区区埃诺伯爵威廉施加压力就能扭转的。他一厢情愿的强硬举动适得其反，他的愿望最终也化作一场空。

这些事件还在巴黎引发了更为严重的政治余波。道芬让的去世使代表王位继承权的道芬一衔转移到了法王的幼子图赖讷公爵查理身上。他将与王室的盟友安茹公爵路易的女儿联姻，现在正与国王、王后一道处于陆军统帅贝尔纳的直接控制之下。因此陆军统帅的摄政权力较之先前更加稳固。然而他仍打压身边持有异议者，以此确保自己的政令能畅通无碍地执行。

陆军统帅贝尔纳的重要目标之一就是在之前谈判中异常活跃的王后。她倾向于两派和解，以此换取国境内的和平，巩固自己和儿子的地位。种种迹象表明，她对陆军统帅久握权柄已颇有微词，也不赞成他的所有政策，并试图通过一些手段扩大自己的影响力。陆军统帅不能容忍这种情况继续下去，因此开始派人秘密调查王后。

在这段时间，王后一直借助路易·德·波瑟冬等几位将领，暗中蓄积私人军队，并将唯一的儿子查理带在身边。陆军统帅贝尔纳对这些小动作了然于胸，他收集了一大堆王后生活不检点的证据，并将这些情报通报给精神恍惚的查理六世。法王闻讯后立即在4月18日赶往王后居住的万塞讷一探究竟。在返回的路上，他们正巧撞见了前往万塞讷的路易·德·波瑟冬。根据编年史记载，波瑟冬在与国王一行照面时，只是在马上微微点头予以致意。国王认为他的举动十分失礼，此刻陆军统帅趁机一口咬定这位阿马尼亚克派老部下曾经对王后大献殷勤。

巴黎总督立刻将路易·德·波瑟冬逮捕，并投入监狱，对他施以酷刑。这些人很快就从他嘴里撬出了远比传闻还丰富的细节。之前有关王后与前任奥尔良公爵路易之间亲密关系的旧闻无疑也对她十分不利。国王在悲愤中直接返回巴黎。没有机会为自己申辩的王后则被迫和子女分开，然后被送往图尔，受到相关人员的严密监视。她那庞大的随从队伍被解散，守卫们四处逃散。王后存放在修道院等地，价值数十万锂弗的财物被陆军统帅贝尔纳等人起获充公。倒霉的路易·德·波瑟冬则被人装进麻袋里投入了塞纳河。然而，值此风雨飘摇之际，无论陆军统帅是出于剪除异己的目的，还是因王后过于奢侈挥霍而收缴其财物充实国库，囚禁她的做法都是极不明智的。他的作为极大地打击了王室的声望，并制造了不可弥合的分裂，而且使得其他势力有了可乘之机。这个事件暗示阿马尼亚克派的权威正面临着巨大的危机。

与此同时，阿马尼亚克派再次开始驱逐勃艮第派支持者和同情者。在夏季，有数百名市民、大学学者及法官被赶出巴黎。经过一番清洗后，王室开始全力贯彻陆军统帅贝尔纳的指令。然而这项工作十分棘手，因为它意味着王室要与英国和勃艮第党人同时作战。先前的资源在历次战事中几乎已消耗殆尽。因此在1416年底，新一轮的税款征收工作就全面铺开了。同时，阿马尼亚克派还向全国、特别是巴黎的

◄ 王后伊萨博（左一）的个人生活和政治态度在后世都引起了较大争议

数十名显贵们强制借贷一笔总数达6万图尔锂的巨款，不管显贵们倾向于阿马尼亚克还是勃艮第，都需分摊款项。

这些沉重的负担在1417年初引起了诸多城市的反抗，王室被迫有所让步。比如鲁昂被暂缓了3000锂弗的税额，另有1000锂弗将用于地方防御建设。总之，中央与地方漫长的讨价还价使筹款工作举步维艰。而先前敌人在加来秘密会谈的消息令阿马尼亚克派如芒在背，他们预感敌人更大的军事行动即将到来，因此进一步向财政官员施加压力，并向审计法院发出询问。

5月末，当着陆军统帅贝尔纳和大臣的面，相关官员给予了详细答复：根据估算，在接下来的四五个月里还需要价值80万—90万锂弗的资金，而现有的资金只能支撑到6月。这些数据一经列出，参与会议的人员皆哑口无言。万般无奈之下，官员们建议与勃艮第派议和，在座的人皆无言以对。求和的文件被试探性地发给公爵和前线市镇,但发出后就如石沉大海。随后诉状审理庭决定调查富人们的财产,“劝说”他们借钱给国王。5月底到6月初，另一项补助金又开始在全国范围内征收。阿马尼亚克派使出浑身解数，力图填补财政窟窿，盐税、对教士们的什一税、货物的入市税、抵押王室珠宝、铸币大肆贬值等筹款方式全面铺开。很难确认这些措施是否能达到预定目标，但抱怨和不满却在人群中广泛散播开来。人们指责陆军统帅的过度征税，认为他或是在谋求私利，或是白白将金钱送给那些毫无价值的残兵败将。

当阿马尼亚克派陷于内外交困时，北面的勃艮第公爵约翰却感到他与自己的政治宏图已渐行渐远。去年6月贝里公爵让的去世，已经使他失去一条与王室联系的重要渠道，而与他颇有默契的道芬让也离开人世，使他谈判的筹码烟消云散。至此，几乎同宫廷断绝了人脉关系的勃艮第公爵下定决心放弃谈判道路，转而诉诸极端手段。4月25日，他发表声明，公开与巴黎的当权者决裂。

在声明中，勃艮第公爵约翰详细地回顾了往事：

自从我们从王室政府退出后，一些来自下层或出身不明的人夺去了公共事业的管理权。这些人一心想将王国的财富据为己有，并且他们是如此肆无忌惮。我们的国王陛下和官员们都陷入了贫困窘迫的境地……尽管他们每年通过征税和借贷的手段获得巨大数额的资金，但没有一份被用于公共开销或是王国的福利事业……（公爵）决心要大力纠正上述恶行，以我们最大的能力来追索归还公共国库的财产……我们曾经派遣大使前往巴黎罗浮宫出席廷议，将上述事情公布于众。最近去世的阿基坦公爵主持这次廷议。我们要求制止上述那些恶行并更好地治理这个国家。用这种方式，许多巴黎大学的人加入我们的行列。他们给我们寄来曾公开在巴黎圣吉纳维芙教堂宣读过的信件。

但是……我们遇上了一堆掩饰和诡计……那些恶棍想尽各种理由阻止我面见我们的国王。在废除这些敕令后不久，他们就做出各种混乱行为，一次接一次地强征重税，一遍又一遍地强制借贷、罢官、流放、砍头以及不计其数的暴虐行为。我那最近去世的女婿阿基坦公爵对此异常不满，他命令我们带领一批精兵到他的身边，以此来终结这些行径。按照命令，我们来到圣德尼，并向巴黎市区挺进，但没有获得进城许可，不能见他。因为那些心怀恶意的顾问立即对我们可敬的大人（ 国王 ）和他的儿子下手，将他们长时间限制在罗浮宫的城堡里。顾问同样囚禁了国王的大部分仆人。一年前他们就预先得知了敌人将入侵的消息，但他们没有做任何抵御外敌的准备工作。因此，我们的国王失去了他领土内最好的一座海港，他的骑士们也遭受了毁灭性的打击。

尽管遭遇如此对待，我们的封臣和臣民依然坚定地跟随在他的君主左右。他们使抱怨和不满日益加剧，还关押了一大批效忠国王的市民显贵。我们撤退到阿图瓦和佛兰德的领地，并来到亲爱的兄弟埃诺伯爵身旁，向我们深受爱戴的侄子——不久前去世的道芬大人解释我们真诚的打算以及现行措施，阐述延续下去必然引发的不良后果。但是这些邪恶的大臣们，试图阻止我们的兄弟（ 埃诺伯爵 ）前往巴黎。当他在努力达成议案时，没有想到有针对他个人的企图……他逃回后不久，一场严重的灾祸降临，大约在那天的晚祷时刻，我们非常亲爱的大人和侄子，患上了严重的疾病，不久就去世了……贪婪的大臣们毒死了他，就像对待阿基坦公爵一样。这些统治着王国的投毒者不会听从我们的和平条款，也不会怜悯饱受摧残的法兰西贫民……这些人已经违反或破坏了六项和约……你们应该彻底地认清这些欺诈、不忠、做伪证的叛国者。尽管如此，我们继续坚持我们的措施……与此同时，我们也将改革那些激起民怨的政策，它们以盐税、什一税以及其他苛捐杂税的名义压迫穷人。我们决心运用我们可以收集到的每一分力量来达到目标。为此，我们恳求和召唤你们施以支援、咨询和协助……我们的事业将获得令人满意的结果，而臣民们将长期生活在自由和特许权所带来的快乐中。我们也将努力使法兰西人未来不再需要缴纳课税、强征以及盐税。我们起诉所有以言论和行为来反对这些的人，我们将以烈火和利剑来对抗他们——无论他们是谁！

这篇扭曲事实的声明蒙蔽了许多人。时值阿马尼亚克党大力征收税金之际，勃艮第公爵约翰置法国的前途和安危于不顾，只是狡黠地迎合人们的抵触情绪，做出将为他们撑腰的姿态，立下并不现实的承诺，因而获得了广泛的支持并引起了极为恶劣的影响。尽管国王先前就对各地邑督发布了一系列命令，要求他们将勃艮第公爵寄给当地居民的书信扣下并送往巴黎，禁止任何人开启、阅读信件，逮捕任何携带此类信件的人，对那些张贴者严加惩处，但这些信件还是频繁出现在公共场所的墙壁上以及教堂的大门。它们源源不断地扩散开来，每到一处，人心就开始浮动。许多地方都发生了驱逐税收专员和阿马尼亚克派支持者的暴动。人们闯入税收专员的住处，将税收花名册付之一炬。在兰斯、沙隆（Chalons）、特鲁瓦和欧塞尔等地区，人们公开举行示威，热情接待勃艮第信使。在阿布维尔，当地长官带头拒绝收集税款。在韦芒杜瓦、蓬蒂约、博瓦地区（Beauvoisis，即博韦及附近地区），人们都大开城门迎接勃艮第人入城。这些骚乱事件由北向南扩展，由皮卡第一直蔓延到诺曼底的东北部地区。而朗格多克的大贵族们也开始煽动民众闹事。

最严重的事件发生在诺曼底的首府鲁昂。5月中下旬，当地的一些人受勃艮第党人的秘密鼓动聚集到大街上，一边高喊“勃艮第万岁”，一边大声咒骂税收专员。他们推选阿兰·布朗沙尔为首领，积极抵制城堡中的王家军队进驻市镇街区。居民与市镇当局的矛盾急剧激化。

随着时间的推移，性质更为恶劣的事件终于发生了：在7月下旬的一天晚上，这伙人聚集在一起，来到当地王家邑督拉乌尔五世·德·戈古尔（Raoul V de Gaucourt）——他那同名的儿子因在阿夫勒尔抵抗亨利五世而被囚于英格兰——的住处前。他们一边猛烈地敲击着大门，一边高声嚷道：“我们要同邑督大人谈话！我们刚在城里抓住了一个叛徒，要把他转交给邑督大人！”正在休息的邑督不知这是一个陷阱，立即从床上爬起来，匆匆披上一件外套便上前开门。他刚一现身，叛乱分子便迅速围上前用乱剑将他刺死。紧接着他们离开此地，赶到邑督副官住处，并将其杀害。随后，他们开始在城里大肆捕杀阿马尼亚克派官员。部分市政官员无心抵抗，转而逃进由总督镇守的城堡中。

次日早晨，勃艮第的支持者已经完全控制了城镇。他们集结起一大批武装人员，浩浩荡荡地行进至城堡下，试图占领它。总督带领城堡内的一百余名士兵顽强抵抗，粉碎了他们的意图。受到挫折的勃艮第支持者只好派出十几位显贵市民作为代表与总督谈判。代表们进入城堡后，先是对城里发生的血案表示遗憾，表示如果凶手被找出并受到惩罚，他们将十分欣慰。客套一番后，他们对王室将采取的行动表示担忧，因此强烈要求总督允许他们接管这个堡垒。这个要求立即被总督拒绝。然后，他们又请求将城堡通向郊外的大门关闭。总督同样予以拒绝。最后，他们只好恳求当王室军队进城时，应该将军队拒之门外，同时还哀求总督在王室面前替他们求情。总督答道如果他们允许王室人员进城的话，他会在适当时间和地点为他们求情。得到这个冷漠的答复后，代表们离开城堡，悻悻地回到城里。

此前的 4 月底，安茹公爵路易在昂热去世，只留下妻子与三个年幼的男孩支撑家业。他的去世使得王室失去了一位重要盟友，道芬查理也失去了一位重要的导师和支持者。王室人员忙于参与公爵的葬礼，因而对鲁昂的叛乱未能做及时应对。但王室不能容忍鲁昂这个在诺曼底有重要影响的城市倒向勃艮第公爵约翰。

不久后，参加完安茹公爵路易葬礼的道芬查理等人在普瓦图、曼恩、卢瓦尔河流域诸省召集了约 2000—3000 人的队伍。王室发出命令，让其中的 700 名骑兵、1000 名弩手前往诺曼底弹压叛乱；另一部分人则转向西面，对抗来自于勃艮第地区的势力。

道芬查理一行来到鲁昂南面的蓬德拉尔克，并打算派使者招降市民。然而，使者发现鲁昂人全都顶盔掼甲，用如临大敌一般的眼神怒视着自己。在他宣读完诏谕后，市民们还是一致表态拒绝道芬及其军队进城。不过，他们的口气随后有所松动，提出如果道芬只带少数随从，并自付在此期间的费用，他们就将接待他进城。无法接受这个条件的使者只好两手空空地回到道芬等人的身边。于是，道芬决定用武力强行入城，他命令队伍前行至城西南的山上，并派人与出身波旁家族的城堡总督联系。当总督来到大营后，道芬对他下达了命令：“表兄，回到你的城堡后打开通向郊外的城门，让 200 名骑兵和 200 名弓箭手从那里进入。我们马上就会派出这些部队。”总督如是照办。当大军进城后，鲁昂人的心理防线终于崩溃，他们被迫向道芬屈服。最终，阿马尼亚克派重新掌握了政府，刺杀邑督的凶手被惩处，阿兰·布朗沙尔被迫出逃。稳定局势后，道芬指派了一名新邑督管理这座城市。

在弹压鲁昂叛乱者的5—7月间，王室也没有放松在诺曼底开展进一步的战备工作。他们对英法关系的走向并不抱乐观态度，认为英国人不久后必定会攻击诺曼底。因此，加强这一地区的防卫工作就显得十分必要了。王室认为如果举措得当，侵略者在堡垒林立的诺曼底将劳而无功，耗尽力气，这对法军反击极为有利。于是，王室开始委派专员在全省范围内征用运输马车及相关人员。国王的指示也被发给各地官员，要求他们巡查城市的城墙和防御堡垒，并在市民中征发守卫加以维护。那位被刺杀的鲁昂邑督拉乌尔·德·戈古尔也曾收到这个命令，并于6月17日公布，同时还向市民借钱用于维修城墙，这间接导致他遇难。一些新的邑督也被派往卡昂等地加强防御工作。另外，诺曼底的大部分城堡也被王室接管，王室将提供费用巩固这些城堡的防卫工事。各地的子爵也收到命令，要求他们务必做好领地中各处据点的修复工作，所产生的费用从子爵们的收入和国家征收的战争补助金里扣除。诺曼底再次被积极动员起来，但是在长达数年的战争消耗下，这片地区的资源有灯尽油

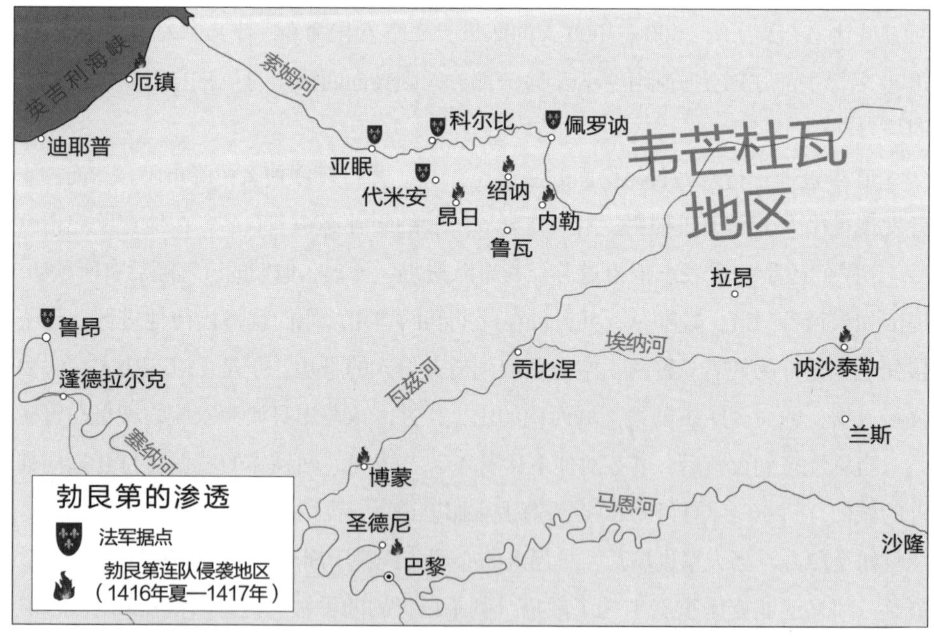

▲ 勃艮第的渗透

枯的迹象。由于先前阿夫勒尔围城战功败垂成，之后又频繁征调、摊派经费，阿马尼亚克派在这一地区的威望大幅降低。

和诺曼底相比，阿马尼亚克派在北方前线的前景更加堪忧。整个夏季，勃艮第公爵约翰一直在佛兰德和勃艮第的领土内集结军队，显然，不久后他将发动一场规模空前的入侵。虽然此前王室已经在索姆河沿岸设置了佩罗讷、代米安（Démuin）、亚眠、科尔比等一系列重兵把守的据点，这些驻军城镇对小股袭扰有一定抑制作用，但如果面对勃艮第公爵约翰亲自领导的主力部队，这些据点毫无还手之力。

勃艮第公爵约翰不断派大使带着他写给当地官员和民众的信件，前往各城镇公开宣读。他还严厉斥责那些敢于带领部队和勃艮第人作战的将领，并威胁市民如果继续支持这些人和反对自己的意愿，他将向这些城镇宣战。迫于勃艮第公爵强大的军事压力，亚眠和科尔比等地的市民终于发生了动摇，他们决定顺从于勃艮第公爵的意愿，将王室派往本地任职的邑督休·德·皮伊斯等人赶回巴黎。一线的防御链开始瓦解。勃艮第派还对其他区域展开攻势。在东面，他们包围了埃纳河畔的讷沙泰勒（Neufchatel-sur-Aisne），并成功击退了阿马尼亚克派将领和当地法军的一次联合救援行动。

与此同时，海峡对岸的英国人也丝毫没有放松备战的脚步。先前由贝德福德公爵约翰指挥的海战虽然获得了丰硕战果，但并没有对法国舰队造成毁灭性打击。因此，保证在大陆各地守军的补给，巩固此地防御仍是英军的首要工作。趁着双方暂时休战，英国政府频繁与商人签订合同，鼓励他们到威尔士、爱尔兰等地收购谷物运往加来、波尔多、巴约讷等地。其中阿夫勒尔是重点关照对象。1416 年 9 月，英国王室发布命令，让相关负责人派船队将 1100 夸脱（Quarter，1 夸脱约为 12.7 千克）小麦由本土港口送往阿夫勒尔。此外，城镇还不断接收由大量商人运抵的牲畜等物资，这些活动在休战协议到期后也未停止。同时，部分劳工也被派往阿夫勒尔移除法国人遗弃的土堡并修筑一条环城壕沟。此外，城镇的守军也有所增加。英国王室的系列举措耗资巨大，仅阿夫勒尔一地在 1415 年底到 1417 年 3 月就花费了 1.5 万多英镑。

与法国的休战协议并没有中断英王的征服计划。庞大的战争机器开始运作起来。1417 年 1 月，英国已经展开集结远征军队的工作。盖有英王御玺的信件被送到贵族和士绅阶层手中，要求他们参与这次远征，并确保在1月12日前集结他们应该率领的骑兵和长弓手。2月1日，伦敦地区和其他几处地方的郡守接到命令，要求他们当众宣布当地贵族和乡绅们应当在14日前加入他们君主的行动的命令。当然，国王也会和参战者签订合同，付给他们报酬。5月28日，新的王室公告被发出，要求那些持有国王土地或领有终身年金的乡绅，必须在6月22日前到南安普敦报到。他们还必须装备与自己财力相适的武装，带足一个季度的补给。不过，国王将会向他们支付这个季度的薪水。亨利五世也没有忽视那些在英国军队体系中占据重要地位的长弓手。他写信给相关地区的郡守，命令他们督促各城镇的居民从鹅翅膀上收集羽毛的工作，保证能给长弓手们供应充足的羽箭。同时，英国与勃艮第的联系仍在继续。7月,以勃艮第公爵管家纪尧姆·德·尚普迪韦尔为首的一小群使者来到英国，受到英王亨利五世的接待。经过一番交易，7月31日，双方在伦敦同意休战协定的领土范围进一步扩展，而休战期限也延长到了1419年，这个协定在8月也得到了公爵本人的认可。双方还很可能在此期间对各自将展开的军事行动进行了交流。

当然，不断与英国人接触的勃艮第公爵约翰可能内心非常矛盾。虽然处于反对阿马尼亚克派的阵营内，但他并不希望英国人拔得头筹。因此，获悉英国人准备行动的消息后，勃艮第公爵急忙加快了步伐。6月中旬，作为领地摄政的勃艮第公爵夫人已经为她的丈夫集合了大约有3500人的军队,这支军队从第戎出发向北进军。7月,位于塞纳河上游的诺让（Nogent）被勃艮第人占领。先前的那支阿马尼亚克派分遣队被迫掉头北返。接着，勃艮第部队逆流而上，在27日前后接近法国东南方向上的重镇特鲁瓦。这座繁荣的城市只有一小队阿马尼亚克派士兵驻守。在一大群市民的围观下，邑督西蒙·德·博诺带着30人出城与勃艮第代表谈判。交涉一番后，他拒绝了当众宣读公爵告示的要求，并当着那些勃艮第将领的面关上了大门。然而城中的人心已开始浮动，勃艮第的支持者趁机聚众控制城市。他们在不久后重新打开城门，迎接勃艮第将领们进城。随后公爵的告示在圣约翰教堂塔楼下的谷物市场中被公开宣读。人们报以欢呼，并高喊“万岁！国王万岁！勃艮第公爵万岁！”至此，局势已经无法挽回。晚间，西蒙·德·博诺被迫交出了城堡，这支勃艮第军队一直在此驻扎到年底。

此后不到一个月的时间里，香槟地区的其他两座重要城市沙隆和兰斯也向勃艮第势力臣服。在北面，勃艮第军队早已接到了8月1日在皮卡第集结的命令。公爵本人则亲自从阿拉斯出发，于8月12日来到科尔比，并在此建立总部。随后他前往亚眠作短暂拜访，此城居民也开门迎接他入住。虽然公爵先前声称要废除王室分摊的重税，但交涉后市民们还是做出了承诺：他们将为公爵的大军提供补给以及一笔3000锂弗的贷款。不过比起佛兰德答应支付给公爵的20万巴黎锂的特别补助金，3000锂弗只是小数目。因此，相对于捉襟见肘的阿马尼亚克派，公爵现在有比较充裕的资源来组织一次对法国核心地区的大规模军事行动。另外，公爵已经安排好了亲自出征时后方的政务运转工作：在亚眠期间，儿子沙罗莱伯爵腓力掌管皮卡第的领土，有一个顾问团帮助他处理相关事务。

王室对勃艮第公爵约翰的种种行为大为恼怒。他们派出国王的宫廷侍从卡尼领主奥伯特·勒·弗拉门戈——他的妻子马里埃特·德·昂吉安是战争后期著名将奥尔良私生子的生母——携带国王的信件前去问责。王室对此行的任务做出了一系列指示：

首先，会见期间奥伯特应该告知勃艮第公爵，国王和道芬对公爵的行为十分震惊，强烈抗议公爵对国王发动公开战争，使臣民陷于战火的行为。

第二，奥伯特应该宣布，公爵在英国入侵时做出的这些事使许多人怀疑公爵是英国的盟友。公爵应停止上述行为，不要再让自己的家族名誉受损。

第三，奥伯特要劝说公爵身边的男爵、骑士、侍从等人不要违抗国王命令。

第四，奥伯特应该阐明：对国王身边人的猜疑不足以成为公爵毁灭这个王国的原因，也不是他以荣誉为代价帮助英国人的理由，公爵应该以一种更加得体方式表达自己的不满。

最后，奥伯特还要宽慰公爵：国王愿意对公爵展示礼貌和恩惠，他赐予了公爵和其仆从大量礼物。

王室的这些指示虽然细致且周到，但奥伯特·勒·弗拉门戈的这个使团既没有能使勃艮第公爵约翰心动的谈判筹码，也没有掌握能使公爵有所忌惮的军事力量，因此这趟差事不容易办好。8月初，奥伯特接过任务向北前行，于月中来到已成为勃艮第公爵大本营的亚眠。忐忑不安的他向公爵施礼后递上信件，并开始传达王室的旨意：“无上高贵的王公，声名显赫的大人，这些来自于我们国王的信件要求我以他的名义嘱咐并命令您，立即放弃您已经开始的远征，解散您的军队，退回至您的领地。您应当写信向国王说明您集合这支军队及违背他命令的原因。”

听完这些话后，勃艮第公爵约翰立即回答道：“你，卡尼大人，不管你乐意还是不乐意，从佛兰德这一系来看还是我们的亲戚。尽管如此，我还是很想把你的脑袋砍下来，因为你带给我这样一个消息。”公爵声色俱厉的恐吓吓得奥伯特·勒·弗拉门戈魂飞魄散。慌乱中的他在公爵面前跪了下来，极为谦卑地哀求公爵能发发慈悲，理解他的苦衷。他声称自己是被迫遵守国王的命令，身不由己。勃艮第公爵身旁的骑士们也开始为奥伯特求情。见此情景，公爵稍稍平息了怒气，但仍生硬地告知奥伯特：他不会告诉奥伯特自己的打算，这项工作将由另外的人负责转交国王；他也不会理睬国王发出的禁令，只会带领军队前往巴黎，到那时再驳斥那些强加在他头上的指控。不过，在众人随后几日的不断劝说下，公爵态度终于有所松动，他命令自己的顾问起草了一份檄文来回应国王发给他的指令。

在这篇檄文中，勃艮第公爵约翰驳斥了王室提出的指控，回绝了国王的要求。他在文中宣称：作为亲属和封臣，他必定会为国王服务，而且他真心希望改良政府。然而，这种改良被“围绕在王座周围之人的密谋”打断。这些人毁坏了国王的财政、抛弃了王国及所有臣民。他们试图毁灭公爵，玷污他以及他子孙的名誉。因此，公爵向王国的主要城镇发出信函，向人们告知自己的打算。为此，他签署了集结骑兵和弓箭手的召集令。文中还写道：“感谢上苍，他现在已经有 6000 名骑士和侍从以及 3 万名士兵在他的麾下待命，所有人都对他的国王、王国以及忠心的臣民们胸怀善意。在行军中，有好几次当公爵来到大城镇前时，居民们知道他的良好意愿，都对他开启了城门。这支军队使许多充斥着掠夺者的地区向他投降，他已派优秀而且对国王忠心的臣属们进驻这些地方，他们不会做任何不光彩的事，这种做法受到了充分认可。”

勃艮第公爵约翰还狡辩说，如果自己收到了任何效忠宣誓的话，那也是面向国王的效忠。关于他下令禁止臣民向国王纳税的说法也不是事实，臣民只是被勒令不要将税款付给那些虚伪的卖国贼们，而是将其保留，等到合适时机献给国王。公爵还打算在面见国王时提议废除最为沉重的赋税，因此臣民们可以再次享受他们古老的特权。

至于他和英国人结盟的罪行，勃艮第公爵约翰也做出了反驳：英国人正是从大臣们控制的政府手中获得了成功，他们占领了诺曼底最坚固的海港，并期望着进一步的扩张。公爵还声称现在卖国贼们并没有对抗英国人，王国比任何时候都需要强大的队伍保卫，因而自己这支忠诚的军队则显得尤为必要。为了实现父亲的遗愿和嘱咐，他不会解散军队，而是要继续前进。随后，公爵列举了巴黎总督塔内吉·迪·沙泰尔等一系列阿马尼亚克派官员的名字，声称他们在“出身、学识、经验或者忠心”方面都无资格获得相应的职权。公爵声称这些人“破坏和平、排挤大臣、毁坏王国、帮助英国人……因此，（法国的）男爵们和王国中的其他重要人物都应该充分考虑这些问题，不要再让这些人继续行使特权”。公爵还提到了埃诺伯爵威廉，他指控阿马尼亚克派试图囚禁埃诺伯爵，谋害了道芬让，而且现在又囚禁了王后，使国王和王族蒙羞。最后，公爵声明他要继续现在所做的事务，而且还要见国王，抗议现在的政府所为，将改良的方式和和平的要求呈现在国王面前。

侥幸逃脱的奥伯特·勒·弗拉门戈连忙带着这篇颠倒黑白的檄文返回巴黎，然而在途中，他的秘书已将檄文抄送并分发给了自己的朋友们。于是，这份檄文在送至国王和大臣们面前时，早已广为流传。当奥伯特进宫述职时，他面对的是大臣们气急败坏的呵斥：“卡尼大人，你擅自散发勃艮第公爵回复檄文，辜负了国王的信任。你对国王的事业心怀恶意，你让檄文在亚眠、巴黎等地方传播，在你的朋友和熟人中流传！这便是其中的一份！”满头雾水的奥伯特上前一看，他绝望地发现这些摹本和原件相比除了公爵的亲笔签名外，其他地方几乎一致。无奈之下，他只能辩解这一定是出自他秘书之手，而秘书已不再为他服务。但这并不能弥补此事造成的恶劣影响。于是，倒霉的奥伯特终究未能逃脱牢狱之灾，他被阿马尼亚克派关进圣安东尼监狱中，只能祈祷勃艮第公爵约翰的大军来解救他了。

王室也无法阻止檄文的传播。倾向于勃艮第派系的平民和贵族们颇为兴奋，其余的人则陷入恐慌。法国东北部以及朗格多克都逐渐滑向动乱和矛盾的深渊中。

就在法国处于混乱状态时，虎视眈眈的英国人在 6 月下旬就基本完成了远征的准备工作。但是大军要在法国成功登陆，仍然需要掌握英吉利海峡的绝对控制权。当时，法国还有一支舰队驻扎在阿夫勒尔对岸的翁弗勒尔（Honfleur）。经历数次战事后，它们仍有 9 艘热那亚巨舰和 26 艘小舰只，并能凭借塞纳河接受内地的补给。

不过受到法国政府财务拮据的影响，船员一直处于缺编状态，而且士气低落。因此这支舰队在整个夏季无所事事。英王决心让这支法国舰队的悠闲生活告一段落。作为远征行动的前奏，他派第二任亨廷顿伯爵约翰·霍兰（John Holland，2nd Earl of Huntingdon）带领一支包含 2 艘巨舰的英国舰队前去消灭这支法国舰队。亨廷顿伯爵于 6 月 29 日在歇弗德科的海域与这支舰队相遇，双方随即展开战斗。法军的舰只比英军的大，但这个优势被英军船上的精锐步兵和弓箭手抵消了。激战持续了整整半天后，英国人赢得了压倒性的胜利。他们俘虏了法国的海军将军巴斯塔·德·波旁，击沉了 3 艘法国巨舰，俘虏了 4 艘。剩下的热那亚舰只丧失了斗志，纷纷逃往布列塔尼避难。“因此我们可以肯定的是，由于法国人的自大和傲慢，上帝的愤怒已经使三次挫败降临到他们的头上。”一名在佛兰德的威尼斯人写道。就这样，法国人在英吉利海峡中的海军力量完全瓦解，塞纳河口乃至诺曼底海岸完全暴露在英国人面前。亨利五世已经把制海权牢牢掌握在手中。

正当巴黎的阿马尼亚克派与北方的勃艮第派争吵不休之际，海峡对岸的英国大军已经整装完毕，从朴次茅斯扬帆南下了。法国人挥霍掉将近两年的时间和大量的

◀ 接舷战中的英军

资源后，终于要饱尝自己酿造的苦酒了。亨利五世决心对几乎完全瘫痪的对手施予决定性打击。与先前专注于占领屈指可数的海岸要塞、发动旨在破坏领土、播撒恐怖的远骑烧掠等行动不同，英军开启了一场以夺取土地为目的远征。他们不再是法国广袤领地上的匆匆过客。这些入侵者将严酷无情地击溃其道路上的每一股势力，有条不紊地占领遇到的每一座城镇，成为法国民众的直接统治者。他们的主帅打算恢复两个世纪前法国王室从自己祖先手中夺去的封建领地诺曼底，然后沿塞纳河进逼，伺机占领法国的心脏地带，改朝换代。一场空前惨烈的征服战终于降临到早已伤痕累累的法兰西大地上。

侵入诺曼底

1417 年 8 月 1 日，由英王亨利五世亲自率领的英国远征军在法国西北海岸登陆。据编年史记载，他的舰队约有 1500 多艘船只。其人员数目也十分庞大，“克拉伦斯公爵带了 100 名骑兵和 300 名弓手；另外 3 名伯爵带了 240 余名骑兵和 1700 名弓手；格洛斯特公爵召集了 470 名骑兵以及 1410 名弓手；马奇伯爵、元帅、沃里克伯爵以及索尔兹伯里伯爵每人带了 100 余名骑兵和 300 名弓手；亨廷顿伯爵有 40 名骑兵 120 名弓手；萨福克伯爵有 30 名骑兵和 90 名弓手”。此外，还有阿伯加文尼（Abargavenny）、马特拉沃斯（Matrevers）、塔尔博特（Talbot）等“13 名地区领主，总共带来 500 余名骑兵和 1580 余名弓手；70 名骑士带领 940 余名骑兵和 2850 余名弓手”。虽然编年史中列出的数目有所夸大，这支军队规模仍不容小觑 。它仅次于 1415 年的那次远征，实际共动员了约 1.6 万多人，其中包括一些随军同行的工匠和后勤人员。军队中的骑兵人数约占 1/4。按照习惯，许多出征的士兵们都与英王签订了为期 1 年的合同。当然，由于人数众多，英军舰队只能先将主力部队运至海峡对岸。

出乎法国人意料的是，英王亨利五世最终并没有选择先前计划中的阿夫勒尔作为登陆地点，而是在位于多维尔（Deauville）和特鲁维尔（Trouville）两地之间的图

▲ 亨利五世的舰队主要由单桅方帆，船体木板交叠构造而成的北欧样式的平底柯克战船（Cog）；船体平滑，有两根桅杆，挂三角形的帆的卡瑞克船（Carrack）以及流行于地中海的桨帆战舰（Galleys）组成。左图为15世纪早期英国盟友葡萄牙的卡瑞克船

克河（Touques）入海口处登岸。这个决定有合适的理由：阿夫勒尔及周边地区经受了长时间的战火摧残，此时很难为这支庞大的部队提供补给，拥有大片富庶农业区的下诺曼底则很容易满足这个要求。它可以作为英军继续向内地推进的基地，而且与阿夫勒尔也相距不远，能够与那里的英国守城部队相互呼应。图克河口的海岸宽阔，有足够的空间容纳庞大的舰队，因此英军可以从容不迫地将火炮、攻城器械以及其他战略物资从船上顺利地搬至岸边。将船上的物资卸下后，英国舰队又重新返回本土，前去搭载正在港口中等待的剩余部队。

▲ 将物品装载上船的中世纪军队

当英军主力大举入侵诺曼底之时，法国人在此地区最大的一支部队是之前道芬查理在卢瓦尔河地区征召并驻扎于鲁昂的雇佣军。但在数量上，它不及英军规模的1/5，与敌人对抗几乎是毫无胜算。完全没有

军事经验的道芬向顾问们咨询。他们分析：离英军登陆地点较近的下诺曼底重镇卡昂的城墙足够坚固，再加上动员起来的当地民兵分队的支援，可以在很长一段时间内将英军阻滞在海湾附近。于是，道芬及其属下决定暂不支援下诺曼底地区的守军。留下数百人据守鲁昂后，他们便退往巴黎与陆军统帅贝尔纳会合，准备先集中力量挫败勃艮第主力部队从东北面向法兰西岛发动的攻击。临行前，道芬再次向鲁昂征收了一笔商品税，用于支付守军的费用。

事实很快就证明他们严重低估了英军的实力以及国内的严峻形势。上岸后，英王亨利五世就立即派出部分骑兵作为哨探，向与阿夫勒尔隔河相对、位于塞纳河出海口南岸的翁弗勒尔进行试探性出击。这些人在行动中抓获了不少俘虏和牲畜，他们返回后向英王报告翁弗勒尔的城堡比较坚固，守军势力强大，难以迅速攻取。而英军在图克河口和周边地区遇到的抵抗却微乎其微。法国人唯一一次有组织的进攻行动是一次由当地百余名守军对英国人发起的勇猛突击。显然，他们的行动无异于以卵击石。这股法军立即被驱散，他们的主将当场阵亡，副官被英军俘虏。英王亨利五世随即派出亨廷顿伯爵约翰·霍兰，对上游的图克城堡展开进攻。8 月 3 日，困守孤城的图克城堡守将博讷福意识到已毫无希望解围。于是，他与英军约定到六天后的 8 月 9 日，如果没有法军前来解围，自己就会携城堡守军向英王投降。与此同时，英军的嘉德骑士，未来的索尔兹伯里伯爵托马斯·蒙塔古已经在 8 月 7 日拿下了位于河口的多维尔，并南下包围奥维拉尔(Auvillars)。英国人到来的消息犹如洪水猛兽，在乡间引起了居民的极度恐慌。传闻中的英国士兵有 3 万—4 万人之多，他们带着前所未见的战争器械，要来粉碎法国人的一切堡垒、城市。除去那些携着全族逃向诺曼底邻近地区如布列塔尼等地的人之外，许多本地人都躲进当地相对坚固的城堡中。然而这些小城堡并不能改变避难者们被征服的命运。最终，100 多名图克守军按协议献出城堡，退往阿让唐（Argentan)。奥维拉尔在听到图克投降的消息后也放弃了抵抗。这段时间，其他八个小城堡也陆续向英军屈服。至此，英军在下诺曼底建立了一个稳固的立足点。

现在，英王亨利五世面临两种选择：一种是占领图克河上游的利雪（Lisieux)，然后再沿河而上深入腹地，向东南面的巴黎或者东北面的鲁昂进军；另一种则是带部队转向西面，向下诺曼底的重镇卡昂推进。经过一番深思熟虑，亨利五世最终将

▲ 1417年夏季的下诺曼底

主要进攻目标选定为卡昂。严冬即将来临，既然要在法国建立长期的领地，英军就不可能采取类似 1415 年那种阿夫勒尔—阿金库尔—加来式的流动性战略。而且亨利五世试图征服法国，那么他也要尽可能地约束英军，减少他们劫掠乡间的行为。因此，当务之急是占领一块能够供应大军的地盘，从而能够避免因恶劣天气中断补给线路使军队陷入困境的状况。卡昂紧靠通向海洋的奥恩河，实际上是一个交通便利的港口。其制衣业也颇具规模，是下诺曼底最富裕的城镇，而且也是下诺曼底地区的政治中心。因此，这个地区比较适合亨利五世的大军驻扎过冬。在图克河口登陆成功后，亨利五世立刻派出二弟克拉伦斯公爵托马斯沿图克河向内陆进击。他于 8 月 4 日攻占利雪，发现此地的大部分居民已经逃离，整座城镇里只剩下几位老人和一名妇女。

随后，英军继续向东南方向推进，同时还派人侦察是否有来自鲁昂或者巴黎的法国援军，这些担心被证明是多余的。当他们来到贝尔奈（Bernay）时，发现此地也无人防守。之后这部分英军突然转向西面，并于 8 月 14 日进抵卡昂城。

卡昂城坐落于奥登河与奥恩河交汇处。它由两个城区组成：北面的老城区有城墙保护，在它的东面还筑有一个小堡；南面的新城区在历经了上个世纪的劫难后也修筑了新墙。这两座城区间有小桥相连。守卫卡昂的法军将领是阿马尼亚克派的纪尧姆·德·蒙特奈（Guillaume de Montenay），他统领着 300—400 名士兵，其中包括一小队热那亚弩手。显然，这支小军队只能踞城固守。为了节约防守兵力，蒙特奈曾下令拆毁市郊的一些孤立且易于被围城者利用的建筑，包括两座分别位于卡昂老城区外的东、西面的修道院：圣艾蒂安本笃会修道院（The Benedictine abbey of St-étienne），又名男子修道院（Abbaye aux Hommes）以及女士修道院（The Abbaye aux Dames），它们的外围均有围墙环绕。然而，克拉伦斯公爵托马斯率领的先锋部队进展神速，他们到达时法国人还在挖掘地道，试图毁坏这两座修道院的围墙。这股约有 1000 人的英军迅速抢占了女士修道院，并席卷城郊。在一些不愿见到修道院被毁的修士们的引导下，他们还悄悄通过攻城梯登上围墙，在法国人点燃坑道前及时夺取了男子修道院。随后，克拉伦斯公爵填平了法国人挖好的坑道，并派重兵在这些地方守卫。对法军来说不幸的是，男子修道院西面的主塔比卡昂的城墙高出许多，英军不仅可以用它来观察卡昂守军的行动，还可以将通过河流运来的火炮安置在它上面直接轰击城墙上的守军。

几乎同一时间，英王亨利五世也亲自带领英军主力沿海岸前进抵达迪沃（Dives），然后顺着当地河流南下，到达阿尔让斯（Argences）。8 月 18 日，英王的主力也加入了攻城队伍。尽管力量对比悬殊，卡昂守军还是拒绝了英军的招降。于是，英军向卡昂城发动了猛烈的进攻，他们用大炮以及其他火器轰击城墙，长弓手也轮番射出密集的箭雨，试图将守卫者从城墙上赶走。在己方强大火力的掩护下，攻城的英军部队扛起攻城梯越过壕沟径直冲到卡昂城墙下方。他们迅速竖起攻城梯，决心通过一次急促的突袭扫清城墙上的敌人，夺下城市。但正当这些士兵努力试图攀上城头之际，粗大的滚木和沉重的巨石对准他们劈头盖脸地砸了下来。卡昂守军也依托城防展开了顽强的抵抗。他们点燃安置在城墙上的轻型火炮，奋力掷下标枪、弩箭招呼那些逐渐接近的敌人。他们泼下沸腾的铅水，令正在攀登的敌人饱受煎熬。他们还从高处投下滚烫的沥青和燃烧的硫黄。沸水和热油洒到不少英军的脸上，流进他们的眼中。这些被击中的人纷纷从攀登处跌下。在激战中，甚至有数架攻城梯被法军摧毁，而那些身着沉重的甲胄，密集地攀附在梯上的攻城者也一起从半空中跌落，沉重地砸在下方的同伴身上。这些反击使攻城的英军损失惨重，他们被迫结束战斗撤回营地。

但受到小挫的英军并没有气馁，他们立即改变了攻城战术，将部队分成两组，分头行动：一部分英军开始挖掘地道——将延伸至卡昂城墙下方——同时发动小规模攻击吸引守军的注意；另一部分英军则奉命加强了对卡昂城墙的炮击强度。从那时起，两座修道院的围墙和主塔上的各类火器便夜以继日地持续轰击，使卡昂的城墙不断受到损害，甚至连城内一些木质房屋都被焚毁。终于在9月初，卡昂的城墙上出现了一些裂口。而英军的坑道也挖至它的下方。卡昂城已危如累卵，一旦英国人点燃坑道中用于承重的木架，城墙就会塌陷。

英王亨利五世再次派使者对卡昂总督等官员进行劝降，希望能使这座城市以及那些即将成为其臣民的人免遭劫难。纪尧姆·德·蒙特奈抱着会有援军到来的希望，拒绝了这个要求。于是卡昂的命运就此注定。9月3日，英王亨利五世召开了一次军事会议，决定发动总攻。次日破晓，英国人点燃了地道里的木架，一段城墙因此塌陷。号声过后，英军通过几个裂口开始对卡昂两面夹击：英王亨利五世的主力部队从西面的男子修道院方向出击，克拉伦斯公爵托马斯的队伍则从东面的女士修道院方向出击。攻击的英军分为三部。他们的先锋部队背着填平城墙下壕沟的柴捆，两方的战斗都异常激烈。英军的埃德蒙·斯普林爵士——不久前因在夺取图克城堡战斗中的英勇表现而受封骑士——率先带领士兵爬上坍塌的城墙与守军短兵相接，但很快他不慎一脚滑进废墟中的坑洞里，立即被敌人杀死。大部分卡昂守军都被英王的军队吸引过去后，克拉伦斯公爵部便击溃抵抗者，通过东面城墙的裂口攻进城镇。英军部队鱼贯而入，他们高呼“克拉伦斯！克拉伦斯！圣乔治！”前进。卡昂城内的法国守卫力量十分薄弱。克拉伦斯公爵部如入无人之境，他们迅速冲破驻于城内桥前的少数法军士兵的阻击，突进至英王亨利五世和法军交战的西面老城区。一直与英王部队处于胶着状态的法国守军此刻腹背受敌，立刻陷于崩溃。他们中的大部分人被杀，其余的人四散奔逃。克拉伦斯公爵的士兵一直冲到城墙下，打开了城门，亨利五世也带领自己的部队一起涌入，卡昂的城防终于土崩瓦解。英军继续前进，他们逐街扫平抵抗者，并再次来到小桥前，通过它攻入南面的圣让城区。至此，整个卡昂城完全沦陷，城内的市民陷入被屠杀和劫掠的悲惨境地。尽管英王亨利五世下令不得杀戮平民，尤其不能危害妇女，但是在这种战争状态下，这些禁令是没有意义的。已经红眼的英军士兵并没有展现多少怜悯。大概有 2000 名平民——接近卡昂市民总数的 1/3——在这次洗劫中丧生。部分人和残余的守军逃入卡昂老城区东北面的城堡内试图继续抵抗，这里的工事相对坚固，但英军已将火炮拖至城中街道上继续对其轰击。蒙特奈一面派使者向道芬查理求救，一面派几名骑士与英王亨利五世谈判，双方约定如果没有等到法国国王、道芬或者陆军统帅贝尔纳亲自领导的援兵，守军将在 9 月 20 日投降。

卡昂求援者与道芬查理的交涉结果十分令人失望：他们虽然颁布了总动员令，但是巴黎已经无兵可调。9 月 20 日，守军交出城门钥匙，向英王献出了这个城堡。亨利五世的条件比较慷慨：城堡内的守军被允许自由离开，并可以带上他们的马

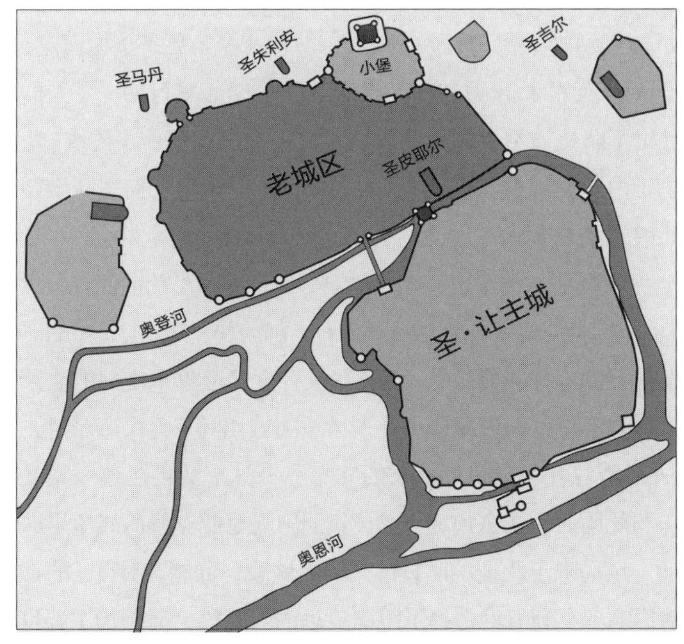

◀ 卡昂城

匹、马具、衣服以及价值不超过 2000 埃居的钱财和私人物品，但是不可以带走武器；愿意效忠英王的市民可以留在城中，其他人则只能带着随身衣服离开。不过守军在撤出城堡前还是放火销毁了遗留的火器和弹药，他们前往东南方向的法莱斯（Falaise），与那里的法军会合，大约有数百名居民随同他们一起出城。

当天下午，亨利五世在一群英国贵族和士兵的伴随下，进入了城堡。英王将市民先前保存在此的财物和金银器皿等归还给了他们。接下来的几个月内，亨利五世将花费大量精力组织建立英国占领区的行政机构和制度。他指定了卡昂的新总督和执达吏，建立了一个以诺曼底总司库为首的诺曼底财政署，并发行了一种印有自己名字的硬币。同时，他也颁布了一系列律法：禁止士兵们对妇女、老人施加暴力，未经许可不能侵扰乡间、焚烧建筑，不允许未经付款便拿走食物等。英王还颁布了公告，以承认居民对自己财产的拥有权的条件换取下诺曼底地区的居民对他效忠，并受英国日常占领军保护。与此同时，英军也在 9 月占领了卡昂附近的城镇。克拉伦斯公爵托马斯带领部分军队沿海岸向西面的巴约（Bayeux）进军，那里有大约 200 名阿马尼亚克士兵驻守，但英军似乎没有遭遇激烈抵抗便占领了此城——也许不想遭受战火的市民受到英王颁布的公告影响，甘愿屈服于他的统治之下。至于卡昂周围的兰热夫雷（Lingevres）、瑟勒河畔蒂伊（Tilly-sur-Seulles）等小乡镇更是传檄而定。

在牢牢控制卡昂地区后，英军于 10 月初开始发起下一阶段征服行动。冬天即将来临，按照传统，中世纪军队应该尽量避免冬季战役。但是机遇压倒了传统：法国的阿马尼亚克政府正陷于内外交困中，陆军统帅贝尔纳已不能派出任何军队增援诺曼底，而英军已建起足够的冬季营地。因此，亨利五世决心抓住这个机会，尽量迅速扩展在下诺曼底的地盘。现在，英军也有两个选择：一是经由巴约向西占领离英国本土更近的科唐坦半岛；二是向南攻取下诺曼底东部、阿朗松、佩尔什（Perche）地区，甚至侵入曼恩。亨利五世选择了第二个。但英军没有直接进攻东南面的法莱斯。这座城市地势险要，防御工事也比较坚固。在卡昂被围城期间，鲁昂还派过一小队士兵增援。现在，法莱斯驻扎着约有 600 人的守军——这个数目在整个诺曼底地区都是比较可观的。与此同时，在东南面，勃艮第同阿马尼亚克派的战争走向并不清晰。倘若英军发动一场局限于此地的旷日持久的围城战，可能会对自己的征服战前景产生难以估计的影响。亨利五世选择了距离更远的阿朗松公爵领为主要目标，他把军队划为几部分别出击：左路英军向东南方向前进，经由迪沃河畔圣皮埃尔（Saint-Pierre-Dives）于10月5日出现在阿让唐城下，随后几乎兵不血刃地拿下此城。英军由此获得了一条通向巴黎的要道。为了巩固这个成果，亨利五世派出另一支分队向东前进，这支连队将战线推进到韦尔讷伊（Verneuil），它离法国阿马尼亚克军队据守的重镇德勒（Dreux）只有一天的路程。占领这一大片区域使亨利五世可以对来自巴黎的法军行动有充分的预警,在不利条件下亦可从容退往卡昂。与此同时，右路英军的沃里克伯爵理查德·比彻姆占领了卡昂西南方向的蒂里阿库尔（Thury-Harcourt），以此建立起右翼守军的前沿阵地，提防法军可能由法莱斯方向对卡昂发起的突袭。

在占领阿让唐后，亨利五世开始调转兵锋，全力组织对南面的阿朗松以及佩尔什地区的征服战役。在先前的阿金库尔战役中，阿朗松公爵让战死，留下了他的妻子和作为继承人的8岁儿子让二世（Jean II, Duke of Alençon）。阿朗松公爵夫人布列塔尼的玛丽（Marie of Brittany）是布列塔尼公爵约翰的妹妹，她在自己的领地以及布列塔尼地区募集了3000—4000名士兵，决心以最大力量来保卫其子的公爵领地。然而勇气可嘉的公爵夫人缺乏军事才能，大部分士兵都猬集在阿朗松城中，听凭英军自由行动。南下的英军一路几乎都未受到抵抗。10月底，英军东进的部队已到达莫尔塔涅，它与先前占领的莱格勒等北部城堡连成了一条战线。它在佩尔什境内从北向南延伸，并与英军主力进军路线大致平行，而且能够掩护英军主力后背，也就是阻击防范来自东面的法军的袭击。战事至此，阿朗松城已失去救援希望，尽管驻守的法军在人数上很可能比到达城下的英军先头部队多，但守将毫无斗志，他只象征性地抵抗了一天半左右就在10月24日宣布投降。在10月份的剩余日子内，几路英军继续着南下蚕食阿朗松的剩余领地并渗入佩尔什东南地区的行动。弗雷奈（Fresnay）和东面的贝莱姆（Bellême）等市镇迅速沦陷。最终，除了位于阿朗松公爵领西北面，拥有建于12世纪的坚固堡垒的栋夫龙（Domfront）之外，整个公爵领几乎全部落入英国人手中，阿朗松公爵夫人只得带着儿子逃往布列塔尼。亨利五世将此地作为总部。现在，英军的兵锋甚至可以威胁曼恩的首府勒芒（Le Mans）。他们也毫不掩饰这一点，频频摆出席卷曼恩和安茹地区的姿态。

英国人的凌厉攻势引起了布列塔尼公爵约翰和安茹家族的极大恐慌。安茹公爵路易三世（Louis III of Anjou）此时是一个14岁的孩子，他不久前刚与布列塔尼公爵的女儿订婚。同他的岳父一样，路易公爵和其母阿拉贡的约兰达（Yolande of Aragon）均认为自己家族没有与英国抗衡的实力。因此，他们都希望能找到其他可以与英国和平相处的方式。10月中旬，布列塔尼公爵约翰决定与英王进行一次私人会晤。27日，亨利五世批准了他的入境请求，并发给他安全通行证。布列塔尼公爵在11月带领400人的卫队前来与英王谈判。亨利五世在布列塔尼公爵外甥的府邸中安排了这次接见。对必须依赖自己的仁慈来换取其领地安全的布列塔尼公爵，亨利五世并未表现出格外的谦和。进入时房间后，公爵发现自己不得不向英王屈膝致礼很长一段时间才能起身。不过，接下来的进程就相对顺利了。经过几天的谈判，双方迅速达成交易：亨利五世承诺不会攻击布列塔尼公爵的任何一片领地；作为交换，布列塔尼公爵在亨利五世入侵法国其余地区时不做任何阻挠，不让与英军处于敌对状态的部队通过其领地。与此同时，安茹家族则写信给巴黎，提出如果不派出援助，他们将不得不与敌人和谈。面对这个要求，阿马尼亚克政府只能给予无奈的答复：王室的力量还没有从阿金库尔的重创中恢复过来，此刻缺乏召集一支大军的资金，因此对保卫巴黎之外的事无能为力。所以，实际上王廷已允许安茹家族与亨利五世签订一个与布列塔尼公爵相似的单独停战协议。于是，安茹、布列塔尼与英国的休战协定就这么签订了。这个协定从1417年11月6日开始生效，一直延续到次年的9月29日。虽然这些休战协定大体上给曼恩、安茹以及布列塔尼带来了符合这些家族的自身利益的地区性和平，但它们的存在让英国人得以毫无顾忌地将兵力投放到法国的其他地区中，整个诺曼底地区首当其冲，它将受到侵略者的全力打击。

当英军在下诺曼底东面制造了一大片与法军主力相隔的缓冲地带，并使占领区的西面和南面的大部分地区中立化后，亨利五世开始考虑征服法莱斯。英军大部队陆续从东部前线返回，他们于12月1日出现在城下。法莱斯是亨利五世先祖征服者威廉的诞生地。依托着坚固的防御工事，这里的法军似乎对保卫城镇充满信心。起初他们都没有打算关闭城门对抗国王。然而，随着时局的变化，牢固掌控周围地区的英军已经不再像包围卡昂时那样受时间的限制。来自卡昂码头的马车队伍源源不断输送着支撑前线军队的给养。英军不急于全力攻击，士兵们并没有把精力投入到频繁袭击城市的行动中。他们在法莱斯四周已经覆盖了大雪的山地上修建冬季营地，

▲ 朝拜圣母的阿拉贡的约兰达

并从容不迫地在一线阵地上用木料搭建起一系列棚屋，接着再在它们之间挖出防止守军突袭的壕沟，最后，把火炮运进其中，开始轰击城墙。直到这时，法莱斯的法国守军才发觉事态十分严重。事实上，在饥馑和火炮的威胁下，法莱斯并没有比卡昂坚持更久，到了 12 月 20 日，市镇里的法军终于忍受不了炮击，便与英军约定将于

▲ 15世纪早期的火炮和单人持火器。这一时代的早期火炮已经能在相对较短的时间内对城墙造成巨大的破坏。亨利五世遗留在法莱斯城堡内的火炮口径宽达20英寸

1418 年 1 月 2 日撤出部队。与此同时，在法莱斯城堡中的守卫并不甘心屈服：这个城堡处于高地，而且位于坚硬的岩石上，很难对它采取地道作业毁坏城墙的行动，因此他们决心继续抵抗。但这些人已是孤掌难鸣。苦苦支撑了一个月后，城堡出现了一条长达 40 码宽的裂口。2 月 1 日，守军被迫向英军提出：如果城堡在 16 日之前未被援军解救，他们就会出降。像之前的许多城镇围攻战一样，奇迹并未发生。16 日，城堡守军按约交出城堡。不过他们在最后阶段的抵抗行为激怒了亨利五世。英王一反常态，拒绝了法国守军可立即自由离开的请求，强迫他们要先修复在先前战斗中被英军火炮破坏的城墙。而守卫城堡的将领则被扣下，用以交换赎金。法莱斯城堡事件震撼了周边市镇的居民，感到反抗毫无希望的他们迅速向英军屈服。至此，英国人发起的在法国征服战争的第一阶段圆满结束。

英军之所以能在不到半年的时间内所向披靡，很大程度上是因为这段时间法国的东北部爆发了一场规模和程度上都不亚于西线的内战。勃艮第公爵约翰在 8 月初就已占领了亚眠和科尔比，并在亚眠建立了指挥部。8 月下旬，也就是英王亨利五世包围卡昂之际，勃艮第公爵终于决定兑现自己先前许下的诺言，亲自到国王身边陈述自己的冤情。不过他的身后还跟着一支数量空前庞大的军队。依靠他们的力量，公爵发起了意图占领阿马尼亚克党人盘踞的巴黎的战役。据史书记载，其前锋约翰·德·福瑟（John de Fosseux）所部有十四个旗——每旗约 200 人——公爵亲自领导的主力部队有四十八个旗，而卢森堡的约翰指挥的后卫有十一个旗。因此勃艮第部队至少有 1.3 万人。由于之前勃艮第连队的袭扰和政治鼓动，阿马尼亚克党人的东北部前线早已是千疮百孔。勃艮第大军轻松地撕开对手的防线，向南迅速推进。

公爵于8月26日进入博韦——距离巴黎不到50英里。显然他是为了阻断巴黎和诺曼底以及皮卡第之间的联系，这两个地区可以为巴黎提供大量的资源，同时也可以监视并提防英军的行动。在博韦，公爵签署了一项公告，宣布从10月开始将废除除盐税之外的间接税和补助金等其他战争税。法国北部的城市纷纷倒向公爵，靠近诺曼底东部边境的古尔奈（Gournay）还专门派出代表到博韦向他表示屈服。这些对诺曼底产生了深远的影响。

另一方的阿马尼亚克党军队与勃艮第相比就相形见绌了，陆军统帅贝尔纳和道芬查理部队人数的总和还不及勃艮第公爵约翰的一半。他们把5000多人中的大部分集中在巴黎，同时命令其余士兵分别进驻瓦兹河沿岸的博蒙、利勒亚当（L'Isle-Adam）以及蓬图瓦兹（Pontoise），试图依托瓦兹河与勃艮第军队对峙。而在瓦兹河东岸，位于巴黎北面的桑利斯以及圣德尼也屯集了数百人的守备部队，陆军统帅与其他阿马尼亚克党领导人希望能依靠这些据点拱卫都城。

然而，这些地方的守卫兵力如此单薄，以致他们根本不可能完成任务。勃艮第公爵约翰坐镇博韦期间，他的前卫部队在埃克托尔和菲利普·德·萨卢兹等将领的带领下南下攻击博蒙。起初，勃艮第军队通过突袭占领了渡桥，但陆军统帅贝尔纳布置在此地的军队奋力抵抗。激战一番后，勃艮第军队未能攻克城堡。于是他们便暂时后撤，转向其他城镇。而博蒙南面的利勒亚当守将，同勃艮第军队接触后便立即向约翰·德·福瑟、埃克托尔等勃艮第将领投降，使勃艮第大军获得了瓦兹河下游一个重要渡口。勃艮第公爵闻讯大喜。现在，他可以渡河从后方包抄博蒙。9月3日，公爵亲自进驻位于瓦兹河西岸，与博蒙相对的尚布利（Chambly）。勃艮第大军再次展开攻城行动。这次，博蒙守军抵抗不了勃艮第大部队的猛烈炮击，被迫于5日投降。对这52名胆敢顽抗的士兵，勃艮第公爵并没有施予怜悯之情。他处决了他们中的9名首领，并将尸体悬挂于他营帐外的一棵树上，以儆效尤。

与此同时，勃艮第将领卢森堡的约翰带领一队骑兵来到瓦兹河上游的一处浅滩前，这里水位只淹至马颈。他们找来一些小船，让马匹跟在他们后面一起渡过瓦兹河，并于次日向桑利斯进军。罗贝尔·德·埃讷（Robert d'Esne）是最近到此城上任的阿马尼亚克邑督，他手下有近100名士兵。尽管力量对比众寡悬殊，罗贝尔还是大胆地带领部下们出城迎敌。他们从一处比较隐蔽的地方对卢森堡的军队发起了徒步突袭。勃艮第人猝不及防，受挫后慌忙后撤。但桑利斯市民对这次小胜却提不起多少兴致，他们害怕罗贝尔的抵抗会引发勃艮第公爵约翰的报复。因此，当天夜里，他们发起暴动。在冲突中，他们杀死了近十名罗贝尔的部下，并将罗贝尔一伙拘捕。随后，罗贝尔等人被赶出城外。第二天，也就是9月9日，市民们正式向卢森堡的约翰投降。阿马尼亚克党就这样稀里糊涂丢失了桑利斯。而日后他们尝试收复这座城市时将花费数十倍于此的力量。不过，卢森堡的约翰也无心久驻此地，他留下了50名骑兵和20名弓箭手守卫桑利斯后便急忙南下与勃艮第公爵会合。就在同一天，勃艮第大军从瓦兹河两岸全面包围了蓬图瓦兹。这里的守军试图趁敌人立足未稳之际发动一次突袭，但他们惨遭败绩，被赶回城中。勃艮第公爵命令将火炮对准城墙，准备发起进攻。而蓬图瓦兹市民吸取上游诸城镇的教训，决心不与勃艮第大军对抗。于是，在三位阿马尼亚克将领带领他们的部队出城退往巴黎后，公爵控制了这座城市。他命令部将让·德·维利耶（Jean de Villiers）为总督。至此，公爵完全掌握了整个

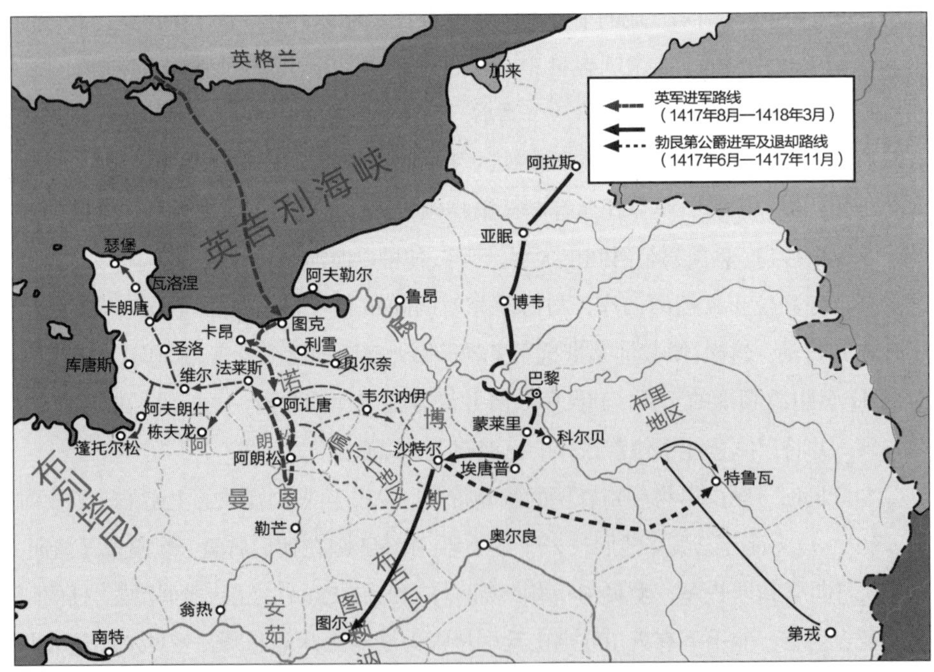

▲ 勃艮第公爵的进军路线

瓦兹河下游。现在，他可以将笨重的攻城火炮通过水路运进巴黎周边地区。

防守瓦兹河沿岸的计划失败后，巴黎的阿马尼亚克党人认为公爵将会从北面圣德尼方向对都城发动进攻。但勃艮第军队的行动出乎他们的意料，他们并未急于东进，而是转向西南方夺取塞纳河沿岸的据点，勃艮第公爵约翰决心彻底切断巴黎和诺曼底之间的联系。他带领部下从蓬图瓦兹向塞纳河下游的默朗（Meulan）进军。默朗市民得知消息后也像蓬图瓦兹一样控制了城市，然后向公爵投降。而下游的芒特以及韦尔农闻讯后甚至不等勃艮第军队到达便派出使者向公爵屈服。连日来势如破竹的进军使公爵颇为欣慰。兴致勃勃的他命令全军在蓬图瓦兹和默朗间排好阵势，就像他们要迎接敌人那样接受他的检阅。公爵骑着骏马，带着一小队亲随从全军面前缓缓驶过。每过一阵，他都向士兵们躬身致意，感谢他们为他服务，给他带来了无上荣光。随后，整支大军都在公爵面前走过。这里是一片山脚下的平原，阳光照在勃艮第士兵坚滑光莹的盔甲以及锋利的金属矛尖上，令整支大军都笼罩在一层灿烂的银光中。绣有各种家族纹章的五彩旗帜在这支军队的上方随风舞动。放眼望去，鹰翔狮跃，烈焰蔽空。而在远处，公爵的对手们蜷缩在近在咫尺的首都，惶惶不可终日。这可能是勃艮第公爵一生中最为自豪的时刻。

完全控制了诺曼底与法兰西岛交界处的塞纳河城镇后，勃艮第公爵约翰终于在 14 日从默朗渡过塞纳河，向东前进，逼近巴黎。普瓦西和圣日耳曼（St.Germain）也相继被占领。他于 16 日到达西南面的圣克卢（Saint-Cloud）渡口。这里有一队装备了火器的阿马尼亚克士兵扼守横跨塞纳河的桥梁，他们拒绝向公爵投降。于是勃艮第公爵命令卢森堡的约翰带领军队向他们发起了猛烈的进攻。出乎勃艮第人意料的是，这队阿马尼亚克士兵在桥梁的西端依托一条庞大的壕沟奋力抵抗。即使在随后的交战中被勃艮第人摧毁了圣克卢市镇的木质桥梁，占领并焚毁了一座小塔楼，而且在围墙上轰出了一个巨大的缺口时，这群守卫也没有屈服。感觉时间紧迫的勃艮第公爵只好留下一队炮兵部队继续牵制他们，然后便带领大军沿塞纳河继续向东南方行进。9 月 21 日，他们来到巴黎南面的蒙鲁日（Montrouge），这里距离巴黎的城墙只有 2 英里之遥。公爵在一座小山上安置大营，将自己的旗帜插在一颗枯萎的大树上，并将营帐命名为“ 枯树营 ”。他的部下们则驻扎在周围的村镇中。富庶的巴黎郊区很适合勃艮第连队的胃口，他们大肆掠夺乡间的马匹、耕牛、羊群以及猪群等一切

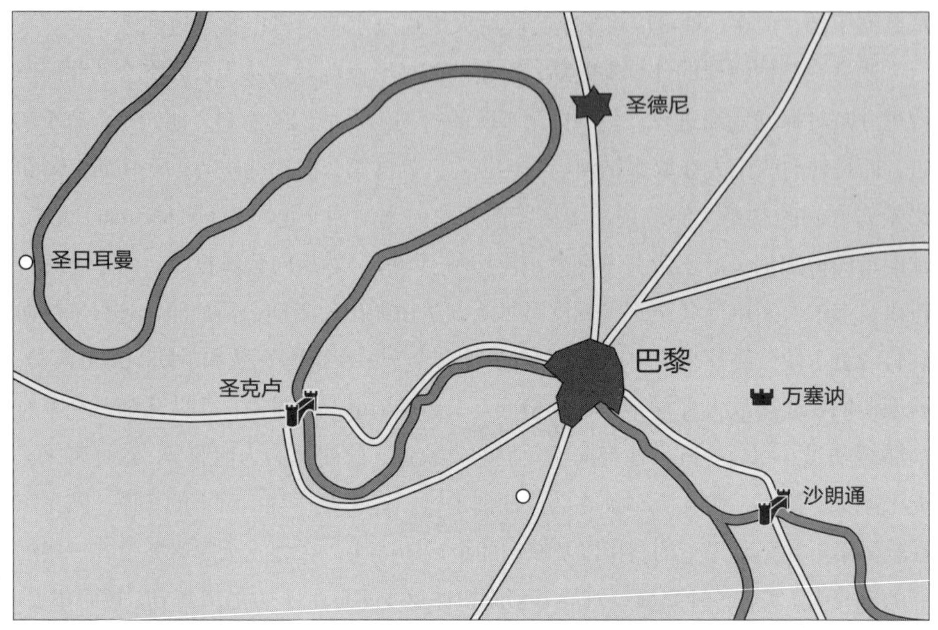

▲ 巴黎周边地区示意图

可以染指的财物，然后把这些战利品带回营中，将一群嗟叹自己命苦的农民留在身后。

巴黎的阿马尼亚克党人已经尽了最大的努力来加强都城的防御：加固了薄弱地段的城墙，用围墙堵住了南面的两座城门，并在其他几座城门外挖掘出深深的壕沟，然后在它们的后方设置了有数百人防守的木制壁垒。他们还将横跨于壕沟之上的石桥毁坏，代之以可以控制出入的吊桥。勃艮第公爵约翰不断地派出骑兵分队径直突入到城门下。此举既是为了刺探城市的防御情况也怀着引诱阿马尼亚克军队出城作战的意图。在城外，公爵有着广阔的空间和颇占优势的军队，可以尽最大可能地消耗甚至歼灭阿马尼亚克军队的有生力量。

据某些资料记载，在远征中，公爵还专门为可能发生的会战——无论是面对英王还是陆军统帅贝尔纳——详细地拟定了一个计划。当然，他在做计划时借鉴了不少英军的作战阵势：将勃艮第的野战部队划为三部。第一部分为徒步作战的前锋；然后是由公爵亲自领导的，由下马骑兵组成的，与前锋相距 40 步的主力部队；

第三部分是400名作为后卫的骑兵，并设立了一支由1000名骑兵及其侍从组成的骑兵队伍布置于大阵一侧，他们的任务是支援前锋或者趁敌军推进阵线不齐时实施迂回袭击或者迂回包抄。仿照英国人的习惯，弓箭手被分别配备在前锋下马骑兵与后卫骑兵的侧翼，这与习惯将他们集中于前部或者后卫的法国传统作战方式略有不同。

如果出城的阿马尼亚克军与保持这种阵型的勃艮第军队交战，其结果将十分令人期待。然而，似乎洞悉了这一点的阿马尼亚克党人始终坚守不出，公爵的歼敌愿望最终化作一场空。无奈之下，他派出使者来到城下要求面见国王和道芬查理，转达他的信件以及想与王廷和谈的要求。道芬亲自接见了勃艮第使者。但是在当前这种重兵压境的背景下，这位年轻的王子几乎是愤怒地一口拒绝了公爵的请求："使者，与我们以及我们的国王的意愿相反，你们的勃艮第大人已经毁坏了这个王国的好几片地区，而且，他的一意孤行已经明白无误地显示了他并非自己所标榜的那种对我们心怀善意之人。如果他真的急切希望我们以及国王大人将他认作亲朋、忠实的封臣以及臣民，那么让他带领军队前去和王国的古老敌人——英格兰国王交战，并且将其击败，然后再回到国王身边。那时他将会受到我们的热烈欢迎！让他不要再声称国王大人以及我们被困在巴黎，深受奴役，因为我们都享有着充分的自由和权威！需要注意的是，你应该当着勃艮第军的面，如实向公爵转述我们说过的话！"然而，勃艮第公爵约翰对年轻王子的这番慷慨陈词无动于衷，他大概认为道芬此举只是那些"控制着国王的人"在背后挑唆鼓动的结果罢了。公爵也丝毫没有改变围困巴黎的决心。

实际上，阿马尼亚克党人没有一味地坐守孤城，他们在寻找勃艮第军队的弱点，试图打破围困。查明勃艮第主力囤积于南面后，他们立即于9月30日派拉莫内特·德·拉盖尔从北面出击，通过一场突袭夺回博蒙，重新打通了诺曼底以及博韦的道路。锦上添花的是，勃艮第的香槟总督数日后大摇大摆地进入这个据点，等他发现这里已变为敌方地盘时为时已晚。粗心的香槟总督立即被人捉住，绑往巴黎的中央菜市场砍头，以儆效尤。接着，阿马尼亚克军队试图趁胜出击，夺取蓬图瓦兹，但这次未能如愿。尽管如此，博蒙的失陷使在蒙鲁日附近驻扎了近十天的公爵终于意识到他此时无法攻破巴黎。于是，他决定挥师南下，试图切断城中的阿马尼亚克党与南方领地的一切联系，使他们在饥馑中垮台。他已经命令卡洛特·德·居尼留守东面据点，之前这位洛林将领已占领了位于东南方的普罗万，并北上攻克了马恩河上的拉弗尔泰苏茹瓦尔（La Ferté-sous-Jouarre）城堡。这个行动使勃艮第派能够阻止来自于洛林和香槟领地的物资经由水道运往巴黎城。同时，公爵在蓬图瓦兹等城镇安插了重兵。随后，勃艮第的主力大军开始南下，迅速占领了大片守卫薄弱的地区。

10 月初，公爵亲自包围了南面位于奥尔良和巴黎道路上的蒙莱里（Montlhery）。这座城市的市民向巴黎政府求救，但陆军统帅贝尔纳没有派出援军。于是，蒙莱里在 10 月 7 日向勃艮第公爵约翰投降。紧接着附近的马尔库西（Marcoussis）以及帕莱索（Palaiseau）等市镇也投降了。10 月 11 日，也就是英军向阿朗松进军之时，公爵突进至科尔贝（Corbeil）城下。与此同时，一支 1600 人的部队在里永·德·雅克维尔和卢森堡的约翰等将领的带领下向西南方向前进，深入博斯地区——土地肥沃，是法国有名的谷仓之一，一直为法兰西岛地区的众多市镇提供粮食。散布在这里的阿马尼亚克守军士气十分低迷，他们大多没有抵抗的意愿。拥有坚固堡垒的埃唐普——阿玛尼亚克政府颁布的总动员令中的集合地点——几乎不战而降。而在 10 月 14 日，博斯地区的重镇沙特尔（Chartres）也向勃艮第军队敞开大门，这标志着勃艮第军从西南面孤立巴黎的任务基本完成，同时它也意味着勃艮第势力可以从此处转而北上，渗入佩尔什地区，与深入这一地区的英军势力接壤。不过，英国和勃艮第双方配合得十分默契，他们的部队都没有冒险与对方接触。从韦尔讷伊南下的英军这时已推进至厄尔地区的沙托内方（Chateaunef）。他们得知消息后便停止东进，转而集中驻守在韦尔讷伊监视勃艮第军队的动向。而在沙特尔的勃艮第军队也没有大规模动作。双方似乎把被他们夹在中间的、由阿马尼亚克军队驻守的德勒当作了天然的缓冲区。而巴黎西北面的埃夫勒不久也宣布投降，这让勃艮第的势力扩张至诺曼底的厄尔河谷。

但勃艮第公爵约翰的好运似乎就到此为止了。在蒙莱里围城战期间，他派萨林斯、图隆竦领主（Lord de Toulongeon）等将领带着数百名士兵进攻西面的奥尔赛（Orsay）。并顺利占领了奥尔赛的市镇。接着，他们驻扎到还在抵抗的城堡面前，并将一些火炮对准其围墙，试图轰出一些缺口。但次日破晓时分，一支由陆军统帅贝

迪耶普
佩罗讷
索姆河
蒙迪迪耶
瓦兹河
鲁昂
博韦
贡比涅
埃纳河
克莱蒙
克雷伊
桑利斯
塞纳河
博蒙
尚蒂伊
韦尔农
利勒亚当
蓬图瓦兹
达马堂
埃夫勒
芒特
默朗
圣德尼
拉弗尔泰苏茹瓦尔
普瓦西
马恩河
伊夫里
圣日尔曼
巴黎
伊通河
圣克卢
蒙鲁日
韦尔讷伊
德勒
帕莱索
谢夫勒斯
奥尔赛
蒙莱里
马尔库西
科尔贝
沙托内方
默伦
普罗万
厄尔河
沙特尔
埃唐普
塞纳河畔布赖
蒙特罗
拉通贝
约纳河
桑斯
茹瓦尼
奥尔良
卢瓦尔河
旺多姆
布卢瓦

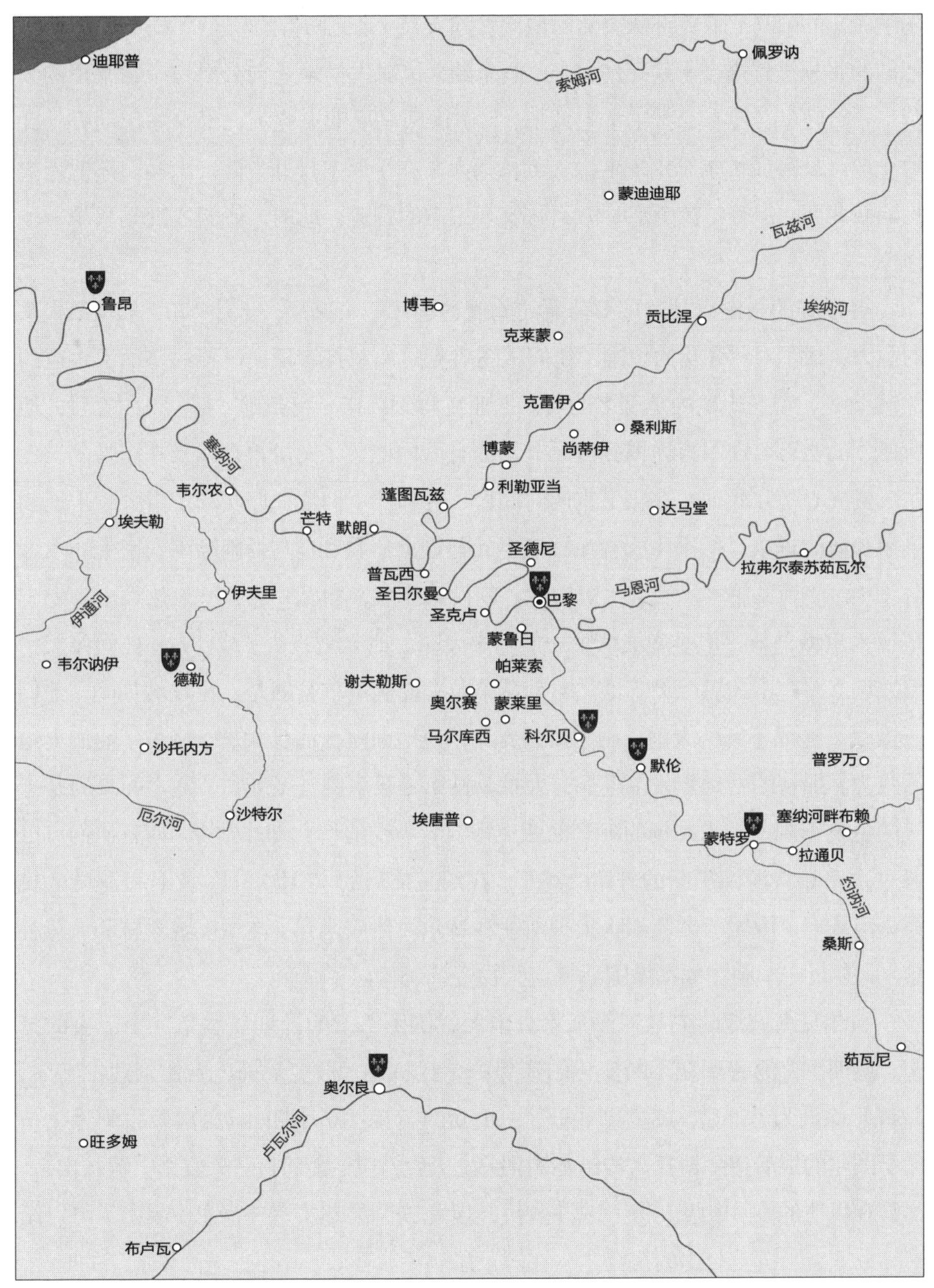

▲ 法兰西岛及周边地区

尔纳派出的阿马尼亚克部队突然对他们发起突袭。毫无防备的勃艮第军被迅速击溃，他们的将领被俘虏，士兵死伤大半。剩余的人惊惶失措地逃向公爵位于蒙莱里的大营，一路呼喊“拿起武器！拿起武器！”仿佛阿马尼亚克党人已经全军出动直扑此地一般。公爵慌忙领军出来迎敌。勃艮第大军在平原上排开方阵，士兵们都把矛尖指向西北面，但等了数个小时仍不见敌人主力的踪迹。此时，他们才发觉只是一场虚惊。

奥尔赛的解围只是勃艮第公爵约翰遭遇的第一个麻烦。十月中旬，勃艮第大军的主力完成了对科尔贝的包围，他们试图攻克这座掌控着通向巴黎的塞纳河水道的关键堡垒。守卫此地的是著名的阿马尼亚克将领阿诺·纪尧姆·德·巴尔巴赞，他所率领的数百名守军事先得到过补充，而且城内屯集了大量粮食以及军需弹药。巴尔巴赞决心坚守此地。在接下来的时间里，他和部下们依托坚实的工事频频击退勃艮第公爵的进攻。弩手和放置在城墙上的轻型火器将利箭与弹雨倾泻到密集的攻城队列中，使勃艮第军承受了大量伤亡。勃艮第将领莫鲁瓦·德·圣莱热爵士身先士卒投入攻城前线，但不幸被弩手一箭射中大腿。他立刻丧失了战斗力，被同伴们抬出战场，并在不久后死于营地。对勃艮第人来说祸不单行的是，在攻城期间，他们还遭受了延绵不断的大雨。雨水渗进地下，使地面泥泞而且柔软，降低了他们火炮的威力。拥挤的营地爆发了疫病，大批勃艮第士兵病倒甚至死亡，随之而来的是士气的急剧下降。斗志昂扬的阿马尼亚克守卫者承受的伤亡却非常少，而且他们可以通过水路获得源源不断的补给。终于，在约三周后的10月28日，无计可施的勃艮第公爵放弃了围城，带领部队狼狈前往沙特尔。他们遗弃了许多攻城器械和大量补给，科尔贝守军则在敌军撤围后将这些物资统统搬进了城镇。

科尔贝围城战的失败对勃艮第公爵约翰围困巴黎的计划显然是一个沉重的打击。然而，公爵善于在不断变化的形势中寻找机遇，改变局面。当他到达沙特尔，并将此地设为总部后，就立即展开了一项新的行动：10月期间，公爵曾收到过仍被囚于图尔的王后伊萨博托人传给他的消息，王后希望他能将自己从监禁中解救出来。尽管在以往的岁月中两人积下过许多仇，但此刻公爵却从这些消息中嗅出了可以给阿马尼亚克当沉重打击的机会——在国王患病不能理政，道芬查理尚未成年的时刻，王后理应拥有摄政大权。他立即派出秘书让·德·多斋秘密赶往图尔，与王后联系。

急于摆脱阿马尼亚克党监视的王后全盘答应了公爵的条件，并交给使者一枚金质图章作为信物。得到确切消息后，公爵在万圣节之夜突然带着大部分贵族在一队精心挑选出的骑兵陪伴下从沙特尔出发，前往图尔。当离图尔还有2里格时，他派埃克托尔·德·萨卢兹和迪·韦尔吉带领800人作为前锋，兼程赶去实施解救计划。当这伙人赶到目的地时已是深夜，他们将部队埋伏于距离图尔不到半里格的地方，并偷偷派人秘密告知王后。于是在11月2日凌晨，王后突然召唤她的3名阿马尼亚克看守人员，告诉他们自己打算去城郊的教堂听弥撒。看守们听到这个计划后感到十分奇怪，他们试图劝告王后取消此行，但她已下定决心，三人只得陪同她一起前往。见这些人进入教堂后，埋伏在附近的勃艮第军队立刻跃出并将他们包围。随后，埃克托尔·德·萨卢兹带领60人闯入大厅。看到突然进来的这些不速之客，看守们慌忙接近王后并警告她："夫人，这里有一大队士兵，他们不是勃艮第人就是英国人。"出乎他们意料的是，王后镇定自若。她命令他们留在自己身边。埃克托尔径直走向王后，并以勃艮第公爵的名义向她致敬。王后询问他勃艮第公爵身在何方。埃克托尔回答道公爵将紧随她身旁。听完这个回答，王后立即命令埃克托尔逮捕在场的她身旁的三位看守：约翰·托雷尔、约翰·珀蒂以及劳伦斯·迪·皮伊。其中劳伦斯最受王后记恨，他在监禁期间曾严格限制王后的出行，言辞上对她也多有冒犯，而且从不脱帽鞠躬。此刻已发觉大事不妙的劳伦斯自知落在仇敌手里将性命堪忧，于是慌忙纵身一跳，越出窗口。他奔向后院，试图夺取那里的小船从卢瓦尔河上逃走。但不幸的是，他不慎失足掉入水中，在卢瓦尔河里丢掉了性命。上午9时左右，王后和勃艮第士兵基本控制了局势，阿马尼亚克看守和随从人员均被逮捕。

接近中午时，勃艮第公爵约翰带领的大队人马终于从旺多姆赶到图尔近郊。他谦卑地向王后施礼致意，王后也立即予以还礼，并感谢他能够"放下身边的一切事物"，遵循她的请求来到此地，将她从牢狱之灾中解脱出来。"我将永不忘记"王后声称，"我已清楚地看到你一直拥护着我的大人（指代国王）、他的家庭、他的王国以及公共福祉。"随后，公爵和王后一同在教堂用餐，两人正式结成联盟。

现在，王后终于可以开始向阿马尼亚克党人倾泻她在被囚禁期间酝酿的怒火了。她告知图尔的居民，自己将与勃艮第公爵约翰一起进入他们的城镇。接到消息后，市民要求先讨论一番再给予答复。在会上，阿马尼亚克总督对此提出反对，但其他市民不愿意和这股数千人的勃艮第军队发生冲突，便向总督施加压力，总督最终屈服。当日下午，总督带着部下躲进城堡，而市民则公开欢迎公爵和王后一行进城。王后一行入住城中，并在市场发表了一项两人联名签署的公告，要求本地市民不要再向阿马尼亚克政府支付任何商品税。傍晚，王后传召总督前来拜见，命令他交出城堡，并发给他得以安全离开的通行证。力单势孤的总督只能一一照办。至此，勃艮第公爵已经完全掌握了这座城市。他命令夏尔·勒·阿比（Charles I' Abbe）为市镇和城堡的新总督，带领200人守卫此地。

图尔位于卢瓦尔河畔，是阿马尼亚克党派的重要城市。勃艮第公爵约翰同时也从东面威胁着正紧张应对英国人的安茹家族。公爵此时可以以王后的名义组建一个新的、能与阿马尼亚克党人分庭抗礼的权威政府。消息传到巴黎后，阿马尼亚克党人连忙召开了一个大会，以国王的名义宣布取消之前授予王后的一切权力，并将其转至道芬查理手中。现在，道芬成了国王的总代理官，统治整个法国。王室政府还要求市民不许听从王后以及勃艮第公爵的命令，也禁止他们选择、任用勃艮第派的官员。但是这些已沦为一纸空文的命令无力制止王后的种种敌对行动，法国的统治机构已经开始分裂。

勃艮第公爵约翰无意继续拓展卢瓦尔河谷的地盘，他同王后一行于11月9日返回沙特尔。伴随王后的是由4辆马车和20位女士组成的随从队伍。一位名叫罗贝尔·勒·塞恩（Sir Robert le Cyne）的骑士也陪伴在她身旁。相比以前在巴黎的奢华排场，这支队伍几乎可以称之为简陋了。11月12日，王后签署了一项面向全国市镇的公开宣言，她在檄文中历数了那些“出身低下”的阿马尼亚克党人控制政府后的种种劣迹，号召人们不要再执行那个“囚禁了国王”的阿马尼亚克政府颁布的命令，不要再向他们缴纳税款，并鼓动人们听从“我们那位备受尊敬和爱戴的堂弟”——勃艮第公

▲ 王后的随从队伍

爵的号令。

与此同时，在勃艮第公爵约翰的协助下，王后开始组建新的王国行政机构。她重新任命了中书大臣、首席秘书，组建了一个以司库、财政会计、财务总管以及 2 名普通财务专员为主要成员的财政部门，并设置了两个特别法庭以取代巴黎的最高法院。毫无疑问，这些机构中挤满了被阿马尼亚克党人排挤和放逐的人以及勃艮第党人。这些机构的第一项任务就是奉王后的命令从国王的收益中拨出 20 万锂弗给勃艮第公爵。这场由他挑起的内战已经花费了 30 万锂弗，而且还在以每月 10 万锂弗的速度消耗着他的钱袋，因此公爵决定从国家收入中弄点钱来弥补亏空。

公爵曾经寄希望于巴黎城内的支持者发起暴动，与城外的勃艮第军队里应外合拿下都城。他带领军队从沙特尔前进到蒙莱里。但是在阿马尼亚克党人的严密监控下，这些人很难实施计划。11 月 23 日，由于一个皮革商人的告密，阿马尼亚克党人发觉了勃艮第党人试图占领巴黎南面博岱尔城门（Porte Bordelle）的阴谋。这些密谋者被悉数处决。不过陆军统帅贝尔纳从中了解到，勃艮第将领埃克托尔·德·萨卢兹与其弟菲利普等人将按计划带领数千人前往巴黎城郊，埋伏在那里等待时机。于是，陆军统帅将计就计，发动了一场突袭。勃艮第人在惊慌中损失了一些人马，埃克托尔亦面中一箭，但由于参与突袭的阿马尼亚克士兵只有 400 人，勃艮第人在得到增援后发起了反扑，将对手赶回城里。尽管如此，勃艮第公爵约翰对攻克巴黎已不抱有希望，他从蒙莱里的前线退回沙特尔，并中止了对仍未屈服的圣克卢城堡的围攻行动。冬季已经到来，为了摆脱此段时间维持庞大军队可能带来的各种负担，勃艮第公爵决定暂时罢兵。他发出命令，指定将领分别镇守这次战役中占领的领地，住进这些地区的冬季营地，继续控制通向巴黎的陆路和水道：卢森堡的约翰负责蒙迪迪耶市镇以及周边地区；萨卢兹兄弟和他们的部下被安置在博韦；蒂昂私生子被任命为桑利斯的总督；被称为利勒亚当大人的让·德·维利耶负责蓬图瓦兹地区的防卫。之后，公爵解散了大部分在皮卡第招募的军队，让他们返回北部的家乡。他自己则带着王后在剩下的军队护送下经由茹瓦尼（Joigny）前往特鲁瓦过冬。

得知勃艮第公爵约翰退兵的消息后，巴黎城中的陆军统帅贝尔纳认为对手已经筋疲力尽，便决定立即对其进行追击。被困在城中数月的阿马尼亚克主力冲出巴黎，试图向勃艮第公爵复仇。他们紧紧咬住撤退中的勃艮第军队，一直追到离茹瓦尼不远处。随着300多名阿马尼亚克前锋向勃艮第的后卫部队发起进攻，但被勃艮第后卫击退。收到警报的勃艮第主力部队沿着平原展开，并派出一支分队把他们赶回到陆军统帅的总部前。陆军统帅意识到此时勃艮第军队依然秩序井然，于是放弃了追击，带领部队返回巴黎。至此，这场历时四个多月的内战终于告一段落。阿马尼亚克党人损失了许多市镇，而勃艮第公爵也没有达到自己的战略目标。双方在几乎遍及整个法国东部的广阔领域投入了大量人力、物力、财力，全然不顾西面的诺曼底正独自面对英国人的征服战争。

11月20日，就在法莱斯守军苦苦盼望着来自东面的救援之际，勃艮第公爵约翰和王后伊萨博等人却一路向东来到特鲁瓦。教堂敲响了大钟，市民在城门口排起长长的队伍欢迎这些辅国重臣。王后和她的摄政宫廷直接进驻国王的行宫，并接过了市民献上的应缴给王廷的税款。那些臣服于公爵的周边地区也纷纷前来向这个宫廷缴纳它们的商品税。有着之前那批占领此地的勃艮第军队的护卫，其他显贵们将安逸地在此渡过剩余的冬季时光。当然他们也没有停止政治攻击。1418年1月10日，王后再次发布公告，宣布她之前宣称自己拥有的摄政权被收回，转而移交给勃艮第公爵，由他来领导组建的这个新宫廷。根据勃艮第公爵的安排，阿马尼亚克伯爵贝尔纳的陆军统帅之职被废除。其继承者是前来拜见王后的洛林公爵查理二世，他作为勃艮第公爵的盟友被立即授予代表这个职务的宝剑。摄政政府初具规模后，勃艮第公爵便启程前往第戎，处理自己领地事务。

然而，眼下巴黎的阿马尼亚克政府还不能将全部精力投入到与王后伊萨博进行的无休止的公文战争中。尽管勃艮第主力已经撤向南方，但是奉公爵命令驻守在巴黎周围的士兵仍对这座城市构成严重威胁。阿马尼亚克党人必须尽快发动反击，打破这种封锁。他们不顾冬季的严寒立即集中力量和资源投入到攻拔勃艮第据点的战斗中。1月，巴黎总督塔内吉·迪·沙泰尔带领军队包围了埃唐普。由于埃唐普在1410年初的一次内战中受到过破坏，因此当阿马尼亚克军队开始挖掘通向城墙的地道时，勃艮第守军便投降了。他们带着武器、打包钱财，带着围城者发放的安全通行许可，牵马弃城而走。接着，阿马尼亚克军队又包围东北面的蒙莱里，在雇佣的意大利钢弩手对守军造成较大伤亡后，它也立即投降。阿马尼亚克军队还在猛烈的炮火支援下占领了旁边的马尔库西等地区。巴黎南面的局势因此有了极大改善。通向奥尔良以及南部、西部诸省的阻碍大为减轻。之后，塔内吉又包围了西面的谢夫勒斯（Chevreuse），并很快占领了市镇，但勃艮第守军退入城堡继续顽抗，这时塔纳吉接到了陆军统帅贝尔纳要求立即北上与他会合的命令。因此他留下一些部队继续攻击城堡后，带着其余部下北上增援陆军统帅。这座城堡最终被火炮轰开了一个缺口，阿马尼亚克军队随即发动突袭，歼灭了里面的勃艮第守军。

图尔的沦陷使勃艮第人通向普瓦捷的道路被打开。旺多姆和沙特尔被占领也使奥尔良和布卢瓦受到威胁，而且它们也处于阿朗松、佩尔什地区的英军的攻击范围。目前主持奥尔良家族事务的韦尔蒂伯爵腓力（Philip，Count of Vertus）① 已经以兄长的名义宣布了王室的动员令。而根据道芬查理的顾问委员会的建议，作为代理者的普瓦图执事以保卫普瓦捷的名义也在普瓦图地区招募起了一支增援部队。仅在 11 月 9 日就有 100 余名骑兵和弩手增援入驻这座城市。不久以后，他们又以英国人逼近的名义在普瓦图征集了一笔 1.4 万锂弗的商品税。但是这些队伍和资源是以“保卫家园”的名义组建和搜集的，只能优先用于加强卢瓦尔河流域的防御力量，几乎不能对巴黎有所帮助。

一旦局势有所缓和，王室就尽可能地增强西北地区的防御工作。由于博蒙被夺回，他们重新打开了通向博韦的道路，同上诺曼底区域的联系也略有恢复。时任法国海军将军的罗贝尔·德·布拉克蒙（Robert de Bracquemont）带领一小队士兵进入上诺曼底。罗贝尔是诺曼底本地人，同时也是一位资历深厚的骑士，他年轻时曾到西班牙闯荡，获得了显赫的声誉，并担任过卡斯蒂利亚的海军将军。此时罗贝尔在上诺曼底地区兼任日索尔（Gisors）、鲁昂、科区等邑督地区的王室总代理官，管辖地也包括因拖欠薪水而威胁要立即向英国人投降的翁弗勒尔市镇。罗贝尔的职责包括检查军需、食物以及为抵抗英国人、土匪和反叛者而驻守的城堡，毁坏那些无力

① 韦尔蒂伯爵腓力是现任奥尔良公爵查理的二弟，前任奥尔良公爵路易的第二子。在兄长被英国人俘虏后，腓力开始打理奥尔良家族在塞纳河和卢瓦尔河之间领地的事务，并在之后的交涉中从勃艮第人手中赎回了同父异母的弟弟——绰号为“私生子”的让·德·奥尔良（Jean d'Orléans），他也是道芬查理的坚定支持者之一。

防守的重要据点，还要宣布总动员令，这项命令发布后，王室要求南方的朗格多克地区的封臣也武装起来，在 1418 年 5 月前赶到沙特尔附近，加入计划于春季发起的作战行动。与之相应地，罗贝尔被赋予了撤换和任命一切王室和地方官员的权力，并有权逮捕、流放或者赦免所有反叛者和土匪。同样的权力也赋予了鲁昂守将，欧马勒伯爵让·德·阿库尔（Jean de Harcourt，Count of Aumale）。不久，阿马尼亚克伯爵贝尔纳也被授予检查补给以及任命所有王室将军的权力。然而，阿马尼亚克政府的资源已接近枯竭，他们对战争的努力更注重于行政方面。尽管上诺曼底的大部分高层贵族都支持王廷，但是一些要承担大量赋税的城镇显然对勃艮第公爵约翰更为亲近。在这些复杂的因素作用下，上诺曼底的将领们对解救遥远的法莱斯仍鞭长莫及。

在诺曼底的东北面，虽然勃艮第公爵约翰派遣了重兵把守占领的重镇，如亚眠、博韦等，但是瓦兹河的东岸，尤其是一些之前未曾受到勃艮第公爵军队主力打击的地区仍然有较强的阿马尼亚克势力。他们频频向邻近的勃艮第驻军队发动进攻。在此期间，驻扎在博韦的萨卢兹兄弟中的菲利普发动过一次袭扰克莱蒙地区的行动。当他像往常一样返回驻地时，却遭到附近地区的阿马尼亚克城堡守军的攻击。阿马尼亚克士兵亮出旗帜，突然扑向没有防备的勃艮第人，菲利普这支 120 余人的部队立即被击溃。一些士兵被杀，大部分人做了对方的俘虏，剩下的人被一直追到博韦城下才脱离险境。这次打击极大地重创了勃艮第军队的士气。不久以后，收拾完残部的菲利普带着一部分人马退到博韦东面的古尔奈，暂避锋芒。而且受到这次战斗的影响，城中的市民组织不久后也迫使他的兄弟埃克托尔带着剩余的士兵离开。勃艮第的势力实际上退出了博韦地区。

在阿马尼亚克与勃艮第两党在法国北部、中部奋力相搏的同时，英军正孜孜不倦地继续从事着在下诺曼底的征服事业。接受法莱斯投降后，亨利五世已经完全切断了科唐坦半岛与法国内陆的联系。现在他可以从容地占领这个地区。在围困法莱斯期间，塔尔博特领主吉尔伯特[①] 就曾带领少数英军进入半岛执行过一次侦察行

① 此处为吉尔伯特·塔尔博特（Gilbert Talbot，Lord of Talbot），是塔尔博特地方领主。并不是活跃于百年战争中后期的英军著名将领什鲁斯伯里伯爵约翰·塔尔博特（John Talbot，1st Earl of Shrewsbury）。

动。但他们遇到了法军的激烈抵抗。当撤退中的英军试图渡过维尔河（Vire）时，却在入海口附近遭到了瑟堡法军守将的突袭，英军被击溃回营。塔尔博特领主因而在1月28日被撤去边界总指挥官的职务。在法莱斯受降同日，亨利五世命令他的幼弟格洛斯特公爵汉弗莱领导一次对科唐坦半岛的西征。这次英军增加到3000人左右，他们沿途遇到的抵抗十分微弱。他们已经在事先占领了努瓦罗河畔孔代（Condé-sur-Noireau），这个强大的堡垒在一次袭击后就被夺取，由此打开了前往维尔城的道路。而维尔市民在一周前就已萌生降意，在英军开始做包围尝试后，他们就开门献城。格洛斯特公爵带领英军继续前行，渡过维尔河挥师北上，接近托里尼（Torigny）。然而托里尼居民在半路上就对他们献上了降表。接下来轮到圣洛（St.Lô）直面英军，他们在围城工作刚展开时便迅速屈服。卡朗唐也是不战而降。它北面的瓦洛涅试图坚守，但是在围城英军将地道挖至城墙下后也放弃了抵抗。于是在接近3月中旬时，英军就直抵半岛北面的瑟堡城下。瑟堡背靠大海，守备精良，城堡建造于上世纪60年代，城镇的新式围墙有16座塔楼，而且上面配备了火器。它存储着大量物资，被深深的壕沟环绕。位于其上的桥梁和郊区在围城前就被毁坏。此时，与王室联系密切的让·德·拉艾（Jean de la Haye）正在守卫这座城市。他指挥守军用火炮击退了英军的试探性进攻。格洛斯特公爵决定对这座城市展开长期围困。与此同时，他还召集船只从海上对这座城市进行封锁。将这个号称全法国最坚固的港口团团围住后，格洛斯特公爵命令部下分头占领其西南面的各个市镇，以便为围城的部队收集更多补给。英军在半岛上的迅速扩张引起了所有人的恐慌。拥有坚固城堡的圣索沃尔-勒维孔特（St-Sauveur-le-Vicomte）未放一矢便被守军交给英军。当英军兵临布里克贝克（Briquebec）时，发现当地大贵族尼古拉斯·佩内尔（Nicholas Paynel）早已抛弃了自己家族在此地的城堡，逃到库唐斯（Coutances）。然而英国人要征服的是整个半岛，没有哪座城市能够避开这次灾难。

作为对格洛斯特公爵汉弗莱的呼应，3月10日，亨利五世派出亨廷顿伯爵约翰·霍兰带兵向西面的库唐斯进军。格洛斯特公爵于12日占领了圣洛为英军打通了行进道路。16日，躲在库唐斯高墙后的尼古拉斯·佩内尔被迫向步步紧逼的英军投降。新任命的邑督随即贴出了一篇抚慰当地民众的公告。随后亨廷顿伯爵部也沿着通向瑟堡的道路推进，先后占领了皮鲁（Pirou）、巴讷维尔（Barneville）等中北部地区。这样一来，他们便与格洛斯特公爵建立了直接联系。在南方，英军也展开了攻势，他们顺利占领阿夫朗什（Avranches），并在蓬托尔松（Pontorson）等地区建立了驻有守卫部队的据点，将前线推进至布列塔尼边境。半岛大局初定，沃里克伯爵理查德·比彻姆便在3月30日接到正式围攻栋夫龙的命令。占领这个位于下诺曼底地区西南部的坚固堡垒将巩固英国在南方的统治，并使通向马耶讷（Mayenne）的道路畅通无阻。尽管是孤军奋战，栋夫龙守军还是决定坚守，以便尽可能多地消耗英军的资源和时间。但如果长期处于英军的重重包围之下，这座城市还是岌岌可危。

在下诺曼底的一帆风顺使南方前线的英国士兵也频繁做出些小动作，他们或者通过滥施恫吓来竖立威权，或者通过威胁敲诈来搜刮财物。1418年初，安茹当局就在抱怨："（驻守在阿朗松南部的英国守卫）用过课税、勒索或者其他手段，对王太后（西西里王太后，指阿拉贡的约兰达）统治下的居民征收庞大而且繁重的数目，迫使他们向英王效忠。虽然已签订了一份和约，而且这些人也不是属于国王（英王）的城堡和地区中的臣民。用相似的方式，他们已经占领了许多大片的地产、庄园、封邑、住宅以及既没有向国王臣服，也不为国王所有的属地。对此犹未满足的他们拿走、偷窃，实际上是搜走了器皿用具、床、亚麻织物、动物以及其他在房屋、庄园或土地可以移动的东西，而且是随心所欲、为所欲为。此外，他们肆无忌惮地霸占且糟蹋了王太后可怜的臣民的物品，例如小麦、酒、肉食、干草以及燕麦，拒不付钱。以同样的方式，他们不分昼夜地袭击和洗劫商人以及其他人，（后者被迫）通过小路以及领地的旁道穿越这个地区-因为担心受伤或者损失。除此之外，守卫卢东的人还绑架了塞格雷爵爷的女儿，同时损害了爵爷的荣誉和土地。许多堡垒中的一些人还装扮成土匪，趁着熟睡杀死了这个地区的许多劳动者和其他人！因此，这些人无法通过法律求助或者通过其他正义的途径申冤……”此外，在布列塔尼的前线，双方也是摩擦不断。

当然，亨利五世并不希望因部下的过激行为破坏和约，给他的计划造成不必要的麻烦。因此，前方的英军将领在2月末接到了命令他们停止在安茹及诺曼底领土上的违法行为的禁令，并要求他们将所有犯了暴行的囚犯送至阿朗松城。在4月中旬，约翰·蒂普托夫特以及约翰·阿什顿爵士也被指定专门负责与布列塔尼方面协调沟通，维持合约以及弥补违约所造成的损失。尽管如此，英国人仍没有停止他们的袭击。他们将旺盛的斗志投入到其他地区。从 2 月开始，在阿朗松以及佩尔什地区的英军就不断扩大袭扰范围。大批部队向南烧掠，穿过博斯地区，一直渗透到卢瓦尔河谷。其中一支连队甚至还突进至奥尔良附近，迫使郊区市民躲进城里避难。这些骚扰使卢瓦尔河谷地区的阿马尼亚克党人受到了极大的牵制。在 3 月末和 4 月初，许多城市都不得不加强警卫和防御工作。

英军的种种行为不可能不引起相关地区人民的反抗。在阿朗松地区，将战火、恐慌和物资匮乏带到这片土地后，英国人发现他们很难像事先所希望的那样说服这些领地的人向英王宣誓效忠。许多居民出逃，英军还要应付隐匿在森林中的流亡者以及以边境地区为依托进行抵抗的贵族和冒险者。这些人对侵略者发起了频繁的游击战争。法国人的抵抗活动十分活跃，以至于威胁到了位于栋夫龙西北面的莫尔坦的安全，沃里克伯爵里查德·比彻姆在 4 月被迫请求将他的总部迁到更北面的维尔。而且在栋夫龙被围期间，一支法国队伍在阿朗松私生子皮耶尔领导下在东南边境集结起来，试图解围栋夫龙，其中最为活跃的是安布鲁瓦兹·德·洛雷（Ambroise de Loré）。安布鲁瓦兹在 1396 年出生于马耶讷的瓦索（Oisseau）地区。1415 年，他作为一名新兵参加了人生中的首场大战——阿金库尔战役。国家的苦难与动荡给这位青年留下了难以忘怀的印象，英军入侵家园更是使他备感切肤之痛。从此时起，他置身于以道芬查理为首的阿马尼亚克党人旗下，带领人们开始了坚定的抗英斗争。但由于救援队伍的人力、资源都十分有限，他们进展迟缓，解围栋夫龙的行动仍然步履维艰。

在总握全局的英王亨利五世看来，法国人在诺曼底西、南部的反抗运动只是疥癣之疾。他的兴趣在东面。由于阿马尼亚克党在去年的内战中几乎被勃艮第人切断了与上诺曼底的联系，因此利雪以东的法国抵抗力量十分虚弱。趁着这个时机，亨利五世决定于 1418 年早春之际也同时在东面开展了一次战役。亨利把这个任务交给了二弟克拉伦斯公爵托马斯。2 月 24 日，克拉伦斯公爵接到了向奥格地区（Auge）[①]

① 诺曼底中部的一个地区，首府是利雪。

至鲁昂方向进军的命令。不过，公爵要做的第一件事是要将法国人的势力从利雪周边地区驱逐出去。公爵迅速占领了东北面的福盖尔农（Faugernon）以及东南面的尚博瓦（Chambrois）等地，清扫了图克河谷。然后他渡过里勒河（Risle），兵临阿库尔城——诺曼底大家族阿库尔的发源地。但此时阿库尔伯爵让——也就是欧马勒伯爵让——正在东北方对付不断侵扰的勃艮第人。城中只有他的妻子以及一小股招募而来的本地守卫。英军来临时，这些人的抵抗意志就土崩瓦解了。他们在3月9日投降，于是伯爵的城堡和财富均落入英国人之手。不久之后，南方的博梅尼勒（Beaumesnil）也被占领。到4月初，奥格地区及奥尔贝克（Orbec）和蓬托德梅尔（Pont-Audemer）均被英国纳入势力范围。

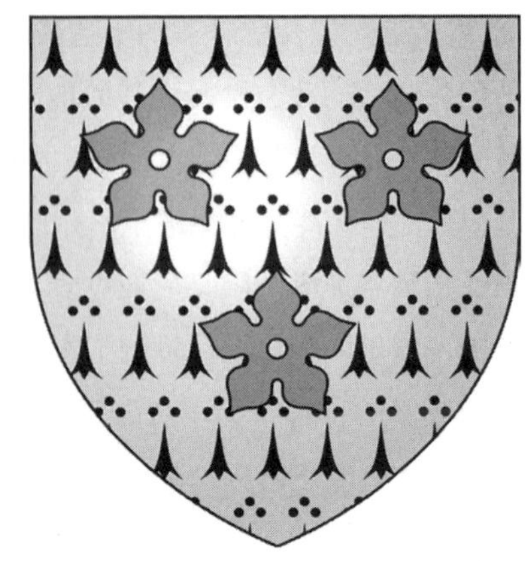

▲ 安布鲁瓦兹·德·洛雷的纹章

在卡昂庆祝完4月23日的圣乔治节后，英王召开会议讨论下一步的动向。他们最终做出决定：对下诺曼底等征服地区做出安抚后，就向上诺曼底进军。上诺曼底盘踞着大量的勃艮第部队，他们之前一直保持着中立。然而亨利五世已经下定决心，他认为既然勃艮第势力阻挡了自己的道路而且不愿意撤出，那么他们作为合作者的利用价值已经消失。为此，他将毫不犹豫与他们一决胜负。至此，数年来一直在暗中相互合作的英军和勃艮第党人终于兵戎相见，当然，亨利五世只是将这次行动归为一场冲突，以便继续在表面上保持与勃艮第公爵约翰的和睦关系。5月中旬，英军来到勃艮第人控制的埃夫勒城下，随即发动攻击。然而，在持续近一年的内战里几乎所向披靡的勃艮第军队的战斗力并不比阿马尼亚克党强多少。英军几乎没有遇到什么麻烦，他们在20日便顺利地接受了守军的投降，守军甚至都没有履行约定等待援军的传统形式。一周后，亨利五世赶到前线。开始亲自领导征服上诺曼底的战役。6月8日，卢维耶（Louviers）被包围。英军有条不紊地填平壕沟，挖掘地道。守军依托放置在城墙上的火炮还击，此外还发动了几次突袭，试图摧毁敌人的攻城火炮。但双方力量对比悬殊，守城者的种种努力都挽救不了这座城市的命运。大约

▲ 上诺曼底及周边地区示意图

一周后，城墙出现了缺口。根据双方随后签订的协议，卢维耶于23日投降。为了解决部队北上时的后顾之忧，亨利五世还派使者前往德勒和伊夫里（Ivry）与当地的阿马尼亚克守将交涉。他重施故技，像以前拉拢勃艮第人一样，对这些阿马尼亚克将领承诺：不仅允诺与本地阿马尼亚克党势力互相保持中立，而且允诺将与他们的领导者商谈。

巴黎易帜

实际上，这段时期法国北部的发展趋势比亨利五世所期望的还要乐观。这几个月以来，阿马尼亚克党和勃艮第党陷入争斗的漩涡中不可自拔。眼见己方的局势似乎在逐渐好转，陆军统帅贝尔纳开始筹划一场大规模的战役。他把目光投向了桑利斯。对阿马尼亚克党来说，桑利斯现在是勃艮第势力在瓦兹河前线的一个东岸前哨据点，而且还阻碍了巴黎与驻守在皮卡第重镇贡比涅的王室军队之间的联系，勃艮第守卫部队经常对从城市附近经过的阿马尼亚克党人发动袭击。陆军统帅选择此时发起围城战有合适的理由。虽然勃艮第将领利勒亚当大人屯兵在下游的蓬图瓦兹以及默朗之间，能够威胁巴黎至鲁昂的道路，但如果他要继续北上，就会受到布置在圣德尼的阿马尼亚克守军的阻挠，因此难以对桑利斯给予有力援助。桑利斯北面，博韦地区的勃艮第势力正陷入低潮。离桑利斯更远的蒙迪迪耶城中的勃艮第将领卢森堡的约翰受到邻近地区的贡比涅军队的牵制，也难以抽身救援。由此可见，桑利斯实际上处于孤立状态。

王室为这场攻城战举行了隆重的仪式。1418年2月2日，国王从他的宫廷中起驾，接过了王旗“金色火焰”。2月3日，陆军统帅贝尔纳在克雷伊（Creil）设立了指挥部。这场战役与之前围攻英军占领的阿夫勒尔颇为相似。陆军统帅投入了大量的人力和物力，想借此扭转阿马尼亚克党半年来不断衰退的态势与威望，他从南方前线召回了塔内吉·迪·沙泰尔。阿马尼亚克会集的军队有4000余人，他们一直推进至桑利斯城市近郊，然后安营扎寨。与此同时，他们将那几具巨大的攻城器械从巴黎运至营中，瞄准城墙，摆开了攻城的架势。

对城中的贵族、商人、律师等居民来说，这种围攻战无疑是一场灾难。经过一番讨论，这些市民决定不与王廷对抗。他们派出代表前往陆军统帅贝尔纳的大营与他谈判。双方最终达成协议，勃艮第守军将获得安全通行证离开此地，市民将开门迎接阿马尼亚克军队并且得到赦免。接下来的进程并没有按照约定的方向发展，市民代表在谈判前并没有与勃艮第守军妥善沟通。因此当他们回到城内，将协议内容传达给勃艮第守将皮埃尔·德·莫克鲁瓦（Pierre de Maucroix）时，莫克鲁瓦勃然大怒，拒绝承认协议，并将通知他的代表投入大牢。在城中勃艮第党人的支持下，他重新控制了城市，决心和阿马尼亚克军队较量一番。于是陆军统帅的队伍按约来到城下时，迎接他们的是谩骂和一阵箭雨，因此他们不得不认真做攻城准备。随后的几天，他们对桑利斯的城墙进行了猛烈的轰击。很明显，陆军统帅还是希望通过围困以及炮击能使城市投降。阿马尼亚克军队的炮击十分猛烈且持续时间很长，在两个月内焚毁了大量建筑，连部分王宫旧址也难逃劫难。城市的围墙也有多处被炮火损毁，但守城者还在顽强坚持。

陆军统帅贝尔纳围攻桑利斯的消息传出后，勃艮第公爵约翰便从特鲁瓦派了一支军队前去解围，但这支军队只有 2000 人左右，而且路途遥远。焦急的桑利斯市民向附近的卢森堡的约翰等勃艮第将领们派出使者，请求他们看在“勃艮第公爵利益”的份上前来解救城镇。卢森堡的约翰等人集结了一些救援部队，但他们十分清楚自己力量单薄，不能和陆军统帅贝尔纳的围城军队做正面较量。因此，这些勃艮第将领只能采取佯动措施迷惑对手。他们从蓬图瓦兹出发，做出向巴黎推进的姿态，吸引阿马尼亚克党人的注意。与此同时，勃艮第人秘密派出了一支百余人的分队，他们避开陆军统帅的主力，通过一扇阿马尼亚克军队还没有驻守盯防的城门潜入城中，缓解燃眉之急，这些人鼓励桑利斯的军民继续抵抗，并信誓旦旦地保证公爵的大军很快就会到达。同时，卢森堡的约翰等人退回蓬图瓦兹，并通过博韦赶往皮卡第。

实际上，勃艮第党人希望暂驻北方、代勃艮第公爵管理佛兰德和阿图瓦等领地的沙罗莱伯爵腓力能解围。他正在阿拉斯组织更大规模的解围行动。在勃艮第廷臣菲利普·德·莫维莱尔（Philip de Morvillers）的辅佐下，腓力依照父亲的命令召开了由整个皮卡第地区的男爵、骑士、从骑士、教士、主要市镇的代表以及其他地区臣服者参加的大会。在会上，他要求与会者效忠于王后伊萨博以及勃艮第公爵约翰，反对任何与他们对抗的人——除了法兰西国王。卢森堡的约翰、雅克·德·阿库尔（Jacques d'Harcourt）、亚眠子爵、约翰·德·福瑟等一批勃艮第将领带头宣誓，将在有生之年用自己的财富和生命为公爵服务。同一时刻，那些市镇代表被要求向他们的选民征收大笔捐税充作军资。腓力在会议进程告一段落后宣布休会，并约定数天后在亚眠继续召开，届时他将会前往亚眠商讨征召的问题。

与此同时，桑利斯城内的勃艮第守军显然承受了很大的压力。4月12日，守城者被迫与阿马尼亚克党人签订了一项有条件的投降协议：如果在一周后，也就是19日，守城者还等不到援军，他们将献出此城，并缴纳一笔6万法郎的赔款——将被用以修复被毁坏的城市建筑。为了保证条约能被履行，他们还被迫派6名人质到阿马尼亚克党的军营中。然而，不甘心放弃的桑利斯守军也派使者把这个消息带到了北方的亚眠会议上。在这些人的不断催促下，腓力终于下定决心开始行动。4月中旬，他命令卢森堡的约翰、约翰·德·福瑟等将领带着已经召集的军队开往前线。这些部队被划分成前锋、主力以及后卫三个部分，全速南下。这是一支与围城的阿马尼亚克军队旗鼓相当的队伍，但他们可用的时间却不多。17日，勃艮第大军到达蓬图瓦兹。约定的投降日期即将到来，他们没有停歇，连夜赶往桑利斯，同时派出一支轻装部队迅速突进，抢占通往桑利斯道路上的各个重要据点，刺探敌情。

▲ 腓力年轻时的画像，他后来继承父位，成为勃艮第公爵好人腓力

此时，陆军统帅贝尔纳的斥候带来了勃艮第援军逼近的消息。陆军统帅一面命令部队立即向西南方向前进，希望占据平原列阵，以免被对手偷袭营地；一面在19

日敦促桑利斯按约投降。然而，19 日拂晓之际，阿马尼亚克军队大营中的嘈杂声使勃艮第守军意识到援兵将至，因此他们借口约定时刻尚未到来拒绝了陆军统帅的要求。陆军统帅恼羞成怒。为了惩罚守城者的违约行为，他将送来的部分人质处以极刑：阿马尼亚克士兵砍下了其中 4 人的头颅——2 名市民和 2 名贵族——并将其分尸，挂在绞架上。这种残酷的行为没有吓倒守军，反而激起了他们的愤怒。作为报复，守军处死了这段时期俘获的 16 名阿马尼亚克党人，其中 2 名妇女被抛入河中淹死。陆军统帅大为恼火，但也无可奈何。现在要迫使守军回心转意，他只能先击败腓力和勃艮第公爵约翰派来的两路援军。

陆军统帅贝尔纳希望能在两支勃艮第队伍会合前将其各个击破，因此他带领部队穿过西南面的尚蒂伊（Chantilly）附近的森林，试图首先邀击卢森堡的约翰部。同时，出于安全考虑，他派遣部分人员前往克雷伊，请国王移驾还都。然而，勃艮第部队的进击速度极快。他们的轻装部队抢在国王前面占据了道路的要点，不久就与来到此地的法军前锋部队展开了激战。编年史书记载道："那时许多长矛被折断，而骑兵们坠马、阵亡，或者身负重伤。"随后到达的国王与陆军统帅停止了更进一步的行动，双方开始对峙。而阿马尼亚克党还派出了两名使者，询问对手的身份和意图。不久他们就收到了对方的回答："我是卢森堡的约翰，我与福瑟大人以及其他许多贵族一起奉勃艮第公爵的命令来到此地为国王服务，并帮助优良市镇桑利斯反抗阿马尼亚克伯爵。我们已做好单独与他以及他的那些煽动者们交战的准备——如果他愿意给我们这个机会的话。我们不会对抗国王，作为他的忠实封臣和臣民，我们已做好为他效劳的准备。"

听完使者的回答后，国王与陆军统帅贝尔纳等人开始商量下一步的对策。陆军统帅十分犹豫：眼前的卢森堡的约翰部军容严整，士气旺盛，并做好了同他鏖战一番的准备；而他手中的军队却是他的全部家当，还受过漫长的围城战的折磨，所以在仓促间他很难下定进攻的决心。与此同时，那支由勃艮第公爵约翰派出的军队已经到了巴黎东北面的达马堂（Damartin）。这个消息使陆军统帅犹如芒刺在背，腹背受敌的他不敢放手全力一搏。雪上加霜的是，桑利斯守军趁着阿马尼亚克围城主力出营迎敌时，还组织了一次大胆的突袭。他们攻入了围城者的大营，放火焚烧了他们的帐篷和据点，毁坏了部分攻城器械，还杀死了营地内的一些病员和其他人，然后带着大批战利品大摇大摆地返回城中。事态正演变成一场灾难。为了避免战败带来的毁灭性打击，陆军统帅建议道：“既然勃艮第公爵和他的儿子都不在军中，我们也从交战中得不到什么。我建议撤退。因为这些人只是些急于抢掠的士兵，对他们来说没什么可以失去。”于是，在双方怒目而视几个小时后，阿马尼亚克党的部队首先开始撤离战场。陆军统帅让部下列成战斗队形向巴黎退却，并安排了一些精锐部队殿后。他们并没有遭到勃艮第军队的追击。卢森堡的约翰等人直接返回蓬图瓦兹，在那里，这支大军被解散，将领们带领队伍返回各自的家园。桑利斯守军修好了被敌人破坏的建筑后，重新开始了对阿马尼亚克党人的袭扰活动。

即便陆军统帅贝尔纳避开了全军覆灭的厄运，这次围城战的失败对他领导的阿马尼亚克党派也是极为沉重的打击：耗费超过 20 万法郎，损失了大量人员和装备，巴黎的阿马尼亚克军队一系列反击战终止，同时也使陆军统帅威信扫地。如此高昂的代价换来的结果却是城市受到的封锁重新开始趋紧。随着陆军统帅手中资源接近枯竭，他对军队的控制能力也在下降。这支得不到足够薪酬的军队的士气低落，纪律涣散。士兵们拒绝再次出城作战，因为“国王不能再为军功提供合适的报酬”。为了筹措资金，陆军统帅只得在城内征收新税。他强迫圣德尼教堂献出圣路易的金质神龛，提供 2 万锂弗，并搜走大批财宝，与之相应的补偿只是允许他们接管一些先前政府从屠夫们手中没收的货摊。僧侣们只能在编年史中发泄他们的不满，“无尽的贪婪，只配得到永无止境的诅咒，”他们愤愤不平地写道，“不满足于与他们自己相适的用度：他们不断增长的财富，不断修建的城堡，维持帝王般的奢侈生活，应当用于保卫国家的钱财被他们厚颜无耻地搜去，由先王们慷慨施予、置于王家修道院中的珍宝，也被拿去用于此类挥霍。”

其他地区的勃艮第连队也重新活跃起来，他们趁同伴与陆军统帅贝尔纳围绕着桑利斯不断较量的机会，不断将势力渗进其他地区。早在 1417 年底，迪耶普就已经打开大门迎接勃艮第将领居伊·勒·布特伊(Guy le Bouteillier)入城。他是勃艮第公爵约翰新近任命的诺曼底总督的侄亲，一位来自于科区的贵族。虽然布特伊债台高筑，他却获得了王后伊萨博的“使者、代理官以及特别代表”的头衔。因此，进城后他立即驱逐了当地的王室官员，自封为迪耶普守将，并随即以此城作为据点，频繁地向周围地区发动攻击。随着巴黎的阿马尼亚克党人声望的不断下降，他们获得了巨大的成功，塞纳河下游的科德贝克（Caudebec）也向他们屈服。最后，这种情绪也波及鲁昂。鲁昂本身就对王室加征的税收以及用暴力作为后盾强加给他们的王室官员们深恶痛绝。随着道芬查理的军队退出诺曼底，尤其是勃艮第军队切断了巴黎与鲁昂之间的塞纳河交通线后，鲁昂市民认为巴黎的王廷不能保证他们的安全。现在，王后伊萨博建立了一个新的政府机构，并免除了不少王室的赋税，而且她的代表就在省区的东北面活动，这使城中的勃艮第派感到有机可乘。于是，鲁昂在 1418 年 1 月初再次爆发叛乱。人们将罗贝尔·德·布拉克蒙拒之门外。罗贝尔随后占据了东面高山上的圣凯瑟琳修道院与市民对峙。他从修道院可以俯视东面的城墙，而且还与驻扎在鲁昂城西部的城堡里，由欧马勒伯爵让领导的守军遥相呼应，对城市形成两面夹击的态势。

为了不重蹈半年前的覆辙，市民们果断与北面的居伊·勒·布特伊联系，请他来驱逐这两股阿马尼亚克党势力。布特伊与阿里的私生子勒永（Lagnon bsatard d'Arly）等人带领军队于 12 日进入鲁昂。他们随即包围了欧马勒伯爵让守卫的西面城堡，并用火炮轰击城堡围墙。五天后，欧马勒伯爵忍受不了炮击，决定投降并离开城堡。失去了欧马勒伯爵的援助，罗贝尔·德·布拉克蒙也只能放弃驻地，将部队撤走。最终，城市落入勃艮第人手中，布特伊被任命为总督，他的同僚勒永则得到了丰厚的回赠。失去鲁昂的影响是灾难性的：1418 年春季，卢维耶等城市见到王室对其他被英军包围的诺曼底城镇的求援毫无回应后，也效仿了鲁昂陆续向勃艮第公爵约翰投降。于是巴黎和鲁昂间的主要沿河城镇均落于勃艮第人之手。公爵指派了克劳德·德·沙特吕（Claude de Chastellux）在韦尔农设立了诺曼底总部。从这里他们可以与塞纳河上游的利勒亚当以及诺曼底北部海岸的迪耶普等地相互呼应。

6 月，勃艮第人征服了靠近塞纳河口的蒙蒂维利耶，将势力渗透到河北岸的科区。最终，阿马尼亚克党在上诺曼底地区的势力被分割成众多孤立的碎片。于是勃艮第公爵约翰急忙开始委派专员，动员这些新占领的地区献出税款，应付他因发动战争而日渐干瘪的钱袋。

鲁昂的丢失沉重打击了阿马尼亚克党，之后漫长且耗费甚巨的桑利斯围城战更是让他们感到举步维艰。在此期间，其内部的温和派趁机提出了接受重启和谈的建议，并迫使顽固的陆军统帅贝尔纳同意。这也符合勃艮第公爵约翰的意愿。随着英国人逐渐威胁自己的切身利益，他倾向于联合竞争对手对抗侵略者。即便如此，这次和谈的筹备工作仍受到很大阻力。原本计划于2月左右召开的会议一直拖延到4月中旬才得以举行。双方的代表在阿马尼亚克党占据的蒙特罗（Montereau）与勃艮第党守卫的塞纳河畔布赖（Bray-sur-Seine）之间的拉通贝（La Tombe）举行会晤。激烈的争吵后，主持会议调停的职位最后落在一贯保持观望姿态的布列塔尼公爵约翰身上，曾为勃艮第公爵效劳的贵族乔治·德·拉特雷穆瓦耶（Georges de la Tremoille）则负责此地的安全工作。勒尼奥·德·沙特尔（Regnault de Chartres）领导着阿马尼亚克政府的谈判代表团。纪尧姆·库西诺（Guillaume Cousinot）替被囚禁在英国的奥尔良公爵查理参加会议。而勃艮第方面的领导者是亨利·德·萨瓦西（Henry de Savoisy），他是勃艮第公爵的坚定支持者，最近刚获得桑斯大主教的职位。但是阿马尼亚克政府十分厌恶他，他们拒绝承认他的当选，并用武力将他驱逐出了桑斯。可想而知这次谈判桌上的火药味并不会比战场淡多少。而且，伴随着桑利斯围城进程的跌宕起伏，双方的代表时而妥协退让，时而针锋相对，力求借助时事为己方争取到最大利益。除了一次总体的大赦以及归还相互没收的财产外，勃艮第代表还提出了一大堆条件：勃艮第公爵可以带领任意数量部队进入巴黎，享有不受限制地觐见国王和道芬的权力；王后声称她依法拥有的权力应当得到承认，而且所有公职人员应听凭她任命。阿马尼亚克代表也不甘示弱，他们要求勃艮第公爵及其支持者放弃在法国北部侵占的城镇，并将他的守卫部队撤出；法令应听凭最高法院，撤销自1417年底以来以王后的名义采取的各种措施；勃艮第公爵必须签署一份书面声明，放弃与英王亨利五世和德意志国王西吉斯蒙德的联盟，放弃所有反对国王政府的战争行为，并加入王室军队对抗英国人。

但时间没有站在阿马尼亚克这方，随着战局的恶化和危机的日益加重，他们的态度总体上有所松动。他们开始同意王后伊萨博和勃艮第公爵约翰会见道芬查理，甚至在之后默认了必要时王后对职务的任免权。但他们的底线是公爵带进巴黎的部队人数不得超过400—500人，如果人数不限，那公爵将能够撕毁任何协议，控制王室和道芬，为所欲为。而公爵以前在巴黎时的种种肆无忌惮的举动无疑加剧了他们的顾虑。当然，最后他们允诺，如果有必要，勃艮第公爵军人数可以略微上调。当桑利斯围城战失败的消息传来时，双方已暂时休会，然后再做最终的决定。5月

13日，教皇使者纪尧姆·菲拉特出现在会议现场，他立即和巧舌如簧的同僚们一起投入斡旋行动。教皇特使们使出浑身解数，探知各方的底线和倾向，通过一系列的说教、讨论甚至哄骗，时而对某方施以压力，时而灵活地避开可能触发对峙的议题，在两个代表团之间纵横捭阖。当英国人占领埃夫勒的消息传到时，焦虑的勃艮第代表也做了适当的调整。十天后，双方终于在特使们的帮助下达成了一个临时协定——避开了一些原则性的问题，声明将有一次总体大赦，双方将相互归还没收的财产；勃艮第公爵被允许觐见国王，不过要等默伦的双边会议举行完毕后。但国王、道芬、王后、勃艮第公爵等双方首脑人物都将现身的会议才是这次协定的核心所在，到时它将直面一系列先前回避的问题：未来对国王的觐见、王后离开图尔后一系列行为的合法性以及她是否拥有对公职人员的任命权。为保证会议顺利进行，协定还制订了安全条例：双方的护卫均不能超过300名骑兵。除此之外，得有一位双方都认可的人来指挥一支由400名骑兵组成的“中立”部队，防止任何一方凭借武力发动政变。最后，它还声明勃艮第公爵应该将自己看作王室的忠实封臣，但并没有做出关于公爵将加入阿马尼亚克党对抗英军的承诺。

虽然这个协定未敢触及核心问题，但毕竟使双方有了弥合分歧的机会。在接下来的几天中，勃艮第公爵约翰和王后伊萨博都批准了这个协定。然而，在默伦召开的会议究竟会成为王国命运的转折点还是演变成一场凭借武力争夺王室的混战已经不得而知。因为此时的阿马尼亚克党内部对是否履行这个协定产生了严重的分歧。大部分王廷大臣们持赞成态度，道芬查理也倾向于和解。因此，他们已经安排了国王的准许答复。但陆军统帅贝尔纳强烈反对这个协定，他还得到了巴黎总督等阿马尼亚克将领的支持，一些激进者如中书大臣亨利·德·马尔勒（Henri de Marle）还声称自己永远不会在协定上盖印。如果国王确实认为这个协定不错，那他可以亲自将大御玺盖在上面。他们可能认为，一旦在默伦召开会议，王后、勃艮第公爵与国王、道芬见面后，他们之前所做的努力都将付诸东流。

热拉尔·德·蒙泰居等人希望用温和的方式解决内部的争端，他们向道芬建议应该召开一次大型会议。会议成员包括所有在巴黎的贵族、教士、官员以及重要的市民。借着规模和支持人数的提升，他们有很大把握通过这个协议。大会于5月26日在罗浮宫召开。陆军统帅贝尔纳意识到他在议政程序上已经输给温和派后采取了激进且极端的方式：蛮横地将所有参加会议的人斥责为叛徒，并拒绝参加。与此同时，这场会议果然如热拉尔所料，以压倒性的多数通过了赞成协定的决议，并于27日在巴黎全城公布。但文件还是不能签署：陆军统帅掌握着巴黎的军队，并且有中书大臣的支持。眼见和平进程因此陷入僵局，人们对陆军统帅愈加愤怒，他们散布各种谣言。有人声称陆军统帅对臣民施以重税是为了敛取钱财，而且夜以继日地将财宝送往自己在南方的领土，有人则谣传他要将城内的勃艮第支持者全部处决。这些谣言令城中人心浮动。在混乱的局势下，一个试图推翻阿马尼亚克党人统治的阴谋正秘密酝酿着。

巴黎居民佩里内·勒·克莱尔（Perrinet le Clerc）曾被朝中某位廷臣的骑马侍从当街殴打。为此，他到巴黎总督那里申诉，但遭到了总督的拒绝。恼怒的佩里内决心借勃艮第人之手实施复仇。他的父亲是一名富有的铁器商人，而且作为一名市政官员负责守卫处于巴黎西部、塞纳河南岸的圣日耳曼城门。佩里内聚拢了一批同谋份子，并且与蓬图瓦兹的勃艮第守将利勒亚当大人取得了联系。他们密谋将巴黎城献给这位将军，而陆军统帅贝尔纳新近拒绝和平协定的行为无疑给他们计划的成功提供了一个绝佳的机会。5月28日晚，按照约定，利勒亚当带着800名骑兵秘密出发。他们于29日午夜前后悄悄来到巴黎城下。此时佩里内已从熟睡的父亲枕下摸到城门钥匙，他和负责守卫的同伙一起放下吊桥，打开城门，引导勃艮第军队入城。等到勃艮第军队穿过由两侧巨塔守卫着的圣日耳曼城门来到城中后，佩里内就将城门钥匙丢到了城外，此时已是凌晨，勃艮第人沿着寂静无声的街道悄悄推进，他们跨过连接塞纳河两岸的桥梁来到夏特莱堡前方的开阔地带，这里已经有数百名全副武装的市民等待着他们。事不宜迟，这些勃艮第党人迅速分成几支队伍，在城市的不同街区扩展开来。狩猎开始了！

勃艮第党人一边快速推进，一边高呼着“武装起来！”“和平！和平！勃艮第公爵万岁！”巴黎的人们从睡梦中惊醒，起初他们以为这只是陆军统帅贝尔纳引蛇出洞的伎俩，因此谨慎地待在屋中观察动向。当发现并无军队阻挠这些勃艮第党人后，那些勃艮第支持者连忙穿上盔甲，拿起刀剑甚至是木棒，加入街上的队伍，整座城市都涌动起来。

利勒亚当带领部下直趋圣波勒（Hotel Saint-Pol）王宫。他们打破门窗，进入国王的房间，敦促这位仍处于迷糊状态下的老人起床更衣，然后将他扶上马，与跟在后面的民众一起到大街上以壮声势。至此，勃艮第党人已经拿下了这次战役关键性的一局。而其他的勃艮第党人领导者也正在带着全副武装的士兵冲入大臣们的宅邸，将他们逮捕。大批阿马尼亚克高级官员落入他们手中，其中包括中书大臣亨利·德·马尔勒、拉莫内特·德·拉盖尔、纳博讷子爵纪尧姆二世（Guillaume II de Narbonne）等人。陆军统帅贝尔纳的官邸靠近罗浮宫，也是勃艮第人的首要攻击目标。由于事发突然，他来不及出逃，只能匆忙化装成贫民躲入附近一名石匠家中暂避风头。现在，整个巴黎都陷入恐慌中。成群的官员、仆人、市民、妇幼都在街道上惊慌失措地奔逃。在这千钧一发之际，闻讯而起的巴黎总督塔内吉·迪·沙泰尔表现出了超出常人的冷静。他立即披上盔甲，冲进道芬查理的宫殿中，他用毯子裹着这位代表法国最后希望的年轻王子，将他抱起背在背上，迅速从后门的宫殿花园中冲出，一口气穿过混乱而漫长的街区，径直奔入位于都城东北面的巴士底（Bastille）堡垒中，总算在这黑暗时刻为法兰西王室挣来了一线光明。此时跟在他后面的只有一小队侍卫人员。

塔内吉·迪·沙泰尔随即派人赶往东北面的圣德尼等地，与那些地方的驻军将领联系。命令他们火速前来镇压暴乱。但为时已晚，勃艮第党人已经占据了大部分街道，完全控制住了巴黎城区。

当白昼来临时，街上的人都在衣服上绣起勃艮第标志，沿着街挨家挨户仔细检查，搜捕漏网者。尽管陆军统帅贝尔纳向石匠做出过许愿，答应如果他能帮自己脱离险境将给他巨额酬金，但迫于时局的压力，石匠还是向勃艮第党人告发了陆军统帅的行踪。勃艮第党人立即前往陆军统帅藏身之处，将他绑在勃艮第将领居伊·德·巴尔（Guy de Bar）的战马后面捉拿归案，一群疯狂的人跟在战马后咆哮着要喝他的鲜血。而那些支持过阿马尼亚克派系的人也难逃厄运，含有大量阿马尼亚克党成员和同情者的纳瓦拉大学（The College of Navarre）就遭到了民众的洗劫，大部分学生连同那些曾拟文反对过勃艮第公爵约翰的大学重要人物被逮捕，然后送往监狱。不过巴黎主教热拉尔·德·蒙泰居因此前曾力主和谈而逃过一劫，在他的劝说下，勃艮第人释放了数名使节和主教。

利勒亚当还带人闯入波旁公爵让的宫殿，喝问公爵的儿子克莱蒙伯爵查理，他到底支持哪个党派，被惊醒的17岁王子机智地回答道，他属于支持国王的那派。于是这位未来的波旁公爵被他们带到圣波勒，与国王待在一起。

到29日，阿马尼亚克政府已经完全垮台，掌控了巴黎的勃艮第人兴奋地敲响大钟庆祝自己的胜利。早晨8点，在一阵喇叭声中，国王发布命令，解除了塔内吉·迪·沙泰尔的职务，居伊·德·巴尔成了新巴黎总督。但塔内吉还顾不上计较自己的职位，此刻巴士底堡中只有不到300名守卫，一旦被敌人围困后果将不堪设想，因此他马上派人将道芬查理从堡中撤出，经由沙朗通（Charenton）渡过塞纳河一路护送到科尔贝，在从这里出发前往南面相对安全的默伦。

勃艮第党人没有立即全力围攻巴士底堡。安全送走道芬查理后，塔内吉·迪·沙泰尔继续留在前线的沙朗通观察动向。他已经和元帅皮埃尔·德·里厄（Pierre de Rieux）等阿马尼亚克将领取得联系，并得到了他们的增援。现在他们开始筹划对敌人的反击。5月31日夜晚，里厄带领300余人徒步穿过万塞讷森林前来与巴士底堡守军会合。塔内吉留下数百人守卫沙朗通的桥梁，保护退路。其余1000余人在他和其他人的指挥下于6月1日拂晓对巴黎发起突袭。他们首先占领了巴士底堡旁边的圣安东尼门（Porte Saint-Antoine）并由此攻入市内，试图解救被囚禁的同伴并抢回国王。巴黎人明白阿马尼亚克将领会对他们发动反击，为此他们事先已在街道上竖起数层街垒阻挡对手。但最靠近城墙的街垒很快就被巴士底堡上的守军用火炮摧毁了。塔内吉部展开旗帜，高呼着“国王万岁！道芬万岁！”这些口号引得许多巴黎市民纷纷武装起来，试图阻止他们前进。但阿马尼亚克党人兵锋正盛，他们迅速攻克了第二座街垒，并将里面的守卫人员屠杀殆尽。第三座街垒中的人见此情景慌忙放弃工事，四散逃命。塔内吉等人趁势长驱直入，迅速攻至国王在圣波勒的住处。但是他们没有找到国王，勃艮第人已将国王迁到城西面的罗浮宫。阿马尼亚克党人士气大挫，但塔内吉仍决定继续向市内深入推进。然而城内密集而狭长的街道限制了他们部队的展开。当他们受阻于11世纪修筑的老城门原址附近的守卫时，勃艮第军队和武装市民也围上来，从数面向他们猛攻。人数处于劣势的阿马尼亚克党人遭到惨败，他们被迫狼狈地撤退回巴士底堡。这次孤注一掷的突袭使他们损失了400多人，再也无力组织类似的进攻战。

随后，勃艮第军队开始围攻巴士底堡，心灰意冷的守军放弃了这个据点，收复巴黎的希望也随之破灭。而先前被阿马尼亚克廷臣囚禁于此的卡尼领主奥伯特·勒·弗拉门戈也终于被勃艮第党人释放，并委以巴士底堡总督之职。6月4日，塔内吉·迪·沙泰尔等阿马尼亚克将领带着剩余的部队退向沙朗通，并撤往南方。反击失败，局势进一步恶化的消息传到默伦后，为了确保道芬查理的安全，他被匆忙送往卢瓦尔河以南的布尔日，因此与巴黎人派来和谈的代表失之交臂。

在推翻阿马尼亚克政府的那个晚上，流血冲突并不严重，但塔内吉·迪·沙泰尔之后的反击严重刺激了勃艮第人的神经，在交战中被俘的阿马尼亚克士兵几乎当场就被屠戮殆尽。在随后的混乱局势中，他们又抓出了500多名被怀疑是阿马尼亚克党的人，并将其处决。当阿马尼亚克军队已经败退、他们完全掌握了巴黎的城门和据点时，他们又开始怀疑被囚禁在监狱里的囚犯会与城墙外的阿马尼亚克军队联合起来，并破牢而出施以报复。因此这些人要求将囚犯通通转移集中到夏特莱堡和小夏特莱堡中。这些要求被一一照办，当然，出于安全的考虑，陆军统帅贝尔纳和中书大臣等少数阿马尼亚克党人的重要领导人被转移到巴黎古监狱（Conciergerie）。接下来的八天里，萨卢兹兄弟、卢森堡的约翰、福瑟大人等勃艮第在皮卡第的主要将领陆续带着各自麾下数百人的部队进入巴黎增援防卫。

但这些军队的到来也没有增加巴黎人的安全感。这段时间里城内风声鹤唳，流言四起，巴黎民众始终处于一种要遭受阿马尼亚克军队的血腥复仇的恐惧中。6月12日，借着所谓阿马尼亚克军队来到博岱尔城门的虚假警报，他们终于下定决心，要抢先一步解决敌人。成千上万的民众拿起锤头、斧子、棍棒等各式各样的武器，涌到大街上。在一片“国王万岁，勃艮第公爵万岁”的呼声中，他们的领导者，一名锡工、几名屠夫也走到台前。自从1413年阿马尼亚克政府重新控制局势后，与勃艮第公爵联系密切的屠宰公会一直是他们打压的对象。此时屠宰公会打算在政治漩涡中掀起最后一阵浪花，而这次运动实际也成为一次以莫须有的敌对威胁为借口的报复性屠杀。因此，他们不会放过那些曾经在陆军统帅贝尔纳麾下服役的“外国人”佣兵——陆军统帅当政时期的爪牙。法学家、学者，同时也是编年史作家的让·朱韦纳尔·德·于尔桑（Jean II Juvénal des Ursins）记录道：“那些热那亚人——可怜的雇佣兵们——被拖出房屋，当街宰杀，然后装在大车里，运到公墓中埋葬，或者用一根绳子绑在他们的脚上，然后拖到那里。”甚至住着一些商人和工匠的意大利街区也遭到洗劫。这些

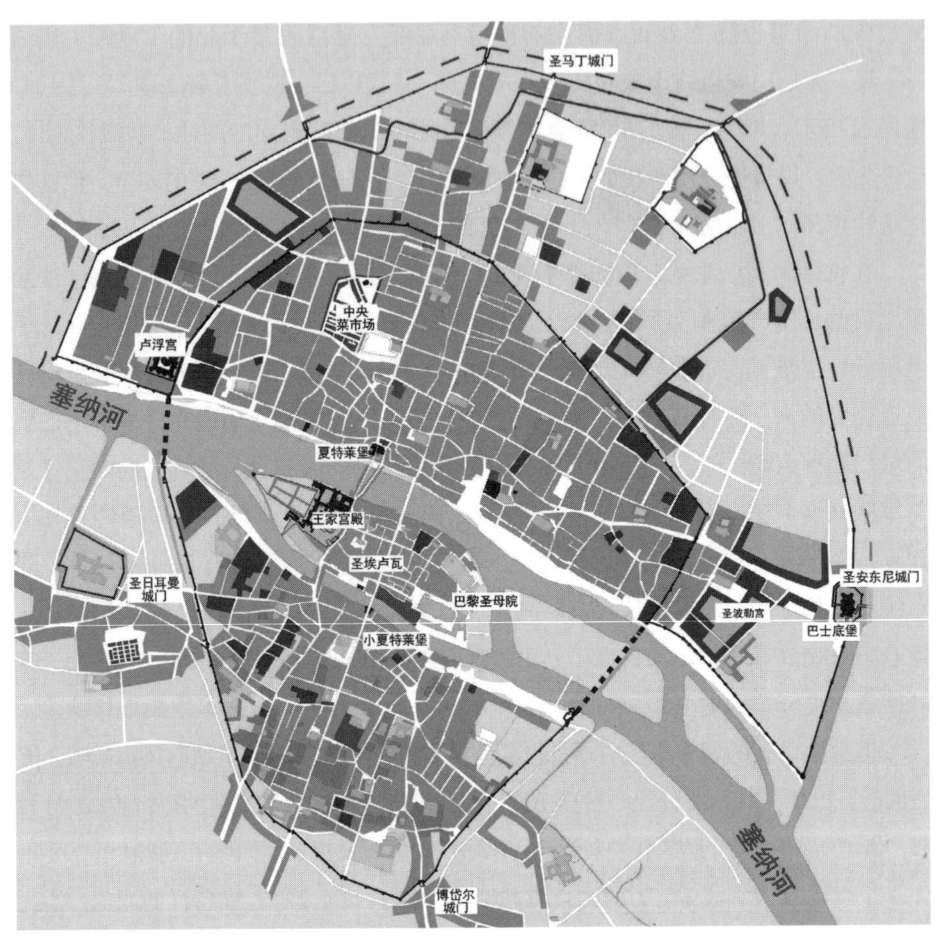

▲ 15世纪初的巴黎

只是武装民众的开胃菜而已。接下来，民众们涌至西堤岛（Cité）的王家宫殿前，打破了大门，冲入古监狱中。在那里，他们发现了陆军统帅贝尔纳和中书大臣亨利·德·马尔勒等阿马尼亚克党主要领导人，同他们关在一起的还有一些普通囚犯。这些人被兴奋的民众拉到院子，然后不分身份、地位，全部被殴打致死。为了充分表达对陆军统帅的恨意，他们还用刀剥去了他身上由肩膀至臀部，约两指宽的皮肤，在其尸体上刻下了他的徽章印记。然后民众再将这几位官员的尸体用绳索绑成一串，拖到大街上游行。他们还顺手屠尽了关押在王宫对面圣埃卢瓦（St Eloy）的囚犯。

位于西堤岛对面，塞纳河南岸的小夏特莱堡，也是民众感兴趣的目标。这里关押的是5月29日晚上逮捕的中书大臣之子库唐斯主教让·德·马尔勒等一批高级教会人士以及大学里的一些重要人物。这里的守卫阻止民众破门而入，他们只允许小部分民众进去实施行动。犯人们被一个个按照名字秩序井然地叫到他们面前，再被斧头、利剑砍死，丢进塞纳河中。同时，民众也不忘骗取这些人希望换得性命而献出的戒指等私人物品，榨干了他们。而位于塞纳河北岸，关押人数最多的夏特莱堡，场面更为混乱。挥舞着武器的人群像海潮，颇有要将挡在他们面前的任何阻碍一口吞没之势。面对声势浩大的民众，感觉已经身处绝境的守卫不得不倒向囚犯一方，向囚犯发放武器，共同抵抗试图毁灭一切的民众。许多人在这场疯狂的混战中被杀死。激战持续了四个多小时后，民众点燃了建筑。在烈焰炙烤和浓烟熏呛下，抵抗者的防线终于崩溃。获得胜利的民众冲进了堡垒，他们迫使剩余的抵抗者爬上高耸入云的塔楼雉堞，然后纵身跃下。在庭院中迎接这些牺牲者的是已经排开的锋利长矛以及涌上来刀劈斧剁的民众。城里的其他监狱也不断发生着与此类似的事件。一些激进者甚至冲入部分被认作阿马尼亚克支持者的家中，在收取其性命后，顺手还搬走了屋中的财产。

在此期间，勃艮第将领们乘马披甲，带着数千人的部队在城中维持秩序。也许这些事让他们中的有些人目瞪口呆，但他们并没有加以干涉，只是简单地对民众说："干得不错，我的孩儿们。"最终，城市几乎处于失控状态，许多人寻得了报复自己的冤家对头的机会：他们只要高喊"这里有一个阿马尼亚克"，那么这个人无论阶层和派系，也不会经过进一步的调查就会被处死。屠杀一直持续到第三日前后才渐渐停止。据编年史统计，死者至少有2000人，除去阿马尼亚克党人外，还有以前关押的轻罪犯人、欠债者甚至有一小部分勃艮第公爵的支持者。当民众终于将精力发泄完后，这些堆在街道和河岸边的遇难者遗体被收拾进马车，到城市的公墓中埋葬，以免在夏日的炙烤中腐烂。而那些声名显赫之人的尸体则被丢入北面城门外的一个粪堆。

巴黎易帜是勃艮第派的一个巨大成就，它为勃艮第公爵约翰重掌权柄铺平了道路。得知这个消息的公爵十分高兴，7月2日，他和王后伊萨博从特鲁瓦动身前往首都，卢森堡的约翰带着部分皮卡第军队在前面为他们引路。7月14日，巴黎为他们举行了隆重的入城仪式，仿佛这两人赢得了一场重大战役。1200名身着蓝色短上衣的市民显贵早早出城，在城外的沙朗通桥上及附近地区列队恭候他们热爱的勃艮第公爵驾临。公爵到达后，他们立即向公爵进献了一件蓝色的天鹅绒长袍。随后，王后乘坐金轿由圣安东尼城门进城。而勃艮第公爵则由他的将领们簇拥着，他们身后是3000名骑兵和1500名弩手。

巴黎市民表现出了极大的热忱，不断从临街的窗口向王后的銮舆抛散鲜花。老国王也在圣波勒宫的门口迎接王后伊萨博以及勃艮第公爵约翰一行。面对着篡夺自己权力,恣意发号施令的妻子以及她身边那位曾经谋杀了胞弟、试图劫持自己与嗣子、挑起内战、屠戮臣民，现在又将他唯一的王位继承人赶出巴黎的堂弟，已经病入膏肓的国王查理六世也表现出了极大的热情。他亲切地接待了勃艮第公爵，感谢他救出了自己的妻子，并赋予他全权处理国事的权力。这一天，巴黎人畅饮着为庆祝仪式准备的酒水，整个城市上空都回荡着欢呼的喝彩声和喇叭声，仿佛法国面临着的那些危机已经一扫而空。

来到首都后，勃艮第公爵约翰和王后伊萨博立即开始了大刀阔斧的改革。在他们的主持下，国王对攻陷巴黎的勃艮第将领大加封赏。利勒亚当大人让·德·维利耶和克劳德·德·沙特吕被授予法兰西元帅之职。很多勃艮第党人担任了政府机构的重要职位罗宾内·德·马伊成为大司酒官（Grand bouteiller de France），夏尔·德·朗斯（Charles de Lens）荣升海军将军，厄斯塔斯·德·拉特（Eustace de Lactre）被任命为中书大臣。勃艮第公爵清洗了已经关闭近六周的巴黎高等法院，并在里面安插了自己的亲信。菲利普·德·莫维莱尔出任高等法院首席庭长。公爵亲自兼领了巴黎总督一职，并让朗斯担任他的副官。

然而巴黎的下层民众的命运并没有因此得到多少改善。战争仍在继续。两派的争斗因此次事件更趋白热化。勃艮第军队开始逐一攻占城市周围的各个渡口。城市的街区因挤满了大量避难者而空气污浊、拥挤不堪。在郊外，两派的拉锯和劫掠行为使大批农民抛弃了耕种的土地，逃入设防村镇，或背井离乡。急于复仇的阿马尼亚克派为了击垮对手也开始在南方封锁城市。这使巴黎的补给日益困难，谷物、燃料甚至是木材都供应不足。随之而来的是物价飞涨。据统计，1419年作为城市主食之一的黑麦的价格几乎是 1415 年的十倍。每况愈下的巴黎人将这一切都归咎于阿马尼亚克派，他们继续逮捕被怀疑为阿马尼亚克支持者的人，对那些倾向阿马尼亚克派的人毫不手软。在此期间，夏都维朗领主约翰·德·贝尔荷尔带着随从前往巴黎觐见勃艮第公爵约翰，在通过圣安东尼城门时，在他前方的弄臣突然兴奋地大叫“阿马尼亚克万岁！”这句口号引来了数位守卫，但是他们并没有被这个玩笑逗乐，而是立即杀死了那个弄臣。眼睁睁看着仆人被杀的夏都维朗领主大为恼火，但他也无可奈何。

当监狱再一次爆满时，激进的民众又开始了他们热衷的活动。1418 年 8 月 20 日夜晚，一伙人再次武装起来，在刽子手卡布路什（Capeluche）和屠宰公会老领导勒瓦兄弟、西蒙·卡博什等人的领导下，来到夏特莱堡下。这些人翻过围墙，占领庭院，将犯人们从牢房里拖出来，然后活活打死。他们就这样杀死了 200 多人。接着民众又转向巴士底堡——关押着包括国王私人秘书和司库在内的 12 名前政府官员，他们已经被守卫护送到了城郊东南面的万塞讷城堡。锲而不舍的民众一路追到堡垒前，开始攻击大门。他们的行为惊动了住在附近的勃艮第公爵约翰。他前来会见这些民众，并像老朋友一样与他们的首领卡布路什握手打招呼。勃艮第公爵以国王的名义要求民众停止攻击，但民众首领并不同意。勃艮第公爵最终和他们达成了一个和解方案，他交出了 7—8 名犯人。他们将会被民众押往夏特莱堡进行审判。这个协议并没有挽留住犯人们的性命，他们还是在临近目的地时遇到另一伙人。最终这些犯人被悉数处决，然后剥去衣物。接着民众划为数部，分头前往小夏特莱和罗浮宫等谣传关有政治犯人的地方并发动攻击。随着时间的推移，他们越来越亢奋。攻击范围扩展到市区，甚至任何一个他们看不顺眼的人都面临着被砍头的威胁。次日，死亡者已达数百人。不分派系只为发泄私愤的争斗和屠杀开始出现。一名勃艮第士兵在一处酒馆的赌博游戏中掏空了自己的钱袋，因此他在街上拔出自己的短剑胡乱挥舞，并猛戳身旁的雕像以泄愤。然而围观者的呼喝声却激起了一场风暴，失控的人们抓住这名运气不佳的士兵，将他处死。城市又陷入混乱。最终，担心控制不住局面的勃艮第公爵下决心与这伙民众划清界限。他引导这些民众组成军队，浩浩荡荡地出城进攻阿马尼亚克派占据的蒙莱里。当 4000 多名全副武装的巴黎人扑向南方时，勃艮第公爵在城内召开了由各级官员、教士、富裕家族组成的集会。市

▲ 巴黎暴乱

民代表也竭力与那些暴乱分子划清界限，他们对之前发生的事表示遗憾，并声称这些人全部都是城中最底层的游民，其目的只是为了掠夺富人。代表们发誓将支持国王和勃艮第公爵的党派。掌握了都城中的中上层力量后，公爵抛弃了在最近运动中崭露头角的民众领导人。他以国王的名义颁布法令，禁止任何人参加骚乱集合，严禁劫掠行为，并命令弩手连队分别驻守城市的街头转角，然后将刽子手卡布路什和另外两人抓到中央菜市场处决，其他一些小头目则被吊死或者抛进塞纳河。

发现亲爱的勃艮第公爵约翰将领袖们砍头后，在蒙莱里城下为公爵效劳的巴黎人不禁义愤填膺。他们立即调转枪头向巴黎进军，意图向公爵讨个说法。但他们来到城下后发现大门已经对他们紧闭。在城下徒劳地鼓噪一番，顺便将圣德尼等地的囚犯屠杀后，他们不得不返回前线。频繁的折腾耗尽了巴黎人的锐气，最终蒙莱里围城战无果而终。

然而，反复清洗阿马尼亚克党人的行动并没有像巴黎人所希望的那样减轻城市的灾难。随着时局的动荡不止，巴黎作为首都曾经散发出耀眼光芒的政治光环也开始变得暗淡，各方势力都在不知不觉中与它渐行渐远。曾经散发着勃勃生机的市场和街区渐渐萧条，银行消失，大量商店和房屋被空置。更为可怕的是，瘟疫也开始流行，肆意吞噬着人们的生命。奥朗日女亲王的丈夫，沙隆 - 阿莱的约翰三世（John III of Chalon-Arlay，Prince of Orange）、福瑟大人、詹尼特·德·普瓦等一批勃艮第派将领和贵族相继病倒去世。那些参与了屠杀的人也不曾例外：据史书记载，他们中有800 多人在主宫医院（Hotel Dieu）或者大医院（Great Hospital）中死去。此外，还有大批无辜的弱者难逃厄运，他们悄然无息地在街头巷角消亡。甚至连城市中的丧钟暗中停止了响动，以此避免引起人们的恐慌。根据史料记载，从 6 月到 10 月巴黎大约有十万人死亡。这个数字成为人们在那个黑暗时期遭受的沉重苦难的注释，但这些苦难只是那场连绵了数十年灾难的开幕词。

第五章 山河板荡

1418—1420年

鲁昂陷落

1418 年初夏，巴黎人同勃艮第将领一起发动政变，推翻了他们深恶痛绝的阿马尼亚克党政府，满心欢喜地迎来了王后伊萨博和勃艮第公爵约翰。此后的数个月可能是约翰一生中最为得意的日子，通过不懈努力，他终于再次入主宫廷，控制了首都、王后和国王。这次，他不再受安茹公爵路易二世、贝里公爵让等一批资深王公贵族的掣肘，而且他的大批敌对派系首领被消灭，余众短时间内很难恢复元气。公爵现在可以充分按自己的意志行事，号令全国。

但即使以中世纪的标准来衡量，伴随着这场政变的屠杀也是骇人听闻的。6 月 1 日，逃难的道芬查理在沙朗通遇见了特使纪尧姆·菲拉特，并同意后者继续为两派和谈奔走。菲拉特随后进入巴黎，按照已经控制了城市的勃艮第将领的意愿，重新组织了一个代表团前往南方。这些人打算再对道芬施以压力，迫使他回到首都，一起对抗英国人。然而，大屠杀的消息很快扩散开来。7 月中旬，由菲拉特领导的巴黎-勃艮第人使团来到布尔日觐见道芬，发现这位王子已经处于盛怒中。当场拒绝了回到首都的要求。他已在 6 月 29 日发布了一份公开宣言，严厉谴责了这次暴行。同时声称，法王查理六世的政府已经不再受国王本人控制，勃艮第公爵约翰已经接管了国王的御玺，他正在以国王的名义发布出于公爵个人意愿制定的公告和命令。道芬还声称他将以总代理官的身份亲自主持法国政府的政务，并要求任何人都不要听从来自巴黎盖有国王御玺的命令。

现在，道芬查理，这位查理六世唯一存活在世的幼子终于正式走上了历史舞台。他于 1403 年 2 月 22 日午夜出生在巴黎的圣波勒王宫。在 15 世纪初，作为王室第三顺位继承人，他的身份没有受到任何怀疑。根据记载，1404 年 2 月，就在第一个生日之前，查理被赐予了一架竖琴。放置于他面前为他演奏。他的玩具中还有一个小铜釜。它的任务可能和竖琴类似——在小王子“脾气不好”时发出声响，吸引他的注意力，让他安静下来。1407 年 4 月，内廷曾为他制作了一件王家礼袍。这些证据

▲ 庆祝查理（图中婴儿）出生的游行

都表明人们当时将他看作查理六世的亲传嫡子，并享受着王子的相应待遇。当然，没有人将他视为未来的国王。1413 年 12 月 18 日，他被重获大权的奥尔良 - 阿马尼亚克党人安排与安茹公爵路易的女儿玛丽订婚。这是一场击败勃艮第党人之后，为了巩固安茹家族和奥尔良家族以及阿马尼亚克派的联系而缔结的政治婚姻。查理未来的妻子并没有令人为之心动的容貌，不过他却得到了一个令人畏惧的岳母——安茹公爵路易二世的夫人阿拉贡的约兰达。作为靠山，约兰达给了查理相当大的帮助。早些年，与亲生母亲，并不擅长抚育子女的法国王后伊萨博相比，查理显然更加信任甚至依赖他的岳母。1415 年，查理同岳母一道前往普罗旺斯。在这里，他赢得了第一批支持者。安茹公爵的次子勒内于 1417 年获得吉斯伯爵的封位，与道芬一起度过了很长时间，因此两人建立起了贯穿终身的密切联系。公爵的第三子日后也将成为查理事业的追随者。1415 和 1416 年两位长兄的去世使查理成为王位的直接继承人。从 1417 年 8 月起，在以国王查理六世的名义颁布的几项重要敕令中开始出现他的签名。

道芬查理相貌普通，双腿纤细而且微微弯曲，经常沉默寡言，易受影响，甚至有时会略显忧郁。按照勃艮第编年史学家夏特兰的看法，他“性格多变、生性多疑而且更严重的是……嫉妒心强”。与其祖父相比，他似乎也不够机敏果断和宽容。但漫长的战争注定要在这位平凡的年轻人掌权时分出胜负。

这是一条漫长而且充满坎坷的道路。由于法国王权衰弱、政治派系斗争激烈，所以道芬查理只能在奥尔良 - 阿马尼亚克党派的大贵族家族以及他们的追随者与门客中寻找自己的顾问大臣——日后，人们会逐渐发现他在这方面眼光独到。这些人就是被勃艮第公爵称为“血统卑下”者。

然而，法军在阿金库尔战役的惨败使围绕在王室周围的奥尔良、波旁、阿朗松势力大为削弱。因此，道芬查理也倾向于在他妻子的家族中挑选一些颇为能干且颇受他信任的仆人担当职务。在之后的岁月里，安茹派系出身的人在道芬的廷臣和近侍中逐渐占据了明显的位置，后来的中书大臣罗贝尔·勒·马松（Robert Le Maçon）就出生于安茹，马松是前任安茹公爵路易一世门下的顾问兼秘书之子，他早期为安茹公爵服务，是其家族的中书官，最终在 1416 年得以跟随道芬左右；让·卢韦（Jean Louvet）则于 1415 年成为普罗旺斯的艾克斯（Aix）审计法院的庭长，并得以同道芬接近；道芬的随从皮埃尔·弗罗捷（Pierre Frotier）也做过安茹执事和普罗旺斯总督，并以顾问和侍从的身份进入宫廷。

除此之外，一些在巴黎行政和司法机构中的失意者也聚拢到道芬查理身旁。让·朱韦纳尔·德·于尔桑就是其中的代表人物。他在政变中失去了价值 2000 锂弗的土地、房产和租金收益以及价值 1.6 万埃居的家族财产。让·朱韦纳尔投奔了道芬，成为他的顾问，并在之后官运亨通。善于理财的前战争财务官雷蒙·拉吉耶（Raymond Raguier）在大屠杀期间侥幸逃脱，数周后来到道芬宫廷，因此他在巴黎的三处豪宅均被勃艮第贵族们没收。贝里公爵的中书官马丁·古热（Martin Gouges）也靠化装躲过一劫并加入道芬阵营。曾经担任道芬亡兄路易中书官的让·德·瓦伊（Jean de Vailly）因其低下的出身——他的父亲曾是一名公证员——而不受待见，因此作为巴黎高等法院的前任庭长，他也投入了道芬的怀抱。这些人声称自己“放弃一切”，前来服侍他们所认可的“法兰西的真正继承人”。在他们的帮助下，道芬逐步建立了一个新的政府。它的核心机构是坐落于普瓦捷，由罗贝尔·勒·马松领导的王室中书省，以及以让·德·瓦伊为首的高等法院。财政部门则安置在布尔日，并经常在这里召开正式的大咨议会。查理在统治早期也经常带着自己的宫廷在这一片狭长的地区巡回；冬天在布尔日，夏天在普瓦捷、耶夫尔河畔默安（Mehun-sur-Yèvre）、洛什（Loches）以及希农（Chinon）。因此，法国王室的政治中心逐渐南移到了卢瓦尔河谷流域，这种情况持续了数十年之久。

1418 年夏秋季拱卫在道芬查理周围的是一群因勃艮第党人在巴黎制造的政变而被驱逐出巴黎政治中心的奥尔良 - 阿马尼亚克派系成员。已故的阿马尼亚克伯爵贝尔纳七世的老部下塔内吉·迪·沙泰尔以及阿诺·纪尧姆·德·巴尔巴赞成为道芬现在倚靠的主要军事将领。巴尔巴赞还兼任了道芬的首席宫廷侍从。然而，他们要在外主持军务，因此围绕在道芬身旁的是些奥尔良 - 阿马尼亚克大家族的侍从们。这些愣头青的激进举动显然更对年轻道芬的胃口。因此，这个小型政府在成立之初就被卷进贵族派系的斗争漩涡，打上了家族复仇的烙印。而它早期做出的一系列偏执、狭隘、轻率、不切实际甚至是完全错误的决策，将会加重国家的危机。道芬已明确表示自己不打算遵照勃艮第党人的指示。里昂代表让·卡耶（Jean Caille）在 6 月中旬写给里昂市镇议员们的信中就提到了他们的近况：“他（道芬）有一大批骑士，部分在巴黎周围，部分在他身边；他从我们大人（查理六世）的军队中得到了4000 名优秀的骑兵……（道芬）以前在沙朗通桥上时，我们的大人（指纪尧姆·菲拉特）前来见他，并声明尽管巴黎发生了麻烦，他也将为了美好的和平而继续努力。他（道芬）对此回答道，他早已准备就绪，而且还将继续为此做出不懈努力——尽管事实上在和谈的幌子下发生了令他非常悲伤和气愤的叛乱。此外，他以这种方式说道，‘我很清楚他们将对我的大人（查理六世）为所欲为……但是，那些篡取权力的人们要注意他们的统治之道，因为有朝一日我们将回来与他们对阵……从现在起，我的大人（查理六世）与我将体察我们臣民的善意以及那些真正效忠于我们的人。”让·卡耶同时告知里昂人，道芬正在向约兰达和安茹家族、布列塔尼公爵约翰五世、萨伏依公爵阿马德乌斯八世（Amadeus VIII，Duke of Savoy）以及阿朗松公爵让二世、富瓦伯爵让一世（Jean I，Count of Foix）和王国中其他重要人物寻求建议“结束这场令人痛苦的冲突”，并提到道芬是“一位雄心勃勃的大人，一旦他说出话语，就将坚持不渝”。

显然，在让·卡耶的眼中，此时的道芬查理并不是后世人们所描绘的那种萎靡不振的失意者。这位十五岁的少年表现出的热切执着、对王国乱象的强烈厌恶以及随身蕴藏的，普通人不易察觉的独特才智也许给里昂代表留下了深刻的印象，使让·卡耶乐意为其效劳。而在法国，瓦卢瓦王朝已经统治了近百年时间，通过子承父业的方式已经延续了四代君主，因此，同让·卡耶一样对道芬及其追随者心怀善意的人们也不在少数。勃艮第公爵约翰发现自己的号召在法国中南部的广阔领土中回应寥寥。随着贝里公爵让和兄长道芬让的去世，道芬查理继承了贝里公爵领、图赖讷公爵领、普瓦图伯爵领及多菲内等地区。这些地方现在均成为道芬直辖的个人领地。奥尔良、安茹公爵领也在道芬支持者手中。而在法国中央高原东北部的波旁公爵领——波旁公爵让一世自阿金库尔战役后一直被囚禁于英格兰，他的继承人查理不久前又落入勃艮第党人之手——当地官员几乎毫不迟疑地转向道芬及其追随者的阵营。勃艮第公爵有机会插手的地方是马孔地区（Mâconnais）、里昂地区以及南方的朗格多克。

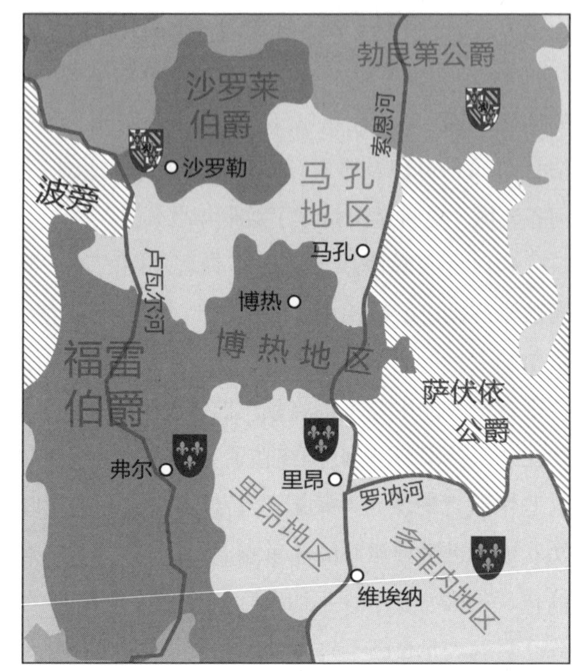

▲ 马孔与里昂

马孔地区位于勃艮第公爵领边境的南端，索恩河的西岸，首府是马孔城。1224年，最后一任马孔伯爵热罗二世（Géraud II，Count of Mâcon）去世，领地传到了他的女儿阿利克斯（Alix of Mâcon）手里。1239 年，在丈夫去世后，阿利克斯将马孔地区卖给了法国国王路易九世。因此，自 13 世纪起它就是王室直辖领土。在罗马时代，葡萄种植和酿酒技术就已传入此地。中世纪时期，葡萄种植也受到鼓励，因此它产出的葡萄酒闻名遐迩，为马孔带来了颇为可观的财富。

尽管勃艮第人对此地的红酒品质嗤之以鼻，但马孔人似乎对他们北面的同行抱有好感。1417 年，马孔由长期为奥尔良公爵家族服务的菲利普·德·博奈（Philippe de Bonnay）管理。其前任——也是他的兄长——罗贝尔在 1415 年的阿金库尔战役中阵亡后，菲利普身兼马孔邑督以及里昂执事两份职务。1417 年 7 月，勃艮第公爵约翰的鼓动性宣传公告出现在了马孔的街头巷尾以及教堂的大门。勃艮第派的支持者也煽动了一大批人支持他们的主子。这些骚乱迅速蔓延到周边市镇。见时机成熟，9 月，勃艮第中书官带着一支大部队前来占领此地。接着，第戎的审计法院派来的一批勃艮第官员也进入城市，他们立即将马孔的所有收益装入公爵的囊中。随着新主人而来的则是从南面烧至城下的战火。

实际上，勃艮第人真正垂涎的是马孔南面的里昂。里昂地处索恩河和罗讷河（Rhône）交汇处，在罗马共和国末期就已建城。由于它位于高卢境内罗马大道的起点上，因此发展迅速，成为高卢的主要大城市之一。中世纪初期，它一度成为第一勃艮第王国的都城。法兰克王国将其吞并后，根据 843 年的《凡尔登条约》，里昂被划至第二勃艮第王国——也叫阿尔勒王国——名下，接着在 11 世纪初并入由康拉德二世统治的神圣罗马帝国。此时的里昂已成为地中海地区通向德国和低地地区的贸易线路的节点位置，伴随着罗讷—索恩河航道的开辟，里昂在商业上的地位甚至超过了它作为教区重镇的地位。里昂出现了庞大的商业集市，人们在此交易包括东方丝绸、香料、珠宝以及食品等在内的各种商品。当 13 世纪中叶神圣罗马帝国的霍亨斯陶芬王朝崩溃后，法国人开始向东南部扩张势力。1313 年，法王腓力四世获得了里昂及其附属地区。自此，里昂正式成为王国的王室领地。经济的发展使里昂出现了较为发达的手工业，同时也出现了一批显赫的市民家族。他们向中小贵族们施贷，甚至与他们联姻，试图控制城市的权力机构，利用城市财政为自己谋取利益，并竭力将公共负担尤其是税赋转嫁到中下层平民身上。

1417 年的里昂城正被一群从职业行会师傅中选出的寡头控制着。这些人倾向于王室和当时正在巴黎执政的阿马尼亚克派。为了对抗这些人的专制，城内的中下阶层出现了不少勃艮第公爵约翰的支持者。双方斗争十分激烈。执政官让·勒·维斯特（Jean Le Viste）是一名富有的律师，他认为勃艮第派将会在 1417 年 12 月底的公共选举中控制城市，因此迅速采取了非常手段。他聚拢起那些支持执事的寡头，他们一道废除了选举，并要求市民宣誓效忠。此外，他们还招募雇佣军，修缮城墙。当然，按照习惯，这些费用将来自新征的税收。

到了1418年初，阿马尼亚克政府和勃艮第公爵约翰都加大了争夺这座城市的力度。阿马尼亚克政府派吉尔贝·莫捷·德·拉费耶特（Gilbert Motier de La Fayette）——曾在法莱斯抵抗英军——等人带领少数部队到里昂城接管整片地区的防御。勃艮第公爵和王后则任命了一位名叫吉拉尔·德·拉吉什（Girard de la Guiche）的本地人担任马孔邑督以及里昂执事。

勃艮第军队于1418年1月出现在阿马尼亚克军眼前。随后，这片地区成为漫长的围城战役的战场。道路上充斥着追寻猎物的军队以及以劫掠谋生的兵匪，商旅因此断绝。环境的恶化使人们更倾向于勃艮第公爵约翰的竞争对手。在巴黎的阿马尼亚克政府被推翻后，里昂人立即派代表北上觐见道芬查理——让·卡耶一行人的任务——他们得到了道芬的热情接待。除了一些特权及赏赐外，代表们还带回了一些对城市更有利的允诺：道芬的阿马尼亚克政府允许里昂人建立自己的地区高等法院，甚至可以成立一所大学。于是，里昂人决心向道芬效忠。在之后的岁月里，道芬也给予了里昂额外的照顾和帮助。马孔地区则成为道芬的阿马尼亚克政府与勃艮第公爵政府的边界。

相比马孔和里昂，位于法国南部的朗格多克地区的局势则更为复杂。这里濒临地中海的利翁湾，面积广阔，东起罗讷河流域，西临加斯科涅边境，主要由博凯尔、卡尔卡松（Carcassonne）以及图卢兹（Toulouse）三个王室执事区组成。这里日照充足、气候温和，既有肥沃的冲积平原，也有由砾石和片岩组成的山区。因此它的经济也呈多样化。除去传统的农业以外，朗格多克人也从事酿葡萄酒、山地畜牧等行业。朗格多克地区还有一批优良港口。这里深受罗马文明的影响，在中世纪盛期，它的经济发展迅速。1200年前后，其城市密度堪与佛兰德和巴黎盆地相比。图卢兹作为这片地区最大的城市，有1.2万—1.5万人。然而，受13世纪上半叶的阿尔比派十字军影响，朗格多克承受了北方贵族带来的战火，并丧失了其政治独立性。1271年，图卢兹伯爵领被并入法国王室。尽管经历了这些打击，朗格多克仍在很长一段时间享有自治权，贵族们也时常居住在小城镇中，并已有城市化倾向。即使有些城镇、地区之间交通不便，但它们依然保持着密切的政治联系。14 世纪 40 年代，这里就开始定期召开地区三级会议，贵族们通过会议来议定应缴纳的捐税以及向当局陈情。虽然朗格多克西部和南部的边缘地带的大小贵族，比如阿马尼亚克伯爵、富瓦伯爵、阿尔布雷领主、纳博讷子爵等经常卷入北方以及西面的战争中，但是 14 世纪末 15 世纪初，那些遍及法国北部及中部的勃艮第和奥尔良两派的附庸之间的派系战争还没有延伸进朗格多克的主要地区。

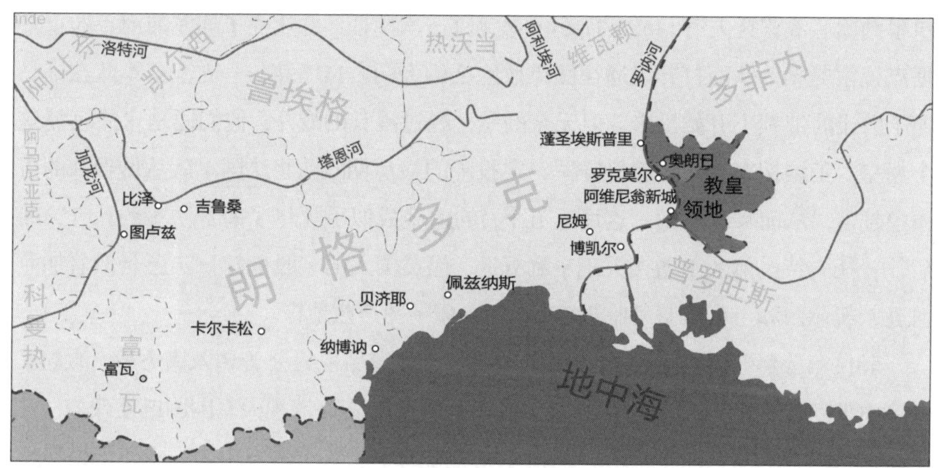

▲ 朗格多克地区

这种状况到 1410—1420 年间开始改变。早在 15 世纪初，朗格多克地区贵族的自治权就不断受到打击。地区三级会议实际上于 1393 年开始长期休会，税收直接通过政府的法令征收。1401 年，贝里公爵让再度担任代理官后，这些政策进一步加强。贝里公爵试图瓦解当地贵族的政治联系，削弱他们对抗政府的力量。公爵还喜欢向他们征收沉重的赋税，即使在和平时代也是如此。这些措施引起朗格多克地区贵族的反感。因此，贝里公爵于 1416 年 6 月去世以后，图卢兹的市政长官们请求政府让他们自己掌握本省的行政部门，而且不要再向此地派遣代理官。时值贝里公爵的女婿阿马尼亚克伯爵贝尔纳——他之前也是贝里公爵在朗格多克地区的代表——等人控制巴黎政府，他们批准了这个请求。但由于政府不断遭遇经济和军事上的危机，阿马尼亚克伯爵随后还是派儿子洛马涅子爵让（Jean，Viscount of Lomagne）担任朗格多克的总指挥官。让和他的助手负责收取巴黎的阿马尼亚克政府在1416年4月发布的总商品税、1416年11月26日签署的补助金——这些钱在1417年春季开始陆续运往北方——以及1417年2月下达的商品税等。这些范围广且数额巨大的课税引发了朗格多克地区的激烈反抗，勃艮第使者也乘机挑唆，征收工作举步维艰：1416年春季计划应征收13万锂弗，但是到7月已削减到10万锂弗。政府和贵族之间的关系急剧恶化。

此外，令局势雪上加霜的是西部与英国人的战争。1416年春季，英国的吉耶讷执事约翰·蒂普托夫特（John Tiptoft）发起了一次南征，并攻克了加龙河河谷的重要据点拉雷奥勒，从而打开了通往图卢兹地区的大门。1417年，一支法国军队在洛马涅子爵让的带领下开始反击。但无奈的是，经过漫长的战斗，他们还是未能收复这个堡垒。英国援军在拉雷奥勒守军约定投降的最后期限前将法国军队从城堡前的市镇中赶走，从而顺利解围。这场近五个月的围城战似乎耗尽了南部法军的元气，此后蒂普托夫特虽然北上增援英王亨利五世，但英国人的多股烧掠分队还是沿着加龙河进入凯尔西和下利穆赞等临近省份，并入侵了图卢兹地区。

勃艮第公爵约翰在1417年8月发布的将废除商品税的公告传入南方后，激起了许多中小贵族的共鸣。1417年10月，也就是勃艮第公爵带领大军围困巴黎政府，几乎将它和南方的联系断绝之际，朗格多克贵族的不满终于爆发出来。卡尔卡松执事试图让一支王室部队进入城堡，当地市民却让他吃了闭门羹。到12月，反叛行动蔓延到图卢兹。在时疫、战火的不断影响下，图卢兹的人口急剧下降，然而它还要承担那些并未相应减轻的赋税。1418年1月，里昂执事菲利普的兄弟——图卢兹执事让·德·博奈，同朗格多克地区的出纳官一起催促图卢兹的市政长官们收集人头税。他们的要求被市政长官拒绝。出纳官威胁要以武力收取这些课税。不愿屈服的图卢兹人因此决定借助外部势力。他们向支持勃艮第公爵的卡拉芒子爵于格（Hughes，Viscount of Caraman）求援，这位本地贵族立即集合了一支由200名骑兵、100名弩手组成的队伍，进入图卢兹赶走了王室的执事。于格还鼓动图卢兹的所有城镇都起来占领收税官的府库，赶走王室官员。他的号召得到了许多人的响应，朗格多克大部分城镇揭竿而起，图卢兹、卡尔卡松、贝济耶（Béziers）和纳博讷签订了攻守同盟，共同反抗王室政府。叛乱的烽火蔓延至整个图卢兹和卡尔卡松执事区。

此时，勃艮第公爵约翰已经占领图尔，释放了被阿马尼亚克党囚禁的王后伊萨博，并以她的名义成立了一个摄政政府。眼见机会来临，勃艮第公爵立即将卡尔卡松的王室执事解职，以自己的侍从代替。1 月 30 日，搬到特鲁瓦的王后摄政政府任命沙隆 - 阿莱的路易（Louis of Chalon-Arlay）等四名勃艮第党人接收这些地区。路易来自法国东南部的贵族家庭，他的母亲是位于朗格多克东面，罗讷河对岸奥朗日的女继承人玛丽，父亲约翰是勃艮第公爵的勃艮第 - 弗朗什 - 孔泰（Bourgogne-Franché-Comté）领地中的封臣，一直跟随勃艮第党人在北方与阿马尼亚克政府作战。路易于 1418 年 3 月奔赴南方。与他同行的是一支有着近千人的军队，同时他还带着一支载有火炮的船队。这支队伍在 4 月初来到罗讷河下游的蓬圣埃斯普里（Pont-Saint-Esprit）并立即攻占了它的桥梁。接着勃艮第人一边宣布将废除除了盐税之外的一切王室税收，一边深入朗格多克，向西南面迅猛飙进。在濒海的蒙彼利埃，他们与卡拉芒子爵于格会师。5 月底，勃艮第人进入图卢兹，他们将于格提拔为执事，并在当地机构中大量安插自己的势力。于是，在北方的勃艮第军队占领巴黎的同时，南方的勃艮第党人也在积极扩张自己的势力。而前任阿马尼亚克伯爵贝尔纳的儿子洛马涅子爵让得知父亲在巴黎被捕并遇害的消息后，也无心应对此地的危机。他放弃了总指挥官的职务，退出了朗格多克，带领集结的队伍北上投奔道芬。到了 8 月，勃艮第人的势力已经席卷了朗格多克的大部分市镇。

9 月，沙隆 - 阿莱的路易的父亲在巴黎感染瘟疫身亡，他正式继位，成为奥朗日亲王。然而，他身边有一股不断涌动的暗流。他发现特鲁瓦的王后摄政政府已经答应了当地贵族关于重新召开地区三级会议，恢复他们自治权利的请求，并颁发了特许证书。因此他在朗格多克的行动不得不仰承地区三级会议的鼻息。感觉处处掣肘的亲王立即写信给王后，规劝她修改特许证，使地区三级会议只能在王室许可的情况下召开，而且必须有她的官员在场监视。但太迟了，地区三级会议已于 7 月 22 日在卡尔卡松召开。平原地区的贵族也没有完全向勃艮第党人屈服。更麻烦的是，在朗格多克东部，阿马尼亚克党人还扼守着控制罗讷河下游的罗克莫尔（Roquemaure）以及阿维尼翁新城（Villeneuve-lès-Avignon）两个重要据点。位于这几个据点南面的博凯尔仍被阿马尼亚克派执事控制。它西北面的尼姆（Nîmes）虽然被勃艮第党人包围，但也在坚持抵抗。在朗格多克西部，图卢兹、卡尔卡松的两位阿马尼亚克派执事仍然驻于塔恩（Tarn）河谷中，在图卢兹东北面的比泽（Buzet）和吉鲁桑（Giroussens）城里发号施令。处在这几位执事中间的是朗格多克中部濒海的佩兹纳斯（Pézenas）。此地的阿马尼亚克党派支持者与两边的战友相互呼应。此外，围绕着朗格多克的中南部诸省，比如西北面的鲁埃格、东北面的维瓦赖（Vivarais）以及热沃当（Gévaudan）也对朗格多克地区的勃艮第党人虎视眈眈。道芬查理也不希望丢失这块南部领地，他任命拉罗什领主菲利普·德·莱维（Philippe de Levis, Lord of La Roche）接替新阿马尼亚克伯爵让四世的总指挥官职位，带领一支部队奔赴朗格多克。

现在，勃艮第公爵约翰和阿马尼亚克派各自在朗格多克占据一方，都计划要彻底清除对手在这里的势力。一场大战即将上演。时局的恶化也导致兵匪丛生。来自北方的消息要花数周到达卢瓦尔河流域，再经由偏僻的小路才能传到此处。眼看着这里也要重蹈法国北部那种动荡分裂的命运，朗格多克的贵族开始努力改变这种趋势。在地区三级会议上，朗格多克的贵族拒不承认奥朗日亲王路易的权威，并声称从今以后国王的最高统治权只能经由正式的王室官员来实现，奥朗日亲王并未被委任为总指挥官，也不是执事。他们不想明确支持勃艮第和阿马尼亚克派中的任何一方。他们向两边都派出了使团，寻求对自己最有利的条件。这对以奥朗日亲王为首的勃艮第党人来说极为不利。没有本地财政的支持，他们很难保持自己在这片地区的所得。由于王后摄政政府的妥协，他们也不可能未经许可就在此地征集税收。他们不得不向地区三级会议求助。百般哀求之下，三级会议也只答应了一笔 2.8 万锂弗的捐税，这对要展开的军事行动没有多大用处，他们只好打起了盐税的主意，这是勃艮第公爵保留下来的一项税收。奥朗日亲王试图强迫朗格多克的市镇以极高的价格买进大量食盐，但遭到了拒绝。于是亲王的财政陷入窘迫的境地，他不得不听任守卫军队在这片土地上搜刮劫掠，以补偿他们的薪水。显然，勃艮第党派正在失去当地势力的支持。

当奥朗日亲王路易的种种行为引得朗格多克地区民怨沸腾之际，在朗格多克西南面的富瓦伯爵让一世却看到了机会。长久以来，富瓦伯爵与相邻的阿马尼亚克伯爵因各自都想在法国南方扩展势力范围而摩擦不断，但是 1418 年 6 月，前任阿马尼亚克伯爵贝尔纳遇难后，富瓦伯爵改变了策略。他无意加入勃艮第和阿马尼亚克两党间的殊死争斗，只想借此机会扭转自己家族在与阿马尼亚克伯爵数十年斗争中被压制的态势。新阿马尼亚克伯爵让显然没有他父亲的能力与魄力。富瓦伯爵趁机介入朗格多克的事务。他向朗格多克西部的贵族许诺，给予他们保护——这是勃艮第人难以做到的——并派出代表出席卡尔卡松的地区等级会议。他们不久就将奥朗日亲王推到一旁。同时，富瓦伯爵还派使者前往巴黎和希农，探查道芬查理的阿马尼亚克政府和勃艮第公爵约翰能提出的价码。

最先做出回应的是道芬查理的阿马尼亚克政府。南方的领主在希农的御前会议规劝道芬将朗格多克的代理官职务授予富瓦伯爵让。于是，这份特许状在8月17日被拟定，并立即送往富瓦伯爵领，它暗含的价码是富瓦伯爵应集中力量收复朗格多克的西部地区——富瓦伯爵在这里的影响力最强。与这份特许状同时发出的还有给兰斯大主教勒尼奥·德·沙特尔的指示：在罗讷下河游地区，也就是朗格多克的东部地区，为道芬的事业效劳。富瓦伯爵答应了这笔交易。1418年12月，他的代表出现在图卢兹的一次议会上，并向与会者出示了道芬的任命书。这件事引起了轰动。在奥朗日亲王路易的提议下，议会暂时休会。1419年1月重新召开，与会者发生了分裂。市政长官中的贵族、寡头、王室官员等人，甚至接受勃艮第党人册封为执事的卡拉芒子爵于格都愿意接受富瓦伯爵，向道芬屈服。勃艮第派支持者不愿就范，他们在街上发起骚乱，点燃那些倾向富瓦伯爵和阿马尼亚克党人的房子，并接管了议会，还将卡拉芒子爵赶出城。因此，富瓦伯爵现在有充分的理由诉诸武力。1419年2月，他带领军队向图卢兹进军，决心以武力夺取划给他的地盘。

勃艮第公爵约翰的反应则异常迟缓。奥朗日亲王路易意识到他无法和富瓦伯爵让对抗，便建议勃艮第公爵也笼络富瓦伯爵，至少让富瓦伯爵管理下的朗格多克在两派纷争中保持中立。这个过程十分漫长，直到1419年1月20日，在拉尼的御前会议上，公爵在奥朗日亲王的不断敦促下才授予富瓦伯爵法王在朗格多克代理官一职，这个任命直到4月才在朗格多克公布。它的影响是显著的：现在富瓦伯爵成了两派皆委以重任的专员，卡尔卡松以及蒙彼利埃因此迅速向他归降。得意扬扬的富瓦伯爵随即宣布他将使朗格多克地区重归和平，并且让阿马尼亚克与勃艮第两派联合起来对抗英国人。这些宏愿中有一部分的确实现了：伯爵让两派官员在朗格多克的各自地盘内各司其职，并逐步赶走了在三个执事区内四处劫掠的兵匪。朗格多克地区在此后一段时间得以从遍布法国的各类战争中抽身。

然而，道芬查理及其阿马尼亚克政府对曾给予厚望的富瓦伯爵让并不满意。严峻的形势迫使他们迫切希望利用朗格多克地区的资源，而富瓦伯爵接任后却把他们的利益置之度外，并未理睬仍在中东部盘踞的勃艮第党人，只是将朗格多克地区当作后院以自肥。不过，他们在法国其他地区还有许多燃眉之急要处理，因此决定隐忍不发，先将关注的焦点和主要精力投在了法国中部和北部。

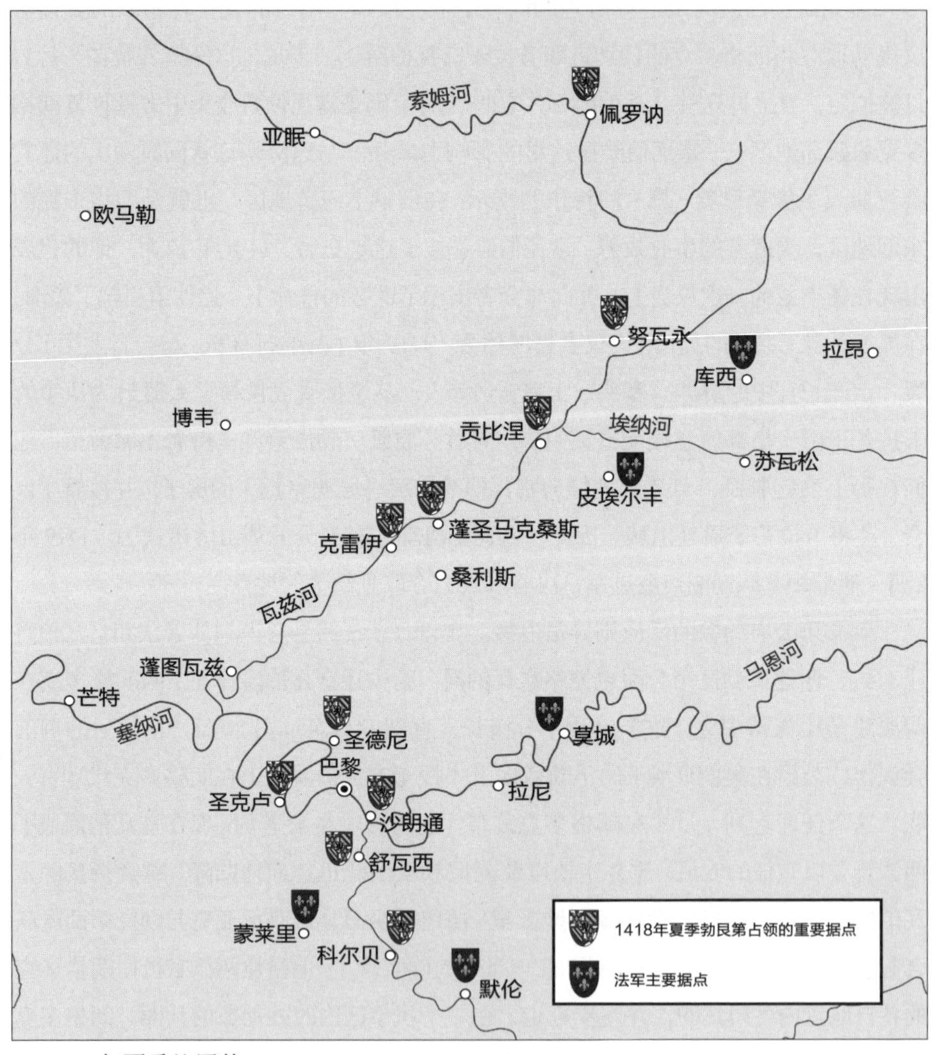

▲ 1418年夏季的局势

在法国北部的皮卡第等地，像里昂人一样愿意向道芬查理和阿马尼亚政府效忠的人也不在少数。但是自1418年6月起，这些人首先要面对的是勃艮第党人的战争考验。牢牢占领巴黎后，按照法国国王的命令，勃艮第派将领萨卢兹兄弟等一干将领带领军队出城降服那些未向宫廷臣服的地区。他们迅速北上，来到贡比涅城下。经过一番谈判后，他们与守城人员达成协议：城中的阿马尼亚克派将带着他们的财物撤离此地，那些向勃艮第公爵发誓效忠的市民将不会受到打扰。因此，勃艮第派将领轻松占领了贡比涅。而迫于勃艮第公爵约翰的强大势力，克雷伊市民打开城门迎接勃艮第总督进城，尽管总督只带了8名部下。这些人随即开始包围阿马尼亚克部队驻守的克雷伊城堡。在市民和勃艮第党人的围攻下，守军丧失了坚守的信心，不久就撤离此地。佩罗讷，这座索姆河畔的城市曾是阿马尼亚克政府阻挡勃艮第公爵的主要据点之一，在得知巴黎陷落，周边市镇大多投降的消息后，城市陷入了孤立无援的恐慌中。尽管韦芒杜瓦邑督竭力劝说守军等待道芬的援军，但佩罗讷市民还是向沙罗莱伯爵腓力派出一个代表团，表达了他们愿意向国王和勃艮第公爵屈服的意愿。于是，沙罗莱伯爵和他们签订了一个和约，佩罗讷正式投降。至于韦芒杜瓦邑督，虽然当地的行政官和市民答应过不会签订任何对他人身安全不利的条款，但他还是被立即逮捕，并被押往拉昂，连同他的副官及支持者一起被勃艮第人处决。就这样，勃艮第党派用类似的方式几个月就迅速占领了努瓦永、苏瓦松、蓬圣马克桑斯（Pont-Sainte-Maxence）、舒瓦西（Choisy）等皮卡第西面和巴黎周边的河道渡口及战略要地。他们将部队驻守在其中的重要据点。

勃艮第党人在北方的征服看似迅速，但并不稳固。阿马尼亚克派军队在皮埃尔丰（Pierrefonds）、库西等皮卡第中西部地区驻有重兵。面对敌人咄咄逼人的攻势，他们立即集结力量还以颜色，反击的主要目标贡比涅——瓦兹河中游最大的城市，有着坚固的城墙和城堡，坐落于北方阿图瓦、皮卡第、香槟等地区通向巴黎的道路核心地带，扼守着重要的水道和陆路。7月21日，8名经过化装的阿马尼亚克士兵乘坐一辆载着木材的马车来到了贡比涅朝向皮埃尔丰的城门口。当车辆走上吊桥时，他们突然刺伤了车前的马匹。由于马车的阻碍，城楼上的守军一时间无法收起吊桥。乘这个机会，这些阿马尼亚克士兵迅速杀死了城门附近的守卫，并发出了事先约定的信号。数百名士兵在博屈伊欧领主（Lord de Bocquiaux）的率领下从附近的森林中冒了出来。他们呼喊着“国王和道芬万岁”冲进城中。毫无防备的勃艮第守军立即被击溃。守军将领埃克托尔·德·萨卢兹的内府随从当场被杀，埃克托尔的副官詹姆斯·德·克雷夫科尔（James de Crevecoeur）等人难以抵挡对手的攻击，率领部下狼狈地退入塔楼。但这些抵抗无济于事。勃艮第党人不久后就被迫投降，并被押往皮埃尔丰等待缴纳赎金。博屈伊欧领主和他的伙伴成功夺回此城。为了庆祝胜利，他们立刻洗劫了城中居民，不仅是勃艮第派支持者，还有那些声称支持道芬事业的居民。

▲ 用马车掩护突破城门防卫是常见的手段

阿马尼亚克党人夺取贡比涅的行动极大地鼓舞了法军士气。此后不久，阿马尼亚克将领纪尧姆·德·加马什（Guillaume de Gamaches）就率领重兵进驻贡比涅，并将此地作为指挥部，开始计划收复周边城镇。紧接着，博屈伊欧领主又带着约300人的部队在拂晓时刻对贡比涅东面的苏瓦松发动了突袭。此城的勃艮第守将隆格瓦勒领主（Lord de Longueval）以及罗贝尔·德·萨卢兹（Robert de Saveuses）等人毫无防备。慌乱中，他们来不及乘马，直接从城墙上跳下夺路而逃。阿马尼亚克军队得以顺利占领苏瓦松。于是，埃纳河下游的贡比涅、皮埃尔丰、苏瓦松及相关地区已经连成一片，阿马尼亚克派在瓦兹河东岸的势力重振。以贡比涅为中心，加马什等将领和勃艮第势力展开了长期斗争。

现在，耗费了大量人力物力后终于得以入主巴黎的勃艮第公爵约翰却发现攻守之势已异，自己将跳入先前煎熬着阿马尼亚克派政府的火坑：在西北面，下诺曼底的大部分已落入英军之手，而且英军正在向几乎已成为勃艮第公爵私人地盘的上诺曼底地区进攻；在东北面尤其是瓦兹河谷地区，拜公爵及其部下的种种恶行所赐，现在阿马尼亚克与勃艮第两派只能用烈火和利剑来交流；西南面的阿马尼亚克势力则占据着莫城和默伦，这两个城镇扼守着马恩和塞纳河通向巴黎的重要节点，它们被占领后干扰着巴黎的水路补给线，莫城守军一度还占领了拉尼的市镇。而塔内吉·迪·沙泰尔甚至可以北上威胁桑利斯，各地求救的书信像雪片一样发到公爵手中。先前公爵曾组织起围攻首都东南面蒙莱里城的战役。这次战役动员了绝大部分的巴黎民兵甚至教会人员，历时三周后却劳而无功。因此，通向奥尔良方向的道路仍由阿马尼亚克守军牢牢掌握。他们不仅阻止物产丰饶的博斯地区的粮食运向巴黎，还可以袭扰都城门口。而五年来公爵一直垂涎的国家金库早已枯竭，民众对先前阿马尼亚克政府为了与勃艮第派作战而征收的赋税早已感到厌倦。勃艮第公爵签署过一项公告，宣布废除那些所谓的苛捐杂税。这项为了争取民众支持他上台的公告此时却成为他筹措资金的绊脚石。尽管如此，公爵还是要硬着头皮维持巴黎政府的运转。像之前的政敌一样，他使出了浑身解数，采取种种强硬措施来改善政府的困境，应付眼前的危机。他宣布撤销之前转让王室领地的行为，派出官员没收"煽动叛变之敌和扰乱和平者"的领地和财产，并以 15 万法郎的价格出卖铸币权，还向苏格兰摄政奥尔巴尼公爵罗伯特·斯图尔特借款 3 万锂弗以解燃眉之急。与此同时，他开展外交手段，派使者分别前往卡斯蒂利亚、阿拉贡、苏格兰、洛林、纳瓦拉等地区寻求联盟和军事援助。这些行动取得了一些成就，由于摄政的王太后，冈特的约翰之女凯瑟琳已经去世，卡斯蒂利亚的亲英派势力有所收敛。巧舌如簧的使者趁机告知卡斯蒂利亚人，英王不久就将与他们开战。于是在 10 月，卡斯蒂利亚决定组建一支舰队帮助法国作战。苏格兰也同意派遣军队参加在法国的战斗，多多少少减轻了勃艮第公爵在面对英国人时的压力。

如果公爵想在与英国人的角逐中取胜，他必须弥合他与阿马尼亚克党人之间的矛盾。只有两派联合，才能聚集起足够力量抵御外敌。因此，将阿马尼亚克派赶出巴黎后，勃艮第公爵约翰也一直没有放弃与他们的联系。他决定释放在攻陷巴黎当晚抓获的，与道芬查理订婚的安茹的玛丽，归还她那些被夺去的服饰和珠宝。同时，他邀请布列塔尼公爵约翰前来调停并护送玛丽返回安茹。勃艮第公爵的这些做法可能获得了阿马尼亚克派内部温和派，如先任安茹公爵夫人阿拉贡的约兰达等人的赞同。他们也在努力劝说道芬消除分歧，至少要从各自的地盘上向英国人发动进攻。

然而，经过这两年多发生的一系列事件，血海深仇激起的怨怒盖过了理智的呼吁，双方均没有停止敌对的军事行动。道芬查理下定决心继续将勃艮第势力从阿马尼亚克核心领土上驱逐出去的行动。6月，他的军队开始在布尔日集结。7月，阿马尼亚克部队攻打蒙特里夏尔（Montrichard）的战斗，标志着清扫卢瓦尔河流域勃艮第势力的战役正式打响。不久，他们便来到控制着通向希农道路的阿宰勒里多（Azay-le-Rideau）城堡前。这里的勃艮第守卫的冷嘲热讽为自己惹来了一场灾难。怒不可遏的道芬命令部队夺下此地，并当场将守将及两三百名守卫悉数处决。8月4日，此地被设为法军总部。道芬开始计划收复先前被勃艮第公爵约翰占领的图尔。这些坚决的行动以及对巴黎的军事压力迫使勃艮第政府加快了签订休战协议的步伐，“以便让那些可怜的农民能种下他们的小麦”。两派的议和会议于9月初在科尔贝召开。在布列塔尼公爵约翰的斡旋下，双方于9月中旬达成了一些框架性协议：两派都将调回在自己势力范围外的军队，然后，道芬将与勃艮第公爵一起组建联合政府，共同抗击英国人。这个协议在16日被国王批准，两派的代表人物：勃艮第公爵、王后伊萨博、阿拉贡的约兰达、韦尔蒂伯爵腓力均在场见证了这一时刻。之后，政府发布了总动员令，并将军队的集结时间定在了10月15日。

当然，勃艮第党人并未遵守协议。即使是在阿马尼亚克抵抗势力比较弱的安茹边界地区，勃艮第连队也未停手。他们绑架平民、烧掠村镇，无恶不作。阿拉贡的约兰达只能在书信中抱怨。停战协议传到道芬查理的宫廷后，也被立即否决了，其原因显而易见：只要勃艮第大军不退出巴黎，让道芬返回巴黎就是羊入虎口。相互间的猜疑使这个本身就含糊不清的协议最终成为一纸空文。道芬派人接未婚妻时，故意避开了陪同她前来的布列塔尼公爵约翰。9月21日，道芬在普瓦图北部的尼奥尔签署了一系列法令，严厉谴责了勃艮第公爵先前的种种僭越行为，并正式建立了自己的政府。勃艮第公爵则以国王的名义宣布剥夺道芬代理官职权，还以颜色，双方正式分道扬镳。和解的道路注定漫长而且艰难。

勃艮第和阿马尼亚克派主力在法兰西岛以及东面地区的争斗使英国人可以专心进军鲁昂。在6月初他们的兵锋威胁到卢维耶时，上诺曼底地区的勃艮第将领们被迫与先前被他们赶出鲁昂但仍在附近活动的阿马尼亚克将领罗贝尔·德·布拉克蒙缔结了一项协定。他们与诺曼底剩余地区的所有守卫部队组成联盟。英国人的战略目标鲁昂城掌握在勃艮第将领手中，在它南面的蓬德拉尔克则由阿马尼亚克派控制。蓬德拉尔克位于塞纳河渡口，拥有一座通向北岸的桥梁，是通向鲁昂的重要据点。

因此，这次不分派系的联合防御是极为必要的。根据协定，鲁昂和蓬德拉尔克将相互支援，统一协调对抗攻击他们的英国军队。

然而，协定最大的缺陷是，它涉及的地域范围有限而且为时已晚：战事持续了一年多，英军现在已经有了一个稳定且富庶的后方基地，可以从容不迫从各个方向进攻。而这两座城镇现有的防御纵深已急剧缩小，几乎紧贴前线。雪上加霜的是，协议签订的次日，罗贝尔·德·布拉克蒙的海军将军职务即被巴黎政府撤除，取代他的是新近被封为元帅的勃艮第将领克劳德·德·沙特吕。两派又开始相互猜疑，在鲁昂，对“虚伪的阿马尼亚克人”的戒备从未停止过。

与法国人相比，英军无疑占据了优势。卢维耶投降后，英军继续挥师北上。6月27日，他们的先遣部队进抵蓬德拉尔克。蓬德拉尔克位于塞纳河南岸，有一座连接北岸的石桥，石桥两端都设有防御工事。如果英军攻克此地，他们就能轻易破坏法军依托塞纳河保卫鲁昂的计划。按照先前的协定，让·德·格拉维尔（Jean V Malet de Graville）的1000余名阿马尼亚克士兵守卫着蓬德拉尔克。在塞纳河北岸，有2000余人阻止英军搭桥渡河，并有大量民兵支援。此外，勃艮第将领雅克·德·阿库尔带领约800名骑兵驻扎在蓬德拉尔克东面，塞纳河北岸的埃特雷帕尼（Étrépagny），作为预备队。

然而，在英国人看来，法国人的这些布置并不会对他们的攻势造成麻烦。英王已经进驻蓬德拉尔克城西面的蓬迫尔修道院（Abbey of Bonport）。7月3日，他派遣约翰·康沃尔爵士（Sir John Cornwall）前往蓬德拉尔克城内劝降，让·德·格拉维尔当场拒绝了。不过，康沃尔对此毫不在意，兴致勃勃的他甚至为即将到来的战事与格拉维尔打赌：“格拉维尔，我以我的信心向你保证，等到明日，无论是你还是你的所有人守卫此地，我都将渡过塞纳河。如果我做到了，你要给我你所拥有的最好的战马；如果我失败了，我会将我的钢制头盔赠给你，它曾被证实价值500诺布尔金币。”格拉维尔觉得这个提议不错，便一口答应下来。于是，这两位敌对阵营的将领在一阵谈笑中告别。康沃尔直接返回营地，格拉维尔则立即向河对岸的友军发出警报，并派人通知驻扎在埃特雷帕尼的雅克·德·阿库尔，要他火速前来增援。

7月4日凌晨，双方展开了较量。让·德·格拉维尔抽调了一批精兵扼守附近的石桥，并沿岸布置了一些部队接应。英军对石桥发起了试探性攻击，结果发现这里防备森严，一时间很难夺下，于是撤回了部队。随后，他们顺着塞纳河下游河岸迂回了数英里，发现蓬迫尔附近河段中间有个小岛可以作为跳板。于是，他们挑了一些会游泳的士兵，命令这些人折回到距离此地约半英里的上游，跳进塞纳河向北岸前进，并发出巨大的喧哗声，以此制造英军将在此处强行渡河的假象。这个计策非常成功，北岸的大部分法军都被吸引了过来。与此同时，约翰·康沃尔爵士依照他的诺言开始在下游强渡塞纳河。他统领的人不多，大约有60人。他们的装备也非常简陋：只有一匹马和数具火器以及少量战争器械。按照计划，他们将乘8艘由柳条编制而成，上面覆以兽皮的小船渡河，与对岸数倍于己的敌人展开殊死搏斗。康沃尔部首先将船划至河中心的小岛旁，并立刻登上小岛，架起火器朝北岸看守的少数法军轰击。守军很可能由民兵组成，他们在炮击下当场溃散。见此情形，康沃尔立即下令继续渡河。他们没有受到多少阻碍就迅速抵达目的地，并马上投入追击法军溃兵的战斗。这个地区的法军被迅速肃清，许多民兵逃进附近的森林。立下大功的康沃尔喜不自禁，当场将陪伴自己渡河的，年仅15岁的儿子封为骑士。同时，他还命令那些在南岸的大部队也赶紧乘坐船只渡河。当塞纳河北岸的法军大部队接到消息返回西面英军登陆地点时，他们发现已有近1000名英军在此恭候他们。等到太阳升起，康沃尔已在北岸建立了一个牢固的立足点，英军现在可以从背面包抄蓬德拉尔克了。

约翰·康沃尔爵士随即带领部分士兵将让·德·格拉维尔的士兵赶回城中。其他英军也没有闲着，他们迅速建造了一座由船只搭起的简易桥梁连接塞纳河两岸。在接下来的时间里，克拉伦斯公爵托马斯带领全军的一半，约4000人的队伍来到北岸。现在，与法军旗鼓相当的英军轻而易举击退了北岸法军组织的反击。眼见英军已经成功渡河而且难以撼动，恐慌开始在那些来自上诺曼底地区的法军士兵中蔓延开来。他们觉得此地的战斗已无希望取胜，当务之急是尽快回家乡保卫自己的城镇。随后，整支部队土崩瓦解。克拉伦斯公爵趁机控制了石桥，并从北面包围了蓬德拉尔克，于是大局已定。颇为得意的康沃尔写信给缩在城内的格拉维尔，揶揄他部下的糟糕表现让自己大失所望：如此多的人竟然能让自己这么少的部队渡河。康沃尔还吹嘘：如果让自己率领60名英军守卫在如此险要的地方，就算英法两军联合起来渡河，他都能抵御得住。格拉维尔早已心灰意冷，北岸的勃艮第援军已经消失，雅

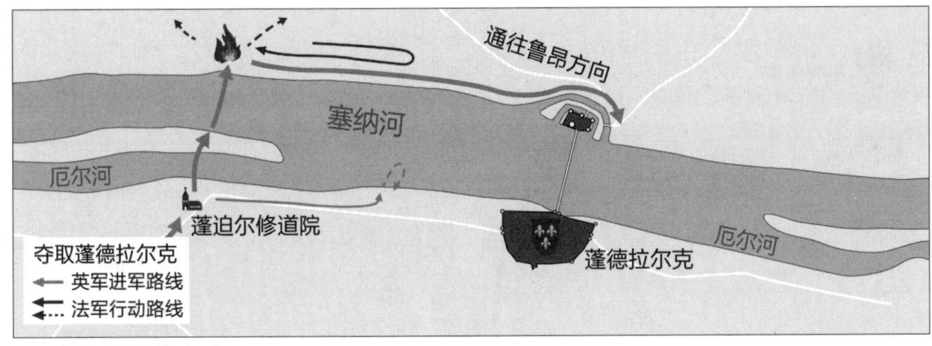

▲ 夺取蓬德拉尔克

克·德·阿库尔几乎未经一战便退回了埃特雷帕尼，孤掌难鸣的他也无心抵抗。蓬德拉尔克守军随后与英军谈判，双方约定如果解围的法军未至，守军将在20日向英军投降。

现在，唯一的希望在南方的勃艮第公爵约翰身上。初夏时，兴致勃勃的公爵正忙于筹备自己7月14日在巴黎举行的进城仪式。15日，公爵在巴黎的御前会议终于收到了蓬德拉尔克守军与英军签约的消息。紧接着一位英王的使者又前来拜访，询问公爵是否愿意继续延长双方的休战协定——双方先前签订的将在1417年7月29日到期的休战协定经过续订，已经延长了一年。此刻作为巴黎政府的领袖，万众瞩目的焦点，勃艮第公爵自然要好好表现一下。英国使者收到的回答是，公爵马上将与英王开战。御前会议决定组建一支1.5万人的大军对抗英国人：公爵从自己在巴黎的军队中抽调2000名骑兵、1000名弩手，另外从巴黎以及上诺曼底地区征召1.2万名步兵作为支援。但组建这么庞大的军队需要漫长的时间，一切都太迟了。蓬德拉尔克如期投降。诺曼底地区的两派合作就这么草草结束。双方相互指责，勃艮第党人责怪阿马尼亚克守军玩忽职守，阿马尼亚克党人则反击说勃艮第公爵隔岸观火，没有任何救援举措。两派争论不休时，英王亨利五世的部队继续迅猛推进。渡过塞纳河北岸的英军立即组织袭扰分队向鲁昂的西南地区扩散，连北面的科区也开始承受英军火力。

鲁昂人很早就预料到英军会对他们发起攻击，因此在勃艮第党人赶走欧马勒伯爵让·德·阿库尔，控制城市后，他们就开始做坚守的准备。这座城市有2万多人，拥有完整的防御体系，城门由城墙、壕沟、5座筑垒组成，并有坚固的堡垒。一座

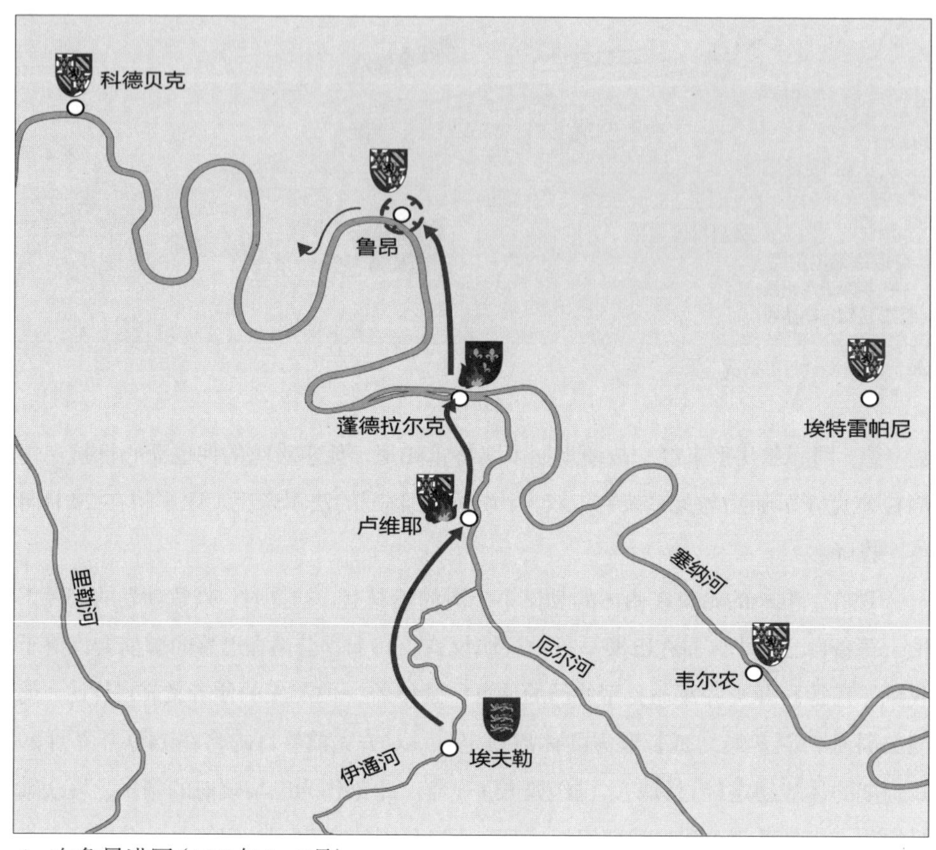

▲ 向鲁昂进军（1419年6—7月）

有十二个拱洞的桥梁横跨在塞纳河上，南岸的海军兵工厂（Clos des Galées）位于桥的西侧。东南面的圣凯瑟琳山（Mont Sainte-Catherine）上还有一座修道院，这里有一些防御工事，派兵驻守后就可以和主城遥相呼应。

这几个月，鲁昂人不断向其他地区求援。4月，他们派出的代表曾到亚眠觐见勃艮第公爵约翰的儿子沙罗莱伯爵腓力。当时他正在筹集钱粮和招募士兵解救被阿马尼亚克军队包围的桑利斯。代表们告诉他鲁昂期盼勃艮第党派能去解围。在菲利普·德·莫维莱尔等辅政大臣的建议下，沙罗莱伯爵热情地接待了鲁昂代表，并恳请他们保持信心。伯爵保证，不久以后勃艮第公爵就会给予鲁昂有力的援助。随后，勃艮第大军便浩浩荡荡地向南开拔，投入解围桑利斯的激战中。鲁昂还是没有得到任何援助。

当英王亨利五世的部队对卢维耶发起进攻后，鲁昂人来到此时尚在阿马尼亚克控制下的巴黎求助。阿马尼亚克政府可能认为，保住鲁昂则还有恢复诺曼底的希望，因此他们很快就派了一支由 300 名骑兵和大约 300 名步兵组成的军队北上支援。但这支小部队面对英军主力是杯水车薪。7 月中旬，鲁昂代表在巴黎的御前会议上再次提出援助请求。至此，勃艮第公爵约翰终于派了一些勃艮第将领前往诺曼底前线。在 1 月的勃艮第叛乱事件中被鲁昂人迎接入城的居伊·勒·布特伊，奉命负责防御工作，他大约有 1500 名士兵，此外还有召集的民兵和鲁昂市民协助，能够用于作战的守军总数在 6000 人左右。此时，由士兵和市民组成的守卫者至少有 2 万人。布特伊将守卫部队分别安排在与每座城门相对应的市区，他自己则带领部分士兵驻扎在欧马勒伯爵让先前驻扎的城堡内策应。

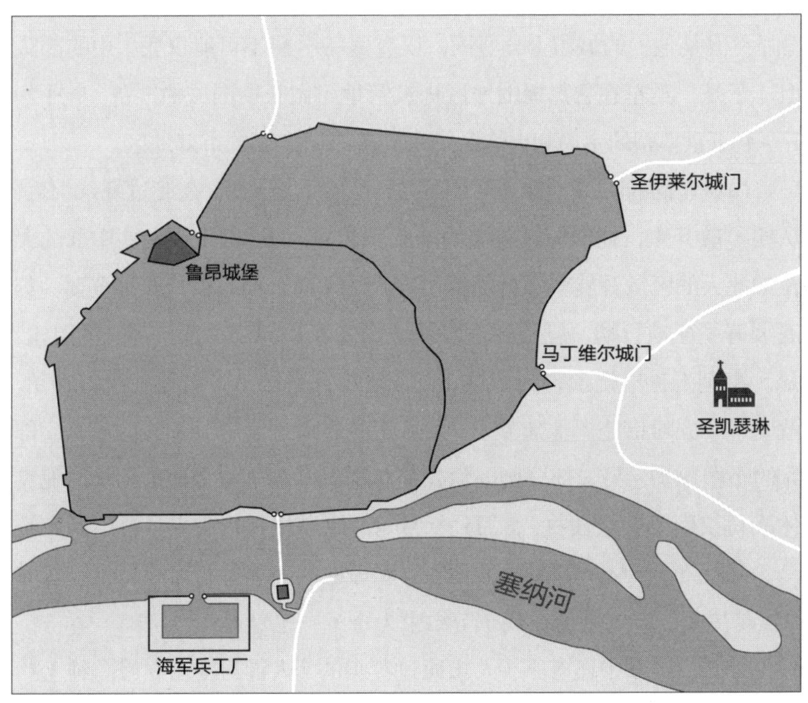

▲ 鲁昂城

与此同时，勃艮第公爵约翰下令鲁昂的所有王室收入均应被用来支付守卫士兵的薪水，并拨出铸币厂赚得的一部分利润付给蒙蒂维利耶的守卫，蒙蒂维利耶可以阻击阿夫勒尔的英军从后方发动袭击。但长时间的防御工作需要不间断的资源。巴黎政府很快捉襟见肘，国王答应给蒙蒂维利耶城的2000锂弗最后只兑现了1200锂弗。为了应对危机，鲁昂政府像之前的阿马尼亚克当局一样，又向本地市民们强制借贷，并没收了大教堂的珠宝交给货币兑换商换作军资。鲁昂人也在围城前加强了防御工事，修缮了塔楼和城墙，清理了围绕城市的壕沟，还凿沉了塞纳河上的船只。此外，他们还放火焚烧郊区建筑，砍倒灌木，毁坏周围的葡萄园，决心不留给英军任何可用之物。

最先到达鲁昂城下的英军是埃克塞特公爵托马斯·博福特率领的部分先头部队。他们试探性地对城中守军和居民进行劝降。鲁昂人严词拒绝了这个要求，并且马上组织了一支骑兵部队从城内冲出向他们发起突袭。英军的骑兵和长弓手相互配合，没费多大力气就将他们击败。守军骑兵在损失了约30人后退回城内坚守。虽然鲁昂人不肯投降，但是他们的城市十分坚固，埃克塞特公爵不可能仅凭手中的部队迅速拿下此地。于是，英军在鲁昂周围地区构筑营地，做长期围城的准备。7月29日夜，由英王亨利五世率领的主力和火炮队伍来到鲁昂城东面的市郊地区。

如何击破鲁昂城坚固的防御工事并不是英国君臣的重要议题。在渡过塞纳河后，英军的分遣队便扩散开来，他们掠过鲁昂的东面和北面，席卷了上诺曼底中部的大部分地区。在如此大的区域开展军事行动需要庞大的军队，而且补给非常重要。英军在上诺曼底展开了征粮行动，但受到许多以城堡为依托的法军抵抗部队的阻击，效果并不明显。亨利五世早就预料到了这一点，他打算直接从下诺曼底获得补给，并在此之前就采取了应对措施。他建立了一条从诺曼底运送物资到前线的道路，部分有沿途林立的小堡保护，另一部分则因他先前与德勒和伊夫里等地的阿马尼亚克守军签订的休战协议而不会被侵扰。8月到9月间，他还授权埃夫勒邑督引诱库维尔（Courville）、马耶布瓦（Maillebois）以及韦尔农等地的守将签订休战协议，双方可以保持商业贸易往来，直到葡萄收获季节结束为止——也就是10月底。

在围城战开始后，英军中还有不少人想通过英勇的个人行为扬名立威。绅士约翰·怀特（John White）——曾作为埃克塞特公爵托马斯·博福特的部下参加过英军保卫阿夫勒尔的战役——趾高气扬地冲到通向科区的城门下，大声叫嚷着向法国人挑战，要同他们比试一番武艺：“折断三根长矛”。守卫这座城门的是阿里的私生子勒永，他平日里颇受市民的爱戴。勒永决定先挫挫英军的锐气，他立刻穿上甲胄，带着30名助手出城应战。于是他们就在木栅栏前的空地上按照那个时代的习惯，两人骑在马上，端起长矛进行决斗。交马只一回合，技高一筹的勒永就击中了对手的躯干。怀特随即翻身落马，然后在同伴的注视下被勒永及其助手拖进城内，数小时后便重伤不治。他的同伴花了400诺布尔才赎回了他的尸体。勒永在这场决斗中的出色表现大大鼓舞了鲁昂人的士气，并赢得了他们的赞赏。之后一段时间，他也经常带着鲁昂守卫出城袭击。鲁昂守卫不断杀伤英军人员，令英军提心吊胆。在围城战进行了数月后，英军俘获了部分从鲁昂城内逃出的市民。他们告知英军，城内供应紧张，但鲁昂人强有力的攻击使英军根本不相信这些情报。

此外，在英王亨利五世发起向上诺曼底地区的攻击战役前，下诺曼底及阿朗松等西南前线的英军就已经开始了对敌人的牵制行动。他们不断地向曼恩以及东南方向出击，吸引法军的注意，为他们东进的主力部队减轻压力。他们在1418年初的行动不仅使之前此地的休战协议成为一纸空文，而且使曼恩—佩尔什—博斯的各地法国守军，尤其是阿马尼亚克派部分人认为英军有可能向南方发动一次大规模军事行动。3月，韦尔蒂伯爵腓力谨慎地将增援部队派往奥尔良以防不测。在接下来的4—6月，他将军队分别驻扎在奥尔良、布卢瓦、迪努瓦（Dunois）等卢瓦尔河谷周边地区的城堡加强防卫。他的担心并非多余。部分英军曾在约翰·康沃尔的带领下向西进发，一直袭扰到勒芒，放火焚毁城郊，并派人在城下挑战。部分法军忍无可忍，在一位法军元帅的领导下从城内冲出杀向英军。英军随即溃逃，法军急忙乘胜追击，但不久就进入了康沃尔的伏击圈。元帅发现自己的四周皆是英军，很快便兵败被俘。1418年4月初，沃里克伯爵理查德·比彻姆在继续围攻栋夫龙。

靠近西南前线的部分法军则决心还以颜色。阿朗松私生子负责主持栋夫龙的解围战，他在曼恩地区集结军队，北上收复了阿朗松城南面的博蒙勒维孔特（Beaumont-le-Vicomte），但他未能攻克附近的弗雷奈勒维孔特（Fresnay-le-Vicomte）城堡。7月，阿朗松私生子的战友安布鲁瓦兹·德·洛雷再次组织对弗雷奈勒维孔特的包围战，这次法军一举将其收复，“并以这种方式出色地夺回了12或15座堡垒”。

这是法军在此次行动中的顶峰时刻。阿朗松私生子和德·洛雷的力量有限，他们只能勉强维系靠近边界的城镇，对冲破英军的层层阻拦，抵达距离更远的栋夫龙则力不从心。他们的军队“没有勇气尝试打破沃里克伯爵理查德·比彻姆围城部队的封锁”，栋夫龙副官克莱门特·德·比戈（Clement de Bigot）难以在困境中支撑下去。在抵抗了近四个月后，他于7月10日与沃里克伯爵签订了一个限期投降协议：如果22日阿朗松公爵让的救援军队未能抵达，守军将投降。在此期间，比戈也派了使者奔赴巴黎，并在7月中旬的御前会议上向勃艮第公爵约翰请求援助，但没有得到回应。因此，就在亨利五世渡过塞纳河迅速推进的7月下旬，栋夫龙投降了。法军在诺曼底边界的抵抗行动受到了重挫。

在东北面，英王亨利五世正有条不紊地指挥着围攻鲁昂的战役。他将总部设在鲁昂城东面半英里处的加尔都西会（Carthusian Monastery），并经常查看周围的各个营地。在巡查过程中，英王发现部分士兵建立的哨点相互距离较远，这样在遭到敌人突袭时，同伴不容易救援。于是，亨利五世颁布了一系列法令，命令所有士兵必须严守自己的岗位，既不能在辖区外驻扎，也不能超过规定的边界，违反者将被处以死刑。不过，在接下来的检查中，还是发现两名士兵跃出了界限，愤怒的英王将这两人吊死在营地中的一棵大树上，以儆效尤。

盛夏，英军开始挖掘壕沟、修筑堤道，以便火炮能炮击城墙。不过，他们并未全力投入这些行动，那些安置好的大炮也很少向鲁昂的城防工事开火。可能是亨利五世没有强行攻城，迅速夺取城市的打算。对付鲁昂这种守卫力量充足、防御严密的地区首府，一次“缺口以及突袭”的行动只能增加攻城方的损耗。英王希望鲁昂人能在长期封锁造成的饥馑下屈服。这样既可以使自己的围城军队避免严重的伤亡，又能获得城防体系较为完善的鲁昂重镇，对整个诺曼底地区的防务有着重大意义。这种战略直击鲁昂的软肋。鲁昂人还没来得及收获他们的粮食就被逼入城，加上持续了几个月的政治动荡，之前市政当局要求他们储备十个月粮食的命令发布得又太晚，导致他们没有囤积多少粮食。尽管市政当局宣布要赶离那些“无用的嘴巴”，以便减少消耗，但这项不近人情的命令不能得到迅速执行。不幸的是，周边地区的大量难民又涌入城里避难。为了截断鲁昂的补给，亨利五世将部队划为几部，分别驻守在正对鲁昂各个城门的营地：英王驻扎在面对圣伊莱尔城门（Porte Saint-

Hilaire）的东部地区；索尔兹伯里伯爵托马斯·蒙塔古负责靠近塞纳河，正对马丁维尔（Martinville）城门的东南面区域；克拉伦斯公爵托马斯驻扎在西面圣热尔韦修道院（Abbey of St Gervais）的废墟上；埃克塞特公爵托马斯·博福特镇守北面；托马斯·莫布雷和约翰·康沃尔爵士正对鲁昂城堡。

随后，英军又在各个分部营地以及通往巴黎的道路之间掘出了可以相互联系并阻断敌人行动的战壕，营地和壕沟间还增添了木栅栏以防敌人偷袭。他们又在各个节点派了大批长弓手，并放置了木质塔楼，塔楼中还安置了火器。除此之外，亨廷顿伯爵约翰·霍兰也率领一支大军来到南岸监视鲁昂城的码头，围困南面的桥头堡。在建造这些工程时，英军承受了一定的伤亡。鲁昂人从城头以及城墙上向他们倾泻炮火和弩箭，不断有成百上千的法军士兵从各个城门悄悄摸出偷袭正在修筑工事的敌人，杀死了一些英军，甚至俘虏了不少人。鲁昂弩兵队长阿兰·布朗沙尔——1417年7月鲁昂暴乱的主要领导者之一，失败后一度被赶出城——也像阿里私生子勒永积极投身于同英军的作战，他将英军俘虏吊死在树上，打击英国人的士气。英军为了应付突袭，不得不抽调大量人手组织警戒和截击，并在夜里也进行工程作业。最后，他们索性在塞纳河北岸挖了一条与鲁昂城墙平行的深沟以及一条堤道。与此同时，为了防止补给由水路运进城，英军还在塞纳河的两端拉起了铁链。这些铁链设置在城市的炮火射程之外，有三层：第一层高出塞纳河河面约2英尺，第二层与河面持平，第三层安装在河面以下1.5英尺的水中。任何船只都无法接近鲁昂。

▲ 鲁昂围城战

这些花了极大代价才初具规模的工事对英国人的回报是巨大的：法国袭击者一攻打英军据点，很快就会受到通过战壕迅速赶来增援的英军部队的夹击，因而往往无功而返；而且，当工事全部完成后，英军可以畅通无阻地保持各个营地间的联系，鲁昂人的偷袭行动却受到严重限制；更重要的是，鲁昂各个方向的运输线路均被切断。在包围鲁昂主城的同时，英军也没有忘记东南面圣凯瑟琳山上的那座修道院。他们派兵包围了驻扎在修道院中的法军，这些法军曾依托这个简易堡垒抵抗并击退过英军的一次攻击。由于补给匮乏，法军在坚持了近一个月后终于决定在 8 月 29 日与包围他们的索尔兹伯里伯爵托马斯·蒙塔古等人商议投降。次日，法军交出了修道院，英军扫清了这个处于围城营地与蓬德拉尔克之间的威胁，解除了后顾之忧。他们现在可以从这个高地俯瞰陷入了孤军奋战境地的鲁昂城。

完成对鲁昂城的封锁后，亨利五世又开始了廓清周边地区的战役，塞纳河方向是其重点。英军派了许多载有士兵的巡逻船在河上来回巡察。一支由葡萄牙国王若昂一世提供的桨帆战舰船队负责封锁塞纳河的河口。附近的阿夫勒尔现在也成了英军重要的补给中转站，来自英格兰的补给物资在此卸货，然后由河船装载逆流而上运抵英军的大营。原本可以为鲁昂人所用的塞纳河现在变成了英军的补给线。不过，离阿夫勒尔不远的法国城镇基耶伯夫（Quillebeuf）和科德贝克是英军必须拔除的据点。塞纳河下游河畔的这两个小镇都拥有武装船只，它们会对英军的水上运输线造成威胁。亨利五世必须抽调部队来应对。令他十分欣慰的是，随着围城战役不断推进，他所指挥的军事力量也增强了。8 月末，英王收到了一个好消息，下诺曼底最后一个抵抗堡垒瑟堡终于归降。

1418 年 4 月 2 日英军包围瑟堡时，让·德·拉艾正带领法军在城内防守，但他并未如众人期盼的那样将此地变为一个牢固的抵抗基地。格洛斯特公爵汉弗莱像他的兄长一样，也开始构筑长期围困的工事。英军不断挖掘战壕，并在这些壕沟上搭起木质塔楼。同时，英军还展开了地道作业，逐渐接近城墙。英王为了加快围城进程，发布了针对西部英格兰的动员令。当 30 余艘英军的增援船只出现在靠近英军大营的海岸线时，困守孤城的法军士气大挫。围城五个多月后，格洛斯特公爵的工兵已经将地道挖至瑟堡的城墙下。8 月 22 日，这座城市终于签署了限期投降协议。这既意味着征服下诺曼底战役的圆满结束，也意味着公爵的部队可以投入围困鲁昂的战役。

与此同时，沃里克伯爵理查德·比彻姆的部队也在栋夫龙围城战结束后北上与英王会合。他们随即被派去征服鲁昂城西北面的科德贝克。沃里克伯爵在包围城市的同时，还命令约翰·波罗摩等人带领约200名骑兵、100名长弓手占据附近的小城堡。他们突然遇到了一支数倍于己的法军。激战中，约翰的面部被击伤，但他的部下最终获得了胜利。包括法军首领在内的大批人被俘。这场遭遇战瓦解了科德贝克守军的战斗意志。他们在抵抗了6天后与英军谈和，答应9月9日后让英军的船只自由通行。不过，科德贝克守军坚持在鲁昂投降之前不投降。这个条件已没有多大意义，和约签订后，那些先前被阻挡的近百艘英国运输船便得以从它的城墙下通过。基耶伯夫守军则在发生于8月中旬的一次攻城战中被英军消灭了。这样一来，除了位于塞纳河口南岸，防卫力量较强的翁弗勒尔之外，英国人几乎完全控制了塞纳河下游。

当英军不断扩大军事行动的范围时，诺曼底其他地区的法国抵抗者也频繁与英军交手，试图减轻鲁昂的压力。勃艮第党人塔巴里身材矮小，而且瘸腿，但有丰富的军事经验，他曾带领一些士兵和农民以诺曼底与皮卡第的边界地区为基地，与英军作战。他的袭击队伍几乎总是在100人以下，装备也少得可怜，只有一些皮革短上衣——夹克——或者无袖短铠甲，一些生了锈的战斧或者末端安着一个骨朵的长矛——长度只有骑矛的一半。他们的坐骑稀少，因此经常在森林中徒步作战。虽然这些勃艮第派人员在人力和物资装备方面均无法和英国正规军匹敌，他们却在与英军作战时还同阿马尼亚克党人战斗。

对法军雪上加霜的是，初秋时，有近1000名爱尔兰士兵在驻于爱尔兰基尔曼哈姆（Kilmainham）的医院骑士团修会会长托马斯·巴特勒（Thomas Butler）带领下，渡过英吉利海峡前来增援英军。相比训练有素的英格兰士兵，这些爱尔兰人给法国人留下了新奇的印象：他们装备简陋，几乎没有任何铠甲，只穿一件上衣及短靴，手执一柄短标枪，随身带着一把佩刀。他们中的大部分人都是步行作战，少数骑兵的坐骑也是体型较小的山地马，而且几乎没有马鞍。但无论是骑兵还是步兵，都具有高度的机动性，来去如风。英王亨利五世立即命令他们投入与上诺曼底地区的法军的战斗。爱尔兰士兵被布置在英军大营周边的旷地森林，对抗法军的游击人员。这些人在经过的地方大肆掳掠，并时常带着从乡间掠夺来的母牛、家畜，从房屋中搜出的家什、粮草等大批战利品回到营地。他们的袭击范围迅速扩展到了整个诺曼

▲ 爱尔兰士兵的画像

底地区，而且几乎隔断了鲁昂与法军其他部队的联系。

到了10月，英王亨利五世筹划的围城体系已大致完成，它囊括了整个塞纳河下游以及沿河城镇，有长达80英里的陆路补给线和120英里的海路补给线。法军却没有向英军进攻的打算。鲁昂的粮食正在迅速减少，商店和市场上的存货均已售空。人们只能在私下以极其高昂的价格进行交易。与之形成鲜明对比的是，围城者营地里的市场却生意兴隆，而且货源充足，收获季节已经到来，英军运输队伍日夜穿梭，不断将粮草输往前线。鲁昂人开始惊慌，他们意识到单凭自己的力量抵抗是没有希望的，法国政府现在可能已经抛弃了他们，他们只有不断加大向法国各方求援的力度。

在主持围城行动的同时，英王也不忘通过施展外交手段来分化已开始相互接触的对手，将可能存在的威胁瓦解于萌芽状态。亨利五世努力使敌人继续保持分裂的敌对状态。前段时间，勃艮第公爵约翰拒绝了与英国继续保持和平的提议，英王随即将橄榄枝抛向那些“被逐出者”——道芬查理及阿马尼亚克党人。亨利五世以帮助他们重返巴黎为条件，引诱他们承认英国对吉讷、诺曼底以及加来的领土要求，并且不得干涉英国与佛兰德的关系。

尽管道芬查理之前派人与勃艮第公爵约翰和谈，但是当英王有意谈和的消息传来时，道芬还是立即遣使前往阿朗松与英国人谈判。11月初，使者受到了索尔兹伯里伯爵托马斯·蒙塔古的接待。和谈并不顺利，道芬代表表示愿意割让诺曼底给英国，作为交换，他们希望与英国一起摧毁勃艮第势力。但英国人的胃口远甚于此，他们要求恢复法国曾在1360年的《布雷蒂尼和约》中答应割让的那些领地，也就是遍及西南部的吉耶讷和加斯科涅地区等大片领土。除此之外，作为武装对抗勃艮第的报酬，他们还想染指图赖讷、安茹、曼恩、佛兰德以及香槟地区。最后，他们近期正在征服的诺曼底周边地区也必须包含其中。

英国人漫天要价后，法国人开始还价。他们答应移交《布雷蒂尼和约》割让的领土以及整个诺曼底，但鲁昂及其邑督区除外。另外，在摧毁勃艮第公爵约翰后，可以考虑割让佛兰德和阿图瓦的领地。英国人认为这些价值不大。接着，英国人又对割让领土的性质提出了质疑，他们声称不能像以前一样作为法国的封臣接受这些土地。已有足够多的历史教训表明，法国以后会寻找各种借口强行收回这些领地，他们要求对这些领土享有完整的最高统治权。法国人借口没有做这方面的准备，希望避开这个问题，会议由此陷入争论。11月下旬，道芬代表提出了一个维持到次年2月的短暂休战期，届时再谈判。这是此次谈判的唯一成果。亨利五世对此毫不介意：道芬已经上钩，并且急于和自己保持接触。他至少已经避免了与一个法国敌对派系的激烈军事冲突。

至于勃艮第公爵约翰，亨利五世毫不介意与他兵戎相见。此刻，这位巴黎的主政者“没有强大的骑兵力量”，处于内外交困的境地。10月下旬，借着守军在夜晚发动针对英军营地的猛烈突袭的掩护机会，鲁昂使者成功穿过了英军的封锁线，连夜赶往巴黎。奥斯定会的学者厄斯塔斯·德·拉帕维莱（Eustace de la Paville）陪同使者一起参加御前会议。拉帕维莱首先向国王和廷臣发表了一长段关于鲁昂形势的演讲，他详细描述了鲁昂遭受的灾难，并指出：如果不及时救援，鲁昂不久就会

▲ 中年的勃艮第公爵约翰

沦陷，然后整个诺曼底地区必将遭受同样的命运。他提醒听众，鲁昂受王室的统治已有两个世纪之久，它的大部分税收都贡献给了国库。他的发言结束后，鲁昂教士几乎是以谴责的口吻向“已经接管了国王和王国政府”的勃艮第公爵发出警告:“我受鲁昂城居民的委托，向你们提出强烈的抗议。他们派我来告诉你，如果他们由于你的疏忽以及迟迟不肯救援而被英格兰国王征服，被迫做了英王的臣民的话，他们将会变成你所要面对的最大以及最残酷的敌人，而且他们将用尽所有力量彻底毁灭你，以及你这一代的所有人。”他那近乎控诉的发言在巴黎引起了广泛的同情，街头巷尾开始出现一些对公爵不满的窃窃私语。

面对鲁昂人的求援和巴黎大学的敦促，受到空前压力的勃艮第公爵约翰只能回以“客气而和蔼的答复”。他信誓旦旦地保证自己正在集结一支用于解围的大军。教士将巴黎宫廷的回复带回鲁昂城。市民又恢复了勇气，他们奔走相告，相信自己信任的公爵终于要前来解围，苦难的日子即将结束。全城的大钟都被敲响以庆祝这个消息。

实际上，缺乏人力和资金的公爵发现，自己面对英军时跟之前的政敌一样束手无策。他再次颁布的总动员法令与之前一样毫无效果。虽然公众对捐税的耐心早已消耗殆尽，但在这种紧要关头，公爵只好废弃以前的承诺，他宣布要进行财政改革。好言宽慰之后紧跟而至的是种种雷霆手段。10月，宫廷赐予政府官员对运进首都的所有酒征收关税的权力，为期十个月，政府希望通过这个方法筹集到10万法郎。同时，公爵的政府也利用那些在英军攻击范围之内的市民的恐惧心理，向他们索要资助。国王于10月4日写信给亚眠，要求市民尽快筹足3万法郎用于解救鲁昂。为了达到这个数目，亚眠就像巴黎一样取消了所有人的豁免权。在1418年的最后几个月，政府派出专员到王室领地的其他城镇收取税收。在博韦地区以及韦芒杜瓦邑督辖区，人们被要求缴纳和亚眠人一样多的税。其次，王室重新开始大规模的强制借贷。接着，除了将阿马尼亚克党人的财产充公以外，那些向英国臣服的人也被列入没收财产名单。然后，与他的政敌一样，公爵也玩起了货币贬值的伎俩。

尽管实施了这些措施，公爵依然没能组织起较大规模的解围战。因为据留下来的记录显示，征收上来的税款并未完全用于军事开销。相当多的钱都花在了公爵的追随者身上：一些并未全力投入对英战争的领主收到了公爵数千乃至数万法郎的打赏；远离前线，但在之前的内战中领地被战火波及的勃艮第派城镇和个人也得到了救济；还有一些钱成了被俘的勃艮第党人的赎金。非军事开销如此大，军事准备工作自然举步维艰了。雪上加霜的是，自1417年5月以来，法兰西岛地区的战火一年多几乎从未停息，使巴黎周边的农业遭到严重打击。越来越多收到王家征召令的领主骑士赶赴巴黎，意味着军队乃至首都的给养匮乏问题将会越来越严重，而尽管这些军人声称自己是勃艮第派支持者，但一旦受到饥饿威胁，他们会毫不犹豫对首都周边的商人、粮食供应者下手。因此，11月，政府就将远未集合完毕的军队纷纷赶往西北面，减轻首都的压力。12日，国王参加了巴黎圣母院的弥撒，准备出征。16日，又一次重申了总动员令，即使如此，召集到的人几乎没有去年的一半。王室以及公爵的行李辎重被先运往圣德尼。次日，国王来到此地取出王旗"金色火焰"。此时，亨利五世派了一名使者到巴黎下战书。使者很快便收到了答复。11月25日，国王和公爵再次离开巴黎，启程北进。不过直到此时，勃艮第军队也未满5000人，他们于3日后到达蓬图瓦兹，并将此地设为总部。

随后，勃艮第公爵约翰又停下来。他考虑再三，觉得最好还是与英王议和。他命令博韦主教、高等法院首席庭长菲利普·德·莫维莱尔等人组建了一个庞大的代表团，前往鲁昂与亨利五世重开谈判。为了增加己方的筹码，他们还带上了法国公主凯瑟琳的画像，希望能凭借她的美貌博取英王的好感，使英王答应联姻，保住鲁昂城。

勃艮第代表团在蓬德拉尔克受到了英方代表沃里克伯爵理查德·比彻姆等人的接待，并被引荐给正在鲁昂前线坐镇指挥的亨利五世。英王也热情地问候他们。

然而，开始谈判后，勃艮第代表的好运便终止了。面对要求和谈的勃艮第人，亨利五世显得漫不经心，他利用各种借口和手段拖延进程。英王表达了对以往谈判中提出的王室联姻的兴趣，甚至透露了他对法兰西公主凯瑟琳的画像十分满意。这个暗示让勃艮第代表感觉有了一根救命稻草。但英国人接下来的要求令他们目瞪口呆：法国必须为联姻提供一大笔嫁妆，包括在《布雷蒂尼和约》中割让的领土、诺曼底地区以及100万埃居。具有讽刺意味的是，这些领土中的大部分均不在勃艮第公爵政府的掌控范围内。代表们开始踌躇，不敢同意英国人交割这些领土最高统治权的要求。与阿马尼亚克派的境遇一样，这次历时半个多月的谈判，勃艮第人也毫无成果。12月下旬，代表们两手空空地回到蓬图瓦兹。

英王已经做好了交战的准备。早在12月中旬，针对营中流传的大批法国援军即将偷袭营地的传言，他就下令一线士兵在晚间也要和甲而卧，以免警号吹响时措手不及；同时，他还命令部分士兵背对着城市设营列阵，以防勃艮第派系的法军发起袭击。

在与英国人交涉时，勃艮第公爵约翰还向道芬查理发出数道诏令，要求他带军北上，前来与自己会合。道芬手下那些对旧怨不能释怀的阿马尼亚克将领不为所动：他们的确率领部队向北进发了，不过是趁着勃艮第主力开拔，烧掠到了巴黎城下。两党倾轧严重干扰了解围鲁昂的进程。面对英军，勃艮第公爵在内战中指挥若定的神韵似乎在一夜间消失了。先前他筹划过一个水陆并进方案：在陆地上对英军发起进攻的同时，阿布维尔以及勒克罗图瓦（Le Crotoy）组织一支补给舰队由塞纳河口逆流而上，冲破阻拦，为鲁昂城运进补给。然而，现在公爵5000多人的军队，却在蓬图瓦兹犹豫不决，眼睁睁看着部下剥光这个地区本来就不富裕的资源，当地居民怨声载道。公爵发不出连队的薪水，勃艮第大军进退维谷。与之相应的是，海路进军计划也无果而终。最终，勃艮第公爵在蓬图瓦兹待了一个月有余，耗光了补给。在舆论的催促与压力下，他于12月末将总部迁往博韦。先前，他曾命令收到征召令的皮卡第贵族和公社民兵在此地集结。勃艮第公爵一边与军队会合，一边命令小股部队去前线与英国人接触，试探敌情。

按照公爵的部署，勃艮第将领雅克·德·阿库尔以及莫勒尔领主（Lord de Moreul）等带领一支近2000人的队伍悄悄靠近鲁昂前线的英军营地。当到达距离英军大营约2里格时，他们将士兵分成两部，埋伏在英军即将经过的要道旁。然后，雅克命令一支约有120人的骑兵分队突袭附近一个由小股英军驻守的小村庄。勃艮第骑兵呼啸着冲进此地，他们的行动非常成功，村庄里的英军来不及抵抗就被击溃。不少英军被杀，少数幸运的人跳上战马躲过一劫。这些人匆忙逃回英军大营，他们一边叫嚷着“武装起来”，一边把有勃艮第大军来袭的消息告诉了同伴。营地的英军纷纷披甲上弦准备出战。

英王亨利五世决定先摸清敌人的动向。他将约翰·康沃尔爵士召至面前，命令他带令前哨部队先去探查究竟。康沃尔立即集合了600名骑兵，带着先前逃回的英军士兵向那个村庄急驰而去。

勃艮第骑兵见到约翰·康沃尔的骑兵部队并没有上前交战，而是按照计划快速退向雅克·德·阿库尔等人事先设下的伏击地区。康沃尔看见敌人开始溃逃，便带领部下毫不犹豫追了上去。眼见英国人上钩了，一部分勃艮第伏兵便先从隐蔽的地方冲出杀向敌军。此时，不可思议的事情发生了：另一部分勃艮第伏兵——也是这次行动中的主力——见康沃尔部严阵以待,就立即丧失了交战的勇气,转身夺路而逃。这个啼笑皆非的行动彻底瓦解了战场上所有勃艮第士兵的士气。康沃尔抓住这个机会对那些还在原地但明显已陷于混乱的敌人发起了一次猛烈的冲击。于是，勃艮第人的埋伏战演变成了一场大溃逃,许多勃艮第骑兵丢了性命。康沃尔又一次大获全胜，莫勒尔领主等 240 名贵族和士兵成了他的阶下囚。雅克靠着自己的骏马才侥幸逃得性命。英国人的损失微乎其微。勃艮第前锋部队失败的消息传到坐镇博韦的勃艮第公爵约翰耳中后，公爵失去了所有信心。他随即冒着举国的谴责，命令他的军队与英军脱离接触。

到 12 月中下旬，鲁昂人的抵抗已经到了山穷水尽的地步。同时，勃艮第公爵约翰与英王和谈失败的消息也传到了他们耳中。和平遥遥无期。城里市场上已经有三个月看不到任何粮食。人们拼命搜寻一切可以果腹的东西，鸟儿和植物茎叶也被拿来充饥。以前城中只卖几德尼厄尔的东西，现在已经涨了三四十倍。仅有的一点必需品都在私下场合秘密交易。只要有一点食物出现在街头，就会有人不顾一切地冲出来争夺。他们为了食物甚至自相残杀，几乎将城内也变成了战场。为了尽力维持抵抗，鲁昂守卫在圣诞节之前将数千张“无用的嘴巴”——大部分是穷人、妇女和小孩——聚拢在一起，然后将他们赶出城外。这些被亲人和同胞抛弃的人在两军阵营之间的冰天雪地里悲切地呼号，踉跄而行。他们恳求对面的英国人发发慈悲，救济一下自己，或者让他们通过前线。但迎接他们哀求的是从英军营地中射出的箭雨，英王亨利五世不希望鲁昂城中的饥馑状态有所缓解，所以他后来又命令士兵将活下来的人赶回去。于是，这些人绝望地蜷伏在壕沟里，在饥馑和严寒以及两军的注视中等待死神的降临。一位英国目击者描绘了他们的悲惨状态：“一些人不能睁开他们的眼睛，而且停止了呼吸，另一些人蜷缩着腿，如同枯枝一般单薄……一名妇女……将她那已经死去的婴儿抱在胸前试图温暖他，而一个幼儿……在他已去世的母亲胸脯上徒劳地吮吸。”亨利五世也目睹了这一切。当有人建议他对这些人施以援助时，他冷漠地回答道:“他们被赶到那里不是我的命令。”直到圣诞节过后，英王的禁令才有所松动。

即使将同胞赶出城后，鲁昂城里极端恶劣的条件也没有得到多少改善，大批弱者未能撑过当年的冬天，圣诞节期间几乎每天有200人死亡，他们的尸体被丢在露天公墓的深坑中。坑洞被填满后，尸体只能遗弃在街道上。恐慌的人们开始陷入混乱无序的状态。绝望中，鲁昂守军决定发动一次孤注一掷的突击，希望能打破英国人的封锁。他们命令每个参加突袭的人准备好两天的补给。一切就绪后，2000多人从两个城门分头出击。一部分直扑英王的驻地，与战壕里的英军展开了殊死搏斗；另一部分则打算从城堡大门中转出，对他们的伙伴进行支援。然而不幸的是，就在他们冲出城堡大门之际，脚下的吊桥突然垮塌了。许多冲在前面的人因此被抛入壕沟，死伤惨重。后面的人只能退回城，然后从其他城门出去帮助那些正在壕沟里交战的同伴。但最佳时机已经错过了。他们的攻击缺乏后继，不久就被缓过神来的英军击败。鲁昂守军不得不逃回城中。尽管这次战斗双方都损失惨重，但鲁昂的命运没有扭转。而深孚众望的阿里私生子勒永也在此后不久死于疫病，这对守军的士气是一个沉重的打击。很多人开始谴责居伊·勒·布特伊，他们怀疑他不愿继续困守，所以对吊桥做了手脚。无论事实是什么，城内的人心已开始浮动，打破封锁的最后希望破灭了。

年底，鲁昂的最后一批使者，4名绅士和4名市民冒着危险穿越英国人的阵线来到博韦,他们几乎是在向勃艮第公爵下最后通牒。10月初,城市的粮食就基本耗尽。从那时起，已有数千人饿死。人们开始吃马匹、猫、狗、各种鼠类以及其他不适合作为食物的东西。尽管如此，人们依然不够吃。后来，他们被迫将数千名穷人赶到城外——这些人中的大部分已经死去,剩下的人还在城墙下的壕沟中挣扎。“至于你，最高贵的勃艮第公爵，鲁昂的忠心市民曾频繁地表达了他们因你的所作所为而遭受的巨大压力以及急切需求，而你仍然无意履行你曾答应过的救援行动——他们热切盼望的。因此，被围困者现在派我们来做最后宣言，如果他们没有在几天内被解救，他们就将向英格兰国王投降；而且，如果这次救援行动不立即实施，他们就将解除之前对你负有的一切责任、义务、服务。”此时，无可奈何的勃艮第公爵约翰只好告诉使者，他还没有聚集到能够解围的力量。意识到这将会使自己颜面无光后，他随即又对那些使者加以安慰，告诉他们增援部队即将到达，到时形势将有很大改观。不再信任公爵的使者追问还要多久，公爵保证圣诞节后的第四日。

这注定是个谎言。在此期间，公爵得到了道芬查理收复图尔的消息，阿马尼亚克派在卢瓦河东部的攻势使他坐立不安，解围鲁昂在他眼中已经毫无意义。1419 年 1 月初，公爵决定退兵。他派遣了一名信差去鲁昂，建议鲁昂人自求多福。

这个消息在鲁昂公开后，全城都笼罩在悲伤中。鲁昂人失望到了极点，他们在半年的抵抗中付出了巨大的代价，热血已经淌尽，眼泪也已流干，到头来却获得了这样的结果。上层市民和官员集中在市政厅开会讨论，最终他们正式下定决心，与英国人商议投降。

新年伊始，双方代表开始在通向巴黎道路的修道院中交涉。但这个过程是漫长的。英国人的条件十分严苛，而且鲁昂人自己内部也存在分歧：守军希望以体面的形式，至少不能作为战俘撤离此地，而市民已经受够了战火，他们愿意接受任何条件，只求快点结束围城。拖延了一周后，分歧演变成了严重冲突。在守军扬言要奋战到底的时候，城中却爆发了骚乱，一些满腔怒火的平民在街头谴责守卫没有做任何能将他们从苦难中解脱出来的事情，并斥责那些将领是奸诈的恶棍和凶手，让成千上万的人白白牺牲。他们威胁要打开城门，刺杀这些将领——如果守军不立即与英军缔结投降协议的话。被逼至绝境的勃艮第守军只能铤而走险。1 月 9 日，守军声称将在次日开始挖掘地道，接着在城中的几个地方纵火，从而毁坏一长段城墙。然后在将城中大部分人赶出，集合剩下的士兵披上甲胄进行一次决死突击。

这个看似疯狂的举动迫使亨利五世的姿态有所松动。英王希望能够完整接收鲁昂城，因此他在一些条件上退让了。1 月 13 日，双方最终达成了协议。按照约定，鲁昂如果没有等到法王或者勃艮第公爵约翰亲自率领的援军，就将在 1 月 19 日向英军投降；如果援军出现的话，鲁昂人也只能在城墙上观战，不能配合援军的行动；那些被赶出鲁昂城的老弱妇幼——此时只剩下小部分幸存者仍在壕沟中挣扎——将被接回鲁昂城，鲁昂人应向他们提供食物；一旦亨利五世接管鲁昂，鲁昂依旧可以享受亨利五世的祖先以及历代法王赐予的特权；城里的市民可以保住他们在诺曼底的财产——如果他们向亨利五世效忠的话。但是，这毕竟是一场征服战，条约中的其他内容还是体现了征服者的严苛：鲁昂将支付总数为30万埃居的巨额赔款，第一笔赔款必须在投降后三日交出，余数将在2月底付清；鲁昂守卫可以凭通行证离开此地——仅限于那些外地人，而且他们还得发誓在接下来的一年内不再拿起武器反对英国国王，本地的诺曼底人只能在向英国人屈服和牢狱之灾中选一项；所有的马匹和战争器械都将上缴给英国人；英王可以在城市和郊区间任选一块地方建造王宫；为了保证条约的履行，城市还必须交出80名人质。

签完投降协议，交送人质后，英军的封锁有所松动。他们允许一些鲁昂人出城寻找食物，甚至开放了部分营帐，让他们前去购买食品。鲁昂人终究没有等来勃艮第公爵约翰的任何援兵。就在他们与英军签订投降协议的同一天，勃艮第军队离开了博韦，退往南方的博蒙。随后，大部分人被遣散。

1419年1月19日，鲁昂守将居伊·勒·布特伊率领城中的市民和显贵来到英王亨利五世面前。他们向这位征服者下跪，并把鲁昂的城门钥匙交给了英王。在法王腓力二世从英国国王约翰手中收回鲁昂的215年后，这座城市又重新匍匐于诺曼底公爵后裔的脚下。亨利五世命令埃克塞特公爵托马斯·博福特带领一支部队先接管城市。埃克塞特公爵随即穿过鲁昂的要塞，将守卫布置在城内所有塔楼和工事中。同时，街道上的锁链被撤下，市民也解除了武装。第二天，英国人举行了一个盛大的入城仪式。英国国王在四位公爵以及一大批伯爵、男爵骑士的簇拥下走进城门，一位骑马的侍从高举着一根长矛紧跟在他的后面。一条狐狸尾巴系在靠近长矛金属末端的地方，这个异地的风俗给当地人留下了深刻的印象。大约下午2点，当英王穿过城门后，城中所有大钟开始齐鸣，给城市增添了不少喜庆。然而在征服者走过的街道两旁，那些倒毙在街头的尸体还没来得及移走。一些已被饥馑和疾病击垮的人也躺在那里挣扎着度过他们在尘世间的最后时刻。

英国国王在四位公爵以及一大批男爵骑士、伯爵等权贵的簇拥下走进城门。

漫长的围城战也使英军蒙受了一些损失。除去普通士兵外，萨默塞特伯爵亨利·博福特、吉尔伯特·塔尔博特、托马斯·巴特勒等一批贵族先后染病身亡。英王自然不会放过那些顽抗过英军，使英军承受了伤亡的法军。他对这些人施以严厉的惩罚。阿兰·布朗沙尔被斩首，曾经忤逆过英王的教士也被逮捕。而身为诺曼本地人的原鲁昂守将居伊·勒·布特伊为了保住自己在这一地区的财产，投靠了英国人，并向亨利五世宣誓效忠，成为新近上任的鲁昂守将，格洛斯特公爵汉弗莱的部属。那些不愿向英王臣服的鲁昂守卫则被解除武装，然后在英军的监视下撤出城市，沿着塞纳河南行。他们在蓬德拉尔克附近经由英国人看守的桥梁——这座桥是英军在围攻蓬德拉尔克时建造的，被命名为圣乔治——渡河时，被勒令接受英国官员的严格搜查。英国官员夺去了他们的钱币、珠宝等值钱物品，只留给每个人 2 个苏的路费。那些穿着覆盖了毛皮或者镶有金银丝绣衣物的上层人士也被强令换成普通衣服。排在过河队伍后方的人见此情景，便偷偷地将自己随身携带的金银珠宝等丢入塞纳河——宁可让财物被河水冲走，也不愿它们落入敌人手中——或者尽量找到一些隐蔽之处将物品掩藏起来。这些人渡过河后，各自前往不同的目的地。一些贵族仍然奔向王室宫廷驻地，继续为勃艮第公爵约翰效劳。

英国人接收城市后，发现城内的人几乎都是两眼深陷，只剩皮包骨，“不像活生生的人，而像行尸走肉”，除了被勒令要修复在围城战中因英军攻击而受到损毁的城墙外，他们还被要求必须凭借英王颁发的许可证才能出城，每份许可证售价 4 个苏。这个规定随后用到了英国人在上诺曼底的其他征服区。通过这种手段，英国人迅速积聚了一笔不菲的款项，并立即将这些钱投入下一阶段的战争。

英国征服者的种种行为引起了鲁昂一些市民的不满，他们聚在一起密谋将城市献给法国国王，并为此和原来的勃艮第守将居伊·勒·布特伊商量，希望得到他的支持。然而，这些市民没想到的是，布特伊已决定死心塌地追随新主子，他立即将这个密谋报告给了英国人。这些市民随即被逮捕，主谋者被砍头。布特伊的行为证明，鲁昂市民对他的那些指责不是凭空捏造的，同时这也意味着诺曼底本地贵族开始支持英国人。

亨利五世已打算在诺曼底、阿朗松、佩尔什等征服领地上建立自己的直接统治。他在鲁昂设立了配有司库和总出纳官的财政署、铸币厂以及诺曼底收益审计法院。3 月 12 日，英王颁布法令，要求将详细记录城内所有居民的名字。为了获取征服地区人民的拥护，亨利五世保持了诺曼底的邑督、子爵及地方司法官，并允许本地人担任职务。在驻于鲁昂城期间，他也经常穿着诺曼底公爵的礼袍。亨利五世还宣布，所有对他宣誓效忠的人都会受到他的保护并享有他的恩惠。不过，那些逃亡或拒不屈服的领主土地则被没收，然后以封地形式授予英国人。由此，亨利五世创立了一批新英国封建主。这些人将承担起为英王征战提供部队的封建义务，以补充他有限的军事资源、巩固统治。至此，法兰西王国形成了三足鼎立的局面。

萁豆相煎

鲁昂的失陷沉重打击了法国的抵抗意志，影响是灾难性的。布列塔尼公爵约翰闻讯不久后就同意将与英国人的和约延长至年底。他认为，凭借条约，自己的法国封地能置身于这场关系法兰西王国生死存亡的战争之外。英军在诺曼底期间，有数十万诺曼底人带着家族财产逃到相邻的布列塔尼公爵领地内躲避战火，并在此定居下来。其中不乏商人和各类手工艺者，给布列塔尼地区带来了大量财富和先进的制衣技术。实际上，作为一个地区领主，布列塔尼公爵正从这场战争中享受着不菲的收益。因此，他没有理由与战场上保持优势的英国人大动兵戈。他更愿意充当英国和勃艮第政府间的调停人角色。1419 年初，布列塔尼公爵积极在两方游说，试图使他们弭兵息战，相互和解。

在南方，吉耶讷前线的法国贵族也同意停止行动，直至复活节。在法兰西岛，巴黎也被恐惧的气氛所笼罩，他们怕英军接下来的打击降临到自己头上。市民在城内大声咒骂勃艮第党人，指责他们错过了与道芬查理联合的机会。巴黎人不断派代表去觐见国王，并恳求他驾临首都——哪怕是驻在圣德尼也好。

勃艮第公爵约翰在鲁昂战役中犹豫不决，但接下来的撤退行动却执行得异常坚决。勃艮第军队从克雷伊穿过首都附近地区，未多看巴黎一眼便径直退向西南部，于 1 月 16 日到达马恩河畔的拉尼。公爵派使者向巴黎人做出保证，声称他将派兵守卫首都，并努力维持粮食供应；如果巴黎在 5 月底前受到攻击，他将带领军队前来解围，而且除非在必要的情况下，他不会退到普罗万。同时，公爵还写信给其他城镇，讳饰这次失败的救援行动，并敦促他们保持忠心。公爵在信中强调：在鲁昂保卫战中，始终都是勃艮第派人员在守卫城市，组织解围的也是勃艮第派。道芬查理应该为迟迟不能结束内战而受到谴责。没有对英国人发起大规模攻击的错误行为，也应该归结到道芬和布列塔尼公爵约翰身上，他们没有遵诏带领军队前往博韦听从勃艮第公爵的指挥。

与此同时，勃艮第军队也继续保持着对阿马尼亚克派的敌意，他们将失败的怒火发泄在阿马尼亚克派身上。卢森堡的约翰此时已成为勃艮第公爵的重要将领，奉命镇守勃艮第阵营的北面领土，负责鲁瓦以及蒙迪迪耶等前线地区的城堡防御工作。显然，与同英国人作战相比，卢森堡的约翰更喜欢这项任务。他努力打压阿马尼亚克派在贡比涅等地的势力，并集结了一大批部队，频频与阿马尼亚克派交锋，争夺地盘。同时，他还发起长途袭扰，积极将势力渗透到香槟、皮卡第等东北部地区。两派在这些地方的交战异常激烈。

▲ 卢森堡的约翰

1419 年初，卢森堡的约翰与埃克托尔·德·萨卢兹带领 600 人，穿过韦芒杜瓦、拉昂以及兰斯地区进入香槟省，与卢森堡的约翰的长兄——布列讷伯爵彼得（Peter of Luxembourg-Ligny, Count of Brienne）会合。这些勃艮第连队为之前阿马尼亚克军队在布列讷境内烧掠的行为展开了报复。复仇的战火一直蔓延到了巴尔地区东北部。勃艮第人向香槟省东部边缘地带的格朗普雷（Grandpré）方向前行了很长一段距离。这次远骑烧掠结束后，卢森堡的约翰离开战地，将部分军队交给埃克托尔指挥。两周后，埃克托尔也离开布列讷，带领300多名部下返回阿图瓦的勃艮第领地。北返途中，他们受到了一小股驻扎在拉昂附近蒙泰居地区的阿马尼亚克部队的截击。毫无防备的他们当场被击溃。埃克托尔和一些骑兵靠着马才逃得性命。其他士兵则没有这么幸运：除当场被杀的人，有近100人连同大批行李以及卢森堡的约翰先前转交埃克托尔保管的旗帜都成了这支阿马尼亚克部队的战利品。

勃艮第人的损失在皮卡第地区得到了补偿。这次事件是因为奥尔良公爵查理的库西城堡总管皮埃尔的疏忽大意——他的裁缝师和法务官曾秘密与关押在库西城堡内的勃艮第党人取得联系，计划向卢森堡的约翰献出此地。1419年2月2日，也就是圣烛节夜晚，裁缝师和法务官来到皮埃尔位于主塔内的房间前，敲响了窗户。睡在房内的一个仆人爬起来打开窗户问他们有何贵干。裁缝师回答道，他将主人裁剪过的一件长袍衣料遗忘在了房里。当仆人把房门打开后，冲进来的却是6名挥舞着沉重木棒的叛乱者。叛乱者立即杀死了城堡总管及其仆人，并释放了关押在主塔地牢和另一座塔楼中的数位勃艮第贵族俘虏。接着，这伙人一边大喊“勃艮第万岁”，一边占领哨岗，夺取吊桥，并在城堡里屠杀剩余的守卫人员。与此同时，一些侥幸翻出城墙的士兵把叛乱的消息告诉了正在镇内的阿马尼亚克派将领艾蒂安·德·维尼奥勒（Étienne de Vignolles）[①]——他又被人们称为“拉海尔”（La Hire），即古法文中的“愤怒”之意。拉海尔立即命人吹响集结号。于是，镇中的阿马尼亚克士兵纷纷披甲列队，向城堡进发。面对逼近吊桥的敌人，塔楼中的勃艮第党人知道必须全力抵抗才能保住性命。一些勃艮第贵族带领部分人攀上城堡高处，拼命向对手投掷密集的石块和箭矢，其他人也据险还击。由于事发突然，拉海尔的部队并没有配备强力的攻城器械，攻击行动进展缓慢。眼看黎明即将到来，担心附近的勃艮第部队会对己方发动夹击的拉海尔只好命令部下退回镇中。他们将关押在镇内的另一

① 艾蒂安·德·维尼奥勒，出身于加斯科涅的小贵族家族。早年加入阿马尼亚克伯爵贝尔纳麾下，参与过同富瓦伯爵的私战。1410年末跟随贝尔纳从法国南方来到巴黎增援王室。此后，他一直为道芬查理作战，成了著名的法军骑兵指挥官。他的其他几位兄弟也一直为查理效劳。

部约 60 名勃艮第战俘悉数处决，然后收拾好物品，骑马出城，转向东北面的吉斯。勃艮第党人成功控制住了库西城堡，并发现那里储有大批补给以及财物。数量之多，令他们产生了贪念。因此，当卢森堡的约翰按约带领部队来到库西城下时，却发现城堡大门紧闭。守在上面的人要求卢森堡的约翰先答应让他们瓜分城堡内财物后才能进入。卢森堡的约翰勃然大怒，立即逮捕了前来接洽的使者，并威胁占领城堡后会将里面的人统统处决。眼见衣甲鲜明的勃艮第军队大有踏平此地之势，这些密谋者只得打开城堡大门。卢森堡的约翰终于占领了这个重要据点。他派兵进驻城堡，并将其中的大部分财物收入囊中。库西的陷落使勃艮第势力得以伸入阿马尼亚克派在皮卡第和香槟的狭长地盘中，威胁各部间的联系。

尽管勃艮第公爵约翰表明了无比坚定的决心，私下里他却认为已无力守卫巴黎。他觉得如今很难在受到数方威胁的巴黎周边地区维持一支足以胜任保卫工作的大军。实际上，英军刚经历一场漫长的，耗费了巨大精力和资源的围城战，很难说他们有立即组织并发起第二场规模远超以往的围城战的决心。虽然遭受了挫折，巴黎

▲ 库西城堡原址遗照

人也没有完全放弃对公爵的忠诚。如果在这段时间他能抓住时机，协调好与道芬查理及阿马尼亚克派的关系，集中力量抵抗英军，胜负犹未可知。

勃艮第公爵约翰并未往这方面考虑。他不愿面对强敌，更不甘心放弃在内战中赢得的政治地位。于是，他抛弃了法兰西岛诸城，带着国王和军队退往东面的香槟地区。那里背靠勃艮第领地，他可以更容易召集起大军，获得补给，领地内的忠诚度也更高。凭借这些因素，公爵可以保存自己的实力，在接下来的角逐中居于不败之势。因此，在安排了一些兵力把守皮卡第边境、默伦、沙特尔等巴黎周边的重要据点，委任侄子圣波勒伯爵腓力（Philip of Saint Pol）担任名义上守卫巴黎的总指挥后，他在普罗万呆到了1419年5月。

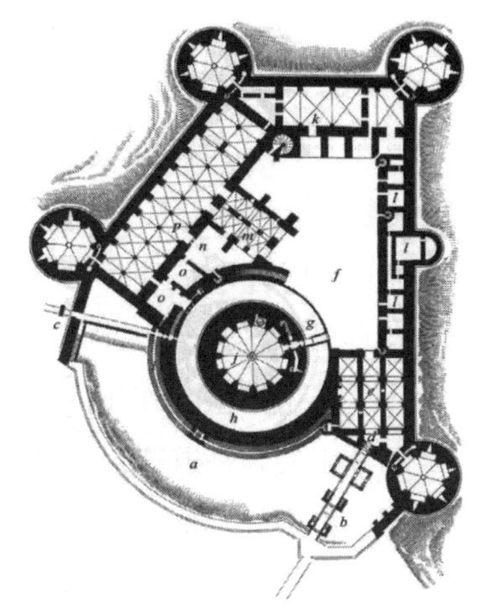
▲ 库西城堡平面图

▲ 库西城堡草图

在此期间，道芬查理也没有对鲁昂展现出多少惋惜之情。相比帮助一个遥远且沿途几乎都不在掌控范围内的地区，他更在意的是同勃艮第势力的较量，收复被染指的中部地区。1418年12月26日，他正式放弃了王室代理官的头衔，自称为法兰西摄政。因此，道芬现在完全摆脱了与勃艮第公爵约翰控制的王室政府的联系。1418年下半年，他一直在集聚部队。韦尔蒂伯爵腓力号召贝里以及圣通日境内的奥尔良家族的封臣们为道芬效劳。新任阿马尼亚克伯爵让也带领部队前来觐见，意图为他的父亲——在巴黎城中蒙难的前任伯爵贝尔纳

◀ 拉海尔的纹章

复仇。此外，南方的富瓦、阿尔布雷以及奥弗涅地区的领主们也纷纷前来。到年底，道芬能调遣的军队可能已近万人。趁着勃艮第公爵率领主力北上救援鲁昂，他开始逐一拔除公爵在卢瓦尔河谷、普瓦图等地的零星势力。11 月底，图尔被道芬的军队包围。勃艮第守将夏尔·拉贝（Charles Labbé）在接受了一笔 1.4 万锂弗的贿赂后，于 12 月 30 日开门投降，倒向道芬阵营。接着，他们开始分派部队驻守卢瓦尔河北岸的堡垒，并对堡垒进行加固，以防敌人袭击。部分阿马尼亚克军队还入侵沙特尔地区，并占领了沙特尔西南面的博讷瓦勒（Bonneval）等地。

与英王谈判是道芬政府的另一项重要工作。1419 年 1 月 15 日，道芬代表来到卢维耶，得到继续前行的通行证后，他们在鲁昂投降前夕抵达英军营地。因此，在 1419 年 1 月 19 日，他们很可能目睹了居伊·勒·布特伊向亨利五世投降的场景。当日下午，圣乔治的红十字旗在鲁昂城堡上升起。几乎鲁昂所有本地市民均向英王宣誓效忠。但道芬代表并没有对眼前的事情表示出多大兴趣。他们此行的目的是和英国方面就先前提出的，关于亨利五世与道芬查理亲自会晤的问题进行讨论，希望以此解决领土割让程序上的纠纷。双方最终将会见地点定在埃夫勒附近。

面对撤退的勃艮第军队，英军主力没有趁势追击直取巴黎。1419 年初，他们满足于将整个上诺曼底收入囊中。鲁昂被围时，诺曼底地区的抵抗活动尚未平息。早在 1418 年 9 月，索尔兹伯里伯爵托马斯·蒙塔古就奉命离开主力，执行镇压任务，直到 12 月才重新出现在鲁昂城下。1 月初，亨利五世又命令克拉伦斯公爵托马斯对鲁昂到迪耶普的区域作一次短暂的清扫性远征。克拉伦斯公爵于月底前完成任务。鲁昂的投降使上诺曼底的科区被完全孤立，同时也给法国守军本来就十分低迷的士气带来了毁灭性打击。科德贝克立即按约投降。同时，亨利五世命令埃克塞特公爵托马斯·博福特领兵征服西面和北面的孤立领土，索尔兹伯里伯爵则再次率军队向塞纳河南面进发，克拉伦斯公爵也奉命向东对巴黎方向做试探性出击。

在英军的压力下，法国守军开始土崩瓦解。鲁昂到迪耶普方向上的隆格维尔（Longueville）、托尔西（Torcy）以及阿尔克等城镇迅速归降，通往迪耶普及东面海岸的道路已被打通。在科区，蒙蒂维利耶于 1 月 23 日向阿夫勒尔的英国代理官投降。1 月 31 日，利勒博讷（Lillebonne）和唐卡维尔决定向埃克塞特公爵托马斯·博福特投降。自此，前任阿马尼亚克伯爵贝尔纳在 1416 年 3 月底组织的阿夫勒尔封锁链彻底消亡，塞纳河下游从此畅通无阻。埃克塞特公爵随后折向东北方，未遭抵抗就占领了费康以及周边的大片堡垒。接着在一周内，他就兵临迪耶普城下。迪耶普在 2 月 8 日投降。与此同时，埃克塞特公爵派出的一支分队沿鲁昂至日索尔的道路南下。2 月 1 日，他们占领了埃特雷帕尼。五天后，作为日索尔西面前哨的诺夫莱城堡（Neaufle Castle）向英国人献出了大门钥匙。然后，这支分队转向北面，于 2 月 9 日占领了古尔奈。西北方的讷沙泰勒昂布赖（Neufchâtel-en-Bray）也遭遇了同样的命运。现在英军已接近诺曼底的东面边界，跃跃欲试的他们一度想继续前进，占领博韦地区。埃克塞特公爵也继续向布雷勒（Bresle）河谷推进，陆续占领了沿海的厄镇、蒙索（Monceaux）、圣马丁勒盖亚尔（St.Martin le Gaillard）

▲ 1419年春季的上诺曼底及周边地区

等地。除了欧马勒等几个还在抵抗的孤城外，英军征服上诺曼底北部的行动已大功告成。

在南面，索尔兹伯里伯爵托马斯·蒙塔古从鲁昂跨过塞纳河，包围了塞纳河口的翁弗勒尔。2月25日，这个法国人苦心经营的重要据点投降。而克拉伦斯公爵托马斯也在蓬德拉尔克渡过塞纳河，向加永（Gaillon）和韦尔农发出招降令。2月3日，他得到了这两个地方。英军使者继续前行，结果在半路就碰上了带着城市钥匙赶来投降的芒特代表。5日，芒特也落入英国人手中。默朗也效仿邻居投降了，但有一小队不服气的法军在渡口据守。克拉伦斯公爵留下一部分军队驻扎在东南面的勒古雷（Le Goulet），自己在韦尔农再次渡过塞纳河来到北岸与埃克塞特公爵托马斯·博福特的分队会师。至此，除了拉罗什吉永城堡（La Roche-Guyon）、日索尔及由“狮心王”建造的举世闻名的盖亚尔城堡等数处据点外，征服诺曼底的事业基本完成。现在，英军掌握着西起布列塔尼边界，东达皮卡第前沿，南抵法兰西岛的大片地区。英国人可以畅通无阻地到达距离巴黎20英里的地方。

在将领们分头出击的近两个月时间，英王亨利五世一直住在鲁昂城。3月25日，英王移驾埃夫勒，并将这里作为总部。4月中旬，他又向诺曼底的封臣们发出了新的征召令。对英王来说，征服进程中最大的问题不是能否获得军事胜利，而是财政上的困难和人力方面的匮乏。虽然比起他的那些在财政方面捉襟见肘的对手，英王一直能够较容易地维持军队的供应，但是战争仍以每月8000—10000英镑的速度快速消耗着他的财富。这是一项沉重的负担。进入1419年以后，英国军队也出现了拖欠薪水的现象。1419年春季，从英格兰运来了一笔包含3万镑金币、2000镑银币以及半吨银锭。这是1417年议会通过的补助金中的最后一笔。这意味着一直到年底前，亨利五世都不再享有议会补助。征服诺曼底后，亨利五世在当地获得了一些收入，但不足以填平开支。为了使诺曼底占领区不受进一步的破坏，他还要继续发动战争，将战火引向其他地区，占领别的城镇，建立缓冲地带。这又进一步加深了英军的负担。按照他发放的薪水名册来看，英军大概有1.2万人，其中许多人的服役期早已超过了他们签约时规定的期限，甚至已经快超过了两年。当然，将领会劝说他们继续服役，但并不是所有人都愿意留下来。他们不是职业雇佣兵，很多人厌倦了战争。尽管英军经常在战争中获胜，可战场中还是存在受伤乃至阵亡的危险，军营里的疫病也会夺去士兵们的生命。不分昼夜的军事任务也使他们身心疲惫。这些因素都使军队经常处于缺编状态。此外，占领的地方越多，就需要越多的军队去防守。到1419年夏季，英军守卫部队已占到了总数的1/3。许多士兵放弃岗位，通过各种方式偷偷返回家乡。主要港口的水道执达吏奉命将没有离岸许可证的人搜出来，并将他们逮捕。在鲁昂，船只要受到专门检查，以便确认船舱中是否藏匿了逃兵。在加来，守将甚至被授予了将逃兵送上绞刑架的权力。

亨利五世的军队在人员补充方面也有较大麻烦。在英格兰本土，由政府派往乡间的专任征募委员发现他们的任务十分艰巨。使贵族大发横财的征服战并未使乡民的生活获得多少改善。到处都充斥着贫穷、衰败、难堪重任的景象，英王的御前会议不得不承认那些意图逃避责任的借口中有不少是合理的。最为出色的一批人已经渡过海峡侍奉国王去了，剩下的大部分都是老弱病残。英格兰的军事资源已经见底。一份来自于约克郡的文献也许可以一窥究竟：整个郡只有5位绅士同意为国王作战，另有几人准备雇佣别人替代自己；在那些剩下的人中，除去年迈或者病弱者外，绝大多数人都以受伤或者贫困潦倒的借口来回绝；他们声称自己已经为国王服过军役，或者已经用财富资助了正在服役的亲属；有人声称自己的财产已被亲属分割，一些人干脆声称他们不够资格，因为自己不是绅士。而英王在法国属地上的招募也不尽人意。加斯科涅要提防法国的盟友卡斯蒂利亚对他们发动袭击，因此抽不出人手或资金增援北方的战事。

这些形势使亨利五世继续开展与法国两派势力的和谈工作变得十分重要。亨利五世希望这两派势力一直能保持敌对状态，至少要制止他们相互联合，使总体态势大致按照他设定的路线发展，避免节外生枝，牵制他的力量。与阿马尼亚克党的谈判因道芬查理的踌躇而进展缓慢。亨利五世转而加强了与勃艮第公爵约翰的联系。这个过程轻而易举：勃艮第公爵已经得知了英王将与道芬会晤的消息，甚至获得了一份关于和约的抄录文件。勃艮第公爵当然不希望在向侵略者妥协的方面落后于他的对手道芬。1419年2月26日，普罗万召开了一次大咨议会，与会者一致决定要派出一个使团前往诺曼底探查英国人的动向，并再次邀请布列塔尼公爵约翰作为调停人。如果合适，他们将与英王本人直接交谈。英勃双方一拍即合。3月16日，英王接见了勃艮第代表。在他的示意下，双方的谈判重新开始，布列塔尼公爵也重新出现在会议上。面对主动凑上跟前的勃艮第代表，英国人表现出了咄咄逼人的攻势，他们开出的价码和上次的一样——实际上，随着战事发展，法国人需要割让的领土还比以前多了点。勃艮第代表起初想拒绝，但很快就发现他们已经没有退路，只好答应将这些条件带回去，交给勃艮第公爵的政府决定。

另一方面，对道芬查理的阿马尼亚克政府来说，与英王亨利五世的谈判以及占领鲁昂后在上诺曼底展开的一系列军事行动给他们带来了许多收益。他们在法国中部的地盘得以免受英军的大规模袭扰，同时也可以乘机巩固卢瓦尔河以北的军事要点，并给勃艮第政府找些不痛快。但是很难以此判定道芬及其追随者就满足于同英国人结盟，他们一直对英国人怀有戒备心理。随着谈判的深入，他们的戒备心反而不断增强。而亨利五世在占领整个诺曼底后的系列行动似乎表明，他的野心远远超过了英国代表在谈判中列出的范围。阿马尼亚克政府一边继续在谈判桌上虚与委蛇，一边进行着另一手准备。他们派大使与法国的传统盟友苏格兰和卡斯蒂利亚王国继续进行谈判，希望能争取到他们的援助，这两个国家都曾与法国结过反英同盟。这些进程十分顺利，卡斯蒂利亚很快就同意，将迅速准备好一支数量庞大的武装舰队用来搭载部队，通过海路运达计划登陆的港口。而苏格兰，这个和英格兰开展了一百多年激烈战争的国家，则提供了价值更大的援助，它直接为道芬组织了一支军队，其结果甚至对法国之后十余年的战争进程产生了影响。

苏格兰之所以如此慷慨，是因为他们与英格兰之间存在长期纷争。英王亨利五世继位时，苏格兰国王詹姆斯一世仍然被英国人囚禁在伦敦。英国北部的大贵族珀西家族的首领，热刺的儿子亨利·珀西（Henry Percy，2nd Earl of Northumberland）一直以半放逐半人质的方式滞留在苏格兰，直到1416年才重新与英王和解。但这并不能扭转英苏两国一直在恶化的关系。詹姆斯一世的国家掌握在一群相互倾轧的大贵族手中。年迈的苏格兰摄政奥尔巴尼公爵罗伯特·斯图尔特，对扩展家族的势力更感兴趣；以边境守护道格拉斯伯爵阿奇博尔德为代表的大贵族——养着大批武装人员——也希望通过战争获利。1415年6月，也就是英法爆发大战的前夕，英格兰与苏格兰的休战协定期满了。法国人为了减轻压力，曾劝说苏格兰贵族发动对英战争。于是，苏格兰在7月入侵英国北部诺森伯兰境内。此后不久，道格拉斯伯爵大举入侵坎伯兰，并焚烧了彭里斯（Penrith）。随着英军主力前往法国，苏格兰也加大了侵扰的规模。1417 年 8 月，道格拉斯伯爵带领部队包围了罗克斯堡（Roxburgh）。与此同时，奥尔巴尼公爵也前进至贝里克。苏格兰人还派出许多小分队深入袭扰北方。这次他们的运气不佳，返回本土招募援军的埃克塞特公爵托马斯·博福特正在约克郡的布里德灵顿（Bridlington）。埃克塞特公爵立即在东区召集了一支队伍，新近恢复爵位的第二任诺森伯兰伯爵亨利·珀西也在贝里克南面集结军队，约克大主教亦招兵买马。最后，在亨利五世离开王国期间负责摄政的贝德福德公爵约翰也率领数千人的军队从中部地区前来增援。苏格兰人的高歌猛进随即演变成狼狈而逃。奥尔巴尼公爵部得知诺森伯兰伯爵逼近后，抛弃了搭在贝里克城头的攻城梯和散布在城市周围的营帐，连夜仓皇北返。正在罗克斯堡城下挖地道的道格拉斯伯爵部也不得不放弃了工事，迅速撤退。这次自 1402 年以来苏格兰发动的最大攻势最后无果而终。它唯一的影响就是将埃克塞特公爵预定在秋季返回欧洲大陆的计划搁置到了来年春天，另外迫使英国人花了一笔不菲的资金修缮北部边境地区的防御工事，并开始对苏格兰边境进行报复性骚扰。

▲ 第二代诺森伯兰伯爵亨利·珀西的纹章

现在，苏格兰人在边境面对着一群对自己怒目而视的英国士兵，他们再也不敢发起深入英国的袭扰了。然而道格拉斯伯爵阿奇博尔德手下仍有一支无所事事的队伍。他开始考虑将这些年轻的小伙子统统送往南方，让他们把充沛的精力发泄在法国的战场上，同时又可以赚得大笔佣金。从 1413 年起，他就和勃艮第公爵约翰以及后来的阿马尼亚克政府商谈过出租苏格兰军队到法国参与对英作战的事宜，但没有得到积极的回应。法国人也许对苏格兰军队的素质有所怀疑，也许是觉得价格过于昂贵。他们有时委婉地建议苏格兰人应该让军队在英格兰北部边境上发挥更大的价值。在这次进攻战役失败后，法国因在这几年的战事中屡受挫折而急需军队支援。双方的谈判开始渐有起色。不过，道格拉斯伯爵找的第一位主顾是他的老熟人勃艮第公爵。此时，勃艮第公爵的事业正如日中天。1418 年 6 月，双方拟定了一份协议：苏格兰将为勃艮第公爵提供一支由骑兵和弓箭手组成的雇佣军用以对付英国人，并收取一笔 3 万锂弗的预付款。

随后，勃艮第公爵占领巴黎，道芬逃往卢瓦尔河流域，并在那里建立了自己的政府。

法国政治的风云变幻使奥尔巴尼公爵罗伯特·斯图尔特看到了能将军队卖更多钱的机会，他派出使者前往道芬宫廷。正需人手的道芬查理立即抓住了这个机会。他们派出了一个使团前往苏格兰做进一步商谈。在那里,他们应该也发现了对手——奉勃艮第公爵之命前来敦促签约的勃艮第代表。

阿马尼亚克使团在这一次口水战中击败了竞争者。经过数月交锋，苏格兰人在1419年2月召开了一次大咨议会。最终，他们倾向于将军队租给道芬查理。促使奥尔巴尼公爵罗伯特·斯图尔特和道格拉斯伯爵阿奇博尔德下定决心的可能是道芬出了高价，但更有可能的是，他们对勃艮第公爵约翰近期的行为十分疑虑。他和英王亨利五世的联系很频繁，与英国的和谈很投入，对英军入侵的举措却萎靡乏力。这一切使苏格兰人怀疑勃艮第公爵希望成为苏格兰王国仇敌的盟友，那么苏格兰战士也不能在其麾下愉快地攻击英国人了。于是，勃艮第公爵就此出局。

按计划，由150名骑兵和300名弓箭手组成的第一批苏格兰先遣军团，将在3月中旬由道格拉斯伯爵阿奇博尔德的侄子威廉·道格拉斯率领，乘船前往法国拉罗谢尔港口，与已经在道芬查理麾下服役的200名弓箭手会合。使者还给道芬带来了一个令人振奋的消息：奥尔巴尼公爵罗伯特·斯图尔特的族亲，具有丰富军事经验的马尔伯爵亚历山大·斯图尔特（Alexander Stewart，Earl of Mar）将率领一支大约6000人的大军团前往法国为他效劳——只要道芬能找到足以搭载整支部队的运输船。

此时，卡斯蒂利亚曾经承诺的舰队正好可以派上用场。它的规模庞大，据说有22艘桨帆战舰以及80多艘运输船，但要求先得到一笔11.94万金法郎的预付款。道芬政府也努力收集一切资源保证这些计划顺利实施。这些船只有望在9月准备完毕。

苏格兰雇佣兵的到来使阿马尼亚克政府的底气大增。有了一支生力军在手，他们决定终止与亨利五世的和谈。按照约定，亨利五世将与道芬查理于3月26日在埃夫勒和德勒附近的某处地点会面。亨利五世来到埃夫勒时，发现应该同他确定会晤地点的阿马尼亚克官员并没有出现。阿马尼亚克政府只是派人通知他，道芬临时决定不参加会晤。亨利五世是一个自尊心很强的人，不能容忍道芬政府对他的欺骗行为。于是，英王和阿马尼亚克派的和谈就此结束，双方今后只会以利剑交流。

5月初，第一批苏格兰先遣兵团到达法国，他们立即与西面的阿马尼亚克军队联合起来。于是，下诺曼底、曼恩边界的抗英部队又活跃起来。在1418年收复弗雷奈后，背靠安茹和曼恩友军的安布鲁瓦兹·德·洛雷就以这座城堡作为他的大本营，频繁袭击英军，立下赫赫战功。有一次他与英将威廉·德·布尔的队伍相遇，双方沿着河岸下马布阵，展开交锋。德·洛雷的攻击迅速而猛烈，很快就将这支英军击溃。得知一小股英军驻扎在塞镇(Sees)的情报后，德·洛雷又带着部队迅速出发，在拂晓之际对敌人发起了徒步冲击。英军试图组织防御阵型，但最终还是被法军冲垮。1419年4月下旬，他又一次对阿朗松公爵领发动了长距离袭扰，并在阿朗松西面的米耶克塞（Mieuxcé）附近追上了一股英国守卫。英国守卫自知难以匹敌，迅速退到一个遍布着沟渠和湿地的地方防守。德·洛雷毫不畏惧占据着地利的英军，勇猛地带领部下展开突击，在杀死近百人后，最终将他们击垮。接近5月中旬时，新上任的英国埃夫勒邑督带着部队发动了一次向曼恩地区的远骑烧掠。得知情报的德·洛雷派人联系安茹总督，让他集结能找到的一切力量，联手邀击英军，切断其退路。随后，德·洛雷按计划率先对敌人发动了突袭，但是安茹总督并没有及时前来支援他。数量占优势的英军在最初的慌乱后稳住阵脚，对法军进行反扑。经过一场激烈的搏斗，德·洛雷的大部分队伍都被击溃。此时，安茹总督才带着后继部队赶到战场。感觉已经无法扭转局面后，他们未经交战便撤出战斗，将战友留给了英国人。于是，德·洛雷的悲剧命运就此确定。他的部下四散溃逃，自己也兵败被俘，并被英国人关押在克鲁瓦西（Croisy）。现在，德·洛雷只能在那里等着同伴来解救自己。没有德·洛雷坐镇，弗雷奈地区的法军被迫转入被动防御态势。

即使英军在以后的日子里一直要同阿马尼亚克政府兵戈相见，亨利五世也不认为要对勃艮第公爵约翰的政府一直摇晃橄榄枝。他相信比起举措坚决的道芬政府，勃艮第公爵更加软弱。在和谈的同时，适当开展一些军事行动有益于增强谈判桌上的筹码。3月底，英军部队开始拔除塞纳河中下游仍在顽抗的几个据点。沃里克伯爵理查德·比彻姆已经包围了拉罗什吉永城堡，经过一个多月的攻城战后，英国人找到了一些山洞。他们从这些地方顺利地将地道挖至城墙下，守军被迫签订投降协议。在4月到5月间，亨利五世来到韦尔农，准备重新开始大规模进攻。英军沿着塞纳河继续前进，埃克塞特公爵托马斯·博福特奉命包围盖亚尔城堡。这里的法军守卫只有120人，但城堡十分坚固，他们打算在里面长期坚守。而格洛斯特公爵汉弗莱于3月下旬包围了阿马尼亚克士兵驻守的伊夫里。这是一个与德勒遥相呼应的据点，掌控着厄尔河的中上游地区，处于英军占领地东南端的芒特城与下诺曼底诸城堡间的连接线上。格洛斯特公爵通过袭击迅速夺取了市镇，并迫使城堡在5月初投降。英军凭此打开了通往巴黎西南面广大地区的通道。大批袭扰队伍早已涌入沙特兰地区。他们的兵锋甚至达到了让维尔，隐隐显出了对巴黎的包抄之势。

重新活跃起来的英军给法兰西岛境内的前线城市造成了极大压力。巴黎人慌忙开展城市的防御工作。巴黎代表敦促勃艮第公爵约翰和国王立即与阿马尼亚克党人讲和——哪怕先缔结一个休战协议以便自己能多置办一些粮草。同时他们也派出使者拜访阿马尼亚克将领，并写信给道芬查理，恳求他高抬贵手暂时给这个地区片刻安宁。由于勃艮第公爵放弃了城市，他先前颁布的政令也几乎被废置了，一切工作都以保卫这座城市为先。税收被接管，勃艮第公爵政府收取的，准备用于外交支出的强制借贷也被巴黎人接收，并作为薪水付给守卫。北面的亚眠也有着与巴黎人相同的担忧。英军曾袭扰至离他们城市只有数里格的地方。市民会议决定，必须在4月中旬前准备好可供食用一年的谷物；每位居民都要置备武装并接受官方的监督；从鲁昂来的避难者，若不能提供帮助则将被驱逐；城市的部分收益也将被卖出，以此支付防御准备的费用。同时，他们还号召周边的城镇相互支援。受到英军威胁的城市在北方的阿拉斯举行联合会议，讨论防御措施。勃艮第的官员也活跃起来，他们在整个皮卡第组织防御，检查各处城堡，弹压“抢劫者”。当然，他们也没有忘记和该地区的阿马尼亚克党人作战。

在远离前线的普罗万，勃艮第公爵约翰正在拟文声讨道芬查理。他谴责道芬在危机中抛弃了他的父亲，并威胁要剥夺他的继承权。同时，公爵还向全国市镇发出信件，告知他们政府正在努力争取国内和平，但劝说阿马尼亚克党人遵守协议的结果却是徒劳的。此外公爵还签署了加强巴黎防御工事的指示，派出官员四处筹款并继续向封臣们发出诏令，要求他们奔赴国王的大营。除了这一堆公文外，公爵并没有组织任何实质性的军事抵抗行动。他积极投身于同英王亨利五世的和谈中。3月30日，勃艮第使者赶到芒特城觐见英国的沃里克伯爵理查德·比彻姆。他们带来了法国国王查理六世的一张公文，声明他准备全盘接受亨利五世开出的价码：割让这次战争中英军占领的所有土地以及在《布雷蒂尼和约》中规定的领土，还有亨利五世和法国公主凯瑟琳进行联姻。然后，他们将联合对抗道芬的阿马尼亚克政府。勃艮第公爵的妥协令英王比较满意。因此他决定赏给公爵一些甜头：双方签订了一个直至5月末的停战协定，区域甚至扩展到加来边境。而且，双方将于5月15日举行一场最高领导人之间的会晤。地点选择在英军前线边缘处的默朗。默朗市镇位于塞纳河右岸，已经被英军占领。但勃艮第士兵一直控制着桥梁。，此地的形势正好适于双方前来进行谈判。法国方面的出席者包括法国国王、王后、勃艮第公爵、公主等一批大贵族。他们将最后议定和约的详细内容。

道芬查理的阿马尼亚克政府对英国与勃艮第公爵议和的反应是同时在各个方向上对英国和勃艮第占领区施以军事行动。4月，韦尔蒂伯爵腓力率领3000多人包围了由勃艮第党派控制的普瓦图境内的帕尔特奈（Parthenay）城堡，此地最终在1419年8月投降。此外，东北面博韦地区的阿马尼亚克队伍也在活跃，吸引了克拉伦斯

▲ 亨利五世与凯瑟琳公主

公爵托马斯的袭扰队伍。

这些小动作并不能制止勃艮第公爵约翰与英国人接近。沃里克伯爵理查德·比彻姆带领一支200多人的队伍穿过布里平原，前往普罗万与勃艮第公爵商谈会见的事宜。在接近绍姆昂布里（Chaumes-en-Brie）的路上，他们突然发现塔内吉·迪·沙泰尔率领一大队骑兵向自己杀来。阿马尼亚克部队的袭击很成功。英国人在慌乱之中丢失了一些行李和马匹，连沃里克伯爵也不得不抽出剑来奋力抵抗。护送他们的勃艮第人显然不希望外国友人受到伤害。他们重新集结起来，对正忙着掠夺财物的阿马尼亚克人发动了冲击。塔内吉最终被击败，在损失了近40名士兵后，带着队伍退回莫城，英国人得以继续走完他们的旅程。在普罗万，英国人参加了法王的御前会议，并与勃艮第公爵约定签署一个和平协议。

显然，阿马尼亚克政府的军事力量分散，进展缓慢。随着英国和勃艮第政府议和可能性不断增加，他们面临的压力也越来越大。勃艮第公爵约翰和英王亨利五世和谈的内容一经传出，对勃艮第政府造成了舆论上的巨大压力。巴黎人在近一年的时光里饱受战火与饥馑的折磨，现在更是被英军围城的恐惧所笼罩。他们逐渐看到勃艮第政府的无能，并意识到只有法国的两派势力联合起来，巴黎才有希望保全。因此，他们一方面对勃艮第公爵施加压力，逼迫他与道芬和谈；另一方面也对道芬查理百般恳求。经过一段时间的努力，巴黎人的努力取得了一定效果。勃艮第公爵的威望和实力均已受到大幅削弱。他那处于风口浪尖的政府不能再失去巴黎人的支持。而且，公爵相信如果达成和解，他所付出的代价应该会比给英国人的资源略少一些。因此，他又将同英王约定会面的日期推迟了两周。

5月初，道芬查理、勃艮第公爵约翰及巴黎的三方代表来到默伦坐在一起，开始了一场充斥着敌意和猜疑的会谈。道芬的廷臣毫不掩饰地亮明了自己的观点。他们认为，勃艮第公爵约翰就是和谈的最大绊脚石。公爵以往种种背信弃义的举动以及难以填满的野心直接导致如今这种混乱的局面。他们要求公爵退出法国政府、放弃控制国家财政，并且让道芬在面见父母时不受任何外来干涉。勃艮第党人当然不会接受这些条件。他们认为自己握有一个极为重要的筹码——公爵即将在默朗展开与英王亨利五世的会谈。目前看来，这种联合是阿马尼亚克政府难以承受的。勃艮第党人以此为要挟，迫使对手让步。道芬的廷臣只能避开重要的分歧，提出双方先签订一个三年停战协议。这个建议并没有被勃艮第党人接受。他们不想完全断绝同英国人的联系，甚至想先探探英王亨利五世将在默朗提出的价码，然后在两方中做出最终选择。所以，他们要在时间上留下充分的回旋余地。最终他们将这个期限削减到三个月——正好是他们与英国人在默朗的会谈结束之际。

与阿马尼亚克党停战后，得到喘息之机的勃艮第公爵约翰立即转身投入到与英王亨利五世的会谈中。早在4月中旬，他们的代表就已选择了位于默朗城墙和一个叫默锡(Mézy)的小村庄之间的一大片草地作为会谈场所。这块地方得到了精心布置。双方位置事先被立桩标出。草地的东端是法国人的三座帐篷，勃艮第公爵、法国国王、王后将分驻其中。国王的帐篷最为华丽，它盖着蓝色天鹅绒，绣着金色鸢尾花，在顶端还装饰着一只银色的飞鹿，它的双翼都绘上了珐琅。这些帐篷被一小段围墙环绕，就像一座筑垒设防的小城镇。西端的英国人也竖起了他们的帐篷。亨利五世的帐篷由蓝色和绿色的天鹅绒组成，上面绣着两只羚羊，一只在磨坊里劳作，另一只坐在高处，口含一束橄榄枝。帐篷的好几处地方都绣着一句箴言“凯旋的休憩紧随繁忙的辛劳而来”。一只金质大鹰立在顶上，两颗钻石组成了它的眼睛，令它炯炯有神。英国人的营地被木栅栏和河堤保护。双方营地各有1000名士兵守卫。处于草地中央的会晤地点被一圈木栅栏围了起来，设有三个入口。每处都有50名士兵守卫。在里面，有一个为主要会议准备的大帐篷以及为私人会议准备的两个小帐篷。双方的营帐距离会面场地均有12码。为确保会议的正常进行，双方的元帅还宣布了一系列严格的章程：在任何情况下任何人都不得发布诽谤言论以及逮捕他人——违者将处以死刑；禁止破坏栏栅、争斗以及其他可能引发骚乱和争吵的举动；除了被允许或召唤的人员之外，任何人不得进入封闭的会晤地点。这些法令得到了严格执行，有一名英军士兵不慎越过了栅栏，他当场被元帅逮捕，然后处以绞刑。

5月30日，默朗会谈终于开启。英王亨利五世带着随从从芒特出发，最先到达己方驻地。随后法国王后伊萨博和17岁的凯瑟琳公主也从蓬图瓦兹来到营帐——法国国王查理六世由于突然发病留在了蓬图瓦兹。此刻是王后主持法国方面的事务。在下午3点左右，双方各自在16名廷臣，30名骑士以及30名侍从的陪伴下同时由驻地出发，缓缓步入会场。英王亨利五世首先接过法国王后的一只手，向她深鞠躬致意。随后，他也向公主行礼。接着，英王身后的两位王弟，两位王叔等英国王公贵族也单膝触地向她们致敬。此刻，在王后身边的勃艮第公爵约翰却百感交集。他上次与英王在加来会面时，被奉为最尊贵的宾客，然而三年的时光转瞬即逝，此时他不仅成了亨利五世的潜在对手，还在事业上遭受了沉重打击。而且，为了保住巴黎这个对他有着极为重要的政治意义的城市，他不得不在此地仰承亨利五世的鼻息。勃艮第公爵只是微微低头屈膝向英王致意，亨利五世则给了他一个热情的拥抱。随后，英王领着法国王后携手走入大帐篷，分别坐在两把盖着金质织物的椅子上。众人也依次进入此地。接着，沃里克伯爵理查德·比彻姆向法国王后介绍了和谈的事项内容。不过，英法双方在接下来的时间内并没有此进行实质性讨论，他们只是指定了一个次日召开的会议来承担这项工作。最后，英王和法国王后各自带领随从分别退回默朗和蓬图瓦兹。

第二日，谈判正式开始。双方的谈判代表在会议中展开了激烈的交锋。英国人并没有给对手多少好脸色看，他们希望尽快迫使法国人接受条件。数天后，英方的沃里克伯爵理查德·比彻姆就公开宣布：英王没有闲工夫来浪费时间，整个会议最好在一周内结束。处于下风的勃艮第公爵约翰和王后伊萨博只能指示廷臣小心翼翼地展开反击，尽量多争回一点价码。他们试图拒绝将割让领土的最高宗主权转让给英国人。尽管英国人试图快刀斩乱麻，但会议还是陷入一方不断阐述意义甚微的细节然后另一方提出必须再澄清要求的不断循环中。

勃艮第政府之所以做出如此举动，是因为他们内部也存在着不小的争论。许多廷臣对英国人的强势十分反感。其中不少人还有亲属在道芬宫廷中任职。这些人积极地在这两派间牵线搭桥，希望双方能化解矛盾。实际上，勃艮第公爵约翰也默许了道芬查理的数位廷臣来默朗刺探消息。这里表面上展示出的热烈气氛肯定会使他们倍感压力。的确，秘密来到法国帐篷内的塔内吉·迪·沙泰尔几乎立刻就向王后和公爵表达了道芬希望尽快实现和平的诚挚愿望，他们相信和解也是可以达成的。眼见道芬方面有所软化，勃艮第公爵又有些心动了。他赐给塔内吉一匹骏马及一些赏赐，答应将找一个地点进行会晤。同时，公爵还让属下们就此事进行讨论。这引起了激烈争吵，并未形成统一意见。

勃艮第人在谈判中的心猿意马被英王看在眼中。谈判已经持续了一个月，到6月30日，双方的谈判代表已举行了6次会议，却毫无成果。亨利五世决心采取些压力。

在双方举行的一次全体会议上，英王威胁勃艮第公爵约翰要么让自己获得凯瑟琳公主并满足提出的那些要求，要么自己就把他们全部赶出法国。公爵反唇相讥英王没有达成夙愿的资源。争辩一番后，亨利五世给法国人下了最后通牒：要么全盘接受英方的条件，要么就等停战期限一过，立即兵戎相见。眼见英国人即将翻脸，勃艮第公爵等人又迟疑起来，他们觉得强硬地回绝英王并不是上策。数周之后，王后写了一封信给亨利五世，在信中她提到她和勃艮第公爵都完全接受英王的要求，但是御前会议仍然不愿失去和道芬联系的机会。如果她和勃艮第公爵阻止这些人，那么他们会立即被这些人抛弃，所有的贵族都会去投奔道芬——他们已被她儿子的诡计所骗，因此至少还要等到科尔贝会谈结束为止。亨利五世已经对法国人的小动作感到厌倦。7月5日，他派出一个使团到蓬图瓦兹希望就此事做最后了结。勃艮第公爵信誓旦旦地向他们保证，7月19日一定会给予他们答复。

在默朗领受了英国人的怒气后，勃艮第公爵约翰又马不停蹄地开始了与阿马尼亚克派的商谈。7月7日，他带着王后内廷中的贾克夫人（Dame de Giac）——她是公爵的情妇，儿子在勃艮第宫廷中，兄弟则是道芬查理的内廷成员，她本人也为这次会晤出力不少——在数百名护卫和勃艮第贵族的陪伴下，踏上通往科尔贝的道路。在8日夜晚，他们来到了位于科尔贝和默伦之间，普伊勒福尔城堡（Pouilly-le-Fort）旁的一片草原上。那里已经搭起了一个为会面而准备的帐篷。双方各自带着数百名全副武装的护卫，紧握武器，排成战斗队形，令这场同胞间的见面仿佛如同一场会战一样。道芬由罗贝尔·勒·马松、塔内吉·迪·沙泰尔、阿诺·纪尧姆·德·巴

▲ 贾克夫人的课经

尔巴赞等一批亲信大臣的陪同下会见了一年前将他们赶出巴黎的堂叔。

面对侄子，勃艮第公爵约翰夸张地跪地致意。他拒绝让道芬查理扶起自己，并对后者说道："我的大人，我明白与您交谈时应该谦卑自守"，而道芬则声称赦免公爵之前的一切过失，并在会谈中修改一切有违公爵意愿的条款。

与双方领袖在表面上展现的友爱之情不同，这次谈判从一开始就被阴郁的气氛所笼罩。备受压力的阿马尼亚克派可能对前景更加悲观。双方争论的焦点之一还是他们返回王室宫廷的老问题。不过，这次谈判的走向倒与默朗会谈相反：7月11日，在关键时刻由于一些其他势力的斡旋——据称有可能是贾克夫人的介入发挥了作用——双方竟然达成了共识！"万岁"的呼声立即响彻云霄——两派的人们实在是太需要这次和解了。道芬查理和勃艮第公爵约翰也相互握手、拥抱，甚至还给了对方一个和平之吻。为了表达自己尽释前嫌之意，勃艮第公爵送给道芬一枚嵌有宝石的饰针，并不顾乘马的侄子劝阻，特意扶着道芬的马镫走了一段路程。道芬则回赠公爵一匹骏马。

最初，双方公布的协议内容十分简单：道芬查理回到父亲的宫廷之中，两人一起合作重建王室的权威并将英国人赶出法国。在接下来的几天内，具体条款也被一一公布：双方将会发布一次对两个派系的总体大赦；道芬将会把普瓦捷高等法院的事务移交给巴黎高等法院；双方还要逐步任命国家官员，撤除安插在对方领地内的守卫驻军。最后，他们还定下了一个月的期限让道芬返回宫廷，并准备招募一支军队。

国王宣布了一次大赦。巴黎人夜以继日地庆祝这次和解。人们相信经历重重困难后，两党总算走到了一起，入侵者终将被赶出国土。勃艮第公爵约翰对他的领地发出了一封"大训谕"，声明他将在道芬查理的帮助下与英国人作战。此外，他还派使者前往根特，与在北方领地摄政的沙罗莱伯爵腓力协商下一步的行动。皮卡第地区的重要城市亚眠也被告知两党即将联合抗战，并要他们为可能遭受的敌袭做好防御准备。

勃艮第和阿马尼亚克两派在1419年7月11日签订的新联盟看起来是对英国外交政策的一个沉重的打击。意味着英军将面对一直期望避免的与法国全部力量对抗的全面战争。英王对自己的软肋心知肚明——他的西线非常脆弱，此地并没有可以据守的险要。当亨利五世的英军主力集中于他处时，法军的袭击往往可以深入腹地。1419

年 6 月 18 日，他们便通过突袭夺回阿夫朗什，次日又占领了蓬托尔松。索尔兹伯里伯爵托马斯·蒙塔古不得不集合科唐坦和卡昂的邑督们南下，击退法军。直到 7 月 14 日，阿夫朗什才重新被英国人占领。因此，法国两大阵营的合作将令他的力量被拉至极限。

为了化解这场危机，英王亨利五世决心先试探一下勃艮第派的态度。7 月 19 日，英国使团再次来到此地。他们带来的条款比以前已经略有松动，甚至暗示英王仍然希望延长将在 7 月 29 日终止的停战协议。然而，比这更有意思的是勃艮第政府的答复：他们声称道芬查理将在一个月以后加入国王的宫廷，那时将有一个联合政府与英王缔结和约。因此，他们请求再通融一个月。他们还附上了一份《普伊勒福尔协议》的抄件。这样一个含糊其辞的回答显然不能让英国人满意，不过勃艮第公爵约翰却不顾这些。7 月 23 日，法国宫廷启驾离开蓬图瓦兹，而这一次，他们仍没有进入巴黎，而是在圣德尼落脚。7 月 29 日，先前签订的英国 - 勃艮第停战协定期满。

在驻于芒特的英王亨利五世看来，法国两党联合的严峻形势使他不能维系在两条战线上的防御态势。他必须有所行动，试探敌人。如果可能的话，还要主动寻找机会继续分化他们。英王一方面继续接待勃艮第政府的和谈使者；另一方面却下达了集合队伍发动新袭击的命令。这项命令执行得十分隐秘，只有参与行动的军官才知道具体计划。英王在最后时刻亲自在芒特城门口检查，确保无人将消息带出城外。7 月 30 日下午，1500 名英军从芒特出发，富瓦伯爵让的二弟比克大领主加斯东也带领部队参加了英军的行动。傍晚时，亨廷顿伯爵约翰·霍兰带着接应部队出城。

借着夜幕的掩护，英军经由小道悄悄地前往蓬图瓦兹，先前来往的英国使团早已把这里的防卫形势查探得一清二楚。接近子夜时，英军的先头部队到达蓬图瓦兹近郊。他们将马匹留在附近的森林里，并派出一小股部队悄悄来到蓬图瓦兹城墙前的壕沟里，其余人则在葡萄园里耐心等待。在 31 日拂晓前，趁着城墙上守卫换岗的空隙，壕沟里的英军迅速架起攻城梯，成功攀上蓬图瓦兹的城头，袭杀了城墙上的守卫。接着，他们迅速打开城门，让在外面接应的同伴涌入。大队英军冲进城内，他们高呼着“圣乔治！”“占领城市！”被咆哮惊醒的市民发觉自己已经深陷地狱。数千名英军快速在蓬图瓦兹的各个街道上扩展开来，杀死他们遇到的每个人，摧毁一切阻拦他们的力量。蓬图瓦兹的勃艮第守将，法国元帅利勒亚当大人让·德·维利耶，此时刚从床上爬起。他赶紧披上衣服，草草地套上胸甲，扣上头盔就急忙冲到大街上。利勒亚当大人一边大声呼喝着召集守军，一边带领身边的人向最嘈杂的地方冲去，试图进行反击。但一切都太迟了。大部分士兵都在急着逃命。守军分散驻扎在城中好几个地方，事发仓促，他们连集合的机会都没有。随后，亨廷顿伯爵约翰·霍兰也带着部队攻入蓬图瓦兹。他们立即截断了大部分勃艮第守军的退路，有不少人不是成为英军的刀下鬼就是沦为阶下囚。最后，利勒亚当大人发现自己要面对 1000 多名英军骑兵以及 2000 余名弩手和弓手。自知事已不可为的他只能退到朝向巴黎的城门口，打开大门弃城而逃，跟在他身后的是一群市民。

整座城市完全沦陷。人们扶老携幼，带着匆匆收集的细软，一边呼喊哭号一边蹒跚地向城外涌去。他们逃向巴黎以及北面的博韦，并把噩耗带进沿途的村镇，更多的乡民也不断加入到逃命的队伍中来。对这些难民来说雪上加霜的是，在通往博韦方向的道路上，他们还被勃艮第连队抢掠了一番。

英军占领蓬图瓦兹后，在城内获取了大量的军需器械，此外还有可供应两年的补给储备。比这些更为重要的是此城的战略价值：蓬图瓦兹是位于瓦兹河下游的一处重要渡口，控制着通往巴黎方向的主要道路。这意味着英军可以从这个据点随意进出法兰西岛的核心区域。巴黎四周乃至其本身都已成为英军的攻击目标。瓦兹河东面的避难者立即挤满了巴黎城，物资供应重新开始紧缺。谷物价格激增至 1415 年的数十倍。

勃艮第公爵约翰对此的反应是立即从圣德尼撤出，避开英军的锋芒，退向东南面。同时，他也没有忘记考虑国王的安全。在王后的不断催促下，王室随从也快速整理好行装，带上国王从巴黎东南面的沙朗通桥上渡河，头也不回地逃到马恩河畔拉尼才停下歇息。阿马尼亚克党人对此举非常不屑。当时控制着莫城守卫的塔内吉·迪·沙泰尔愤怒地拒绝了他们想借道渡过马恩河的要求。当然，这个行动阻挡不了勃艮第公爵的后退决心。他们继续南撤，前往相对安全的香槟地区。虽然有少部分勃艮第部队后来又进入巴黎周边地区驻守，但这座城市内的士兵数量十分稀少，几乎处于无人把守的境地。

英国的克拉伦斯公爵托马斯带领小股骑兵在 8 月骚扰至圣德尼城门下时，巴黎人惊恐万分，他们认为英国人的围城战已经开始了。不过，克拉伦斯公爵似乎并不打算大动兵戈。他兴致勃勃地致信法国人，希望他们能允许他进入圣德尼教堂参拜。这个要求立即被法国人拒绝。法国人还急忙派元帅克劳德·德·沙特吕带着数百人前来守卫圣德尼。于是，克拉伦斯公爵部在巴黎周围活动两天后，返回了营地。

虽然英军此次行动只是虚惊一场，但带来了更为严重的心理后果：他们的出现使这一地区的守军——无论是勃艮第派还是阿马尼亚克派——纷纷丧失了斗志。勃艮第公爵约翰与侄子巴黎守将15岁的圣波勒伯爵腓力一起逃到了拉尼。越来越多的士兵抛弃岗位，加入了匪盗行当。尽管巴黎周边已经乱成一锅粥，英王亨利五世却不急于全面开展直接攻击首都城区的行动。英军做出这些举动的目的除了破坏这些地区的资源，给法国人制造恐慌和压力外，主要是为了试探法国各派的反应，观察并评估他们接下来的动向。

在南方，道芬查理和阿马尼亚克政府因形势急转直下而变得疑虑重重。先前他们已经得到勃艮第公爵约翰没有遵守约定，试图和英国人联系的消息，蓬图瓦兹的失陷以及勃艮第公爵退避三舍的行为更加证实了他们的怀疑。实际上《普伊勒福尔协议》只是勃艮第公爵趁着危机竭力压价之举，它并没有解决双方一年以来一直争论的一个焦点：勃艮第派系对王室的挟持行径。只要勃艮第公爵不肯放弃对王室的控制，那么加入王室的道芬实质上也会被他掌控。道芬及其廷臣当然不肯束手就范。他们指责勃艮第党人迟迟不愿退出索姆以及瓦兹河流域的城堡。也没有制止针对巴黎周边阿马尼亚克军队的敌对行为。因此，英国人的一次半试探性攻击行动就将协议营造出的和谐气氛一扫而空。两派高层相互间的猜忌与戒心再度暴露无遗。

虽然英军不断地在巴黎周边袭扰，甚至攻取城堡据点，但英王更关心的还是要先保证法兰西岛的新近占领地区与上诺曼底的联系。如果将来要发起攻占巴黎的战役，这些前线地区至关重要。因此他试图占全掌握连通蓬图瓦兹、日索尔、古尔奈以及北方的道路。这条上诺曼底与皮卡第的交界地带即将成为他进攻巴黎方向的右翼。1419年上半年双方在这里的军事冲突异常激烈。英军曾频繁从上诺曼底边界的己方区域中出击，发动对皮卡第地区的长途袭扰。在这条道路的东侧，包括向北延伸至布雷勒河及索姆河出海口在内的大片区域中的法国军队也正对英国敌人进行着“剧烈的战争”。勃艮第将领埃克托尔·德·萨卢兹曾集结了一支骑兵队伍，意图攻击厄镇伯爵领境内的蒙修城堡（Monchaux）。当地的英军守卫预先得知了这个消息。当埃克托尔大摇大摆地走在路上时，突然遭遇了英军的袭击，当场沦为英军的俘虏。不过他的部下奋力搏斗，最终将埃克托尔救回，并掩护他向己方大营退却。于是，勃艮第人突袭厄镇地区的行动就这样草草收场。

边界地区的英军也从未停止进攻策略。9月，他们在菲利普·利奇爵士的带领下南下包围了夏季时被法军夺回的圣马丁勒盖亚尔。他们攻克了市镇，并将城堡团团围住。守卫此地的法军将领是勒尼奥·德·方丹。他派人连夜穿过火线来到贡比涅，向纪尧姆·德·加马什求援。加马什随即集合了近1600名士兵——其中包括部分勃艮第党人——赶到了圣马丁勒盖亚尔附近。加马什命令部队列成战阵迷惑敌人，并派出400人的小分队猛攻英国人的一个壁垒。这里有60名英军守卫，他们迅速被法军歼灭。随后，加马什带领全军攻击驻扎在城镇内的英军。失去同伴呼应的英军无法抵抗法军的攻势，放弃了市区，带着战马退入镇内的大教堂继续顽抗。这个临时据点十分坚固，法军一时难以攻下。担心长期围攻会使附近的英军有时间集结起来，从而被切断后路的加马什决定撤退。于是，方丹等城堡守军与加马什会合后，便将城堡付之一炬，退向东南部。

贡比涅守将的预判基本正确。八天后，驻守在古尔奈的英军就集结起近2000人的队伍向东面发起袭扰，他们焚毁了位于亚眠和博韦之间的布勒特伊城镇，法军只得退入教堂。发现无法将其攻下后，英军继续深入到南面的克莱蒙地区，一路大肆劫掠，满载着沉甸甸的战利品返回古尔奈。而菲利普·利奇也带部分英军穿过维默地区，兵锋直抵阿布维尔以及由埃克托尔·德·萨卢兹守卫的蓬雷米（Pont de Remy）城下。作为还击，埃克托尔以及驻守在勒克罗图瓦的雅克·德·阿库尔以及纪尧姆·德·加马什等将领频繁与这些英军交战。丢失蓬图瓦兹的利勒亚当大人让·德·维利耶也没有退往巴黎。他收拾残军，进驻到巴黎东北面的博韦。这些部队仍可以在英军的右侧造成威胁。

亨利五世决心先占领东面战线上的一些重要据点，巩固局势。他于1418年8月18日离开蓬图瓦兹，并派遣一支英军沿日索尔道路攻取东南面的布孔维莱尔（Bouconvillers）。8月30日，日索尔也被克拉伦斯公爵托马斯带领的大批英军包围。勃艮第守将退入城堡内，依托城墙和城外的大片沼泽进行抵抗，但这并不能阻止英军铺好通向城墙的道路，守军的突袭也收效甚微。当英军抵达墙下后，守军的士气大挫，他们已无心抵挡攻城袭击，补给也将耗尽。于是，勃艮第人开始同英军谈判，并在 9 月 11 日与英军约定了投降日期。24 日，英军最终占领了城堡。此后，大部分守军和居民都留在城里向英王宣誓效忠。勃艮第守将带领部分人员撤向博韦，与利勒亚当大人让 · 德 · 维利耶会合。在完成目标后，英王将目光瞄向法兰西岛，他返回芒特，重新提出了和谈条件。同时，为施加压力，亨利五世还派格洛斯特公爵汉弗莱沿塞纳河南岸进击。攻下了塞纳河畔的圣日耳曼 - 昂莱（St. Germain-en-Laye）。与这些人同时展开行动的，还有一支从北岸指向默朗筑垒桥梁的英军。最终，这个通往巴黎大道上的最后一个据点在 10 月 29 日陷落。至此英军终于贴近巴黎城下。

命运总是垂青于亨利五世。在默朗桥还未投降前，法国的政治格局就在暗中开始了一场了翻天覆地的变化。它使亨利五世能不费一兵一卒就可以领取上天赐予他的最高奖品——巴黎。1419 年 8 月上旬，塔内吉 · 迪 · 沙泰尔带领着道芬使团来到普罗万，觐见勃艮第公爵约翰。他们提出一个关于解决目前困境的折中方案：道芬查理并不会加入公爵控制的宫廷，但他将派代表参加御前会议并派出官员参与组织针对亨利五世的战役。比起道芬政府的资源，勃艮第公爵更想掌控的是道芬本身。因此，公爵当场拒绝了这个提议。一周后，宫廷被转移到东南面，离公爵自己地盘更近的特鲁瓦。

道芬查理的政府几乎被勃艮第以及国内舆论的压力逼至绝境。一个铤而走险的极端方案开始在一些亲信们的脑海里出来：刺杀勃艮第公爵约翰——既然他是勃艮第派的主心骨，而且是王国和平道路上的绊脚石，那么只有迅速地将他剪除才能一劳永逸地解决争端。在他们看来，勃艮第公爵约翰的继承人腓力耽于声色，缺乏经验和父亲的能力，难以承担大业。勃艮第势力必将分崩离析。这个疯狂的点子最早于 1419 年 7 月由道芬的廷臣让 · 卢韦在御前会议上提出——此时正值道芬与勃艮第公爵开展普伊勒福尔会晤前夕，他的岳母约兰达也于 6 月下旬离开道芬的宫廷，前往普罗旺斯。中书大臣罗贝尔 · 勒 · 马松以及首席侍从阿诺 · 纪尧姆 · 德 · 巴尔巴赞并不赞同这个提议。他们认为勃艮第公爵平日里就防范森严，很难找到合适的机会。塔内吉 · 迪 · 沙泰尔起初也赞同他们的意见，但在 8 月与勃艮第公爵不断地交涉过程中，他逐渐倾向于接受刺杀计划。这个计划也得到了道芬政府中许多军事将领的大力支持。奥尔良派系出身的纪尧姆·巴塔耶、蒙塔日守将罗贝尔·德·莱尔以及前任阿马尼亚克伯爵贝尔纳的战友纳博讷子爵纪尧姆二世均加入了这个阴谋。此外，道芬内廷中急于出人头地的年轻侍从亲随们，如皮埃尔·弗罗捷和奥利维耶·德·雷耶等人也跃跃欲试。

8月下旬，他们把这个计划透露给了道芬查理，并提出了具体步骤。首先，派出代表告诉勃艮第公爵，道芬已经同意考虑返回宫廷；然后，他们再提出应该再召开一次两人会晤，解决接下来的相互合作、人员任免以及组织战役等相关问题。考虑到道芬对自己的人身安全有所顾虑，会晤地点应该选择在一处有驻兵能保证道芬安全的地方。等到勃艮第公爵按约出现在这里后，他们再一拥而上解决他。从之后的事件发展进程看来，道芬最终同意了这个计划，并开始一一照办。

有趣的是，勃艮第公爵约翰似乎对自己以往的所作所为将引发的后果有着清醒的认识。数年来，他一直处于一种自己可能被敌对势力刺杀的警觉中，而1419年8月，这种感觉尤为强烈。阿马尼亚克派提出的地点蒙特罗更是令他疑窦丛生。这是一座位于约讷河与塞纳河交界处的重镇，由道芬查理的士兵驻守。公爵一方面对他们的请求犹豫不决，另一方面又不甘心拒绝它可能带来的巨大收益。在关键时刻，又是贾克夫人推动了事件的进程。不知内情的她以赶走侵略者的大义劝说公爵参加这次会议，极力提醒联合两派对他将产生的利益。在众人的不断劝说下，公爵终于决心冒险一下。大概在8月21日，公爵同意了双方会晤，日期被约定在1419年8月26日。

消息传出后，道芬查理一行立即启程，于8月24日来到蒙特罗。此城建于13世纪初，两个世纪以来它的防御工事一直在加强。蒙特罗城堡位于约讷河与塞纳河交汇处的河心岛上。两座修建于河中石墩上的木质桥梁分别将城堡与南面靠着约讷河的市镇以及塞纳河北岸连接起来。这两座桥的连接点于堡垒西面的外堡处，它们在两岸的末端均设有一座带有壕沟的巨大门楼。按照约定，道芬和勃艮第公爵约翰将在横跨约讷河的南面桥梁上见面——这座桥上还有一座磨坊——因此，河心岛上的堡垒将暂时交给公爵控制，阿马尼亚克士兵则守卫着蒙特罗的城区。在这座桥的中央位置——也就是会见地点——他们建立了一座两边设有木栅栏的关卡，均只设有一个入口。会晤时，双方各自只能带10名随行人员从己方入口进

▲ 蒙特罗

入关卡。这些人的名字在事先由双方商定，他们被允许身着锁甲佩带宝剑，但不许携带其他盔甲武器，而且他们都要为保证会晤的安全而发誓。在两边栅栏处的守卫则被解除武装。

勃艮第公爵约翰迟迟没有出现，关于刺杀阴谋的谣言早就开始流传。因此，踌躇的他直到8月28日才从特鲁瓦动身，并停在了距离蒙特罗约十英里远的塞纳河畔布赖。阿马尼亚克官员对他百般劝说，并且签订了一份保证其安全的协定后，公爵才动身前往会晤地点。

此时已是9月10日，勃艮第公爵约翰在400名骑兵的陪同下前往蒙特罗。与此同时，道芬查理和同谋者把消息告诉了尚蒙在鼓里的罗贝尔·勒·马松，根据事后瓦朗斯主教让·德·普瓦捷（Jean de Poitiers，Bishop of Valence）——他是马松的朋友，当时为了家族事务前来觐见道芬，他们均作为道芬的随行人员向勃艮第人立下了誓言——在1426年7月18日的回忆文件中有过一段针对此事的描述："在立誓结束后，国王——那时还是摄政（道芬）——决定离开，将特雷沃大人（指马松）召至跟前，告诉他将与自己同行一段路。然后，国王在一旁以非常小声而且扼要的话语与他交谈。而我们可以清楚地看到——从特雷沃大人的举动中——他希望阻止国王，并在和国王的交谈中拉开了一长段距离。而且，就我们看来，他不赞同国王的话语。然后国王突然拂袖而去，并两三次要求特雷沃大人跟在他后面。但他（马松）

没有打算跟随，并一直留在这间房间里，与我们和其他许多人一起——那些人的名字我们记不起来了。而且我们注意到当国王……离开后，特雷沃大人立即跌坐到一张床上。然后我们接近他并向他询问出了什么问题，他回答道……‘求求你，上帝！我的大人（指瓦朗斯主教），我宁愿在耶路撒冷身无分文衣不遮体，宁愿从未在此地见到这位大人（道芬）。因为我很害怕他已接受了糟糕的建议，而且今天他将要做些事情，这些事情将让这个王国和他自己毁于一旦。’”

怅然若失的中书大臣命人牵来了他的乘马，同他的仆人一起前往蒙特罗的城门。它已经关闭了。罗贝尔·勒·马松执意离开这个地方。当他们与守卫人员交涉之际已经到了下午。几乎在同一时刻，勃艮第公爵约翰的队伍已经从东面来到了蒙特罗的城堡前。勃艮第人在一片草地上下马。这时公爵接到了一批先前派出的，负责检查会场的人员的汇报。他们发现会晤地点的木栅栏异常坚固，进去以后很容易被困在其中，而且难以向己方求援。一些勃艮第廷臣也表达了自己的忧虑。但先前道芬查理愿意加入宫廷的表态以及他亲自到场的消息对公爵来说无疑是一个巨大的诱惑，他最终决定以身试险。

勃艮第人的队伍走进了城堡。在下午5点左右，塔内吉·迪·沙泰尔前来告知公爵，道芬已经准备好与他见面。于是勃艮第公爵约翰穿着一件饰有珠宝的红色长袍,带着10名随从踏上了城堡通往城区的桥梁。他们在木栅栏外向道芬的官员宣誓，随后便进入到关卡之中。公爵还拍了拍守在入口处的塔内吉，向随从们介绍“这是我信任的人”。不过，当公爵队伍中最后一人，私人秘书让·塞甘纳走向入口时，塔内吉却明显不耐烦地扯着他的衣袖，推他进去。接着，入口就在这些勃艮第人的身后关闭并且锁上了。公爵向前走去，道芬就坐在他的对面并且被身旁的随从簇拥着。公爵来到道芬面前，摘下他的天鹅绒帽子向道芬屈膝致敬。道芬的回应十分冷淡。

此时罗贝尔·德·莱尔突然喊道：“什么！你竟然当着道芬大人的面把手放在剑上?！”塔内吉·迪·沙泰尔也靠近公爵，突然从他的长袍中抽出一把斧子大叫道：“是时候了！”向公爵砍去。这时道芬查理这边的木栅栏入口突然开启，大批武装人员冲入。皮埃尔·弗罗捷、奥利维耶·德·雷耶、纳博讷子爵纪尧姆等人也抽出剑和匕首袭击公爵及其随从。“你砍下了我主人的手臂，”纪尧姆·巴塔耶喊道，“而我也要砍下你的！”尽管有随从拼命抵抗，勃艮第公爵上身仍中了数斧，接着又被

◀ 刺杀无畏的约翰

▲ 皮埃尔·弗罗捷

利剑刺中腹部。他瘫倒在地，发出一声长长的呻吟后一命呜呼。

当罗贝尔·勒·马松和他的仆人通过重新开启的城门走出蒙特罗时，他们听到身后突然爆发出一阵喧嚣——潘多拉魔盒已经打开。在外面的勃艮第部队听见关卡中的喊叫声后，自知大事不妙，立即对关卡发起攻击，试图解救公爵。他们随即被木栅栏后的阿马尼亚克士兵的猛烈火力赶回，同时隐藏在桥上磨坊中的弩手也从背后向他们射击。勃艮第部队一败涂地，不得不逃离桥梁躲入城堡。

勃艮第公爵的仇敌们也没有放过他的尸体。有人卸下了他手指上的指环和颈上镶嵌着宝石的项圈，然后剥去了他的披风以及锁子甲外套。公爵的尸体被拖到城区尽头的门楼处。次日，阿玛尼亚克人找来一辆马车，将他运到城内的圣母大教堂中，装进一口木头棺材，埋入匆匆挖好的一个坑中。数年间，这位叱咤风云的人物在两个阵营间翻云覆雨，希望获得无尽的权势，却最终引火自焚，以这样一种不甚体面的方式在法国的政治舞台上草草谢幕。

引狼入室

9月10日，勃艮第公爵约翰在蒙特罗桥上的随从非死即俘。除去当场向道芬查理臣服的波旁公爵继承人克莱蒙伯爵查理外，只有让·德·讷沙泰勒一人成功地从关卡中逃脱。他最初认为约翰公爵只是被囚作人质。在1419年9月11日早晨，第一个和勃艮第公爵遇险有关的消息传到了特鲁瓦，巴黎很快也接到了噩耗。随后，关于公爵的死讯被传播开来。在巴黎，人们穿起哀悼的黑衣，在外衣上绣上圣安德鲁十字，在教堂中吟唱安魂弥撒曲。9月12日，圣波勒伯爵腓力主持了一次集会，与会者发誓将会全力为死去的公爵复仇。随后，全副武装的勃艮第将领上街搜查阿马尼亚克派人员，将嫌疑分子逮捕、流放、处决。他们还禁止人们追随道芬，违者将处以死刑。这些情景也在其他勃艮第派控制的市镇中上演。在阿马尼亚克与勃艮第势力的交界地区，城镇间的交通再一次被战火隔断，商人旅者几乎绝迹。人们都处于混乱和恐慌之中，没人知道接下来的局势将如何发展。

在最初的一段时间里，事态的发展似乎验证了道芬及其廷臣的设想。勃艮第阵营中出现了群龙无首的迹象：约翰的突然遇刺使他一手创建的勃艮第政府出现了权力裂痕。奉命守卫巴黎的圣波勒伯爵腓力受以高等法院首席庭长菲利普·德·莫维莱尔为首的部分高级官员和市民代表操纵，巴黎的权力与财政收益也控制在他们手中。周边的大批市镇则听命于首都。

法国王后伊萨博也十分惊慌。由她主持的，位于特鲁瓦的宫廷其实是个空摆设，设于巴黎的御前会议几乎是自行其是。特鲁瓦的国库早已耗竭。而宫廷也收集不到足够的税收，招募不到军队。伊萨博对儿子将自己政治盟友刺死的行为十分反感。失去了约翰的保护，她那脆弱的宫廷几乎毫无自卫能力。法国王后急忙派大批使者奔赴佛兰德和第戎，恳求勃艮第党人赶紧派兵支援特鲁瓦——她担心儿子的军队会来到这里劫持宫廷。

9月13日，约翰身亡的消息也将他的继承人，23岁的沙罗莱伯爵腓力击倒在根特的床上。同样痛心的还有他的妻子，法国公主米歇尔（Michelle of Valois）—得知幼弟杀死公公的消息令她十分忧伤。据说腓力曾好言宽慰妻子，承诺依然会待她如初。这个悲伤不已的青年一连数日无法理政。

无畏的约翰的遗孀，在两块南方勃艮第领地摄政的巴伐利亚的玛格丽特闻讯后则勃然大怒，立即投入到为丈夫复仇的行动中。这位强悍的贵妇派出使者分别前往特鲁瓦和根特，并向教皇以及德意志国王西吉斯蒙德、洛林公爵查理二世、萨伏依公爵阿马德乌斯等外国王公贵族求援，要求将凶手们绳之以法。勃艮第元帅也带着600人骑马赶往特鲁瓦。

▲ 勃艮第公爵夫人法国公主米歇尔

在法国，可能只有亨利五世能欣然接受约翰身亡。在以往，众敌环绕的境况迫使亨利五世时常将对法国王位的宣称权当作谈判筹码，现在一条切实可循的坦途已经展现在他面前——法国贵族之间已经出现了难以弥补的裂痕。很多人已将道芬查理视作一个谋杀者或被谋杀者操纵的人。如果意欲报复的勃艮第人打算彻底击败对手，就必须依靠英国势力的援助，这也将急剧改变他与法国抵抗者间的力量对比。因此，亨利五世要做的只是等待有求者找上门来，他只需稍稍增加些压力，裂痕便会扩大至无法挽回的地步。如果说先前英王的行动主要是为了巩固在法兰西王国获得的土地的话，那么这一事件已使他前所未有地接近统治法国的夙愿。

▲ 无畏的约翰的遗孀巴伐利亚的玛格丽特

而道芬查理及其追随者却未能成功应对刺杀勃艮第公爵的后续事态—现实远比他们的预估复杂。尽管勃艮第阵营出现了暂时的瘫痪，约翰公爵生前缔造的统治框架—妻子在南方的公爵领地摄政，儿子在低地主持事务—以及一整套能有效运转的官僚机构仍保证了事业不至于坍塌。在北方，勃艮第派迅速利用人们对道芬背信谋杀血亲公爵的惊讶和恐慌来煽动舆论，掀起一片声讨浪潮。面对扑面而来的舆论压力，道芬及其追随者进退失据，举措乏力。政务会议于9月10日晚主持拟写、发往全国的一份声明中，约翰的身亡被归因于他在争执中出言不逊，并且将手放在剑柄上试图劫持道芬的行为。导致道芬身旁一群紧张的仆人上前杀死了约翰。在文中，道芬表示仍希望同新勃艮第公爵及其朋友维持和约，联合国王的所有忠诚臣民反抗共同的敌人。9月17日，这份宣言在巴黎高等法院被当众宣读。当然，在勃艮第公爵遗孀玛格丽特散发着狂怒的申诉信面前，这份推脱责任或者说是袒护行凶者的辩护显得十分苍白。它在由勃艮第党人控制的首都也争取不到多少同情。巴黎已对阿马尼亚克关上了大门。

▲ 新任勃艮第公爵好人腓力

除了在首都受挫外，道芬查理及其追随者在茫然中浪费了其他机会。尽管法军仍占领着香槟的不少地区，但领导者未做出进军特鲁瓦，夺回国王的尝试。与之相反的是，将勃艮第残军逐出蒙特罗城堡后，道芬及其追随者立即转向卢瓦尔河中部。10月24日，他在布尔日指派了一些将领把守各个前线重镇：阿诺·纪尧姆·德·巴尔巴赞防守默伦；吉特里领主纪尧姆·德·肖蒙（Guillaume de Chaumont，Lord of Guitry）防守蒙特罗；罗贝尔·德·莱尔防守蒙塔日；沃俞私生子（Bastard of Vaurus）防守莫城；纪尧姆·德·加马什防守贡比涅。他们将重整军务，对抗即将到来的敌人。

在北方碰壁后，道芬查理打算争取其他王公的支持。他前往洛什同布列塔尼公爵约翰展开谈判——道芬的这位姐夫也许一度认为约翰的事业即将坍塌，因此答应给予小舅子军队支援。然而，这些人的估算都过于乐观。一系列失误使王国局势正在无法挽回地恶化。曾经顽强抗税、坚决推翻阿马尼亚克政府、屠杀廷臣、攻击周边的道芬军队，接着又拼命抵制道芬按照《普伊勒福尔协议》进驻邻近据点的巴黎人在真正的侵略者兵临城下时却发现自己的斗志已经枯竭了。巴黎的御前会议同市民代表讨论了一番形势。最后，多数为勃艮第派的与会者一致认为目前阻止英国人毁灭性袭扰的唯一途径就是同英王议和，而且这也可以抑制“邪恶的阿马尼亚克党派”，为约翰公爵雪耻。他们很快就派出了一个使团觐见英王。王后伊萨博非但没有制止这种私自与敌媾和行为，甚至还在20日前后致信亨利五世，要求重启7月在蓬图瓦兹举行的谈判。9月中下旬，仍在日索尔城下的亨利五世热情款待了巴黎使团。英王劝说代表们：法国人不必变为英国臣民，法国也将保持自己的制度和自主权，英法两国间唯一的联系是他们将在同一位君王统治下成为盟友、邻居和兄弟，这位君王则拥有双重君主身份，对所有臣民均一视同仁。此外，他还承诺可以帮法国人扭转内战造成的颓势，保护他们免遭敌人的伤害。纪律严明的英军给代表们留下了深刻的印象。当日索尔城堡投降后，亨利五世完全掌握了韦克桑地区（Vexin）——它自古以来就是连接上诺曼底及法兰西岛的枢纽。四天后，使团同沃里克伯爵理查德·比彻姆返回巴黎。30日，中书省颁布特许法令，要求国王的所有臣民必须在一月内弃绝道芬党派。

整个10月，巴黎御前会议都在同英王代表积极交涉。法国人声称不可能罢免查理六世，英使爽快地答应查理六世在有生之年都会继续享有国王的尊位。这颇合法国人的胃口，他们以参与刺杀约翰公爵为由否决了道芬查理的王位继承权。随后，心存侥幸的巴黎代表仍提出了作为王室近亲的新勃艮第公爵腓力应该继承王位以及英王可以娶腓力姐妹以巩固同勃艮第联盟的方案。但这些提议均遭到坚决捍卫自己国王继承权的英方代表无情否决。此外，随着默朗筑垒桥梁的勃艮第守卫投降，英军的骚扰分队也频繁在圣德尼周边现身。面对步步紧逼的敌人，巴黎人心急如焚，他们至多只有权签订一份局部休战协议，而亨利五世只勉强答应维持到11月10日。这座城市乃至王国接下来的命运只能由王后伊萨博和勃艮第公爵腓力决定。

不过，人们发现新勃艮第公爵腓力与其父不同，他并不打算立即投身法国事务：

9月20日，腓力在根特宣誓就任佛兰德伯爵，他的第一项动作是巡察低地城镇以确认自己的领主之位。10月8日，他又在低地的马林（Malines），召开了一场家族会议。与此同时，焦急的巴黎人派出以菲利普·德·莫维莱尔为首的使团拜见新公爵。这些人同王后派来的使者一起在里尔见到了腓力。腓力宣布自己将派遣使者会见英王，商议停战。他还写信给服从国王和勃艮第派的市镇寻求它们的支持并决定在阿拉斯召开等级会议。

即使在勃艮第内部，也有一些人不希望法国的两派势力重开内战。10月中旬，在阿拉斯为老公爵举行的追思会上，多米尼加修士皮埃尔·弗卢尔（Pierre Flour）发表了一篇布道。他力劝台下的公爵不要亲手为父复仇，应该通过法律寻求对这场罪恶的补偿。如果法律途径不足以弥补损失，他与同伴将尽力提供援助。公爵不应该亲自执行正义，因为执行正义是上帝的权力。尽管身旁的一些亲随觉得弗卢尔的呼吁倍感刺耳，腓力本人并未做出明确表态。10月下旬，除去卢森堡的约翰等勃艮第将领外，大批勃艮第党人控制区域的世俗贵族、官员及部分市镇代表也来到阿拉斯，讨论今后的对策。

与此同时，道芬查理和他的廷臣还在想方设法争取北方臣民。他们不断给勃艮第公爵腓力写信。除了一些推脱辩白和安慰外，他们还恳求腓力接待自己的使者欧马勒伯爵让·德·阿库尔——他将会告诉公爵事件的真相。但欧马勒伯爵受到了冷遇，他的欧马勒城镇在接近年底时向英国人投降了。而且法国北部的人们也对道芬同党带来的宣言装聋作哑。腓力显然更无意听取这些故事。尽管他的一些顾问认为勃艮第公爵身为法王的主要封臣以及法兰西世卿，责任应该是保护王室。他应该召开王国三级会议应对这场危机，在没有特鲁瓦宫廷的授权下，他不能将王位转给他人或为了英格兰国王的利益在法国开战。但大部分在阿拉斯的等级会议代表均为勃艮第派事业的支持者，鉴于老公爵的遭遇，腓力今后也不太有希望像先前一样从未来国王的宫廷中抽取高额收益。已经通过战争手段获得了大批领地财富的勃艮第贵族领主更不介意继续让勃艮第公爵控制的领土卷入与道芬支持者的冲突中。此外，他们还将英王亨利五世的部队视作法国境内的最强力量，认为与它对抗将会产生无法估量的损失。10月底，勃艮第使者在谈判中一败涂地，格洛斯特公爵汉弗莱渡过塞纳河占领普瓦西和圣日耳曼的消息似乎证明了这一点。巴黎的形势十分危急，圣波勒伯爵腓力在信中甚至怀疑再僵持下去市民们会开门迎接英国人。只有组建一支庞大的援军才能解救首都，但这意味着极高的风险和付出。勃艮第公爵腓力及其支持者的威信已被大幅削弱。越来越多的市镇厌倦了未能兑现的诺言，以及只给它们带来了无尽暴力的勃艮第统治。其间甚至还出现了一些乐于归顺于任何能带来和平之人统治之下的意向。因此，勃艮第派的观点越来越倾向于同英国人联合。它似乎能让王国和平交接——虽然这意味着终结一个传统王朝，但至少他们自己的领地能避免近在咫尺的危机。

腓力在国仇和家恨间选了后者。他初步接受了英国人的要求，于11月20日在巴黎签下了一个短暂的休战协定。30日，沃里克伯爵理查德·比彻姆带着英国使团来到阿拉斯。12月2日，腓力在文件上盖玺，正式认可了英王的条件。24日，他们又达成了一项延续到次年3月1日的全面停战协定。当然，那些被道芬查理支持者控制的领地不在此列。接着在圣诞节，双方签订了军事同盟。在鲁昂的亨利五世许诺将保持与腓力公爵的友谊，并尽最大的努力将道芬查理以及其他谋杀老公爵者绳之以法。按照约定，条约最终将由两国国王盖玺生效。28日，腓力向所有北方领地的骑士发出召唤，命令他们在勒卡托康布雷西（Le Cateau-Cambrésis）集合，加入他前往特鲁瓦的大军。

12月中旬，勃艮第公爵腓力盖玺批准英国人要求的专许文件传到了巴黎。高等法院当众宣布了内容。挤满了宫廷官员和城市首要人物的会议厅响起一片欢呼。但在院外的街道上，却流传起一些抱怨的低语。显然，有些期望法国团结起来一致抵御外敌的人不愿看到这个结果。与这些人持相同看法的还有南面的道芬查理。12月，他就致信巴黎市民，提到了巴黎市民在市政厅销毁颁发给他们的特许状的事迹。道芬在信中对巴黎人轻蔑对待和约以及对王国安危毫不在乎的行径十分震惊。尽管如此，为了表示诚意，他再次给巴黎市民颁发了特许状，并恳请他们像先祖一样对王室保持忠诚。然而，像以往一样，巴黎并未对他做出回应。

就在道芬政府对巴黎人的敌意叹息不已之际，他们还错过了最后一线挽救危局的机会：按照勃艮第公爵腓力的身份，他在法律层面并不具备将整个王国转予英王的资格。从表面上看，居于特鲁瓦的法王查理六世正受妻子伊萨博的操纵。伊萨博已从腓力和英王亨利五世的约定中感觉到她将在今后的政府中被架空。直到此时，如梦初醒的她才慌忙给布尔日的儿子写信寻求帮助，并暗示她可能带着女儿凯瑟琳离开特鲁瓦投奔道芬宫廷——以此断绝亨利五世的联姻梦想。道芬和支持者们显然十分重视这个请求。然而一番筹划后，他们的动作只是派出中书大臣罗贝尔·勒·马松与王后谈判。尽管马松和他的随员雷蒙·拉吉耶曾是王后的内廷官员，但密切的外交联系却阻挡不了特鲁瓦城内的大批勃艮第军队控制宫廷。受约翰公爵的遗孀指使，他们严密监视着法王、王后和凯瑟琳公主。这次交涉很快便沦为一个小插曲。威逼利诱下，伊萨博再度改变了主意。1420 年 1 月 17 日，法王在发布的法令中禁止巴黎市民以任何形式联系道芬。道芬被视为弑亲者、公益毁灭者和上帝与正义之敌，并被剥夺了继承王位的资格。

▲ 让·波顿·德·桑特拉伊

现在，道芬政府终于要承受自己处置失当的苦果了。虽然早在 1419 年 9 月 17 日道芬查理写给里昂的信件中就已表示要全力与英国人作战，但现在他们还将面临勃艮第人的双重夹击。为了争取主动，从 1419 年冬季起，道芬政府驻扎在北方前线的法军将领纷纷向索姆河流域出击。贡比涅的纪尧姆·德·加马什派夏尔·德·弗拉维(Charles de Flavy)等部下带领近 500 名士兵前去占领东北面的鲁瓦。12 月 10 日夜间，他们的部分士兵攀上城墙，打开城门，同冲入城内的骑兵一起占领此地。与此同时，在东面，两位名声渐隆的法军将领拉海尔和同样来自加斯科涅的让·波顿·德·桑特拉伊（Jean Poton de Xaintrailles）也在继续密切合作。他们进入韦芒杜瓦地区并不断向邻近地区扩展，夺下了拉昂地区的克雷皮。进驻数百人的部队后，克雷皮随即成为袭扰周边勃艮第控制区的一个坚固据点。法军势力还渗入香槟北部，占领了佩尔图瓦地区的维特里（Vitry-en-Perthois）。

显然，这些法军将领分别发动的进攻非常零散，但它还是给前线的勃艮第人造成了不少麻烦。他们正忙着清除威胁亚眠、科尔比等索姆河流域城镇的敌方据点。当鲁瓦陷落的消息传至在桑泰尔的利翁（Lihons）聚集部队的蒙迪迪耶总督卢森堡的约翰耳中后，他立即放弃围攻当地小堡的原定计划，转向南面包围鲁瓦这座威胁巴黎至阿拉斯要道的据点。勃艮第前锋逼近此地时，法军甚至还未来得及收起袭击时用的梯子。他们用放置在城墙上的火炮和弓弩击退了第一波进攻，但随后就被四面围住。卢森堡的约翰决心拿下此地，他派人前往科尔比、蒙迪迪耶、佩罗讷、圣康坦（St.Quentin）等皮卡第城镇索要军需补给以及弩兵。最终，勃艮第人集结了数千人的队伍。尽管他们志在必得，但显然已无暇对付东面克雷皮的法军袭扰部队了。

然而道芬政府并不打算援助这些同勃艮第人战斗的北方将领。1419 年 10 月底，当 2500 多名士兵法军至卢瓦尔河流域集结后。道芬查理让其中的大部分前往勒芒，也许道芬打算让他们接应从海外运至拉罗谢尔的苏格兰军团。然后趁敌人精力集中于东北面时，对下诺曼底发动一次大规模反攻。直到 15 世纪 20 年代早期，控制着曼恩的法军仍在这里具有一定优势。从边境向东出发，进入奥恩河谷后顺流而下，他们就可以轻松地深入下诺曼底腹地；从布列塔尼边境穿过阿夫朗什周围的沿海平原，他们也可以很容易地席卷西部。而少数法军还依托圣米歇尔山（Mont St.Michel）的筑垒工事频繁对英国人控制较弱的地区发动远骑烧掠。这些行为使英国人在通向阿夫朗什和阿朗松的各大要道上都烽火不断。

不过攻略下诺曼底的计划最终并未得以实施。尽管负责搭载苏格兰士兵的卡斯蒂利亚舰队在遍布敌人的海峡上进行了一次成功的长途海运，但道芬查理在 12 月接见这群后来被称作“酒囊”和“噬羊者”的士兵后大失所望。他们远低于期待的人数——只有约 6000 人，而且大部分是没有马的弓箭手和步兵。此外，其领导者巴肯伯爵约翰·斯图尔特（John Stewart，Earl of Buchan）和威格顿伯爵阿奇博尔德·道格拉斯（Archibald Douglas，Earl of Wigton）的军事名望也并不响亮。道芬搁置了让苏格兰军队发起反击计划。他把于 3 月到达的少数前锋部队派给驻于曼恩边境的皮埃尔·德·里厄元帅——他在两年前接替父亲担任这个职位。主力则留在卢瓦尔河流域过冬。同时，法国人还要求两位苏格兰指挥官尽快赶回苏格兰，索要更多的兵员和优秀的指挥官。

随后，道芬查理带着一些挑选出的苏格兰士兵转头南下——他和廷臣们打算先彻底扫除盘踞在朗格多克地区的勃艮第势力。随着勃艮第公爵腓力与英王亨利五世的联合，驻于罗讷河流域市镇中的勃艮第守军同加斯科涅边境的英军一起形成了对朗格多克的夹击之势。这是道芬政府所不能容忍的。12 月 21 日，由高级贵族、教士和骑兵组成的队伍从布尔日启程，穿过波旁领地，于 1420 年 1 月 22 日到达里昂。在这里,道芬接到了一份捷报：就在 23 天前，阿朗松私生子等法军将领联合卡斯蒂利亚舰队击败了一支英国波尔多舰队——这伙人未能成功拦截运输苏格兰军团的舰队，因此就将他们封锁在海港中，希望能找找对手的晦气。结果激战中英国波尔多舰队的船只被驱散，700 名船员葬身海底。这则消息令道芬等人颇为振奋。他们接着进入朗格多克行省。当地的等级会议已经意识到的自身面临的威胁，因此在先行的特使做出了尊重三个执事区的机构制度和自治权的承诺后，他们表示倾向道芬。圣弗卢尔（Saint-Flour）、阿尔比（Albi）等沿途市镇均向他们敞开大门。3 月 4 日，图卢兹举行了盛大的入城式。在随从和苏格兰卫士的拥戴下，道芬披着覆有金银纹饰的罩袍，身着饰有金流苏和红绸缎的锁子胸甲，骑着配有白蓝红三色马衣的骏马来到城内。他的尖顶盔上镶着饰有金鸢尾花的王冠以及羽饰。这个隆重的仪式不仅是对道芬宫廷的一种展示，也是对他身份和权力的一种宣示。

▲ 巴肯伯爵约翰 · 斯图尔特

接下来，道芬查理开始整顿革新。他恢复了让 · 德 · 博奈被勃艮第人夺走的执事职务。但代理官富瓦伯爵让丢掉了工作——显然先前他私自截留本省资源，坐视两派苦斗的行为未获认可。道芬收回了朗格多克的管理权，置于卡尔卡松主教主持的廷臣委员会控制下。随后，他在卡尔卡松亲自主持召开了地区等级会议。为了争取代表，道芬承诺将保证今后每年至少召开一次会议，并废除商品税和人头税，只满足于地产收益及其他会议愿意给予他的税收。他还下令在图卢兹设立高等法院受理三个执事区的上诉。至此，道芬已经拿下了南行的关键一局，剩下的任务只是赶走那些还在顽抗的勃艮第守卫。他返回东面，降服那些拒绝开门的城市。1420 年春季，在军队和招募的本地民兵的围攻下，尼姆、蓬圣埃斯普里等还在支持勃艮第的市镇陆续被降服。

虽然道芬查理清扫后院的工作有其必要性，但缺乏支援的北方将领们已难以招架敌人的攻势。从去年年底到1420年1月，勃艮第将领逐步向皮卡第的法军施加压力，亚眠东南面的代米安首先被他们拔除。1月18日，在火炮的持续轰击下，焦头烂额的鲁瓦守军也被迫向卢森堡的约翰投降，带着行李离开此地。按照协议，埃克托尔·德·萨卢兹将护送他们离境。不过他未能完成自己的任务。不久后，亨廷顿伯爵约翰·霍兰和约翰·康沃尔爵士率领2000名英军来到鲁瓦，得知法军守卫离开后，他们立即转身而去。全副武装的英国人在离鲁瓦约4里格处赶上了这支退向贡比涅的队伍。他们二话不说端起长矛便刺向法军士兵。法军立刻被击溃，惨遭屠戮。埃克托尔等人目瞪口呆地看着自己保护的人向路旁的丛林中奔逃。后来他们索性也开始抢夺俘虏，但这件事也不甚成功——争吵中，康沃尔数次用铁手套敲打埃克托尔。面对数量占优的英军，埃克托尔只得忍气吞声。消息传出后，卢森堡的约翰大为恼火，但亨廷顿伯爵等人终究没有释放俘虏。于是，英国和勃艮第间的合作也就在这种不甚融洽的气氛下开始。对于法国人来说，这并不是一个好消息。在英勃联军的攻击下，内战期间都未沦陷的方丹拉瓦冈（Fontaine-Lavaganne）以及特朗布莱（Tremblay）、达马堂等大批位于巴黎北面，索姆、瓦兹、塞纳河间的法军据点均落入他们手中。

更严重的打击则来自于勃艮第公爵腓力。2月下旬，他带着1000多人的军队开始向特鲁瓦进发。一路上，卢森堡的约翰等将领不断加入他的队伍，沃里克伯爵理查德·比彻姆也带着500名英军前来助威。联军的第一件事便是将拉海尔和让·波顿·德·桑特拉伊等人率领的500名法军堵在

▲ 拉海尔和桑特拉伊

克雷皮城内。法军顽强抵抗着敌人的攻击。但两周后，他们的城墙被敌人用地道作业毁坏。3 月 10 日，拉海尔等人被迫交出克雷皮，退往苏瓦松。

21 日，勃艮第公爵腓力进入特鲁瓦。不久，勃艮第党人在此召开了一场大咨议会。贵族、高级教士及城镇代表们都被要求参加。勃艮第中书官让·德·图瓦西主持了开幕。他向与会者通报：勃艮第公爵同英王签订的协议——不是为了复仇，而是为了王室的真正利益，为了结束这灾难性的战争。具有讽刺意味的是，他们毫不介意用战争来达到这个目的——3000 多人的勃艮第军队正在香槟中南部用武力清扫那些拒不服从的据点。不过，特鲁瓦北面的阿利博迪埃（Allibaudières）却让他们吃了不少苦头：身着板甲的勃艮第悍将亨利·德·肖腓尔在攀登攻城梯时被一支长矛刺中大腿，伤重不治。卢森堡的约翰则稍幸一些，他在掀开面罩时被长矛击倒，失去了一只眼睛。就在众人忙着将他扶入帐中时，旗帜又被守卫夺下。靠着卢森堡的约翰的兄长，布列讷伯爵彼得指挥数座射石炮毁坏了城堡的数座塔楼后，才迫使守卫者投降离开。

在特鲁瓦城内，由于北方乱局的干扰，参加咨议会的人员并不算多。勃艮第公爵腓力显然为他的新盟友做了很多工作。在近三周的时间内，勃艮第公爵压制了各种担忧疑虑，让法王和显贵代表们接受了商议的条款：亨利五世将与一个由“服从于”查理六世的贵族组成的御前会议共同管理国家；所有权贵、等级会议和市镇将发誓服从亨利五世作为摄政的命令，并在查理六世去世后发誓成为亨利五世的“臣属”；亨利五世将成为法国的摄政，在查理六世生前完全放弃“法国国王”的称号；他将全力使那些由道芬查理控制的人口和领地归顺于查理六世，“尤其是卢瓦尔河一带”；他将转交给查理六世诺曼底之外的所有“征服领地”；在查理六世去世后，诺曼底和其他“征服领地”也将并入法国，他还将按习惯和正当理由征税，尊重教会和大学的权力，保留巴黎高等法院的权威；而凯瑟琳将得到一份每年拨给 4 万埃居的嫁妆。于是，在特鲁瓦宫廷中的公卿们只剩最后一个任务——等英王到此签署条约。

他们要招待的客人还在诺曼底。亨利五世并不打算将时间花在出席咨议会讨好法国人上。他以一种居高临下的态度来接受法国人的请求。实际上，表面鲜花着锦的英王也有一大堆麻烦要应付。英国的中下层民众对国王在大陆上争夺法国王位的

▲ 法国国王、王后来到特鲁瓦签订和约

战争并不热心。对辉煌胜利的欣喜退潮后，他们的忧虑却与日俱增。高昂的军费使他们必须缴纳税赋，大批钱币及贵重金属流向对岸令国内出现了通货紧缩。而且这种境况似乎还看不到尽头。人们开始怀疑这场战争究竟能给英国带来多少好处。政府很快就领教到了他们的怨气。在去年10月的议会上，经过百般劝说，平民议院才通过了一份4/3的补助金，它们将于1420年2月和11月交付。尽管这远小于中书大法官和贝德福德公爵约翰的期望，平民议院还坚持这些税款只能用于英格兰的防务。针对国王需要用于法国的资金问题，御前会议被授权在英格兰购买羊毛。这些货物的海运不受任何专营商贸公司规章制约。它们将转卖给海外，受益直接归属国王。财政上的捉襟见肘迫使亨利五世不得不采取一些非常手段。

就在议会召开前不久，修士约翰·伦道夫在忏悔中透露自己的前女主人——他曾是亨利五世的继母英国王太后纳瓦拉的胡安娜的顾问——用巫术诅咒国王的性命。于是胡安娜立即被软禁，议会授以御前会议接收她的领地和财产的权力，其每年 4000 英镑的收益被交予亨利五世。此外，苏格兰军团在法国登陆的消息也令英王颇为烦恼。为此，他已派格洛斯特公爵汉弗莱回国取代贝德福德公爵约翰的职位。然而奉命从英格兰前来增援兄长的贝德福德公爵只募集到了 1200 名士兵和一伙矿工。不过他将带来的另一位人物多少可以弥补一些遗憾——苏格兰国王詹姆斯一世。为了尽快摆脱自己的囚徒生涯，詹姆斯一世同意跟随英军对法作战，并制止他的臣民为道芬查理服务。

实际上英王的对手行动并不果断。道芬查理计划于上一年秋季发起的下诺曼底攻势一直被搁置到 1420 年初。人数也缩水到 2000 人——其中一部分是从布列塔尼招募的士兵。与此同时，亨利五世却在抓紧机会调整部署。1 月，索尔兹伯里伯爵托马斯·蒙塔古奉命来到西南前线。他从阿朗松公爵领再度发起南下攻势。亨廷顿伯爵约翰·霍兰、约翰·康沃尔也从法兰西岛前来增援。在 2 月底到 3 月初的一周内，英军陆续夺回巴隆（Ballon）、博蒙勒维孔特、蒙福尔等据点。3 月上旬，一直在勒芒准备的法军终于决定出兵救援被包围的弗雷奈勒维孔特——这里驻有威廉·道格拉斯爵士的数百名苏格兰部队，他们打算与援军里应外合夹击敌人。但法军进军路线的右侧已经暴露给前线敌人。闻讯的索尔兹伯里伯爵分兵绕至后方，发动袭击。法兰西 - 苏格兰联军很快便中了埋伏。皮埃尔·德·里厄元帅兵败被俘，威廉·道格拉斯被夺去了旗帜。更糟糕的是，他们还丢失了原本打算给士兵发放薪水的钱箱。里面的 1.2 万埃居现金着实令英国人发了一笔横财。于是，断绝希望的弗雷奈于 4 月中旬沦陷。索尔兹伯里伯爵开始了对圣米歇尔山法军工事的围攻：一支由 24 名骑兵和 69 名长弓手组成的英军队伍进驻圣米歇尔山湾中的北面小岛上，他们连同另一部分于去年年底在南面大陆上的阿尔德翁（Ardevon）建立了一个木堡的英军一起形成了夹击之势。圣米歇尔山的法军活动也受到了极大制约。

祸不单行，位于西线法军侧后方的布列塔尼也开始摇摆。随着英国与勃艮第的联合已成定局，布列塔尼公爵约翰发现先前对道芬查理的承诺将使自己处于险境之中。因此，他开始食言。虽然不少布列塔尼人以私人身份加入道芬的部队，但是公爵答应的援军却一直未出现。不仅如此，他还与勃艮第公爵腓力缔结休战协定，重新开始与英王联系，甚至允许入侵者在自己的领地上搜集补给，同时又阻止苏格兰军团在港口登陆并威胁那些参加道芬军队的臣民。这种背叛行为令道芬的廷臣深恶痛绝，他们决定报复公爵。于是，这些人的目光落到了布列塔尼境内的公爵反对者身上。

尽管现在离布列塔尼继承战已过了半个多世纪，但曾经争夺公爵爵位的布卢瓦 - 庞蒂耶夫尔家族依旧保持着大批领地以及染指爵位的野心。现在，布卢瓦的查理的孙子，庞蒂耶夫尔伯爵奥利维耶·德·布卢瓦（Olivier de Blois, Count of Penthièvre）仍是布列塔尼境内首屈一指的大贵族。他还得到了母亲玛格丽特·德·克利松的支持——14 世纪末，玛格丽特的父亲前陆军统帅奥利维耶·德·克利松同前任布列塔尼公爵四世的和解并未阻止这位贵妇被新家族的世仇影响，这种对公爵的憎恨还因 1408—1410 年间的武装冲突而进一步加深。布卢瓦家族一直在等待雪耻的机会。他们在如今的混乱局势里嗅到了些新迹象。他们秘密派出使者前往布尔日。不过，道芬查理已经前往南方。使者只见到了廷臣让·卢韦、皮埃尔·弗罗捷——这两人对道芬的影响似乎已逐渐超过了温和的中书大臣罗贝尔·勒·马松及首席侍从阿诺·纪尧姆·德·巴尔巴赞。他们与另一位同僚纪尧姆·德·阿布谷（Guillaume d'Avaugour）都是刺杀无畏的约翰的策划者。这 3 人加上道芬的亲随——年轻的奥尔良私生子让很快就同意了布卢瓦家族绑架乃至废黜布列塔尼公爵约翰的阴谋。更糟糕的是，他们还以道芬的名义发给使者一份盖玺的逮捕许可令。

有了道芬廷臣的背书，布卢瓦家族很快付诸行动。庞蒂耶夫尔伯爵奥利维耶邀请布列塔尼公爵约翰出席母亲在尚托索举行的宴会。不知是计的公爵欣然应允。1420 年 2 月 13 日，公爵同幼弟理查，前来拜访这座位于卢瓦尔河南岸，邻近布列塔尼边界的城堡。奥利维耶等人早早地出城迎接。他引导着公爵和数名亲随跨过一条小溪上的木桥，将大队甩在后方。这时奥利维耶的一名扮作伶人的随从便手舞足蹈地将桥上的一块块木板丢进水中。见到此人的滑稽模样，毫无警惕之心的公爵不禁哈哈大笑。很快他的笑声便戛然而止：一旁埋伏着的奥利维耶三弟查理突然带着约 40 名骑兵从林地中冲出，将公爵和理查等人团团围住。公爵的随从队伍只能眼睁睁地在对岸看着主人的数名卫兵奋力抵挡占尽优势的敌人。一场毫无悬念的搏斗后，布列塔尼公爵及幼弟落入了奥利维耶等人手中。他逼迫公爵将爵位归还给自己，并不断将这个奇货可居的猎物转运至自己的其他领地，以免被对手夺回。

布列塔尼公爵约翰与幼弟理查被囚使家族遭受重创。蒙福尔家族的成年男性均身陷囹圄——公爵的儿子们还是孩童，另一位弟弟里什蒙伯爵阿蒂尔仍处于英国人的囚禁下。不过布卢瓦家族仍然无法完成自己的夙愿。这次阻挠他们的是公爵的妻子，法国公主让娜。让娜不能容忍布卢瓦家族伙同幼弟道芬危害自己的家庭。她的反击也毫不留情。16日，公爵夫人亲自主持政务会议，发布命令，动员布列塔尼的所有封臣，并没收庞蒂耶夫尔伯爵领地。一周后，布列塔尼的等级议会召开。布卢瓦家族这种无端破坏秩序的行为未能博取多少同情。人们纷纷向坚强的公爵夫人及其子嗣效忠。布列塔尼封臣们的数千名士兵立即扑向庞蒂耶夫尔伯爵领。

▲ 布列塔尼公爵与妻子法国公主让娜

▲ 布列塔尼军队包围尚托索

庞蒂耶夫尔伯爵奥利维耶不能抵挡这支军队。3月初，庞蒂耶夫尔伯爵领的首府朗巴勒（Lamballe）就已投降。4月，他几乎丢光了伯爵领。而一支有火炮的布列塔尼军队也包围其母所在的尚托索。奥利维耶唯一有勇气做的只是恐吓公爵并强迫他签下一份弭兵赦罪的声明，但不久后布列塔尼的等级会议就将其否决。于是，道芬廷臣的算计又一次落空。他们的煽动只是促使布列塔尼更快地倒向英国一方。在阿让唐的索尔兹伯里伯爵托马斯·蒙塔古便受到了他们关于提供军事援助的请求。公爵夫人还在3月致信英王亨利五世，央求释放她的小叔子里什蒙伯爵阿蒂尔以对抗敌人。英王同意释放阿蒂尔，不过条件是他们在政治上改弦易辙。并不在乎幼弟事业的公爵夫人很快就表现出了愿意接受的倾向。布列塔尼士兵也逐渐从法军的队伍中退出，加入内战。

到1420年春季，英国人在西线的战略形势趋向平缓，大规模入侵威胁已经消除。亨利五世终于开始筹划接收法国王位的最后行动。他之前用拒绝延长全面停战协定作为要挟手段，迫使勃艮第人放弃了瓦兹河渡口博蒙。巴黎已是案上鱼肉，但亨利五世并不急于进入城市。4月30日，当法国使者在蓬图瓦兹递交文书后，英王带着二弟克拉伦斯公爵托马斯、叔父埃克塞特公爵托马斯·博福特和其他英国显贵以及随行人员骑马前往特鲁瓦。这支约有2500人的队伍途径圣德尼，并顺巴黎城墙南下，于5月14日到达普罗万。一路上，仍怀有戒心的亨利五世还陆续将部队派驻于沙朗通、普罗万、塞纳河畔诺让的渡口桥梁及重要据点中，以便从容进退，不过意外并没有发生。20日，英王一行安全抵达特鲁瓦。勃艮第公爵腓力早已率廷臣和将领们在城外迎接。在勃艮第党人的引导下，亨利五世来到宫殿中拜见法王查理六世。此时坐在王位上的查理六世已是一尊呆滞的木偶。亨利五世还下令拆毁城市的一面城墙，以便让驻扎在城外的英军能与自己方便地联系。

随后，英王和腓力以及王后开始完成缔结和平条约的最后工作。由于之前双方均已认同大部分条款，因此在21日早晨，它在教堂正厅中正式公布。腓力带头向作为法国摄政的亨利五世宣誓服从。《特鲁瓦条约》正式生效。通过与凯瑟琳公主联姻，亨利五世成为法王查理六世的养子。他将行使所有的王室权力。以法王名义签发的公文也将加盖他的印玺。在查理六世去世后，他将继承法国王位。如果亨利五世和凯瑟琳的婚姻没有子嗣，英国王室也将继续持有法国王位。英格兰和法兰西将被同一个国王统治，共享和平的同时结成永久联盟，但它们仍然是两个不同王国，各自保持法律、习俗和制度。此外，被亨利五世征服的法国领地将与其他的法国领土区分开，交予亨利五世分别统治。直到亨利五世成为法国国王，它们才会合并。亨利五世将全力征服仍被称作道芬或者是阿马尼亚克党人手中的领地。考虑到道芬犯下的“重大而可怕的罪行”，亨利五世和腓力均不得在没有对方及等级会议同意的情况下与道芬谈判。

至此，勃艮第终于正式倒向侵略者阵营，并将王国的统治权拱手让给了英国人。而亨利五世也终于完成了自己征服事业上的关键步骤——首都巴黎已经向他臣服，查理六世的王冠已被牢牢地掌握在他的手中。英王及其支持者的前途一片光明。他们要做的只是挥师南下，一举击溃剩余的抵抗者，彻底征服整个法兰西王国。

第六章 殊死较量

1420—1424年

柳暗花明

如果说刺杀勃艮第公爵约翰是道芬查理及其追随者对约翰长期侵蚀法国王权行为的一次鲁莽回击，那么缔结《特鲁瓦条约》就是新勃艮第公爵腓力三世等少数为保住既得利益的大贵族同外敌勾结发动的一次疯狂反扑。其本质是封建领主为了扳倒王权政府而与外来入侵者的一种暂时性妥协。腓力的复仇欲望是如此急切，以至于在盟约中亨利五世仍以征服者姿态凌驾于他的封臣之上，勃艮第阵营的小贵族甚至无法收回在英军征服战中损失的土地。因此，在条约签订之初，腓力的部分臣属都持质疑态度。5月30日，英王使者同勃艮第代表在巴黎高等法院会议厅要求在场的行政官员、法官、市民代表宣誓时，腓力的堂弟圣波勒伯爵腓力却回避了会议。来到特鲁瓦的奥朗日亲王路易也不愿立誓，先前一直在此地维护勃艮第事务的茹瓦尼伯爵居伊·德·拉特雷穆瓦耶（Guy de La Trémoille，Count of Joigny）更是公开声称那些宣誓的人总有一天会掉脑袋。不过，很快腓力用从道芬支持者那没收的大批领地堵住了他的嘴巴。至于卢森堡的约翰，他还在因英国人破坏允许自己安全通行的承诺生闷气，但就像其兄长一样，这位狡猾的战争领主并未停止对新事业的暗中观望。实际上，这个条约并不是为了给法国带来和平，它的存在基础就是要保证追随者们继续在征服战争中获利。

因此，《特鲁瓦条约》在法国之外也受到了冷待。虽然德意志国王西吉斯蒙德以及亨利五世的前妹夫莱茵行宫伯爵路德维希三世（Louis III，Count Palatine of the Rhine）[①] 接受了它，但与亨利五世关系良好的教皇马丁五世却没有认可。卡斯蒂利亚王国也未听取英格兰的休战提议，甚至连勃艮第的盟友洛林公爵查理二世也拒绝接受条约，至于苏格兰王国，对其则根本不用抱有任何期望。

---

① 莱茵行宫伯爵路德维希于1402年迎娶亨利五世的妹妹布兰奇。两人育有一子。但布兰奇在1409年因病去世。8年后，路易迎娶了萨伏依家族的玛蒂尔达为第二任妻子。

南方的道芬查理及其支持者更是对这个“可恶、不公和可憎”的条约咬牙切齿。普瓦图高等法院记录了当时一位廷臣的控诉:“天真的凯瑟琳怎么能同意以同敌人结婚的方式羞辱她的亲弟弟?怎么会有如此多高贵的法国人摒弃他们对王室负有全部责任的誓言?他们怎能以整个王国的人民为代价贿买一份虚幻的和平?”特鲁瓦及布列塔尼的严峻局势迫使道芬同廷臣们匆匆结束南巡。5月7日，在勃艮第控制的蓬圣埃斯普里投降后，他便取道奥弗涅返回卢瓦尔河流域。艾格莫尔特(Aigues-Mortes)、索米耶尔(Sommières)等勃艮第在朗格多克地区的剩余城镇被交给当地法军处理。他们将在一年多内陆续收复这些已无关紧要的据点。

道芬查理身边的老臣们决心弥补先前鲁莽策略引发的后果。自绑架布列塔尼公爵约翰五世事件发生后，在布尔日的中书大臣罗贝尔·勒·马松主持的政务会议一直在与公爵夫人及其臣属沟通。5月初,为道芬服务的布列塔尼青年将领普里让·德·奎蒂维(Prigent VII de Coëtivy)赶至公爵夫人身边，参加了对庞蒂耶夫尔伯爵奥利维耶·德·布卢瓦的征讨。道芬宫廷北上的同时，由克莱蒙主教和塔内吉·迪·沙泰尔等人组成的正式使团也于5月底赶往布列塔尼。他们向公爵夫人保证尽快促成释放公爵，以此弥补之前造成的消极影响。

6月8日，道芬查理一行来到普瓦捷，决定部署对敌人的反击。韦尔蒂伯爵腓力已奉命带着骑兵前来与他会合。欧马勒伯爵让和年轻的阿朗松公爵让二世分别被授予诺曼底以及阿朗松地区的代理官和总指挥官，奔赴圣米歇尔山、曼恩稳定局面。同样被授以总代理官的阿马尼亚克伯爵让四世的幼弟贝尔纳奉命向加斯科涅边境发起攻势。

▲ 普里让·德·奎蒂维的雕像

实际上在15世纪20年代初，道芬政权在卢瓦尔河以北的战局还有较大的回旋余地:索姆河下游以及从贡比涅到吉斯一线的法军还在坚持出击，威胁着勃艮第控制的巴黎同佛兰德之间的联系，并向西袭扰上诺曼底地区中受英国人控制的乡镇。法兰西岛的法军也有相当的实力，德勒仍在他们手中，当地守卫不断向塞纳河北部地区袭扰。4月6日，他们还渗入上诺曼底，攻克克鲁瓦西，结束了安布鲁瓦兹·德·洛雷在此地的牢狱生活。驻守在东面马恩河畔莫城的法军则一直袭扰到巴黎近郊。在中部地区，法军也在发动攻势，纳博讷子爵纪尧姆的部下将勃艮第势力驱逐出了卢瓦尔河谷的伊利耶尔（Illiers）、博讷瓦勒、帕泰（Patay）等地，令勃艮第人向沙特尔方向收缩。

然而，这些前线部队缺乏有效的组织和配合，并不能给敌人有力打击。在下诺曼底边界上，他们甚至还陷入被动，被重重围困的圣米歇尔山人心浮动，亲临此地整顿防务的欧马勒伯爵让也未能阻止修道院长同英军暗通款曲。最终，院长放弃修道院逃到英国人地盘。科唐坦半岛的英国邑督在6月15日的报告中提到欧马勒伯爵离开了圣米歇尔山，此地只剩百余人守卫，他们缺乏木材和水源。邑督声称没有再收到法军突入科唐坦地区的新消息。此外，救援弗雷奈的行动失败后，英军趁机将战线推入曼恩腹地，他们突进到圣叙藏（Sainte-Suzanne）至勒芒一线。兴奋的邑督声称昂热缺乏防卫，交战区的人们盼望着英国人将他们从道芬政府的统治中解救出来。显然，邑督的这些汇报中有邀功请战的夸大成分，但也展示了法军西线战况的持续恶化迹象。

法军的颓势源于领导阶层的乏力——缺乏合格军事主帅的中枢一直运转不畅：年轻的道芬查理并不具备指挥天赋，作为瓦卢瓦王室唯一的继承人，此时仍没有子嗣的他不可能加入那些风险性极大的战争——这方面兰开斯特王室的亨利五世兄弟与他形成了鲜明对比。而贵族阶层长期以来对军事的垄断导致基本由高级贵族出任的陆军统帅职位自老阿马尼亚克伯爵贝尔纳七世遇难以来就一直空缺。在混乱的局面下，朝中找不出人选：过于年轻的安茹公爵路易三世已经到南方追逐其家族的那不勒斯王国美梦，波旁家族继承人克莱蒙伯爵查理在8月21日被任命为总指挥官，待在朗格多克。富瓦伯爵让一世则干脆拒绝了这个职位。威望已受严重削弱的道芬政府不敢从低阶军官中挑选人员——贝特朗·迪·盖克兰和奥利维耶·德·克利松只是个例，在战事低迷之际，这些人的影响十分有限。按照贵族阶层传统的门第观念，他们只乐意听从出身远超自己的大贵族的号令。因此法国的军事指挥系统现在正处于脆弱的状态。

此外，缺乏众多大贵族的支持使道芬政府要面对另一个复杂难题——作为当时封建军队核心的贵族阶层对政府的军役已日趋冷漠并敷衍塞责。他们越来越迟地回应征召，却越来越快地离开队伍。这些现象的产生有一定的原因：延绵的战争带来的经济萧条使这些往往以私人家族为独立单位，掌握着地区管理权的贵族们收益锐减。两个王国间长期残酷的军事较量使他们很难像以往那样通过封建私战轻松掠得大量的赃物和赎金——此前这是对其领地收益的另一种补充。而且，他们在战斗中还要面对更为职业化的对手，被俘乃至身亡的危险也成倍地增加。贵族们觉得战争已不再是个有利可图的职业。此时仍缺乏民族共同体意识的他们本能地希望规避风险，置身事外，消极应对自己的军事义务。但这些家族是当时社会结构中的基础单元，作为一个拥有各种特权的实体又把持着地方资源，其趋利避害的行为导致道芬政府不能高效地从支持他的领地中抽取人力和财力投入战事。

因此，道芬政府自建立之初就一直被资金短缺所困扰。它的收入主要来自传统王室领地以及道芬封地的收益、税收以及铸币费用，前两者占有很大比例，但内战的动荡使他们丢失了大片王室领地。为了争取舆论他们也弃置了商品税等重要收入。他们无法指望地方等级议会能同意征收多种课税。可军事开支却在激增。无奈之下，他们只得采取贬值货币的权宜之计，这又损害了固定收入者——依赖租金的小领主、持有年金和津贴之人以及城镇雇佣劳动者等的利益。而人力的匮乏也使道芬政府很难征募到足够的兵员发起大规模进攻。他们不得不采取大量聘用雇佣军的手段。这对政府的声望和事业造成了损害。雇佣兵——其中有很大一部分为外籍士兵——唯利是图、危机时难以依靠，引起中小贵族们的反感，加重了其离心倾向。显而易见，在这个生死存亡之秋，旧制度和观念已经难以应付眼前的危机。

种种弊端使道芬政府在战略抉择时总是被一种不自信以及犹豫不决的气氛左右，令他们在制定对策时非常拖延、呆板。英王亨利五世察觉到了对方的弱点，他决定不理会那些零散的袭击，坚定贯彻自己的计划。亨利五世将大部分军队都布置在东部，并命令西线将领保持防守状态。6月2日，英王庆祝了与法国公主凯瑟琳的婚礼。4日，他集中了大部分机动兵力向西进发——作为新法国摄政，他急需通过一系列战争来争取那些还在犹疑观望的势力。

稳定巴黎是亨利五世的首要任务。眼下这座城市仍受到数个方向的法军的威胁。

他们遍布在瓦兹、马恩、塞纳河谷的大批据点严重干扰了巴黎的补给输送和与其他地区的联系。英王打算先清扫约讷河下游至塞纳河间的敌对据点，断绝卢瓦尔河流域的敌军主力从西南进军巴黎的通道。他麾下只有2000人，不过从本土赶来的英国援军很快便会与他会合。这支包含300名骑兵，900名长弓手的队伍的领导者是亨利五世最能干的弟弟贝德福德公爵约翰——他正式开启了在法国的征战生涯。此外，亨利五世还受到了莱茵行宫伯爵路德维希与麾下700名德意志士兵的支持。这使亨利五世可供调遣的人数达到了4000人左右。勃艮第公爵腓力的部队可能略多一些。因此，英勃联军的总人数应该在8000—10000人之间。他们的第一个目标是法军占据的勃艮第小城桑斯。

桑斯的法军只有300人，而且缺乏补给。亨利五世现在更关心的可能是英勃联军会合后的关系问题。显然，他们相处得并不愉快。双方士兵发生了数次摩擦，勃艮第人甚至一度逃入自己的公爵大营中寻求保护。亨利五世不得不严厉约束自己的士兵，禁止他们与盟友再生冲突。

但法军并不能从这些争执中获得任何机会。由于当地居民的不支持，他们的抵抗很快就到了山穷水尽的地步。在英军袭取约讷河渡桥末端的塔楼后，桑斯于11日正式投降。除了参与刺杀老勃艮第公爵约翰的人员外其余守军和居民都可以选择离开，或者留下并向英王宣誓效忠。很多人选择了后者——后来的事实证明他们只是暂时屈服罢了。

接着，联军顺约讷河北上，于16日来到了蒙特罗城前。这里对勃艮第君臣有着特殊的意义——老公爵约翰仍埋骨于此。英勃联军很快就将攻城器械对准城墙、城门开始轰击。守卫此地的法军总督是吉特里领主纪尧姆·德·肖蒙。他打算与500名部下尽力保住约讷河南岸的市镇。法军在初期交锋中杀死了不少攻击者，但6月24日的施洗者圣约翰节，部分狂热的勃艮第及英国士兵主动从数个方向发起猛攻，并成功地打开了缺口。联军大举涌入，瓦解了守军的抵抗。一些法军在逃向城堡时不慎跌进壕沟淹死，还有16—20人被俘——其中大部分是低级贵族和乡绅。现在，纪尧姆只得带着残兵躲在城堡中闭门不出。占领市镇后，勃艮第人布置丧服帷幕，点燃蜡烛，从墓坑中挖出了约翰的遗体。据说死者仍裹着遇难时的紧身棉上衣和衬裤，在场者不胜唏嘘。老公爵的遗骸被装进了一口洒了盐和香料的铅棺中。按腓力的命令，在举行了一场英王亨利五世、克拉伦斯公爵托马斯以及其他英国、勃艮第大贵族均到场瞻仰的安魂弥撒仪式后，它被运往第戎城外的香普莫尔的加尔都西修道院（Chartreuse de Champmol），安放在了其父亲，第一代瓦卢瓦家族勃艮第公爵腓力二世的陵寝旁。

现在，蒙特罗的法军不得不独自承受围攻者的怒气。英勃联军已在塞纳和约讷河上建起浮桥，分驻两岸，从各个方向轰击城堡。英王勒令攻陷市镇时抓获的11名俘虏必须劝降城堡中的同伴，否则将被处决。这些囚徒踉跄地来到壕沟边，对着城堡跪下，恳求纪尧姆·德·肖蒙向联军献出城堡，救下自己的性命——面对力量悬殊的敌人，守军坚持不了多长的时间。纪尧姆却请他们自求多福，声称自己将葬于城堡的废墟中。这些人明白自己已无生还希望，于是要求与城堡内的亲友见面。就这样，俘虏们隔着壕沟声泪俱下地向亲人告别。在场者无不痛哭流涕。当他们被带回联军营地后，亨利五世下令竖起了一个绞架，在城堡守军的注视下，将这些人一个个吊死。据记载，陪同他们上绞架的还有亨利五世的马弁——他因在一场争吵中杀掉了一名骑士而受罚。

但不到八天，纪尧姆·德·肖蒙便开门投降。也许是英军毁坏了塔楼屋顶的木制投石架，或是勃艮第公爵腓力新运到的射石炮促使他做出了这个决定。无论如何，法国总督显然很有生存技巧，曾陪伴道芬查理到蒙特罗桥上的他轻松地寻找理由逃脱了敌人的复仇和决斗要求。7月1日，纪尧姆领着那些未卷入刺杀老公爵事件中的士兵，带着行李和安全通行证离开此地。当然，抛弃战友的指责从此也伴随着他。

亨利五世任命沃里克伯爵理查德·比彻姆为蒙特罗总督，他继续向塞纳河下游进军。这次英军的目标是布里平原东面的塞纳河畔的默伦。这座建于河心岛上的堡垒市镇是封锁塞纳河通向巴黎水道的重要关卡。道芬查理的首席侍从，老将阿诺·纪尧姆·德·巴尔巴赞及前鲁昂守将普雷欧领主皮埃尔·德·波旁带领600—700名法军和苏格兰士兵镇守此地。此前不久，一部分勃艮第军队还通过夜袭夺取了上游的约讷河畔新城（Villeneuve-sur-Yonne），从而拥有了能为军队输送来自勃艮第地区给养的一整段水道。

7月8日，英勃联军从东面接近了默伦。勃艮第公爵腓力与沃里克伯爵理查德·比彻姆、亨廷顿伯爵约翰·霍兰带着部队驻扎在东面的河岸旁，亨利五世则带领英军主力继续北行，在科尔贝——他将法王、王后及自己的妻子安置在这里——渡过塞纳河，占领了西岸，并在南面建立营地。两支大军都在营寨周围构筑工事，挖掘环绕的壕沟，竖立栅栏，在出口处设置壁垒，防止敌袭。勃艮第人很快夺下了一座没有壕沟保护的外围堡寨——守军曾用它来屏护城墙并骚扰敌人——对岸的英军则用船只在塞纳河上搭起浮桥，并安排武装驳船在塞纳河上警戒，防止来自水道的突袭。与此同时，联军的各种火炮也陆续被运至前线，开始轰击这座拥有八个圆形塔楼的坚固堡垒。13 日，他们还将法王查理六世推到城墙前招降法军。不过法军表示很乐意为自己的国王独自打开城门，但他们永远不会服从法国的宿敌英国国王。苏格兰国王对本国士兵签署的招降令也遭受了同等待遇。

在长时间炮击下，默伦的墙体出现了一些裂缝。不过亨利五世并不愿意发动总攻，他希望避免不必要的伤亡，等到重创默伦的防御工事并耗尽守军的储备和精力时再发起决定性打击，但不是所有联军将领都与他意见相同。莱茵行宫伯爵路德维希巡视过前线后，打算像先前攻取桑斯那样袭取堡垒。不少勃艮第人也赞同他的方案，他们的营地背靠着驻有强势法军的布里平原，他们希望尽快结束战斗，以摆脱敌人从后方发起的频繁袭扰。百般劝说无效后，亨利五世授权坚持己见的莱茵行宫伯爵发动一次强攻。

看见对面开始准备攻城梯后，阿诺·纪尧姆·德·巴尔巴赞将军民布置在城墙上，准备好好招待这些敌人。当那一刻到来时，勃艮第大营内爆发出了“进攻！进攻！”的吼声。士兵们冲到壕沟前，带着梯子跳下，开始往裂口处攀爬。在城头迎接他们的是扑面而来的可怕炮火和两侧密集的箭雨，连那些不谙战事的市民也帮着推落巨石，浇下沸油。就在攀城者焦头烂额之际，城中突然响起了一声号响，一支衣甲精良的法军精兵从通向壕沟的偏门中冲出。那些在壕沟中等待爬梯的联军后续部队也被击溃。莱茵行宫伯爵路德维希和腓力不得不取消了这次损失惨重的进攻。

接下来，联军一致同意用长期围困的方法来占领默伦。他们打算挖掘地道摧毁城墙，但法军将领路易·朱韦纳尔·德·于尔桑（Louis Juvénal des Ursins）与在地下墓穴中监视的法军发觉了他们的行动。于尔桑急忙拿起战斧奔去，很快便被阿诺·纪尧姆·德·巴尔巴赞拦住。“你还太年轻”，这位老将说道“不知道如何在坑道中与他们战斗”。巴尔巴赞立即组织人员挖掘对抗地道，并在其中设置栅栏关卡。当矿工们逃散后，士兵们拿着长矛战戟等兵器在两组地道接口的栅栏处互戳。这里很快演变成了决斗竞技场。不少人当场被封为骑士，为所谓的荣誉向对方挑战。于尔桑也在同敌人交手时负伤。据传不仅是勃艮第公爵腓力，连英王亨利五世也亲自来到地道中指挥战斗，在这里他遇见了对方的最高指挥官巴尔巴赞。显然，联军在这个狭窄之地取得不了突破。双方最终放弃了在地下的战斗。

与此同时，联军在地面上用火炮轰击城墙，同样遭到了守城者的顽强反击。当白天炮火毁坏了墙体后，晚上法军就借夜色的掩护用木料和土石修补裂口。他们还经常派出小分队突袭前沿落单的敌人，破坏他们正在修筑的工事。甚至连城里的修士们也加入了战斗。其中有一位奥斯定会修士尤为著名。据传他拿着十字弩先后射杀了60 余名敌人。在阿诺·纪尧姆·德·巴尔巴赞的鼓励下,城内的军民斗志昂扬，他们决心坚守等待道芬查理的大军出现。

而默伦翘首以待的援军正在卢瓦尔河流域不紧不慢地集结。道芬政府还在为布列塔尼事件分神。尽管做了种种补救措施，他们显然不会对绑架事件的结果感到满意：在各方压力下，庞蒂耶夫尔伯爵奥利维耶·德·布卢瓦被迫在 7 月 5 日释放了布列塔尼公爵约翰。但这个事件产生的消极影响还在继续，公爵开始同英王亨利讨论认可《 特鲁瓦条约 》的事宜。22 日，双方进一步达成协议。公爵的二弟里什蒙伯爵阿蒂尔得到了两年的假释期,但他也不能帮助道芬查理对抗英王及勃艮第公爵腓力。此外，长期作为王室盟友的布卢瓦家族也遭重创，大批领地均被占领。奥利维耶被缺席判为死刑，不得不流亡他乡。而道芬政府在今后不得不花费更多精力重新争取公爵。

直到布列塔尼事态逐渐平息后，卢瓦尔河流域的法军才开始行动。7 月下旬，法军前哨已越过蒙塔日，派出斥候侦查联军营地，斥候回报敌人难以撼动。显然，救援行动需要极大的勇气和周密的计划。道芬查理已经委派堂兄，主持奥尔良家族事务的韦尔蒂伯爵腓力担任此战主帅。韦尔蒂伯爵将总部设在雅尔若（Jargeau)。8 月 6 日，道芬也来到此地。法军主力集结的消息在联军阵营中激起了不小的骚动。刚在十余天前的攻城战中折戟的勃艮第公爵腓力十分不安。实际上，在清扫塞纳河战役开始时，他就与韦尔蒂伯爵有过秘密联络。腓力一直担忧围城的前景。勃艮第后方分遣队也经常遭到莫城等布里地区法军的袭击——卢森堡的约翰的兄长，布列讷伯爵彼得就在同莫城法军的一次遭遇战中被俘。

不过，勃艮第公爵腓力的忧虑很快烟消云散。韦尔蒂伯爵腓力突然感染疾病，几乎丧失了指挥能力。8 月中旬，六神无主的道芬查理开始在雅尔若至奥尔良周边的几个市镇间乱窜。期间他只下了一道要求拆毁普瓦图地区不易防守的据点的命令，以应对西线英军可能发动的袭击。韦尔蒂伯爵在 9 月 1 日去世，这彻底摧毁了道芬的信心。他退往耶夫尔河畔默安，并在那里一直待到年底。指挥的担子落在了一群低阶法军将领肩上。在混乱和争执中，他们于 9 月中旬放弃了任务。

救援行动的失败决定了默伦的命运。虽然阿诺·纪尧姆·德·巴尔巴赞决心继续固守，但城内补给匮乏，人心涣散。一些人乘坐小船从塞纳河上逃离，城中的境况随即被敌人掌握。不过三个月的包围也使英勃联军吃了不少苦头。瘟疫开始在军中流行，奥朗日亲王路易借口不愿臣服于不是自己封主的英王离开了联军。勃艮第公爵腓力被迫从皮卡第前线调卢森堡的约翰前来助阵。当这支军队出现在布里平原上时，默伦守军以为援军终于赶到。他们欣喜若狂，敲响了所有的大钟，嘲讽围城者应该骑着快马逃命。但真相很快降临，这进一步打击了守军的士气。随后，道芬查理的一封信件迫使他们不得不向现实低头——道芬声称他未能集结起足够解围的力量，建议他们尽己所能，与敌人缔结尽可能有利的协议。

11 月 17 日，默伦终于向联军投降。阿诺·纪尧姆·德·巴尔巴赞带领数百名士兵将敌人的主力拖住四个月，并给英军造成了 1700 人的伤亡。亨利五世的报复是严酷的：城市居民被处以 2 万法郎的罚金；20 名苏格兰守军被以背叛苏格兰国王詹姆斯一世的名义吊死；3 名被控涉嫌谋害老勃艮第公爵约翰的奥尔良侍从被砍头；500—600 名守军被当作战俘押往巴黎；只有一些布列塔尼士兵被释放，按计划，他们将被交给里什蒙伯爵阿蒂尔，充作部下，一起跟随英军征战。以骑士风度倍受时人敬仰的巴尔巴赞受到了英国人更为细致的关照：他开始被关进巴士底堡，随后又被强加上参与蒙特罗谋杀案的罪名。四年后，当这些指控被洗清时，他又被作为战俘继续关在诺曼底盖亚尔城堡的囚笼中。

现在，由塞纳河通向巴黎的道路已经畅通。在围攻默伦期间，亨利五世从勃艮第公爵腓力手中接管了巴黎地区的巴士底堡、罗浮宫、万塞讷等地。随着英军士兵进入的还有英国教士、律师和官吏，而英国商人早在《特鲁瓦条约》签订后就来到这里经营酒水业务。在8—9月，英王改组了法王的御前会议，并撤销了两名财政会议大臣（Généraux des Finances）及从属官员，希望以此减少混乱，提高财政效率。克拉伦斯公爵托马斯也得到了巴黎守将的职务，腓力的堂弟圣波勒伯爵腓力随即离开都城前往低地。12月1日，亨利五世举行了盛大的入城式。巴黎市民出城迎接他们的新主人。城市的街道被修理平整，建筑被挂上名贵的帷幔。英法两国国王并排前行，贝德福德公爵约翰等其他贵族紧随其后。“万岁”声不绝于耳。

不过，亨利五世更在意的是继续运用政治手段打击他的对手。12月6日，法国三级会议在圣波勒宫召开。查理六世坐在王座上，他的两侧是亨利五世和勃艮第公爵腓力。只能代表皮卡第、香槟、法兰西岛等北部部分地区的会议成员们不久便批准了《特鲁瓦条约》。此外，他们还恢复了前勃艮第公爵约翰信誓旦旦废除的商品税——为期一年的酒类1/4销售税以及衣物1/20销售税——作为与同胞作战的开销。

12月下旬，人们在西堤岛的王宫庭院中宣读了谋害老勃艮第公爵约翰的谋杀者草拟名单：让·卢韦、塔内吉·迪·沙泰尔、纳博讷子爵纪尧姆、皮埃尔·弗罗捷、纪尧姆·巴塔耶赫、罗贝尔·德·莱尔、奥利维耶·德·雷耶均然在目，甚至连未在场的阿诺·纪尧姆·德·巴尔巴赞也被圈入其内，而道芬查理更是被排在首位。巴黎高等法院发出了要他出庭对质的传唤令。这当然没有任何结果。1421年1月，借着所谓的法律程序，一个只掌握法国大约1/3领土的入侵者政权便堂而皇之地将另外2/3地区及多数人口判定为逆党的追随者，而现在，身处入侵者政权控制之下的人们也必须将流亡的族人、曾经的朋友视作敌人。

英王并未在巴黎城中久驻。他命令克拉伦斯公爵托马斯担任法兰西王国总代理官，埃克塞特公爵托马斯·博福特为巴黎守将，索尔兹伯里伯爵托马斯·蒙塔古为阿朗松和曼恩边境地区的代理官。而亨利五世已同妻子前往鲁昂。英王急于返回英格兰。虽然他已成为法国王位的继承人和实际统治者，但没有来自海峡对岸资源的支持，就完全没有征服法国剩余领土的希望。英国臣民并没有对已离开本土三年的国王继承另一个王国的功绩欢欣鼓舞，他们反而为前景担忧——国王在海外开疆拓土究竟对英格兰有无益处？英格兰王国的人力、物力花费在法国平叛的事业上是否是一种浪费？在去年年底召开的一次议会上，平民议院就给了新英格兰王国守护格洛斯特公爵汉弗莱一个下马威：尽管格洛斯特公爵可能意识到了他们不会同意课税，所以没有提出任何补助金要求，并表示他也真心期盼国王早日回归，但平民议院仍表达了自己的忧虑——英格兰是否将逐渐成为庞大的法兰西王国的附属物？他们进而提出一大堆要求：议会开会期间所有的请愿均需被听取和答复，不得以国王外出为借口而搁置；国王外出期间由摄政召集的议会也不能因国王返回而解散，此外他们还要求重颁1340年议会法案，以保证英格兰在任何情况下的自治特权。面对英格兰越来越明显的自主倾向，亨利五世感到需要好好安抚本土民众，从而寻求持续的支持。临行之前，他还要狠狠地从直辖的诺曼底榨出一笔军费。1月中旬，地区等级会议在鲁昂召开。亨利五世提出了60万锂弗的人头税。这显然超过诺曼底能承受的极限。经过讨价还价，总额降到了40万锂弗，但这依然是个沉重的负担。事实上，一年半后，人们也只筹集了总额的2/3。

临行前，英王还收到了富瓦伯爵让——他现在对查理六世的朗格多克代理官职位非常感兴趣——以及先任法国陆军统帅夏尔·德·阿尔布雷之子，夏尔二世（Charles II，Lord of Albret）以阿基坦公爵封臣身份对他的效忠。这也是两人愿意改换门庭对抗道芬政府的暗示。尽管贵族领主们的打算只是经营自己在当地的势力，恢复那些被占领的领地，英王还是决心先加以笼络。16日，亨利五世初步答应了这些人的请求，与他们签订协议。第二天，他正式释放了里什蒙伯爵阿蒂尔。

当法国事务告一段落后，亨利五世带着苏格兰国王詹姆斯一世、贝德福德公爵约翰等一批王公贵族于1月底渡过英吉利海峡。英王美貌的妻子赢得了英格兰民众的好感，他们一路受到热烈欢迎。2月21日，凯瑟琳进入伦敦，不久她便正式加冕为英格兰王后。随后，英王夫妇开始巡视这个王国。

不过大陆的战争仍在继续。除去东北方一直延伸至埃诺等地的频繁袭扰战外，法军还在冬季夺回了维尔讷沃勒鲁瓦。进驻茹瓦尼前线的勃艮第将领利勒亚当大人让·德·维利耶打算收复这个干扰塞纳河上游水运的据点。但1月29日，纪尧姆·德·肖蒙以及纳博讷子爵纪尧姆的解围部队迫使他放弃辎重，焚毁营地，狼狈撤回茹瓦尼。接替利勒亚当的莱昂内尔·德·布尔讷维尔也只满足于增加沙特尔守卫，派遣分队袭扰法军地盘。双方的交战范围遍及从奥布河谷到奥尔良森林的广大地区。

就在纳博讷子爵纪尧姆等人解围的3天前，道芬查理在塞勒（Selles）召开了由王公贵族和教士参加的大咨议会，议题更偏向于军事方面。据说与会者并不赞赏前一阶段的军事政策，他们建议让更多高级贵族能够加入到政务会议中来。会议最终决定将于5月在克莱蒙举行三级会议——届时，他们将以更大的勇气推进战争。

▲ 达恩利的约翰·斯图尔特的盔饰

实际上，道芬查理和政务会议已经有了应对方案。2月27日，道芬来到普瓦捷接见苏格兰将领——第二批约4000—5000人的苏格兰大部队已到达法国。按照规划，苏格兰雇佣兵组成了一支独立于法军系统之外的军团。拥有自己的指挥管理机构。达恩利的约翰·斯图尔特（John Stewart of Darnley）担任军团统帅。这支军队的特点是含有大批弓箭手，今后他们将成为同英军作战的主要力量。这批有对英作战经验的将领和部队也在某些程度上促进了道芬政府的进取心：他们更加趋向于集中大批军事力量，采取主动。按商议结果，将领们将在夏季集中6000—8000名苏格兰士兵配合一些在南方招募的法军发起大规模攻势。当然，他们的开支需要三级会议召开后才能筹集，在此之前，道芬需要耐心等待。在3月20日的圣周四，他效仿先王们的惯例，为穷人濯足。同时，他还致信图尔，要求他们全力支持他在卢瓦河（Loir）和卢瓦尔河流域的事业，对付从北面扑向卢瓦尔河流域的敌人——西线的炽烈战火已被重新被点燃。

做出向西南进军决定的是亨利五世的二弟，法兰西王国总代理官克拉伦斯公爵托马斯。也许是为了抢先打乱苏格兰-法兰西联军向诺曼底进军的部署，也许是为了追逐长期以来被长兄的功勋所遮蔽的个人荣耀，3月前后，克拉伦斯公爵悍然发动了对曼恩和安茹的大规模远骑烧掠。为此，他集中了约4000—5000人马，索尔兹伯里伯爵托马斯·蒙塔古被任命为副官，亨廷顿伯爵约翰·霍兰，芒特及盖亚尔城堡守将第七任鲁斯男爵约翰（John de Ros，7th Baron de Ros），出身于诺森伯兰，后被封为唐卡维尔伯爵的约翰·格雷爵士，国王顾问吉尔伯特·乌姆弗拉维尔爵

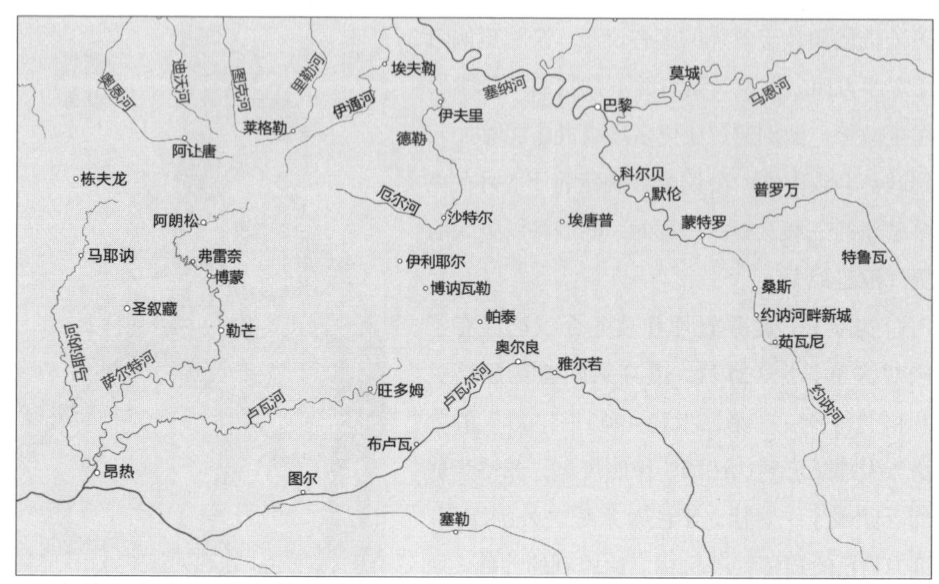

▲ 塞纳—卢瓦尔河之间地区

士，克拉伦斯公爵的继子新任萨默塞特伯爵约翰·博福特及其幼弟埃德蒙[①]等一批英军高级指挥官和贵族加入到他的旗下。

这支几乎占到大陆英军总数一半的队伍来势汹汹。他们穿过阿朗松南面，效仿去年索尔兹伯里伯爵托马斯·蒙塔古那场南下烧掠，从热讷桥（Pont de Gennes）渡过于讷河，避开勒芒，直趋昂热。英军所过之处如入无人之境。卢瓦河沿岸城市皆大为震动。道芬查理开始动员卢瓦尔河流域的军队应付危局。

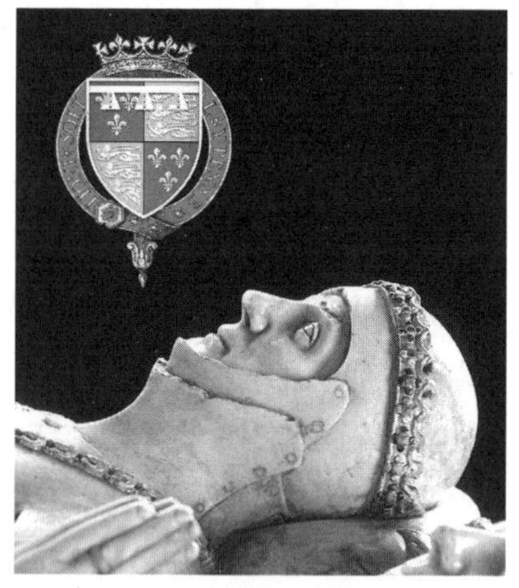
▲ 克拉伦斯公爵托马斯

① 克拉伦斯公爵迎娶了先任萨默塞特伯爵的遗孀玛格丽特·霍兰，虽然这段婚姻未能产生继承人，但克拉伦斯公爵已成为现任萨默塞特伯爵约翰及其诸弟的继父。

克拉伦斯公爵托马斯深入敌境，千里奔袭昂热的行动并不成功。他们又尝试夺取卢瓦尔河的上渡口，并沿着河岸向东边的图尔方向前进了一段距离。当英国人将时间浪费在这些没有多少战略价值的行动上时，分布在图赖讷境内的苏格兰部队已经集结在巴肯伯爵约翰·斯图尔特麾下，同曾在卡昂和法莱斯抗击英军，又保卫过里昂的法军将领吉尔贝·莫捷·德·拉费耶特部会合后，他们开始向西北面进军，打算切断敌人的归路。

3月21日，约4000—5000名苏格兰士兵和1000名法国军抵达卢瓦河畔的勒吕德（Le Lude），得知克拉伦斯公爵托马斯来到博福尔昂瓦莱（Beaufort-en-Vallée）的消息后，巴肯伯爵约翰·斯图尔特随即命令部队向西南方进发。他们在夜晚抵达博热（Baugé），这有一条自东向西从南面穿过名叫库阿瑟农（Couasnon）的小河。苏格兰和法军在渡桥西南岸半英里处的小村庄维耶伊博热（Vieil Baugé）宿营。由于临近复活节，直到第二天他们也未打算与敌人交战。克拉伦斯公爵直到吃饭时才得知这个消息——这可能要归功于几名搜索粮秣的苏格兰士兵，他们因过于靠近英国人的驻地而被俘获。听完报告，餐桌前的克拉伦斯公爵有了一个大胆的想法：明日便是复活节，松懈的敌人似乎并不想作战。他随即从餐桌前起身，对诸将下令："让我们去同他们作战！他们是我们的！"尽管此时大部分英军也在分散筹粮，而且亨廷顿伯爵约翰·霍兰等将领也建议先探明敌情，集合队伍再制定对策，但习惯于采取主动的克拉伦斯公爵坚持攻其不备。他手中握有大部分骑兵部队——这些人是英军的精华所在，其卫队中也有少量长弓手。因此，公爵匆忙翻身上马，召集了身边的大部分指挥官带着约1500人的骑马队伍迅速向博热急驰而去，只有索尔兹伯里伯爵托马斯·蒙塔古留在后方聚拢剩余的主力队伍。

22日，法国和苏格兰军队正安逸地享受着午后时光。一些苏格兰人在河中洗澡，另一些则在桥旁的草地上踢球。因此，他们对突然出现的敌军措手不及。几乎在吉尔贝·莫捷·德·拉费耶特的外围法军斥候回报敌情的同时，克拉伦斯公爵托马斯率领的骑兵队伍就已经冲到了库阿瑟农桥旁——当然，还有数百名接到命令的部下正在后方努力追赶公爵。两位苏格兰将领休·肯尼迪爵士和罗伯特·斯图尔特带着大约120名苏格兰弓箭手奉命保卫此地，他们连忙拿起武器冲到桥上抵抗对手。

库阿瑟农两岸遍布沼泽，令骑兵行动十分不便。于是，克拉伦斯公爵托马斯的

▲ 博热战役插画

千余英军从容下马，以徒步冲锋的形式将桥上的苏格兰弓箭手冲垮，[①] 并顺手击溃了附近的一队法军骑兵。法军骑兵只得逃入旁边的一座教堂内，关紧大门，爬上塔楼，向英军丢石头。克拉伦斯公爵试图继续攻击这些敌人，但发现他们占据地利后，便放弃了这个打算。这时已接近 6 点，克拉伦斯公爵再度领着陆续从狭窄的桥面上通过的部下们发起冲锋。英军爬上通向维耶伊博热的缓坡，直扑对手的主营。

但之前的那些缠斗已经给巴肯伯爵约翰·斯图尔特足够的时间集合全军。他将部下拉到村庄北面一处小高地，列出战斗队形，并亲自带着 200 名骑兵向英国人的攻击队伍发起冲击。与此同时，全副武装，尖顶头盔上顶着嵌有璀璨宝石冠冕的克拉伦斯公爵托马斯也领着身边的数百名先锋率先撞进敌阵。英军大部分是徒步作战——他们的马匹在约 9 英里的奔袭后可能已不堪驱驰，而且不少被箭矢所伤。他

① 也有资料提及克拉伦斯公爵命令少数骑兵直接从浅滩涉水，绕到侧翼夹击了桥上的苏格兰人。

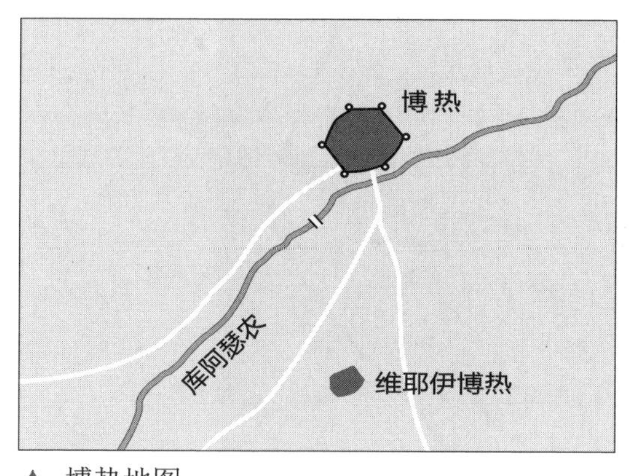

▲ 博热地图

们的两翼也没有大批长弓手支援，因此很快就陷入一场贴身格斗中。混战中苏法联军的人数优势很快体现出来。首先遭受重击的是英军最前线的指挥官队伍：克拉伦斯公爵那特别的装饰显然了吸引众多对手。很快，他的面部就被击伤，尽管公爵仍在奋勇作战，但重围之下长矛、战戟、钉头锤等武器都在往他身上招呼。最终，克拉伦斯公爵在众目睽睽之下被击倒——究竟是谁结果的这位英国王位第一顺位继承人却众说纷纭，法国和苏格兰的编年史学家均不介意抢夺这次功绩。与他一起殉职的还有试图前来救援的鲁斯男爵约翰，吉尔伯特·乌姆弗拉维尔和约翰·格雷随后也死于乱军之中。眼见领导者在数十分钟内相继凋零，英军的士气迅速崩溃，纷纷放弃战斗，转身逃跑。于是，真正一边倒的屠杀开始了，英国士兵成为苏格兰和法军步骑兵追逐的猎物。苏法联军的追击行动一直持续到傍晚。据事后统计，有1054 名英军被杀。亨廷顿伯爵约翰·霍兰、萨默塞特伯爵约翰·博福特及其幼弟埃德蒙侥幸位于数百人的被俘名单中。相比之下，法军的损失十分轻微。只有贝里执事夏尔·德·布特伊等数百人阵亡。

当索尔兹伯里伯爵托马斯·蒙塔古接到消息后，他明白已无力回天。尽管如此，伯爵还是在晚些时候派出一些长弓手部队摸回战场。大部分敌人已经离开，只有一些散兵还在搜刮赃物。克拉伦斯公爵的私生子带着一些士兵赶走了那些翻寻尸体者，找到了父亲的遗体并将阵亡者带回博福尔。远征已经变成一场灾难，为了避免再遭东面敌人拦截，索尔兹伯里伯爵带着剩下的 3000 人北返。多亏了伯爵的丰富经验和高明指挥，这些英军才能化险为夷：他们转向拉弗莱什（La Flèche），拆下当地居民房屋的门板，与一些运输车辆一起拼凑搭起一座临时浮桥，渡过了卢瓦河，接着又通过化装抢占于讷河渡口，摆脱敌人追击，平安退入诺曼底。

24 日，道芬查理收到了巴肯伯爵约翰·斯图尔特的信件以及克拉伦斯公爵托

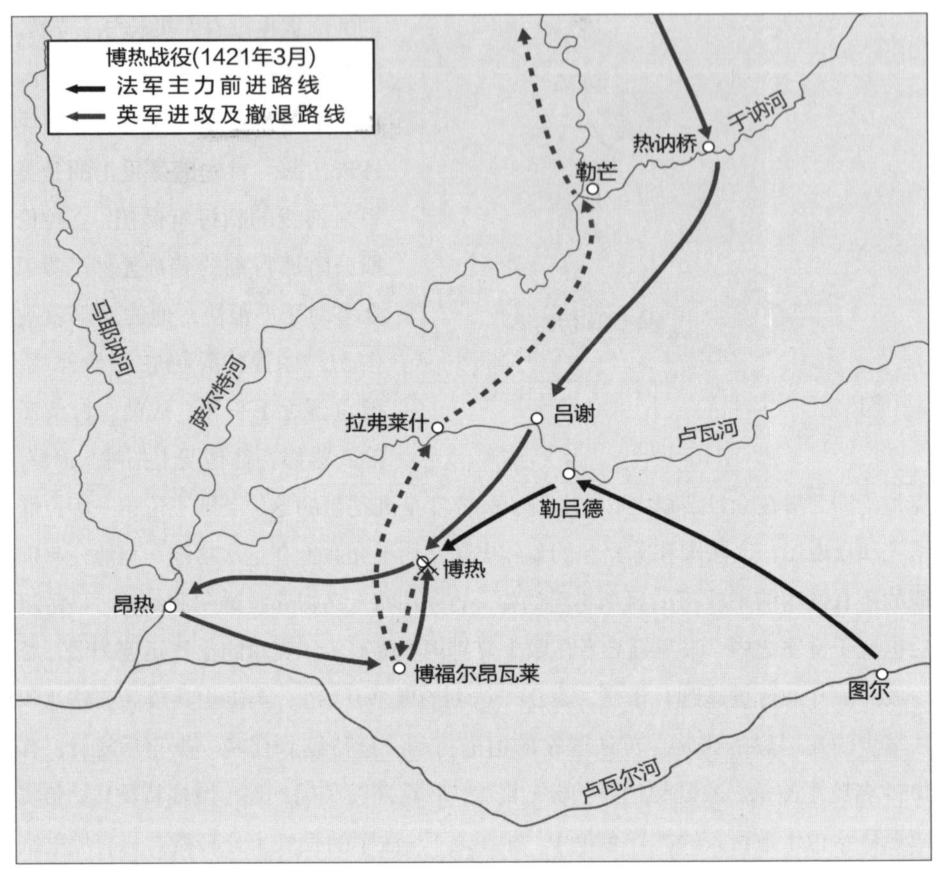

▲ 博热战役

马斯的旗帜，对苏格兰军团能力的疑虑也随之一扫而空。兴奋的道芬步行到大教堂举行了一场感恩弥撒，并下令其他市镇举行游行庆典。相比年轻的摄政，两位前线的苏格兰伯爵则实际得多。他们还在信中建议道芬立即前往安茹，乘对手慌乱之际进军诺曼底——“借由上帝的帮助，一切都将属于您”。但沉浸在喜悦中的道芬似乎没有更新预定军事战略的打算，仍希望集结庞大的队伍以便收获决定性战果，于是备战工作仍在不紧不慢地进行。普瓦图、吉耶讷、朗格多克，甚至多菲内的部队都在向这里集中。同时，道芬还要好好品味这个时刻。他将苏格兰将领们召回图尔，当着那些妒火中烧的法国贵族面，盛情款待这些功臣，并花高价买下他们的战俘。

慷慨的赏赐降临到参战者身上：吉尔贝·莫捷·德·拉费耶特晋升为元帅；除了大片封地及头衔外，巴肯伯爵还得到了一直空缺的陆军统帅职位和一位专属占星师——这是中世纪王公们特有的待遇。

随后，新陆军统帅巴肯伯爵约翰·斯图尔特得到了一项特殊任务——带领一个使团前往布列塔尼。巴肯伯爵的工作看来十分顺利。博热战役产生了远超军事意义的政治影响。毙俘大批英国贵族的战果迅速穿过法国南部甚至传到意大利。它打破了英军不可战胜的神话——这也是他们笼络盟友的最大筹码。现在，布列塔尼公爵约翰似乎又感觉道芬查理的事业大有可为。他很快便前往萨布莱（Sablé）拜访小舅子。5 月 4 日，会晤双方表现出了极大的热忱。道芬承诺将让·卢韦庭长、奥尔良私生子让等一批在去年破坏过双方关系的主谋赶出自己的政务会议、摒弃布卢瓦家族的奥利维耶和查理兄弟，他得到的回报是布列塔尼的军事援助——公爵的幼弟理查·德·蒙福尔（Richard de Montfort）将带领 2000 人前往勒芒为道芬服务。同时，理查将会迎娶奥尔良公爵查理一世的妹妹，有着丰厚嫁妆的玛格丽特（Marguerite d'Orléans），并因此成为埃唐普伯爵。他还被许行使没收庞蒂耶夫尔伯爵领地的领主权。于是，道芬政府在 5 月 8 日和布列塔尼公爵正式签约，建立同盟。

英国人在自己地盘内的日子就没有那么好过了。博热的惨败使大片地区人心浮动。诺曼底忙着分配将领，填补空缺的守备职位。在巴黎，所有官员都被召集起来宣誓遵循《特鲁瓦条约》。查理六世的信件被发往兰斯等市镇。法王在信中敦促市民保持忠诚并抑制谣言传播。承诺亨利五世和勃艮第公爵腓力——他在冬季就已返回低地——即将带领大军展开行动，对付自己的儿子。英国人还掀起新一轮逮捕道芬查理支持者的行动。其中最为著名的是查理六世政府的元帅利勒亚当大人让·德·维利耶。按照英王代理官埃克塞特公爵托马斯·博福特发布的逮捕令，利勒亚当密谋让法军进入巴黎。[1] 英国人的这次行动激起了市民的强烈反弹，险些酿成一场暴乱。埃克塞特公爵也不得不从罗浮宫搬到更为安全的巴士底。

① 并没有有力证据可以证明利勒亚当在酝酿阴谋。不过有资料记载他曾在默伦围城战期间因觐见时直视英王而被认作大不敬。

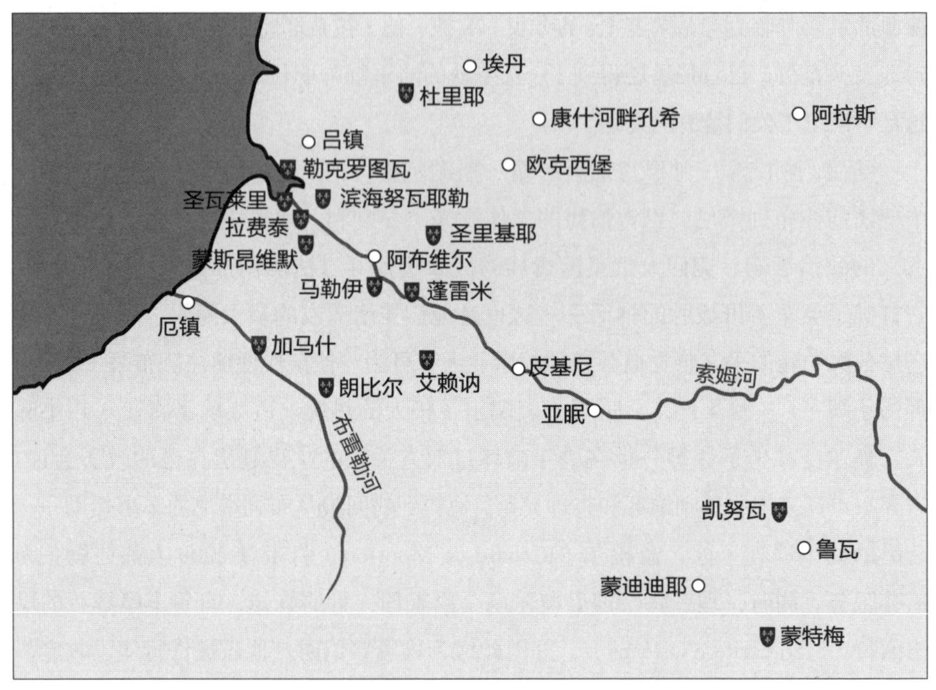

▲ 索姆河流域及其周边的法军主要据点

实际上，更严重的背叛来自于勃艮第公爵腓力的顾问，勒克罗图瓦守将雅克·德·阿库尔。英国人征服诺曼底时占领了其妻的唐卡维尔领地，对此耿耿于怀的阿库尔一直在同法军秘密联系。博热战役后，他迅速倒向了法方，同还在索姆河下游地区抵抗的法军据点及一些本地贵族结成同盟。由此，法军获得了另一个珍贵的海港，他们可以利用此地接收补给，威胁英吉利海峡的敌方运输。他们还占有了滨海努瓦耶勒（Noyelles-sur-Mer）、圣瓦莱里、拉费泰城堡以及加马什等地。一时间法军在皮卡第西部及蓬蒂约地区的势力大有起色。

5 月 12 日，法国三级会议在奥弗涅的克莱召开。会上，为道芬查理代言的专员布尔日主教提出要征收 120 万锂弗的巨额税款，用来支付军队薪金和发动战役的费用——按照廷臣们的设想，接下来的战役将赶走英国人，救出法王，最近的胜利也极大地减少了针对这个野心勃勃的征税目标的阻力。经过讨论，与会代表最后将其缩小至向朗格杜瓦地区世俗人员征收 70 万锂弗以及向其他人员征收 10 万锂弗。尽管如此，这仍是英国入侵以来一次性拨出的最高额度。不过，他们还请求收复诺曼底后要制止奥弗涅守卫军队蹂躏地方以及骑兵通过榨取“穷人”来谋生的行为——长期战争已经使南方的兵匪成为问题。

▲ 索尔兹伯里伯爵与妻子的画像

正如专员所承诺的，在会议召开之际，道芬查理已在勒芒建立了总部，并派出前锋从曼恩边界出击。新陆军统帅巴肯伯爵约翰·斯图尔特带着吉尔贝·莫捷·德·拉费耶特元帅、阿朗松公爵让二世等将领指挥这支约 6000 人的部队一举包围了阿朗松城。扛起守卫诺曼底之责的索尔兹伯里伯爵托马斯·蒙塔古立即集合一批守卫部队前来救援。英军初战并不顺利，在撤退时，后卫损失了 200—300 人。与法军脱离接触后，索尔兹伯里伯爵转而南下，向曼恩及安茹地区发起新一轮袭扰。担心补给线被切断的巴肯伯爵不得不在 5 月底放弃围攻，撤回曼恩。显然，在干练的索尔兹伯里伯爵的主持下，歼敌有限的博热战役并未撼动英国人在西线的军事体系。索尔兹伯里伯爵在写给英王的信中说现在的形势已经稳如磐石。

而两个月前，当亨利五世得知克拉伦斯公爵托马斯兵败身亡时，他正处于从莱斯特（Leicester）前往北方的旅途中。英王平静地接受了这个消息，按原定计划到达约克。4 月 7 日，亨利五世同御前会议商议后，决定立即亲自带兵前往欧洲大陆。专员们正在王国里为筹集战争款而强制借贷，并将所得直接交予英王。虽然人们对国王及新王后表现出极大热情，但一旦被要求提供金钱支持时却变得冷若冰霜。征到的 3.6 万英镑借贷中有一半出自于国王叔父温切斯特主教亨利·博福特的口袋，这里面还包括他在上次借贷时未缴纳的部分。亨利五世能抵押给这些债权人的几乎只剩下因战争影响日益萧条的海关收益。他的征税计划已受重挫：5 月 2 日，中书大臣在议会上提及了最近的灾难，但国王二弟殁于王事的惨剧仍未打动议员们。他们不同意征收补助金。平民议院声称批准《特鲁瓦条约》后，亨利五世已成为法国摄政及继承人，英国臣民就再无义务因法国的战争而缴纳税收支持。他争取到的只是在下届会议中也许会应要求给予税金的承诺。英王的财政运转前景并不乐观，他的本土收入承担着超过一半的军事开支，法国收益的大部分只能用来填满巴黎及诺曼底的守卫费用。即使在巴黎运用了货币贬值的对策，也远不及所需。因此本土收益的趋紧使亨利五世的债务正不断累积，部分军队的薪水也一再拖欠。

相比之下，亨利五世在处理苏格兰问题方面可能更成功一些。自去年苏格兰奥尔巴尼公爵罗伯特·斯图尔特去世后，其子莫多克·斯图尔特接替了摄政之位。但莫多克的统治十分脆弱。亨利五世趁机拉拢苏格兰的另一名权贵道格拉斯伯爵阿奇博尔德——道格拉斯伯爵希望联合国王詹姆斯一世对抗手握大权的奥尔巴尼家族。很快，他们便缔结了三方协议：詹姆斯一世将获得一次假释前往苏格兰的机会，道格拉斯伯爵将为亨利五世提供军事服务，道格拉斯伯爵的倒戈实际中止了征募苏格兰部队为法国而战的工作。

6月10日，贝德福德公爵约翰被再次任命为摄政。第二天，亨利五世带着苏格兰国王詹姆斯一世、格洛斯特公爵汉弗莱、沃里克伯爵理查德·比彻姆以及约900名骑兵和3300名长弓手在加来登陆。英王的亲征非常及时，他的大陆政府正面临着严峻威胁：阿朗松围城失利后，道芬查理的将领们放弃了与防守严密，容易得到内线增援的西线英军打交道，将目标转向了勃艮第方面。于是，在集结了理查·德·蒙福尔率领的布列塔尼人以及纳博讷子爵纪尧姆从南方带来的3000人部队后，道芬命令1万人左右的大军在6月上旬向东北面的博斯平原进军——这里贴近卢瓦尔河流域，也比较容易获得补给。10日，他亲临受纳博讷子爵纪尧姆包围的蒙米拉伊（Montmirail）城下。这个位于博斯边缘入口处的据点在经受了两周的围困后投降，城堡被夷平。6月16日，道芬来到布鲁（Brou），并继续向沙特尔挺近。这里的勃艮第部队已经有两年未经历过激烈的战斗，强敌压境下，疏于防范的他们纷纷土崩瓦解。厄尔河畔诺让、圣普雷斯（Saint-Prest）等城镇均落入法军手中。6月下旬，他们开始包围这一地区的重镇沙特尔。同时，另一部分队伍继续向北进发，于23日到达位于通向巴黎的大道上的加拉尔东（Gallardon）。两天后，他们袭取此地，这里的勃艮第守军非死即俘。这座富裕的小城遭到洗劫，城墙也被毁坏。至此，基本掌握了博斯的道芬隐隐有打通与德勒法军的联系，威胁巴黎之势。兴奋的德勒守军也在向上诺曼底出击，甚至于6月上旬攻克了贝克修道院。

索尔兹伯里伯爵托马斯·蒙塔古并未与道芬查理率领的主力较量。当法军主力集中在中部时，他的小部队继续南下，对夺取贡捷堡（Château-Gontier）做了一次未成功的尝试，并于6月14日袭至昂热附近，掠取了一些牲畜和财物。但接到贝克修道院失陷的消息后，索尔兹伯里伯爵被迫从安茹前线迅速撤回，当他来到修道院时，发现邻近的英军守卫已经将其夺回。不过新形势迫使索尔兹伯里伯爵必须考虑面对南方的威胁。率军向沙特尔地区进发的同时，他也急切盼望着英王的援助。

而道芬查理已经下令让雅克·德·阿库尔尽量在北方展开大战，牵制勃艮第公爵腓力的部队。于是，北至加来，南到上诺曼底的大批英国及勃艮第守军都卷入了混战，亨利五世审时度势后，认为这些法军只不过是癣疥之疾——他们缺乏凝聚力，难以组织起能有效威胁英国和勃艮第占领区的攻势。他把注意力集中在保卫巴黎和对付道芬的攻势上。英王邀请勃艮第公爵腓力前来与自己会面，但来觐见他的却是卢森堡的约翰——腓力正在发烧，不能行动。

直到6月25日，双方才在蒙特勒伊见面，但均未十分满意。勃艮第公爵腓力只积攒了数百名人马。去年的战役令他的财政状况恶化，军队要到7月才可能初具规模。而且，他已感到了这份盟约中的不对等态势：亨利五世是西欧当时最杰出的军事统帅之一，也是一位高傲、冷酷的统治者。他曾对那些抱怨征服之地均被洗劫的人说道："没有烈火的战争毫无价值——就像不加芥末的香肠。"亨利五世在法国事务上也保持着强势，他已经牢牢地掌握了法王的国库和收益。腓力不可能像父亲约翰一样继续从中获得庞大和稳定的收入。而通过一年多的合作，亨利五世已经感觉到这位勃艮第公爵不过是一位纨绔公子而已。腓力耽于享乐，建立了一个奢华璀璨的宫廷，却不愿承受军旅劳顿之苦，更不想理会官僚体制的繁文缛节。不过这位新公爵也有自己的过人之处——他没有继承父亲的管理能力、指挥才略和顽强意志，因此也不像父亲那样刚愎自用，独断专营。至少在外交方面，长袖善舞的他就已展现出了更为灵活的手腕和态度。腓力并未对《特鲁瓦条约》表现出强烈的责任感。他总是精明地利用形势为自己的利益服务：通过与英国人的联盟和支持，他为自己的低地伯爵领建立起了一片缓冲区并成功地为自己的南北领土建立了较为安全的联系通道；他的南方领地的大部分边界则用与道芬追随者们签订的局部休战协议小心翼翼地保护起来——这方面腓力的母亲，老公爵遗孀玛格丽特居功甚伟，她还促成了腓力的妹妹阿涅斯同波旁家族继承人克莱蒙伯爵查理的订婚，这使道芬政府同勃艮第间留有一线沟通的渠道；他也与东面的洛林、萨伏依维持着良好关系。随着期望的法国收益逐渐触底，腓力开始逐步将关注点转向与自己主要经济区联系更紧密的低地地区。腓力不惜花费巨资在东北面购买领地、吞并领土、建立势力范围。与此相比，在法国事务上，他更像一位精于算计，不愿投入过高成本的商人，条约对他而言只是一种牟利的工具而已。

不过，在此时双方还要继续合作对付共同的敌人。勃艮第公爵腓力劝说阿布维尔居民让英王从此地渡过索姆河，亨利五世则从法王的国库中临时拨出 3000 金埃居给腓力招募军队。并命令格洛斯特公爵汉弗莱和苏格兰国王詹姆斯一世带领英军主力扼守通向巴黎之路的塞纳河渡口芒特。英王则带领剩下的 700 人增援叔父埃克塞特公爵托马斯·博福特镇守的巴黎——这里已因饥馑、谣言、密谋和小股敌人的骚扰而动荡不安。法王查理六世被转移到更为安全的万塞讷。7 月 8 日，亨利五世离开巴黎去与英军主力会合。他的部队已集中在蓬图瓦兹、芒特、默朗、韦尔农等屏护巴黎的据点之间，等待腓力合兵一处，同南面的敌人决战。

道芬查理并没有给他们这个机会。在近一周的时间内，沙特尔的城墙成功地阻挡了法军的攻势。当英军在塞纳河渡口集结之际，道芬和廷臣们的斗志也燃尽了。尽管军队人数远超敌人，他们也不愿意承受主力对决的风险。道芬和廷臣们经由布鲁、沙托丹（Châteaudun）仓皇南撤，于 7 月 5 日退到了接近卢瓦尔河流域的旺多姆。他的那支大军也陆续退出了博斯平原。四天后，在写给里昂的信件中，道芬将草草结束远征的原因归于缺乏补给和疫病流行。无论这个理由是否充足，现在博斯乃至奥尔良地区均门户大开。

法军的避战使英勃联盟获得了分兵击破各个地区抵抗者的机会。按照计划，勃艮第公爵腓力由芒特返回北方对付在皮卡第和索姆河口活跃的雅克·德·阿库尔。亨利五世则带部下渡过塞纳河，开始清除巴黎西面的法军势力。他们于 7 月 18 日包围了德勒这个仍能威胁上诺曼底的法军重镇。亲征失败后，颇为泄气的道芬查理一直退到了希农，将军务托付给了政务会议大臣们。虽然 7 月时朗格多克的等级会议通过了一笔 20 万图尔锂的战争税，但收集这笔款项还要花费大量时间。而且，除了一道命令先前分散的大军必须于 8 月 25 日在旺多姆集结的征召令之外，道芬的廷臣也未商量出有效对策，近 800 名德勒守军陷入了孤立无援的状态。8 月 8 日，城堡外墙被突破后，他们签订了限期投降协议，正式移交此地。接着，英军向周边领地扩散。8 月下旬，他们横扫了随着法军主力远遁，已斗志尽失的博斯平原。包括克鲁瓦西、加拉尔东、诺让勒鲁瓦在内的大批市镇均被英军收复。亨利五世在角逐法兰西岛及博斯平原的战役中大获全胜。法军在这里的势力已被局限在靠近卢瓦尔河流域的中南部一小片地区。

在皮卡第，勃艮第公爵腓力也与法军展开了大战。此前不久，作为道芬在瓦兹河地区代理官的奥费蒙领主居伊·德·内勒(Guy de Nesle Sieur d'Offemont)和让·波顿·德·桑特拉伊等将领已经带着 1200 名来自贡比涅等地区的人马从布朗什塔克渡过索姆河，与雅克·德·阿库尔会合后总兵力超过了 3000 人。一时间在此地的法军声势大振。他们的势力已经扩展至索姆河下游西岸的维默地区及英军守卫的上诺曼底境内。同时，阿库尔还包围了勒克罗图瓦旁边的吕镇（Rue），接着又对邻近的阿布维尔地区发起了猛烈攻势。东南面的圣里基耶（Saint-Riquier）以及索姆河南岸的艾赖讷地区均被占领。此外，法军袭扰范围还在向东北面扩展，兵锋直抵康什河畔孔希（Conchy-sur-Canche)。

勃艮第公爵腓力在克鲁瓦西得知了法军攻城陷地的消息。他召开政务会议，决定首先扫荡阿布维尔地区。公爵一面向亚眠等地发布动员令，一面向北进发。7 月 22 日，勃艮第部队占领了索姆河渡口蓬雷米，腓力随即前往阿布维尔。在那里，他派约翰·德·福瑟带领一支分队向东救援吕镇，他本人在 7 月底前往圣里基耶。这个小镇已成为法军囤积给养，关押俘虏的重要据点。奥费蒙领主居伊·德·内勒、让·波顿·德·桑特拉伊等人加固了防御工事并带领约 1200 名士兵驻扎在此。他们希望通过固守耗尽勃艮第的力量。不过，巴黎的王室国库奉英王命令拨来的 1.2 万金埃居让腓力的围攻战得以持续进行。来自各勃艮第控制地区的部队都会聚到圣里基耶。8 月，腓力麾下已逾 4000 人。如果算上城镇民兵、英军和临时征召的武装可能超过 6000 人。

双方的较量持续了数十天。勃艮第的攻城器械毁坏了城墙城门，并击毁了城内的许多建筑。法军则在城头上用炮火还以颜色，并组织小分队突袭，俘虏了对方的数名前沿指挥官。在勃艮第久攻不下之际，雅克·德·阿库尔给守城者带来了一个振奋的消息：他正在寻求瓦卢瓦、香槟、布里等地的法军增援，不久便会有大军前来解围。很快，勃艮第公爵腓力也获悉一支约 800 人的法国援军已进入维默地区，试图渡河增援阿库尔和守城者。在与将领们商量后，腓力决定放弃围城，转而以阻止法军会合为首要目标。29 日，他先派出菲利普·德·萨卢兹带 120 名骑兵作为前哨，从阿布维尔渡过索姆河刺探敌情。随后，勃艮第大军也收起营帐，打包行李，烧毁营寨，连夜直奔阿布维尔。为争取战机，腓力率领近 600 名骑兵先行渡过索姆河，将弓箭手和弩兵甩在身后。勃艮第军队的行动非常及时，当他们追上对手的后卫时，敌方正在布朗什塔克浅滩打算渡过索姆河。而阿库尔正带着勒克罗图瓦等地的守军在对岸等待会师。不过此时布朗什塔克的水流突然涨潮以致难以通行。眼见敌人前锋咬住自己后卫后，法军放弃渡河，在蒙斯昂维默（Mons-en-Vimeu）附近的平原上列阵，准备同勃艮第人一决雌雄。阿库尔则放弃支援同伴径直返回自己的大本营。

尽管让·波顿·德·桑特拉伊已于前夜带领少数士兵前来会合，法军的形势还是不容乐观。不久前，身为指挥官之一的拉海尔在一个村庄休息时，身旁的壁炉突然坍塌，使他告别了这场战斗并在腿上落下了永久性的伤痕。勃艮第人并不急着交战，他们有约 1000 名骑兵，而且使者还在继续督促后方的队伍赶往战场。接近 30 日上午 11 点时，他们在离对手三矢之距——一矢约 100 米到 200 米——的地方布阵，并忙着册封骑士。第一位受此殊荣的便是勃艮第公爵腓力本人——这是他指挥的第一场野战，卢森堡的约翰为他主持了仪式。接着，公爵派出了菲利普·德·萨卢兹等人偷偷带领 120 名骑兵迂回包抄法军的侧翼。为了避免勃艮第人不断增加兵力优势，法军也率先从正面发起攻击。他们打算迅速冲垮敌人的阵型，然后各个击破。这个计策在开始时非常成功。法军骑兵呼啸着撞入勃艮第人的左翼阵列，并引起了混乱。恰巧此时穿着勃艮第公爵号衣的拉维厄维尔领主被杀，于是不少人认为公爵已阵亡。恐惧迅速蔓延。几乎有一半的勃艮第士兵当场拔腿就跑，并顺手带走了公爵的旗帜，后来慌乱的旗手干脆将它抛在地上。溃兵一直逃向阿布维尔，吃了闭门羹后又奔向南面的皮基尼（Picquigny）。当然，这些人还是为同伴吸引了一部分火力——让·鲁莱、皮尔朗·德·吕佩勒等法军将领率领 120 名士兵也跟着他们离开了战场。这部分法军认为同伴会赢得战役，因此专心地砍杀敌人、抓捕俘虏。

但事实并未如愿。勃艮第公爵腓力被500名勃艮第高级贵族和精锐骑兵簇拥着，在战场上奋力搏斗。法军围上来后，交锋已经演变为夹杂着一大堆单打独斗的混战。很多人都将腓力作为目标，他的处境一度十分危险：一支长矛穿透了他的鞍座，另一支又从他的右侧盔甲上擦过，还有人想把他揪下马来。不过，围绕在公爵身边的勃艮第侍从领主们竭力相助，使他化险为夷。当众多法国人都被公爵吸引时，勃艮第军队中的另一些人开始攻击法军的阵列。当天晋升骑士的佛兰德贵族约翰·维兰径直驱马冲入敌军的纵深行列中。其战斧所过之处，敌人纷纷四散回避。据说他还击伤了让·波顿·德·桑特拉伊。就这样，勃艮第军队渐渐开始压倒对手。腓力也沿河畔反击，并亲自俘虏了两名骑兵。当让·鲁莱和皮尔朗·德·吕佩勒返回战场后，他们发现法军已经败北，于是只得落荒而逃。

据战后统计，腓力一共俘虏了约120名法军将士，其中包括贡比涅总督的弟弟吉尔和路易、吉斯总督、让·波顿·德·桑特拉伊以及拉海尔的同袍让·德·凡尔赛。另有约400—500人战死沙场，其中大部分是法方人员。虽然这实际只是一次小规模冲突，但腓力却似乎用尽了精力。他未能利用战场的优势继续追击残敌——这些法军最后与雅克·德·阿库尔成功会合。同时他也无意再次重启那场劳神的围城战。在随后的军事会议上，将领们告知腓力军队已不堪驱使。主要指挥官卢森堡的约翰也再次被同僚扶入欧克西堡营地休养——这回他的鼻子被利剑击中。在阿布维尔休整了数天后，腓力便离开索姆河流域，前往埃丹。除了一些监视性守卫外，他解散了大部分军队。11月，奥费蒙领主居伊·德·内勒同勃艮第公爵签订一份协议，以圣里基耶换取那些在战斗中被俘的重要将领。之后，奥费蒙领主带着部下返回瓦兹河流域，而阿库尔的势力则几乎未受损害。11月6日，道芬查理还将他任命为索姆河地区的代理官。腓力并不打算理会这位敌人，当年的军事活动已经结束，他选择继续北上，回到佛兰德处理当地事务。

同慵懒散漫的勃艮第公爵腓力相比，在中部征讨的英王可谓雷厉风行。他不仅要赶走自己地盘里的敌人，还要逼迫避战的敌军交战，以进一步打击他们的声望，揭露他们的软弱无力。占领博斯使卢瓦尔河地区似乎已唾手可得。为了避免敌人再次集结重兵北上，亨利五世决定对此地展开进攻。于是，盛夏时诺曼底的邑督们忙着在占领区里宣读英王的总动员令。被抽调的守卫急着在8月23日的期限前赶到沙

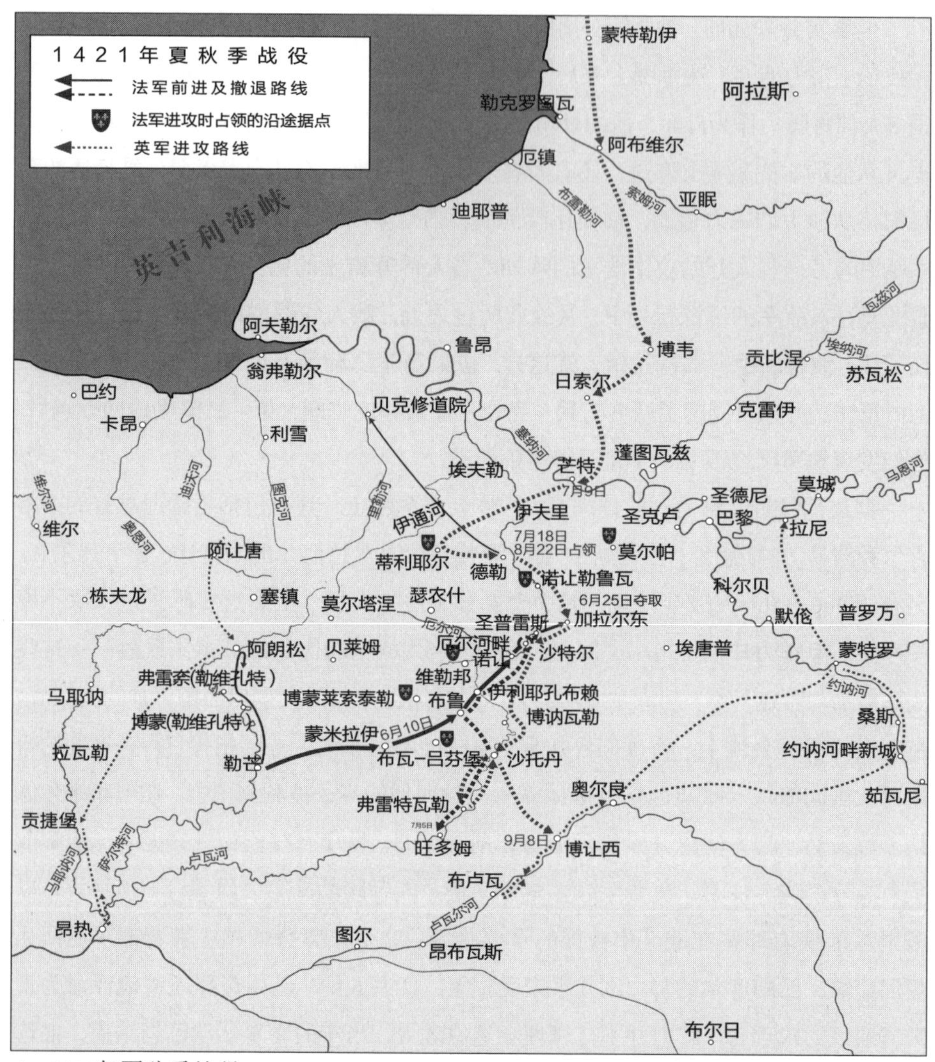

▲ 1421年夏秋季战役

特尔集合。8月底，亨利五世带着约5000人的大军向旺多姆杀来。领导着近1.2万名法军的巴肯伯爵约翰·斯图尔特在弗雷特瓦勒（Fréteval）附近列阵等待英王。英王这次并未接受会战——也许是对方的地势和兵力使他认为交战将付出较大代价。英军按原路撤至沙托丹，然后转向东南行进。

数月的来往行军使这片地区的给养接近枯竭。因此，巴肯伯爵约翰·斯图尔特很快也将大部分军队派往布列塔尼—诺曼底边境和南方，自己带着纳博讷子爵纪尧姆、塔内吉·迪·沙泰尔与剩余的队伍直奔奥尔良，他判断那是对手的必经之路。而亨利五世于9月8日到达博让西（Beaugency），打算渡过卢瓦尔河——也许是要逼迫南岸的道芬查理交战，也许是要拦截南下的法军分部。但一小队在博让西石桥上奋力抵抗的法军却粉碎了他的计划。英军阻于此地数天，最后不得不从下游一处浅滩涉水而过。接着他们向西面的布卢瓦前进。这是一次苦难行军，卢瓦尔河南岸的众多小堡及驻军对他们发动了不计其数的袭击。在征粮受到极大限制的同时，饥馑和疫病缠上了军队。道芬已经来到昂布瓦斯（Amboise），不久后又前往布尔日，法军也无意应战。亨利五世来到布卢瓦后发现他的主要对手已渐行渐远。于是，英军不得不从原路撤退，渡过卢瓦尔河回到北岸。尽管亨利五世随后进至奥尔良城下，但他的军队已经筋疲力尽。在巴肯伯爵、塔内吉等人的围观下，英王带着部队穿过近郊继续东行，前往约讷河谷地。

这次长途跋涉使英军减员1000多人。高昂的代价令亨利五世意识到征服道芬政府核心所在的卢瓦尔河流域绝非易事。他决定先集中精力扫平东面之敌，以便缓解巴黎的饥馑。9月22日，英军出现在维尔讷沃勒鲁瓦城下，这个据点无力抵抗庞大的敌军，于27日向英王投降。在此期间惆怅的道芬搬到了布尔日。他只能坐在这座依古高卢—罗马城墙尽头立起的，由贝里公爵让精心装潢的，能俯瞰市镇和周边的堡垒中，沮丧地听取法军告别约讷—塞纳河段区域的报告。他的近臣们也希望主子能避免战争风险，避开不必要的人群，甚至如一些野心家所劝诱的那样，局限在狭窄的空间内，以便受他们操纵控制。

恢复了南面水陆运输后，亨利五世把目光投向了东部的马恩河流域。自1418年以来，马恩河畔的莫城一直是法军连接皮卡第和中南部战场的重点枢纽。它还有一个更重要的作用：能够阻截从香槟等地向巴黎输送的给养和木材。蜿蜒的河水在这里形成一个狭长的U型河湾，因此北岸的古老市镇和南岸的新区“商埠（Marché）”一起控制了河流，它们之间有一座石桥相连。莫城守卫经常发起对巴黎周边的袭扰烧掠，令巴黎惶惶不可终日。亨利五世决心为巴黎人排忧解难。他开始置办攻城用的火炮、木制投石器械及其他物资储备。10月6日，英军前锋在埃克塞特公爵托马斯·博福特带领下突然来到莫城城下。他们很快便占领了北岸市镇的法国人来不及烧毁的郊区。埃克塞特公爵将指挥部设在东北面的圣法隆（Benedictine abbey of St Faron）中。随后英王从拉尼出发，带着约 2000 人的大军陆续抵达前线。亨利五世将西面通向巴黎道路上的雷泰勒村庄设为总部。沃里克伯爵理查德·比彻姆则在南岸封锁商埠，不过他与守城者间隔着一条运河。按照惯例，英军开始挖掘壕沟、竖立栅栏、搭起浮桥、封锁城市、轰击城墙。来自香槟的驳船顺着马恩河源源不断地将补给运至他们的营地。

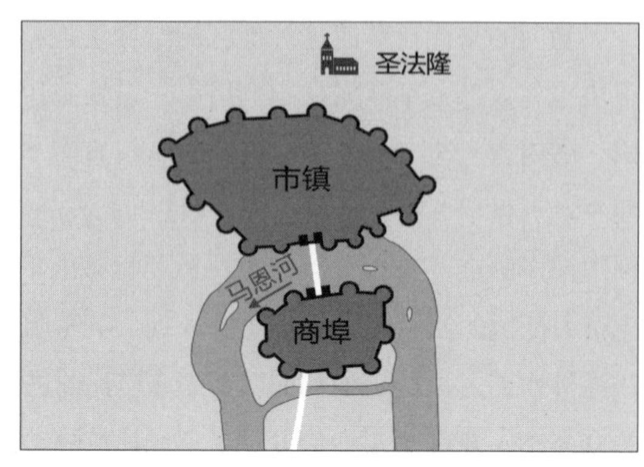

▲ 莫城

守卫莫城的总指挥官是沃俞的私生子——他是一名残酷的加斯科涅将领，曾跟随阿马尼亚克老伯爵贝尔纳七世为道芬查理服务——其亲族兄弟德尼·德·沃俞、路易·卡斯特以及菲利普·德·加马什（Philip de Gamaches）等数名法军将领麾下约有 1000 名较为专业的士兵。拥有一倍多人数的英军认为这些法军很快就将投降，但法军的顽强令他们吃尽苦头。莫城守卫奋力修补被炮火轰开的裂隙，趁着夜色重新挖开敌人填平的壕沟，并频繁袭击试图接近城市的人。冬季到来后，围城者遭受了更大的麻烦。雨水连绵不断，还夹杂着雪花。12 月，马恩河水暴涨，漫过河岸，淹没了低洼的草地，迫使英军将马匹迁到别处就食。他们不得不暂时放弃战线，在高地上重新筑营。急流同时也冲散了组成浮桥的木船，法军趁机让士兵乘坐自己的小船出击，并运进补给。他们在外围的友军部队也频频乘马突袭英军的分散部队和征粮队，迫使英军分兵把守通向巴黎的整条道路。英军的供应逐渐紧张。英王甚至自掏腰包，购买、分发面包。饥馑和湿冷使疫病开始在军中流行，甚至出现了开小差的现象。亨利五世的部队已经到达极限。除去约 4700 名驻守诺曼底的队伍，那些被赐予诺曼底领地城堡的领主只能提供 2000 人的军队。另外还有 600—1000 人守卫巴黎和万塞讷。唯一可以调遣的机动部队是亨利五世从本土带来的 4200 名援军。

它不断减员分兵，到年底时，处于围城前线的英军只剩 1700 人。

但他的对手并未充分利用这个机会。英军撤出卢瓦尔河流域后，法军立即决定再次从西面进攻。9 月底，收到 8000 锂弗预付款的欧马勒伯爵让组织了一些法军从南面攻入下诺曼底—阿朗松地区。接着，巴肯伯爵约翰·斯图尔特和元帅居伊·德·塞韦拉克（Guy de Séverac）在 10 月初同理查·德·蒙福尔的部队从布列塔尼边境大举入侵。这次索尔兹伯里伯爵托马斯·蒙塔古难以集结足够的力量，只能采取守势。英军的形势十分紧张，格洛斯特公爵汉弗莱也进入科唐坦半岛协防，并于 11 月上旬颁布了在圣洛集合的总动员令，这仍不能阻止欧马勒伯爵于 12 月攻克巴隆。一个月后，苏格兰军团拿下了阿夫朗什，尽数毙俘 200 多名守卫。不过，苏格兰-法兰西偏师对下诺曼底及阿朗松的冬季攻击就像佩尔什边境的瑟农什（Senonches）以及诺让勒鲁瓦等地守卫面对敌人的袭扰一样无力。随着亨利五世从东线增派骑兵和长弓手，法军又被赶出诺曼底，阿夫朗什也得而复失。西部边境低效的行动空耗了大量的费用。11 月 26 日，道芬查理下令抵押及变卖自己的一些领地，以补充军资。虽然他声明将在下个季节再次大规模出征，保卫王国，但持续的财务危机还是带来了许多问题。

面对西面战线的动荡局势，亨利五世实行了严苛的法令。12 月，英王将这项法令的应用范围扩大至所有被俘的诺曼底人。他还下令驱逐所有反抗者的妻儿，没收其财物；河岸堡垒的驻守将领被勒令要提高警惕；塞纳河上所有船只要受监督管理；防卫不足的城堡则要被夷为平地。但这些条例并不能解决他最棘手的问题——人力的匮乏。英方占领区似乎也存在道芬政府所面临的相同问题。诺曼底领主只在本地区遭受危机时才受动员令征召，而且人数一直不甚明了，亨利五世能依靠的只有英国部队。贝德福德公爵约翰宣布将亲自率领援军前往法国，并成功地在 12 月召开的议会上争取到一笔补助金。不过到 1422 年初，他能召集的部队还不足千人，增援只得向后拖延。英王被迫向日益陷入胡斯战争泥潭中的西吉斯蒙德、莱茵的德国公侯甚至是葡萄牙国王发出了派遣援兵请求，但大多回应寥寥。富瓦伯爵让倒愿意提供 1500 人的部队，但他的价码是朗格多克的总督、领土要求、高额津贴以及为军队预付两个月的薪金。布列塔尼公爵约翰则更不值得信赖。虽然去年夏季起，亨利五世又开始争取他，但直到年底，双方未取得实质性进展。布列塔尼的私掠船仍在海上同英国人交战。尽管公爵的二弟里什蒙伯爵阿蒂尔曾在冬季带领一支部队来莫城为英王作战，这个为时不到一个月的行动除了说明公爵分别下注两大阵营外，没有多少实际意义。

1422 年 1 月 17 日，勃艮第公爵腓力出现在英王营地，但他也没有带来援军。他的侍从封臣们甚至尽量避开亨利五世的营地，以避免被要求向外国君主宣誓效忠。腓力所倚靠的主将卢森堡的约翰也只是来莫城赎回自己的兄长布列讷伯爵彼得，之后便匆匆返回皮卡第前线。卢森堡的约翰有一大堆差事要应付：去年的蒙斯昂维默战役只是打断了瓦兹河流域等地区的法军与雅克·德·阿库尔向索姆河上游区域的扩张，但他们仍在各自的势力范围中四处点火。现在，卢森堡的约翰就是疲于奔命的救火队员，但是他只能集合起 2000 多人的队伍。靠着亚眠等地的征召民兵的支援，卢森堡的约翰带领他们来到艾赖讷河畔凯努瓦城堡（Quesnoy-sur-Airaines）前，这里的法国守军一直威胁着亚眠到阿布维尔的大道以及维默地区。勃艮第人的火炮很快在墙面上轰开了缺口，守将立即投降，但被他抛弃的法军士兵们要么当场被杀，要么被带到亚眠绞死。点燃了凯努瓦城堡后，卢森堡的约翰继续向维默西北面挺近。他会合了约 300 名厄镇的英国守军，打算扫清阿库尔在索姆河西岸的据点。正当他们包围艾赖讷城堡时，东南面的贡比涅、吉斯等地的法军却集结了 800—1000 人前来解围。虽然卢森堡的约翰抽出了 1000 人将法国援军赶往蒙迪迪耶方向并迫使艾赖讷在 5 月 11 日投降，但城内的 100 名法军骑兵和一些弓手却退入加马什继续抵抗。此外，贡比涅的法军还攻下了蒙迪迪耶东南面的蒙特梅（Mortemer）。而阿库尔也发起了一次远至欧克西堡的烧掠。这些攻击令卢森堡的约翰首尾不能相顾。他的资源迅速耗尽。5 月中旬，卢森堡的约翰放弃了在维默地区的征伐事业，回到自己在博瓦尔的城堡，并解散了军队。

北面举步维艰的战事可能就是勃艮第公爵腓力在莫城外态度冷淡的原因。他也许并不看好英王的事业——道芬查理及其支持者还占据着法国大半领地，而眼下攻拔塞纳和马恩间的数座小城就使英军费尽心力。勃艮第公爵似乎没有为这场漫长的征服行动买单的打算。一年前他已同那慕尔伯爵约翰三世签订协议，以 13.2 万金克朗的高昂价格购得那慕尔伯爵领地的继承权。显然，腓力不打算再贡献过多的资源和人力为英王服务了，甚至还提议亨利五世与道芬议和。

很难想象亨利五世愿意《特鲁瓦条约》颁布未满两年就认可这个建议。但他并未断然拒绝盟友的提议。不久后，勃艮第公爵腓力离开莫城继续南下，第一次以公爵的身份进入第戎——那里仍掀起了一些反对《特鲁瓦条约》的抗议——接受封臣及领主们的宣誓效忠。3月，他又前往日内瓦（Geneva）拜访姑父萨伏依公爵阿马德乌斯八世——为了保持与盟友的合作关系，英王表面上同意让阿马德乌斯出面担任谈判时的斡旋人。

但萨伏依公爵阿马德乌斯并未成功履行这次调停任务——亨利五世看似举步维艰的事业很快便出现了一些转机。当春季到来时，法国人信誓旦旦的大规模远征并未出现。只有一伙马尔库西地区的法军悄悄从通向埃唐普方向的道路摸上来，在4月6日成功袭取默朗的渡桥，之后便无进展。九天后，从芒特赶来的索尔兹伯里伯爵托马斯·蒙塔古便将这些仍僵持在此地的人赶走。唯一一次直接援助莫城的行动发生在3月9日：奥费蒙领主居伊·德·内勒集合40名士兵准备秘密潜入城镇。这支少得可怜的队伍起初成功地击散了敌人的外围哨兵队伍，他们趁夜色穿越战线，摸到城墙脚下，守军放下梯子接应他们上城。全副武装的奥费蒙领主亲自断后，但匆忙中不幸从木板上摔下，滚入沟渠。奥费蒙领主身上的重甲令他难以爬出，同伴急忙将两支长矛伸进沟中希望能将他拉上来。然而这一系列行为却引起了敌人的警觉。一番搏斗之后，面部受伤的奥费蒙领主沦为俘虏。

这成了压垮莫城抵抗意志的最后一根稻草。英军已将地道挖至城墙下，市民试图献城自全。备感挫折的守军在商议后决定退守南岸的商埠。次日，他们开始向那里转运给养、财物。这些行动使城中开始流传守军将会放火烧毁市镇的谣言。一些市民爬上城头向外大喊。英军阵营中的一名萨伏依佣兵队长约翰·德·吉尼发现了混乱，他立即带领部下向市镇进攻并占领了一段疏于防守的城墙。随后，英王也发布了总攻命令。英军从数面发起攻击，并很快突入城内。难以抵挡的守军终于完全放弃了市镇，退入商埠小堡。亨利五世随即将总部由圣法隆修道院搬至城内。

但围城战役并未因此结束。守军已毁坏石桥，拒绝了英王的投降要求。于是，战事又继续下去。守军击退了英军的数次袭击。有记录还显示他们甚至将一头驴牵上城墙，一面鞭打它一面嘲笑小堡下的敌人——他们声称驴叫声是英王向部下发出的求援令，叫这些人赶紧回去。双方的战斗日趋白热化。英军制作了一个塔车，推至石桥的断口前。借着它以及大批炮石器械的掩护，他们在这里修起一座能盖过缺口的简易吊桥。接着，他们登上一个靠近石桥的河心岛，架上火炮轰击南岸桥拱下的磨坊。通过一次猛烈的袭击，一队穿过石桥的步兵将其占领，并获得了一个北岸城墙下的立足点。不过他们付出的代价是伍斯特伯爵理查德·德·比彻姆（Richard de Beauchamp，Earl of Worcester）——他被一枚炮弹击中。亨利五世决心不计损失，强行拿下商埠小堡。英军开始冒着炮火和弩箭，不顾伤亡地贴近修筑据点：沃里克伯爵理查德·比彻姆从南面越过运河，在一个攻城厢车的掩护下占领了城墙旁的一个外垒，通过此地他们可以将炮火倾泻到城内。在西面，埃克塞特公爵托马斯·博福特将实际指挥权交给了拥有丰富围城经验的沃尔特·亨格福德爵士（Sir Walter Hungerford）。亨格福德指挥英军搭起小桥，在河对岸及城墙的空地间建立了另一个据点，并一面抵挡守城者的袭击，一面强行挖掘地道。尽管商埠东面的城墙直临马恩河，但英军还是将两艘驳船固定在河中，并在其上搭起一座能俯视城墙的木塔。按规划，它的吊桥可以直达敌人的城墙。

英军完成这些工程又花费了近两个月的时间。围城已逾半年，可道芬政府在此期间一直无所作为。它的财政运作一直十分混乱。虽然道芬查理不得不抵押珠宝筹措资金，但他同时又耗费巨资举行同未婚妻安茹的玛丽的正式婚礼。而让·卢韦庭长等近臣也常常用借贷和自掏腰包预付应急费用的手段博取年轻王子的好感。这是一种回报丰厚的投资。他们换来的是大笔的领地赏赐和收益丰厚的官职。在冬季，廷臣们打算从意大利招募新的雇佣军，他们似乎对那些人马俱配重甲的伦巴第骑兵很感兴趣。不过这些靠典当领地、几乎划出多菲内全部收入才雇来的队伍将更多地用在同勃艮第人的交战中。莫城已成弃子。

全靠对手的幼稚及其顾问们的失策，亨利五世才能赢得那场艰难的战役。4月末，莫城守军已到了山穷水尽的地步。无论沃俞私生子等人是否还有坚持的决心，下属们已无法忍受。在他们的压力下，商埠守军同英国人展开了投降谈判。不过亨利五世不会放过令他遭受如此长时间劳累之苦和羞辱的对手。5月2日缔结的投降协议十分严苛。沃俞兄弟等四名领导人立即落入英军手中。10日，商埠正式投降。所有人员、财产均由英王处置。那些领导人及英国、爱尔兰、苏格兰亡命者，所有参与刺杀老勃艮第公爵约翰以及曾发誓忠于《特鲁瓦条约》的人均受到惩罚。沃俞私生子被立即处死，尸体和他的族兄弟一起吊在城外一颗榆树上——据说他曾在这里吊死英国及勃艮第俘虏，甚至还包括一些缴不起赎金的农民。路易·卡斯特与一名号手在内的其他5人被押往巴黎处决。所有军官及大部分士兵均被收作囚犯。城中的战利品让英军士兵们发了一笔小财。

这场耗时七个月的围城战令英军的指挥层付出了沉重代价。除去伍斯特伯爵理查德·德·比彻姆外，英格兰北方骑士克利福德领主托马斯亦中箭身亡；约翰·康沃尔爵士的儿子，17岁的小康沃尔头部被炮弹击中，康沃尔在绝望中离开军队返乡，当他再次踏足大陆已经是十五年后。恶劣的条件还让不少英国人身患疾病，其中最为尊贵的便是亨利五世本人——他在2月时已感到身体不适，从英格兰召来了一位医师。不过，占领莫城也为他们挣来了不菲的收益。这个关键渡口的沦陷对东北部的法军产生了雪崩般的灾难性影响。虽然他们的主要对手卢森堡的约翰因病难以披甲上阵，但英王已经完全切断了他们与卢瓦尔河地区主力间的联系。意识到亨利五世即将转过矛头对付自己的时候，他们开始踌躇。更糟糕的是，莫城围城战中有不少被俘者与他们有密切联系。在敌人威逼利诱下，法军在索姆河西面、皮卡第及香槟西北部的抵抗事业彻底崩溃。最先投降的是瓦兹河流域重镇贡比涅——它一直是北方的核心抵抗据点之一。亨利五世威胁要将守将纪尧姆·德·加马什的三弟莫城圣法隆修道院长菲利普处死。于是，5月16日，英军未费一兵一卒便同纪尧姆签订了限期投降协议。

与此同时，贝德福德公爵约翰带领约300名骑兵和1000名长弓手的援军护送王后凯瑟琳——她已在去年12月6日诞下英格兰王储亨利——抵达阿夫勒尔。5月25日，英王到万塞讷会见自己的妻子，但他们已没有机会诞下更多的子嗣了。5天后，亨利夫妇前往巴黎。在随后召开的政务会议上，英王同他的两国大臣们决定要趁南面法军采取援救行动前一举粉碎雅克·德·阿库尔的抵抗。6月中旬，当约定期限到来时，贡比涅正式向贝德福德公爵投降，西面的蒙特梅、阿龙德河畔古尔奈(Gournay sur Aronde)以及其他大批据点也落入英军手中。路易·德·蒂昂布罗讷交出了加马什；佩隆·德·吕佩则献出了一直威胁兰斯和拉昂的蒙泰居城堡；奥费蒙领主居伊·德·内勒为获得自由干脆摒弃了道芬的事业，除了让自己的奥费蒙等领地臣服英王外，作为奥尔良家族在瓦卢瓦伯爵领的代理官，他让英国人轻松地获得了贡比涅东南面的皮埃尔丰、瓦卢瓦地区克雷皮。大部分分散在博韦等地区的瓦兹河谷法军守卫也被迫收拾行装渡过塞纳河同南面法军主力会合。先前卢森堡的约翰久攻不克的莫伊德莱讷（Moÿ-de-l'Aisne）也害怕起来，守军烧毁建筑后撤往西北面与让·波顿·德·桑特拉伊会合。现在，只有桑特拉伊守卫的吉斯地区、拉昂的部分周边地区、香槟西面，尤其是中南部的一些零散据点、靠近阿登（Ardennes）边境部分地区以及雅克·德·阿库尔掌握的索姆河口地区还在坚持。显然，北方英军和勃艮第军会合后，他们被各个击破也只是时间问题。6月底，在贝德福德公爵沿瓦兹河进军之际，沃里克伯爵理查德·比彻姆率2000—3000名英军包围了索姆河口西岸的圣瓦莱里，数天后迫使法军守卫签订了有条件投降协议。7月7日，沃里克伯爵渡过索姆河来到东岸，开始对阿库尔的大本营勒克罗图瓦进行围攻。

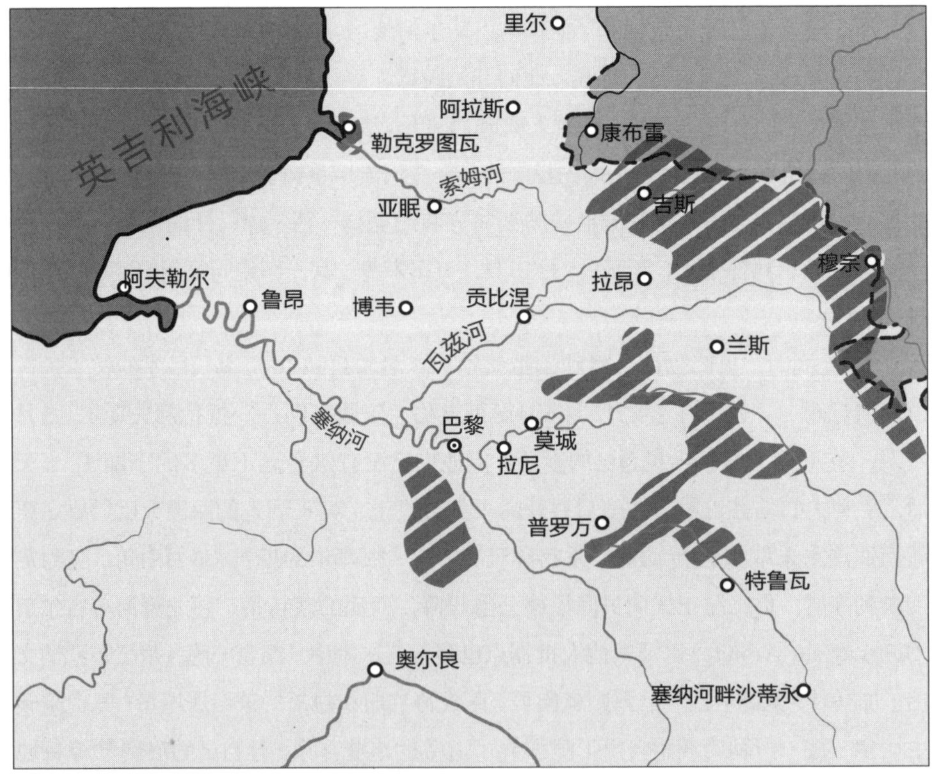

▲ 法军在敌人侧后方抵抗的主要活动区域

亨利五世军事行动的顺利展开使其他势力也开始向他靠拢。富瓦伯爵让的使者在3月正式代表他发誓拥护《特鲁瓦宣言》，并答应将于6月1日后在朗格多克地区采取主动。三周后，洛林公爵查理在第戎正式承认亨利五世为法国王位的继承人。而现在，布列塔尼公爵约翰也认为亨利五世的领导力能使英国人在较量中占据上风。为避免强敌压境，同时也是出于对道芬查理未兑现驱逐廷臣的承诺以及对布卢瓦家族的奥利维耶仍躲在北方低地边境家族领地中逍遥法外的不满，他决定不顾布列塔尼地区等级会议的反对，强行向亨利五世靠拢。公爵的使团在6月底出发，打算同英王商议立下认可誓言及觐见事宜。而逐渐积累的资本也使亨利五世的口气重新变得强硬。前来调停的萨伏依公爵阿马德乌斯与教皇的特使艾力贝尔格红衣主教——他再度加入了调停法国各派的行动中——发现英王并未表示出很强烈的合作意愿。

直到夏季，道芬查理及其廷臣才意识到丢失莫城的严重性。他们总算开始行动。随着朗格多克地区的索米耶尔等孤立地勃艮第据点被陆续收复，在马孔及沙罗莱地区边境冲突中法军也略微占优，道芬及其廷臣决定继续选择勃艮第人作为打击对象。5月末，塔内吉·迪·沙泰尔在博让西集结了一支3000—4000人的苏格兰 - 法兰西军队。他们向东面讷韦尔地区进军，一举包围了拉沙里泰（La Charité-sur-Loire）。他还得到了纳博讷子爵纪尧姆率领的朗格多克地区部队的增援。6月25日，法军占领拉沙里泰，从而获得卢瓦尔河上的一座重要桥梁。接着他们继续前进，包围了下游的科讷（Cosne-sur-Loire）。五天后，这座城市答应将投降日期定在8月12日。法军大举入侵讷韦尔地区的行动打乱了勃艮第公爵腓力同英军一起清剿北方残敌的计划。他急忙带着军队从特鲁瓦返回第戎，对所有领地发布动员令并恳求萨伏依公爵阿马德乌斯和洛林公爵查理施以援手。同时，焦急的公爵还致信英王，希望他火速派兵相助。

虽然亨利五世一直希望寻找法军主力决战，但现在却不能亲自指挥——他的病情一直在恶化。6月11日，宫廷搬到桑利斯——也许是为了避开笼罩巴黎的酷暑和时疫。亨利五世只是在6月下旬短暂访问了刚刚收复的贡比涅，巴黎向法军献城的密谋很快便迫使他返回。之后，英王只能派遣使者劝降雅克·德·阿库尔，放弃了亲自向索姆河流域进军的打算——他的身体已开始出现痢疾的症状。勃艮第公爵腓力的求援传到后，亨利五世在回信中声称将亲自率领整支英军来同公爵会合作战，但他的病势已非常严重。7月底，勉强乘着马拉担架行至科尔贝后，高烧不止的英王不得不让贝德福德公爵约翰和埃克塞特公爵托马斯·博福特接替指挥。人们将他由水道送回沙朗通。在那里，亨利五世最后一次尝试骑马，但随之而来的极大痛楚使他最终放弃了努力，躺到万塞讷的病床上，再也未能站起。

贝德福德公爵约翰、埃克塞特公爵托马斯·博福特和沃里克伯爵理查德·比彻姆领导3000名英军继续南下。来自皮卡第和佛兰德的勃艮第征召军以及盟友的援军也在向勃艮第公爵腓力靠拢。8月4日，联军在欧塞尔南面的韦兹莱（Vézelay）会合。根据史料记载，联军总数达到了夸张的1.2万人。12日，当他们到达科讷城外指定的交战地点时，却未见一个敌人。塔内吉·迪·沙泰尔、巴肯伯爵约翰·斯图尔特已退回卢瓦尔河西岸。尝试寻找渡口失败后，贝德福德公爵、腓力等人也放弃了邀战的打算。虽然联军迫使法军放弃占领科讷，但未能达到歼灭法军主力的目的。通过这次向卢瓦尔河上游的进军，法军成功地调动了敌人，为北方的同伴们赢得些许喘息的机会——英军被迫解除对勒克罗图瓦的围困，吉斯也免遭勃艮第人的进攻。于是1422年夏季，东线暂时趋向平静。庞大的联军因缺乏补给而被迫解散。饥肠辘辘的勃艮第士兵在回乡途中一路扰掠。贝德福德公爵、埃克塞特公爵也顾不上攻击卢瓦尔河西岸的法军，率领部下匆匆北返——他们国王的生命已经接近终点。

亨利五世仍以其特有的高效和坚毅做最后的准备。他指派了专门偿还自己及父亲债务的款项，归还了王太后纳瓦拉的胡安娜被没收的财产，并恢复了她的自由。26日，亨利五世将最后的附录正式加在他的遗嘱上。[①]不过，直到30日晚上，英王才向床前的贝德福德公爵约翰、埃克塞特公爵托马斯·博福特、沃里克伯爵理查德·比彻姆、路易·洛布萨特等6—8名心腹近臣口述了自己的政治遗嘱：亨利五世的幼弟格洛斯特公爵汉弗莱将在其子未成年期间担任英格兰的护国公（Protector）和幼王的看护者；贝德福德公爵将出任诺曼底守护，主持英王在法国的事业；勃艮第公爵腓力将担任法兰西摄政，如果他拒绝的话，贝德福德公爵将接替这一职务。亨利五世仍对自己事业的正义性深信不疑，他特别叮嘱贝德福德公爵，要将这场战争

① 亨利五世曾经立过三次遗嘱，分别是：1415年7月24日，1417年7月21日，1421年6月10日。

继续到底，直至整个法国都接受《特鲁瓦条约》，如果实在要与道芬政府媾和，那也必须迫使他们答应割让诺曼底；同时，要不惜一切代价保持与勃艮第的联盟——这关系到整个英占区的安危；此外，在幼王成年前，不得释放奥尔良公爵查理、厄镇伯爵阿图瓦的查理等一系列战争中俘虏的法国大贵族。

安排完国家大事后，亨利五世平静地面对自己的最后时刻。他命令医师告知实情。于是，医师建议他应该思量自己的灵魂了——“除非上帝愿意令奇迹发生，您可能难以超过两个小时。”英王召来了自己的顾问，请他吟诵忏悔圣歌。当牧师唱到“耶路撒冷城墙”时，英王打断了歌声，高声说到他曾打算在降服法兰西王国，归还和平后，去与异教徒作战，征服耶路撒冷王国——如果上帝乐意给他更长生命的话。但奇迹没有发生。1422 年 8 月 31 日深夜两点，36 岁的亨利五世停止了呼吸。这颗百年战争中最璀璨的将星就此陨落。

按照亨利五世的遗愿，他的心脏——在那时它被视作智慧和勇气的源泉——以及另一部分肉身被留在了巴黎郊外的圣莫代福塞本笃会修道院中（Benedictine Abbey of Saint-Maur-les-Fossés），遗骨则被装入铅棺内。9 月中旬，王后凯瑟琳、埃克塞特公爵托马斯·博福特及苏格兰国王詹姆斯一世随着护送队伍开始了长达两个月的返回本土之旅。亨利五世耗尽心力挣得的英格兰 - 法兰西王冠注定只能戴在一个未涂圣油的英国孩童头上。

辙乱旗靡

虽然亨利六世对英格兰的统治在 1422 年 9 月 1 日就已开始，但先王离世的消息直到 9 月 9 日才在本土全面传播。这个打击令英格兰手足失措。28 日，按程序中书大法官达勒姆主教托马斯·兰利（Thomas Langley，Bishop of Durham）交出了国玺。“新王的和平”直到 10 月 1 日才被宣布。强势君主去世造成的权力真空重新激起了围绕在王冠周围的权贵们的野心，由此进一步加剧了政局的动荡。

亨利五世去世后，格洛斯特公爵汉弗莱认为自己可以执掌英格兰的摄政之位。

时年32岁的格洛斯特公爵天资聪颖、颇有修养。他慷慨资助文学、艺术的行为以及亲切友好的态度颇得中下层士绅贵族乃至平民的好感，但英格兰的高层权贵们不能容忍他在管理政府时展现出的勃勃野心和利己行径。尽管格洛斯特公爵是幼王在英格兰国土内血缘最近的胞叔，可仍难以获取当地权贵们的信任和支持。而亨利五世生前将其子的个人监护权交给叔父埃克塞特公爵托马斯·博福特的行为似乎也暗示了他在这方面的担忧。据说埃克塞特公爵年轻时倔强任性、脾气暴躁，不过现在已经稳重了不少，但埃克塞特公爵的胞兄温切斯特主教亨利·博福特就不是一个容易相处的角色了。47岁的亨利·博福特精明强干、精力充沛，在海外也拥有广泛影响力，而且是英格兰首屈一指的富豪。但他同样专横傲慢，对政治权力有着无穷野心并曾遭到先王的特意遏制。他平日就并不介意与同僚们发生冲突，自然也不会高看侄子格洛斯特公爵一眼。甚至，在博福特家族的挑唆下，御前会议拒绝承认格洛斯特公爵的摄政地位。公爵不得不在位于温莎的幼王小房间里接过达勒姆主教托马斯·兰利递交的国玺——这意味着他不是以摄政的身份接受。9月30日，一份召集议会的令状显示，格洛斯特公爵的头衔只是世俗权贵领导者。这遭到了他的极力反对，但是在11月5日的枢密院会议上，大贵族们仍然否认了他的摄政资格——他们打算共享英格兰的最高统治权。

▲ 亨利·博福特画像

11月7日，亨利五世的灵柩在威斯敏斯特修道院下葬。两天后，议会正式召开，决定继续聘用先王信任的中书大法官、司库、掌玺大臣。格洛斯特公爵抓住最后一个机会再次提出担任摄政的要求，但遭到贵族议院的拒绝，只获得了一个行使“护国公以及国王的首席议政大臣”的权力，而且当兄长贝德福德公爵约翰返回本土时，他还得将这个头衔交还给兄长。实际上，格洛斯特公爵只是在新成立的，有17名成员的摄政会议中保住了首要位置，这与他的愿望相距甚远。于是，亨利·博福特在成功地限制住格洛斯特公爵的权力的同时，也获得了公爵的全部恨意。两者长达数十年的激烈争斗由此展开。

此时的英格兰也处于不安之中。战争已延续了七年多，与和平一起消失的是对繁荣的期望。庄园领主体系衰败造成的变化仍持续影响着社会生活。许多旧式庄园被租出或者放弃农业生产，转而从事牧羊等养殖类经营——它们的劳工需求较少。失修的道路不堪通行，突然从车上摔到地面导致身亡的记录也逐渐增多。因此，人们的交通更多依靠马背和水道，将陆路上的空间留给了徘徊的流浪汉、被解散的士兵和亡命的匪徒。城镇也因大量寻求雇佣的乡村人口的涌入而变得拥挤不堪，卫生条件的下降和行会的提防态度无疑加重了乡村人口的苦难。此外，由于许多贵族和乡绅前往海外作战，他们的领地庄园不是疏于管理就是成为贪婪邻居们垂涎的猎物。王国内的法令和秩序得不到遵守，争吵、掠夺和暴力层出不穷。人们越来越习惯因私人武装冲突造成的流血，这将成为引发内战的铺路石。

在大贵族们忙着争权夺势之际，议员们以消极的态度对待课税：大臣提出的补助金要求没有批准，关税也只同意了两年的期限。这对大陆的英军并不是一个好消息。1422 年下半年，他们正面临着相当大的军事压力。甚至就在卢瓦尔河对峙之际，巴肯伯爵约翰·斯图尔特和塔内吉·迪·沙泰尔就已派遣纳博讷子爵纪尧姆带领部分法军转到西面与曼恩边境的欧马勒伯爵让联合，攻入下诺曼底。由于大批英军守卫被调往东面，纳博讷子爵和欧马勒伯爵得以长驱直入。他们与安布鲁瓦兹·德·洛雷会合后，这支近 2000 人的队伍一路向东，一直袭扰至上诺曼底。英将第七任斯凯尔斯男爵托马斯（Thomas de Scales，7th Baron Scales）试图集合 400—500 人的队伍阻击，但已探得消息的法军前锋德·洛雷迅速咬住了他们的后卫。英军且战且退之际，收到德·洛雷消息的欧马勒伯爵率大队人马赶到战场，斯凯尔斯男爵的队伍被击溃，法军大掠贝尔奈后撤往曼恩。

8 月 14 日，另一名英军驻防将领菲利普·布朗屈爵士集结了约 700 名守卫部队在佩尔什的莫尔塔涅布阵。他们在阵地前方钉下一排木桩，所有人下马据守，意图截断法军归路。不过，法军用一次骑兵冲锋便冲垮了英国人精心布置的阵线，有不少英军在逃跑过程中被杀被俘。趁着敌军主力南下的喘息之机，勒克罗图瓦的法军在下半年一直积极地购入粮食、补给，筹集资金以应对英国人之后可能的围攻。他们坚持向周边发动袭扰，并迫使吕镇屈服。虽然法军的这些袭击并未对英占区形成实质性威胁，但造成了很大的纷扰和恐慌。亨利五世的去世更加重了混乱。在南方，勃艮第公爵腓力身亡，贝德福德公爵约翰被俘的谣言广为流传，传到意大利时甚至变成了纳博讷子爵纪尧姆已进入巴黎。

▲ 斯凯尔斯男爵托马斯的纹章

同样地，法军在南方战场也取得了一些优势：迎娶了老勃艮第公爵约翰私生女菲莉帕的奥弗涅领主安托万·德·拉罗歇巴隆（Antoine de la Rochebaron）率领数百名萨伏依士兵在奥弗涅、热沃当、沃莱等地区攻城略地时，遭到贝尔纳·德·阿马尼亚克、里昂执事安贝尔·德·格罗莱（Humbert de Grolée）以及吉尔贝·莫捷·德·拉费耶特元帅等法军将领的袭击。安托万在塞沃雷特（Serverette）兵败，不得不放弃先前掠得的地盘，翻过丛山，逃回自己的拉罗歇巴隆城堡。法军继续趁胜出击，他们同居伊·德·塞韦拉克元帅一起攻入沙罗莱地区，并于9月23日占领图尔尼（Tournus），威胁勃艮公爵领及伯爵领。

尽管南方边境的冲突不断，勃艮第公爵腓力对英国盟友的态度却十分暧昧。在亨利五世病危时，腓力派出于格·德·拉努瓦前往万塞讷探望，这便是他的全部表示——公爵本人在布里孔特罗贝尔（Brie-Comte-Robert）徘徊不进，一直待到亨利五世去世。接着，他匆匆来到巴黎与英国公爵们会晤。腓力婉拒了法国摄政之位，他只是简短地重申了将信守《特鲁瓦条约》的承诺，然后便前往阿图瓦——他的妻子，法国公主米歇尔于一个月前去世而且没有留下子嗣。当然，这只是勃艮第公爵脱身的借口。腓力并不愿过深地参与英国人的事业，他只想同英国维持实质上的同盟关系，避免对新君俯首称臣，或者在重大场合对摄政俯尊屈就。

英军现在只能独自面对法军对诺曼底及法兰西岛边境的威胁。幸运的是，他们的统帅贝德福德公爵约翰很快就承担起了这副重担。这位33岁的法国摄政机敏干练、坚韧不拔。他有十余年的行政经验，在组织管理和军事指挥方面亦表现出了不逊于亨利五世的能力。而且在施政时，贝德福德公爵比先王更为公正、宽容。他很快便释放了利勒亚当大人让·德·维利耶，并尽可能地抚慰那些效忠英国的领主，以争取本地的支持。他于 9 月中旬赶到鲁昂，布置诺曼底及其西南部的防御。10月9日，卡昂邑督奉命让当地子爵宣布所有服军役之人均需做好为贝德福德公爵服务的准备。11 日，所有士兵都被命令立即向他们的将领报到，所有诺曼底臣属武装也将在 11 月 4 日到栋夫龙集合。当局也明令禁止前往圣米歇尔山朝圣，以免让敌人获取情报。英国人的频繁动员及严格管控有效地遏制了法军在西部边境的袭击，安布鲁瓦兹·德·洛雷与其他一些地方领主试图夺取弗雷奈的行动也失败了。

▲ 贝德福德公爵约翰

贝德福德公爵约翰的另一项重要任务是迫使布列塔尼公爵约翰向英国人屈服。实际上，布列塔尼公爵派出的使团在亨利五世去世前就已抵达巴黎。葬礼结束后，谈判很快重启。10月8日，这些使者终于正式发誓承认《特鲁瓦条约》。而法王也承诺每年都将从布列塔尼地区收缴的王室税款中抽取 1.5 万锂弗返还给公爵。而布列塔尼公爵还为英国人备下了一份厚礼——他正密谋将拉罗谢尔献给英国人。

拉罗谢尔现在是道芬政府在大西洋上的最后海港，也是他们接收雇佣军的唯一地点。英军占领此地不仅可以切断道芬政府同苏格兰盟友的联系，而且还可以从西面完全包围对手。同时，作为一个流动性极强的聚集地，拉罗谢尔也是那些同道芬政府有隙的人的避难点之一。总督亨利·德·普吕斯科雷克是布列塔尼封臣，所以布列塔尼公爵并不难在这里找到同谋者，他已派出部队前往此地。

事态的严重性迫使道芬查理不得不立即采取行动。9月26日，他终于离开住了八个月的布尔日，于10月10日到达拉罗谢尔。道芬发现这座城市已经处于骚动和不安之中。更吓人的事情发生在11日：当道芬正在主教府邸主持与本地重要人物的讨论会时，地板突然塌陷。与会者被抛入地下储藏室中，伤亡惨重。道芬的堂兄皮埃尔·德·波旁也位于遇难者之列。万幸的是，他只受了些擦伤。

除去这段惊心动魄的插曲外，道芬及廷臣们的其他事务进行得比较顺利。他将粮食和军需运进城市，带来的军队迅速稳定了局面。同时，圣通日地区也发布了动员令。法军很快就在北面曼恩河畔的蒙泰居附近击败了布列塔尼军队。拉罗谢尔市民并无造反的意愿，只提出了一些诸如当地王室法官侵犯市镇特权的抱怨。道芬及廷臣立即采纳了上诉，及时调解了纷争。于是，拉罗谢尔完全臣服于道芬的统治之下，成为大西洋东岸指引那些拜访法国王廷者的一盏孤灯。甚至在之后最黑暗的年代里其光芒也未熄灭。

15日，道芬离开拉罗谢尔，返回卢瓦尔河谷。24日，他在耶夫尔河畔默安得知一个重要消息：他的父亲，法国国王查理六世已于三天前去世。

在生涯的最后时光里，查理六世一直被勃艮第人组成的内廷随从紧密围绕。表面上，他仍维持着国王的体面生活，但实际上主政者只是将他当作粉饰法理的工具。9月19日，查理六世从桑利斯返回巴黎的圣波勒宫。10月初，他开始发烧。在查理六世生命的最后时刻，法国王后伊萨博早已离开了他的病榻。此刻巴黎城内仍有不

▲ 查理六世的葬礼

少人同情这位一度朝气蓬勃，但最终长年与疾病、混乱、苦难、耻辱相伴的老人——也许这种情感是源自对数十年前那个充满希望的时代的眷恋。查理六世出殡时，市民们聚集在街巷送行。祝愿一位异国幼儿的颂词声令他们倍感刺耳。没有一位王公贵族参加这场凄凉的葬礼。而兰斯的纪尧姆·佩佑兹则被人揭发他曾发表过同情查理七世的言论。除了内廷侍从和王室官员外，只有一位身着黑衣的权贵跟在法王的铅棺后面来到此地。他就是亨利六世的法国摄政贝德福德公爵约翰。

查理六世的去世给英国人造成了一些麻烦。他们不再拥有一位处于无可争议地位的法王来签署发布他们的号令。而他们的对手，道芬查理已于10月30日在默安宣布即位，成为新一代法王查理七世。两天后，他前往布尔日庆祝登基。这在法理上也是对贝德福德公爵约翰的一次打击——尽管查理并未履行国王应有的加冕及涂油仪式，在那些持民族主义观念之人的眼中，他已经摆脱了派系纷争的困扰，上升为法国王室的唯一正统象征。甚至连占领区的人们也开始考虑他们的前途。巴黎仍未摆脱重税和饥馑。瘟疫肆虐使成千上万的人在数月中丧生。野狼开始趁夜潜入城内袭击居民。在郊外，农民抛弃了田地，不少人沦为道路上出没的土匪。这种荒凉景象从索姆河延续到卢瓦尔河流域。民众们不禁怀疑那个远在英伦的外国婴孩国王到底能带给他们什么。12月，当局发觉有一些人打算向法军献出首都，其中甚至还包括一位名叫米歇尔·德·拉伊里的高层市民——他是御前会议指定的老国王遗嘱执行人。这已是巴黎当年查出的第二场密谋。特鲁瓦也发起了针对特定人群的政治调查。而兰斯的加尔默罗会高级修士纪尧姆·佩佑兹则被人揭发他曾发表过同情查理七世的言论。甚至在兰斯守将的副官约翰·科雄前，他仍坚称从未有英国人统治法国，而且英国人也不会成为法国国王。

贝德福德公爵约翰的反击是到高等法院正式就任法国摄政以震慑那些犹豫不决的人。他再次重申了《特鲁瓦条约》。勃艮第、巴黎的高等法院和大学均对它立下新誓言。在诺曼底，英国人的事业因选出了一位亲英派接替已故鲁昂大主教而更顺利。贝德福德公爵还指派了一个包含多位执事的委员会主持战事，调解占领区的矛盾。英勃联盟也开展了新一轮合作。在阿拉斯的军事会议上，勃艮第公爵腓力决定出兵抑制威胁康布雷、韦芒杜瓦地区的吉斯法军。11月，他的代理官卢森堡的约翰开始在佩罗讷地区集结部队，随后大举入侵吉斯地区。

攻势持续到次年2月，勃艮第大军连克数座据点，并一直到吉斯城下。此外，为了巩固联盟，勃艮第也和英方开展了关于腓力的妹妹安妮同贝德福德公爵约翰联姻的谈判。作为幼王亨利六世的第一顺位继承人，贝德福德公爵将迎娶18岁的安妮，并获得5万金克朗以及阿图瓦伯爵领——如果腓力无嗣而终的话。实际上，勃艮第同时也保持着同对手的接触。腓力的母亲玛格丽特于11月底同波旁公爵夫人私下达成了互不侵犯协议。紧接着,1423年1月，勃艮第和法方代表在萨伏依公爵的属地布雷斯地区城堡（Bourg en Bresse）举行了会晤。不过，双方由于分歧太大未达成任何协议。

▲ 贝德福德公爵夫人安妮

1422—1423年冬季，新任法王查理七世一直待在布尔日，忙着签署文件，赐予洛什、图卢兹、米约（Milhaud）、佩兹纳斯（Pézénas）、图尔奈、圣让-当热利（Saint-Jean-d'Angély）、图尔、拉罗谢尔等市镇的自治特权，减免商品税。亨利五世的去世似乎使查理政府在军事方面的胆量陡增，频频筹划集中主力重挫敌人的方案。法王的廷臣们拟定了庞大的作战计划。他们打算继续招募苏格兰军团、怂恿卡斯蒂利亚舰队配合东面的法军对吉耶讷发动海陆联合袭击，还希望在1423年开展一次强有力的攻势。除了1422年底地方行省等级会议在克莱蒙通过的一些商品税外，1423年1月中旬，布尔日还召开了一次朗格杜瓦地区三级会议，通过了一笔100万锂弗的商品税。实际上，这些收入仍满足不了所需。查理七世的朗格杜瓦地区财务官账目显示，光上个月就支出了219412锂弗。查理七世紧张的财政状况以及对战局的各种顾虑使那些雄心勃勃的规划不断被搁置。

当法国君臣醉心于纸上谈兵之际，前线的法军将领们仍在坚持与敌人作战。1423年初，下诺曼底边境的欧马勒伯爵让、佩尔图瓦地区维特里的拉海尔、香槟地区的普里让·德·奎蒂维——他是仍在为法王服务的布列塔尼主要将领之一、讷韦尔地区的居伊·德·塞韦拉克元帅均在频繁发起袭扰。甚至连重敌环绕下的雅克·德·阿库尔也夺下了多马昂蓬蒂约（Domart-en-Ponthieu）。在这阶段，法军的最大突破发生在法兰西岛东南部的塞纳河上游地区：1月上旬，让·德·格拉维尔联合奥尔良地区的法军将领们率领约500名部下里应外合，再度袭取默朗的桥头堡。路易·帕维奥（Louis Paviot）奉命守卫这个据点，他们忙着修葺城墙运进补给，打算做持久抵抗。

贝德福德公爵约翰迅速做出了反应。他发布动员令，亲自指挥收复默朗。英国摄政的内府总管约翰·法斯托尔夫爵士（Sir John Fastolf）和索尔兹伯里伯爵托马斯·蒙塔古率领大批英军包围此地。显然，默朗法军只能依靠主力解围。但此时仍待在布尔日的查理七世并未对当前的军事局势做出积极规划和应对。救援默朗的任务落在了他所倚重的近臣塔内吉·迪·沙泰尔以及巴肯伯爵约翰·斯图尔特等人的身上。他们打算聚集6000人左右的队伍，从奥尔良奔赴前线。塔内吉一面利用路易·帕维奥在奥尔良地区的较高名望在当地大肆征税，一面派出部分苏格兰部队充作先锋向西北面的加拉尔东推进。实际上，尽管2月间拨出了10250锂弗的专款，这支援军仍资金匮乏，而且内部充满矛盾。传言塔内吉对苏格兰将领们怀有嫉妒之心。当巴肯伯爵等将领等待普里让·德·奎蒂维——他是塔内吉的外甥——的增援时，却发觉奎蒂维部甚至还未抵达让维尔就止步不前。很快，奎蒂维便借口没有薪水，径自解散队伍前往叙利城堡。苏格兰将领们对涉嫌挪用经费的塔内吉一伙人大为恼怒，率军退往了卢瓦尔河流域。

法军指挥高层的争吵使这次行动成为一场灾难，苏格兰军队在撤退时遭到沙特尔地区敌人的袭击，损失惨重。而据守默朗的路易·帕维奥也被炮弹击中身亡，被抛弃的部下们在绝望中扯下法王的旗帜丢在地上，毁坏象征法王的十字徽记，放弃了抵抗。3月1日，法国守军与英国人签订协议，次日交出城堡。英军顺势开始扫荡巴黎与沙特尔间的残余敌人。蒙莱里、马尔库西等一直在坚持抵抗的法军据点也被拔除。

3月下旬，塔内吉·迪·沙泰尔收到了另一笔1.15万锂弗的款项。叙利城堡的主人乔治·德·拉特雷穆瓦耶也借给法王2000金埃居——他因此得到了对领地内法王臣民收取王室人头税的权力——据说这些资金将用于支持法军在塞纳河方向的作战。但这并未减轻多少中部战线的压力，反而连博斯地区的勃艮第军队也大胆起来，他们在3月间攻克了马什努瓦（Marchenoir）。数月后，英军尝试袭击旺多姆乃至布尔日邻近地区。尽管沙托丹等地的法国和苏格兰军队陆续将英军击退，当年晚些时候，英军又相继占领了厄尔河畔帕西（Pacy-sur-Eure）以及法兰西岛南面的奥尔赛等前沿据点。

默朗解围战的失败暴露了法王大规模雇佣外国军队的弊端：在士兵惊扰地方的同时，本国贵族也与他们纠纷不断——本国贵族难以接受外国人作为最高长官。而贝德福德公爵约翰则打算充分利用对手的颓势。他在1423春季的作战计划中不仅只是进行有效还击，还要发动全面进攻。为此，贝德福德公爵做了充分的准备：3月早期，经由埃克塞特公爵托马斯·博福特、马歇尔及诺福克伯爵约翰·莫布雷（John Mowbray，Earl of Norfolk，Earl Marshal）、沃尔特·亨格福德爵士等人同意，英格兰将提供1500名服役六个月的士兵。诺曼底等级会议也同意将征收10万锂弗的款项用于攻克圣米歇尔山等据点以及本省的防御工作。

此外，贝德福德公爵约翰也积极经营同法国各派势力的关系。4月，他同勃艮第公爵腓力在亚眠会晤，就分配征服领地交换了意见。腓力提出如果蒙迪迪耶、鲁瓦、佩罗讷的城堡辖区臣服于英国的话，作为交换他应该享有亚眠、阿布维尔、蒙特勒伊（Montreuil）等市镇及其附属地区。贝德福德公爵则回复会将此项议程移交大委员会讨论。当然，两位阵营的主要领导人聚集在此地还有另一个重要目的：经过六个月的三方谈判，贝德福德公爵、腓力、布列塔尼公爵约翰及其二弟里什蒙伯爵阿蒂尔于17日在亚眠签订和约。布列塔尼公爵正式承认亨利六世为法国国王。他还同意一旦贝德福德公爵要求，就将提供500名骑兵和弓手。为了巩固这个攻守同盟，腓力献出了自己的两个姐妹：三妹安妮将嫁给贝德福德公爵，不过腓力的姐姐玛格丽特似乎对自己的婚事不太满意——她的丈夫被预定为阿蒂尔。十九年前，玛格丽特曾嫁给查理七世的兄长，当时身为法王继承人的吉耶讷公爵道芬路易，但路易在1415年病亡，只给她留下一个吉耶讷公爵夫人的头衔。因此，玛格丽特抱怨她的姐妹都嫁给了公爵，但身为公爵夫人的自己却要下嫁一个伯爵，而且此人还是缴纳赎金给英国人的假释俘虏。腓力不得不派人劝说二姐，告知她应该尽到维持勃艮第家族和盟友关系的责任，而且阿蒂尔至少领有名义上的图赖讷公爵头衔，也是一位优秀的骑士，在法国颇具影响力的人物。玛格丽特还被提醒应该趁年轻及早结婚生子——尤其是她弟弟还没有子嗣的情况下。腓力更是在半年后亲自陪同阿蒂尔来到第戎主持婚礼。于是，玛格丽特不得不向家人屈服。实际上，阿蒂尔最终还是荣登家族公爵之位，不过那已是玛格丽特身后之事。

1423 年春夏之交，除中部地区外，英军还从数个方向上展开了对卢瓦尔河以北法军的大规模攻势。5 月下旬，诺福克伯爵约翰·莫布雷率领第一批援军 380 名骑兵和 1140 名长弓手在加来登陆，他们很快便投入到皮卡第的战斗中。此前不久，科区邑督拉尔夫·布泰耶爵士从阿布维尔渡过索姆河，成功袭取勒克罗图瓦的前哨滨海努瓦耶勒。贝德福德公爵约翰也抽调了 1500 名诺曼底守卫参与围城行动，并在鲁昂铸造了 3 门用于攻城的巨炮。阿布维尔等邻近市镇也为围城部队提供了人员和军需，王室税收被直接截留转给前线。英军为这次战役投入了巨大的资源，他们还计划海陆并进——诺曼底的海军将军萨福克伯爵威廉·德·拉波尔在年初就已经用沿岸地区缴纳的特别税建立了一支用于切断勒克罗图瓦海上交通的舰队。在贝德福德公爵督促下，海军开始加紧封锁进程。重重围攻之下，雅克·德·阿库尔被迫收缩战线。他撤出了吕镇的守卫，将部队集中在勒克罗图瓦中。英军随即以吕镇、努瓦耶勒为核心，在 6 月下旬建立了初步的包围。

在此期间，拔除西面下诺曼底边境圣米歇尔山法军据点的行动也在逐步推进。2 月，英军开始加强峒伯兰（Tombelaine）修道院的防御力量——位于圣米歇尔山北面，海湾中一片岩礁小岛上——以限制对手的袭击活动。7 月 30 日，贝德福德公爵约翰任命萨福克伯爵威廉的二弟约翰·德·拉波尔爵士（Sir John de la Pole）为阿夫朗什守将。按计划，约翰爵士将召集下诺曼底地区的军事封臣和卡昂以及科唐坦半岛的守卫，完成夺取圣米歇尔山的任务。

5 月下旬，贝德福德公爵约翰前往特鲁瓦迎接妻子勃艮第的安妮。随后，新婚夫妇前往巴黎建立自己的家庭。他们在返程中顺手包围并摧毁了法军据守的塞纳河畔蓬（Pont-sur-Seine）。这项行动是英军东面新战役中的一部分——几乎与北面勃艮第军队攻势同时展开的是香槟及布里地区总督索尔兹伯里伯爵托马斯·蒙塔古系统清剿香槟中部及西南部已收缩进山区地带的残余法军，解除他们对特鲁瓦及兰斯等地威胁的行动。5—6月间，英军陆续占领了马恩、奥布、塞纳河间的韦尔蒂、特赖内勒（Traînel）、居默里（Gumery）、索利尼莱塞唐（Soligny-les-étangs）、圣梅曼（Saint-Mémin）、欧布泰尔（Aubeterre）、普昂莱瓦莱（Pouan-les-Vallées）等大批据点。并包围了布里地区的蒙泰居永城堡（Château de Montaiguillon）。难以抵挡伯爵攻势的普里让·德·奎蒂维等法军将领只得退向东面地区。

对危急之中的勒克罗图瓦、吉斯等重镇，查理七世政府鞭长莫及。于是，他们将眼光投向了战场的另一面：尽管1423年春季欧塞尔地区实施了一个局部休战协议，但法军将领们已在前线策反了一位为勃艮第而战的萨伏依领主拉博姆私生子纪尧姆（Guillaume bâtard de la Baume）。查理七世秘密接见了这位佣兵头子并给予他一些赏赐。为了报答新主子，拉博姆的私生子带着部下返回勃艮第占领区，成功地骗开了约讷河畔的克拉旺（Cravant）的城门，以法王查理七世的名义占领此地。然而好景不长，拉博姆私生子一伙人在城中忙着抢掠财物，蹂躏居民，附近的勃艮第领主们看不惯其背叛行径，集结起500人左右的队伍，在7月3日，又将萨伏依人从此地赶了出去。两手空空的拉博姆私生子回到布尔日，恳请查理七世夺回这座城市。他声称克拉旺是通向欧塞尔地区和勃艮第公爵领首府第戎的门户。

鉴于当时香槟法军难以抵挡英国和勃艮第军队，急于缓解东面危机的法王御前会议采纳了这个建议。除了像去年通过直接威胁勃艮第本土的方式最大限度地调动英军外，他们甚至还盘算着以此为基础逐步打通一条连接香槟的通道。鉴于巴肯伯爵约翰·斯图尔特已在初夏时前往苏格兰王国继续接洽招募苏格兰部队的事宜，法王御前会议于7月上旬命令苏格兰军团统帅达恩利的约翰·斯图尔特带着已把贝里地区搅得鸡犬不宁的部下，同伦巴第、阿拉贡等地的外国雇佣兵以及拉博姆私生子、出身于南部高原的法军将领阿莫里·德·塞韦拉克（Amaury de Sévérac）等人的连队——苏格兰军团是整支队伍中的主力部分——向东进发，将克拉旺团团围住。

尽管攻城方缺乏火炮，但物资匮乏的克拉旺守军很快就开始啃食马匹、猫鼠。战争的警报传遍了勃艮第的领地。老公爵的遗孀玛格丽特立即向腓力的封臣们发布了动员令。与此同时，贝德福德公爵约翰也从蒙泰居永城堡前线调回了索尔兹伯里伯爵托马斯·蒙塔古，并让诺福克伯爵约翰·莫布雷和第六任厄斯比的威洛比男爵罗伯特（Robert Willoughby, 6th Baron Willoughby de Eresby）率1000人增援他。索尔兹伯里伯爵的任务是协助勃艮第人解围。29日，约2500名英军在距离克拉旺约9英里处的欧塞尔与勃艮第元帅约翰·德·图隆竦（John II de Toulongeon）及1000名骑兵会合。当晚，双方召开了一场联合军事会议。勃艮第人同意让经验丰富的索尔兹伯里伯爵担任联军的最高指挥官。

在索尔兹伯里伯爵托马斯·蒙塔古主导下，会议拟定了一系列细致而严密的作战规则。其内容也从侧面反映出了当时英军高出一筹的战斗素养：部队将于次日——也就是周五——早晨十点出发，向克拉旺推进；联军将设立两名法务官分别监督、维持英军和勃艮第军的纪律；两支部队将合并为一个整体，英国和勃艮第士兵必须友好相处，争吵者将交由将领们惩罚；联军将齐头并进，但双方要各派60名骑兵和60名弓箭手组成先行的斥候部队；当到达战场后，联军将在指挥官的命令下迅速下马，抗命者将被处决，马匹应被牵到附近半里格外的地方，过于靠近战场的坐骑将被没收；每名弓箭手需自带一根两头削尖的木桩，以便在必要时插入身前的阵地；战斗中，无论哪个阶层均不得在确定胜利前抓捕战俘，任何被俘获的俘虏将同他的俘获者一起被处决；每人将随身携带两天的食物，欧塞尔市民也被要求继续为前线供应给养，联军将从他们手中购买；所有人必须坚守自己在行伍中的指定位置，没有将领的许可不得改变。

由于事发仓促，联军大概只集结了4000人。7月30日，他们从欧塞尔出发，带着约40门轻型火炮沿约讷河东岸南下。这里有一连串起伏不定的山丘随着北河岸向南一直延伸到克拉旺。因此，城市的北部地势比南部要高一些。当天天气非常炎热，索尔兹伯里伯爵托马斯·蒙塔古没有让联军长途跋涉，他们在推进到离克拉旺约4英里处便停下宿营。次日，联军斥候发现达恩利的约翰·斯图尔特等人已率部下在克拉旺的北面高地布好阵列挡住去路。他们的左翼有约讷河保护，右翼则依托一座陡山。士兵们正等着联军撞上门来。索尔兹伯里伯爵不愿攻击占有地利，人数约为己方两倍的对手。他立即带领部队调转行军方向，从下游渡过约讷河，来到与敌人相隔的西岸。接着，联军继续南下，来到克拉旺对面，这里有一座横跨约讷河，通向城市的桥梁，对岸的达恩利的约翰·斯图尔特等人也不得不带领部队下山，来到夹在克拉旺与约讷河之间的一片狭窄平地上，扼守桥梁。通过这次运动，索尔兹伯里伯爵成功地调动了对手，使他们放弃了有防御优势的初始阵地，并面临腹背受敌的危险。

现在，双方均沿河岸布阵。英军和苏格兰军都排在各自阵营的第一线。索尔兹伯里伯爵托马斯·蒙塔古指挥左翼，威洛比男爵罗伯特指挥右翼。根据记载，经过相互按兵不动的三个小时后，苏格兰弓箭手向对方射出箭矢，但立即遭到英格兰长弓手和勃艮第弓箭手及弩手的回敬。联军甚至搬来火炮向对岸轰击。猛烈的火力给苏格兰人造成了一些混乱和伤亡，让他们开始从岸边向后撤离。见此情景，索尔兹伯里伯爵高呼："圣乔治！旗帜前进！"便带领骑兵跳入水中，在长弓手的掩护下强渡约讷河。受其鼓舞的勃艮第军也跟着涉水而过。此地的约讷河水只有齐腰深，而且水流较缓，因此近1500名联军下马骑兵很快便登上了对岸，向敌人冲锋。他们的另一部分队伍还前往上游，试图从另一个渡口过河迂回。与此同时，威洛比男爵指挥部下攻击由一支苏格兰分队守卫的桥梁。在伦巴第下马骑兵的支援下，苏格兰分队顽强地击退了英军第一次进攻，但威洛比很快重新组织了攻势。在各种火力的倾泻和下马骑兵的冲锋下，苏格兰人丢失了桥梁，被迫后撤，并暴露了伦巴第骑兵的侧翼。意志薄弱的意大利佣兵忍受不了长弓手的近距离直射。于是，这些人不顾苏格兰人的咒骂，仓皇奔向自己的马匹。克拉旺城内的勃艮第守卫在瞭望塔中瞧见敌军阵脚浮动，便告知了城门上的守军。守军立即打开西门，奋力向敌人后方发起冲锋。数面夹击下，围城者的阵列崩溃了。除了苏格兰部队仍在同英军搏斗外，那些大陆外籍佣兵纷纷四散奔逃。见此情景，法国将领们也认为大势已去，开始向河谷南面撤退，抛弃了那些还在同敌军苦战的苏格兰友军——"听任那些勇士凋零"。最终，联军分割包围了对手。克拉旺战役以法方惨败告终。他们至少有3000人非死即俘，其中大部分都是苏格兰士兵。最高指挥官达恩利的约翰·斯图尔特也位于战俘之列，他还失去了一只眼睛。8月31日，巴黎街头燃起了庆祝的篝火。而查理七世只得在写给里昂官员的信件中自我宽慰："几乎没有我们王国的贵族（在）那里……只有苏格兰人、西班牙人以及其他惯于为祸乡间的外国士兵，因此并没有那么大的伤害。"

但这次战败的后果远比他声称的要严重，遭受重创的法军被迫退回卢瓦尔河流

▲ 克拉旺战役

域防守。他们一时无力增援东面战场，对手却可以放心地分割扫荡散布在这片地区的法军。8 月初，卢森堡的约翰瓦解了穆宗（Mouzon）同吉斯、拉昂地区法军的联合攻击行动；诺福克伯爵约翰 · 莫布雷等英将也率领约 600 名部下与他配合，击败拦截法军，扫荡了拉昂地区。联军将法军的东北面部队赶过默兹河（Meuse），逼向阿登山区边缘。在接下来数月，卢森堡的约翰还收复了康布雷和蒂耶拉什（Tierache）地区的大批据点。

联军在北面战场的兵势使雅克 · 德 · 阿库尔放弃了解围的希望。9 月，在数次进入堡垒的兄弟亚眠主教让的劝说下，雅克认为自己已无力回天。10 月 5 日，他同英国人达成协议：如果到次年 3 月仍没有法军部队前来解围的话，就会交出勒克罗图瓦。在命令副官留下镇守后，雅克离开了这座坚持了三年的堡垒。他变卖了所有的北方财产，安排家眷南下，到卢瓦尔河流域继续支持法王的事业。但不久后，他在一次试图迫使族人倒向查理七世的事件中被惊动的卫兵杀死。

盛夏时，索尔兹伯里伯爵托马斯·蒙塔古也返回香槟和布里攻城拔寨。他再度领导对蒙泰居永城堡的包围，决意将其攻克。索尔兹伯里伯爵的副官吉尔伯特·格拉斯戴尔爵士（Sir Gilbert Glasdale）以及萨福克伯爵威廉·德·拉波尔则带着约 600 名英军跟着勃艮第人趁势南下，将剩余的力量倾泻在讷韦尔地区南部和马孔地区。这令法军在当地的局势迅速恶化。萨福克伯爵占领了扼守山间通道的拉罗什维讷斯（La Roche-Vineuse）等数座马孔地区的重要据点。

8 月中旬，勃艮第元帅约翰·德·图隆竦也包围了西南面控扼卢瓦尔河流域要道的比西耶尔城堡（Bussière）。当地总督很快便与他签订了限期投降协议。不过，元帅没能等到这个光荣时刻的到来。9 月，法王的里昂守将及执事安贝尔·德·格罗莱带领部队向他发动了突袭。500—600 名人马具甲的伦巴第骑兵洗刷了自己在克拉旺战役中的耻辱——他们成功地将敌方队伍切成数段。战斗中，勃艮第元帅等 300 人被俘获，他被用来交换在克拉旺被俘的达恩利的约翰·斯图尔特等人。法军由此迟滞了勃艮第人的攻势，缓解了逼近里昂的威胁。尽管他们暂时保全了比西耶尔这个山地城堡，但勃艮第军队的零星攻击并未停止。12 月下旬，勃艮第将领佩里内·格雷萨（Perrinet Gressart）又通过袭击夺回了卢瓦尔河畔的拉沙里泰。

在 1423 年，查理七世的最大收获也许只是在生活中。7 月 3 日下午 3 点，法国王后安茹的玛丽在布尔日成功诞下她与查理七世的首次结晶——一个男孩。王子的出生平息了关于瓦卢瓦王室传承的疑问，其正统性也得到了巩固。查理七世治下的优良市镇均举行了篝火和庆典纪念这一时刻。为了纪念圣徒，这位王子被命名为路易。阿朗松公爵让和新任中书大臣克莱蒙主教马丁·古热成为他的教父。

与此同时，另一位贵人也向查理七世伸出援手——鉴于安茹公爵路易在意大利暂时获得了有利地位，其母阿拉贡的约兰达从南方返回了卢瓦尔河流域。她有着丰富的政治经验和娴熟的外交手腕，将成为查理七世同其他法国权贵间的调停人。不过，约兰达发现她的女婿正被一群饱受贵族诟病的人员包围。皮埃尔·弗罗捷，这位自 1418 年查理七世逃出巴黎后就不断为其效劳的车马侍从在数年间内便荣升为马厩总管（Maître de l'écurie）。他为查理七世组织了一支苏格兰卫队，并担任许多地

奥尔良
欧塞尔
日安
克拉旺
科纳
韦兹莱
第戎
拉沙里泰
布尔日
屈菲
纳韦尔
拉盖尔克
图尔尼
沙罗勒
拉罗什
维讷斯
蒙吕松
比西耶尔城堡
马孔
克莱蒙-费朗
里昂
弗尔
维埃纳
罗歇巴隆城堡
塞沃雷特

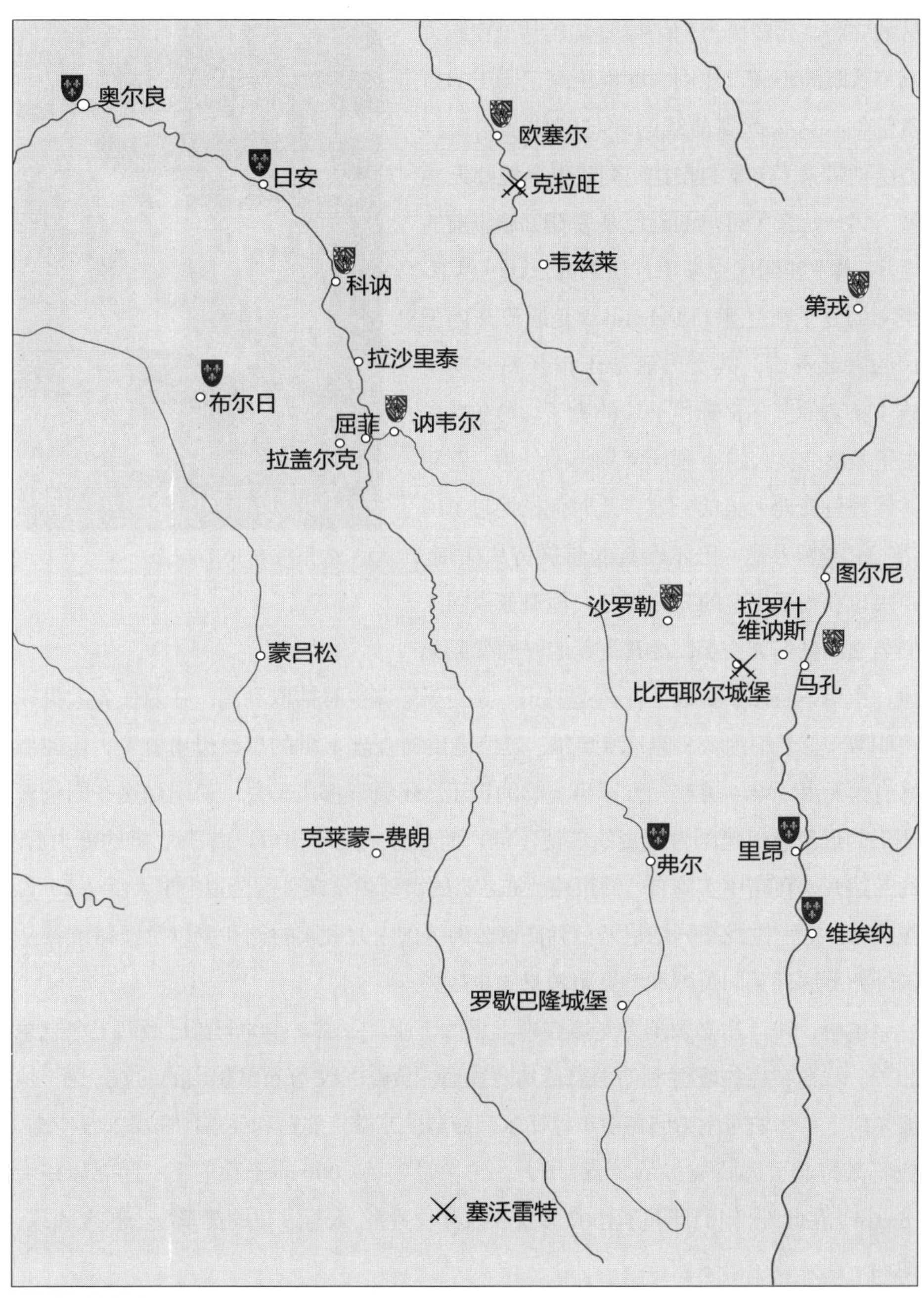

▲ 东南地区

区的守将。弗罗捷得到的慷慨赏赐甚至引起了高等法院的不满，他们一度拒绝登记国王的封赏信件。这些远离前线的守将职位及附属权益给他带来了丰厚的收益，同时也令他肆无忌惮。另一位炙手可热的廷臣是安茹家族以前的臣仆，普罗旺斯埃克斯审计法院庭长让·卢韦。卢韦的妻子梅杜琳（Métheline）是服侍法国王后的宫廷贵妇，其女玛丽是正担任奥尔良家族主持者的奥尔良私生子让的妻子。奥尔良私生子是奥尔良公爵查理同父异母的幼弟，青年时代曾是查理七世的密友，此时他已接过了阿诺·纪尧姆·德·巴尔巴赞的首席侍从头衔。卢韦也获得了王室的充分信任，他有权以国王的名义同任何人交易，令其贪婪的一面暴露无遗。卢韦不断插手财政，在铸造劣币、典当王室珠宝时抽取利润，并兼任着大批守将职务。至于塔内吉·迪·沙泰尔，这位老臣对查理七世的忠诚毋庸置疑，但他似乎有勇无谋，难以挑起一方军事主帅的担子，还经常挪用军费。意识到这些围绕着法王的近臣已引起国内权贵的广泛不满，而且并未展现出可以解决危机的能力后，约兰达开始在暗中实施自己的策略。布尔日的宫廷内逐渐分裂为以中书大臣马丁·古热为首，主张拉拢布列塔尼乃至勃艮第公爵等国内大贵族的调和派以及坚持继续从国外招募雇佣兵同英国和勃艮第较量的主战派。

▲ 奥尔良私生子画像

的确，约兰达必须努力支撑查理七世的事业，安茹家族的利益已经同王室息息相关。联军在克拉旺胜利的消息传到西线后，负责围攻圣米歇尔山的约翰·德·拉波尔爵士认为法军主力已集中于卢瓦尔河流域的东端，安茹和曼恩的防务非常空虚，他不禁打起了远骑烧掠的主意。9月，约翰带领约 2000 名士兵南下，直抵瑟格雷（Segré）。在此地，他们俘获了1000 多头牛及其他牲畜。大喜过望的英军决心扩大战果，他们一直突袭至昂热城下。

约翰·德·拉波尔爵士显然打错了算盘，西部战线上的法军一直十分活跃。就在 8 月，他们还曾进入博斯平原，对沙特尔发起过一场不成功的袭击，接着又攻占了伊夫里。接到英国人入侵的消息后，约兰达要求已成为圣叙藏总督的安布鲁瓦兹·德·洛雷予以还击。德·洛雷立即同驻扎在图尔的欧马勒伯爵让联系，打算联合起来断敌归路。欧马勒伯爵正在筹划发起对诺曼底的攻击，接到信息后，他立即同阿朗松私生子等人率领部下向拉瓦勒（Laval）方向疾进，沿途的守卫也被召集到他们旗下。

与此同时，安茹地区的领主们也在紧张动员。应欧马勒伯爵让的请求，安妮·德·拉瓦勒（Anne de Laval）——她是贝特朗·迪·盖克兰遗孀让娜·德·拉瓦勒的女儿——毫不犹豫地派出了自己两位年仅十余岁的儿子居伊·德·拉瓦勒（Guy XIV de Laval）、安德烈·德·洛埃阿克（André de Lohéac，又名安德烈·德·拉瓦勒）带领封臣参战。9 月 26 日，法军终于在拉瓦勒西面数英里处，靠近拉格拉韦勒（La Gravelle）的拉博西涅尔地区（La Brossinière），截住了对手。眼见约有自身两倍人数的敌人来袭，英军将行李马车置于身后作为屏障，长弓手也向地面钉下木桩。他们打退了法军前锋骑兵发起的第一次攻击，不过法军很快就从防卫薄弱的一翼突破，打乱了英军阵列。法军步兵趁机冲入阵中，与敌人展开肉搏并将其一举击溃。英军损失至少有 800 人，约翰·德·拉波尔爵士亦沦为俘虏。这场胜利使下诺曼底门户洞开。欧马勒伯爵趁势北上，包围了阿夫朗什。接着，他带领部分军队继续北行，一直推进至圣洛，直到得知一支试图收复伊夫里的英军正在逼近时，他们才退回曼恩。

▲ 安德烈·德·洛埃阿克画像

就像数年前的博热战役一样，拉博西涅尔之战再度证明了英国人在西线的实力有限——如果他们未拿下曼恩，那深入敌境时就要冒极大风险。虽然此战法军未收复任何战略要点，但仍极大地振奋了法军的士气。10 月 3 日，东北方向也传来捷报：让·波

▲ 下诺曼底至安茹地区

顿·德·桑特拉伊通过奇袭夺取了索姆河中游的渡口哈姆。

鏖战了大半年后，贝德福德公爵约翰发现还未取得决定性进展，资金就已几乎耗尽。于是，占领区的等级会议又开始为钱袋而奔波。7 月，在韦尔农的会议通过了6 万锂弗的税款。12 月，等级会议又在卡昂追加了 20 万锂弗以及什一税。这次税款被指定用于支付诺曼底守卫的薪水和围困圣米歇尔山、伊夫里等法军据点的费用。当然，也包括平抑“匪患”——这场征服战严重动摇了法国北部本就摇摇欲坠的社会结构。冲击之下，越来越多的人脱离了正常的社会秩序。无论他们是反抗英国人的统治还是单纯地打家劫舍，这都成为当局日益头疼的问题。

与之相似地，南方的法王也在为军费问题忙碌。尽管1月已征收了一次数额巨大的战争税，8月12日，朗格杜瓦地区三级会议还是再在塞勒召开。查理七世提出要收取商品税——它包含对所有食品收取每锂弗12德尼厄尔税、零售酒类的1/4税以及集市课税，预计为100万锂弗——以继续战争。他认为三年内将逐步恢复对王国的主权。于是，在不到一周的时间内，会议通过了一项从10月1日起开始缴纳的，高达20万锂弗的税款。不久后，会议又将连续三年的商品税征收权授予查理七世。

很难认定代表们会心甘情愿地从腰包中掏出这笔巨款，他们已怨声载道，并认为国王应将每年应征税额固定下来。从冬季开始，查理七世陆续向众行省地区等级会议派出专员予以协调，并决定按人头税的征收方式收取商品税。这类税收随后被称为“替代商品税的补助金”(Le aide au lieu des aides)。

这些税收工作因士兵们在乡间不分敌友的劫掠行为而困难重重。各地代表都对此提出控诉。奥弗涅、波旁、福雷、博若莱(Beaujolais，即博热及其周边地区)以及孔布拉耶(Combraille)的地区等级会议甚至在7月缔结了防御同盟。即便如此，查理七世和廷臣们仍希望招募到更多的外籍军队来法国参战。他们的使者在苏格兰竭力劝说威格顿伯爵阿奇博尔德·道格拉斯的父亲——有丰富经验的第四任道格拉斯伯爵阿奇博尔德——前来指挥部队，并许以丰厚的领地回报。道格拉斯伯爵最终答应在年底带领军队起航，但这项承诺并未实现。法国专员们正忙着用拮据的资金在卡斯蒂利亚租聘船只，组建舰队。他们还要规避英国舰队拦截。于是，转运苏格兰军团的日期不断被拖延。9月中旬，查理七世派遣维埃纳的圣安托万修道院长和阿尔托·德·格朗瓦尔(Artaud de Granval)等使者前往米兰，希望从米兰公爵菲利波·马里亚·维斯孔蒂那里得到新的援助。

因此，现在只有前线将领仍在与英格兰—勃艮第人交战。哈姆的失陷令卢森堡的约翰异常恼怒。他立即集合军队，于三天后又将其夺回。让·波顿·德·桑特拉伊只得逃回东面。虽然英格兰—勃艮第军队在东北部竭力弹压，但这里的法军还是表现了顽强的战斗意志。他们频频向法兰西岛发起袭击，一度还占领了瓦兹河畔的博蒙，但这个据点马上就被贝德福德公爵约翰夺回并夷为平地。

法军更为成功的攻击发生在11月30日,约300名士兵趁着勃艮第人岗哨的疏忽，再次攀墙袭取了贡比涅。英国当局立即提醒蓬图瓦兹指挥官提高警惕以免为敌所乘。与此同时，利勒亚当大人让·德·维利耶等勃艮第将领试图带兵夺回贡比涅，但被击退。法军在巴黎北面站住脚跟，经由克雷伊直接突击到巴黎城下，联军只得采取联合周边力量封锁的对策。整个冬季，这里都受到兵火焚烧。

接近年底时，贝德福德公爵约翰已经厌倦了法军前线那些恼人的分散袭击。因此，他打算在来年发起大规模进攻：克复巴黎周边失陷的据点，扫平东北面还在抵抗的敌人，再将战火烧向诺曼底南面甚至是卢瓦尔河流域，给予敌人致命打击。为了完成这个雄心勃勃的计划，贝德福德公爵决定首先稳住下诺曼底的防御态势。11月底，他指派英将斯凯尔斯男爵托马斯为塞纳河城镇和阿朗松的总指挥官并负责监督鲁昂到巴黎的塞纳河的常规巡查工作，阻止法军游击队骚扰连队渡河。作为补充，两个月后，约翰·法斯托尔夫也被任命为从蓬德拉尔克的塞纳河南部地区到卡昂以及阿朗松的总督，负责受理各种上诉、惩罚犯罪行为、镇压土匪、抵御敌军。公爵还在科区设立了一个由数名邑督组成的委员会，每月核实守卫是否充足，装备是否完善，范围直至索姆河流域。

在部署进攻方面，贝德福德公爵约翰积极同本土联络，英王的御前会议答应招募数千人的增援部队前往大陆。于是，专员们急忙奔赴英格兰南方各港口，督促船只务必于来年2月2日到温切尔西集合。温切斯特主教亨利·博福特则再次准备预支1.4万马克以应付远征的花销。与此同时，贝德福德公爵也在积极拉拢盟友，将一些地区收益拨给勃艮第公爵腓力。贝德福德公爵希望勃艮第人能在来年帮助英军拔除法军在北方最后一个重要据点——吉斯。

在西线，贝德福德公爵约翰对布列塔尼公爵约翰也抱有很大期望。11月20日，双方在科唐坦边界会晤，讨论“关系到王室利益的许多巨大需求”。不过，贝德福德公爵似乎对里什蒙伯爵阿蒂尔怀有很大戒心——也许在为先王服务时，阿蒂尔表现得并不热忱。尽管法军占领了伊夫里，贝德福德公爵仍拒绝给予阿蒂尔领导部队拱卫首都的指挥权。阿蒂尔随即意识到自己在这个阵营中将会因英方有意限制而前途渺茫。

实际上，并不止英国在积极笼络布列塔尼公爵约翰。查理七世的岳母约兰达也在 1423 年年底拜访南特。作为与布列塔尼关系亲密的安茹家族的主事人，她显然比先前派出的塔内吉 · 迪 · 沙泰尔等法王使者更具影响力。布列塔尼政务会议中也有大批倾向法王的大臣在暗中支持约兰达。在他们的努力下，布列塔尼的港口逐渐中立化。数月后，布列塔尼公爵在南特签订协议，希望查理七世驱逐那些曾支持布卢瓦家族反叛的廷臣，并让自己的人员进入法王的内廷和御前会议，以促成王国的和平。

与之相似地，法王政府拉拢富瓦伯爵让的工作也在进行中。虽然英国政府已在亚眠会议上向富瓦伯爵示好，答应了他的一些要求，但伯爵的使者同时也出入于布尔日的宫廷——这里也在向他出价。作为同富瓦家族缓和关系的第一步，5 月，查理七世下令赦免了伯爵三弟马蒂厄 · 德 · 富瓦 - 科曼日（Mathieu de Foix-Comminges）私铸钱币等系列不法行为。随后，又将一系列特权及赦免信授予富瓦伯爵。这些努力连同恢复其朗格多克总代理官职务的诱惑似乎获得了富瓦伯爵的一些回报。数月后，查理七世在信中提及，通过任命，伯爵可以为自己提供 1000 名骑兵。除去获得富瓦军队的支持外，法王更在意的是通过同南方各个势力的妥协，减少内耗，尽量改善自己捉襟见肘的处境。由于入不敷出，1424 年 1 月，他一度打算解散除苏格兰和伦巴第人之外的绝大部分由王室支付薪水的军队。

不过，查理七世对臣民宣传时仍保持着强势态度。他在 2 月 25 日写给图尔奈的信中声称，苏格兰的道格拉斯伯爵阿奇博尔德和巴肯伯爵约翰 · 斯图尔特及其他苏格兰领主将在春季率领超过 1 万人的队伍前来与英国人作战。实际上，法国政府一直在为运送苏格兰军队的卡斯蒂利亚舰队绞尽脑汁。他们一面恳求舰队指挥官佩吕什及其部将在邓巴顿等苏格兰港口耐心等待，一面拼命通过借款等手段支付开销。王室甚至抵押了自己的家具，即使这样他们也只能预付一小部分。

此外，计划前往大陆的苏格兰军团还面临一场新考验：整个冬季，英国议会都在讨论释放苏格兰国王詹姆斯一世，以换取苏格兰在英法战争中保持中立的问题。英国人认为詹姆斯一世已受到足够多的文明教育——也许在其他国家人眼中那只是英式教育——而且政府为他选定了拥有王室血统的冈特的约翰的孙女，前任萨默塞特伯爵约翰的女儿琼 · 博福特（Joan Beaufort）作为妻子，因此应该和解。然而，相对英国人施予的这两项恩惠，詹姆斯一世付出的代价极为高昂——十八年囚徒生涯外加 4 万镑的赎金。不过，急于获得自由的他还是在 3 月底同意了英国人的条件——七年的和平以及约束苏格兰臣民不做任何违反和约的举动。至于在法国作战的苏格兰士兵，詹姆斯一世认为他们已处于自己的权力控制范围之外，他将在返回故乡后加以限制。因此，这是一场时间上的赛跑。

在大陆，英军也占得头筹。年初，贝德福德公爵约翰组织了一系列拔除北部法军残余据点的行动。2 月下旬，一支英国和勃艮第联军在蒙迪迪耶集合，随即南下围攻贡比涅。抵抗了约三周后，3 月 16 日，法军被迫同意在 4 月 1 日交出此城，但他们不甘心就这样平静地离开。15 天后，他们又流窜到西面，袭取了塞纳河畔的加永城堡。法军又成为该地区的麻烦制造者。他们在 4 月末还俘虏了卢维耶的英国守将——他当时正试图抓住一些偷盗牲畜的人。于是，英国人不得不加强从卢维耶到鲁昂的防御。5 月上旬，斯凯尔斯男爵托马斯带领 800 名英军赶往此地，再次将他们团团围住。

与此同时，英格兰—勃艮第将领们也开始了对皮卡第等地区的最后清剿行动。3 月 3 日，按去年的协定，勒克罗图瓦被顺利转交至英国人手中，整个蓬蒂约伯爵领均归顺于他们的统治之下。这使一个多月后到达加来的 3500 名英国援军可以迅速投入到其他方向上——他们在集结之初是为了对付可能出现的法军解围部队。

在东面，卢森堡的约翰开始向吉斯地区进军。4 月，卢森堡的约翰凭借从阿图瓦和埃诺收取的课税和周边市镇每月缴纳的贡金展开了对吉斯的封锁。他还得到了上诺曼底英军的增援——4 月 6 日，英将托马斯 · 伦普斯通爵士（Sir Thomas Rempston）以及 400 名部下在上诺曼底的古尔奈集合，然后从西面加入了勃艮第部队。联军很快包围了吉斯北面的瓦西（Oisy），迫使它在 5 月 5 日投降。次日，他们进至吉斯城下。利勒亚当大人让 · 德 · 维利耶也在西南面围攻埃纳河与马恩河之间的费尔昂塔德努瓦（Fère-en-Tardenois）及内勒城堡（Château de Nesles）——在此之前，他还带 500 人收复了贡比涅东南面，刚被法军占领的米隆堡（La Ferté-Milon）。现在，吉斯孤掌难鸣。更糟糕的是，卢森堡的约翰还在一次伏击中俘获了出城袭扰的让 · 波顿 · 德 · 桑特拉伊，这令城内的守军更加绝望。

在此期间，被任命为香槟和布里地区总督，统辖默伦、桑斯、欧塞尔、讷韦尔、迪努瓦、马孔及苏瓦松等邑督区的索尔兹伯里伯爵托马斯 · 蒙塔古也于 3 月初拿下了围困了半年多的蒙泰居永城堡。接着,他带领英军继续向香槟腹地突进。4月6日,英军包围了约有300名法军据守的塞扎讷(Sézannes)。在少数勃艮第部队的协助下,他们用火炮轰击城镇,并挖掘地道。6月24日,经过一场激烈的搏斗,法军守将及200多名部下阵亡,其余近百人被俘。攻下此地的英军随即大肆烧掠。7月初,在其东北面,倚靠于两片山脉间,控扼着兰斯通往特鲁瓦以及莫城通往沙隆道路的坚固据点莫伊梅堡(Château fort de Moymer,即现在的艾姆山,Mount Aimé)也投降了。这标志着法军在香槟地区的最后一个战略重镇也落入勃艮第人手中。

联军的春季攻势令整个法国东南部都大为惊骇。里昂在3月间出现了人们逃往邻近德意志地区以躲避沉重税赋的现象,还发生了一次意图将城市献给勃艮第人的阴谋。卢瓦尔河上游地区的勃艮第军队也积极响应英国人在香槟等地的凌厉攻势。

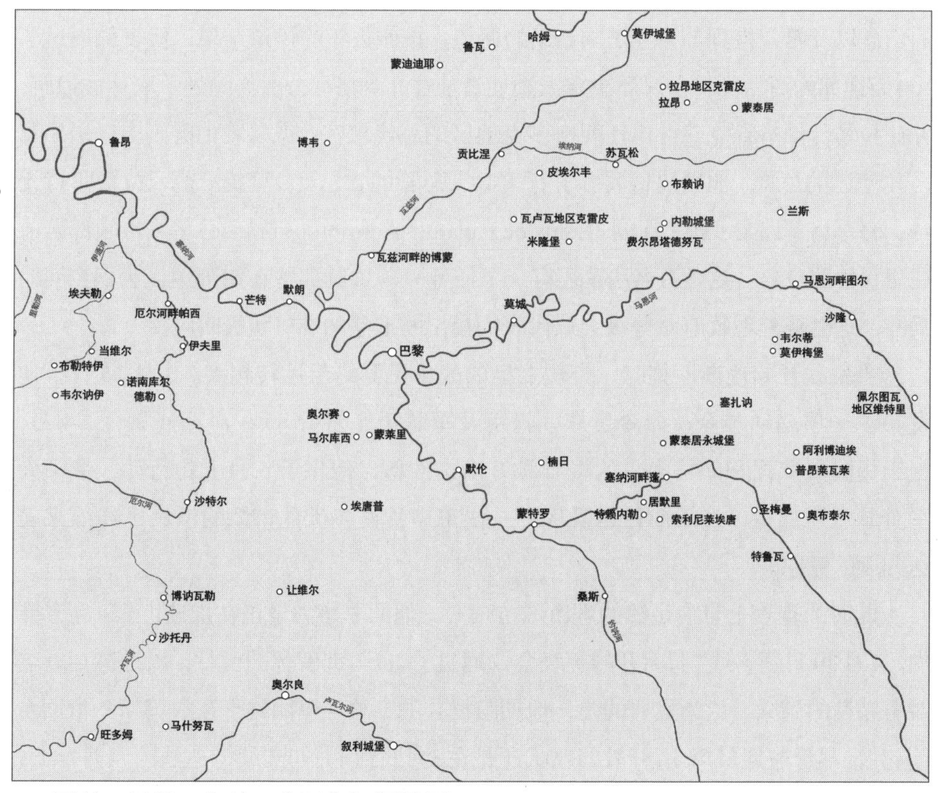

▲ 瓦兹—马恩—塞纳—卢瓦尔河间地区

他们在科讷集合，跨过阿列河，向西面推进，隐隐有威胁布尔日之势。贝德福德公爵约翰显然非常赞赏勃艮第人的进取心，6月21日，他以国王亨利六世的名义划给勃艮第公爵腓力欧塞尔、马孔、塞纳河畔巴尔、蒙迪迪耶、鲁瓦、佩罗讷等地，使腓力对皮卡第等地区的野心得到了一定程度上的满足。

英格兰—勃艮第军队的攻势令查理政府十分被动。虽然2月26日法国使者阿尔托·德·格朗瓦尔成功地与米兰公爵菲利波·马里亚·维斯孔蒂、卡斯蒂利亚国王胡安二世以及那不勒斯王国的继承人安茹公爵路易签订了攻守同盟——借此可以招募更多西班牙及意大利雇佣军，但这仍不足以抗衡英国及勃艮第人的主力。法国君臣打算收集更多的资源维持一支即将到达的苏格兰大军团。3月12日，查理七世在塞勒召开了朗格杜瓦地区三级会议。阿朗松公爵让、克莱蒙伯爵查理、欧马勒伯爵让及西西里王太后约兰达均到场列席。法王谈到了王国当前的形势、追求和平的信念以及希望得到苏格兰王国帮助的愿望。按照去年的讨论结果，代表们通过了100万锂弗的商品税。会议还决定派遣使者前往布列塔尼公爵约翰处争取达成谅解，并让拉马什伯爵雅克二世担任朗格多克地区的总代理官。克莱蒙伯爵则出任里昂及马孔地区的总督，他很快便将和升任弩兵大总管的吉尔贝·莫捷·德·拉费耶特元帅、海军将军路易·德·屈朗（Louis de Culant，Admiral of France）等人带领部队前往里昂协防应急。这数百名法军还有一个任务——抑制那些在南部地区为祸乡间的兵匪，这也是查理政府对等级会议代表们提出的抱怨的唯一积极回应。

当税款开始逐渐汇集时，查理七世的战争机器终于运转起来。3月16日，他发布了一项总动员令，命令贵族、封臣及军队于5月15日在卢瓦河集合。4月，国王提醒奥弗涅和朗格多克的贵族做好出击准备，他将于5月上旬行动，带领大军奔赴兰斯加冕，然后前往诺曼底——法王声称许多优良市镇的臣民已经前来表达归顺的意愿。

此时的查理七世有足够的理由维持信心。他的军事力量正在加速汇聚：在多菲内，4月30日到5月7日召开的等级会议通过了2.4万弗罗林的税款，以维持200名装备精良的骑兵。更为重要的是，他期盼已久的苏格兰军团终于在詹姆斯一世回乡前起航。尽管遭遇暴风雨，分散的船队还是在3月底到4月初陆续抵达法国。4月24日，这支由道格拉斯伯爵阿奇博尔德及其第三子詹姆斯爵士（Sir James Douglas）、女婿巴肯伯爵约翰·斯图尔特领导的2500名骑兵和4000名弓箭手的大军团在布尔日接受了检阅。兴奋不已的查理七世不顾图尔市民的反对和哀求，将图赖讷公爵领封给了道格拉斯伯爵。5月3日，新任公爵正式拜访了自己的领地。他还被任命为法兰西王国战争总代理官。同身为陆军统帅的巴肯伯爵一起，几乎接管法方部队的全部指挥权。而5月初，由新任总代理官拉马什伯爵雅克及拉昂主教主持的，在蒙彼利埃召开的朗格多克等级会议又追加了15万锂弗的商品税、一年的盐税以及持续到来年复活节的商品出口关税。5月中下旬，为军队准备的军需补给也开始发放。到6月，查理七世至少已掌握了8000人，而欧马勒伯爵让已经率领其中的1700人进驻勒芒。

▲ 巴肯伯爵戎装画像

5月初，得知法军也许会在诺曼底前线采取主动的情报后，贝德福德公爵约翰发布了诺曼底封臣必须在月底时到鲁昂集结的动员令。不过他很快便得到了进一步的增援——6月上旬时，威洛比男爵罗伯特和波伊宁斯（Poynings）等英将带领420名骑兵和1140名长弓手登陆法国，使公爵能将兵锋转向西面。6月下旬，萨福克伯爵威廉·德·拉波尔率领约600人的部队再度包围了被法军夺回的伊夫里。英军不久便占领了市镇，数百名法军只得退入城堡中继续抵抗。

而设在巴黎的英王御前会议也着手拟定第二阶段计划。他们打算让萨福克伯爵威廉·德·拉波尔扫清德勒地区的法军据点，占领曼恩和安茹地区的工作则委托给贝德福德公爵约翰。此外，他们还准备以王室的名义接管皮卡第。这些行动标志着贝德福德公爵已基本完成了亨利五世遗留下来关于稳定诺曼底、廓清零散法军据点、切断巴黎周边领域与卢瓦尔河流域联系的第一阶段布置，转而开始实施自己的战略计划。

然而初夏时，法军的反击行动仍局限于东南一隅。新海军将军路易·德·屈朗带着西奥多·德·瓦尔佩加（Theodore de Valperga）等伦巴第将领的意大利佣兵部队以及卡斯蒂利亚佣兵罗德里格·德·韦昂堂铎（Rodrigue de Villandrando）部夺回了卢瓦尔河畔的屈菲（Cuffy-sur-Loire）。西郊的拉盖尔克（La Guerche）等据点也被收复。新晋元帅阿莫里·德·塞韦拉克已成为里昂、马孔、沙罗莱地区的总指挥官，吉尔贝·莫捷·德·拉费耶特则前往卢瓦尔河流域。滞留在卢瓦河地区的法军主力还在等待多菲内、奥弗涅、利穆赞等地区的部队会合。这导致其他战场的形势仍在持续恶化。法国东北部的战事已进入最后阶段。被联军攻势不断压往东面边界的拉海尔试图反击，但他很快便被围攻吉斯的一支联军分队赶走。绝望中的吉斯向自己的封主，安茹公爵路易的二弟吉斯伯爵勒内求救。勒内同岳父洛林公爵查理开始组建解围的援军。虽然他们的行动令卢森堡的约翰躁动不安，并频频向盟友要求增援，但实际上勒内及洛林公爵并不敢挑战英格兰—勃艮第联军。他们的救援最终无果而终。

7月8日，经过近两个月的围攻，英军终于占领了塞纳河畔的加永。他们进行了严酷的报复：守卫被屠杀，城堡则夷为平地。法军在布赖讷、马恩河畔图尔（Tours-sur-Marne）、楠日（Nangis）等埃纳、马恩河流域及布里地区的最后据点也遭受了同样的命运。

不过，盛夏后，这几条战线的拉锯战烈度均开始降低，双方心照不宣地酝酿着即将在下诺曼底边境展开的一场大会战。经过近三周的抵抗，7月5日，伊夫里的法军守将同萨福克伯爵威廉·德·拉波尔部签订了限期投降协议。移交城堡的期限被定在了8月15日前。

鉴于敌军主力正在向前线集中，贝德福德公爵约翰决定要带领全军赶往伊夫里确保对其成功占领。他感到新集结的部队问题重重：部分英军士兵在英格兰时已经领过一次薪水，他们又被将领登入诺曼底扈从队伍中，得到了一份双薪，其中一些人因此急忙抛弃职守返回家中。被征召的诺曼底等地的封臣部队迟迟不至，期限不得不一直延后到7月3日。为此，贝德福德公爵加快了集结行动。到7月下旬，贝德福德公爵终于以最近两次的本土援军作为基干力量一点点地组建出了野战部队：他抽调了诺曼底守卫的半数——约2000人——并召回了在勃艮第一带征伐的索尔兹伯里伯爵托马斯·蒙塔古。最终，贝德福德公爵能掌握的军队达到了8000—10000人，这是数年中最大的规模。8月11日，他离开鲁昂，在埃夫勒建立总部。正在围困内勒城堡的利勒亚当大人让·德·维利耶也在此加入队伍。

与此同时，一直维持庞大军队的法国君臣也感受到了财政上的紧迫。8月4日，他们让已经四个月无所事事的苏格兰军团从图尔开拔。来自中南部各地的部队都在向卢瓦河谷集聚。道格兰斯伯爵阿奇博尔德和巴肯伯爵约翰·斯图尔特来到沙托丹。在这里，当公证员忙着为苏格兰士兵立下遗嘱和保管财物时，纳博讷子爵纪尧姆也带着西班牙和伦巴第佣兵部队与苏格兰人会合。他们还遇见了阿朗松公爵让、欧马勒伯爵让以及吉尔贝·莫捷·德·拉费耶特等将领。随后，这支浩浩荡荡的队伍经由博讷瓦勒北上，越过沙特尔，抵达诺南库尔（Nonancourt）。

但法军还是错过了救援伊夫里城堡的期限。8月13日，贝德福德公爵约翰来到城下，期望在次日与法军会战，但敌人的大部队却没有出现，于是城堡按约投降。英军等来的只是40名法军斥候。双方交锋后，发觉为时已晚的法军撤向了西面。英军随即召开了战争会议，将领们建议贝德福德公爵退回德勒，公爵采纳了这项建议，萨福克伯爵威廉·德·拉波尔则带领1600人前往布勒特伊，掩护英军主力，监视敌军。

避开英军主力后，法军让数名能说英语的苏格兰士兵扮作英国俘虏，通过声称击败了贝德福德公爵约翰的假消息成功地骗开了韦尔讷伊的城门——这座曾是阿朗松公爵采邑的小城位于下诺曼底边境，当地英国守卫几乎已被抽空。法军指挥官们随即召开军事会议讨论下一步对策。对英军野战能力有清晰认识的欧马勒伯爵让等人认为应避免同英军主力的会战。他们主张在增派人员加强韦尔讷伊防御后便转向下诺曼底，进入其西南边境，那里的守卫力量必定因贝德福德公爵的动员而大幅削弱。他们可以烧掠乡间，甚至还能攻克一些重要堡垒。接着，再取道阿夫朗什或者阿朗松进入曼恩，这样不用冒战争风险就可全身而退。但一些苏格兰人认为自己千里迢迢来到法国的目的只是为了把英国人痛揍一顿，对避战行为十分不满。某些“倔强而且鲁莽”的年轻法国将领也附和他们的意见，双方陷入了漫长而激烈的争辩。也许就像前几次会战一样，这支军队虽然数量庞大，但是拼凑而成的特质以及复杂构成使最高指挥官威信不足，难以迅速结束争论，贯彻命令。

15日，萨福克伯爵威廉·德·拉波尔将法国人的准确位置及按兵不动的消息报告给了贝德福德公爵约翰。公爵决心抓住机会对敌军主力予以毁灭性打击。16日，贝德福德公爵带队向韦尔讷伊进发，当晚进驻当维尔（Damville）。有趣的是，利勒亚当大人让·德·维利耶的数千名勃艮第士兵已奉命离开主力返回内勒的前线。看来公爵对英国部队充满信心——也许这是为了激励部下的荣誉感，也许也是为了避免两股法国人接触时的隐含风险。

而争论了近两天时间的法军总算决定要谨慎行事。正当他们准备行动时，斥候传来了英军主力正在逼近的消息。奇怪的是尽管法军兵力甚至还不到敌人的2倍——贝德福德公爵约翰则声称法军有1.4万人——指挥官们还是决定接受会战。

法军将自己的队伍布置在韦尔讷伊北面，与城墙间约有1英里的距离。他们的主体——下马骑兵及其他步兵——被布置在中间。一些弩兵被散置在下马骑兵方阵间。纳博讷子爵纪尧姆、欧马勒伯爵让和道格拉斯伯爵阿奇博尔德分别指挥左面的

▲ 韦尔讷伊战役

法军及右面的苏格兰分部。这两支步兵队伍起初被排成三个小阵，但最终还是组成一条战线。西奥多·德·瓦尔佩加等人指挥的约1000多名人马具甲，配备长矛的伦巴第骑兵被分别布置在两翼，其中还包含了一些由拉海尔等法军将领指挥的加斯科涅骑兵。这些骑兵的任务是击破英军那些令人畏惧的长弓手的侧翼和后方。法军打算以庞大的中央步兵方阵正面攻击，骑兵部队包抄两翼决胜。这不禁令人想起了多年前的阿金库尔会战，比阿金库尔有利的是，17日天气晴朗，韦尔讷伊北面较为平坦的地势也有利于骑兵驰骋。

穿过森林后，英军也到达这片平原。向南推进一段距离后，贝德福德公爵约翰停下布阵。英军所有人员均徒步作战。像对手一样，将约2000名下马骑兵布置在中央，其余近三倍数量的长弓手则按习惯布置在可能略微前凸的两翼。英军的步兵队伍也被划成两部，并排成一条战线。贝德福德公爵和索尔兹伯里伯爵托马斯·蒙塔古分别领导右翼和左翼。不过，看到法军的布置后，贝德福德公爵特意安排了约2000名长弓手留在右翼后方，组成距主力约1/4英里远的第二条战线——这是一个不同于惯例的独特举动。这些长弓手将负责保卫左翼后方的补给和辎重。鉴于阿金库尔的教训，贝德福德公爵下令将车辆首尾相接围成环阵。部队的马匹也被尽可能地聚拢，排成3—4排，由一些侍从、仆人看管。这些牲畜的项圈和尾部也被拴系在一起，以免四散跑开。

那些活跃在战争中后期的英军著名指挥官，如萨福克伯爵威廉·德·拉波尔、斯凯尔斯男爵托马斯、约翰·法斯托尔夫等大部分都参加了这次战斗，只有约翰·塔尔博特例外——虽然他曾加入过从本土到大陆的增援部队，但此时他可能正忙着准备同第二任妻子，沃里克伯爵理查德·比彻姆之女玛格丽特（Lady Margaret Beauchamp）的婚礼。

就像其他中世纪的战争一样，双方也发出了一些骑士色彩浓厚的挑战。巴肯伯爵约翰·斯图尔特要求同索尔兹里伯爵托马斯·蒙塔古决斗。贝德福德公爵约翰却要求索尔兹里伯爵拒绝邀请，他建议两位将领应该为各自的主君而战。当然，这只是保护左翼指挥官的客套托词而已。公爵派使者邀请道格拉斯伯爵阿奇博尔德“喝一杯”，伯爵答道他乐意奉陪，而且就是因为在英格兰找不到公爵，才到法国来寻他。

即便指挥官间跃跃欲试，两支军队仍在战场上对视了很长一段时间。下午 4 点左右，双方不约而同地相向前行。贝德福德公爵约翰下达作战命令“旗帜前进!”英军士兵们像往常一样跪下亲吻地面，回以“圣乔治! 贝德福德!”公爵身穿绣有大白色十字架和小红色十字架的蓝天鹅绒战袍，亲自带着部下稳步推进。不甘示弱的法军也高呼“圣德尼! 蒙茹瓦!”在指挥官们的敦促下匆忙行进。根据记载，由于急切推进的纳博讷子爵纪尧姆等将领同右翼的道格拉斯伯爵阿奇博尔德沟通不畅，法方的整条战线在行动中出现了不协调乃至参差不齐的迹象。一些人未接敌便已气喘吁吁。阿朗松公爵让甚至同库隆塞男爵（Baron de Coulonces）就作战优先权发生了争执。男爵被让位于第一次上战场的公爵，然后在一个小丘旁袖手旁观。

英国人的从容进军使他们仍保持着良好的秩序。进入射程后，右翼的长弓手停下，将木桩插向地面，但由于长时间的阳光炙烤，地面已十分坚硬，长弓手不得不花大把的力气和时间才能将木桩钉进地面。对手没有给他们这个机会。开战不久，左翼的伦巴第及法国骑兵便迅速穿过尚未完成的木桩防御阵线，击穿长弓手的阵列。还未完成的木桩防御和长弓箭矢显然不能对这些装备马甲的骑兵造成多少伤害。在骑兵冲锋下，至少有 500 名英军当场溃散。一些人干脆扑倒在地希望躲过战马撞击和骑兵砍杀，另一些人聚拢在一起，试图依靠密集的群组抵挡，更多的人则逃向后方甚至离开战场。于是，战败的消息也一路向北扩散，溃兵们甚至还引发了奥格地区的小规模叛乱。

在英军左翼，有些阵列中的士兵甚至故意让出一些空隙，希望能诱导敌方骑兵本能地顺着这些空隙快速穿过，以减少对方阵主体的伤害。法方骑兵既无意对付那些聚集的抵抗者，也未打算卷击贝德福德公爵约翰的侧翼，他们专心追逐分散逃亡的人，跟到了后方的第二线英军及辎重车阵面前。

在这个危急时刻，英军充分展现了较高的战斗素养。见到右侧的投射部队被击散后，贝德福德公爵约翰立即带领下马骑兵快步冲向敌人。在身后以及右侧剩余的长弓手的掩护下，右翼英军步兵迅速撞入已经有点散乱的左翼法军阵列，展开了一场近身混战。与此同时，索尔兹伯里伯爵托马斯·蒙塔古的左翼英军也和苏格兰军团短兵相接。由于道格拉斯伯爵阿奇博尔德下令不接受任何性质的谈判，而且双方又是不共戴天的仇敌，因此，那些新到法国的苏格兰士兵虽然缺乏经验，但仍显示出了强悍的战力，甚至一度给索尔兹伯里伯爵造成了不小的压力。然而，那些配置给苏格兰军团的伦巴第骑兵却有些心不在焉。同英军接触后，他们很快便转向了抵抗更为薄弱的后方辎重车阵。这 600 名右翼骑兵绕过英军左侧，趁着左翼的骑兵同袍与第二线长弓手交战的机会，开始攻击辎重车阵。通过努力，他们成功地攻进辎重营地中，砍倒敢于抵抗的英国侍从与仆人，抢夺辎重，并掠走了一些马匹，不少人甚至追出了战场。

这几乎就是伦巴第人对整个战役的全部贡献。第二线的长弓手很快便击退了在追击中变得散乱的左翼法方骑兵。接着，他们又轻松地赶走了还在劫掠的右翼伦巴第骑兵。于是，被法国人寄予厚望的骑兵队伍就这样告别了战场，只有部分追逐者在战斗快结束时才返回前线。英军的第二线长弓手随即赶往前线，作为生力军增援索尔兹伯里伯爵托马斯·蒙塔古的队伍。他们从东面包抄敌人的右翼，使法方从苏格兰军团方面取得突破的希望也烟消云散。

在西面，纳博讷子爵纪尧姆这支混杂着弩手和西班牙佣兵的部队很难抵挡住贝德福德公爵约翰部的坚定冲锋，欧马勒伯爵让带着下马骑兵凭借人数优势才稍稍稳住了阵势。战斗随即演变为一场意志及素质的较量。根据记载，“身材高大，双臂粗壮，武艺精湛，勇猛无畏”的贝德福德公爵挥舞着双手战斧令对手难以招架。也许习惯于运动和突袭战的法军缺乏结阵硬战的技艺、凝聚力和韧性，他们逐渐力有不逮。于是，法军在对手的逼迫中渐渐后退。约四十分钟后，当他们退至韦尔讷伊城时——本来此地至少可以为他们提供火力支援——士兵们的求生欲彻底压倒了作战的决心。整支队伍分崩离析。一些人抛弃长官逃向南方，一些人则躲入城内，但更多的人在仓皇中被逼进了城下的壕沟。英军在这里给对手造成了最惨重的伤亡，城上的守卫亦不敢出来帮助那些处于绝境的同伴。至此，法军的左翼终于瓦解。

贝德福德公爵约翰并未让已经略显疲态的部下喘息或者追击溃兵。他们还有一个任务要完成：尽管盟友已经溃散，苏格兰军团仍表现出了令人惊叹的战斗力，他们还在同左翼英军奋力搏斗。左翼法军的崩溃使苏格兰军团同韦尔讷伊城镇间出现了一个无人防守的大缺口。贝德福德公爵当然不会放弃这个机会。他迅速重整队伍，返回战场，向东北面包抄，从后方对苏格兰军团发动猛攻。受此重创，苏格兰军团终于被分割。这时，整个战场上都回荡着英军士兵兴奋的呼喊声“克拉伦斯！克拉伦

当维尔
辎重营地
后卫长弓手
贝德福德部
索尔兹伯里部
法军部队
苏格兰部队
意大利重骑兵
韦尔讷伊
下马骑兵及步兵
骑兵

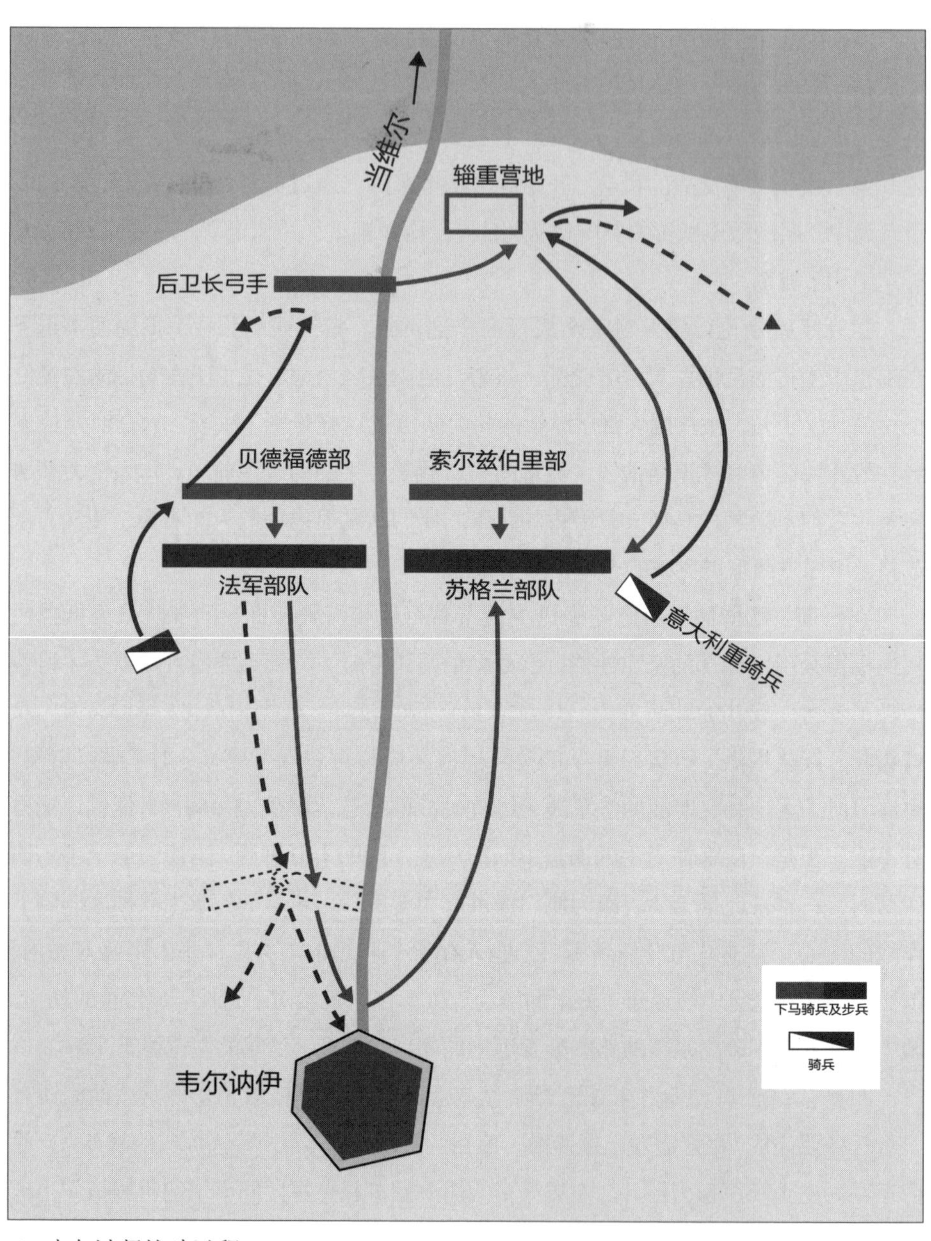

▲ 韦尔讷伊战斗过程

斯！”——这意味着他们决心为博热战役中阵亡的公爵展开无情的复仇——苏格兰人当然明白自己将面对的命运，但他们仍顽强地屹立在阵地上。苏格兰人当然明白这一阵阵声音的意味，但仍顽强地屹立在自己的位置上。混战中长矛难以施展，他们便一直挥舞着利剑、钝头锤和战斧奋力砍向接近自己的敌人，令英军付出了不小的代价。然而英军已占尽优势，苏格兰人的抵抗并未扭转乾坤。

韦尔讷伊之战的结果毫无悬念。尽管英军付出了比历次战役高昂的代价——他们在战斗中损失了1000—1600人——但指挥混乱、骑兵攻击力量的分散及缺乏配合、未能依托城市构筑防线、过早暴露薄弱一翼等系列失误给法方带来了灾难性后果——8月17日一个多小时的战斗将法国君臣筹措近一年的军队吞噬殆尽。贝德福德公爵约翰在战争结束后写给托马斯·伦普斯通爵士的信件中提及英军消灭了7262名敌人。苏格兰军团在其中占据了主要部分：包括道格拉斯伯爵阿奇博尔德、其子詹姆斯爵士、副官巴肯伯爵约翰·斯图尔特以及其他约50名各级指挥官在内的近6000名苏格兰人战死沙场。遭受毁灭性打击的苏格兰部队从此不复成军，沦为抗衡英军势力的次要角色。

虽然有部分法军成功逃出了战场，但其指挥阶层遭受了毁灭性打击：有着丰富经验的欧马勒伯爵让以及旺塔杜尔（Count of Ventadour）、托内尔（Count of Tonnerre）伯爵均殁于王事。纳博讷子爵纪尧姆的尸体在一条壕沟中被发现。认为他涉嫌谋杀老勃艮第公爵约翰的英国人将他吊在绞架上以讨好腓力。查理七世的宫廷侍从，位列谋杀者名单上的罗贝尔·德·莱尔也丢了性命。而阿朗松公爵让、吉尔贝·莫捷·德·拉费耶特元帅等一大批将领也沦为俘虏。现在，阻挡在诺曼底南部边境与卢瓦尔河谷间的大军已烟消云散。贝德福德公爵终于获得了向法国抵抗势力的核心地带长驱直入的机会。

第七章 风雨飘摇

1424—1429年

渐生隙嫌

1424 年 8 月 18 日，韦尔讷伊的 400 多名法军守卫向英军投降。取得战略主动权的法国摄政贝德福德公爵约翰返回鲁昂惩处在战斗中临阵脱逃的人。英军将领杨被判有罪，遭酷刑处决。奥格地区因溃兵激起的叛乱被当地领主迅速镇压。9 月初，巴黎人穿起红色衣服，迎接摄政凯旋。他们组织了盛大的游行队伍，庆祝这次英军屠戮同胞的胜仗。

由于高层指挥官的盲动，法军野战部队在韦尔讷伊战役中惨遭重创。与英国签订了合约的苏格兰国王詹姆斯一世已经回国主政，不可能再派出军队支持法国，法王查理七世只得结束数年来的进攻姿态，转向逐城固守的被动防御。与此同时，贝德福德公爵约翰派部将趁胜对敌人发起攻势。英格兰—勃艮第联盟在各条战线上所向披靡。东面的勃艮第人迫使内勒城堡在 8 月末投降，并最终占领费尔昂塔德努瓦。9 月 18 日，卢森堡的约翰和托马斯·伦普斯通爵士也迫使吉斯法军答应在翌年 3 月 1 日正式投降。而卢森堡的约翰和托马斯在征剿时的专断蛮横及放任军队劫掠、霸占领地的行为引起了一些皮卡第地区小领主的不满，他们聚集在鲁瓦等地试图结盟反抗，却很快就遭到了镇压。一些人被卢森堡的约翰部逮捕处决后，剩余的领主都倒向了法王，但这并未影响东部战争的进程。10 月 4 日，拉海尔答应在春季撤出他曾奋力坚守的佩尔图瓦地区维特里等据点。至此，法王在香槟地区的事业彻底崩塌。

在这段时间，英国人重启了对圣米歇尔山的围困。科唐坦半岛邑督尼古拉斯·比尔代（Nicholas Burdet）在南面的阿尔德翁建立了一座带有吊桥的简易木质堡垒，并进驻 40 名骑兵和 120 名弓箭手以加强对修道院的封锁。萨福克伯爵威廉·德·拉波尔和索尔兹伯里伯爵托马斯·蒙塔古向沙特尔西面进军，连克瑟农什、诺让勒鲁瓦等博斯边缘地区的大批据点。西线的约翰·法斯托尔夫、斯凯尔斯男爵托马斯，约翰·蒙哥马利爵士在下诺曼底守卫和征召队伍中抽调人手，从阿朗松向已无还手之力的曼恩和安茹进攻，于10月1日占领锡耶勒纪尧姆（Sillé-le-Guillaume）。12月8日，一支英军在勒芒以东，距首府只有13英里的蒙福尔勒热努瓦（Montfort-le-Gesnois）建立了守卫据点。翌年1月，米伊（Muids）向索尔兹伯里伯爵的投降标志着英军开始尝试向奥尔良地区进军。

勃艮第公爵腓力没有放弃这个乘虚而入的机会。9月，他亲自带领部下向马孔地区发动进攻，占领了图尔尼和比西耶尔。不过，勃艮第公爵的攻势并未维持多久，担心领地被战火波及的萨伏依公爵阿马德乌斯八世很快便介入到冲突中，在他的斡旋下，勃艮第和法方在9月28日签订了一个为时八个月的休战协定，范围包括纳韦尔、东齐瓦（Donziois）、沙罗莱及马孔地区在内的大部分南方边境。当然，这些弭兵之举并不是因为腓力良心发现，北面的一连串事件迫使他匆忙赶往巴黎。腓力对部分盟友在北方的一系列动作非常气愤——贝德福德公爵约翰的弟弟格洛斯特公爵汉弗莱正打算在被腓力视为后院的低地地区中横添是非。

实际上，双方的纠纷由来已久。自从接收佛兰德伯爵领后，勃艮第家族一直对埃诺、荷兰及泽兰等地虎视眈眈。1417年，老勃艮第公爵约翰安排这些地区的女继承人，16岁的埃诺女伯爵杰奎琳（Jacqueline，Countess of Hainaut）——她的父亲埃诺伯爵威廉六世已在当年5月底去世——同勃艮第公爵腓力的堂弟布拉班特公爵约翰四世（John IV，Duke of Brabant）联姻。这并未给低地地区带来和平：一方面，在荷兰及泽兰地区，杰奎琳的继承权受到被德意志国王西吉斯蒙德支持的叔父巴伐利亚的约翰（John III the Pitiless，Duke of Bavaria-Straubing）的挑战——与西吉斯蒙德的侄女，布拉班特公爵约翰曾经的继母格尔利茨的伊丽莎白（Elizabeth of Görlitz）联姻；另一方面，新婚夫妻的生活也并不和谐。这位比同时代贵妇更具活力、勇气和毅力的埃诺女伯爵在同叔父约翰作战的同时，对她软弱无能、贪婪专横的丈夫也心生鄙夷。双方的关系最终在三年后

▲ 埃诺女伯爵杰奎琳

破裂。杰奎琳干脆于1421年逃往英国，寻求援助。

英格兰早就显露了对低地地区扩张的野心。英王亨利五世去世后，埃诺女伯爵杰奎琳加快了反抗的步伐，不久便自称与布拉班特公爵约翰离婚，随即又和英国的格洛斯特公爵汉弗莱结婚。到1423年春季，格洛斯特公爵已经给自己冠上了埃诺、荷兰及泽兰伯爵的头衔——这意味着英国势力已经公开介入低地地区。

1424年，勃艮第的低地事业显然出现了一些小波折。虽然在春季，无嗣的前列日主教，现巴伐利亚-施特劳宾公爵约翰三世已经同意勃艮第公爵腓力作为自己在荷兰等地区的继承人，但这些承诺并不能保证腓力顺利继承。7月，巴伐利亚的约翰得到低地将面临英国入侵的消息。这个情报非常准确：正当腓力和贝德福德公爵约翰还在努力达成外交和解之际，10月16日，格洛斯特公爵汉弗莱同埃诺女伯爵杰奎琳带领一支数千人的军队在加来登陆。数天后，腓力现身巴黎。

贝德福德公爵约翰和兄长亨利五世最大的差距可能是在威信方面，他无法直接下令禁止格洛斯特公爵汉弗莱的胡作非为。勃艮第公爵腓力表面上在庆贺自己的内廷大管家约翰·德·拉特雷穆瓦耶与法国王太后伊萨博的侍女，出身于普瓦图大贵族家族的雅克·德·昂布瓦斯(Jacqueline d'Amboise)的婚礼——约翰的弟弟乔治也从法王领地中赶来参加了这次盛会——但格洛斯特公爵领兵登陆的消息仍令公爵火冒三丈。从未参加竞技比武的贝德福德公爵不得不举行一场骑士锦标赛来安慰盟友，并亲自上马为小舅子助兴。或许这些娱乐在表面上安抚了腓力的情绪——据记载，兴致勃勃的他还向包括索尔兹伯里伯爵夫人在内的贵妇们大献殷勤——但在北方的格洛斯特公爵依然无视兄长的苦心调停以及腓力关于挑战布拉班特公爵约翰即

▲ 巴伐利亚的约翰

等同于挑战其本人的警告，大摇大摆地穿过阿图瓦，来到埃诺。到12月中旬，格洛斯特公爵手下的英军已经控制了大部分领地。至此，忍无可忍的腓力终于诉诸武力。他向佛兰德和阿图瓦发布动员令，命令布拉班特公爵的弟弟圣波勒伯爵腓力带着一支庞大的勃艮第-布拉班特联军替那位无能的胞兄夺回埃诺。

▲ 里什蒙伯爵阿蒂尔

格洛斯特公爵汉弗莱追逐私人利益的行动几乎将英格兰—勃艮第联盟毁于一旦。卢瓦尔河流域的查理七世君臣终于获得了喘息之机——接近年底时，返回马孔的勃艮第公爵腓力公然接见了法国宫廷的使者。虽然他坚持放逐让·卢韦、塔内吉·迪·沙泰尔等法王廷臣的要求导致双方仍未达成任何协议，但一个颇具中立意味的方案却已浮现：腓力的姐夫，布列塔尼公爵约翰五世的二弟，里什蒙伯爵阿蒂尔即将出任查理政府空缺的陆军统帅。

实际上，查理七世的岳母阿拉贡的约兰达为这个目标已经奔波了好几个月。她再次提起自己的长子安茹公爵路易三世同布列塔尼公爵约翰的女儿伊莎贝拉的婚约，并邀请里什蒙伯爵阿蒂尔为查理七世出力。阿蒂尔等人担心法王查理七世可能背信弃义，提出要移交4名人质和一些地方作为抵押后才放心会面。经受韦尔讷伊战役的重创后，已无多少力量和价码的查理政府被迫加快了妥协及拉拢大贵族的脚步。他们很快就将奥尔良私生子让以及纪尧姆·德·阿尔布雷派到布列塔尼宫廷，并向其移交了吕西尼昂（Lusignan）、洛什等数处领地作为抵押。1424年10月18日，查理七世带着随从以参加订婚仪式的名义来到安茹家族的首府昂热。之后，他在圣欧班修道院（Saint-Aubin Abbey）的花园里见到了阿蒂尔，这是两人的首次会面。查理七世以他惯有的温和及殷勤态度安抚了阿蒂尔，并建议他接受陆军统帅之剑。不过，阿蒂尔似乎并未被国王的慷慨所感动，虽然他宣称已准备好为国王服务，但又以自己过于年轻，缺乏经验为由谢绝了这份厚礼，并声明将先同自己的兄长、小舅子以及萨伏依公爵阿马德乌斯商议。

其实里什蒙伯爵阿蒂尔不可能对这样一份高级职位无动于衷，但他还要综合衡量自己的利益。阿蒂尔所持收益中的大部分——约6300锂弗的岁入——均来自于妻子的勃艮第封地。因此他必须考虑转投法王时勃艮第公爵腓力的态度，并尽量获得腓力的认可。结束觐见后不久，他便同勒尼奥·德·沙特尔奔赴纳韦尔地区拜会腓力。另一方面，昂热之行稍微恢复了查理七世的一点信心。11月24日，法王在给图尔奈的信中写到他仍拥有4000名骑士和侍从，此外，布列塔尼战士和费拉拉侯爵尼科洛三世（Niccolò III d'Este，Marquis de Ferrare）的意大利士兵以及马尔伯爵亚历山大·斯图尔特的苏格兰部队也将加入他的队伍。查理七世还提及最近在普瓦捷及里永（Riom）举行的朗格杜瓦地区三级会议也通过了一笔100万锂弗的商品税，并打算前往勒皮，召开朗格多克等级会议。最后，法王宣布阿蒂尔正前往东南部，撮合他与勃艮第公爵腓力和解。

这封充斥着一厢情愿的信件表明，此时查理七世对前景还比较乐观。他将1424年最后几个月的时间花在了向中南部的巡视和筹款上。12月下旬，查理七世进驻勒皮的埃斯帕利城堡（Château d'Espaly），主持召开朗格多克等级会议。除了收到一大堆抱怨外，他做出了一项重要决定：富瓦伯爵让一世被任命为朗格多克及卢瓦尔河以南地区总代理官。至此，这位南方大贵族终于加入法方阵营。查理七世要求他尽快前来受职并率兵收复失地。不过，这项任命的代价是支付给富瓦伯爵每年2万埃居的年金以及数月后拨给其前任代理官拉马什伯爵雅克二世的1.2万锂弗抚慰金。与此同时，富瓦的邻居阿马尼亚克伯爵让四世也得到了一笔分三年支付，总价9000法郎的津贴。阿马尼亚克伯爵的妻子及一些政府官员均获得了1000—2500锂弗不等的赏赐。因此，虽然勒皮会议通过了20万锂弗的税款——教士也将交付几乎同等数额的1/5和1/3税，但法国君臣需要开支的地方太多了。

1月10日，查理七世启程前往图赖讷。他将在那里等候里什蒙伯爵阿蒂尔前来复命。虽然阿蒂尔参加完勃艮第公爵腓力与第二任妻子阿图瓦的邦内（Bonne of Artois）[①]的婚礼后，他还陪同这位小舅子前往马孔、第戎，并在蒙吕埃勒（Montluel）等地会见了萨伏依公爵阿马德乌斯和布列塔尼使者，但除了继续延长休战外，冬

① 邦内是腓力的妹夫，波旁家族继承人克莱蒙伯爵查理的同母异父大姐。她曾嫁给腓力的叔叔讷韦尔伯爵腓力二世，讷韦尔伯爵在阿金库尔之战中阵亡。

季的一系列活动在促成勃艮第和法王和解方面并未取得多少实质性进展。更有甚者，当里什蒙伯爵返回法国宫廷之际，腓力还在2月15日剥夺了作为伯爵夫人玛格丽特嫁妆的所有勃艮第领地，只给玛格丽特留下1000锂弗的进款。当然，这几乎是腓力对里什蒙伯爵转变阵营的唯一强硬反应，狡猾的公爵用模棱两可的态度为自己留下了充分的斡旋空间，他现在的首要目标是驱逐低地的英国势力。

▲ 阿图瓦的邦内

尽管将总部设在蒙斯（Mons）的格洛斯特公爵汉弗莱和埃诺女伯爵杰奎琳还获得了埃诺等级会议的一笔补助金，但他们发觉很难安稳地占有此地。英军分散于埃诺的各个据点中，这令防守异常虚弱。此外在1月6日，荷兰的实际控制者，巴伐利亚-施特劳宾公爵约翰的去世也使勃艮第公爵腓力能更直接地渗入低地的伯爵领。他那支由圣波勒伯爵腓力及利勒亚当大人让·德·维利耶等将领领导的勃艮第-布拉班特军队正在向埃诺推进——其中甚至还有让·波顿·德·桑特拉伊等法军将领的身影。3月上旬，他们包围了位于布鲁塞尔（Brussels）至蒙斯要道上的布赖讷勒孔特（Braine-le-Comte）。虽然格洛斯特公爵就在数英里外的苏瓦尼（Soignies），但他却没有出击。数天后，布赖讷的200名英国守卫便向勃艮第人投降。格洛斯特公爵派出的小部队只敢同敌人隔着小河对峙。

遭受挫败之前，格洛斯特公爵汉弗莱还收到了另一个挑战——勃艮第公爵腓力正式提出要与他个人决斗！腓力在信中傲慢地暗示格洛斯特公爵，像他们这样的年轻骑士应该通过私人格斗来解决分歧，而不是发动杀戮甚重的公共战争。格洛斯特公爵亦不甘心在对方的政治攻势前示弱，立即答应了腓力的挑战。现在轮到勃艮第廷臣心惊肉跳了，年轻的公爵至今还没有子嗣，其母玛格丽特也于两年前去世，勃艮第的正常运转现在完全维系在公爵个人身上。他们竭力阻止这场疯狂的冒险，但公爵却不以为意。决斗的日期被定在了4月23日，为了方便格洛斯特公爵准备此战，腓力还向他颁发了来往于低地的安全通行证，并对军队发出了休战命令。

这个消息对于贝德福德公爵约翰也无异于晴天霹雳：一方是他的同胞幼弟及英格兰的护国公，另一方是他的小舅子和不可或缺的盟友。无论是何种结果，英格兰—勃艮第联盟乃至征服事业均会陷入万劫不复的境地。贝德福德公爵只得一面苦口婆心地规劝两位公爵，并联络其他势力暗中阻挠，一面声称要将决斗事宜交给英王的法国御前会议裁断。格洛斯特公爵汉弗莱在休战生效后撤回了还在同勃艮第人僵持的军队，并打算与埃诺女伯爵杰奎琳返回本土。埃诺人却执意要让他们的女伯爵留下来。这些人受到杰奎琳的母亲，出身于勃艮第家族的玛格丽特的支持。于是，收到埃诺人会效忠女伯爵的誓言后，格洛斯特公爵独自带领部下打道回府。他此行的唯一收获可能是一个名叫埃莉诺·科巴姆（Eleanor Cobham）的美貌贵妇——作为杰奎琳侍女的她陪同格洛斯特公爵回到了英格兰。腓力则煞有介事地住进埃丹，准备那场也许在他看来十分刺激的决斗。腓力像迎接节日一样聘请画师、工匠及教员，在园中展开训练，并购置战马、武器、铠甲、衣物以及绣有公爵纹章的马毯、旗帜和帐篷。

这些华丽的衣饰和装备的最终命运是放置在厅堂中供人瞻仰——始终没有派上用场。几乎所有势力都反对此事。5月，教皇马丁五世明令禁止决斗，但勃艮第公爵腓力不想息事宁人。当格洛斯特公爵汉弗莱走后，布拉班特军队再度包围了蒙斯。埃诺女伯爵杰奎琳在6月初向格洛斯特公爵告急，但她薄情的丈夫并未回应。实际上，格洛斯特公爵回到英格兰后也受到了冷遇。英格兰议会于4月30日在威斯敏斯特召开。为了让格洛斯特公爵靠边

▲ 格洛斯特公爵和埃莉诺·科巴姆

站，权贵们特意将幼王亨利六世从居室抱到了会议现场，表示这是由国王亲自主持的会议。权力被授予给先王遗孀凯瑟琳以及身在法国的贝德福德公爵约翰，以便让腓力的争执“收归国王手中”。格洛斯特公爵只得暂时保持低调，在暗中等待再兴兵戈的机会。

埃诺女伯爵杰奎琳不得不接受被抛弃的命运。害怕战争会波及自身的埃诺人也不愿再支持女伯爵。6月13日，奥朗日亲王路易等勃艮第使者将放弃抵抗的杰奎琳带往根特。勃艮第公爵腓力打算将她置于自己的控制下——直至教皇马丁五世决定她到底应该嫁给布拉班特公爵约翰还是格洛斯特公爵汉弗莱为止。腓力甚至开始劝诱布拉班特公爵与自己分享埃诺的管理权，并将在荷兰的权力移交给他——至少十二年。

英国人也决定结束这段可怕的争执，与勃艮第和解。在随后数月中，英格兰议会及摄政贝德福德公爵约翰先后重申了禁止决斗的宣言。贝德福德公爵还特意赶到埃丹，他发现腓力随从的胳膊上大多都戴着一个银臂环，上面铸有散发金色光芒的太阳——暗示反对格洛斯特公爵汉弗莱的正义性如白昼般清晰。勃艮第将领不仅拒绝按贝德福德公爵的要求将其脱下，还频频以为了布拉班特公爵约翰的名义向其他英国人发出挑战。贝德福德公爵不得不花了一周的时间安抚这些慷慨激昂的人，并宣布了他对埃诺地区现状的默许，但这似乎还未浇灭腓力对决斗的激情。贝德福德公爵不得不回到巴黎，在9月下旬举行了一场由英国及勃艮第使者、等级会议代表和大批贵族参加的有关两位公爵决斗事宜的大会。最终，由博士、神学家和法官组成的骑士法庭郑重宣布双方均完美地维护了各自的荣誉，已再无会面的必要。

不过，勃艮第公爵腓力已无心顾及这份声明了——埃诺女伯爵杰奎琳再次展示了顽强不屈的斗志。9月2日，她化装成功逃离了根特，迅速逃至北方的豪达（Gouda），并在这鼓舞支持自己的武装反抗勃艮第势力。杰奎琳的东山再起迫使腓力从9月开始继续将军队和资源悉数投入到北面的低地征服战中。在今后数年内，他无心顾及法国事务。

当英国和勃艮第人在低地纠纷不断之际，查理七世开始调整自己的政府。年初，他打算在希农召开一场讨论王国和平及联合的大咨议会，但许多廷臣对接下来的走向抱有不少疑虑。他们担心里什蒙伯爵阿蒂尔是否能够承担起陆军统帅的重任，维护王室的事业；布列塔尼公爵约翰是否能成为可信赖的盟友；勃艮第公爵腓力是否能被这些人说服，重归于好。3月初，在这场由大批权贵、教士和优良市镇代表参加的会议上，里什蒙伯爵和萨伏依公爵阿马德乌斯及布列塔尼使者之前拟定的协议被当场递交至王座前。它宣称鉴于先前在宫廷中协助国王的大部分王公贵族非死即俘，布列塔尼和萨伏依公爵将安排一批发誓效忠国王的人进入宫廷及御前会议，引导政府并致力于为王国的福祉服务、驱逐外敌。查理七世立即批准。人们明白了国王的倾向，最终，大部分御前会议成员对新政策表示赞同。

3月7日，里什蒙伯爵阿蒂尔来到希农城外的草地上，在中书大臣马丁·古热、兰斯大主教勒尼奥·德·沙特尔等廷臣及萨伏依代表等人的见证下，从国王手中接过陆军统帅之剑。查理七世在颁发的文件中宣称：由于以往的战争中缺乏军事主帅，导致弊端丛生、生灵涂炭，因此希望通过任命亲爱的堂兄，拥有符合陆军统帅之职所需全部美德的里什蒙伯爵阿蒂尔出任这个职位；他被授予陆军统帅对应的全部荣誉、特权与津贴，并给予指挥战争的最高权力；全权整饬军纪、终止恶行；希望通过他的服务令王国受益，令敌人困窘。按照惯例，里什蒙伯爵向查理七世行效忠礼并发誓为他效劳，对抗任何人（忤逆王权者）。2天后，新任陆军统帅正式同国王签下合约，带领2000名骑兵，1000名弓弩手为国王服务。王室也把里什蒙伯爵的妻子玛格丽特先前作为吉耶讷公爵夫人时领有的封地：卢瓦尔河畔的日安、丰特奈-勒孔特（Fontenay-le-Comte）、丹镇（Dun-le-Roi，如今的Dun-sur-Auron，欧龙河畔丹镇）以及蒙塔日（Montargis）——包括

▲ 佩戴陆军统帅之剑的阿蒂尔

它们的市镇、城堡及城堡辖区——重新归还给她。显然，查理七世希望通过这些赏赐使里什蒙伯爵信守自己立下支持让·卢韦、塔内吉·迪·沙泰尔、皮埃尔·弗罗捷、皮埃尔·德·贾克（Pierre de Giac）——原本是老勃艮第公爵约翰的随从，在蒙特罗桥头被俘后投向查理阵营——纪尧姆·德·阿布谷等廷臣的誓言，与这些人精诚合作，尽早摆脱不利局面。整个3月，法王都在兴奋地写信告知他的优良市镇和各地代理官，里什蒙伯爵已经转变阵营，事情正在回归正轨。

新官上任的陆军统帅阿蒂尔面临着两个亟待解决的问题：与勃艮第公爵腓力的和解、重振对英国人的攻势。陆军统帅阿蒂尔很快便奔赴布列塔尼，集合部队。同时，他还以革新者的姿态与同僚们共事。不久，国王也颁布了陆军统帅附署的一项敕令，要求所有骑兵及弓弩兵连队的将领集中至塞勒。陆军统帅将在那对大军进行重组。王室还发起了一项总额为3万锂弗的贷款作为支付薪资和开赴前线的费用。与此同时，前去拜见布列塔尼公爵约翰，请求他提供军队的法王使者塔内吉·迪·沙泰尔却受到了冷遇。公爵声称在法王履行承诺，将先前与庞蒂耶夫尔伯爵奥利维耶·德·布卢瓦合谋的人驱逐出宫廷前不会给予援助。作为调停者之一的萨伏依公爵阿马德乌斯也表达了相似的观点，而腓力更是对和谈置若罔闻。

显而易见，大贵族们合作的前提是先清洗完国王身边曾强硬对待自己的近臣们。近臣们当然不肯束手就擒——尤其是他们是宫廷中的既得利益者。作为近臣代表的让·卢韦开始联络同僚，布局反制。他首先将矛头对准宫中支持陆军统帅阿蒂尔的克莱蒙主教马丁·古热等廷臣身上，竭力将他们排挤出御前会议。3月28日，马丁·古热的国玺被转交给兰斯大主教勒尼奥·德·沙特尔。已被任命为普瓦图执事及普瓦捷守将的马厩侍从长（Grand écuyer）皮埃尔·弗罗捷截留了部分贷款并抗拒到塞勒集合的命令。作为关键性的一步，4月初，卢韦引导查理七世来到高等法院所在地普瓦捷。弗罗捷立即带着伦巴第佣兵随侍左右。刚被释放的旺多姆伯爵路易与成为帕迪亚克伯爵的贝尔纳·德·阿马尼亚克（Bernard d'Armagnac，Count of Pardiac）以及让·德·布罗斯（Jean de Brosse）——日后他有一个更响亮的名字“布萨克元帅”（Maréchal de Boussac）——等将领和一些外国雇佣兵连队头目也纷纷响应。4月17日，旺多姆伯爵被任命为沙特尔、博斯、旺多姆地区的战争总代理官。5月7日，弗罗捷签下合同，统领200名骑兵严密护卫国王，决心将阿蒂尔拒之门外。

在昂热见到前来诉苦的中书大臣等人后，陆军统帅阿蒂尔立即展现了远超前任的魄力——他从来都不惮以暴力来解决争议。陆军统帅带着集结的部队从图尔出发，于5月初占领了审计法院所在的布尔日。陆军统帅向各地市镇发布声明，要驱逐惹出事端的让·卢韦庭长，并信誓旦旦地宣布卢韦正与英国人勾结。很快，卢韦在城内的同党也被赶走。至此，两派已接近内战边缘。5月底，查理七世离开普瓦捷，带领军队向贝里挺进，并派出代表前往图尔，告知市民他打算继续前往耶夫尔河畔默安，要求他们服从于自己。市民们委婉地表示自己一直是忠心的子民，希望国王能致力于和平以及王国统一。他们的意见是如此坚定，以致数天后，法王派来的第二批使者也被要求倾听布列塔尼公爵约翰的意见。

现在，查理七世发觉他的亲信们似乎不得人心——此时人们最希望的是国王迅速同大贵族们和解，改良弊政，一致对外。图尔一直不接受政府派给城市的官员。希望都被寄托在了正与国王作对的陆军统帅阿蒂尔身上。里昂也派出代表前往布尔日斡旋，甚至连查理七世的岳母约兰达同图尔的联系中也表现出偏向于陆军统帅的态度。而查理七世的亲信们掌握的军队大多是无纪律的佣兵连队。很快，他们的资源便被耗尽。于是，在约兰达的斡旋下，查理七世逐渐向大贵族们倾斜。

6月4日，法王在维耶尔宗（Vierzon）签署法令，同意让波旁家族继承人正式领有奥弗涅公爵领。接着他又改变路线，退往塞勒。12日，让·卢韦庭长接到了一项新任务——与奥弗涅道芬贝罗三世（Beraud III，Dauphin of Auvergne）前去调解王室同瓦朗斯主教关于瓦朗斯和迪瓦地区（Diois）的纠纷。他还被升为多菲内和朗格多克地区以及吉耶讷公爵领的邑督，并被委以管理财政的重任。卢韦闻讯后大惊失色，他明白这是个明升暗降的花招。但庭长已无力回天——他曾经的主人约兰达已明确表态不予支持，甚至连塔内吉·迪·沙泰尔也支持约兰达。卢韦只得带着两个女儿离开宫廷，奔赴南方。他的女婿奥尔良私生子让也受牵连。紧随卢韦来到南方的是陆军统帅阿蒂尔和布列塔尼公爵约翰两兄弟签发的信件，他们提醒里昂等地的人们要提防庭长的煽动。实际上，卢韦将在这里展示出比作为国王近臣更称职的才干。

法王随后同约兰达一起返回布尔日。陆军统帅阿蒂尔立即召开了一次由将领、贵族和一些优良城市代表组成的咨议会。查理七世公开宣布已经意识到过去被谗言所惑，从现在开始希望受正确的建议引导，并会接受他的姐夫布列塔尼公爵约翰及陆军统帅的建议。国王要求陆军统帅继续主持正义，并希望人们服从他。

无论查理七世的话语是否发自肺腑——在布尔日期间，陆军统帅阿蒂尔特意安排了一些卫兵保护他的安全——这都表明他在政治上受到了一次严重挫折，同时也给予旁人他多少有些懒政的暗示。现实已经告诉法王，虽然这些大贵族阶层往往承担不起王国赋予他们的责任和义务，但这些人毕竟还是国内大片地区资源的重要掌控和舆论左右者，人们还对他们抱有期望。君主和政府只能在与他们的合作中灵活对应以求逐渐掌握主动，一味地暴力对抗和排斥漠视在眼下的危局中只会南辕北辙。现在，布列塔尼家族的代理人及其同盟已掌握了主动。28日，同女婿返回普瓦捷的约兰达写信告知里昂市民形势已大为缓和，一切都在向有利的方面发展。实际上，陆军统帅没有陪同国王一起进入城镇，他暂时驻于东北面的沙泰勒罗（Châtellerault）——也许法王一时间还难以接受这位跋扈的大贵族。不过，这已无碍大局，在约兰达等人的支持下，陆军统帅入城只是时间问题。

英国人并未坐观法国君臣的纷争，他们一直继续着卢瓦尔河流域以北的征服事业。随着东面香槟地区法军据点基本被肃清，英王在法国的战争总指挥官索尔兹伯里伯爵托马斯·蒙塔古将部队调往西面，准备扫平战线另一侧的法军。初夏，英军攻下了巴黎西南面的朗布依埃（Rambouillet）、埃唐普。7月12日，索尔兹伯里伯爵出现在博蒙勒维孔特，围攻曼恩首府勒芒的战斗正式打响。

由于先前让·卢韦同陆军统帅阿蒂尔的争吵使三级会议的开会指定日期拖延到了10月，陆军统帅等人在7月26日的御前会议上决定不再等三级会议，直接预征了一笔26万锂弗的商品税，并要求在8月中旬缴纳完毕。这引起了不少领主及市镇的怨气。他们鼓动居民反抗课税，甚至逮捕了派来的征收人员。这些骚乱使资金筹集的进程举步维艰。而陆军统帅似乎也不急于带领军队将英军赶出这个屏护着盟友安茹及其兄长布列塔尼公爵领地的重要省份。他将军队集结的地点定在了索米尔（Saumur），但只有一小队骑兵于7月17日从普瓦捷出发奔赴前线，这当然无济于事。陆军统帅集结期限前一天的8月2日，勒芒守军向敌人签署了限期投降协议，但英军的攻势并未放缓，他们还包围了马耶讷以及由安布鲁瓦兹·德·洛雷负责守卫的圣叙藏。虽然这些地区的法军隶属于与陆军统帅有联盟关系的安茹家族，但他们也未得到支援。两个据点抵挡不住敌人的炮击，相继投降。8月10日，英军占领勒芒。除了贝尔纳堡（La Ferté-Bernard）抵抗了近四个月外，布赖河畔萨维尼（Savigny-sur-Braye）、圣加来（Saint-Calais）等大部分曼恩城镇均遭受了与勒芒相同的命运。英军将战线一直推至卢瓦河下游，勒吕德、卢瓦尔堡（Château-du-Loir）成为南部前沿哨所。现在，安茹公爵领也开始面对持续的战火。

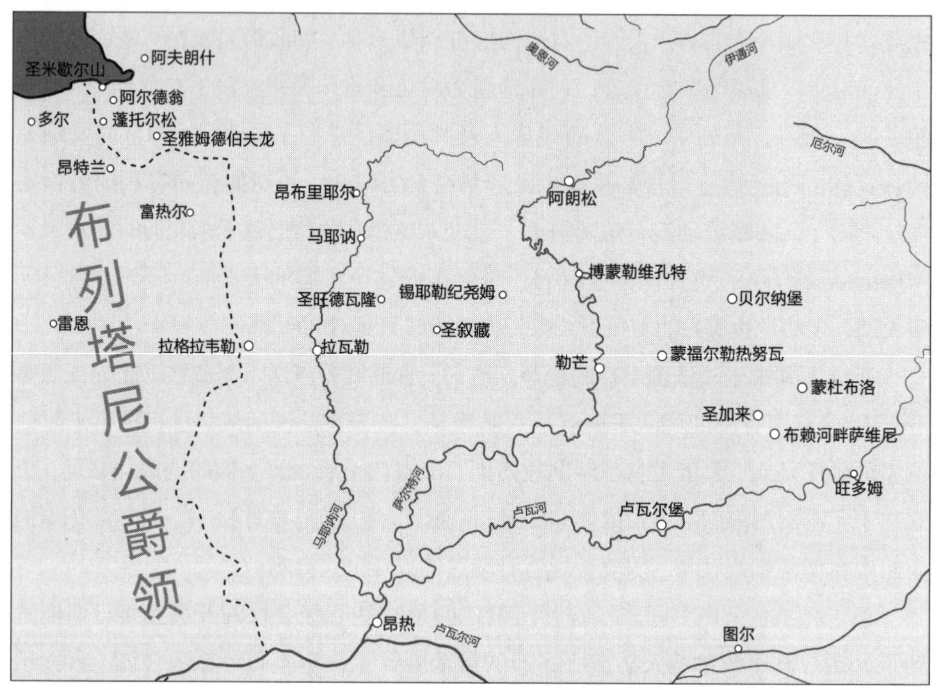

▲ 布列塔尼边界地区

陆军统帅阿蒂尔的兴趣似乎一直集中在宫廷中。肃清法王亲信流毒的行动还在继续。7月5日，一份由约兰达、吉尔贝·莫捷·德·拉费耶特元帅、海军将军路易·德·屈朗等人联合签署的敕令宣布废除王室给予让·卢韦的所有特权，并上交剩余的空白特许状以及非法持有的王室珠宝。接着，陆军统帅等人又将矛头对准了塔内吉·迪·沙泰尔。与卢韦不同的是，以大局为重的塔内吉没有做更多的反抗，他意识到隐退可能有益于国王同勃艮第公爵腓力和解之后，服从了命运。他被任命为博凯尔执事，平静地离开了宫廷。随后，法王的大批近臣也被迫屈服：皮埃尔·弗罗捷辞去了马厩侍从长的职位，退隐到自己的领地上；纪尧姆·德·阿布谷也离开御前会议，出任图赖讷邑督；连御医让·卡达尔（Jean Cadart）——查理七世从幼年开始就受他的精心照顾——也被指控涉嫌参与谋害老勃艮第公爵约翰而离开了宫廷。只有狡猾善变的皮埃尔·德·贾克靠着曾是勃艮第派的旧身份迅速投靠陆军统帅才保住了官位。他甚至还副署了7月30日剥夺塔内吉恩宠的法令。与此一同进行的是对一些布列塔尼派系贵族以及王后玛丽、约兰达及其幼子、安茹公爵路易等贵胄的各种官职、土地、津贴、免税封赏。连马丁·古热也花一笔钱财重获了中书大臣的职位和国玺。

这些赏赐对观望的权贵来说是一个友善信号。他们开始将武装力量提供给宫廷。9月18日，富瓦伯爵让带着约3000名士兵抵达普瓦捷。按照宫廷的设想，这些贝阿恩战士将作为对英作战的重要力量。而就在两天前，布列塔尼等级会议一致同意敦促布列塔尼公爵约翰顺应法国特使的请求，加入法王阵营。眼见时机成熟，公爵答应与法王亲自会面，他们将地点定在了卢瓦尔河畔的索米尔。

10月3日，查理七世来到会晤地点。他发现岳母约兰达和布列塔尼公爵约翰正在1里格远处恭候。国王与他的姐夫在众人面前展现了深厚的友情。他们热情地接吻致意，一同入城。次日，查理七世专程探望住在圣弗洛朗修道院的陆军统帅阿蒂尔夫妇。随之而来的是一系列盛大的舞会和庆典，但隐藏在一片和睦景象下的，却是布列塔尼家族对王室的威逼胁迫。与四年前的萨布莱会晤不同，公爵决心获得更大的利益。他这次可不是让宫廷更换几名廷臣那么简单，“为了他（查理七世）及他王国的利益”，公爵打算染指朗格杜瓦地区的财政管理权，以战争支出为名，控制其中的主要数额，只留出一小部分给查理七世应付所需；他将和查理七世各任命一名财政会议总长，这两人必须在意见一致时才能开展工作，有分歧时必须向公爵以及陆军统帅汇报；一名总财务官将负责有关战争的财务征收和发放工作，此人也要遵守上述原则。最后，公爵指出国王及其亲族如克莱蒙伯爵查理、旺多姆伯爵路易、富瓦伯爵让及其四弟科曼日伯爵马蒂厄（Mathieu de Grailly，Count of Comminges）、阿尔布雷领主夏尔等贵族需要帮助他对抗英国人——如果入侵者想对他开战的话。而且他们也必须对抗公爵的敌人，如布卢瓦家族的奥利维耶及其二弟让等人。

查理七世明白没有讨价还价的筹码。10月7日，他几乎一字未改地签署了协议，并以国王的身份做出承诺誓言。现在，布列塔尼公爵约翰已达成了掌控法王宫廷的愿望，并能在面临战争时聚集到可观的力量保护自己。因此，他亦发誓将成为国王忠实的臣民——“像躯干和战马一样服从于他”。在市民们庆祝和约的“万岁”声中，布列塔尼公爵及其弟恭敬地陪伴查理七世出城，并护送了足有1里格远。但国王对这类殷勤早已兴味索然，他已感觉到了可能被公爵及其代理人操纵的灰暗前景。

▲ 科曼日伯爵马蒂厄

10月16日，拖延了半个多月后，陆军统帅阿蒂尔数月前要求的朗格杜瓦地区三级会议终于在普瓦捷召开。查理七世和约兰达等一批权贵均出席会议。由于军事失利导致疆土日蹙，收入锐减，危机没有得到丝毫缓解。虽然与会代表已大为减少，会议还是爆发了比以往更为强烈的控诉。在高等法院成员的支持下，代表们抨击了查理七世自摄政、即位以来，对王国领地的混乱管理，无节制的发放赏赐、津贴，对领地的转让、赠予使王室领地及公共福祉都受到严重损害。

这些申述和改良弊政的请求换来的是法王提出的，总价达80万法郎的补助金要求。这回轮到代表们争吵用何种方法缴纳了。这些讨论漫长且毫无结果。最后朗格杜瓦地区会议只通过了45万法郎的人头税，分三期支付，直至来年六月。至于剩下25万法郎将通过为期一年，对商品和食品征收1/11销售税的方式来筹集。作为对民众的抚慰，以陆军统帅阿蒂尔为主导的宫廷做出了改良一些措施缓解财政的姿态。18日，查理七世颁布了一份国事诏书，宣布撤回自1418年担任摄政以来赠予、抵押、转让的领地财产，作为预防措施，还宣布了以后这些行为亦不具备法律意义。

朗格杜瓦地区三级会议的成果显然十分惨淡。23日，宫廷离开普瓦捷，前往耶夫尔河畔默安主持11月1日召开的朗格多克等级会议。尽管陆军统帅阿蒂尔曾信誓旦旦地做下改革承诺，但士兵们的劫掠行为并未减少。与会者强烈抨击了这些恶行。优良市镇的代表们声称他们很乐意帮助国王，但政府首先应该抑制那些令人民失望，王国崩乱的兵匪。大咨议会的成员之一，普瓦捷主教于格·德·康巴雷（Hugues de Comberel，Bishop of Poitiers）也随声附和，但不是所有廷臣都认同他的意见。当国王退回自己的房间后。怒不可遏的皮埃尔·德·贾克扬言要将普瓦捷主教以及赞同他观点的人统统丢进河里。这段咆哮换来了25万锂弗的商品税，以及一笔对王室共计1.2万锂弗的自愿捐献。当然，随之而来的还有人们对查理近臣们的强烈抱怨。

从等级会议结束至来年夏季，除了到伊苏丹（Issoudun）和蒙吕松（Montluçon）等地的几次短暂拜访外，查理七世的宫廷一直驻于默安或布尔日。宫廷最顶层的是法王岳母约兰达、陆军统帅阿蒂尔、克莱蒙伯爵查理、旺多姆伯爵路易以及富瓦伯爵让等大贵族。围绕在法王周围的他们大都只关心自己的利益。富瓦伯爵让和他带来的科曼日伯爵马蒂厄、奥尔瓦领主（Seigneur d'Orval）等人领取着高昂的津贴。虽然年底时，查理七世致信朗格杜瓦地区的市镇，打算举行会议讨论反击英国人的事宜，但布置在雅尔若地区的南部士兵只是摆出了朝沙特尔以及博讷瓦勒等方向进攻的姿态，实际并未做出任何有意义的军事行动。他们喜欢与剩余的苏格兰等外国雇佣兵连队一起惊扰中部地区的城乡。

排在大贵族之后的是一批充任王室大臣的中低级贵族：中书大臣马丁·古热、拉昂主教纪尧姆·德·香浦（Guillaume de Champeaux，Bishop of Laon ）、元帅吉尔贝·莫捷·德·拉费耶特、弩兵大总管让·德·格拉维尔、海军将军路易·德·屈朗、皮埃尔·德·贾克、罗贝尔·勒·马松以及财政会议总长等。这些人也是御前会议成员，维持着政府的运转。作为查理七世近臣的拉昂主教和贾克处理公务就像让·卢韦等人一样毫无革旧迎新的热情，他们更关心的是迎合伯爵们的意愿以保住自己在宫廷中的位置。赏赐与转让仍在继续。在王室威信扫地，政府软弱无力的背景下，陆军统帅阿蒂尔的政策几乎都停留在纸面上，他就像安茹家族一样安心地持有查理七世赠予的普瓦图领地，领受津贴。11月18日，贾克还推动通过了让富瓦伯爵让获得比戈尔伯爵领以及卢尔德（Lourdes）地区领主权的法令。

与法王宫廷的萎靡不振形成鲜明对比的是诺曼底边境据点圣米歇尔山的顽强抗争。圣米歇尔山军民对围城者的反击成为当年法军在北方的唯一亮点：他们打赢了一次海战，从而保证了海上的供给线，还抓获了敌军指挥官。6月，英军放弃了这场持续了十个月的围城战。和对手一样，饱受财政困扰的贝德福德公爵约翰在去年年底以英王的名义颁布法令，撤回由先王亨利五世等人发出的王室领地及官职赏赐——这些赠予和转让曾是为了给战争换取辅助性部队。公爵特意禁止英王的法国中书大臣继续在没有许可的前提下签署类似法令。8月，巴黎高等法院还为此做出特别审议，所有成员均做出担保。

此阶段中，法国战事最大的掣肘还是来自于英格兰：11月初，贝德福德公爵约翰收到一封敦请他立即返回本土的信件——英格兰因一场权贵间的争吵已在内战边缘。

这场麻烦的始作俑者又是格洛斯特公爵汉弗莱。他发现叔父温切斯特主教亨利·博福特似乎不太欢迎自己返回英格兰。博福特自1424年起担任英格兰中书大法官，除去对先王亨利五世的资助外，他又借给新王1.1万多英镑。这令博福特充分保持了对政务的热忱，而格洛斯特公爵远征低地时也享受了一段总揽大权的惬意时光，但伦敦市民似乎更倾向于“用美言和承诺偷走了他们爱心”的护国公——这也许源于格洛斯特公爵是“不列颠利益”的鼓吹者，还曾在免除本土商人的磅税和吨税上出过力。1425年初，伦敦人，特别是劳工阶层——他们尤其反对基于《劳工法案》制定的薪水章程——爆发了一些骚乱。城市中开始秘密流传一些传单，甚至还出现了对外国人的攻击。英格兰御前会议决定派遣贝德福德公爵约翰的属下理查德·伍德维尔（Richard Woodville）带兵进驻伦敦塔。这个决定表明了御前会议对格洛斯特公爵的猜忌，博福特在后来甚至声称是他煽动了这些骚乱。

当格洛斯特公爵汉弗莱回到伦敦后，发现自己也被理查德·伍德维尔拒之塔外——显然，他的叔父似乎已不打算同他分享利益。格洛斯特公爵亦不甘示弱。他一面指责亨利·博福特试图发动政变控制幼王，一面于10月29日将正在主持就职酒宴的新任伦敦市长从桌边叫起来对城市戒严。闹腾了一晚后，格洛斯特公爵带着城市武装试图攻击博福特在萨瑟克的府邸，但博福特已经在此地布设了大批兰开夏郡和柴郡的长弓手，同时还控制了伦敦桥。

被激怒的主教部队开始袭击伦敦城门。伦敦市民在惊恐中关上商店逃向他方。坎特伯雷大主教亨利·奇切利、伦敦市长等人不得不骑着马在两军间来往八次才稍稍平息了他们的战斗热情。31日，亨利·博福特写信给对岸的贝德福德公爵约翰，除了发泄对格洛斯特公爵汉弗莱的一大堆抱怨外，他还警告贝德福德公爵如果耽搁将会发生一场“野战”。

贝德福德公爵约翰不能对老家的事变置若罔闻，只得从前线返回本土，将时光花费在对本国内各派系的安抚上。在出发前，贝德福德公爵抓紧时间对法国事务做出了最后的安排：11月26日，他指派副官们分别主持各战区军务——沃里克伯爵理查德·比彻姆负责香槟，上诺曼底和曼恩交给索尔兹伯里伯爵托马斯·蒙塔古，下诺曼底归于萨福克伯爵威廉·德·拉波尔。同一天，他还签署一系列命令，改革严苛的守夜人制度——将领们经常借此横征暴敛，而且频繁辱骂殴打他们认为未履行责任的人。12月，贝德福德公爵夫妇从巴黎出发。不过，法国现在的形势远谈不上稳定。贝德福德公爵在前往加来的途中甚至与一次伏击擦肩而过。①

12月20日，贝德福德公爵约翰在桑威奇登陆，于1426年1月10日在伦敦举行了入城式。市长献上一对包含1000金马克的镀银碗碟，也许是因为亨利·博福特煽动的缘故，贝德福德公爵的回应十分冷淡。此时，他也未来得及阻止格洛斯特公爵汉弗莱再度将手伸向低地：上个月底，格洛斯特公爵派遣沃尔特·菲茨沃尔特（Walter FitzWalter）作为副官，率领1500名英军前往低地支援埃诺女伯爵杰奎琳。贝德福公爵能做的仅仅是将这个情报透露给盟友。好在勃艮第公爵腓力早有准备，立即将他那支夹杂着荷兰及泽兰人的舰队开进泽兰海域，意图在海上阻击这批援军。他们最终只拦截了300人的分队，剩余的大部分英军在布劳沃斯港（Brouwershaven）成功登岸。双方注定只能在陆地上了结恩怨。不过在此之前，勃艮第人被迫待在船中忍受了数天被大风吹拂的海上生活，等待登陆的时机。当然，附近的济里克泽（Zierikzee）市民可能并不反感恶劣的天气，他们充分利用这个机会向交战双方兜售给养。

13日，风浪渐渐平息后，勃艮第人开始登岸。除了勃艮第公爵腓力的扈从队伍外，这支约4000人的大军主要来源于效忠勃艮第的荷兰市镇中征召的当地部队。这

① 贝德福德公爵夫妇离开巴黎来到亚眠后，带着近1000名兵匪的绍瓦热·德·费芒维尔（Sauvage de Fermainville）从佩罗讷附近前往博凯讷意图拦截并俘虏贝德福德公爵。但贝德福德公爵夫妇带着数百名随从先一步经过此地，因而侥幸躲过一劫。绍瓦热后来被逮捕，带至巴黎处决。

些戴着红色、白色及黑色风帽的士兵排在了最前方。在大约 2/3 的勃艮第士兵上岸后，英军发动了进攻，无视零星地炮火，以整齐划一的步伐徐徐推进，接着又突然发出震耳的战吼和响亮的号角声。此番景象显然给勃艮第阵营中的荷兰人造成了巨大压力。1000 多名弩手匆忙向英军发出一轮箭雨，但它“犹如一阵烂苹果”一样无效。英军随即还以可怕的长弓箭雨，令荷兰队伍陷入混乱。此时腓力麾下全副武装的骑兵已经登场。腓力身先士卒，带着他们向长弓手发动了一次徒步冲锋。长弓手的箭矢密集地钉进了勃艮第公爵旗帜的木杆上，甚至挂在了高举旗帜的利勒亚当大人让·德·维利耶的铠甲上。对这些装备精良的骑兵来说，箭矢的杀伤力非常有限。英军稀少的下马骑兵很难抵挡对手的冲锋，他们很快便和长弓手一起被逼退至后方的堤坝上。紧随而来的是一场屠杀，“可怜的英国弓箭手跳进壕沟，不是被淹死就是在试图爬出时被砍倒”，勃艮第人消灭了大部分敌人。腓力声称他俘虏了 200 名英军。很快，整个泽兰都倒向了勃艮第一方。

布劳沃斯港之战的惨败暂时抑制了格洛斯特公爵汉弗莱对低地的野心，但在本土他仍展现了顽强的斗志——他拒与叔父会面，也无意参加摄政会议安排旨在化解纠纷的讨论。格洛斯特公爵坚决要求撤除亨利·博福特的中书大法官职务。不过按照程序，当“自亨利五世逝世以来从未与其（格洛斯特公爵）见面”的兄长登上英伦岛屿后，格洛斯特公爵的护国公身份就自动转移给贝德福德公爵约翰。现在，贝德福德公爵是唯一可以同时与博福特、格洛斯特公爵抗衡的权贵。他召开了枢密会议，并开始向拒不合作的幼弟施加压力。坎特伯雷大主教亨利·奇切利、约翰·塔尔博特以及约翰·康沃尔等贵族奉命前去拜访格洛斯特公爵，向这位权贵指出即使是国王也不能拒绝听取一位世卿的“免责理由”——即便世卿曾冒犯过他。格洛斯特公爵最终被勒令参加即将召开的枢密会议。

这次会议的会场选在了远离格洛斯特公爵汉弗莱势力核心区的莱斯特，但它仍充斥着火药味。人们带着不受政府禁令限制的各种武器奔赴此地，为这场会议带来了“棍棒议会”的名字。在 10 天时间里，格洛斯特公爵和亨利·博福特的支持者都在针锋相对。2 月 28 日，下议院不得不派代表恳求贵族议院的老爷们采取行动弥合“某些权贵间的纠纷”。3 月 4 日，贝德福德公爵约翰及世卿们发誓将“真诚、公正、一视同仁地”调解格洛斯特公爵和博福特间的纷争。他们成立了一个有 9 名大贵族组成的仲裁委员会。4 天后，对峙双方终于表示服从于仲裁委员会的调解。通过调查及申述，博福特几乎驳斥了所有对他的指控。12 日，世卿们发布了判决：首先，主教应发誓他过去、将来一直都是兰开斯特王朝三位君主的忠实臣民，然后贝德福德公爵将接受这些誓言；同时，主教应该放弃任何针对格洛斯特公爵“个人、荣誉及领地”的阴谋和攻击，而格洛斯特公爵将接受这些弃绝声明；最后，当事双方将握手言和。这些决议均得到了执行，格洛斯特公爵略占一些优势。13 日，博福特交出国玺，按照协议，他将前往罗马朝圣。为避免再度发生这类事件，不久后新任约克大主教约翰·肯普（John Kemp，Archbishop of York）接任中书大法官职务。至此，这场风波终于告一段落。

贝德福德公爵约翰仍留在本土。他打算整顿后院，以便为新一轮大规模进攻法国的计划做好准备。5 月 19 日，他亲自主持了英王的受封骑士仪式。随后，5 岁的国王照样册封了其他数十位贵族。位列名单之首的是年轻的第三任约克公爵理查。这是一场危机时代下的应急之举。政府能从国内汲取的资源十分有限。虽然议会授权发起 4 万英镑的借贷，但它给予的课税几乎都是原有比例下的关税，只是延长了收取年限而已。与此同时，贝德福德公爵也在组建新一批援军，他找到了一名合适的将领人选。马奇伯爵埃德蒙·莫蒂默已在去年去世，接替他担任爱尔兰代理官的约翰·塔尔博特曾与当地贵族第四任奥蒙德伯爵詹姆斯·巴特勒（James Butler，4th Earl of Ormond）发生争吵。塔尔博特指责奥蒙德伯爵煽动作乱，但因自己在爱尔兰的严酷统治不得人心，他获得了准备渡海同法国人作战的新任务。

在海峡对岸，尽管最高统帅的长期缺位削弱了英军本已放缓的攻势，但并未影响他们对局势变换做出的判断。1 月中旬，鉴于布列塔尼公爵约翰已同法王结盟，英方正式向其宣战。萨福克伯爵威廉·德·拉波尔的副官托马斯·伦普斯通组织了一次直至雷恩城墙下的长途袭扰。随后，他又在边界的圣雅姆德伯夫龙（St.James-de-Beuvron）堡垒中布置驻军。这股英军频频出击，骚扰周边。

应布列塔尼公爵约翰的要求，陆军统帅阿蒂尔终于决定奔赴前线，清除威胁。2 月下旬，他在昂特兰（Antrain）设立总部，用比敌军多十余倍的兵力将托马斯·伦普斯通及其 600 名部下围在了圣雅姆德伯夫龙堡中。布列塔尼人带来了大批火炮，将城墙轰出了两处裂隙，步兵队伍却没有发动攻击的决心。布列塔尼公爵的中书官兼领地审计法院首席庭长让·德·马莱特鲁瓦(Jean de Malestroit)也不想围攻英国人，拒绝给予支援。尽管陆军统帅的大军在据点周围安逸地待了一周多，但士兵被拖欠薪水，甚至无钱支付商人带来的食物。一些关于索尔兹伯里伯爵托马斯·蒙塔古即将带领大军解围的谣言也令军队军心不稳。很快，苦果就显现出来：3月6日，陆军统帅发动攻击命令后，大批布列塔尼人涌至城前，开始爬下壕沟接近城墙。此时60—80名英军从偏门转出，一面高呼“萨福克！索尔兹伯里！”一面袭击敌人。布列塔尼人立即陷入慌乱，他们争相逃离战场，数百人不是被杀便是掉入水中淹死。在这次交战中，英军共夺得19面旗帜。收到消息的陆军统帅认为已难以为继。午夜时，布列塔尼人遗弃了大批给养和火炮乱哄哄地退往富热尔(Fougères)方向。两天后，萨福克伯爵威廉·德·拉波尔带着1500人的援军出现在圣雅姆德伯夫龙，眼前却没有一个敌人。于是英军再次攻入布列塔尼境内，并轻松地占领了多尔(Dol)。布列塔尼公爵不得不花费大笔赎金从萨福克伯爵手中买取三个月的休战协议。

▲ 布列塔尼中书官让·德·马莱特鲁瓦

这次耻辱的失败令陆军统帅阿蒂尔怒不可遏。他将责任都归结于布列塔尼中书官让·德·马莱特鲁瓦身上。陆军统帅在靠近南特的拉图克(La Touche)处抓获了马莱特鲁瓦，并关进自己在希农的城堡中。马莱特鲁瓦不得不答应为巩固公爵和法王间的联盟“做一些大事”，并尽力促成王国内的和平。

但让·德·马莱特鲁瓦的承诺并未使局面得到缓解。毫无起色的战事令法王政府正在陷入财政、控制力不断恶化的循环中。政府的征税系统摇摇欲坠，无论是先前“替代商品税的补助金”，还是最近通过的 1/11 销售税都受到了民众的强烈抵制。1426 年 4 月初，在蒙吕松召开的朗格杜瓦地区等级会议只是将去年议定的 1/11 税替换成了一笔 25 万锂弗的商品税。除此之外，政府再未获得其他大笔进项。根据约兰达、克莱蒙伯爵查理、旺多姆伯爵路易以及科曼热伯爵马蒂厄等御前会议大臣商议的结果，对英作战总指挥官富瓦伯爵让“暂时地”前往南部，主持 6 月在蒙彼利埃召开的朗格多克地区等级会议，并撤销先前宫廷颁发的封赏，为国王收回领地上的传统及特别收益。实际上，这位大贵族更倾向于停留在朗格多克——可以一面凭借总代理官威权在当地自由征敛税费，一面领受宫廷对家族的赏赐。

尽管财政已经捉襟见肘，查理七世仍难以忘记那些服侍过王室的臣仆们。3—4 月间，他签署文件，拨出款项帮助阿诺·纪尧姆·德·巴尔巴赞、拉乌尔·德·戈古尔等被俘将领支付赎金，甚至连让·卢韦及其女婿奥尔良私生子让也得到了 3261 锂弗的赏赐。数月后，查理还赐予乔治·德·拉特雷穆瓦耶 2000 埃居以及梅勒（Melle）的领地——这是对拉特雷穆瓦耶在去年年底作为拜见勃艮第公爵腓力的使者时意外被其将领佩里内·格雷萨俘虏并惨遭巨额勒索的一种补偿，而拉海尔很快也成了国王的车骑侍从（Écuyer d'Écurie）。显然，查理七世并不介意提拔各阶层的新人进入宫廷，作为对伯爵权贵们的平衡。但这里已一片混乱。御前会议中的皮埃尔·德·贾克更是获得了国王的青睐，他很快便成为首席侍从。这位新宠扶摇直上后展现出的暴戾恣睢同样令人侧目。他甚至在 8 月劫持了前中书大臣罗贝尔·勒·马松，并无视国王的命令，直到迫使罗贝尔答应出 1000 金埃居的赎金时才放手。两个月后，贾克又与拉特雷穆瓦耶在调解海军将军路易·德·屈朗与利涅尔大人让（Jean，Sire de Lignières）的纠纷时意见相左。最终，拉特雷穆瓦耶在妹夫富瓦伯爵让的提醒下离开宫廷，避开贾克的敌意。

这种背景下，英军再度发起了进攻。400 名到达瑟堡的英格兰援军在休战协议到期后被布置在布列塔尼前线，这些部队的主要攻击方向被放在了旺多姆地区。7 月初，被任命为英王在法兰西岛及诺曼底地区总代理及指挥官的沃里克伯爵理查德·比彻姆带领数百人协同威洛比男爵罗伯特部一起包围了博讷瓦勒。索尔兹伯里伯爵托马斯·蒙塔古则在 9 月初包围了蒙杜布洛（Montdoubleau）。尽管这意味着英军已经开始进军卢瓦尔河流域，但无论是雅尔若的南方法军士兵还是卢瓦尔河谷的其他连队均无救援的动作。陆军统帅阿蒂尔倒是在 9 月时集结了自己的布列塔尼及达恩利的约翰·斯图尔特的苏格兰部队，但他却带着他们向西北方进发——他专注的一直是家族利益所在的布列塔尼边境。于是,两个中部地区的法军据点很快沦陷了。

陆军统帅阿蒂尔的计划是与圣米歇尔山据点联合。在 1426—1427 年的冬季，圣米歇尔山法军配合苏格兰、布列塔尼部队占领了南面的蓬托尔松，并在靠近圣米歇尔山处击溃了数百名英军。在加强蓬托尔松的防御工事、派遣副官罗斯特兰（Rostrelen）等驻守据点后，陆军统帅及苏格兰部队便离开此地返回南方。

也许经费不足是陆军统帅阿蒂尔放弃进攻的一个重要原因。他原本打算于 5 月在索米尔召开由安茹、曼恩、圣通日、利穆赞、普瓦图、图赖讷代表参加的地区等级会议，但应者寥寥。王国境内的纷扰使代表们难以抵达会场。直到 11 月，一部分代表才在默安参加了朗格杜瓦地区三级会议。法国政府这次受到了更加猛烈的抨击。代表们表示已不能忍受各地守卫的扰掠以及频繁征取的各类巨额税赋。他们要求国王必须改良，或终止一切商品税，还要求国王与国内的王公们和平相处，每个省区都将派出两名代表同御前会议大臣一起去拜访勃艮第公爵腓力，与其议和。查理七世被迫答应会抑制匪患，努力同权贵们和谐相处，但这些承诺只换来了一笔 12 万锂弗的商品税以及一笔为时一年，每月分缴，按各阶层收益递减的财产税。12 月在蒙吕松召开的另一部分三级会议也只通过了一笔 12 万锂弗的商品税。即便如此，这些商品税在一个月后还被转为人头税。

在政府收益几乎腰斩后，陆军统帅阿蒂尔不得不于 1427 年 1 月给里昂等市镇写信，敦促他们筹集资金，为王军支付薪水。失去主力部队的支援后，蓬托尔松对敌方的威胁也大为降低。罗斯特兰等人试图袭取科唐坦半岛南端的阿夫朗什，但很快便兵败被俘。与此形成鲜明对比的是，英国人没有放任对手在下诺曼底前线建立据点。按照英王颁布的命令，沃里克伯爵理查德·比彻姆集结了 600 名骑兵和 1800 名弓箭手，于 2 月上旬展开了对蓬托尔松的围困。

但法国君臣忙于处理其他事务。作为对去年三级会议的回应，1 月初，针对兵匪的法令终于出台。政府任命 4 名高级指挥官分别管辖王国领地：陆军统帅阿蒂尔负责安茹及其南面地区；富瓦伯爵让负责图赖讷和布卢瓦地区；克莱蒙伯爵查理负责高原地区；阿尔布雷领主夏尔负责吉耶讷 。不过这项法令推行后并未抑制兵匪。

富瓦伯爵借机带着拉昂主教纪尧姆·德·香浦——作为伯爵的副手，他将出任朗格多克地区的财政总长——一道返回南方，将图赖讷的责任交给贝尔纳·德·阿尔布雷（Bernard d'Albert）等副官们。

本应主管军队的陆军统帅阿蒂尔却被一系列宫闱密谋所吸引。他在6日就与富瓦伯爵让建立了同盟，并同意“不服务或帮助阿马尼亚克伯爵让或帕迪亚克伯爵贝尔纳反对富瓦伯爵，除非在西西里王后（约兰达）以及克莱蒙伯爵查理的建议下——如果他们（指约兰达和查理）没有结盟，则需要他们的一致同意”。陆军统帅还借着同勃艮第谈判的机会与克莱蒙伯爵在穆兰（Moulins）积极联系。

实际上，陆军统帅阿蒂尔所谋甚巨：乔治·德·拉特雷穆瓦耶一直在极力鼓动他除掉“已经控制了国王的”欧塞尔伯爵——这是皮埃尔·德·贾克的新头衔。当贾克同国王进驻伊苏丹时，机会终于来了。2月8日凌晨，正在熟睡的贾克突然被一阵急促的敲门声惊醒。就在贾克匆忙披上衣物时，陆军统帅、拉特雷穆瓦耶及阿尔布雷领主夏尔的大批手下已经涌入屋内。见此情景，贾克惊呼“我死定了！”全副武装的骑兵和弓箭手随即一拥而上，将其制服。

士兵们翻箱倒柜、抢夺财物的喧哗以及皮埃尔·德·贾克的妻子卡特琳·德·利勒布沙尔（Catherine de L'Isle-Bouchard）①的哭喊惊醒了城堡中的所有人——她可能更心疼自己被摔至地上的盘碟家什。担心遇上政变的法王查理七世立即从床上爬起，穿戴盔甲。他的卫士们赶到房间门口，准备向事发地行进，但陆军统帅阿蒂尔却冲过来阻止，“走开！”他嚷道，“我这么做是为了国王的福祉！”

在皮埃尔·德·贾克的房间里，乔治·德·拉特雷穆瓦耶走到床边安慰几乎半裸的卡特琳·德·利勒布沙尔，而贾克则被卷进一件披风内，捆在小马上运出城堡，被关进陆军统帅阿蒂尔的封邑丹城内。

无论陆军统帅阿蒂尔是否真有借此革除时弊，建立公正秩序的打算，这种粗暴的方法却只能适得其反。皮埃尔·德·贾克的哀求被置若罔闻，他的一只手被砍断，经过只有一名军中法务官参加的，几乎无异于私刑的审讯后，他被丢入河

① 贾克投靠查理七世不久，妻子便不幸身亡，随后他迎娶了颇有资产，而且曾任道芬路易教母的卡特琳·德·利勒布沙尔。贾克最终被指责为杀害前妻的凶手。

中淹死。陆军统帅给出的补偿是另找了数名新人替代贾克，以此平息查理七世的怒气。3 月 13 日，阿蒂尔在寄给萨利尼夫人（Lady of Saligny）的信中写道：“那里有很多问题和劣行，尽管如此，现在事务均在步入正轨……现在你的沙朗松表侄，国王的首席侍从，将担任贾克的职务，他也是主要大臣之一，我希望通过上帝的帮助，事情会好起来”

也许他的看法过于乐观了沙朗松领主路易（Louis，Seigneur de Chalençon）虽然被查理七世封为骑士，但并未获得圣宠，一直未获晋升。国王更青睐的似乎是另一位由陆军统帅举荐，绰号“博略的塌鼻子”的奥弗涅侍从让·韦尔内（Jean Vernet），此人曾在他的卫队中供职。

实际上，查理七世很难容忍陆军统帅阿蒂尔屡次毫不在乎地冒犯君权的行为——“陆军统帅能够获得国王的原谅，但未能重获他的信任。”更为讽刺的是，自陆军统帅掌权后，查理七世宫廷中的暴力倾向越来越明显。很快另一桩绑架事件便接踵而至。这次主谋者是克莱蒙伯爵查理。这位不断领取封赏的大贵族仍然怀有怨言。在不到一个月后，离开宫廷的克莱蒙伯爵突然以一些勉强的借口逮捕了不能令自己称心的中书大臣马丁·古热。几乎所有人都对他束手无策。接下来的数月中，高等法院、法王特使甚至是教皇发来的谴责信件均未能改变他的主意。

兵临城下

1427 年早春，在法国人把时光浪费在不断的内斗中将近两年时，贝德福德公爵约翰终于准备渡过英吉利海峡，重返前线。在离开欧洲大陆的十五个月内，他重新梳理了英格兰政府的秩序，拟定了一系列新法令，肯定了摄政会议全体成员参与制定决策的权力，并强调了避免权贵间分歧摩擦的必要性。贝德福德公爵公开承认国王年幼时，权威将由所有权贵共同执掌，而不是归于某一个人之手。格洛斯特公爵汉弗莱起初试图反抗，但贵族们特意到他栖居的客栈，劝导这位抱病的公爵。最终，兄长的意志迫使格洛斯特公爵不得不屈服于这个决定。

▲ 卢瓦尔河中游及贝里地区

3 月 19 日，贝德福德公爵约翰从桑威奇渡海前往欧洲大陆。除了统领着 300 名骑兵，900 名长弓手的约翰 · 塔尔博特外，与贝德福德公爵同行的还有温切斯特主教亨利 · 博福特。去年年底，胞弟埃克塞特公爵托马斯· 博福特的去世进一步削弱了他在国内的政治地位，于是，亨利· 博福特干脆离开英格兰。从表面上看他主要是作为使节参与胡斯战争事务，实际上他也实现了自己多年来的晋级夙愿。亨利五世曾在 1418 年迫使他拒绝了升职，然而时过境迁，国内反对之声已经平息。作为对亨利· 博福特政治上退让的交换，25 日，在加来，贝德福德公爵亲手将红帽子戴在了叔父头上。虽然亨利· 博福特丢失了在英国政府中的重要职位，但是他在其他领域却得到了最高权威。

贝德福德公爵约翰的到来意味着战争形势又变得严峻起来。蓬托尔松围城战也进入了最后阶段。虽然守军答应坚守等待陆军统帅阿蒂尔的解围，但阿蒂尔在军事方面的行动明显比宫廷斗争的动作要迟缓得多。直到 4 月上旬，他才出发前往布列塔尼准备解围。而陆军统帅的兄长，布列塔尼公爵约翰对于这个近在咫尺的据点更是心不在焉。他在年初就有将此地转交给英军的打算。尽管已经颁布了总动员令，但公爵以布列塔尼骑士没必要“ 仅仅为了蓬托尔松冒险 ”的借口按兵不动。

实际上，家门口的一系列挫折早就使惯于投机的布列塔尼公爵约翰萌发了再一次转变阵营的打算。他已经开始同英国人秘密接洽。对蓬托尔松施以援手的只有苏格兰军团的少数部队以及圣米歇尔山的法军。圣米歇尔山法军频频出击试图威胁英军的补给线。但 4 月 17 日，他们和一些布列塔尼士兵被英将斯凯尔斯男爵托马斯带领的 500 人的护送队伍击溃。这一次败仗摧毁了蓬托尔松守军的信心。5 月 8 日，他们正式向英军投降。英军随即将圣雅姆德伯夫龙堡垒拆毁，其守卫也被并入蓬托尔松，准备合围圣米歇尔山。而布列塔尼公爵也急忙与英军签订了一份休战协议。陆军统帅阿蒂尔只能两手空空地返回法王宫廷。

成功占领蓬托尔松及与布列塔尼的休战协议使英军得以将力量集中至曼恩西部以及漫长的中部战线上。5 月上旬，皮蒂维耶（Pithiviers）被英军占领。26 日，萨福克伯爵威廉 · 德 · 拉波尔包围了西面的旺多姆。一个多月后，他会合沃里克伯爵理查德 · 比彻姆部，一起包围了东面的蒙塔日，并于 7 月 15 日发起炮击。

蒙塔日是控扼着卢万（Loing），皮索（Puiseaux）、韦尼松（Vernisson）三条河流交汇处的坚固堡垒，英军打算把它作为向卢瓦尔河东部流域进军的一个基地。同时，占领它也可以打通与约讷河谷勃艮第盟友的联系。在格洛斯特公爵汉弗莱放弃他的低地事业后，勃艮第公爵腓力对大陆英军的态度有所软化。他的封臣也在东部配合英军：5—6月间，借口法军将领发动的一场袭击，勃艮第人在欧塞尔地区点燃战火，占领了马伊堡（Mailly-le-Château）。

而在东北面，法军的势力也被压缩到靠近香槟—洛林—巴尔边界的少数城堡里。从这片囊括默兹河谷的博蒙昂纳尔戈讷（Beaumont-en-Argonne）、拉讷维尔（La Neuville）、沃库勒尔（Vaucouleurs）及阿戈讷地区的帕萨旺（Passavant-en-Argonne）等据点的狭长地带出发，他们仍频频与香槟地区英军交战。英军拉来了一大批帮手——卢森堡的约翰在3月攻克了去年被法军占领的莫伊梅堡，并将其夷为平地。

▲ 莫伊梅堡

勃艮第公爵腓力的另一名部下安托万·德·韦尔吉（Antoine de Vergy）被任命为英王在香槟及布里的总督。他们随后便展开对边界法军的最后清剿。

▲ 青年查理七世画像

大敌当前，陆军统帅阿蒂尔仍执着于宫廷斗争。返回国王身边后，约兰达及其他大贵族均向他抱怨马厩总管让·韦尔内如先前的发迹者那样窃权揽势。阿蒂尔决定清除韦尔内。布萨克元帅让·德·布罗斯执行了这个命令：6 月 12 日，正当韦尔内与一名同伴乘骡子在距离普瓦捷城堡不远的克兰（Clain）河畔平原上行走时，一伙布萨克元帅的部下突然冲向他们，当场砍断了韦尔内的手臂并剁开了他的脑壳。据记载，查理七世就在城堡上的窗口旁眼睁睁地看着韦尔内坠落地面，一命呜呼。狂怒的国王下令将谋杀者绳之以法。一些卫士立即上马出城追捕凶犯，但是他们一无所获。回到城堡的只有韦尔内的骡子以及他那惊魂未定的同伴。

查理七世的青年时代就在这个弥漫着阴谋、背叛、暴力和血腥的宫廷中度过。相比于大部分君主的刚强气概，他的柔韧特性可能更适合在此类环境下自保，但这并不是没有代价的。随波逐流的生活似乎使查理七世养成了对王国内的失序现象安之若素的态度以及对亲信和朋友反复无常的性格。十余年间，王室一直保持着萎靡不振的状态，听任蔑视它的大贵族及其代理人自行其是。

解决让·韦尔内后，陆军统帅阿蒂尔又塞给国王一个似乎是自己心腹的新人——乔治·德·拉特雷穆瓦耶。[①] 乔治于7月2日在普瓦图的城堡中迎娶了皮埃尔·德·贾克的遗孀卡特琳·德·利勒布沙尔，获得了一大笔嫁妆。查理七世并不认为这位同各阵营均有联系的臣仆会安心充当陆军统帅在宫中的代理人，他看透了乔治的野心和蕴含于其肥胖身躯中的能量。不过国王只是淡淡地对阿蒂尔说道“亲爱的堂兄，你把他给了我，但是你将对此感到懊悔，因为我比你更了解他。”

陆军统帅阿蒂尔仍对乔治·德·拉特雷穆瓦耶抱有充分信任。6月底，阿蒂尔前往妻子所在的希农，与他同时离开宫廷的还有查理七世的岳母约兰达——近三年的辅政并未改变乱局，这使她对查理七世的影响力受到了一些削弱。夏季时，陆军统帅仍像之前一样不紧不慢地应付战事。英军开始进攻曼恩西面。驻于圣叙藏的约翰·法斯托尔夫奉命率领约2000人入侵拉瓦勒地区，占领圣旺德瓦隆（Saint-Ouen-des-Vallons）等据点，包围拉格拉韦勒。而陆军统帅只是给前线被包围的据点派送了一批增援补给，这并没有显著效果。在中部，作为敌人主攻方向的蒙塔日独自承受着近3000名英军的围攻。尽管法军总督加斯科涅将领布宗·德·拉法耶（Bouzon de la Faille）仍带领军民奋力坚守，但城中许多建筑毁于炮火。在近两个月的围困中，围城营地被数条河流分为三部的英军搭起了相互联系的浮桥，并将工事逐步向城墙下推进。这座堡垒的补给线亦遭受着严重威胁。最终，陷入绝境的拉法耶不得不向法王寻求最后的援助。

1427年查理七世的财政几乎到了山穷水尽的地步。全年的三级会议收入几乎只有3—4月间朗格多克地区会议在贝济耶通过的15万锂弗商品税。虽然富瓦伯爵让在8月再度追加了2.2万锂弗的商品税，但当地有关伯爵未经等级会议同意征税的申诉迅速传到了查理七世的手中。他们还抱怨了王室财政专员在当地滥用职权、中

---

① 乔治·德·拉特雷穆瓦耶的父亲是勃艮第侍从长居伊·德·拉特雷穆瓦耶居伊跟随前任勃艮第公爵无畏的约翰参加尼科堡战役，结果兵败被俘，死于狱中。之后，乔治的母亲玛丽·德·叙利（Marie de Sully）—她的第一任丈夫是贝里公爵的长子—又嫁给先任陆军统帅夏尔·德·阿尔布雷，并育有让娜、夏尔、纪尧姆、让、凯瑟琳5位子女。因此，乔治同大家族都建立了密切关系。其兄长约翰一直为勃艮第家族效劳。他起先也是勃艮第公爵的内府侍从。1410年，乔治已是查理六世御前会议的成员。很快他又开始为道芬路易服务。贝里公爵去世后，乔治迎娶了他的遗孀奥弗涅女伯爵让娜二世（Joan II，Countess of Auvergne）。乔治在两党纷争中以中立者姿态出现，但他却拘捕过道芬查理的大臣，而且他在奥弗涅领地中的守卫们也喊着“勃艮第万岁！”的口号劫掠乡间。1423年，查理甚至派吉尔贝·莫捷·德·拉费耶特元帅没收这些据点。攀上陆军统帅后，乔治终于得以在宫廷站住脚跟。

饱私囊的行径。法王只得表示他对这些事务并不知情，并答应暂停富瓦伯爵的征税进程，直至下次会议召开之际为止。

因此，在英军漫长的围城中，查理七世的政府只拼凑出了一支1600人的小队伍。陆军统帅阿蒂尔向布尔日商人抵押借贷才为士兵们筹集到部分薪金，但他本人仍待在雅尔若观望——据称有人以高阶指挥官不必屈尊为一座小城市输送给养的理由劝阻了阿蒂尔，也许这只是他避免像前几次那样遭遇失败的借口而已。

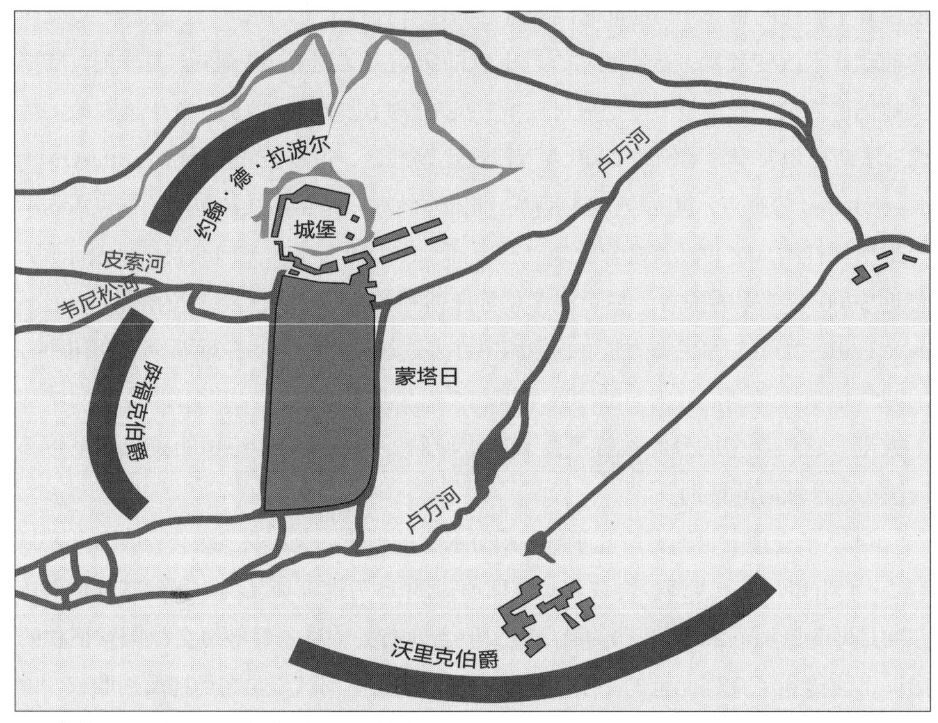

▲ 蒙塔日围城战——根据古地图绘制

最终，这支补给车队被交由拉海尔等下级军官指挥。一位年轻贵族也加入了队伍——已摆脱前岳父让·卢韦事件牵连的奥尔良私生子让。让在十余岁时便披甲上阵与勃艮第人战斗，但很快便被俘虏，后经兄长韦尔蒂伯爵腓力交涉才重获自由。接着，让参加了博热战役，并表现优异。此时，他已被缺乏人手的法国政府重新起用为指挥官。

▲ 蒙塔日解围战

补给车队从日安出发，在9月初抵达蒙塔日附近。这些青年军官们发现难以避开敌人进入城市。不过他们发现敌人的部分工事较为简陋，而且一些棚屋还包含着茅草皮毡。于是，他们打算放弃输送给养的原计划，以强攻解除围困。

9月5日中午，法军分为两部，向驻守在城西的英军约翰·德·拉波尔以及亨利·巴西特（Henry Basset）两部发动突袭。英军发现自己还未吃完午餐周围就已遍地烟火。守城者也趁机从蒙塔日城内冲出，数面夹击下，英军难以招架。拉海尔迅速击溃了约翰部，接着他又加入到奥尔良私生子让那队正在同巴西特搏斗的下马骑兵行列中。巴西特的部众无法抵挡，争相逃向连接东面沃里克伯爵理查德·比彻姆部的浮桥。但蒙塔日守军从堤坝中放出的洪流已令浮桥摇摇欲坠，随着人们蜂拥而上，桥梁迅速解体。沃里克伯爵只能在对岸看着部下崩溃。最终，他和萨福克伯爵威廉·德·拉波尔集拢残军退到附近一个遍布葡萄园的上坡与法军相持。但英军已损失了500余名士兵，另有600人被俘。眼见事不可为，英军只得遗弃大批补给和火炮，连夜退往内穆尔（Nemours）。这次胜利意味着英军进军卢瓦尔河流域的行动已受到遏制——就在数天前，西面的法军还借敌人会集于蒙塔日之际乘虚收复了马什努瓦、蒙杜布洛。

而就在同一日，西线的安布鲁瓦兹·德·洛雷也带领部下深入敌后，在昂布里耶尔（Ambrières）击溃了亨利·布朗什（Henry Branche）率领的约 240 名英军。这使布朗什的长官约翰·法斯托尔夫极为狼狈。他的主力正在围攻拉格拉韦勒，并迫使守军签下了限期投降协议。德·洛雷的小胜鼓舞了法军的士气。陆军统帅阿蒂尔也来到昂热集结部队，随后前往拉弗莱什。他的部下纪尧姆·德·旺代尔（Guillaume de Vendel）已率领弓箭手先行增援了拉格拉韦勒。于是，守军拒绝投降，英军只得撤围而去。

接连的胜利使战局出现了数年来少有的有利态势。安茹及旺多姆方向上的法军随即向曼恩东部、沙特兰乃至佩尔什地区反击。通过火炮轰击和袭击，吉勒·德·雷（Gilles de Rais）以及让·德·博马努瓦（Jean de Beaumanoir）带领部下夺回了勒吕德。东北面的贝尔纳堡、诺让勒罗特鲁（Nogent-le-Rotrou）等市镇也陆续被法军收复。

▲ 吉勒·德·雷画像

1427 年夏季的一系列小胜表明，新一代的法军将领正在前线不断的交战中磨砺而出，他们日后将成为抗衡英军的中坚。如果此时陆军统帅阿蒂尔能够带领部队继续奋勇前行，那么整个西线的局势也许都将大为改观。但这位最高指挥官很快便离开前线，穿过安茹，前往卢丹——阿蒂尔已经感觉到自己宫廷地位摇摇欲坠，他急着参加一场贵族聚会，以反对自己的新政敌乔治·德·拉特雷穆瓦耶。

实际上，陆军统帅阿蒂尔的垮台多

少也有些咎由自取。对宫廷权势的贪恋、家族私利的执着以及蛮横粗暴近乎愚钝的作风使他连本职任务都难以完成，这极大地削弱了他的声望。其兄长布列塔尼公爵约翰则亲手完成了对阿蒂尔权力基础的毁灭性打击：在部分贵族支持下，9月8日，布列塔尼公爵与英国人签订协议，再次抛弃法王，承认《特鲁瓦条约》，并宣布自己是英王亨利六世的臣民。布列塔尼的倒戈对战局产生了严重的消极影响，但这对乔治·德·拉特雷穆瓦耶却是一项从天而降的赠礼。在他的怂恿下，桀骜不驯的阿蒂尔成为兄长再度反叛的替罪羊：被王室剥夺了津贴并驱逐出宫廷。

陆军统帅阿蒂尔显然有所准备。他很早就和对宫廷心怀不满的大贵族秘密联系。8月4日，阿蒂尔与克莱蒙伯爵查理打着增进国王的荣誉及福祉的旗号签订互助同盟——看来他毫不介意这位大贵族拘禁中书大臣马丁·古热的非法行径。[①]8月底，克莱蒙伯爵又拉拢了年轻的帕迪亚克伯爵贝尔纳。贝尔纳可能受到其兄长的唆使——阿马尼亚克伯爵让这位南方大贵族也逐渐显露了自己的狰狞嘴脸。他一面将阿莫里·德·塞韦拉克元帅迫害致死，以便让阿马尼亚克家族占有塞韦拉克领地，一面又养着大批雇佣连队——这些兵匪穿着象征英国阵营的红十字架衣甲在南方攻城略地。

因此，与这些家族勾结在一起的陆军统帅阿蒂尔能做出何种举动也是可想而知的。他打算到沙泰勒罗联合克莱蒙伯爵查理和帕迪亚克伯爵贝尔纳，进逼宫廷，夺回丢失的权力。不过乔治·德·拉特雷穆瓦耶动作比他更快。9月下旬，宫廷离开洛什，进入遍布着拉特雷穆瓦耶封臣的普瓦图，并一口气赶到吕西尼昂。之后，法王发布命令，禁止城堡市镇接待阿蒂尔。阿蒂尔在沙泰勒罗吃了闭门羹，只得在沙泰勒罗和绍维尼（Chauvigny）间的野地扎营。10月29日，克莱蒙伯爵和帕迪亚克伯爵前来与他会合。三人随即率领部队占领了希农。在此地，他们受到了一名女性的热情招待，她便是阿蒂尔的妻子吉耶讷公爵夫人玛格丽特。

虽然陆军统帅阿蒂尔再一次用武力表达了他急于面见国王之意，但查理七世已受够了阿蒂尔的种种忤逆举动，不打算理睬。奥尔良私生子让、旺多姆伯爵路易和新近被释放的阿朗松公爵让二世——他被俘后曾拒绝贝德福德公爵约翰的诱降，

① 直到9月底，克莱蒙伯爵才与中书大臣达成协议，将其释放。但他仍敲诈了后者一大笔赎金。查理七世之后赏赐中书大臣一些铸币方面的收益以帮助他还债。

如今欠下了20万萨吕（Saluts）的巨额赎金债务——仍效忠国王。而秋季时，被亨利五世在阿夫勒尔围城战中俘获的拉乌尔·德·戈古尔已同在博热战役中被法军俘获的亨廷顿伯爵约翰·霍兰互换，结束了十年的囚徒生涯。他很快就凭借自己丰富的军事经验在御前会议获得一席之地，与乔治·德·拉特雷穆瓦耶、兰斯大主教勒尼奥·德·沙特尔、塞埃主教兼审查官罗贝尔·德·鲁夫雷（Robert de Rouvres, Évêque de Séez）等一批臣仆组成了法王的亲信小圈子。

到1427年底，查理七世的宫廷已四分五裂，其中有安茹、布列塔尼以及加斯科涅等数个背后有大贵族支持的派系。这些党派均不能单独主导宫廷，它们有时会相互联合，但更多的时候是相互倾轧。查理七世开始有意识地利用派系矛盾，放任贵族们互相斗争，让苏格兰弓手拱卫自己。这种有损执政基础的手段也是无奈之举：数十年来的虚弱无力以及对英战争中的一系列错误决策已经极大地削弱了王室的权威和对各阶层的影响力，只有通过一场扭转局势的战争才能重聚声望，恢复对王国的号召力，但显然政府中的王公大臣难以完成这个任务。于是，查理七世只能与各种势力虚与委蛇。预定于11月下旬召开的朗格杜瓦地区三级会议被迫取消，政府不得不继续在催饷和债务的漩涡中挣扎。幸运的是，冬季的临近暂时冷却了叛乱者的行动。11月下旬，陆军统帅阿蒂尔前去接管西南面的帕尔特奈——此地的老领主让已经去世，按照查理七世之前的封赏，阿蒂尔将成为这片领地的主人。

当法方阵营再度陷入内讧之际，他们的对手已卷土重来。贝德福德公爵约翰对拉格拉韦勒的毁约行为大为恼火，下令处决拉格拉韦勒签订协议时送交的人质，随后又撤销了约翰·法斯托尔夫的职务，接着重启了对蒙塔日、拉格拉韦勒等地的攻击。贝德福德公爵亲自率军向巴黎西南部进发，于10月底攻克了法军新近占领的朗布依埃。随着英军大兵压境，法军先前反击中夺得的一些城镇又重新沦陷。英军守卫袭扰队伍甚至一直突入到卢瓦尔河谷北岸，洗劫了距希农只有数里格的布尔盖伊（Bourgueil）修道院。

经过近半年的消耗，贝德福德公爵约翰也面临着严重的军力匮乏问题。想要完全消化曼恩西部的残余领土、染指门户大开的安茹，他还需要本土力量的增援。为此，公爵的副手索尔兹伯里伯爵托马斯·蒙塔古已经在夏季时返回英国招募新军。不过英国的形势十分微妙。随着兄长的离开，格洛斯特公爵汉弗莱又活跃了起来。7月，他从御前会议那里获得了9000马克的预付许可。这些钱将用于组建军队，解救埃诺女伯爵杰奎琳——4月17日，布拉班特公爵约翰的去世使这位女伯爵重燃了争取英国援助的希望，失去道义名分的勃艮第公爵腓力仍在孜孜不倦地用各种手段获取埃诺和荷兰等地的统治权。腓力的强势使不少英国人对女伯爵抱有同情心。御前会议一度同意如果筹集到足够的资源，或许可以派英军进驻杰奎琳尚存的荷兰城镇中。甚至连索尔兹伯里伯爵也不反对这个计划，并主动要求担任指挥官——也许腓力数年前在巴黎消遣时对伯爵夫人的殷勤举动给伯爵留下了不好印象。

但来自于海峡对岸的贝德福德公爵约翰方面的强烈抗议，很快便终止了向低地用兵的计划。10月，威斯敏斯特召开的议会明令格洛斯特公爵汉弗莱不准行动。不久，新一轮的打击接踵而至：1428年1月，教皇马丁五世宣布汉弗莱和杰奎琳的婚姻非法。3月，议会再次拒绝了格洛斯特公爵索取大权的要求。不过屡屡碰壁的格洛斯特公爵至少办成了一件事情：索尔兹伯里伯爵托马斯·蒙塔古已被成功拉拢，脱离了贝德福德公爵的掌握。3月24日，索尔兹伯里伯爵签订合约，准备带领600名骑兵和1800名弓箭手到法国效劳六个月。但这次合同破例允许索尔兹伯里伯爵享有独立于贝德福德公爵之外的行动自由——也许格洛斯特公爵希望伯爵能找找对头的晦气。为了承担援军的费用，这次议会征收了亨利六世统治时代的第一次直接税。这次税收局限于教会和骑士采邑地（Fees），总额只有12291英镑，对于那些在理论上自《特鲁瓦条约》签订后便无义务负担法国战争费用的英国人来说，这还算是慷慨之举。

在此期间，法国人仍陷于内战中。1月中旬，陆军统帅阿蒂尔一伙人将诉状递到了普瓦捷高等法院，他们拒绝撤出希农的部队，还声称要联合约兰达等人前往索米尔或者卢丹。乔治·德·拉特雷穆瓦耶的回应是同富瓦伯爵让签订私人联盟。作为对布列塔尼公爵约翰背叛的惩罚，庞蒂耶夫尔伯爵奥利维耶的二弟让·德·布卢瓦（Jean de Blois，有时又被称为布列塔尼的让 Jean de Bretagne），也被拉入御前会议。此后，拉特雷穆瓦耶同母异父的弟弟阿尔布雷领主夏尔还领到了1.2万锂弗的年金，他的任务是守卫多尔多涅河流域，阻止阿马尼亚克伯爵让的连队骚扰。双方仍在针锋相对，阿蒂尔等人频频向市镇发出宣言，大造舆论攻势，甚至派使者插手鼓动那些地区集会，要求召开三级会议。法王则不断将其推迟。

实际上，查理七世已经开始准备反击。3月12日，他来到希农城下。奉阿蒂尔吩咐守卫此城的纪尧姆·贝利耶（Guillaume Bellier）却遵循君令，打开城门。于是，吉耶讷公爵夫人玛格丽特落入了法王手中。不过，她并未受到报复——查理七世当着御前会议众臣之面热情地接待了这位贵妇，表示只要不接纳阿蒂尔，她就可以继续住在此地,或者自由挑选任何地点。作为无畏约翰之女的玛格丽特并未理睬法王的殷勤，她随即收拾行装，在一队苏格兰卫士的护送下离开城堡，前往帕尔特奈与丈夫会合。

法王占领希农对阿蒂尔之流是一个不小的挫折。4月上旬，查理七世在这里召开了等级会议。不过只有安茹、图赖讷、贝里、普瓦图的少数代表参加。会议通过了10万锂弗的商品税，以便结束劫掠行为。查理七世已经决定召集军队——不仅是为了对付阿蒂尔，同时还得应付曼恩西部的英军——约翰·塔尔博特已经成为安茹和曼恩地区的新总督。这位年过四旬的老将很快就展现出了远超常人的剽悍。3月上旬，被贝德福德公爵约翰赐予拉瓦勒—吉永地区有关爵位、领地、司法、租佃、税收及其他主权的塔尔博特径直突进到拉瓦勒城下。趁着守卫的疏忽，英军从南面攀墙而入，很快便攻下市镇。17岁的安德烈·德·洛埃阿克带着残兵退入城堡中，试图固守待援，但抵抗只持续了不到一周。16日，城堡向塔尔博特投降。安德烈在数个月后才被释放。他的拉瓦勒家族则背负了1.6万金埃居的赎金。占领了拉瓦勒后，塔尔博特随即着手击溃曼恩东部的抵抗势力。

法军将领们则在盘算着夺回曼恩首府勒芒，但这个计划执行得非常糟糕。5月25日，阿尔布雷领主夏尔的弟弟纪尧姆·德·阿尔布雷、让·德·博马努瓦、拉海尔等法军将领通过一些市民的协助突入勒芒城内，难以招架的英军退入靠近城门的里邦代勒小堡。法军将领们试图通过围困迫使敌人投降，但他们的部下不久就开始搜刮起城中的财产来。与此同时，驻于32英里之外的约翰·塔尔博特闻讯后，立即集结300—400名士兵从阿朗松南下。5月28日凌晨，他们攻进勒芒，身后还跟着一群意欲报复的愤怒民众。这回轮到法军品尝自己种下的苦果了。他们分散在城中，也没有构筑街垒。不少人径自跨上马匹逃离战场。而小堡内的英军听到援军“圣乔治”的战吼声后，也奋力向敌人投掷石块，并冲出夹击。最终，损失惨重的法军逃出了城市。但新来的军队也不比法军更具怜悯之心。他们随即开始调查先前同敌人勾结的人，有数百人因此被捕甚至丢了性命。不过，贝德福德公爵约翰倒非常赏识塔尔博特在征服曼恩地区时表现出的干练和勇猛。公爵将他召入英王在法国的御前会议。5 月，这个设在巴黎的会议已决定让即将返回法国的索尔兹伯里伯爵托马斯·蒙塔古率领他的生力军前去攻占安茹首府昂热。为此，英国人操纵的三级会议专门于 6 月批准了 6 万锂弗的战争税款，其中一部分将用于购买四个月围城战所需的军火和补给。在向安茹进军的同时，英国人也再度着手围攻诺曼底边境的圣米歇尔山。

与此同时，贝德福德公爵约翰也秘密会晤了短暂拜访巴黎的勃艮第公爵腓力。英国和勃艮第阵营已重新开始密切合作——春季，腓力的封臣，奥朗日亲王路易占领了东南方的昂通（Anthon），威胁多菲内。而北方更是他们的重点目标。1428 年初，贝德福德公爵组建了一个由博韦主教皮埃尔·科雄（Pierre Cauchon, Bishop of Beauvais）主持的，由安托万·德·韦尔吉、卢森堡的约翰等勃艮第将领组成的香槟地区总务委员会（Commission Générale en Champagne），开始逼迫法军在东面默兹河流域的最后势力。4 月上旬，凭借着在兰斯、沙隆、拉昂、苏瓦松、瓦伊、蒂耶里堡以及努瓦永等地区收取的战争贡赋，兼任边境代理官的卢森堡的约翰奉命率领 600 名骑兵和 1000 名弓弩手开始围攻博蒙昂纳尔戈讷。他还调来了那慕尔、列日的炮手及坑道作业人员。博蒙的法军守将纪尧姆·德·弗拉维（Guillaume de Flavy）花了三天时间从奥尔良穿过前线急驰至穆宗，然后带着火炮冲入博蒙组织防御。

尽管奋勇作战的守军一度破坏了卢森堡的约翰的一门射石炮，并俘获其部将昂盖朗·德·格里博瓦尔（Enguerrand de Gribonval），但他们处于孤立无援的境地。安茹的勒内的巴尔部队亦在斯特奈（Stenay）徘徊不进。实际上，他和岳父洛林公爵查理二世似乎对控制神圣罗马帝国主教城市梅斯（Metz）更感兴趣。此前双方已经因梅斯圣马丁修道院院长采摘了一篮位于洛林边界内，未予缴税的苹果而引发了战争。现在洛林公爵正忙着联合其他封建主封锁梅斯。等不到外援的纪尧姆·德·弗拉维被迫在 5 月底签订投降协议，撤出博蒙，前往上游的默兹河畔拉讷维尔（La Neuville-sur-Meuse）。他对这里的控制也只维持了三个月——卢森堡的约翰继续南下进击，最终成为默兹河谷地区的主人。6 月，老迈的巴尔公爵路易同卢森堡的约翰签订了休战协议，反过头来对付弗拉维麾下那些仍在默兹河两岸劫掠的士兵。香槟总督安托万·德·韦尔吉也接到了攻取沃库勒尔的命令——在它的南面，有一个名叫栋雷米的小村庄。韦尔吉在7月中旬带着近800人向此地进发，加上其他辅兵及纳沙泰尔伯爵让（Jean，comte de Neuchâtel）等人的增援部队，他成功地将周边乡村付之一炬，并迫使沃库勒尔守将罗贝尔·德·博德里古（Robert de Baudricourt）屈服，答应不再与勃艮第人为敌。

虽然默兹河谷地区只是次要战场，但这些据点的拔除使香槟东部地区和勃艮第公爵腓力的北方领地免除了后顾之忧。而腓力在低地的战役也进入尾声。7月3日，自觉已无希望获得援助的埃诺女伯爵杰奎琳同腓力签订《代尔夫特和约》（Treaty of Delft）将腓力定为低地的继承人。根据这份协议，成为这些地区守护者的腓力还占有了所有城堡，并获得了与杰奎琳分享地区收益，任命摄政会议中2/3人选的权力。甚至连杰奎琳的婚姻都必须先获取其母亲及地区等级会议的同意，否则臣民将不再服从于她，并改向守护者效忠。《代尔夫特和约》意味着腓力可以从同女伯爵的战争中抽身，将精力再次投向法国战场。

在新一轮危机迫近之际，法国人仍在努力结束争执。纪尧姆·德·阿尔布雷等人在丢失勒芒后，离开前线前往普瓦图，与让·德·拉罗什（Jean de la Roche）的部众一起加入到查理七世麾下。尽管屡遭败绩，查理七世还是给拉海尔等前线将领发放

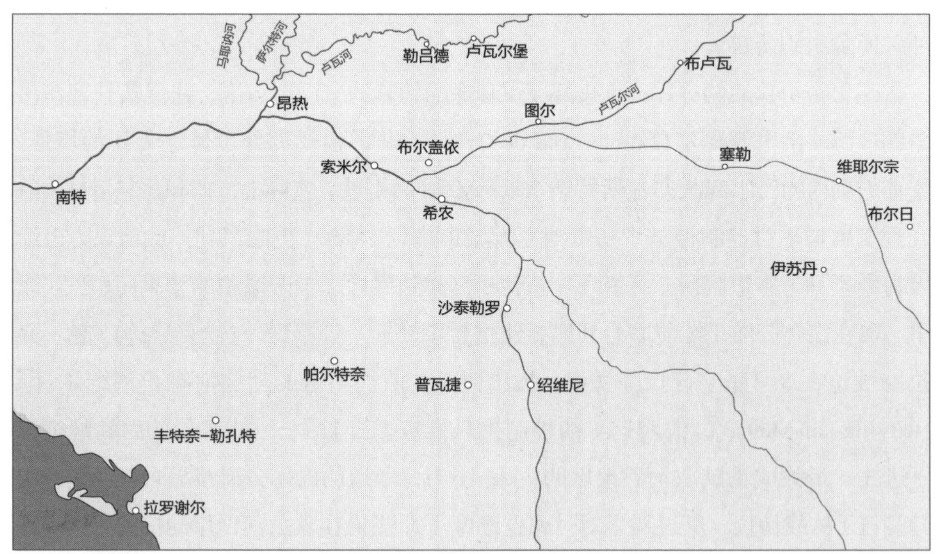

▲ 普瓦图及贝里地区

了不少赏赐。随后，他带着部队一直前进到洛什，并在这里发布法令，打算于7月18日在图尔召开朗格杜瓦等级会议。显然，法王有一大堆麻烦需要讨论解决。贵族们的叛乱仍在继续，克莱蒙伯爵查理和帕迪亚克伯爵贝尔纳还拉拢了拉马什伯爵雅克、沙朗松领主路易、布萨克元帅让·德·布罗斯等人。7月，在一些市民的帮助下，他们没费多少力气便进入了布尔日。不愿合作的宫廷面包总管让等王室官员退至城堡中，他很快便在一次交战中阵亡，但剩余的部下仍未放弃抵抗。

叛军占领了王室铸币厂等政府机构。他们还敦促在帕尔特奈的陆军统帅阿蒂尔前来帮忙，但政府军挡住了阿蒂尔从普瓦图前往贝里的道路。阿蒂尔决定从奥弗涅方向迂回而上，然而家族对头让·德·布卢瓦也来到利穆赞再次将他堵住。在此期间，富瓦伯爵让派让·德·欧隆（Jean d'Aulon）给国王带来了阿马尼亚克伯爵让不会作乱的消息。查理七世和乔治·德·拉特雷穆瓦耶则迅速带着拉乌尔·德·戈古尔、拉海尔、让·波顿·德·桑特拉伊等人包围了布尔日，并勒令克莱蒙伯爵查理和帕迪亚克伯爵贝尔纳离开市镇。现在，叛乱者发现自己已希望渺茫。在随后的宣言中，这些大贵族摆出的仍是一副俯尊屈就的架势：他们要求召开三级会议来调解国王及其大臣同贵族间的冲突；国王应抛弃对血亲王公的一切愤怒与不悦——包括他们的臣属、仆从及支持者；拉特雷穆瓦耶、罗贝尔·勒·马松以及其他御前会议大臣应该立即放下他们的恶意与敌视态度，同王公们和解，体悯那些贫苦人民，致力于公共事业的福祉；所有的不愉快事件都应该被放弃，国王应再次下令让御前会议与王公们联合；最后，他们还要求克莱蒙伯爵、陆军统帅以及帕迪亚克伯爵可以重返国王身旁。

查理七世最终接受了这些条件。7月17日，他宣布解除对叛乱贵族的废弃令，同克莱蒙伯爵查理和帕迪亚克伯爵贝尔纳达成和解。当月下旬，法王进入布尔日。22日,他签署文件,打算于9月10日召开王国三级会议。这将是一次规模空前的集会,将囊括朗格杜瓦、朗格多克以及多菲内等所有统治区域的代表。查理七世宣布每位代表都能为王国的大事畅所欲言。同日，乔治·德·拉特雷穆瓦耶同克莱蒙伯爵缔结了一个同盟协定，成功地将他拉拢过来。第二天，查理七世发布了对叛乱贵族们的赦免令。

但陆军统帅阿蒂尔并未放下武器接受赦免令同国王的廷臣们握手言和，他和支持者仍在和乔治·德·拉特雷穆瓦耶的同党让·德·拉罗什以及家族仇敌让·德·布卢瓦等人奋勇厮杀，普瓦图等地惨遭涂炭。

1428年夏季，陆军统帅阿蒂尔正恣意发泄着私人怨怒。他似乎已不打算理睬敌人对王国核心地带发起的攻击：7月，在加来登陆的索尔兹伯里伯爵托马斯·蒙塔古带领450名骑兵和2250名长弓手——他可能难以在本土找到符合合同规定数量的骑兵，因此用更多的长弓手替代——来到巴黎。在这里他继续招募了一支约200名骑兵、600名弓弩手的队伍。随后，伯爵向西南进发，陆续占领了诺让勒鲁瓦等靠近沙特尔的法军据点。

接下来索尔兹伯里伯爵托马斯·蒙塔古却没有按两个月前巴黎御前会议规划的路线向安茹进军，而是直扑中部的奥尔良地区。8月，英军在让维尔建立了前进基地。这多少有些匪夷所思——奥尔良私生子让不久前刚代表兄长同英国人续签了休战协议，而且奥尔良公爵查理一世仍被英国人囚禁，攻击他的领地在当时看来有悖骑士风度。实际上，贝德福德公爵约翰也只是勉强同意这个方案，后来他抱怨道伯爵此举“天知道是被什么建议（说服的）”。

这些建议很可能来自格洛斯特公爵汉弗莱，用向敌方核心地带施以致命一击替代兄长持重缓进的策略是他的一贯主张。的确，1427—1428年的法方阵营虚弱得无以复加，查理七世的部分政府机构一度不能正常运转。这令长驱直入的计划看起来颇为可行。与亨利五世那次试探性进军不同，索尔兹伯里伯爵托马斯·蒙塔古的进攻起初十分顺利。他的攻城炮兵随部队从奥尔良西北一鼓而下，很快便突进至卢瓦尔河北岸。索尔兹伯里伯爵打算先廓清奥尔良的周边据点。9月5日，他写信给格洛斯特公爵在伦敦的支持者，声称已经攻下三十八个据点。三天后，英军占领卢瓦尔河畔默恩。随后便开始构筑一些防御工事以掩护炮兵部队。博让西很快成为下一个目标。由于博让西法军躲在城堡里抵抗，于是英军从默恩跨过卢瓦尔河，从南岸攻击守军。26日，博让西投降。10月5日，萨福克伯爵威廉·德·拉波尔率部占领了奥尔良东面的雅尔若。次日，占领了北岸的卢瓦尔河畔新堡。随着周边屏障的拔除，10月12日，索尔兹伯里伯爵正式开展对奥尔良的围攻战。

与英军凌厉攻势形成鲜明对比的是法国政府的迟钝反应。因形势所迫，三级会议不断地推迟并变更地点。9月，小会议才陆续开启。22日，拉乌尔·德·戈古尔和拉海尔已到达希农，请求保卫博让西等前线据点。直到10月，会议才在希农进入主题。约兰达、阿朗松公爵让、旺多姆伯爵路易等大贵族均列席会议。在危机形势下，会议最终通过一笔50万锂弗的商品税——朗格杜瓦30万，朗格多克20万——以及向教士收取的什一税。除此之外，王室还收到了大批包含诸多请求的陈情书。代表们恳请国王将所有的王族外戚聚集到身边；以一切可能的手段与勃艮第公爵腓力达成和解，使他加入王国阵营中；国王应该继续派代表推进同陆军统帅阿蒂尔的谈判，接纳阿蒂尔的效劳。而朗格多克地区的代表尤其积极，会议持续的时间也最长。显然去年抱怨的弊政并未改善，代表们再次强调当地未经三级会议同意不得征税的权力受到了侵犯——有时甚至未经国王的批准。他们希望在本地保留高等法院，盼望国王能推进司法公正进程、统一货币、抑制贬值、废除先前转让的王室领地和收入，将这些收益收回到国王手中。王室还应终结兵匪的祸害、取消禁止将货物运往国外的法令。

查理七世的政府显然无暇全面纠正这些积弊，大贵族仍在追求着自己的利益——虽然克莱蒙伯爵查理已答应为解救奥尔良出力，但波旁家族同时还雇佣罗德里格·德·韦昂堂铎从事自己的南方私战。王室在11月11日的答复中只是含糊答应一切皆在改进，同意未经国王明令不得启动征收人头税和商品税进程，并派遣高等法院首席庭长让·德·瓦伊等专员前去朗格多克调查整饬拉昂主教的财政机构。它还顺便否决了关于取消预定来年3月召开的等级会议以及来年9月以前免缴额定税款之外的新增贡赋的提议——显然，宫廷现在为了应付奥尔良战役，不会放过任何收取资源的机会。乔治·德·拉特雷穆瓦耶已经为国库借贷了数万锂弗，不过他本人也因此收获了王室转让的大笔领地收益。

法国政府还在计划从其他地区招募军队对抗英国人。从1426年起，法国使者便打算从卡斯蒂利亚招募军队，1428年，他们的计划是2000名左右的骑兵及5000—6000名步兵，但长时间的交涉只换来了数百人的队伍以及卡斯蒂利亚王室含糊的承诺。

对苏格兰士兵的招募工作也在同步展开。1427年，苏格兰军团统帅达恩利的约翰·斯图尔特因圣米歇尔山前线的战功被授予埃夫勒伯爵头衔——查理七世希望通过他争取到更多的苏格兰部队。而苏格兰国王詹姆斯一世似乎也有重启“古老联

▲ 奥尔良石桥

盟”的意愿。1428 年 4 月，一个由埃夫勒伯爵、兰斯大主教领导的法国使团来到苏格兰，他们将为查理七世的长子路易物色一名妻子——詹姆斯一世的长女玛格丽特。国王的秘书，诗人阿兰·沙尔捷（Alain Chartier）极力盛赞了一番苏格兰人的勇猛与忠诚，这令主人们颇为受用。法国人还提出会转让部分领地。 7 月 17 日，苏格兰国王同意了联姻方案。一个由帕特里克·奥格尔维（Patrick Ogilvy）领导的苏格兰使团随后前往查理七世的宫廷。在 1428 年底,这桩婚事被正式确定下来。按照协议，查理七世会把升为公爵领的圣通日转让给詹姆斯一世，如果苏格兰大军团能成功地帮查理七世击败英国人，詹姆斯一世还将获得贝里公爵领。作为交换条件，詹姆斯一世承诺将派遣 6000 名士兵陪同玛格丽特渡海。公主的行程被定在了 1429 年春季。

因此，眼下查理七世的政府只得不断从各地抽调连队，让一股股小部队带着补给军需运往奥尔良城中。受贵族叛乱及余波影响，法王的支援零碎分散，抗击围城敌军的重担落在了奥尔良守卫者的肩上。幸运的是，这个坐落在卢瓦尔河北面的城市是一座坚固的堡垒，有厚实的城墙、30 座塔楼及 8 座被筑垒加强过的城门。在卢瓦尔河南面，有一座塔楼城堡（Le Tourelles）镇守着横跨河流，连接着一个名为圣安托万的河心岛的石桥。它有十九个桥拱，两端还用吊桥加强防御。在桥上还建有一些房屋和水磨。奥尔良居民早有预感会遭受英国人的攻击，因此他们在三年前便挖掘了一条环绕城市的深沟，并积极囤积粮秣弹药，还赶在英军出现前在塔楼城堡的南端又建起了一圈作为屏障的土质堡墙。虽然奥尔良是卢瓦尔河流域的重镇，但

军力并不雄厚。职业守卫数量大致在1000—2000人的范围波动——有时甚至跌至数百人——不过他们也得到了市民的支持，市民能提供略多于专业队伍上限的民兵武装。

起初，索尔兹伯里伯爵托马斯·蒙塔古决定从南面攻取城市——他可能认为占据圣安托万河心岛能提供一个有效毁坏城墙的前沿火炮阵地。尽管奥尔良总督拉乌尔·德·戈古尔事先已经下令毁坏了塔楼城堡南面的奥古斯丁教堂，但英国人仍利用废墟建立起一个堡垒。17日，他们开始炮击。四天后，英军发动了针对塔楼城堡及其外围堡墙的袭击。法军则以沸水、燃烧的炭火、煤块以及沸油回敬攻击者。奥尔良的妇女们也在石桥上来回穿梭，用大锅大盆为前线的守军运送补给、弹药。惨烈的战斗持续了约四个小时。最后，英军在损失了约240人后停止行动。不过法军也付出了200人的代价。这次挫折使索尔兹伯里伯爵放弃了强攻。他让工兵挖掘通向堡墙的地道。于是，法军发现自己已无法固守，他们放弃了外围堡墙，退守塔楼城堡。但对方聚集的大量加农炮使这座古老的城堡不堪一击。法国人最终在24日放弃了卢瓦尔河南岸的所有防御工事，并在撤退时毁坏了石桥北端的数个桥孔，从而使索尔兹伯里伯爵与他的猎物被卢瓦尔河隔开。

索尔兹伯里伯爵托马斯·蒙塔古只得开始组织长期围困。他把总部设在塔楼城堡中，并将火炮运上城墙。英军还加强了城堡的防御工事，拓展外围堡墙，使其成为一个长20米，宽26米，并拥有8米深壕沟的坚固据点。不过索尔兹伯里伯爵等

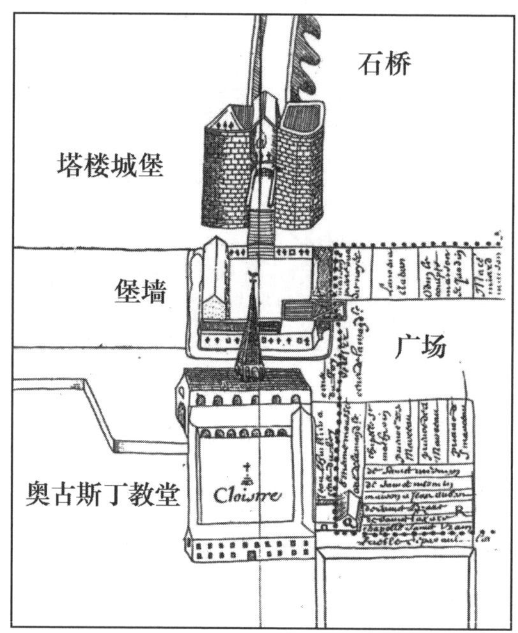

▲ 一份展示奥尔良城南端的手稿

▲ 索尔兹里伯爵和格拉斯戴尔

不到这项工程完工了：27日，正当伯爵在塔楼城堡的一扇窗户旁观察奥尔良城时，对面的圣母塔楼突然开火，一枚石炮弹打碎了窗框，溅起的碎屑重创了他的面部。伯爵被送往默恩。一周后，这位最具才华的英军前线指挥官伤重不治。

索尔兹伯里伯爵托马斯·蒙塔古的殒命使贝德福德公爵约翰有机会结束一场他并不赞同的战役。但十天后，公爵决心继续已付出不菲代价的围城行动。他指定萨福克伯爵威廉·德·拉波尔为总指挥，并将更多部队调往前线。 实际上，萨福克伯爵面临着比前任更加艰巨的任务：虽然双方还在用火炮相互射击，但英军的强攻行动已经停止。寒冬将至，卢瓦尔河南岸的部队暴露在周围法军的攻击范围下。大批士兵逃亡，一些将领也前往卢瓦尔河的其他据点暂避风头。围困工作实际已陷于停滞。在另一面，法军也利用这个喘息的机会加强防御。他们在毁坏的桥孔前筑起一个名叫圣克鲁瓦（Saint-Croix）的小堡。鉴于在石桥和东端塔楼之间的12

▲ 让·德·比埃伊

▲ 雅克·德·夏巴纳的纹章，他出身于一个波旁贵族世家。他的父亲在阿金库尔战役中阵亡，兄长在克拉旺战役中战死

座水力磨坊均被索尔兹伯里伯爵的炮火毁坏。他们在城墙内设置起11座依靠马力运转的新磨坊，保证面粉的正常供应。市民还封堵了防御不足的城门和塔楼，并忍痛拆毁了数十座“王国内最美丽的”建筑。

在此期间，人们仍在向奥尔良输送给养、军需乃至援军。10月25日，法王任命的总代理官奥尔良私生子让带着波旁执事雅克·德·夏巴纳（Jacques de Chabannes）、拉海尔、让五世·德·比埃伊（Jean V de Bueil）——他的祖父曾是第一代安茹公爵路易一世的部下，父亲战死在阿金库尔战场——等将领率领约800名弓弩手和携带着塔盾的意大利步兵进城。不过，除了炮击外，法军并未尝试夺回塔楼城堡及堡墙。他们的总督拉乌尔·德·戈古尔在21日指挥作战时不幸跌落马下摔断了胳膊，此时正在休养。5天后，奥尔良私生子让又溜出城外，回到布卢瓦同最高指挥官克莱蒙伯爵查理商讨对策。

11月8日后，英军开始在卢瓦尔河北岸构筑封锁城市的小堡。这意味着新的全面封锁战术已经开始。12月，他们的力量有所恢复。约翰·塔尔博特和斯凯尔斯男爵托马斯带领约2500人的队伍抵达前线——他们主要是接替索尔兹伯里伯爵托马斯·蒙塔古麾下那些合同即将到期的人。此外，一支约1500人的勃艮第部队也加入了英方阵营。在接下来的几个月，英军强行在城市四面陆续建起一系列控制各方通往城市主城门要道的据点。这些小堡大部分布置在奥尔良的西面，以此阻止布卢瓦方向的法军沿卢瓦尔河增援城市。它们周边都设置了防止火炮和士兵遭敌人袭击的木栅栏。只有城市的东北面未设置岗哨——也许是因为这里没有主城门的缘故。在整个冬季，城内的法军的都不断展开袭击，但势单力薄的他们已无法有效阻止英军。

而英军发起的一些针对圣克鲁瓦小堡及部分城门的攻击，同样未成功。显然，明智的策略还是用饥饿迫使城市投降。但即便如此，兵力的匮乏也使他们直到1429年初仍难以彻底截断奥尔良与外界的联系。1月24日，拉海尔再度带领一小支部队进入城市。两天后，苏格兰军团统帅达恩利的约翰·斯图尔特和帕特里克·奥格尔维也带着部队前来增援。具有讽刺意味的是，虽然英军意图切断城市补给，但是他们自己的大部分给养军需也要从后方的巴黎收集。法军指挥官们决定以攻击敌人补给线的方式化解围困。

很快他们便找到了机会：2月初，约翰·法斯托尔夫爵士和巴黎总督西蒙·莫维耶（Simon Morhier）带领一支携带着面粉、鲱鱼以及其他食物和军火补给的车队从巴黎出发。查理七世在都城内的间谍事先得知了这个情报。于是，法军指挥官们于9日再度溜出奥尔良，到布卢瓦与克莱蒙伯爵查理商议拦截这支部队。

12日早晨，法军在鲁夫赖（Rouvray）附近的平原上与约1500名英军士兵遭遇——由于晴天和地势的缘故，英军在第一时间便发现了他们的动向。这是法军主帅克莱蒙伯爵查理军事生涯中的第一场野战，因此他非常郑重。当约翰·法斯托尔夫忙着将300多辆马车围成一圈，布设防御时，克莱蒙伯爵拒绝了拉海尔、奥尔良私生子让等人立即攻击的建议。他尽力聚拢了3000多人的主力后——当然，仍有部分奥弗涅士兵在附近的村庄中抢掠——才下令进攻。

法军首先用火炮轰击敌人的防御工事。炮火摧毁了一些马车，将里面的鲱鱼抛洒在原野上——这令鲁夫赖地区的乡民们十分欢喜。但防守状态下的英军无法反击。对他们来说幸运的是这种被动状态并未持续多久。很快，按捺不住激动心情的苏格兰军团统帅达恩利的约翰·斯图尔特不顾克莱蒙伯爵查理坚持的所有将领在马上待命的将令，带着400名部下对英军发起了徒步冲锋。苏格兰人的莽撞行为迫使法军中止了炮击。克莱蒙伯爵只得命令骑兵出击策应友军，但他的短暂轰击并未破坏敌人的工事，处于第一线的长弓手和弩手令苏格兰人伤亡惨重。随后赶至的法国骑兵又被英国人钉下的木桩挡在阵外，同样在箭雨中陷入混乱。接连的失利令后方法军步兵的脚步也开始踌躇。见此情景，约翰·法斯托尔夫命令第二线的英军骑兵离开车阵，从侧翼和后方包抄阵前的敌人。法军的撤退随即演变成溃败。奥尔良私生子让受伤，苏格兰军团统帅和弟弟威廉、纪尧姆·德·阿尔布雷等人战死。立不住阵脚的克莱蒙伯爵亦转身逃跑。于是法斯托尔夫获得了一场辉煌的胜利——他不仅完成了运送补给的任务，还消灭了约 400 名敌人。

鲁夫赖战役是法国军队各种积弊的一次集中体现。它极大地打击了奥尔良军民的士气。敌人的封锁正在扼紧。现在不经交战的话，己方的补给车队很难安全运进城中。与此同时，那些前来助战的领主却纷纷离开此地。城内的守卫力量正逐渐衰弱。

▲ 鲁夫赖战役

不久后，留守的奥尔良私生子让为安葬于大教堂的达恩利的约翰·斯图尔特亲自诵读了一篇感人的悼词。从某种意义上来看，这也是对自1425年以来在法国战场驰骋的苏格兰军团的悼文——大部分阵亡人员都是苏格兰士兵。经此一战，其完整建制已经被彻底毁灭，今后他们只是以零星的连队参与战争。

18日，首战告败的克莱蒙伯爵查理心灰意冷地带着部下离开奥尔良前往图尔，并将悲观情绪传染给了法王。接连的打击使法王倍感无力。达恩利的约翰·斯图尔特阵亡后，苏格兰军团统帅职位授予志愿在奥尔良作战的帕特里克·奥格尔维，苏格兰国王詹姆斯一世却反对这个决定并勒令奥格尔维回国，奥格尔维遂于返乡途中淹死在海里。实际上，詹姆斯一世对英法皆保持着观望态度。他在与妻子的叔叔，英格兰红衣主教亨利·博福特的协定中计划将另一个女儿嫁给英王亨利六世。查理七世盼望的苏格兰军团始终没有出现。这标志着一个依赖大规模雇佣外国军队时代的结束。但眼下军力匮乏和疲弱所引发的危机并未解决，奥尔良的希望之光正逐渐黯淡，法国政府几乎已黔驴技穷。倘若英军占领此地，作为法国势力核心区域的卢瓦尔河流域都将迅速沦陷。中部屏障的消失也将对盘踞着各种势力的南方产生崩塌性影响。沮丧的查理七世甚至萌发了放弃坚持十余年的事业，退往多菲内或者逃往苏格兰的打算。对于瓦卢瓦王室及它的众多支持者来说，这无疑是百年战争中最为黑暗的时刻。